■2025年度中学受験用

日本大学第二中学校

5年間(＋3年間HP掲載)スーパー過去問

●収録内容一覧

入試問題と解説・解答の収録内容

2024年度　1回	算数・社会・理科・国語　実物解答用紙DL
2024年度　2回	算数・社会・理科・国語　実物解答用紙DL
2023年度　1回	算数・社会・理科・国語　実物解答用紙DL
2023年度　2回	算数・社会・理科・国語　実物解答用紙DL
2022年度　1回	算数・社会・理科・国語　実物解答用紙DL
2022年度　2回	算数・社会・理科・国語　実物解答用紙DL
2021年度　1回	算数・社会・理科・国語
2021年度　2回	算数・社会・理科・国語
2020年度　1回	算数・社会・理科・国語
2019～2017年度(HP掲載) 「カコ過去問」 (ユーザー名) koe (パスワード) w8ga5a1o	問題・解答用紙・解説解答DL ◇**著作権の都合により国語と一部の問題を削除しております。** ◇一部解答のみ（解説なし）となります。 ◇９月下旬までに全校アップロード予定です。 ◇掲載期限以降は予告なく削除される場合があります。

～本書ご利用上の注意～　以下の点について，あらかじめご了承ください。

★**別冊解答用紙は巻末にございます。実物解答用紙は，弊社サイトの各校商品情報ページより，一部または全部をダウンロードできます。**
★編集の都合上，学校実施のすべての試験を掲載していない場合がございます。
★当問題集のバックナンバーは，弊社には在庫がございません（ネット書店などに一部在庫あり）。

合格を勝ち取るための
『スーパー過去問』の使い方

本書に掲載されている過去問をご覧になって，「難しそう」と感じたかもしれません。でも，多くの受験生が同じように感じているはずです。なぜなら，中学入試で出題される問題は，小学校で習う内容よりも高度なものが多く，たくさんの知識や解き方のコツを身につけることも必要だからです。ですから，初めて本書に取り組むさいには，点数を気にしすぎないようにしましょう。本番でしっかり点数を取れることが大事なのです。

過去問で重要なのは「まちがえること」です。自分の弱点を知るために，過去問に取り組むのです。当然，まちがえた問題をそのままにしておいては意味がありません。

本書には，長年にわたって中学入試にたずさわっているスタッフによるていねいな解説がついています。まちがえた問題はしっかりと解説を読み，できるようになるまで何度も解き直しをしてください。理解できていないと感じた分野については，参考書や資料集などを活用し，改めて整理しておきましょう。

このページも参考にしてみましょう！

◆どの年度から解こうかな　「入試問題と解説・解答の収録内容一覧」

本書のはじめには収録内容が掲載されていますので，収録年度や収録されている入試回などを確認できます。

※著作権上の都合によって掲載できない問題が収録されている場合は，最新年度の問題の前に，ピンク色の紙を差しこんでご案内しています。

◆学校の情報を知ろう!!「学校紹介ページ」

このページのあとに，各学校の基本情報などを掲載しています。問題を解くのに疲れたら息ぬきに読んで，志望校合格への気持ちを新たにし，再び過去問に挑戦してみるのもよいでしょう。なお，最新の情報につきましては，学校のホームページなどでご確認ください。

◆入試に向けてどんな対策をしよう？「出題傾向＆対策」

「学校紹介ページ」に続いて，「出題傾向＆対策」ページがあります。過去にどのような分野の問題が出題され，どのように対策すればよいかをアドバイスしていますので，参考にしてください。

◇別冊「入試問題解答用紙編」

本書の巻末には，ぬき取って使える別冊の解答用紙が収録してあります。解答用紙が非公表の場合などを除き，（注）が記載されたページの指定倍率にしたがって拡大コピーをとれば，実際の入試問題とほぼ同じ解答欄の大きさで，何度でも過去問に取り組むことができます。このように，入試本番に近い条件で練習できるのも，本書の強みです。また，データが公表されている学校は別冊の１ページ目に過去の「入試結果表」を掲載しています。合格に必要な得点の目安として活用してください。

本書がみなさんの志望校合格の助けとなることを，心より願っています。

株式会社　声の教育社　編集部

日本大学第二中学校

所在地	〒167-0032 東京都杉並区天沼1-45-33
電　話	03-3391-0223
ホームページ	https://www.nichidai2.ac.jp/
交通案内	JR中央線・東京メトロ丸ノ内線「荻窪駅」，西武新宿線「鷺ノ宮駅」，西武池袋線「中村橋駅」より関東バス「日大二高前」下車

くわしい情報はホームページへ

トピックス

★2024年度より，制服がリニューアルされました。
★HP上でパンフレットや行事・部活動などの紹介動画を公開しています。

創立年 昭和2年

男女共学

高校募集あり

応募状況

年度	募集数	応募数	受験数	合格数	倍率
2024	①男 80名	202名	175名	89名	2.0倍
	①女 80名	187名	173名	89名	1.9倍
	②男 40名	342名	206名	55名	3.7倍
	②女 40名	252名	144名	53名	2.7倍
2023	①男 80名	213名	186名	89名	2.1倍
	①女 80名	200名	188名	86名	2.2倍
	②男 40名	352名	204名	58名	3.5倍
	②女 40名	295名	170名	51名	3.3倍
2022	①男 80名	268名	249名	88名	2.8倍
	①女 80名	226名	202名	87名	2.3倍
	②男 40名	403名	243名	55名	4.4倍
	②女 40名	298名	184名	47名	3.9倍

2025年度入試情報

試験科目：国語・算数（各50分，各100点満点）
　　　　　社会・理科（計50分，各50点満点）
合格発表：試験当日20：00頃（HP）
［第１回］
試験日時：2025年２月１日　８：20集合
［第２回］
試験日時：2025年２月３日　８：20集合

2024年度の学校説明会日程（※予定）

【学校説明会】〔要予約〕
６月29日／10月12日／11月16日　14：30～
８月３日　10：00～
定員は１組２名まで
＊内容
　本校創立90周年記念ホールにて，全体的な説明をいたします。終了後，個別質問コーナーを設けます。開始前，終了後の校内の見学は可能です（校舎内の見学は，終了後のみ）。
【学校見学会】〔要予約〕
７月31日／８月７日／８月21日　９：30～
＊敷地内を自由に見学できる機会です。
【公開授業】〔要予約〕
９月21日　10：50～
＊中学校の３時間目と４時間目の授業の様子を自由に見学できる機会です。

※注意
　ご来校の際は，自動車・バイクの使用はご遠慮くださるようにお願いします。

2024年春の主な他大学合格実績

＜国公立大学＞
東京大，筑波大，埼玉大，東京都立大
＜私立大学＞
慶應義塾大，早稲田大，上智大，東京理科大，明治大，青山学院大，立教大，中央大，法政大，学習院大，成蹊大，成城大，明治学院大，日本女子大，同志社大，獨協医科大
※日本大学への内部推薦制度もあります。

編集部注―本書の内容は2024年5月現在のものであり，変更されている場合があります。正式な情報は，学校のホームページ等で必ずご確認ください。

算数 出題傾向＆対策

◆基本データ（2024年度１回）

試験時間／満点	50分／100点
問題構成	・大問数…６題 計算・応用小問１題（５問）／応用小問１題（５問）／応用問題４題 ・小問数…20問
解答形式	解答のみを記入する形式で，単位などは解答用紙にあらかじめ印刷されている。
実際の問題用紙	Ｂ５サイズ，小冊子形式
実際の解答用紙	Ｂ５サイズ

◆出題傾向と内容

▶過去３年の出題率トップ３
１位：四則計算・逆算，角度・面積・長さ16％　３位：体積・表面積など６％
▶今年の出題率トップ３
１位：角度・面積・長さ17％　２位：四則計算・逆算11％　３位：相似など８％

本校の算数は，はじめの大問に四則計算とやさしめの応用小問の集合題，次に短い文章からなる応用小問の集合題，以下は応用問題という構成になっています。数の性質では，倍数・約数，集合，場合の数，約束記号と計算，割合・比などが取り上げられることが多いようです。また，図形分野にも重点がおかれており，面積，体積，角度，長さなどを求める基本的な問題や，平面図形の平行移動や面積の変化などの問題，点の移動と速さをからめた問題，立体図形の切り口の問題など，図形問題のあらゆるパターンが出されています。

◆対策～合格点を取るには？～

まず，全分野にわたっての基礎的な学力をつけましょう。基礎的な学力がついているかどうかは，大問１，２の小問をすべて解いてみればわかるはずです。問題文を読み終わったときにすぐに解き方が思いうかんで答えが求められるか，確認しましょう。

また，ふだんの勉強では，答えを出すまでの道すじもきちんとノートに書くようにしましょう。そうすれば，ミスを減らすことができるだけでなく，まちがいに気づいたときに，原因を簡単にみつけることができるからです。

分野＼年度		2024		2023		2022	
		1回	2回	1回	2回	1回	2回
計算	四則計算・逆算	◎	◎	●	●	●	●
	計算のくふう	○	○				
	単位の計算						
和と差	和差算・分配算			○			○
	消去算						
	つるかめ算			○		○	
	平均とのべ		○		○	○	
	過不足算・差集め算	○	○		○		
	集まり						
	年齢算						○
割合と比	割合と比						
	正比例と反比例		○				
	還元算・相当算		○		○		
	比の性質						
	倍数算						
	売買損益			○	○		○
	濃度	○				○	
	仕事算						
	ニュートン算						
速さ	速さ	○	○	○		○	○
	旅人算			○	○		
	通過算						
	流水算						
	時計算						
	速さと比	○			○		
図形	角度・面積・長さ	◎	●	●	◎	◎	○
	辺の比と面積の比・相似	○	○	○	◎	◎	○
	体積・表面積		○	◎		○	◎
	水の深さと体積	◎		○	◎	○	
	展開図						
	構成・分割	○					
	図形・点の移動		○	○		○	
表とグラフ					○	◎	
数の性質	約数と倍数	○				◎	
	N進数						
	約束記号・文字式	○		○			○
	整数・小数・分数の性質		○		○	○	◎
規則性	植木算						
	周期算	○	○				○
	数列				○	○	○
	方陣算						
	図形と規則	○	○				
場合の数							
調べ・推理・条件の整理							
その他							

※　○印はその分野の問題が１題，◎印は２題，●印は３題以上出題されたことをしめします。

社会 出題傾向＆対策

◆基本データ(2024年度１回)

試験時間／満点	理科と合わせて50分／50点
問題構成	・大問数…４題 ・小問数…28問
解答形式	すべてが記号選択と適語(漢字指定あり)の記入となっている。
実際の問題用紙	Ｂ５サイズ，小冊子形式
実際の解答用紙	Ｂ４サイズ

◆出題傾向と内容

はじめの大問に２～３分野を組み合わせた総合問題がおかれているのが，本校の社会の特ちょうの一つです。あるテーマを取り上げ，それに関係する歴史や，地理・産業についての基本的な知識を問うほか，時事問題もよく取り上げられています。

●地理…日本の各地域にスポットをあてて地勢と産業などを問うもののほか，森林のはたらき，貿易，国土と自然，地形図の読み取りなどが出題されています。さらに，世界地理も取り上げられることがあります。

●歴史…各時代の歴史的なことがらがまんべんなく取り上げられており，史料や説明文，写真，地図や略年表をもとにしたスタンダードな形式の問題が出されています。

●政治…憲法，三権のしくみ，地方自治などが出題されています。時事に関しては，各大問の小設問としてしばしば顔を見せるほか，大問のテーマ(新しい制度や世界的な会議など)に取り上げられるケースも見られます。

分野			2024 1回	2024 2回	2023 1回	2023 2回	2022 1回	2022 2回
日本の地理		地図の見方	○	○	○			
		国土・自然・気候	★	○	○	○	○	○
		資源						
		農林水産業	○	○	○	○	○	○
		工業		○	○		○	○
		交通・通信・貿易	○	○	○	○	○	
		人口・生活・文化	○	○			○	○
		各地方の特色				○		
		地理総合	★	★	★	★	★	★
世界の地理				○			○	
日本の歴史	時代	原始～古代	○	○	○	○	○	○
		中世～近世	○	○	○	○	○	○
		近代～現代	○	○	○	○	○	○
	テーマ	政治・法律史						
		産業・経済史						
		文化・宗教史				★		
		外交・戦争史				○		
		歴史総合	★	★	★		★	★
世界の歴史								
政治		憲法	○	○	○	○		○
		国会・内閣・裁判所	○	○	★		★	★
		地方自治	○	○				
		経済		○				
		生活と福祉	○	★	○	★		
		国際関係・国際政治	○	○		○	○	
		政治総合						
環境問題			○			○		○
時事問題			○			○	○	○
世界遺産								○
複数分野総合			★	★	★	★	★	★

※　原始～古代…平安時代以前，中世～近世…鎌倉時代～江戸時代，近代～現代…明治時代以降

※　★印は大問の中心となる分野をしめします。

◆対策～合格点を取るには？～

はば広い知識が問われていますが，問題のレベルは標準的ですから，まず，基礎を固めることを心がけてください。教科書のほか，説明がていねいでやさしい標準的な参考書を選び，基本事項をしっかりと身につけましょう。

地理分野では，地図とグラフが欠かせません。つねにこれらを参照しながら，白地図作業帳を利用して地形と気候をまとめ，そこから産業のようす(もちろん統計表も使います)へと広げていくとよいでしょう。

歴史分野では，教科書や参考書を読むだけでなく，自分で年表をつくって覚えると学習効果が上がります。できあがった年表は，各時代，各分野のまとめに活用できます。本校の歴史の問題にはさまざまな分野が取り上げられていますから，この作業はおおいに威力を発揮するはずです。

政治分野では，日本国憲法の基本的な内容と三権についてはひと通りおさえておいた方がよいでしょう。また，時事問題については，新聞やテレビ番組などでニュースを確認し，国の政治や経済の動き，世界各国の情勢などについて，ノートにまとめておきましょう。

理科 出題傾向＆対策

◆基本データ（2024年度１回）

試験時間／満点	社会と合わせて50分／50点
問題構成	・大問数…４題 ・小問数…23問
解答形式	択一式の記号選択が大半だが，適語や数値の記入も出題されている。
実際の問題用紙	Ｂ５サイズ，小冊子形式
実際の解答用紙	Ｂ４サイズ

◆出題傾向と内容

本校の理科は，基本問題がメインです。ただし，そのぶん合格ラインが高くなるので，油断はできません。

●生命…動物，植物，人体の各分野からまんべんなく出題されており，動物のからだのつくりと成長，植物のつくりや分類，二酸化炭素のじゅんかんなどが取り上げられています。

●物質…水の状態変化，気体の発生，気体の性質，水溶液の性質，中和，ものの溶け方と温度の関係，燃焼などが取り上げられています。このほか，実験器具の使い方についての問いも出されています。

●エネルギー…棒にはたらく力のつりあい，ばねののび方，物体の運動，浮力と密度，光の性質と進み方についての問題などが出題されています。

●地球…地球・月・太陽の動き，星の動きと星座早見，風，前線の動き，地層と岩石，流れる水のはたらき，地震，日本列島の火山などが取り上げられています。

分野＼年度		2024		2023		2022	
		1回	2回	1回	2回	1回	2回
生命	植物					★	
	動物	★					
	人体				★		
	生物と環境		★				★
	季節と生物			★			
	生命総合						
物質	物質のすがた		★				★
	気体の性質					★	
	水溶液の性質			★			
	ものの溶け方						
	金属の性質						
	ものの燃え方				★		
	物質総合						
エネルギー	てこ・滑車・輪軸			★			
	ばねののび方	★					
	ふりこ・物体の運動						
	浮力と密度・圧力					★	
	光の進み方		★				★
	ものの温まり方	★					
	音の伝わり方						
	電気回路						
	磁石・電磁石				★		
	エネルギー総合						
地球	地球・月・太陽系					★	
	星と星座			★			
	風・雲と天候		★				
	気温・地温・湿度						
	流水のはたらき・地層と岩石						★
	火山・地震	★			★		
	地球総合						
実験器具			○				○
観察							
環境問題							
時事問題							
複数分野総合							

※　★印は大問の中心となる分野をしめします。

◆対策～合格点を取るには？～

内容は基礎的なものがほとんどです。基礎的な知識をはやいうちに身につけ，そのうえで問題集などの演習をくり返しながら実力アップをめざしましょう。

「生命」は身につけなければならない基本知識の多い分野ですから，確実に学習する心がけが大切です。ヒトや動物のからだのつくり，植物のつくりと成長などを中心に学習していきましょう。

「物質」では，気体や水溶液，金属の性質に重点をおいて学習してください。中和反応や濃度など，表やグラフをもとに計算させる問題にも積極的に取り組んでおきましょう。

「エネルギー」は，光と音の進み方，熱の伝わり方，浮力と密度，てんびんとものの重さ，てこ，輪軸，ふりこの運動などについて，さまざまなパターンの問題にチャレンジしてください。かん電池のつなぎ方や方位磁針のふれ方，磁力の強さなども学習計画から外すことのないようにしておきましょう。

「地球」では，太陽・月・地球のようす，月の動きと満ち欠け，季節と星座の動き，天気と気温・湿度の変化，流水のはたらき，地層のでき方などが重要なポイントです。

国語 出題傾向&対策

◆基本データ(2024年度1回)

試験時間／満点	50分／100点
問題構成	・大問数…3題 文章読解題2題／知識問題1題 ・小問数…31問
解答形式	記号選択が多いが，本文中のことばの書きぬきや，1行程度の記述問題も数問出題されている。
実際の問題用紙	B5サイズ，小冊子形式
実際の解答用紙	B4サイズ

◆出題傾向と内容

▶近年の出典情報(著者名)
説明文：石川伸一　真山　仁　隈　研吾
小　説：藤岡陽子　三崎亜記　浅野　竜
随　筆：文月悠光　小川洋子　森山友香子

●読解問題…小説・物語文に加え，説明文・論説文や随筆が出されることもあります。文章はやや長めですが，難解ではありません。設問の特ちょうは，細かいことばの意味などが問われていることで，指示語などに十分注意しつつ，正確に読むことを心がける必要があります。

●知識問題…漢字の読み・書き取り，文法(副詞の呼応など)，慣用句・ことわざ，熟語などがさまざまな角度から問われますが，基本的な知識を持っていれば十分に対応できます。

◆対策～合格点を取るには？～

入試で正しい答えを出せるようにするためには，なるべく多くの読解問題にあたり，出題内容や出題形式に慣れることが大切です。問題集に取り組むさいは，指示語の内容や接続語に注意しながら，文章がどのように展開しているかを読み取るように気をつけましょう。また，答え合わせをした後は，漢字やことばの意味を辞書で調べてまとめるのはもちろん，正解した設問でも解説をしっかり読んで解答の道すじを明らかにし，本番で自信を持って答えられるようにしておきましょう。

知識問題については，分野ごとに，短期間に集中して覚えるのが効果的といえます。ただし，漢字については，毎日少しずつ学習するとよいでしょう。

分野 ＼ 年度			2024		2023		2022	
			1回	2回	1回	2回	1回	2回
読	文章の種類	説明文・論説文	★	★	★		★	★
		小説・物語・伝記	★	★	★		★	
		随筆・紀行・日記				★		★
		会話・戯曲						
		詩						
		短歌・俳句				○		
解	内容の分類	主題・要旨	○		○			○
		内容理解	○	○	○	○	○	○
		文脈・段落構成						
		指示語・接続語		○		○	○	○
		その他	○	○	○	○	○	○
知	漢字	漢字の読み	○	○	○	○	○	○
		漢字の書き取り	○	○	○	○	○	○
		部首・画数・筆順						○
	語句	語句の意味	○	○	○		○	○
		かなづかい						
		熟語	○	○	○	○	○	○
		慣用句・ことわざ	○		○	○	○	○
	文法	文の組み立て	○					
		品詞・用法					○	
識		敬語	○				○	○
	形式・技法							
	文学作品の知識		○	○	○	○		○
	その他		○	○	○	○	○	○
	知識総合		★	★	★	★	★	★
表現	作文							
	短文記述							
	その他							
放送問題								

※　★印は大問の中心となる分野をしめします。

カコを追いかけ
ミライをつかめ
「今の説明、もう一回」を何度でも
web過去問
ストリーミング配信による入試問題の解説動画
もっと古いカコモンないの?
カコ過去問
「さらにカコの」過去問をHPに掲載(DL)
声の教育社
詳しくはこちらから

2024年度 日本大学第二中学校

【算　数】〈第１回試験〉（50分）〈満点：100点〉

注意　１．円周率は3.14とします。分数で答えるときは約分して，できるだけ簡単な分数にしなさい。比を答えるときは，できるだけ簡単な整数の比にしなさい。

２．定規，コンパスは使ってもかまいませんが，使わなくても解くことができます。ただし，分度器は使えません。

1　次の□の中に適する数を入れなさい。

(1)　$\frac{5}{4}-\left(\frac{1}{3}+\frac{5}{6}\right)\div\left(\frac{3}{2}\times\frac{4}{5}\right)=\square$

(2)　$3.14\times6+12.56\times3+18.84\times2=\square$

(3)　$\left(\square-1\frac{2}{3}\right)\times2\frac{3}{4}-1\frac{3}{10}=2$

(4)　2024を６回かけた数の一の位の数は□です。

(5)　記号「＊」は，前後の数の最小公倍数と最大公約数の差を表すことにします。例えば，

18＊4＝36－2＝34，2＊11＝22－1＝21です。

このとき，42＊(8＊18)＝□です。

2　次の各問いに答えなさい。

(1)　濃度８％の食塩水200ｇと濃度３％の食塩水300ｇを混ぜ合わせると，濃度何％の食塩水ができますか。

(2)　地点Ａから地点Ｂまでの道のりを姉は分速75ｍ，弟は分速55ｍの速さで進んだところ，かかった時間の差は８分でした。地点Ａから地点Ｂまでの道のりは何ｍですか。

(3)　お楽しみ会で，参加している子どもたちにキャンディーを配ります。１人あたり４個ずつ配ると12個余り，５個ずつ配ると３個足りません。キャンディーは全部で何個ありますか。

(4)　右の図は，１辺３cmの正方形と１辺５cmの正方形を組み合わせた図形です。色のついた部分の面積の合計は何cm^2ですか。

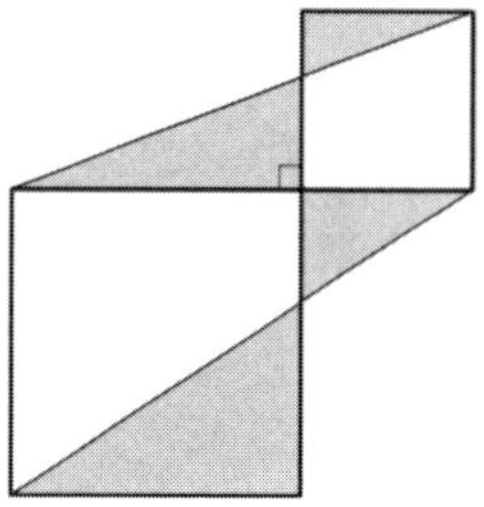

(5)　下の図のように，底面の円の半径が11cm で高さが８cm の円柱の水そうの中に，底面の円の半径が６cm で高さが８cm の円すいのおもりを入れました。水面の高さが４cm のところまで水を入れたとき，入っている水の体積は何cm^3ですか。ただし，円すいの体積は，

(底面積)×(高さ)÷3

で求められます。

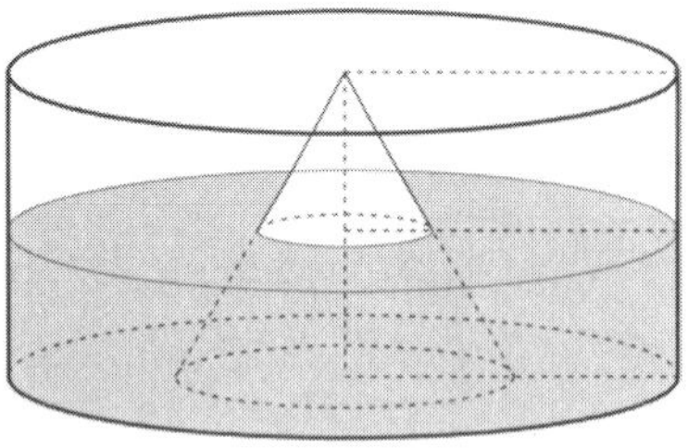

3　下の図のように，黒い石と白い石を真ん中から順に並べていきます。図は４周目まで並べたものです。

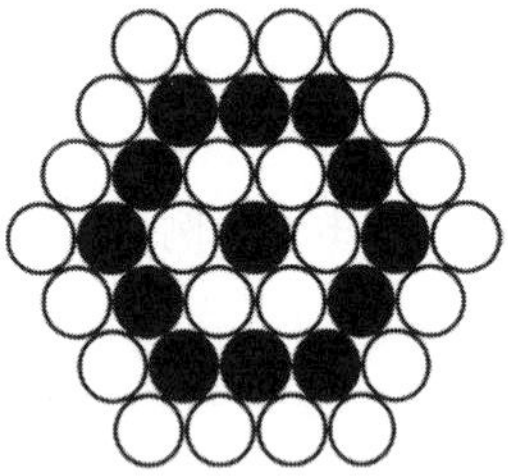

(1)　５周目に使われる黒い石の個数は何個ですか。

(2)　10周目と12周目に使われる白い石の個数の差は何個ですか。

4　**図１**のように，直方体と三角柱を組み合わせた形の空の水そうがあり，底面に垂直なしきり板が入っています。直方体の部分に毎分80cm^3の割合で水を注いでいきます。**図２**は，水を入れ始めてから８分後の水そうを横から見たものです。ただし，水そうやしきり板の厚さは考えないものとします。

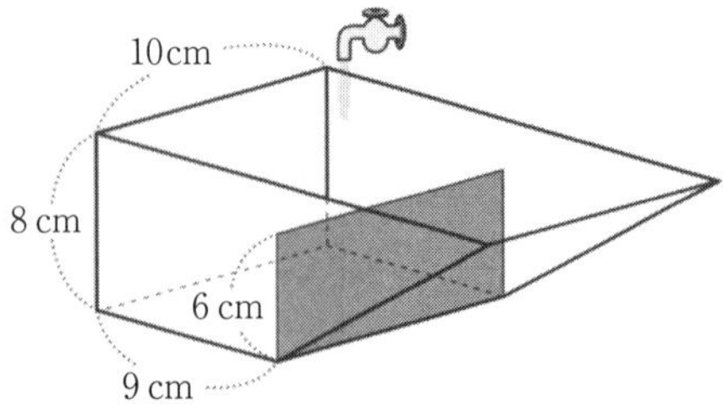

図１

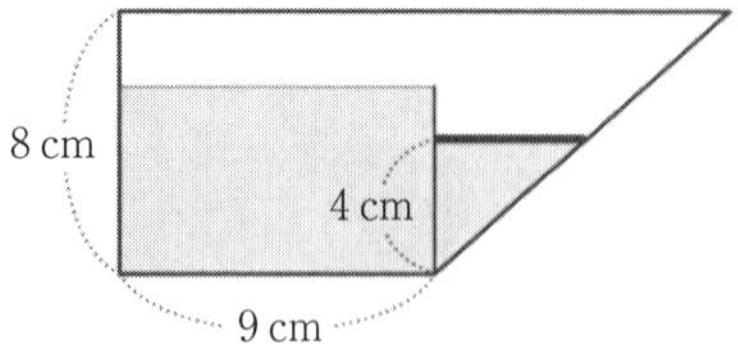

図２

(1)　初めて水面の高さが２cm になるのは，何分何秒後ですか。

(2)　**図２**の太線部分の長さは何cm ですか。

(3)　この水そうの容積は何cm^3ですか。

5　下の図のように，面積が100cm^2の正六角形 ABCDEF があり，各辺の真ん中の点をそれぞれ結ぶと新たな正六角形が内側にできます。

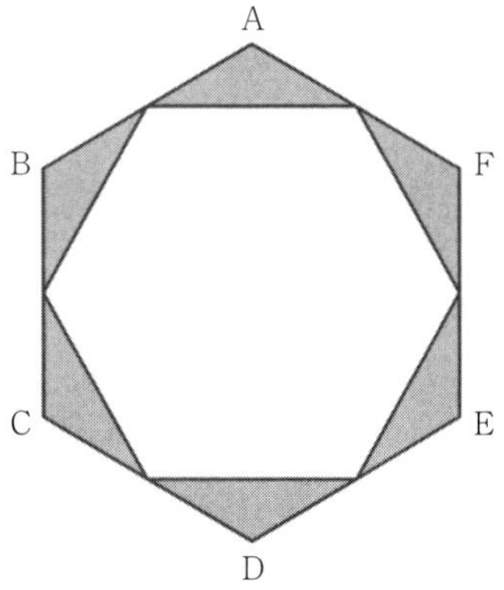

(1)　正六角形 ABCDEF の対角線は全部で何本ありますか。

(2)　色のついた部分の面積は何cm^2ですか。

6　下の図は，太郎くんの家と公園の間の道のりを図にしたもので，区間A，B，Cと横断歩道ア，イを通ります。横断歩道にはそれぞれ信号がついており，青，点めつ，赤の時間はそれぞれ１分，15秒，45秒です。横断歩道に着いたとき，信号が点めつしていたら，信号待ちをします。また，太郎くんは信号待ち以外では一定の速さで歩くものとします。

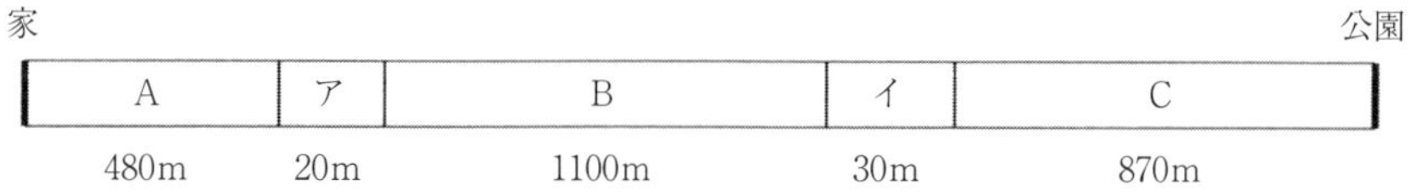

(1)　２つの信号が同時に青になったときに，太郎くんはある速さで家を出発しました。横断歩道アに着いたとき，ちょうど３回目の点めつが始まりました。太郎くんが家を出発したときの速さは分速何ｍですか。

(2)　２つの信号が同時に青になったときに，太郎くんは分速80ｍの速さで家を出発しました。公園に着くのは何分何秒後ですか。

(3)　２つの信号が同時に赤になったときに，太郎くんは分速150ｍの速さで公園を出発しました。家に着くまでに信号待ちをした時間は何分何秒間ですか。

【社　会】〈第１回試験〉（理科と合わせて50分）〈満点：50点〉

1　次の文章を読んで，あとの問いに答えなさい。

次の文章は，小学校６年生の教室で，「衣服」についての，先生と二人の生徒(太郎さん・花子さん)との会話です。これを読んで，あとの問いに答えなさい。

花子さん：わたしが進学する中学校には制服があるので，制服を着るのが楽しみです。

先　　生：その中学校の制服は，女子はスカートですか？

花子さん：はい。でもズボンでもいいそうで，選べることになっています。

太郎さん：男子はスカートを選べないのかな。

花子さん：選べるみたいだけど，何でも自由にしたら制服の意味がなくなっちゃう気もするな。

太郎さん：でも，自由に選べるって，日本国憲法の基本にあったよね。以前，①東京都のどこかの区で，②６年生の女子が区長さんに意見を出して，中学校の制服が変わったことがあったんじゃないかな。

先　　生：よく知っているね。でも，そもそも学生服が当たり前になるのは，日本ではいつごろでしょうか？　ズボンとかスカートとか，日本が急速に③西洋の文化をとり入れたのは，どんな時代でしたっけ？

太郎さん：文明開化だったっけ…。だとしたら④明治時代かな。

先　　生：そうですね。明治維新から，日本に学校がたくさんつくられたころ，学校で制服を着ることも広まったようなんです。

太郎さん：でも一年中同じ制服って，おかしくない？　⑤気温だって違うし。

花子さん：わたしの行く中学校では，制服に夏服と冬服があるよ。

先　　生：そうですね。もともと衣服は，気温とか⑥自然環境に合わせるためだけじゃなくって，仕事に合わせたり，身分とか立場を表したり，⑦宗教的な意味をもっていたり，いろんな意味をもつものなんですよ。

花子さん：そういえば，サウジアラビアの人たちの衣服は日本では見ないものでした。民族衣装でしたっけ？

太郎さん：日本人だって，昔の着物とか，和服を着ている人は，日頃の生活ではほとんど見ないから，民族衣装でその国を決めつけちゃうのもよくないかな。

先　　生：そうですね。ただ，今でも結婚式とか儀式のときには伝統的な衣服を着ることも多いですね。日本では，⑧平安時代に日本風の文化が発展しますが，そのころに男性の束帯《そくたい》や女性の十二単《じゅうにひとえ》などの服装が生まれて，今でも皇室の大きな行事のときなどにはそのような服装が見られます。

花子さん：それは貴族の服装でしたよね。⑨武士の時代になると，武士の服装は違ったものになりますよね。

太郎さん：時代によっても全然違うよね。前にぼくが宿題で調べた縄文時代の人の服装は，麻でつくった衣服を着ていて，冬は動物の毛皮を身につけていたと思うよ。

花子さん：わたしは⑩吉野ケ里遺跡について調べたことがあったけれど，弥生時代には，はた織りとかの技術も伝わったみたいだよ。遺跡からは絹織物が見つかって，裕《ゆう》福な人は違う衣服を着ていたことがわかったそうだよ。

先　　生：今でも，お医者さんや⑪警察，消防の方だけでなく，農業や⑫漁業，畜産業とか，

⑬仕事によって衣服はそれぞれの仕事に都合がよいように工夫されていますよね。

太郎さん：暑いときのクールビズっていうのも，聞いたことがあります。温暖化が進むと，衣服も変わっていくんでしょうね。

花子さん：⑭IT関係の仕事に多いテレワークが広がれば，会社に行かなくてもいい人が増えて，ネクタイとかいらなくなるのかな。

先　　生：制服や衣服について考えても，文化とか歴史とか環境とか思想とか，いろんなことが探究できて面白いですよ。

問１．下線部①，東京23区の政治についての文章として，もっとも適当なものを１つ選び，記号で答えなさい。

ア．区長や区議会議員はそれぞれ別の選挙で住民から直接選ばれ，議会で決められた予算や条例に基づいて区長を中心に政治を行う。

イ．区長の下に仕事を分担する省庁が置かれ，区役所で決められた予算や条例に基づいて議会が日常の政治活動を行う。

ウ．区長は区議会議員の中から区議会議員による選挙で選ばれるため，区長は区議会議員でなければならない。

エ．区は国の一機関であるため，区長は国の役人という性格を持ち，議会に対して議案を提出して意見をもらう。

問２．下線部②，次の問いに答えなさい。

(1)　この女子児童は，どのような権利を行使したと言えますか。もっとも適当なものを１つ選び，記号で答えなさい。

ア．居住・移転の自由

イ．団結する権利

ウ．職業選択や集会の自由

エ．健康で文化的な生活を営む権利

オ．政治に参加する権利

(2)　自由に意見を表すことは，子どもの権利条約にも権利として記されています。子どもの権利条約についての説明として，適当でないものを１つ選び，記号で答えなさい。

ア．この条約は，世界中すべての子どもたちがもつ権利を定めた条約として，国際連合の総会で採択されたものである。

イ．日本は子どもの権利を憲法で保障しているため，この条約を批准していない。

ウ．この条約には，障がいのある子どもや少数民族の子どもなどは特別に守られることも記されている。

エ．この条約には，子どもが自由に意見を表すことだけでなく，考えや信じることの自由も権利として記されている。

問３．下線部③，西洋文化は，日本人の食生活にも影響を与えてきました。第二次世界大戦後の食生活の変化は，米の消費量が減少するという問題にもつながりました。現在行われている米の消費量の増加につながる取り組みの事例として，適当でないものを１つ選び，記号で答えなさい。

ア．米をとぐ手間を省くことができる無洗米を開発し，販売している。

イ．パンやめんの原料を小麦から米に変更する店などを増やしている。

ウ．米の品質を維持するために，生産調整を行っている。

エ．テレビ広告やウェブサイトなどを通じて米の安全性を伝えている。

問４．下線部④，明治時代には，さまざまな改革が行われ，新しい制度もつくられました。次の絵は江戸時代の年貢にかわって新しい税制度をつくるために行われた作業の１つを描いたものです。この税制度の改革の名前を漢字４字で答えなさい。

※絵は出題内容の都合上，一部加工しています。

問５．下線部⑤，次の図は，日本のいくつかの都市における月別平均気温について，それぞれもっとも暖《あたた》かい月ともっとも寒い月の値を示したものです。図中のア～エは，京都府京都市，高知県宿毛《すくも》市，北海道札幌市，福島県郡山《こおりやま》市のいずれかを示しています。このうち，京都府京都市を示しているものとして，もっとも適当なものを１つ選び，記号で答えなさい。

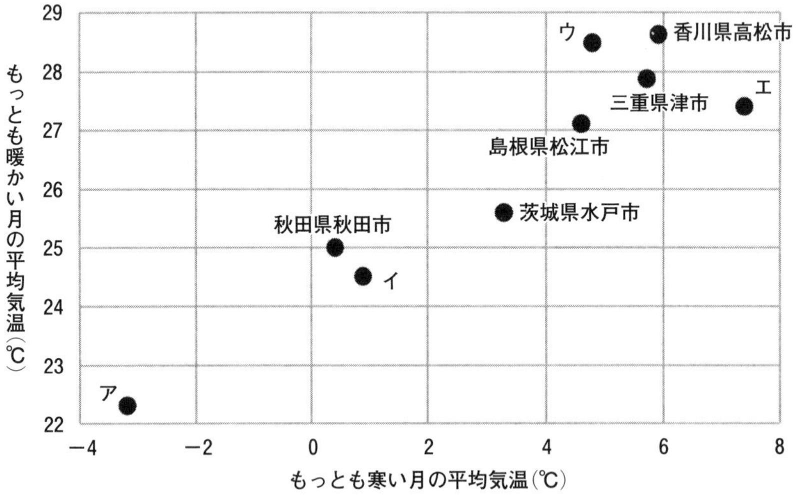

（気象庁ホームページより1991～2020年の平均値を用いて作成）

問６．下線部⑥，次の図は，世界の主な川の長さとかたむきを示しています。この図に示されている日本の河川と外国の河川を比べたときの説明として，もっとも適当なものを１つ選び，記号で答えなさい。

世界の主な川の長さとかたむき

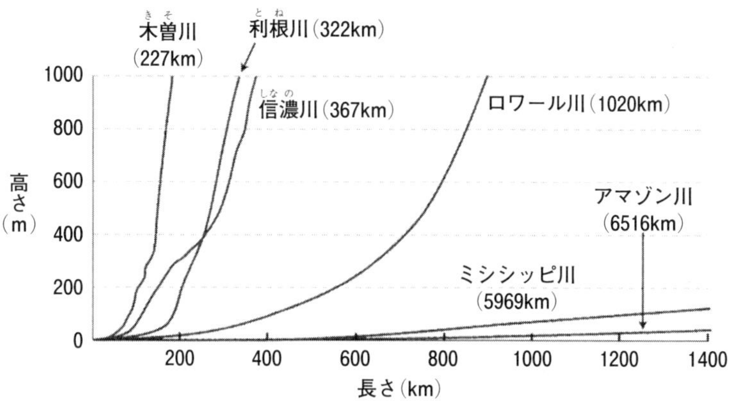

ア．日本の河川は外国の河川に比べ，短くて急である。

イ．日本の河川は外国の河川に比べ，短くてゆるやかである。

ウ．日本の河川は外国の河川に比べ，長くて急である。

エ．日本の河川は外国の河川に比べ，長くてゆるやかである。

問７．下線部⑦，江戸時代には鎖国とよばれる政策がとられましたが，そのなかでもキリスト教を広めるおそれがないという理由から，幕府との貿易が認められていたヨーロッパの国の名前を答えなさい。

問８．下線部⑧，次の絵は平城京の貴族と平安京の貴族の服装を示しています。これらの図を参考にし，平安時代に見られた日本風の文化の特徴《とくちょう》の説明として，もっとも適当なものを１つ選び，記号で答えなさい。

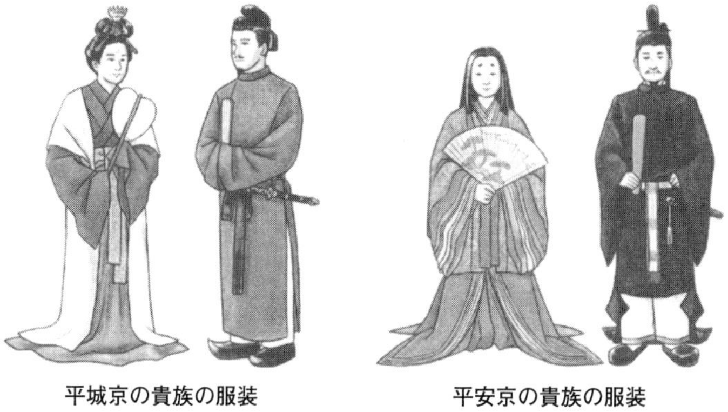

平城京の貴族の服装　　　平安京の貴族の服装

ア．たたみやふすまなどを使った書院造に代表される，日本風の文化

イ．遣唐使廃止により，大陸からの影響がまったく見られなくなった文化

ウ．正倉院の宝物などのような，ペルシアの影響が強く見られる文化

エ．大陸の影響に学びながら，日本の風土や生活にあった文化

問９．下線部⑨，歴史上活躍した武士について説明した文章として，正しいものを１つ選び，記号で答えなさい。

ア．源頼朝は弟の源義経らを京都にせめのぼらせ，一ノ谷の戦いで平氏をほろぼした。

イ．元軍との戦いで恩賞《おんしょう》(ほうび)がもらえなかった竹崎季長は鎌倉まで行き，幕府に直接恩賞を求めた。

ウ．織田信長は，桶狭間の戦いで大軍の武田氏を破ると，武力による天下統一に向けて動き出した。

エ．島原や天草でキリスト教の信者を中心に一揆が起きると，徳川家康は大軍を送ってこの一揆をおさえた。

問10．下線部⑩，下の地図を見て，吉野ケ里遺跡の場所と吉野ケ里遺跡を説明した文章の組み合わせとして，正しいものを１つ選び，記号で答えなさい。

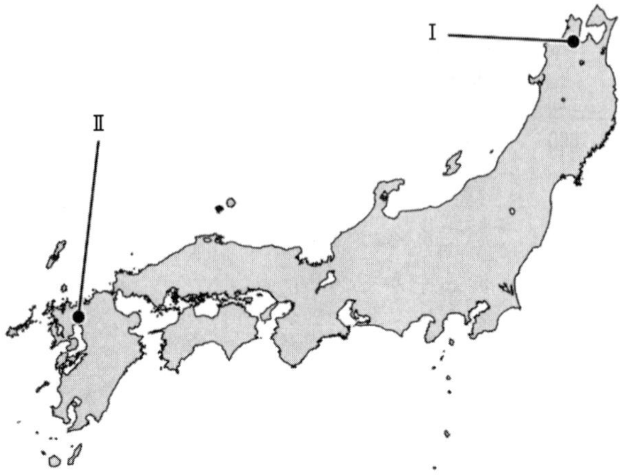

A．遺跡からは人骨にささった矢じりや，先の欠けた剣が出土し，戦いがあったことが分かる。また，物見やぐらやむらのまわりを囲む深いほり，木のさくなどは，集落を守るために設けられたと考えられている。

B．遺跡からは約5500年前から約1500年間にわたって，人々がくらしたあとが見つかっている。最大500人もの人が集落でくらしていたと考えられ，この土地ではとれない黒曜石《こくようせき》などの加工品も多く出土している。

ア．地図―Ⅰ　説明文―A

イ．地図―Ⅰ　説明文―B

ウ．地図―Ⅱ　説明文―A

エ．地図―Ⅱ　説明文―B

問11．下線部⑪，警察ともっとも関係の深い国の役所として，適当なものを１つ選び，記号で答えなさい。

ア．国家公安委員会

イ．公正取引委員会

ウ．国土交通省

エ．防衛省

オ．経済産業省

問12．下線部⑫，次の図ア～エは，かつお，さば，さんま，ぶり，いずれかの都道府県別漁獲量上位５つを示しています。このうち，さんまの漁獲量を示しているものとして，もっとも適当なものを１つ選び，記号で答えなさい。

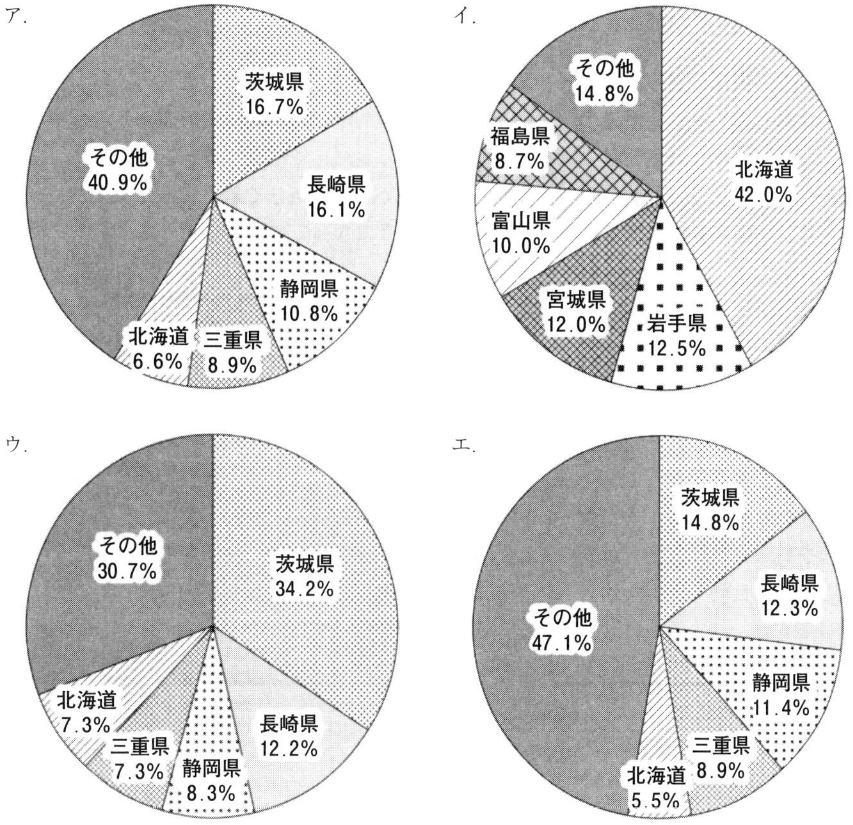

(農林水産省『令和３年海面漁業生産統計調査』より作成)

問13. 下線部⑬，近年，日本では共働き世帯が増えてきています。一方で，仕事について働くことを希望しているにもかかわらず，子どもが保育園に入れないため，仕事につけないという問題も発生しています。このように，申し込みをしても保育園に入れない子どものことを何と言いますか。

問14. 下線部⑭，太郎さんと花子さんのクラスのあるグループでは，情報通信技術が日本での現在の生活にどのように利用されているかについてテーマ別に調べ，次のようにまとめました。図中のア～エのうち，内容が正しくないものを１つ選び，記号で答えなさい。

情報通信技術は，どのような場面で活用されているのだろう？

ア．**テーマ：農業**

ビニールハウス内部の温度や湿度を測定し，それらのデータを農家のタブレットに送ったり，農家がタブレット上でリアルタイムに作物の生育状況を見ることができたりする。

イ．**テーマ：運輸**

GPSやカーナビゲーションがもっとも早く目的地に着くルートを選んでくれたり，バスや電車が今どこを走っていて，あと何分で着くのかが分かるようになっていたりする。

ウ．**テーマ：医療《りょう》**

医師が同じ手術室にいなくても，専用の機械を動かせばロボットが代わりに手術を行ったり，入力された症状をもとにAIが自動で適切な治療法を提案してくれたりする。

エ．**テーマ：店**

POSシステムによって，買った商品の名前はもちろん，商品を買った人の性別，身長，体重，住所などの情報を収集したり，それらを地域住民に公開したりする。

2　次の文章を読んで，あとの問いに答えなさい。

神奈川県西部にある①小田原駅の駅前では，再開発が行われ，ミナカ小田原という複合商業施設が建設されました。ミナカとは真ん中，中心という意味の古語で，そこには，「未来の小田原で多くの人がであい，ゆきかい，にぎわう中心として愛されるように」という願いが込められています。

ミナカ小田原は，建物の見た目にも特徴があります。江戸時代の建物のような外観が一部に取り入れられており，敷地内に備えられた宿泊施設の中には，②江戸時代の小田原にあった※旅籠《はたご》を想像させる造りになっているものもあります。そうした宿泊施設は駅と直結しているため，仕事で小田原を訪れた人々が利用しやすい場所となっています。また，食事を提供する店や③土産物《みやげもの》を販売する店も軒《のき》を連ねており，保育所や図書館，医療機関といった市民のための施設も充実しています。さらには会議場やイベントスペースも備えているなど，さまざまな人に対する利用方法を提案する場所となりました。

※旅籠とは，宿駅で一般庶民の宿泊する食事付きの旅館

問１．下線部①，次の問いに答えなさい。

(1)　次の雨温図ア～エは，神奈川県小田原市，秋田県仙北《せんぼく》市，愛媛県今治《いまばり》市，栃木県小山市のいずれかのものです。このうち，神奈川県小田原市のものとして，正しいものを１つ選び，記号で答えなさい。

ア.

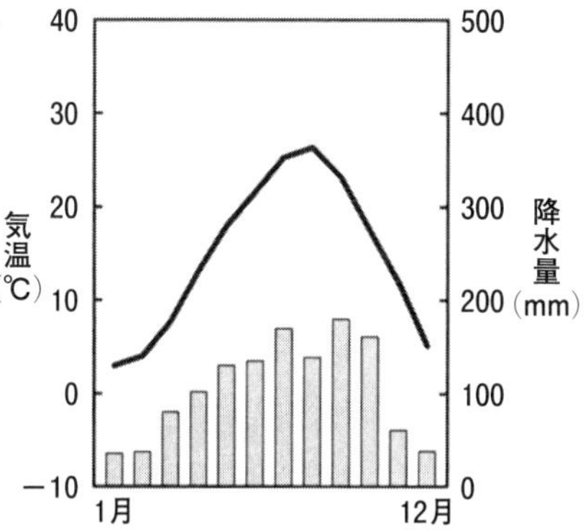

イ.

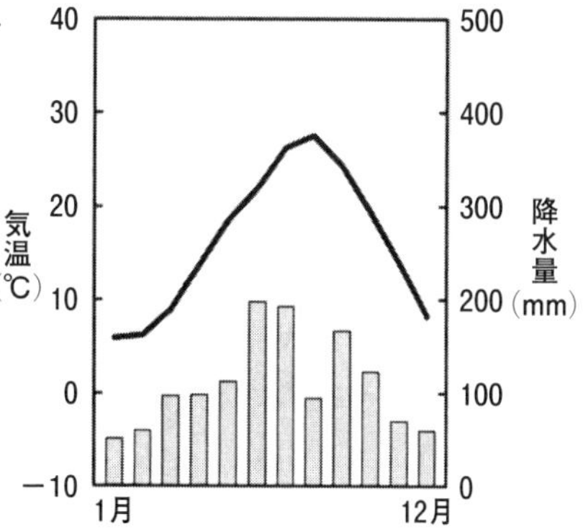

ウ.

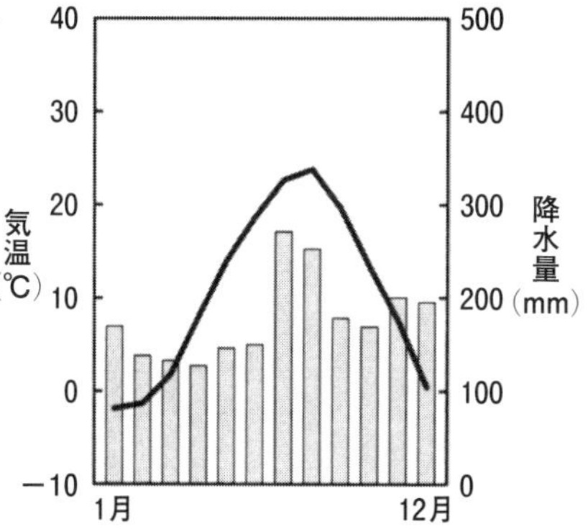

エ.

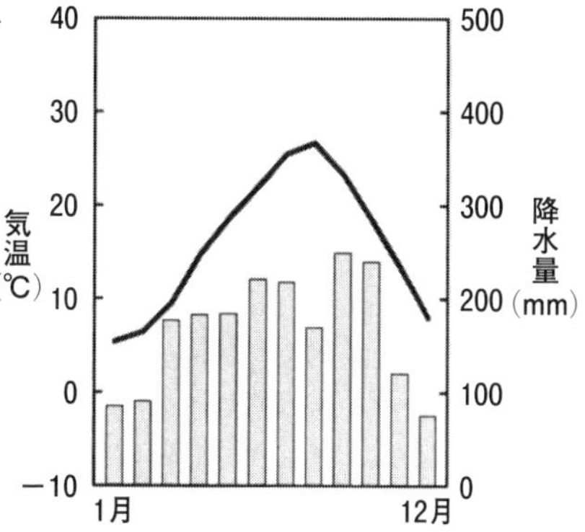

（気象庁ホームページより作成）

⑵　小田原市では，「2030年度に，二酸化炭素排出量を2013年度比50％削減」する目標を達成するため，さまざまな取り組みを行っています。それらの取り組みについて説明した文章として，適当でないものを１つ選び，記号で答えなさい。

ア．住宅や農地，駐車場などに太陽光パネルを設置するための情報発信を行ったり，相談窓口や補助制度をつくったりする。

イ．生ごみやプラスチックごみなどの削減を推進し，びん・かん・ペットボトルを燃やせるごみにまとめて分別の種類を減らす。

ウ．植林と伐採をバランスよく行って森林環境を保全するとともに，生産された木材を市内に建設する建物の材料などに活用する。

エ．買い物や通院，通勤・通学のための移動をなるべく公共交通が担うことで，自家用車の利用を減らすようにうながす。

問２．下線部②，小田原には江戸時代，五街道の一つが通り，多くの人々が往来して，旅籠を利用しました。小田原を通る五街道の名称を漢字で答えなさい。

問３．下線部③，小田原市の土産物として有名なものの一つに，かまぼこがあります。次の文章は，小田原でかまぼこが発達した理由を説明したものです。本文も参考にしつつ，空欄（Ａ）・（Ｂ）に入る言葉の組み合わせとして，もっとも適当なものを１つ選び，記号で答えなさい。

諸説ありますが，冷凍・冷蔵技術のない江戸時代，（　　Ａ　　）としてかまぼこづくりが始まったといわれています。さらに（ Ｂ ）として発展した小田原を行き交う人々，たとえば参勤交代で往復する武士たちに食される中で，その品質に磨《みが》きがかけられ，全国にその名を広めていきました。

ア．Ａ―獲《と》れすぎた魚の利用法　Ｂ―宿場町
イ．Ａ―獲れすぎた魚の利用法　Ｂ―港町
ウ．Ａ―外国への輸出品　Ｂ―宿場町
エ．Ａ―外国への輸出品　Ｂ―港町

問４．次の写真Ａ～Ｃはあとの地形図上の①～③のいずれかの地点で撮影したものです。Ａ～Ｃと①～③の組み合わせとして，もっとも適当なものを１つ選び，記号で答えなさい。ただし，地形図は出題の都合上拡大しています。

Ａ．

Ｂ．

Ｃ．

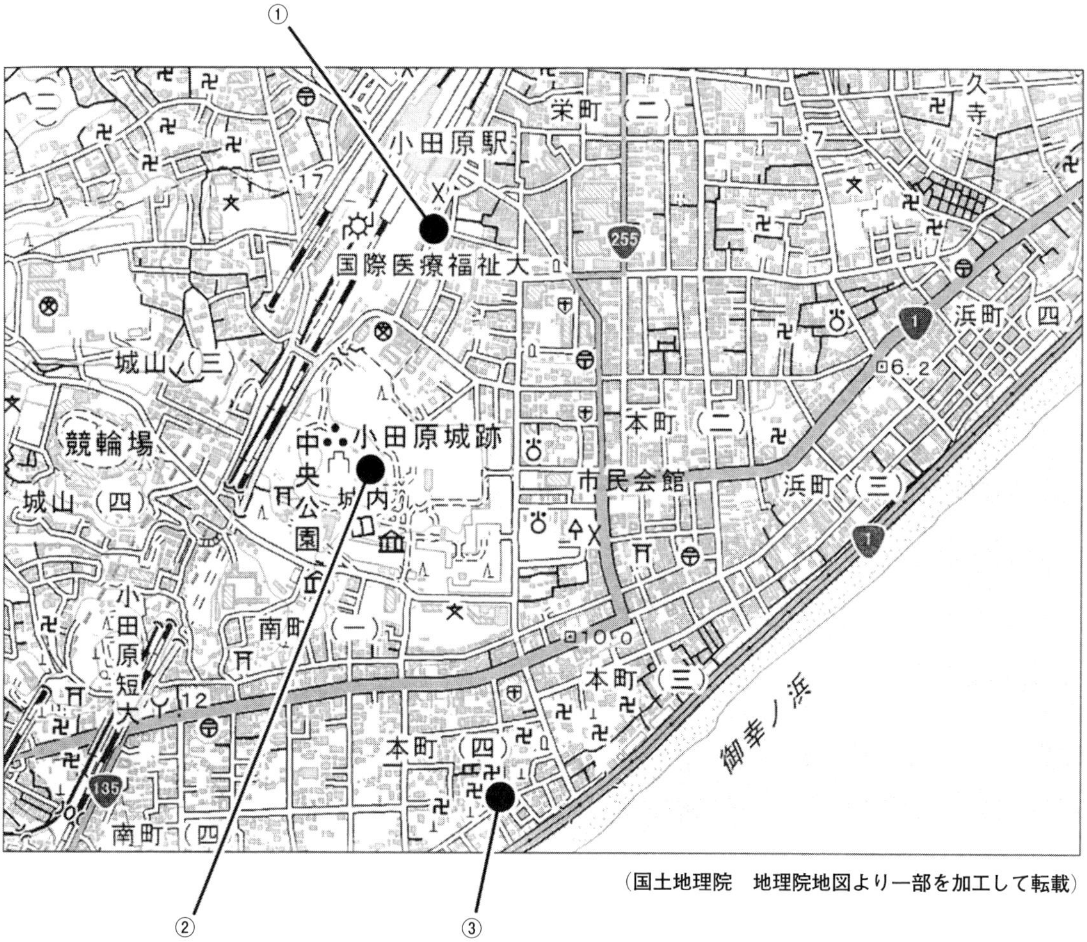

（国土地理院　地理院地図より一部を加工して転載）

ア．A—①　B—②　C—③　　イ．A—①　B—③　C—②
ウ．A—②　B—①　C—③　　エ．A—②　B—③　C—①
オ．A—③　B—①　C—②　　カ．A—③　B—②　C—①

3　次の文章を読んで，あとの問いに答えなさい。

昨年(2023年)，ワールド・ベースボール・クラシックという国際的な野球の大会で日本のチームが優勝しました。今の野球につながるルールがアメリカでつくられたのは，日本がまだ①江戸時代のころです。

日本に野球が伝わったのは，②1872年のことです。アメリカ人教師が，日本の学生たちに野球を教えたのが始まりです。ベースボールは日清戦争が始まった③(　　)年に「野球」と訳され，その後，全国的に野球人気が高まっていきました。④第一次世界大戦中の1915年には現在の夏の甲子園大会が始まりました。

1936年には日本のプロ野球のリーグ戦が始まりましたが，⑤戦争の激化でプロ野球も休止となっていきました。戦後，プロ野球が復活したのは1946年のことです。今ではアメリカのメジャーリーグで活躍する日本人選手も少なくありません。

問１．下線部①，江戸時代の日本は，鎖国を続けていました。鎖国に関係する次のＡ～Ｃのできごとを年代の古い順に並べたものとして，正しいものを１つ選び，記号で答えなさい。

Ａ．ポルトガル船の来航を禁止する。

Ｂ．キリスト教の禁止令を出す。

Ｃ．島原・天草一揆がおこる。

ア．Ａ→Ｂ→Ｃ　　イ．Ａ→Ｃ→Ｂ

ウ．Ｂ→Ａ→Ｃ　　エ．Ｂ→Ｃ→Ａ

オ．Ｃ→Ａ→Ｂ　　カ．Ｃ→Ｂ→Ａ

問２．下線部②，次の文章は1872年のできごとについて説明しています。文章中の(　)にあてはまる駅名をそれぞれ漢字で答えなさい。(ア)と(イ)に入る駅名の順番はどちらが先にきてもかまいません。

「1872年，（ ア ）駅と（ イ ）駅の間に日本で初めて鉄道が正式開業しました。」

問３．下線部③，（　）に入る年を西暦で答えなさい。

問４．下線部④，右のグラフは第一次世界大戦を前後とした日本の輸出額の移り変わりを表しています。このグラフに関係するＡ・Ｂの文章が正しいか，正しくないか，もっとも適当なものを１つ選び，記号で答えなさい。

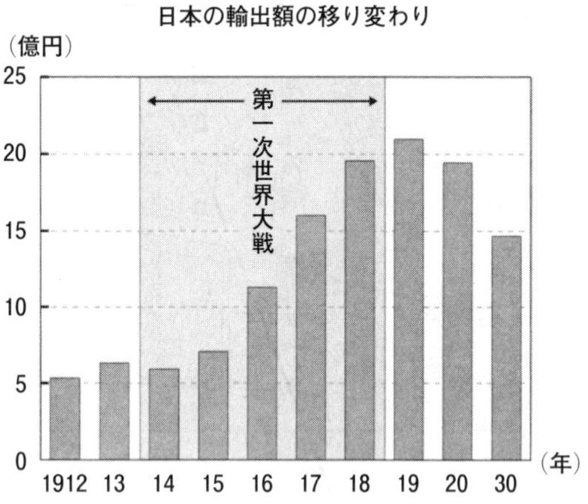

(『近代日本経済史要覧』より作成)

Ａ．1914年から1918年にかけて日本の輸出額がのびているのは，第一次世界大戦によりヨーロッパ諸国の生産力が低下すると，日本がヨーロッパやアジアへの輸出を大きくのばしたからである。

Ｂ．1919年から1920年にかけて日本の輸出額は下がっているが，その主な理由は，関東大震災で日本の経済が大きな打撃を受け，さらに，アメリカで始まった不景気が日本にも押《お》し寄せたからである。

ア．ＡもＢも正しい

イ．Ａは正しい，Ｂは正しくない

ウ．Ａは正しくない，Ｂは正しい

エ．ＡもＢも正しくない

問５．下線部⑤，この戦争中の日本社会を写した写真として，正しくないものを１つ選び，記号で答えなさい。

ア.

イ.

ウ.

エ.

4　次の文章を読んで，あとの問いに答えなさい。

国家とは，領域(領土・領海・領空)，国民，主権という3つの要素から成り立っています。①国の領土・領海・領空が定められていることは，国民の生活にも影響する大切なことです。

日本の領土である②北方領土は，北海道の根室沖にある歯舞群島・色丹島・国後島・択捉島からなります。第二次世界大戦後，当時のソ連がこれらの島々を占領し，現在も日本に返還されていません。

東シナ海に位置する③尖閣諸島は，1895(明治28)年に沖縄県に編入された日本の領土です。この島々をめぐっては，④(　　)が自国の領土であると主張しています。

また，日本海に位置する⑤(　　)は，1905(明治38)年に島根県に編入された日本の領土です。しかし，現在では⑥(　　)がその領有を主張しています。

問1．下線部①，領土・領海・領空についての文章として，もっとも適当なものを1つ選び，記号で答えなさい。

ア．日本本土から東に遠く離れた太平洋上にある南鳥島も日本の領土であるが，公海上に位置している。

イ．領空は，領土からの距離が領海とは異なり，他国の飛行機のスピードを考えて，領土の海岸線から約300kmと定められている。

ウ．領土の海岸線から200海里までの排他的経済水域では，その沿岸国に無断でその水域にある資源を採取することができない。

エ．第二次世界大戦後，沖縄はアメリカに占領されたが，引き続き日本の領土として日本政府による統治を受けた。

問２．下線部②，現在，北方領土を占拠している国を答えなさい。

問３．下線部③，尖閣諸島についての文章として，もっとも適当なものを１つ選び，記号で答えなさい。

ア．日本政府は，尖閣諸島は昔も今も日本の領土であり，その領有をめぐっては何も問題はないとの立場をとっている。

イ．尖閣諸島の領有をめぐっては，日本だけでなく複数の国が自国の島であると主張し，国際司法裁判所で裁判になっている。

ウ．尖閣諸島の領有を主張する国から島々を守るため，海上自衛隊の基地を魚釣島に建設し，不審船の取り締まりを行っている。

エ．尖閣諸島を他国に譲ったとしても，日本の排他的経済水域に変更はなく，引き続き島周辺で水産資源などを取ることができる。

問４．下線部④・⑥，（　）にあてはまる国名の組み合わせとして，もっとも適当なものを１つ選び，記号で答えなさい。

ア．④―中国　⑥―フィリピン

イ．④―中国　⑥―韓国

ウ．④―フィリピン　⑥―中国

エ．④―フィリピン　⑥―韓国

オ．④―韓国　⑥―中国

カ．④―韓国　⑥―フィリピン

問５．下線部⑤，（　）にあてはまる島の名前を漢字で答えなさい。

【理　科】〈第１回試験〉（社会と合わせて50分）〈満点：50点〉

1　図１は，ばねＡ，Ｂにいろいろなおもりをつるしたときの，おもりの重さとばね全体の長さの関係を表したグラフです。次の問いに答えなさい。

ただし，ばねの重さや，ばねに何かをつないだりつるしたりするときのつなぎ目の部分の長さは考えないものとします。

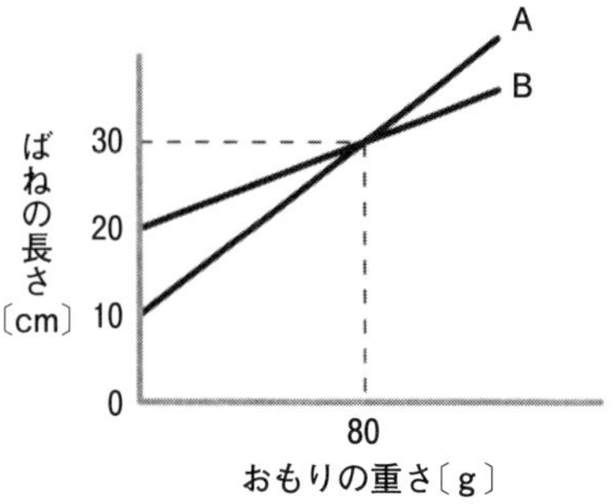

図１

(1)　ばねＡとばねＢに同じ重さのおもりをつるしたとき，ばねＡの伸《の》びはばねＢの伸びの何倍になるか，答えなさい。

(2)　ばねＡを１cm 伸ばすには，何 g のおもりをつるせばよいか，答えなさい。

(3)　図１のばねＢを２つ用意して，図２のように，天井からつるして軽い棒でつなぎ，棒の中心に３cm のひもで，直径５cm で重さ16 g の小球をつるしました。このときの全体の長さは何 cm になるか，答えなさい。

ただし，軽い棒は常に水平に保たれ，重さと大きさは考えないものとします。

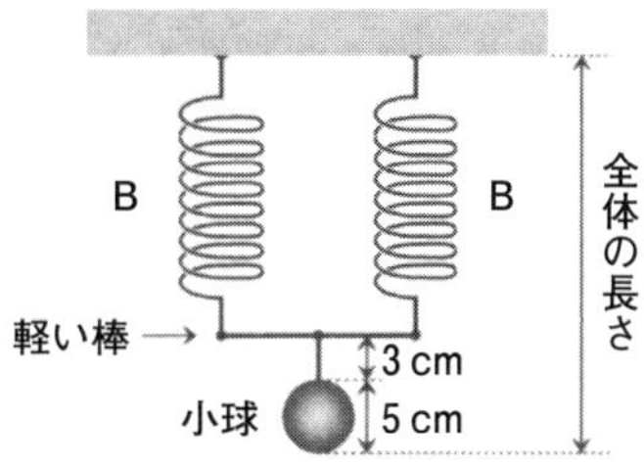

図２

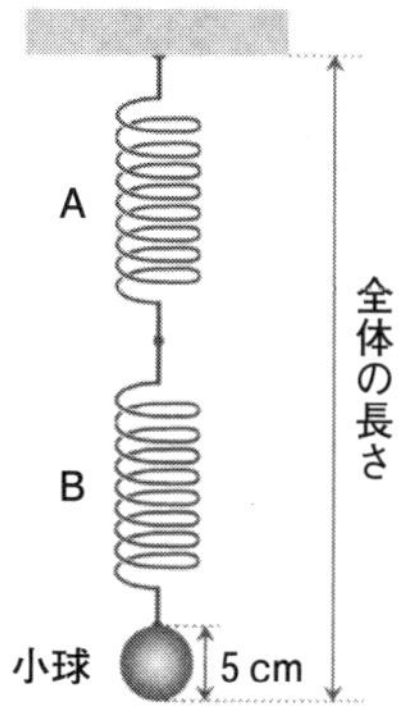

図３

(4)　図１のばねＡとＢを１つずつ用意して，図３のように，天井につるしたばねＡにばねＢをつなぎ，さらにばねＢに直径５cm で重さ16 g の小球をつるしました。このときの全体の長さは何cm になるか，答えなさい。

(5)　図１のばねＡとＢを１つずつ用意して，図４のように，天井からばねＡ，直径５cm で重さ16 g の小球，ばねＢ，直径５cm で重さ16 g の小球の順につないでつるしました。このときの全体の長さは何cm になるか，答えなさい。

(6)　図１のばねＡを３つと，ばねＢを１つ用意して，図５のように，３つのばねＡを天井に同じ間隔《かんかく》でつるし，高さ８cm で重さ128 g の直方体の箱にそれぞれつなぎ，さらに箱の中心にばねＢをつなぎ，ばねＢに直径５cm で重さ16 g の小球をつるしました。このときの全体の長さは何cm になるか，答えなさい。

ただし，箱は常に水平に保たれるものとします。

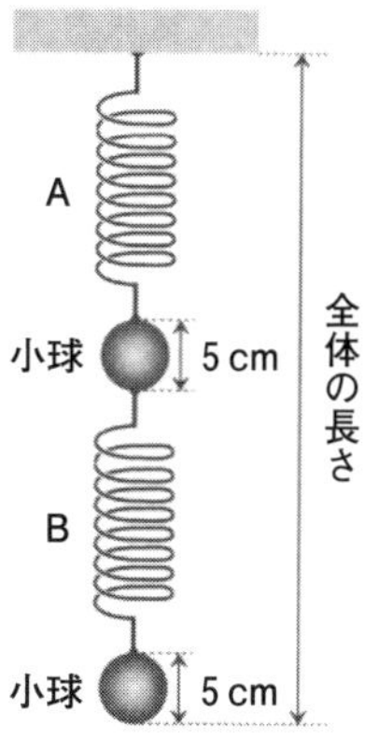

図４

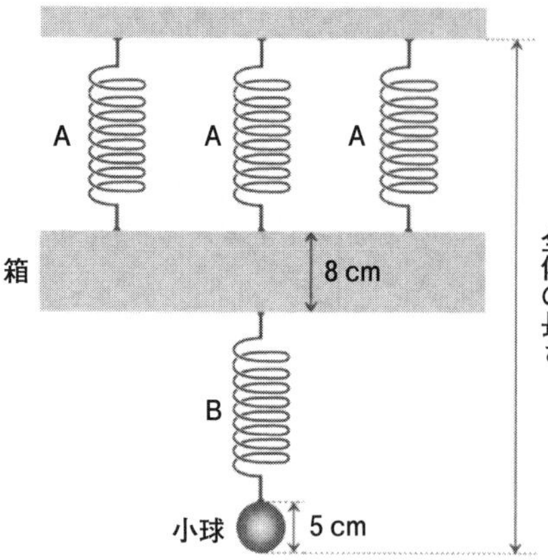

図５

2　加熱による変化に関するいろいろな実験について，次の問いに答えなさい。

(1)　図６のように，金属の細長いつつの両はしをレンガの上に乗せ，一方のはしを固定しました。この金属のつつの中央をガスバーナーで加熱したときのようすとして，もっとも正しいものを１つ選び，記号で答えなさい。

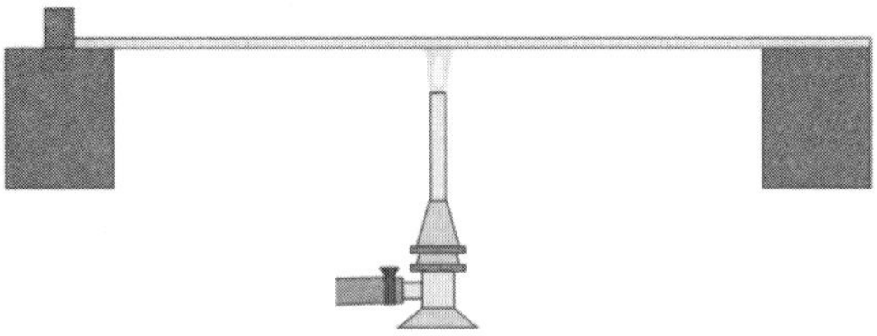

図６

ア．金属のつつが少し短くなった。
イ．金属のつつが少し長くなった。
ウ．金属のつつが少し曲がった。
エ．金属のつつの先からけむりが出てきた。
オ．とくに何も起こらない。

(2)　図７のように，丸底フラスコに水を入れ，ガラス管を通したゴムせんでふたをしました。ガラス管の途中《とちゅう》には色水が入れてあります。このフラスコをお湯の入ったビーカーに入れるとどうなるか，もっとも正しいものを１つ選び，記号で答えなさい。

ア．色水の位置が上に動く。
イ．色水の位置が下に動く。
ウ．フラスコの中の水がガラス管からふき出す。
エ．とくに何も起こらない。

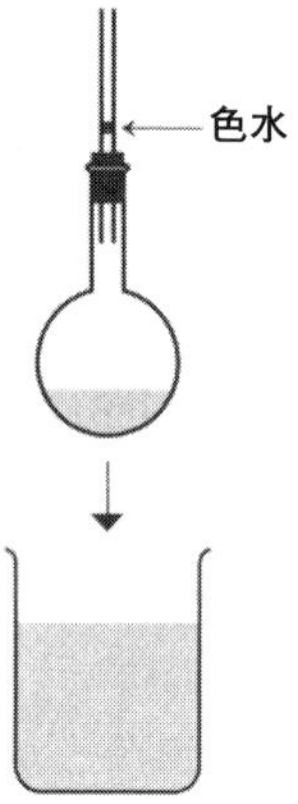

図７

(3)　図８のように，丸底フラスコに入れる水の量を多くして(2)の実験を行うと，(2)のときと比べてどのようなちがいがあるか，もっとも正しいものを１つ選び，記号で答えなさい。

ア．色水の位置が(2)よりも早く上に動く。
イ．色水の位置が(2)よりも早く下に動く。
ウ．色水の位置が(2)よりもゆっくり上に動く。
エ．色水の位置が(2)よりもゆっくり下に動く。
オ．フラスコの中の水がガラス管からふき出す。
カ．とくにちがいはない。

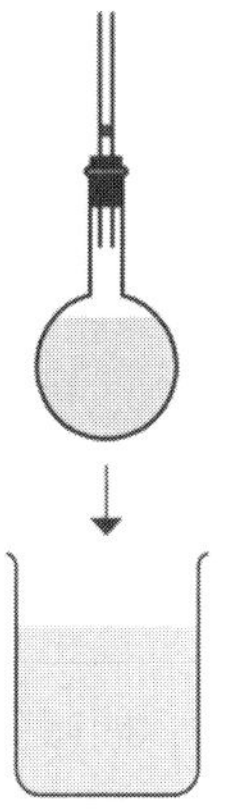
図８

(4)　図９のように，電源を入れた電気ストーブの上でふくらませた風船をはなしたところ，すぐに風船は上にうき上がりました。この理由について説明した次の文中の(①)～(③)にあてはまることばとして，それぞれもっとも正しいものを選び，記号で答えなさい。

　ストーブの熱で温められた(①)の空気がふくらんで密度が(②)なり，(③)なって上にのぼっていくから。

ア．まわり
イ．風船
ウ．小さく
エ．大きく
オ．軽く
カ．重く

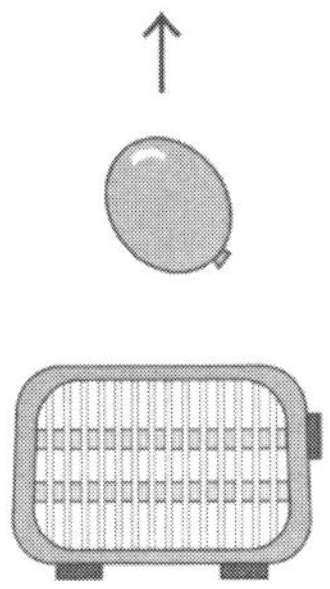
図９

(5)　次の文のうち，温度と体積の関係に関わりのないものを１つ選び，記号で答えなさい。

ア．電車のレールとレールのつなぎ目は，少しすき間があいている。
イ．温度計は，赤く色をつけたアルコールが入っていて，それが上下している。
ウ．寒い屋外から，暖かい部屋に入ると，メガネがくもる。
エ．コップに熱いお湯を入れると割れてしまうことがある。
オ．おふろのお湯を温めると，上の方が先に熱くなる。

3　地震《じしん》について，次の問いに答えなさい。

(1)　地震の発生した場所を震源《しんげん》といいます。震源の真上の地表面の地点を何というか，ひらがなで答えなさい。

(2)　マグニチュードの説明として，もっとも正しいものを１つ選び，記号で答えなさい。

ア．マグニチュードは０～７の10段階で表される。
イ．マグニチュードは地震そのものの規模の大きさを表す。
ウ．マグニチュードはある場所での地震によるゆれの強さを表す。
エ．マグニチュードは震源に近いほど値が小さくなる。

(3)　気象庁では2007年より，地震の発生直後に震源に近い地震計でとらえた観測データをすぐに解析《かいせき》して，大きなゆれの伝わってくる時刻やゆれの大きさを予測し，すばやく知らせることを開始しました。この予報・警報を(　　)地震速報といいます。(　)にあてはまることばをひらがなで答えなさい。

(4)　地震が起こったときに，地震が関係して引き起こされる災害と考えられるものとして，正しいものをすべて選び，記号で答えなさい。

ア．高潮《たかしお》　　イ．たつまき　　ウ．津波《つなみ》　　エ．液状化

(5)　地震が起こると，震源からゆれが波となって地面を伝わっていきます。地震の波には速い波とおそい波があり，２つの波は地震が起こると同時に発生します。

　速い波が地面を伝わる速さは秒速７km，おそい波が地面を伝わる速さは秒速４km とします。震源から84km にある観測地点において，速い波を観測してからおそい波を観測するまでの時間は何秒か，答えなさい。

　ただし，震源から観測地点まで速い波とおそい波は同じ道すじを伝わるとします。

4　次の文を読んで，問いに答えなさい。

兄：夏休みになって，久しぶりに公園のサクラの木を見たけれど，なんとなく葉に元気がないね。

弟：そうだね。近くでよく見てみよう。あ，見たことがないこん虫がいるよ。このこん虫は何だろう。

兄：どれどれ。つかまえて調べてみよう。大きさは３cm くらいで，頭部についている触角《しょっかく》が体長よりも長いね。からだは(①)つの部分に分かれていて，(②)の部分にあしを６本もっている。からだの表面に光たくがあるからカミキリムシの仲間だと思うけど，胸のところが赤いね。

弟：お兄ちゃん，これはクビアカツヤカミキリムシかもしれないよ。幼虫がサクラの木の中に入ると食害《しょくがい》を起こして木を枯《か》らしてしまうんだ。木くずの出ているような穴があると幼虫が見つかるんだけど。木の幹をかじるのであれば幼虫の口はかじるのに適した形になっていそうだね。

兄：なるほど。ここに幹の表面に木くずとフンが混ざったようなものが出ている穴があった。でも，このこん虫は日本にはいなかったはずだけど。

弟：そうだね。もともと日本にはいなかったけど，海外から日本に入ってきて，だんだん増えてしまって，サクラやモモが被害《ひがい》にあっているんだって。だから駆除《くじょ》したほうがいいみたいだよ。そういう生物は特定(③)生物とよばれているんだ。

(1)　カミキリムシを表している図として，もっとも正しいものを１つ選び，記号で答えなさい。

ア．

イ．
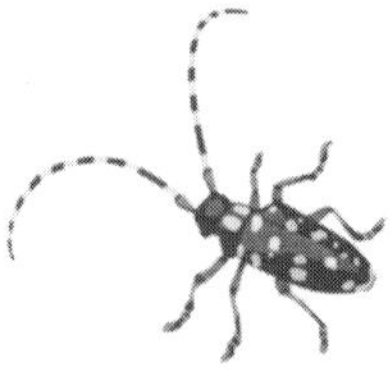

ウ．
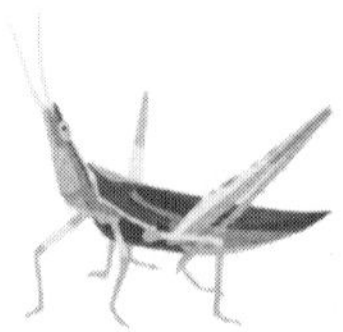

エ．

(2)　文中の(①)と(②)にあてはまることばの組み合わせとして，もっとも正しいものを１つ選び，記号で答えなさい。

	①	②
ア	2	胸
イ	2	腹
ウ	3	胸
エ	3	腹
オ	4	胸
カ	4	腹

(3)　こん虫の育ち方を調べると，さなぎの時期があるものと，ないものがいます。次の５種類のこん虫のさなぎの時期がある・ないによる分け方として，もっとも正しいものを１つ選び，記号で答えなさい。

あ．アリ　　い．バッタ　　う．ハエ　　え．コオロギ　　お．クワガタ

	さなぎの時期がある	さなぎの時期がない
ア	あ，う，お	い，え
イ	う，お	あ，い，え
ウ	あ，え	い，う，お
エ	あ，お	い，う，え
オ	い，え，お	あ，う

(4)　こん虫の口は，エサをどのように食べるかによって異なっていて，イエバエの成虫の口は，えさをなめるのに適した形になっています。モンシロチョウの成虫の口はどのような食べ方に適しているか，もっとも正しいものを１つ選び，記号で答えなさい。

ア．かむ　　イ．すう　　ウ．さす　　エ．なめる

(5)　文中の特定(③)生物について，(③)にあてはまることばを漢字で答えなさい。

(6)　文中の特定(③)生物について，次のもともと日本にすんでいなかった生物の説明文のうち，誤っているものを１つ選び，記号で答えなさい。

ア．びわ湖には，多くのブラックバス(オオクチバスなど)が生息している。食欲がおうせいで口に入るものは何でも食べてしまうので，もともと湖に生活していたビワマスやビワヒガイの数が激減した原因の一つになっている。

イ．ツマアカスズメバチは，ヒトをさすこともあるので注意しなくてはならないが，さらに幼虫のエサにするためにミツバチをつかまえる習性があり，もともと日本にいるニホンミツバチが減ってしまうと，農作物の受粉ができなくなったり，養蜂《ようほう》業などの産業に被害が生じたりすることもある。

ウ．セイヨウタンポポは日本にもともと生育していたカントウタンポポを枯《か》らしている。こん虫の受粉を必要としないセイヨウタンポポは雑木林や田畑など他の影響《えいきょう》を受けにくい場所を中心に数を増やしている。最近ではセイヨウタンポポとカントウタンポポの雑種が発見されている。

エ．アメリカザリガニは，食用ガエル(ウシガエル)のえさとして輸入されたが，池や小川にも

ともとすんでいるメダカや水生こん虫をえさとしたり，水草を切断したりするなどの被害が出ることがある。

(7)　次の写真と生活のようすは，あるこん虫の幼虫について調べたものです。このこん虫として，もっとも正しいものを１つ選び，記号で答えなさい。

(生活のようす)

①　このこん虫は，成虫で冬をこす。

②　春先に生まれた卵は幼虫となり，その後，さなぎとなる。

③　成虫は，アブラムシなどの害虫を食べる。

④　さなぎから羽《う》化《か》した成虫は，丸い体形で背中に黒いはん点がある。

ア．カブトムシ　　　イ．チャドクガ

ウ．アゲハチョウ　　エ．ナナホシテントウし、人間はそのどちらかを選択《せんたく》するところにきている。

ウ．科学技術の飛躍的《ひやくてき》な進歩を背景に、現在の農業の機械化はついには植物工場とまでいわれるような厳重な管理下での生産が可能になった。最終的には、限界をむかえている地球資源ではなく宇宙空間に栽培の場を求め、現在さまざまな分野での共同研究が行われており、その成果が実を結んできている。

エ．農業は本来自然と共存し、自然を最大限利用していくものであったが、現在の農業はテクノロジーとの共存を目的として、今まで以上に過酷な自然環境でも効率よく栽培できる技術を開発しつつあり、最も過酷な宇宙環境での農業の成功を考え、さまざまなジャンルでの共同研究が盛《さか》んに行われている。

オ．現在の農業は、科学技術を積極的に取り入れて大きく変化してきている。植物工場を作って安定した作物の生産システムを作り出したり、ドローンを積極的に活用したりして大きな成果を得ることができている。いまでは科学技術を駆使《くし》して宇宙で農業を行うことまで視野に入れて、研究が進んでいる。

エ．厳密に管理された環境で育てないと、枯《か》れてしまうから。
オ．成長が遅いので、しっかりと管理することが可能だから。

問４　――線部４「スマート農業で主役を担う最新機器のひとつがドローンだ」とありますが、次の＜ふだんの仕事として農業をしている人の数と年齢《ねんれい》＞というグラフを参考にして、日本の農業の現状に触《ふ》れながら、日本でドローンが普及《ふきゅう》している理由を説明しなさい。

＜ふだんの仕事として農業をしている人の数と年齢＞

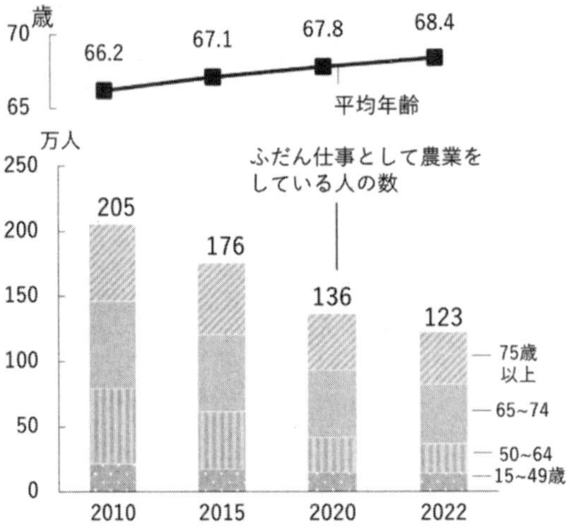

資料：農林水産省「農林業センサス」（組替集計），「農業構造動態調査」
（『ジュニア農林水産白書2023』による）

問５　[5]（本文に二か所あります）に当てはまる言葉をアルファベット二文字で答えなさい。

問６　――線部６「ただ問題がひとつあった」とありますが、問題とはどういうことですか。
ア．低気圧の中でも植物がうまく育つかどうかということ。
イ．栽培スペースが入る建物が頑丈になってしまうこと。
ウ．宇宙の環境下においては衛生管理が難しいということ。
エ．栽培用の水を大量に保持しなければならないということ。
オ．宇宙では成長のために必要な光を作ることができないこと。

問７　――線部７「コスト」の意味はどれですか。
ア．構造　イ．環境　ウ．安全
エ．費用　オ．技術

問８　――線部８「袋型培養槽」の説明として、正しくないものはどれですか。
ア．農業に不適とされていた場所で作物を作ることが可能となり、新しい農業につながる可能性を秘めている。
イ．新しい農業の形として期待されているが、現場の生産者にかかる負担が大きくなることが問題である。
ウ．袋という密閉された状態であるため、大気中にある病原菌をいれないことが容易であり、感染を防げる。
エ．実験の段階では、低気圧の環境下で使用しても、通常の状態と変わらない植物を育てることが可能である。
オ．培養槽は水を有効に利用でき、衛生管理が簡単で、人数に合わせた小ロット生産が可能なのが魅力《みりょく》である。

問９　本文の内容を説明したものとして正しいものはどれですか。
ア．自然の影響が大きい農業にとって、科学技術の進歩は不可欠なものである。近年農業では、工場での栽培、ドローンの活用、少ない水を有効に使う方法や宇宙農場など、科学技術を積極的に取り入れて世界中の貧困の解消を目指している。科学技術と農業は切《き》り離《はな》すことのできないものになっている。
イ．現在の農業は最近急速に発展したテクノロジーを積極的に活用し、天候などに影響を受けない農作物の栽培を可能にしている。その反面、自然の姿ではないという考えもあり、テクノロジーと生物としての自然な在り方というあらたな問題を生み出学連携《れんけい》で行った共同研究が明らかにした。

宇宙での長期滞在《たいざい》を考える際、重要な問題になるのが食料をどう調達するかだ。地球から大量に持っていくのは予算がかかり過ぎるので、現地で生産するのがベスト。しかし外気圧がほぼゼロの環境のなか、水を大量に使用できない、病害虫は絶対に発生させてはいけない、といった厳しい制約をクリアしなければならない。

共同研究では、キリンが開発した袋《ふくろ》型の培養槽《ばいようそう》を採用。麦やホップに関する研究の一環《いっかん》として開発した技術で、組織培養して効率良く大量に増殖《ぞうしょく》する。

ポイントは袋の内部で水を循環《じゅんかん》させることで、水を有効に利用できる。小さな袋はクリーンな状態にしやすく、ウイルスや病原菌《きん》が入り込む心配もない。袋は小型のため、月面などの宇宙に滞在する人数に合わせた小ロット生産が可能だ。

6ただ問題がひとつあった。7コスト面を考えると、栽培スペースが入る建物はさほど頑丈《がんじょう》にはしないで、内部の気圧を低く抑えたいことだ。

低気圧の環境下で、植物がうまく育つかどうかはわからない。そこで千葉大学にある低気圧環境を保つ培養装置で、レタスやジャガイモ、大豆などを試験的に培養。栄養成分などを検査したところ、通常の環境下と同様だとわかった。月面でも十分、栄養を生産してくれそうだ。

8袋型培養槽の持つ可能性は大きく、栽培不適地での食料生産など、まったく新しい農業のスタイルにつながるかもしれない。

（石川伸一『「食」の未来で何が起きているのか』による）

※**カテゴリー**…同じような性質のものが含まれる範囲《はんい》。

※**モニタリング**…継続《けいぞく》して監視《かんし》すること。

※**周年栽培**…ある作物を、一年を通じて生産し、供給できるように栽培すること。

※**培地**…培養のために用いる養分などを含む液状や固形の物質。

※**スマート農業**…情報通信技術を応用して植物の生長に適した温度・栄養管理をし、販売などの効率化も図る農業。

※**ＪＡ**…「農業協同組合」のこと。

※**緑肥作物**…栽培した作物を、収穫せず、そのまま耕して土にすき込むと、土が元気になる。この栽培してすき込む植物のこと。

※**マッピング**…地図、または、地図式の図表を作ること。地図製作。

問１　――線部１「植物工場」とありますが、「工場」といわれるのはなぜですか。

ア．工場を運営していくためには、膨大《ぼうだい》な費用がかかるから。

イ．野菜を中心とした植物を栽培するには莫《ばく》大な費用がかかるから。

ウ．すべて人工的なものを使用して植物を栽培しているから。

エ．植物工場産の葉物野菜は、一般の小売店には販売されないから。

オ．徹底的に管理された環境の中で野菜を栽培していくから。

問２　[2]にはどのような言葉が入りますか。

ア．「品質」というよりも「効率」に近い

イ．「農業」というよりも「工業」に近い

ウ．「労働」というよりも「趣味《しゅみ》」に近い

エ．「工場」というよりも「学校」に近い

オ．「耕作」というよりも「園芸」に近い

問３　――線部３「リーフレタス」とありますが、なぜこの野菜が植物工場で栽培される野菜の90％以上を占めているのですか。

ア．コンビニや外食チェーン店などで、よく消費されるから。

イ．まだ小さいころに収穫して、販売することができるから。

ウ．強くない光量のもとでも成長が早く、可食部が多いから。

のほかには、各種レタスをまだ小さいころに収穫《しゅうかく》し、ベビーリーフとして販売《はんばい》することが多い。

植物工場で栽培された野菜は、どこで販売されているのだろうか。スーパーの野菜に「○○植物工場産」といった表示がついているのを見た覚えがないのだが……と疑問を感じる人がいるかもしれない。

じつは、植物工場産の葉物野菜は一般《いっぱん》の小売店などには流通しておらず、最終的にコンビニや機内食、外食チェーン店のサラダなどに利用されている。それとは知らず、食べたことがある人も多いはずだ。

4※スマート農業で主役を担《にな》う最新機器のひとつがドローンだ。もともと軍事用に開発された自律無人機で、遠隔《えんかく》操作や自動制御によって飛行する。

ドローンは2016年以降、農業分野で急速に活用されるようになった。2017年3月から翌年末までの間に導入台数が6倍強、操縦できるオペレーター認定者が約5・5倍に急増。現在も農業分野への導入は増え続けている。

ドローンは大きさがコンパクトで軽量なので、1人で軽トラックの荷台などに楽に載《の》せられる。騒音《そうおん》が少ないので、住宅地に近い田畑で利用しても問題はない。ほかにも、小回りが利《き》くため山が迫《せま》る複雑な地形の地域でも飛ばせるなど、メリットがたくさんあるのだ。

ドローンが最も活用されているのは農薬の散布。空中から散布する場合、以前は主に無人(ラジコン)ヘリコプターが使われてきた。ドローンはこれよりも小型で、価格が安く、手軽に使える。もちろん、人間が歩きながら散布することと比べたら、労力は比べものにならない。

※JA鹿児島《かごしま》県連で実施《じっし》されたケースでは、ドローンを使って農薬を散布すると、1ヘクタール当たり15分から30分程度で作業が終了《しゅうりょう》した。動力噴霧《ふんむ》器を背負って行うと、同じ面積で約2時間もかかる。ドローンを一度でも試したら、もう自分で作業をする気にはならないだろう。

害虫がいる場所をピンポイントで攻《せ》められるのも、ドローンならではのメリットだ。前もって田畑の上を飛行させて、全体を撮影《さつえい》。その画像を［5］が解析《かいせき》して虫食いなどを発見し、害虫がいる位置を特定する。そして農薬を積んで再度飛行し、害虫に向けてピンポイントで農薬を散布できる。この方法によって、農薬の使用量を10分の1程度に抑《おさ》えることが可能だ。

国もドローンの普及《ふきゅう》を推《お》し進めており、農薬散布については、2022年までに日本の耕地の約4分の1に当たる100万ヘクタールに拡大することを目標にしている。

ドローンは肥料の空中散布、すき込んで肥料にする※緑肥作物の種まき、果樹を受粉させるための花粉養液の空中散布、傾斜《けいしゃ》地が多い茶畑での収穫物《しゅうかくぶつ》の運搬《うんぱん》など、ほかにもさまざまな作業に導入されている。

直接的な農作業ではないが、害獣駆除《がいじゅうくじょ》に関する利用も普及しつつある。イノシシやシカは日が暮れてから活動が活発になるので、棲息《せいそく》状況《じょうきょう》の調査がしにくい。そこで、ドローンに赤外線カメラを搭載《とうさい》し、夜に飛行させて空中から撮影。その空撮《くうさつ》画像を［5］で解析して生息状況を※マッピングし、害獣駆除に活用する。

ドローンの活用については官民協議会が結成され、農林水産省のホームページ内に常設されたサイトで、最新の取り組みなどを知ることができる。新時代の農業において、ドローンはさらに多様な面で活躍《かつやく》していくはずだ。

「農業×テクノロジー」を推し進めた究極の到達《とうたつ》点は、月面などの「宇宙農場」だろう。その未来像は宇宙航空研究開発機構(JAXA)と東京理科大、千葉大学、キリンホールディングス、竹中工務店の産加地先生に気を許して思わず弱音を口にして、情けなさがこみ上げたから。

オ．加地先生が俊介の告白をきちんと聞いてその内容を理解し受け止めただけでなく、俊介の生き方に寄りそうような言葉をかけてくれたから。

問９ ――線部９「しんどくてたまらなかった」とありますが、なぜ「しんど」かったのですか。その理由を本文中から二十六字で解答欄に合うように抜き出しなさい。

問10 ――線部10「俊介の胸を刺す、小さな棘がびっしりと付着した言葉」とありますが、なぜそれらの言葉が俊介の胸を刺すのですか。

ア．大人たちが期待しているように見せかけて、努力する俊介に精神的に圧力をかけてくるから。

イ．今から勉強しても合格は難しく、時間のむだだと大人たちが俊介の夢を壊《こわ》そうとするから。

ウ．俊介が必死に勉強する理由を深く考えずに、大人たちが自分の価値観をぶつけてくるから。

エ．俊介がやっていることは金と時間のむだで必要のないものだと大人たちが言ってくるから。

オ．俊介が受験勉強をすることで、他の人たちに大きな影響《えいきょう》が出ていると責め立ててくるから。

問11 「中学受験の意味」について、加地先生はどのように考えていますか、解答欄に合うように答えなさい。

三 **次の文章を読んで、後の問いに答えなさい。**

　野菜は太陽の光が降り注ぐ露地《ろじ》で、あるいは温度や水分を調整しやすいビニールハウスの中で、人が労力をかけて育てるもの。こういった常識は、もう通用しない時代になってきた。従来の農業からかけ離《はな》れた「１植物工場」が日本でも増えてきたのだ。

　農業の※カテゴリーとしては、植物工場は施設《しせつ》園芸の一種。施設園芸はハウスなどの施設内で、光や温度、湿度《しつど》、二酸化炭素、水分、養分などを制御《せいぎょ》して栽培《さいばい》する。なかでも環境や生育をデジタルデータで※モニタリングして、より高度に環境をコントロールし、生育の予測を立てて計画的な※周年栽培ができるものを植物工場という。

　光合成で必要とされる光については、太陽光をそのまま当てるか、LEDライトや蛍光灯《けいこう》を利用する。日本の植物工場では、後者の人工光型が主流だ。栽培の仕方は、化学肥料を溶《と》かした水を利用する水耕栽培が多いが、土または何らかの※培《ばい》地を敷《し》いて、養分をチューブで与《あた》える方法もある。

　植物工場のメリットは多い。外部と遮断《しゃだん》された施設内で栽培するので、天候や温度などに左右されない。しかも害虫が侵入《しんにゅう》せず、病気の原因も排除《はいじょ》されるから、無農薬で栽培できる。生育環境を高度に制御するので、形や色、味、含《ふく》まれる栄養などを一定に保つことも可能だ。

　厳密に管理されたなかで行われるという意味では、植物工場での栽培は［　２　］かもしれない。実際、大規模な植物工場は、まるで食品メーカーの工場のようだ。工場内に入るには、厳重な衛生服を身につけて、エアカーテンを潜《くぐ》り抜《ぬ》けて入らなければならない。髪《かみ》の毛１本、ほこりひとつも持ち込《こ》まないように、徹底《てってい》的に衛生管理されている。

　植物工場で育てられるのは葉物野菜がメイン。人工光型の植物工場は消費電力が大きいため、強くない光量のもとでも成長が早く、しかも可食部が多い野菜がいい。こうした条件を満たすのが３リーフレタスで、植物工場で栽培される野菜の90％以上を占《し》める。リーフレタスできる人物。

イ．子どもが感情のままに接してきた時でもいらだちをおさえられる人物。

ウ．子どもに対して知ったかぶりをせずに謙虚《けんきょ》に耳を傾《かたむ》けようとする人物。

エ．子どもの切実な質問には知らないことでも答えようとする熱心な人物。

オ．子どものあらゆる質問に対して、はぐらかしてごまかそうとする人物。

問４　――線部４「そんなふうに見てくれていたなんて」とありますが、加地先生はどんなふうに見ていたのですか。解答欄に合うように答えなさい。

問５　――線部５「お母さんの言葉は嘘じゃなかったよ」とありますが、なぜ加地先生はこう言ったのですか。

問６　――線部６「でも今日、おまえがどうしてこんなに頑張れるのかがわかったよ」とありますが、俊介が頑張れるのはなぜですか。

ア．俊介は今の自分が嫌《きら》いなため、何事にも必死に頑張り美音を守れる強い兄になることで、自分の生き方を変えようと思っているから。

イ．有名な東駒に挑戦して合格することで、将来ロボットを作り耳の不自由な美音を守ってあげたいと小さい頃から思っているから。

ウ．どんな場面でも自分を応援してくれている両親や美音のため、その期待にこたえて自分の生き方をまっとうしようと思っているから。

エ．あまり良くなかった入塾テストの結果にもかかわらず、自分を合格にしてくれた加地先生のやさしさにこたえたいと思っているから。

オ．受験勉強に遅れをとっていた自分を見守ってくれ、急成長させてくれた両親、妹、塾の講師たちなどすべての人に感謝をしているから。

問７　――線部７「しんどい人生」とはどのような人生ですか。

ア．妹の難聴は自分のせいだと常に罪悪感を抱《いだ》き、それを打ち消すために頑張り続ける人生。

イ．両親や親戚《せき》たちに、妹が難聴になってしまったのは自分のせいだと常に責められる人生。

ウ．自分の実力よりもはるかに上の中学校に合格しなければならず、努力を強いられる人生。

エ．意味のない中学受験に取り組むために、一度しかない六年生の夏を犠牲《ぎせい》にする人生。

オ．自分よりも家族の思いを優先して、難関校に受からなければならないと思いこんでいる人生。

問８　――線部８「先生の言葉を聞いたとたん、涙がまた溢れてきた」とありますが、それはなぜですか。

ア．加地先生に自分の人生を話すことで今までの自分の人生がつらいものだったことを再認識《にんしき》してしまい、もうがまんできないと感じたから。

イ．俊介の志望校が数ある中高一貫校の中でも難関国公立の東駒であることを知り、はじめて加地先生が応援する言葉をかけてくれたから。

ウ．罪悪感を持ちながら必死に頑張ってきた今までの俊介に対して、加地先生が大人ではじめて自分を応援する言葉をかけてくれたから。

エ．自分が弱音を吐くことは許されないと俊介は思っていたのに、……9しんどくてたまらなかった。だから頑張るしかなかったのだ。必死に頑張って、美音を守れる強い兄ちゃんになって、それだけが自分のできる精一杯《せいいっぱい》だと思って生きてきた。でもサッカーがだめになって、もうどうすればこれ以上頑張れるのかわからなくなった時に、東駒のことを倫太郎《りんたろう》から聞いた。日本で一番難しい中学校に挑《いど》んで、もし合格したなら、自分を許せるかもしれないと思ったのだ。

「なあ俊介、その年でそんな大きなものを背負うなよ。……おまえの気持ちが、おれにはわかるよ。先生にも守らなきゃならない家族がいる。でもおまえはその年で、そんな大きなものを背負う必要はない」

　先生の手がテーブルの向こう側から伸びてきて、俊介の頭をそっとつかむ。

「俊介は賢《かしこ》い。努力もできる。ただ東駒は最難関だ。あと半年でおまえの学力が東駒レベルまで上がるかどうか、正直なところおれにもわからない。でもこの受験がおまえを少しでも楽にしてくれるなら、おれも全力で教える。応援《おうえん》するんじゃなくて一緒に挑戦《ちょうせん》する」

　俊介はテーブルの上に置いてあったおしぼりを手に取って、両目に強く押《お》し当てた。それからおしぼりで頬を拭い、鼻水を拭い、口元を拭ってから前を向いた。目を開くと、いままで涙で歪《ゆが》んでいた先生の顔がはっきり見えた。

「先生は……中学受験をすることに意味があると思いますか？」

　みんなに、ここまで過酷《かこく》な受験勉強をさせることに納得《なっとく》できないの。

　だって六年生の夏休みは、人生で一度きりしかないんだから。

　中学受験なんてなんの意味もないって言ってたぞ。

　金と時間を使って塾に通っても、合格しなかったらどうせ広綾《こうりょう》中に行くんだ。

　勉強を頑張りたいなら、中学に入ってからでも遅《おそ》くないって。

頭の中にこびりついて離れなくなっていた豊田先生や智也《ともや》のお父さんの言葉を、俊介はもう一度口の中で唱《とな》えてみた。10俊介の胸を刺《さ》す、小さな棘《とげ》がびっしりと付着した言葉。

「もちろんだ。じゃないと、中学受験の塾講師なんてやらないだろう？　おれは、中学受験には意味があると思ってる。人は挑むことで自分を変えることができるんだ。十二歳でそんな気持ちになれる中学受験に、意味がないわけがない」

　先生はそう言って微笑《ほほえ》むと、そろそろ塾に戻るぞと立ち上がった。

（藤岡陽子『金の角持つ子どもたち』による）

※腫脹…炎症《えんしょう》などのため、体の一部がはれあがること。

問１　――線部１「なんで東駒なんだ？」とありますが、なぜ俊介は東駒を志望しているのですか。本文中から十字以内で解答欄《らん》に合うように抜き出しなさい。

問２　――線部２「加地先生は両目を大きく見開いた」とありますが、なぜ目を見開いたのですか。

ア．俊介の答えが、ばかげていて全然具体的ではないものだと思ったから。

イ．俊介の答えが、現在の俊介の成績ではまったく実現不可能だと思ったから。

ウ．俊介の答えが、あまりにも突拍子《とっぴょうし》のない空想的な内容であり、あきれたから。

エ．俊介の答えが、小学生らしくない答えであり、とても意表をつかれたから。

オ．俊介の答えが、とても不真面目《まじめ》な内容だったので、腹立たしく感じたから。

問３　――線部３「いや、知らないな」という返答から、加地先生のどのような人物像がうかがえますか。

ア．子どもが挑戦的《ちょうせんてき》な態度を取っても堂々と自分の考えを表明

　四年前の夏の日、家族で征《せい》ちゃんのおじいちゃんの牧場に遊びに行った時に大人たちが話をしているのを、耳にしてしまった。

——わかったわ。征にも厳しく言い聞かせとく。でも……美音ちゃんの難聴の原因が、幼稚園で流行《はや》った風疹だったってこと、誰が広めたのかしらね。幼稚園で風疹が流行ることなんてよくあることなのに……。誰も悪くないのに、本当に酷《ひど》い噂《うわさ》話をする人がいるわね。

　プール遊びをしていて、全身から水滴《すいてき》を滴《したた》らせ、俊介は居間の縁《えん》側に上半身を乗り出していた。お母さん、水鉄砲《てっぽう》取って。そう叫《さけ》ぼうとしたら、征ちゃんのお母さんの言葉が、聞こえてきた。言っていることの意味はよくわからなかったのに、自分にとってとても怖《おそ》ろしい話だということはわかった。「誰も悪くないのに」の「誰も」は、自分のことなのだと、なぜか直感で気づいた。「俊ちゃんは悪くないのに」と、おばさんは言いたかったのだ。

　テーブルの隅《すみ》に視線を落としたまま黙りこくっていると、

「おまえが入塾《にゅうじゅく》テストを受けた時、担当していたのはおれだったんだ。憶《おぼ》えてるか?」

　と加地先生が聞いてきた。下を向いたまま、俊介は頷く。

「入塾テストの結果を、おれからおまえのお母さんに説明したんだ。何点だったかな?　点数ははっきりと憶えてないけど、あんまり良くはなかったな。それでお母さんもえらく恐縮《きょうしゅく》してて、これじゃあ入塾は無理ですね、って帰ろうとしてたんだ」

　その話はお母さんから聞いた気がする。でも帰ろうとしたことは、知らなかった。

「おれはおまえを合格にした。合格点には達してなかったけど、そんなことは正直なところさほど関係ない。成績が伸《の》びるかどうかは、その時点の学力よりもむしろ、子どもの性質を重要視するところがあるんだ。それでおれは、おまえなら絶対に伸びると思った。こういう仕事をしていると、時々巡《めぐ》り合うんだ。黙っているのに顔から、全身から、負けん気が立ちのぼっているような子に出逢《あ》う。おまえはそんなやつだった。そういう子どもには必ず、金の角が生えてくる。だからおれはおまえに、勉強を教えてみたいと思った」

　知らない間に頬《ほお》を伝っていた涙《なみだ》を手の甲《こう》で拭《ぬぐ》ってから、俊介はゆっくりと顔を上げる。

「先生はいつも……金の角って言うよね」

　加地先生が4そんなふうに見てくれていたなんて、全然知らなかった。人より遅《おく》れて塾に入った自分には、角も生えないだろうと諦《あきら》めていたのだ。

「おれが合格だと伝えたら、お母さんすごく驚《おどろ》いてな。涙浮かべて、おまえのことを頑張《がんば》り屋なんだって言ってたよ」

　涙ぐむお母さんの顔が、俊介の頭の中にすぐに浮かぶ。お母さんは、俊介や美音が褒《ほ》められるとすごく喜ぶ。自分が褒められているような、とても嬉《うれ》しそうな顔をする。

「5お母さんの言葉は嘘《うそ》じゃなかったよ。四月に入塾してからこの半年間、おまえは本当によく頑張ってる。おまえの急成長は、Ｐアカ新宿校の講師陣《じん》の間でも話題になってるくらいだ。6でも今日、おまえがどうしてこんなに頑張れるのかがわかったよ」

　先生はいったん口をつぐみ、静かに息を吐《は》き出した。

「俊介おまえ、7しんどい人生だな」

　8先生の言葉を聞いたとたん、涙がまた溢《あふ》れてきた。抑《おさ》えようとして、でもどうやっても泣き声が漏《も》れ出てしまう。先生の言ったとおりだった。これまでずっとしんどかった。でもしんどいなんてことを口にしたらいけないと思っていた。自分が弱音を口にするなんて許されないと、おびえていた。先天性風疹症候群という病気を初めて知った時。幼稚園での記憶が、その病気と結びついた時。そこからほんとに

「生き方を変えたいからです」

長い沈黙《ちんもく》の後、俊介がようやくそう答えると、2加地先生は両目を大きく見開いた。口をすぼませ、ふいのパンチを食らったような表情で俊介を見返してくる。

「なんだ俊介、おまえ、えらく大人びたことを言うな」

「ほんとのことです」

加地先生がコーヒーのおかわりを頼《たの》むと、一緒にプラスチックのコップに入ったオレンジジュースが運ばれてきた。おばあさんが「あたしからのサービスだよ」と俊介の前に置いてくれる。

「おまえは、いまの自分が嫌《いや》なのか？」

困ったような顔をして加地先生が聞いてくる。加地先生がこんな顔をするのは珍《めずら》しい。

「はい、おれは……自分が嫌いです」

加地先生が真剣《しんけん》に聞いてきたので、自分も真剣に答えた。誤魔化《ごま》化すことも流すこともできたけれど、それはしなかった。

「そうか……。理由を聞いてもいいか」

しばらく考えた後、俊介は頷《うなず》いた。急に足が震《ふる》えてきたので、両手で両膝《ひざ》を強くつかんだまま、加地先生の顔を見る。

「おれ、妹がいるんです。いま一年生で、同じ小学校に通ってるんだけど、生まれつき耳が聴《き》こえないんです。先生は……先天性風疹症《ふうしんしょう》候《こう》群って知ってますか？」

コップに浮かぶ氷がぶつかり、カランという小さな音を立てた。オレンジジュースは美音《みおん》も大好きだ。ファミレスのドリンクバーでも、オレンジジュースばかり飲んでいる。

「3いや、知らないな」

「赤ちゃんの病気です。妊婦《にんぷ》さんが風疹に罹《かか》ったら、そういう病気の赤ちゃんが生まれてくることがあって……。心疾患《しんしっかん》とか白内障《はくないしょう》とか……難聴《なんちょう》とかが、代表的な症状《しょうじょう》で……」

俊介の体に赤い発疹《ほっしん》が出ているのに気づいたのは、幼稚《ようち》園の担任の先生だった。

――俊ちゃん、ここ痒《かゆ》くない？　ほら、小さな赤い点々があるでしょう。

先生は俊介の両袖《そで》をまくり上げ、首を傾《かし》げた。そしてそのまま園内の医務室に俊介を連れていき、他の先生にも、皮膚《ひふ》に散らばる赤い点々を見せた。発疹を見た先生たちは俊介の上着を脱《ぬ》がせて腹や背中も確認し、体温を測った。その日俊介は教室には戻《もど》してもらえず、迎えに来てくれたお父さんと一緒にいつも通っている小児科《しょうにか》医院を受診した。お医者さんは俊介の首に触れ、耳の下に触れ、「風疹ですね。間違《まちが》いないでしょう」と頷いた。風疹の症状に特徴的《とくちょうてき》なリンパ節の※腫脹《しゅちょう》がありますね、と。

「おれが四歳《さい》の時に風疹に罹って、それをお母さんに……」

うつしたんです、と言おうとして喉《のど》が詰《つ》まった。それ以上言葉が続かず、そのうちに声を出す力がなくなった。

「俊介が風疹に罹って、それを妊婦だったお母さんにうつした。そういうことか？　その話は誰から聞いたんだ、お父さんかお母さんがおまえに話したのか？」

俊介は俯《うつむ》いたまま、大きく首を横に振《ふ》る。お父さんとお母さんが話したわけじゃない。

「おまえがこのことを、妹さんの耳が聴こえない原因を知ってるってことを、ご両親はご存知なのか？」

俊介はもう一度首を左右に振る。お父さんとお母さんはいまも、俊介がなにも知らないと思っている。だから自分もなにも知らないふりを続けている。話す勇気もない。

偶然《ぐうぜん》、聞いてしまったのだ。

イ．皆《みな》さまでお召《め》し上がりください。
ウ．父が迎《むか》えに参ります。
エ．私が掃除《そうじ》をなさいます。
オ．母が出席すると申しております。

問9　清少納言の『枕草子《まくらのそうし》』の冒頭《ぼうとう》はどれですか。（冒頭部分は現代仮名づかいに直してあります。）

ア．春眠暁《あかつき》を覚えず
イ．春はあけぼの。ようよう白くなりゆく山ぎわ、すこしあかりて……
ウ．祇園精舎《ぎおんしょうじゃ》の鐘《かね》の声、諸行無常《しょぎょうむじょう》の響《ひび》きあり。
エ．今は昔、竹取の翁《おきな》という者ありけり。
オ．つれづれなるままに、ひぐらし、すずりにむかいて…

問10　「地獄《じごく》に落ちた大泥棒《どろぼう》の前にお釈迦《しゃか》様があらわれて、以前彼がした善い行いによって救いの手を差しのべようとした話」について、次の問いに答えなさい。

① この作品の名前は何ですか。
ア．『風の又《また》三郎』
イ．『小僧《こぞう》の神様』
ウ．『蜘蛛《くも》の糸』
エ．『山椒大夫《さんしょうだゆう》』
オ．『しろばんば』

② この作品の作者はだれですか。
ア．芥川龍之介《あくたがわりゅうのすけ》
イ．井上靖《いのうえやすし》
ウ．志賀直哉《しがなおや》
エ．太宰治《だざいおさむ》
オ．宮澤賢治《みやざわけんじ》

問11　次の詩の［　　］に当てはまる言葉を選びなさい。

蟻《あり》が
蝶《ちょう》の羽をひいて行く
ああ
［　　］のやう《よう》だ

（「土」三好達治）

ア．綱《つな》引き　イ．ピアノ　ウ．行進
エ．ピラミッド　オ．ヨット

二　次の文章を読んで、後の問いに答えなさい。

俊介《しゅんすけ》は小6の中学受験生です。彼は、難関と言われている「東駒《とうこま》」を第一希望にしています。ある時、俊介の通っている塾《じゅく》の加地《かじ》先生と新宿駅で出会い、一緒《いっしょ》にご飯を食べることになりました。

「1なんで東駒なんだ？」
「……将来ロボットを作りたいからです」
「それだけが目的なら、他にもいろいろな学校があるだろ。中高一貫《いっかん》の優秀《ゆうしゅう》な国公立の中学が、都内にはたくさんある。東駒にそこまでこだわる理由はなんなんだ？」
そこまでこだわる理由、と言われ、俊介は下を向いた。自分の手をじっと見つめ、右手の中指に貼《は》ってある絆創膏《ばんそうこう》に触《ふ》れる。「ペンダコが痛そうだから」とお母さんが昨日の夜に巻いてくれた絆創膏……。右手の親指でペンダコをなぞりながら、俊介は再び黙《だま》る。
でもいまのこの気持ちを誰《だれ》かに話さないと、心が破裂《はれつ》しそうだった。
俊介はゆっくりと顔を上げ、口元にきゅっと力を入れる。

2024年度 日本大学第二中学校

【国語】〈第一回試験〉（五〇分）〈満点：一〇〇点〉

注意　選択肢《せんたくし》がある場合は、指示がないかぎり最もふさわしいものを記号で答えなさい。また、抜《ぬ》き出して答える場合は、句読点・記号も字数に含《ふく》みます。

一　**次のそれぞれの問いに答えなさい。**

問1　次の――線部の漢字の読みをひらがなで書きなさい。

① あの人は分別のある人だ。

② 運命に身を委ねる。

③ 山々が南北に連なる。

④ 早合点して、道を間違えた。

問2　次の――線部のカタカナの部分を漢字に直しなさい。送り仮名が必要な場合は、それも書きなさい。

① 月にだんごをソナエル。

② 臓器イショクの手術を受ける。

③ トトウを組む。

④ 鏡に姿をウツス。

問3　次の文章の□に当てはまる漢字を入れて、四字熟語を完成させなさい。

① 相手が初心者だと思って、あまく見ていたら失敗した。□□大□だった。

② 兄は□□□乱に絵の制作にはげんでいた。

③ 提出された作文は、地球環境《かんきょう》をテーマにした同□□□のものが目立った。

問4　次の語の対義語を、【語群】の漢字を使って二字の熟語で答えなさい。

① 延長…□□

② 散在…□□

③ 実物…□□

【語群】

短　長　横　密　縮　本

模　集　直　型　形

問5　次の文の□に入る漢字を書きなさい。

① □を広げすぎて、経営に失敗する。

② 背に□はかえられない。

③ 彼女《かのじょ》の返事は木で□をくくったようだった。

問6　□に入れるのにふさわしいことわざはどれですか。

花子「昨日、太郎《たろう》と次郎《じろう》がお菓子《かし》の取り合いでケンカをしているすきに、三郎《さぶろう》がお菓子を一人じめしてしまったの。」

夕子「三郎の動きは、まさに□だね。」

ア．漁夫の利

イ．火中の栗《くり》を拾う

ウ．君子危《あや》うきに近寄らず

エ．三人寄れば文殊《もんじゅ》の知恵《ちえ》

オ．海老《えび》で鯛《たい》をつる

問7　次の文の主語はどれですか。

① ア時々　イ私は　ウ一人で　エ犬の　オ散歩を　しています。

② ア今年は　イ中学三年生の　ウ兄も　エいっしょに　オ勉強をがんばっています。

問8　敬語の用法が誤っているものはどれですか。

ア．校長先生がおっしゃいました。

2024年度

日本大学第二中学校　▶解説と解答

算　数　＜第１回試験＞（50分）＜満点：100点＞

解　答

1 (1) $\frac{5}{18}$　(2) 94.2　(3) $2\frac{13}{15}$　(4) 6　(5) 196　**2** (1) ５％　(2) 1650m　(3) 72個　(4) 17cm^2　(5) 1256cm^3　**3** (1) 24個　(2) 12個　**4** (1) ２分15秒後　(2) ５cm　(3) 1120cm^3　**5** (1) ９本　(2) 25cm^2　**6** (1) 分速96m　(2) 31分15秒後　(3) １分25秒間

解　説

1 **四則計算，計算のくふう，逆算，周期算，約束記号，約数と倍数**

(1) $\frac{5}{4}-\left(\frac{1}{3}+\frac{5}{6}\right)\div\left(\frac{3}{2}\times\frac{4}{5}\right)=\frac{5}{4}-\left(\frac{2}{6}+\frac{5}{6}\right)\div\frac{6}{5}=\frac{5}{4}-\frac{7}{6}\times\frac{5}{6}=\frac{5}{4}-\frac{35}{36}=\frac{45}{36}-\frac{35}{36}=\frac{10}{36}=\frac{5}{18}$

(2) $3.14\times6+12.56\times3+18.84\times2=3.14\times6+3.14\times4\times3+3.14\times6\times2=3.14\times6+3.14\times12+3.14\times12=3.14\times(6+12+12)=3.14\times30=94.2$

(3) $\left(\square-1\frac{2}{3}\right)\times2\frac{3}{4}-1\frac{3}{10}=2$ より，$\left(\square-1\frac{2}{3}\right)\times2\frac{3}{4}=2+1\frac{3}{10}=3\frac{3}{10}=\frac{33}{10}$，$\square-1\frac{2}{3}=\frac{33}{10}\div2\frac{3}{4}=\frac{33}{10}\div\frac{11}{4}=\frac{33}{10}\times\frac{4}{11}=\frac{6}{5}$　よって，$\square=\frac{6}{5}+1\frac{2}{3}=\frac{6}{5}+\frac{5}{3}=\frac{18}{15}+\frac{25}{15}=\frac{43}{15}=2\frac{13}{15}$

(4) 2024を６回かけた数の一の位の数は，４を６回かけた数の一の位の数と同じになる。４，４×４＝16，16×４＝64，64×４＝256，…のように，４を何回かかけていったときの一の位の数は，{４，６}のくり返しになる。よって，６÷２＝３より，４を６回かけた数の一の位の数は６だから，2024を６回かけた数の一の位の数も６となる。

(5) ８と18の最小公倍数は72，最大公約数は２だから，８＊18＝72－２＝70より，42＊(８＊18)＝42＊70となる。また，42と70の最小公倍数は210で，最大公約数は14だから，42＊70＝210－14＝196となる。

2 **濃度《のうど》，速さと比，過不足算，面積，相似，水の深さと体積**

(1) 濃度８％の食塩水200gには食塩が，200×0.08＝16(g)，濃度３％の食塩水300gには食塩が，300×0.03＝９(g)含《ふく》まれる。よって，これらを混ぜ合わせると，食塩水の重さは，200＋300＝500(g)，食塩の重さは，16＋９＝25(g)になるので，濃度は，25÷500×100＝５(％)と求められる。

(2) 姉と弟の速さの比は，75：55＝15：11だから，同じ道のりを進むのにかかる時間の比は，$\frac{1}{15}$：$\frac{1}{11}$＝11：15となる。また，かかった時間の差の８分は，11：15の比の差の，15－11＝４にあたるので，比の１にあたる時間は，８÷４＝２(分)である。よって，姉が進んだ時間は，２×11＝22(分)だから，地点Aから地点Bまでの道のりは，75×22＝1650(m)となる。

(3) １人あたり４個ずつ配ると12個余り，５個ずつ配ると３個足りないから，４個ずつ配るときと５個ずつ配るときで必要な個数の差は，12＋３＝15(個)である。これは，配る個数の１人あたりの差，５－４＝１(個)が子どもの人数分だけ集まったものだから，子どもの人数は，15÷１＝15(人)

とわかる。よって，キャンディーの個数は，$4\times15+12=72$(個)と求められる。

⑷　右の図で，三角形ACDと三角形AFGは相似で，相似比は，AD：AG＝５：（５＋３）＝５：８だから，CDの長さは，$3\times\frac{5}{8}=\frac{15}{8}$(cm)となる。また，三角形DEGと三角形ABGも相似で，相似比は，DG：AG＝３：（５＋３）＝３：８だから，DEの長さは，$5\times\frac{3}{8}=\frac{15}{8}$(cm)となる。すると，CDとDEの長さは等しいので，三角形ADCと三角形BEDは，底辺と高さが等しい三角形になり，面積が等しくなる。同様に，三角形DEGと三角形CDFも面積が等しくなるから，色のついた部分の面積の合計は，太線で囲んだ部分の面積の合計に等しくなる。よって，色のついた部分の面積の合計は，三角形DBIと三角形DFHの面積の合計に等しいから，$5\times5\div2+3\times3\div2=12.5+4.5=17$(cm^2)とわかる。

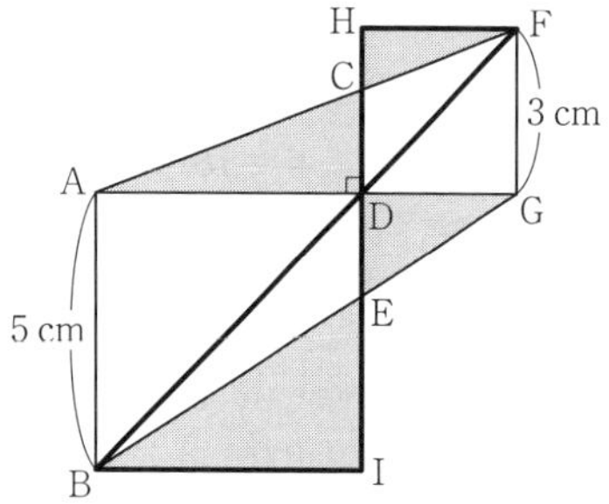

⑸　底面の半径が11cmで，高さが４cmの円柱の体積は，$11\times11\times3.14\times4=484\times3.14$(cm^3)である。また，おもりの水から出ている部分と，おもり全体は相似で，その相似比は，$(8-4):8=4:8=1:2$だから，体積の比は，$(1\times1\times1):(2\times2\times2)=1:8$となる。よって，おもりの水の中に入っている部分の体積は，$6\times6\times3.14\times8\div3\times\frac{8-1}{8}=84\times3.14$(cm^3)だから，水そうに入っている水の体積は，$484\times3.14-84\times3.14=(484-84)\times3.14=400\times3.14=1256$(cm^3)と求められる。

3　図形と規則

⑴　２周目の白い石は６個，３周目の黒い石は12個，４周目の白い石は18個，…のように，１周外へ行くごとに石の個数は６個ずつ増えていく。よって，５周目の黒い石の個数は，$18+6=24$(個)とわかる。

⑵　11周目の石は10周目の石より６個多く，12周目の石は11周目の石より６個多いから，10周目と12周目の白い石の個数の差は，$6+6=12$(個)になる。

4　水の深さと体積

⑴　初めて水面の高さが２cmになるとき，直方体の部分に高さ２cmまで水が入るから，このときの水の体積は，$10\times9\times2=180$(cm^3)である。よって，初めて水面の高さが２cmになるのは，$180\div80=2\frac{1}{4}$(分後)，$60\times\frac{1}{4}=15$(秒)だから，２分15秒後と求められる。

⑵　右の図は，８分後のようすを横から見たもので，８分後の水の体積は，$80\times8=640$(cm^3)なので，図の色をつけた部分の面積は，$640\div10=64$(cm^2)となる。また，色をつけた部分のうち，長方FBCGの面積は，$6\times9=54$(cm^2)だから，直角三角形CHIの面積は，$64-54=10$(cm^2)とわかる。よって，太線部分の長さは，$10\times2\div4=5$(cm)となる。

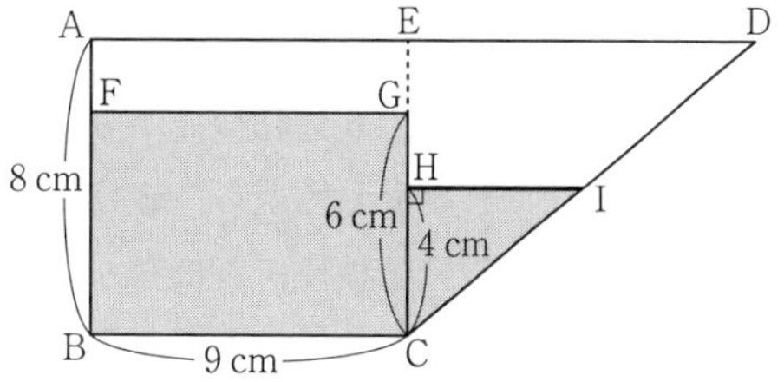

⑶　右上の図で，三角形CHIと三角形CEDは相似で，相似比は，CH：CE＝４：８＝１：２だから，EDの長さは，$5\times\frac{2}{1}=10$(cm)となる。よって，四角形ABCDの面積は，長方形ABCEと三角形CEDの面積の合計の，$8\times9+8\times10\div2=72+40=112$(cm^2)だから，水そうの容積は，$112\times10$

＝1120(cm^3)と求められる。

5　平面図形―構成，面積

(1)　１つの頂点から引ける対角線の本数は３本なので，それぞれの頂点から引ける対角線の本数の合計は，３×６＝18(本)である。しかし，これには同じものが２本ずつ含まれるので，正六角形ABCDEFの対角線の本数は，18÷２＝９(本)になる。

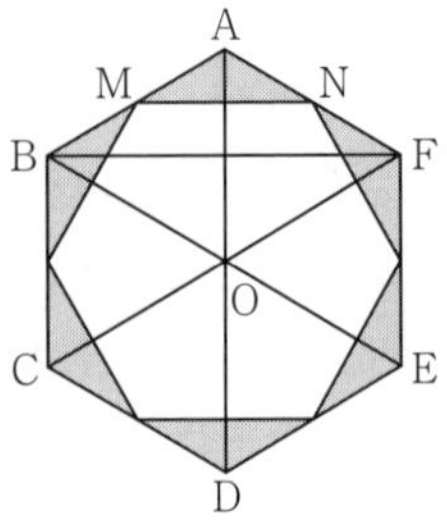

(2)　右の図のように，対角線AD，BE，CFを引くと，正六角形は合同な正三角形６個に分けられる。また，三角形ABFの面積は四角形ABOFの半分なので，100÷６×２÷２＝$\frac{50}{3}$(cm^2)である。ここで，三角形ABFで，MとNはそれぞれAB，AFの真ん中の点なので，三角形AMNと三角形ABFは相似で，その相似比は１：２だから，面積の比は，(１×１)：(２×２)＝１：４となる。よって，三角形AMNの面積は，$\frac{50}{3}\times\frac{1}{4}=\frac{25}{6}$($cm^2$)となる。したがって，色のついた部分の面積は，$\frac{25}{6}$×６＝25($cm^2$)とわかる。

6　速さ

(1)　信号が青になってから，その次に青になるまでの時間は，１分＋15秒＋45秒＝２分なので，青になってから３回目の点めつが始まるまでの時間は，２分＋２分＋１分＝５分とわかる。よって，太郎くんは家を出てからアに着くまで５分かかったことになるから，出発したときの速さは分速，480÷５＝96(m)と求められる。

(2)　アに着くのは，信号が同時に青になって太郎くんが家を出発してから，480÷80＝６(分後)である。６÷２＝３より，６分後は信号がちょうど青になるので，アでは信号待ちをせずに進むことができる。よって，イに着くのは出発してから，(480＋20＋1100)÷80＝1600÷80＝20(分後)となる。20÷２＝10より，20分後も信号がちょうど青になるので，イでも信号待ちをせずに進むことができる。したがって，公園に着くのは出発してから，(1600＋30＋870)÷80＝2500÷80＝$\frac{125}{4}$＝$31\frac{1}{4}$(分)，60×$\frac{1}{4}$＝15(秒)だから，31分15秒後である。

(3)　イに着くのは，信号が同時に赤になって太郎くんが公園を出発してから，870÷150＝5.8(分)，60×0.8＝48(秒)より，５分48秒後となる。また，信号は赤になってから45秒後にはじめて青になり，その後は２分ごとに青になるので，出発してから，45秒＋２分×２＝４分45秒後に青になり，４分45秒＋１分＝５分45秒後に点めつが始まる。よって，５分45秒＋15秒＋45秒＝６分45秒後に青になるまで，イで信号待ちをするから，イでは，６分45秒－５分48秒＝57秒間信号待ちをする。次に，アに着くのは，６分45秒後からさらに，(30＋1100)÷150＝$7\frac{8}{15}$(分)，60×$\frac{8}{15}$＝32(秒)より，７分32秒後だから出発してから，６分45秒＋７分32秒＝14分17秒後にアに着く。また，信号は，45秒＋２分×６＝12分45秒後に青になり，12分45秒＋１分＝13分45秒後に点めつが始まり，13分45秒＋15秒＋45秒＝14分45秒後に青になるから，アでは，14分45秒－14分17秒＝28秒間信号待ちをする。したがって，信号待ちをした時間は全部で，57秒＋28秒＝85秒＝１分25秒間とわかる。

社　会　＜第１回試験＞（理科と合わせて50分）＜満点：50点＞

解　答

1　**問１**　ア　**問２**　(1)　オ　(2)　イ　**問３**　ウ　**問４**　地租改正　**問５**　ウ　**問６**　ア　**問７**　オランダ　**問８**　エ　**問９**　イ　**問10**　ウ　**問11**　ア　**問12**　イ　**問13**　待機児童　**問14**　エ　2　**問１**　(1)　エ　(2)　イ　**問２**　東海道　**問３**　ア　**問４**　ウ　3　**問１**　エ　**問２**　新橋，横浜　**問３**　1894　**問４**　イ　**問５**　エ　4　**問１**　ウ　**問２**　ロシア　**問３**　ア　**問４**　イ　**問５**　竹島

解　説

1　「衣服」を題材にした総合問題

問１　政令指定都市に置かれる行政区とは異なり，東京23区（特別区）では区長と区議会議員はそれぞれ住民の直接選挙で選ばれ，議決機関である区議会が定めた予算や条例にもとづき，区長を中心とした執行《しっこう》機関が政治を行う。

問２　(1)　国や地方公共団体の役所に要望する権利を請願《せいがん》権といい，オの政治に参加する権利（参政権）にふくまれる。なお，アの居住・移転の自由と，ウの職業選択《せんたく》や集会の自由は自由権，イの団結する権利と，エの健康で文化的な生活を営む権利は社会権にふくまれる。　(2)　子どもの権利条約は，1989年に国際連合の総会で採択《さいたく》され，日本は1990年にこの条約に署名し，1994年に批《ひ》准《じゅん》した。

問３　第二次世界大戦後の日本では，食生活が西洋化したことなどから米の消費量が減少し，米が余るようになった。そのため，1970年ごろから米の生産調整（減反《げんたん》政策）が始まったが，2018年に廃《はい》止《し》された。

問４　資料の絵は，明治政府が1873年に行った地租改正に関連した測量のようすを表している。この政策では，土地所有者から地価の３％を現金で納めさせるようにした。江戸時代の年貢とは異なり，豊作・凶作《きょうさく》に関係なく毎年決まった税収が得られるので，政府の財政は安定した。

問５　日本では，最も暖かい月と最も寒い月の平均気温は，どちらもおおむね南に位置する都市ほど高く，北に位置する都市ほど低い。したがって，京都府京都市にはウかエが選べる。ウとエのうち，海から離《はな》れた内陸部に位置する京都市では，夏は暑く，冬は寒くなるため，１年を通して気温の差がより大きい，ウが当てはまる。なお，アは北海道札幌市，イは福島県郡山市，エは高知県宿《すく》毛《も》市を示している。

問６　日本の国土はせまく山がちなため，日本の河川は外国の河川に比べて長さが短く，流れが急である。

問７　江戸時代には幕府が貿易を統制するいわゆる鎖国政策が行われていた。このとき，長崎で貿易することが許されていたのは，キリスト教の布教を目的としないオランダと中国の２か国だった。

問８　平安時代に見られた日本風の文化を国風文化という。国風文化は，894年の遣唐使の廃止によって大陸の文化が日本に入りにくくなったことで，それまでに受け入れられてきた大陸の文化の影響《えいきょう》をもとに，日本の風土や生活にあうように工夫された文化である。なお，アは室町（東山）文化，ウは天平文化の説明である。

問９　鎌倉時代の元寇《げんこう》(1274年の文永の役，1281年の弘安の役)では，『蒙古襲来《もうこしゅうらい》絵巻』で有名な肥後国(熊本県)の御家人である竹崎季長《たけざきすえなが》が鎌倉まで出向いて恩賞《おんしょう》を要求した。なお，アの平氏滅亡《めつぼう》は1185年の壇ノ浦《だんのうら》の戦いでのこと，ウの1560年の桶狭間《おけはざま》の戦いでは織田信長が今川義元を破った。エの1637年に起こった島原・天草一揆《いっき》を平定したのは，江戸幕府第３代将軍の徳川家光である。

問10　吉野ヶ里遺跡(佐賀県)は弥生時代の環濠《かんごう》集落の跡《あと》で，外敵の侵入《しんにゅう》を防ぐために濠《ほり》や柵《さく》で囲み，物見やぐらも備えていたので，ウが選べる。なお，Ｂは地図中のⅠにある三内丸山遺跡(青森県)についての説明である。

問11　警察は，内閣府に属し，国内の治安維持を目的とする国家公安委員会が管轄《かんかつ》する。

問12　2021年のさんまの漁獲《ぎょかく》量は，北海道が約４割を占《し》め，全国第１位であった。

問13　保護者が保育園などに入園の申し込《こ》みをしているにもかかわらず，入園できないでいる児童を待機児童という。

問14　コンビニエンスストアやスーパーなどで導入されているPOSシステムは，主に販売された商品の情報を集め，商品管理を正確に効率良く行う目的で用いられている。

２　小田原の特色についての問題

問１　⑴　１月の平均気温が０度を下回るウには秋田県仙北市，１年を通してイやエに比べて平均気温が低いアには栃木県小山市が当てはまる。イとエのうち，瀬戸内の気候に属する愛媛県今治市は降水量が少ないイ，太平洋側の気候に属する神奈川県小田原市は降水量が多いエが当てはまる。

⑵　びん・かん・ペットボトルは燃やせるごみではなく，資源ごみである。

問２　北条氏の城下町として栄えた小田原は，江戸時代には五街道の１つである東海道の宿場町となり，発展した。なお，江戸日本橋を起点とする五街道は東海道のほか，中山道・甲州街道・日光街道・奥州街道があった。

問３　海に面する小田原では，近海で多くの魚が獲《と》れる。かまぼこづくりは獲れすぎた魚をかまぼこに利用することで始まったともいわれる。また，小田原は東海道の宿場町で，多くの旅人が行き来し，参勤交代の大名行列も通ることから，特産品として全国に広まった。

問４　Ａには城の石垣《いしがき》が写っているので「小田原城跡」の近くの②，Ｂにはビル街が写っているので「小田原駅」前の①，Ｃには寺の山門が写っているので寺院(卍)が集まる③が当てはまる。

３　野球を題材にした各時代の歴史的なことがらについての問題

問１　Ａは1639年(ポルトガル船の来航禁止)，Ｂは1613年(全国にキリスト教の禁止令)，Ｃは1637年(島原・天草一揆の始まり)の出来事なので，年代の古い順にＢ→Ｃ→Ａとなる。

問２　1872年，イギリス人モレルの指導のもと，新橋駅と横浜駅間で初めて鉄道が開通した。

問３　1894年，朝鮮で起こった農民の反乱(甲午農民戦争)に，清(中国)と日本が軍隊を派遣したことをきっかけに日清戦争が始まった。

問４　第一次世界大戦(1914～18年)では，戦場となったヨーロッパの生産力が低下したことで日本は輸出を伸《の》ばし，大戦景気と呼ばれる好景気になった。しかし，第一次世界大戦後にヨーロッパが復興すると日本の輸出が減り，戦後恐慌《きょうこう》と呼ばれる不景気になった。なお，関東大震災《だいしんさい》は1923年，アメリカで始まった不景気(世界恐慌)は1929年のことである。

問５　写真エでは，国会議員の女性が写っている。女性が参政権を得て国会議員に選ばれるようになったのは，第二次世界大戦後の1945年に改正された衆議院議員選挙法による選挙が行われた1946

年以降である。

4 国家の領域と領土問題についての問題

問１　原則として，沿岸国は，領土の海岸線から200海里(約370km)までの範囲《はんい》を，水産資源や海底の地下資源を自由に利用することなどができる排他《はいた》的経済水域に指定できる。なお，アの南鳥島は日本の最東端の島(領土)であるため，その周囲の海域は領海(海岸線から12海里の範囲)と排他的経済水域になる。イの領空は領土と領海の上空を指す。エの沖縄は戦後アメリカの軍政下に置かれたが，1972年に日本へ返還《へんかん》された。

問２　北方領土は択捉《えとろふ》島・国後《くなしり》島・色丹《しこたん》島・歯舞《はぼまい》群島で構成され，北海道に属する日本固有の領土であるが，現在ロシアに不法に占拠《せんきょ》されている。

問３　尖閣《せんかく》諸島は沖縄県に属する日本固有の領土であるため，日本政府は領土問題は存在しないという立場をとっている。なお，イについて，中国が尖閣諸島の領有権を主張しているが，国際司法裁判所での裁判は行われていない。ウについて，尖閣諸島に自衛隊の基地はない。エについて，領土を他国に譲《ゆず》った場合，領海も排他的経済水域も，譲られた国のものになる。

問４，問５　尖閣諸島の領有権を主張している国や地域の１つに中国がある。また，日本海上にある竹島は島根県に属する日本固有の領土であるが，韓国(大韓民国)が領有権を主張して実効支配している。

理　科　＜第１回試験＞（社会と合わせて50分）＜満点：50点＞

解　答

1 (1)　２倍　(2)　４ｇ　(3)　29cm　(4)　41cm　(5)　50cm　(6)　57cm

2 (1)　イ　(2)　ア　(3)　ウ　(4)　①　ア　②　ウ　③　オ　(5)　ウ

3 (1)　しんおう　(2)　イ　(3)　きんきゅう　(4)　ウ，エ　(5)　９秒

4 (1)　イ　(2)　ウ　(3)　ア　(4)　イ　(5)　外来　(6)　ウ　(7)　エ

解　説

1 ばねの伸《の》びと力についての問題

(1)　図１より，80ｇのおもりをつるしたとき，ばねＡは，30－10＝20(cm)伸び，ばねＢは，30－20＝10(cm)伸びている。ばねの伸びはばねにつるすおもりの重さに比例するので，同じ重さのおもりをつるしたとき，ばねＡの伸びはばねＢの伸びの，20÷10＝２(倍)となる。

(2)　ばねＡは80ｇの重さで20cm伸びるので，１cm伸ばすには，80÷20＝４(ｇ)のおもりをつるせばよい。

(3)　図２で，棒の中心に16ｇのおもりをつるしているので，２つのばねＢには，16÷２＝８(ｇ)ずつの重さがかかる。図１より，ばねＢの自然長(おもりの重さが０ｇのときの長さ)は20cmで，80ｇの重さで10cm伸びるから，８ｇがかかると，$10\times\frac{8}{80}=1$(cm)伸びる。よって，ばねＢ，ひも，小球の長さを合わせた全体の長さは，(20＋１)＋３＋５＝29(cm)になる。

(4)　図３では，ばねＡにもばねＢにも16ｇの重さがかかるので，ばねＡの伸びは，$20\times\frac{16}{80}=4$

(cm)，ばねＢの伸びは，$10\times\frac{16}{80}=2$ (cm)となる。図１より，ばねＡの自然長は10cmなので，全体の長さは，(10＋４)＋(20＋２)＋５＝41(cm)となる。

(5) 図４で，ばねＡは，それより下の小球２つ分の重さ，16＋16＝32(ｇ)がかかるので，$20\times\frac{32}{80}=8$ (cm)伸びる。また，ばねＢは，それより下の小球１つ分の重さ16ｇがかかるから２cm伸びる。したがって，全体の長さは，(10＋８)＋５＋(20＋２)＋５＝50(cm)になる。

(6) 図５で，３本のばねＡには箱の重さと小球の重さの和である，128＋16＝144(ｇ)がかかるので，１本あたり，144÷３＝48(ｇ)がかかる。よって，３本のばねＡの伸びはそれぞれ，$20\times\frac{48}{80}=12$ (cm)となる。また，ばねＢは，小球の重さ16ｇがかかるので，伸びは２cmである。したがって，全体の長さは，(10＋12)＋８＋(20＋２)＋５＝57(cm)と求められる。

2 物質の温度と体積の変化についての問題

(1) 金属は温度が上がるとぼう張する(体積が増える)。図６で，金属でできた細長いつつは，加熱により温度が上がるとぼう張して伸びるため，少し長くなる。

(2) 空気などの気体も温度が上がるとぼう張し，その増え方は固体や液体に比べてはるかに大きい。図７で，丸底フラスコをお湯の中に入れると，フラスコ内の空気がぼう張し，ガラス管の色水を上に押《お》し上げるので，色水の位置が上に動く。

(3) 図８のように丸底フラスコ内の水の量を多くすると，フラスコ内の空気の量が少なくなる。よって，丸底フラスコをお湯の中に入れたとき，フラスコ内の空気がぼう張することで増える空気の体積は，図７のときに比べて少なくなる。そのため，色水の位置は(2)のときと比べてゆっくり上に動く。

(4) ストーブの熱でまわり(ストーブの近く)の空気が温められると，その空気はぼう張して密度(気体では１Ｌあたりの重さ)が小さくなる。すると，ストーブから少しはなれたところの空気に比べて軽くなるため，上にのぼっていく。このようにしてストーブの上では上昇《じょうしょう》する空気の流れが発生しているので，ここで風船をはなすと，上昇する空気の流れに乗って風船が上にのぼっていく。

(5) ウは，部屋の空気が冷たいメガネのレンズにふれ，空気中の水蒸気が細かい水てきとなってレンズにつく現象である。これは体積の変化ではなく，気体から液体へのすがたの変化(状態変化)にあたる。

3 地震《じしん》についての問題

(1) 地震が発生する場所はふつう地下にあり，これを震源という。そして，震源の真上の地表面の地点を震央という。

(2) マグニチュードは地震そのものの規模(エネルギー)を表す値である。１つの地震に対して１つのマグニチュードの値があたえられ，記号Ｍを用いて「M5.1」のように表す。なお，各地のゆれの強さは震度で表され，０～４，５弱，５強，６弱，６強，７の10段階ある。たいてい，各地のゆれは震源に近いところほど強いので，震度も震源に近いほど大きくなる。

(3) 地震のゆれを伝える波には，小さな縦ゆれをもたらす速い波(Ｐ波という)と，大きな横ゆれをもたらすおそい波(Ｓ波という)がある。この性質を利用して，震源に近い場所にある地震計で速い波をとらえ，ゆれが大きくなると予測されたときにその情報を素早く発表するというシステムが運用されている。ここで発表される予報・警報を緊急《きんきゅう》地震速報という。最大震度が５弱以上になると予測された場合などには，テレビやラジオ，スマートフォンなどを通じて広く発表される。

⑷　アの高潮は，台風などの発達した低気圧の接近にともない，海水面が異常に高くなる現象である。イのたつまきは，発達した積乱雲によって生じることがある風のうずまきである。ウの津波《つなみ》は，大きな地震によって海底の地形が変動し，それが海水に伝わることで引き起こされる波であり，海岸の地域に押し寄せて大災害となる場合がある。エの液状化は，海岸のうめ立て地のような水分を多くふくむ地盤《じばん》で起こりやすく，地盤が強くゆさぶられることでまるで液体のような状態になってしまう現象である。建物がかたむいたり，地下にうめたマンホールが飛び出たりするなどの被害《ひがい》が出ることがある。

⑸　震源から84kmはなれた観測地点に，速い波は地震が発生してから，84÷７＝12(秒後)に届き，おそい波は地震が発生してから，84÷４＝21(秒後)に届く。したがって，速い波を観測してからおそい波を観測するまでの時間は，21－12＝９(秒)である。

4　こん虫と外来生物についての問題

⑴　カミキリムシはイで，体長に比べて触角《しょっかく》が長いのが特徴《とくちょう》である。アはハチ，ウはバッタ，エはアゲハのすがたを表している。

⑵　カミキリムシをふくむこん虫は，からだが頭・胸・腹の３つの部分に分かれていて，胸の部分には３対(６本)のあしがついている。また，多くのこん虫が持っているはねも胸についている。

⑶　こん虫のうち，卵→幼虫→さなぎ→成虫という順にすがたを変えながら成長する育ち方(成長過程にさなぎの時期があるもの)を完全変態という。ここではアリ，ハエ，クワガタがあてはまる。一方，卵→幼虫→成虫という順にすがたを変えながら成長する育ち方(成長過程にさなぎの時期がないもの)を不完全変態といい，ここではバッタとコオロギがあてはまる。

⑷　モンシロチョウの成虫は花のみつをすうので，ストローのようなつつ状の長い口を持っている。ふだんはうずまき状にまいているが，みつをすうときには長く伸ばす。

⑸　もともと日本にはいなかったが，人間の活動によって海外から持ちこまれ，日本に定着するようになった動植物を外来生物という。なかでも，日本の自然環境《かんきょう》や生物どうしのつながり，人間の活動(くらし)などに悪い影響《えいきょう》をおよぼしているものは特定外来生物に指定しており，悪い影響が拡大しないような対策がとられている。

⑹　ウは，セイヨウタンポポがカントウタンポポを枯《か》らしてしているという点が異なる。また，セイヨウタンポポがよく生えている場所も異なり，実際は道ばたや空き地，公園，グラウンドなどで見かけやすい。雑木林や田畑など他の影響を受けにくい場所はカントウタンポポが好む環境である。

⑺　写真はナナホシテントウの幼虫である。ナナホシテントウは落ち葉の下や石の下などで，成虫のすがたで冬をこし，幼虫も成虫もアブラムシを食べる。また，さなぎの時期がある完全変態をする。

国　語　＜第１回試験＞（50分）＜満点：100点＞

解　答

一　**問１**　①　ふんべつ　　②　ゆだ(ねる)　　③　つら(なる)　　④　はやがてん　　**問２**　下記を参照のこと。　　**問３**　①　油断(大)敵　　②　一心不(乱)　　③　(同)工異曲　　**問４**

①　短縮　②　密集　③　模型　**問５**　①　手　②　腹　③　鼻　**問６**　ア　**問７**　①　イ　②　ウ　**問８**　エ　**問９**　イ　**問10**　①　ウ　②　ア　**問11**　オ
二　**問１**　生き方を変えたい(から。)　**問２**　エ　**問３**　ウ　**問４**　(例)　全身から負けん気が立ちのぼり，必ず金の角が生える(ような子)　**問５**　(例)　俊介が，四月に入塾してからの半年間で，Ｐアカ新宿校の講師陣の間でも話題になるくらいの急成長をするほど頑張っていたから。　**問６**　ア　**問７**　ア　**問８**　オ　**問９**　自分が弱音を口にするなんて許されないと，おびえていた(から。)　**問10**　ウ　**問11**　(例)　挑むことで自分を変えたいという気持ちになれるので意味がある(と考えている。)　三　**問１**　オ　**問２**　イ　**問３**　ウ　**問４**　(例)　農業を仕事にする人の数が減り，高齢化が進む現状では，ドローンを用いることで農薬の散布など人間では労力がかかる作業を少ない労力で行うことができるから。　**問５**　AI　**問６**　ア　**問７**　エ　**問８**　イ　**問９**　オ

●漢字の書き取り

一　**問２**　①　供える　②　移植　③　徒党　④　映す

解　説

一　漢字の読み，漢字の書き取り，四字熟語の完成，対義語の完成，慣用句・ことわざの完成，文の組み立て，敬語の知識，文学作品の知識，詩の表現技法

問１　①　道理をよくわきまえて，ものごとの善悪などを判断できること。「ぶんべつ」と読むと，種類によって分けること，という意味になるので注意する。　②　音読みは「イ」で，「委任」などの熟語がある。　③　音読みは「レン」で，「連勝」などの熟語がある。　④　よく確かめることがないまま，理解が十分でないのにわかったつもりになること。

問２　①　神仏などに物をささげること。音読みは「キョウ」「ク」で，「供給」「供養《くよう》」などの熟語がある。訓読みにはほかに「とも」がある。　②　「臓器移植」は，事故や病気で臓器が機能しなくなった人に，ほかの人の臓器を移しかえる医療行為《いりょうこうい》のこと。　③　ある目的のために集まり，グループや団体などを組むこと。集まった仲間。　④　音読みは「エイ」で，「映像」などの熟語がある。

問３　①　「油断大敵」は，気のゆるみなどが大きな失敗につながるので，十分注意するべきだという教訓。　②　「一心不乱」は，一つのことに心を集中して，ほかのことに気をとられないさま。　③　「同工異曲」は，ちょっとしたちがいはあるが，内容は同じでほとんど変わりばえがしないこと。

問４　①　「短縮」は，時間や距離《きょり》などを縮めて短くすること。　②　「密集」は，物や人などがすき間もないほどぎっしりと集まっていること。　③　「模型」は，実物に似せてつくられたもの。

問５　①　「手を広げる」は，“仕事や商売などで新しい分野に進出し，規模を大きくする”という意味の慣用句。　②　「背に腹はかえられない」は，本当に大切なものを守るためには，ほかのものを犠牲《ぎせい》にしてもしかたがない，というたとえ。　③　「木で鼻をくくる」は，“冷たく無愛想な態度を取る”という意味。

問６　「漁夫の利」は，両者が争っているすきに，第三者が苦労せずに利益を横取りすること。

問７　①　主語は，文の中で「何(だれ)が」「何(だれ)は」を表す部分である。　②　主語は述語の主体となる文節で，「～も」「～こそ」「～さえ」などの形をとることもある。

問８　「なさる」は「する」の尊敬語なので，エのように，自分の行為に用いるのは誤り。「する」の謙譲《けんじょう》語である「いたす」を用いて「私が掃除《そうじ》をいたします」が正しい表現になる。

問９　『枕草子《まくらのそうし》』は，平安時代中期に清少納言が書いた随筆《ずいひつ》集。春夏秋冬それぞれの美しさがつづられた冒頭《ぼうとう》部分が有名である。なお，アは，中国の詩人，孟浩然《もうこうねん》の漢詩『春暁《しゅんぎょう》』の一部。ウは『平家物語』，エは『竹取物語』の書き出し。オは，兼好《けんこう》法師による随筆『徒然草《つれづれぐさ》』の冒頭。

問10　①，②　芥川龍之介《あくたがわりゅうのすけ》は大正時代に，『蜘蛛《くも》の糸』のほか『羅生門《らしょうもん》』『杜子春《とししゅん》』『河童《かっぱ》』などの作品を残した。

問11　比喩《ひゆ》の表現であることに注意する。蟻《あり》が引く「蝶《ちょう》の羽」を，その形からヨットの帆《ほ》に見立てている。

二　**出典：藤岡陽子《ふじおかようこ》『金の角持つ子どもたち』**。難関中学を受験するために塾《じゅく》に通っている小学六年生の俊介《しゅんすけ》は，ある日，塾の加地《かじ》先生と一緒《いっしょ》にご飯を食べることになり，ずっと誰《だれ》にも言えなかった秘密を打ち明ける。

問１　最初に俊介が「将来ロボットを作りたいから」と答えたときに，加地先生は「それだけが目的なら，他にもいろいろな学校があるだろ」と話し，「東駒《とうこま》にそこまでこだわる」のは別に理由があるからではないかと再度たずねている。それに対し，俊介は「生き方を変えたいから」だと答えたのだから，ここがぬき出せる。

問２　「両目を大きく見開いた」とは，おどろいたり，感動したりするようすを表している。その後，先生が「おまえ，えらく大人びたことを言うな」と話しているように，俊介が小学生らしくない答えを言ったことにびっくりしたので，エがふさわしい。

問３　俊介が真剣《しんけん》な表情で，妹が先天性風疹症候群《ふうしんしょうこうぐん》であることを話し，その病気について「知ってますか？」とたずねてきたことに対して，加地先生は「知らないな」と素直《すなお》に反応している。先生は，子どもが相手でも，知らないことをあたかも知っているような「知ったかぶり」な態度を見せなかったのである。よって，ウがよい。

問４　入塾テストの結果があまり良くなかった俊介を合格にした理由について，加地先生が語っている部分に注目する。俊介は「黙《だま》っているのに顔から，全身から，負けん気が立ちのぼっているような子」であり，「そういう子どもには必ず，金の角が生えてくる」から合格にしたと話している。これをもとにまとめる。

問５　「お母さんの言葉」は，俊介を「頑張《がんば》り屋」だと言ったことを指している。実際に俊介は，ぼう線部５の直後に書かれているように，「四月に入塾してからこの半年間」で「Ｐアカ新宿校の講師陣の間でも話題になってるくらい」の「急成長」をとげるほど「頑張ってる」ので，先生は「お母さんの言葉は嘘《うそ》じゃなかった」と言っているのである。

問６　俊介は，自分が東駒を目指す理由を，「自分が嫌《きら》い」で自分の「生き方を変えたいから」だと話した。俊介は，妹の耳が聴《き》こえない原因が自分にあると知って以来，「必死に頑張って，美音《みおん》を守れる強い兄ちゃんになって，それだけが自分のできる精一杯《せいいっぱい》だと思って生きてきた」のに，「サッカーがだめになって，もうどうすればこれ以上頑張れるのかわからなく」なってしまった。そんなときに東駒のことを知り，「日本で一番難しい中学校に挑《いど》んで，もし合格したなら，自分を許せるかもしれないと思った」のである。このことから，アが選べる。

問７　ぼう線部７に続く段落に，「先天性風疹症候群という病気を初めて知った時。幼稚園《ようちえん》での記《き》憶《おく》が，その病気と結びついた時。そこからほんとに……しんどくてたまらなかった」とある。「先天性風疹症候群」とは，「妊婦《にんぷ》さんが風疹に罹《かか》った」ときに，「心疾患《しんしっかん》とか白内障《はくないしょう》とか……難聴《なんちょう》とか」が「代表的な症状《しょうじょう》」として表れる「赤ちゃんの病気」である。また，「幼稚園での記憶」とは，俊介が四歳《さい》のとき，体に赤い発疹《ほっしん》が出て，幼稚園の先生たちに確認され，迎《むか》えに来た父と小《しょう》児科《にか》へ行って風疹と診断《しんだん》されたことや，母に風疹をうつしてしまった記憶である。俊介は，自分が母親に風疹をうつしたから，美音は「生まれつき耳が聴こえない」状態になったのだと罪悪感をいだいていた。そうした罪悪感をかかえながら，受験勉強をはじめいろいろと頑張る俊介の人生を，先生は「しんどい」と言っているので，アが正しい。

問８　ぼう線部８の「先生の言葉」は，直前の「俊介おまえ，しんどい人生だな」を指し，俊介はその言葉を聞いて，「先生の言ったとおりだった」とふり返っている。オにあるように，先生の言葉は，俊介の生き方に寄りそってくれるようなものだったので涙が溢《あふ》れたのだと想像できる。

問９　美音の耳が聴こえないのは自分のせいだと四年間ずっと自分を責め続けてきた俊介は，美音の難聴の原因が，幼稚園のときに自分がかかった風疹であると知っていることは，誰にも話せずにいた。俊介は妹や両親につらい思いをさせてしまったのは自分であるのだから「弱音を口にするなんて許されない」と考えていて，両親に心配をかけず，強い兄になって美音を守らなくてはならないと必死で頑張っていたため，しんどくてたまらなかったのである。

問10　「小さな棘《とげ》がびっしりと付着した言葉」とは，ぼう線部10の前にある「豊田先生や智也《ともや》のお父さんの言葉」で，具体的には「みんなに，ここまで過酷《かこく》な受験勉強をさせることに納得《なっとく》できないの～勉強を頑張りたいなら，中学に入ってからでも遅《おそ》くないって」の部分に示されている。俊介が，「美音を守れる強い兄ちゃん」になりたいという思いから東駒を目指していることも知らないまま，大人たちは，中学受験をすることに否定的な「自分の価値観」にもとづいた発言をして，俊介を傷つけているのである。

問11　加地先生は「中学受験には意味があると思ってる」とはっきり言い，その理由として「人は挑むことで自分を変えることができる」のであり，「そんな気持ちになれる中学受験に，意味がないわけがない」と話している。よって，これらの内容をまとめて書くとよい。

三　**出典：石川伸一《いしかわしんいち》『「食」の未来で何が起きているのか―「フードテック」のすごい世界』**。筆者は，「食」の最前線で行われている研究や開発，科学技術と結びついた農業の現状について解説している。

問１　「植物工場」については，第二～第五段落で「光や温度，湿度，二酸化炭素，水分，養分などを制御《せいぎょ》し」，「厳密に管理されたなかで」野菜を栽培《さいばい》するものであると説明されており，「従来の農業からかけ離《はな》れ」ていると述べられている。よって，オがよい。

問２　直後に「まるで食品メーカーの工場のようだ」とあることに着目する。屋外で「人が労力をかけて育てる」という今までの農業とは異なり，施設《しせつ》内で「生育環境《かんきょう》を高度に制御する」ことで，「形や色，味，含《ふく》まれる栄養など」が一定に保たれた野菜を生産するので，「『農業』というよりも『工業』に近い」といえる。

問３　ぼう線部３の直前にある，リーフレタスが満たす「こうした条件」とは，「強くない光量のもとでも成長が早く，しかも可食部が多い」ことである。よって，ウが合う。

問４　〈ふだんの仕事として農業をしている人の数と年齢〉というグラフの2010年と2022年を比べてみると，農業を仕事にしている人の数は年を追うごとに減少しているが，平均年齢は右肩《かた》上がりで，高齢化していることがわかる。このような現状で，ドローンは「人間が歩きながら散布すること」とは「比べものにならない」わずかな労力で農薬を散布できるほか，「緑肥作物の種まき」「花粉養液の空中散布」「収穫《しゅうかく》物の運搬《うんぱん》」などのさまざまな作業ができるため，ドローンの普及《ふきゅう》が進んでいると述べられているので，これらの内容をまとめて書くとよい。

問５　「スマート農業で主役を担《にな》う」のがドローンであり，ドローンで収集した情報を解析《かいせき》して「害虫に向けてピンポイントで農薬を散布」したり，「害獣《がいじゅう》駆除《くじょ》に活用」したりするということから，集めたデータをもとに分析や予測を行う技術である“人工知能”，つまり「AI」が入ると判断できる。

問６　宇宙で長期滞在《たいざい》するさい，食料を現地で生産するために開発された「袋《ふくろ》型の培養槽《ばいようそう》」について，「コスト面を考えると，栽培スペースが入る建物はさほど頑丈《がんじょう》にはしないで，内部の気圧を低く抑《おさ》えたい」という条件があると筆者は述べている。その場合「低気圧の環境下で，植物がうまく育つかどうかはわからない」ために，このことが問題となっていたというのである。よって，アが選べる。

問７　「コスト」は，費用や原価などの意味を表す外来語である。

問８　イの「現場の生産者にかかる負担が大きくなる」という部分が正しくない。この内容は，本文中では述べられていない。

問９　アの「世界中の貧困《ひんこん》の解消を目指している」，イの「自然の姿ではないという考えもあり」「人間はそのどちらかを選択するところにきている」，ウの「限界をむかえている地球資源ではなく宇宙空間に栽培の場を求め」，エの「農業は本来自然と共存し，自然を最大限利用していくものであった」という内容は本文では述べられていない。

2024 年度

日本大学第二中学校

【算　数】〈第２回試験〉（50分）〈満点：100点〉

注意　１．円周率は3.14とします。分数で答えるときは約分して，できるだけ簡単な分数にしなさい。比を答えるときは，できるだけ簡単な整数の比にしなさい。

２．定規，コンパスは使ってもかまいませんが，使わなくても解くことができます。ただし，分度器は使えません。

1　次の□の中に適する数を入れなさい。

(1)　$\left\{\frac{1}{2}-\left(0.6-\frac{2}{5}\right)\right\}\div\frac{6}{5}=\square$

(2)　$1.125\times(2.25+1.75)\div(4.1-1.475)=\square$

(3)　$\left(\frac{4}{3}-\frac{\square}{4}\right)\div\left\{1-\left(\frac{2}{3}+\frac{1}{6}\right)\right\}=\frac{1}{2}$

(4)　100ｇあたり348円の牛肉を□ｇ買うと870円です。

(5)　$\frac{18}{41}$ より大きく $\frac{9}{20}$ より小さい分数のうち，分子が４である分数は $\frac{4}{\square}$ です。

2　次の各問いに答えなさい。

(1)　Ａ，Ｂ，Ｃ，Ｄの４人の体重の平均は42.5kgです。Ｅの体重が45kgのとき，Ａ，Ｂ，Ｃ，Ｄ，Ｅの５人の体重の平均は何kgですか。

(2)　Ａの身長はＢの身長の $\frac{8}{9}$ より10cm低く，Ｃの身長はＢの身長の $\frac{2}{3}$ より２cm高い。また，Ａの身長はＣの身長より24cm高い。このとき，Ｂの身長は何cmですか。

(3)　次のように，ある規則にしたがって数が左から並んでいます。

２ ０ ２ ４ ２ ３ ２ ０ ２ ４ ２ ３ ２ ０ ２ ４ ２ ３ ２ ０……

１番目から1000番目までの数の和はいくつになりますか。

(4)　下の図は，いくつかのおうぎ形と正方形を組み合わせた図形です。色のついた部分の面積は何cm^2ですか。

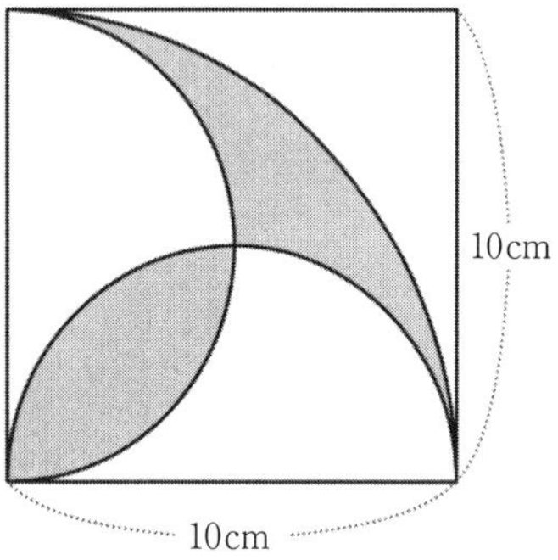

(5)　下の図のように，１辺が６cmの立方体から三角柱を２つくり抜いて，Ｎの形の立体を作ります。Ｎの形の立体の体積は，くり抜く立体の体積の合計の何倍ですか。

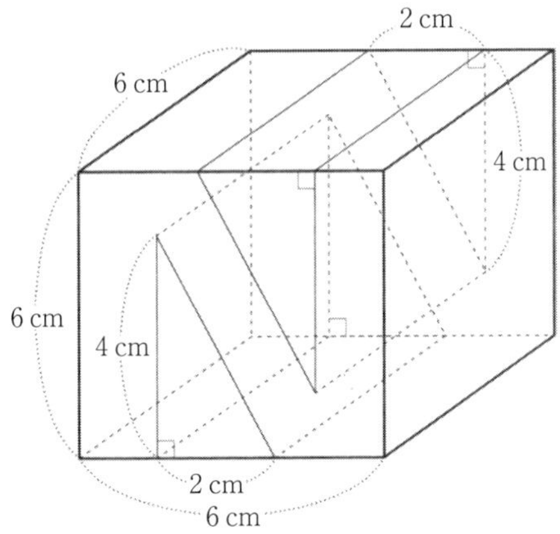

3　修学旅行の部屋割りを考えます。生徒を１部屋あたり５人ずつにするとすべての部屋を使っても３人余り，１部屋あたり６人ずつにすると２人の部屋が１部屋できて，さらに２部屋余ります。

(1)　部屋の数は全部で何部屋ですか。

(2)　生徒の人数は全部で何人ですか。

4　右の図のような長方形ABCDがあり，点Ｐは秒速２cmの速さで辺AD上をＡからＤへ，点Ｑは秒速３cmの速さで辺BC上をＣからＢへ動きます。

ただし，点Ｐと点Ｑは同時にスタートし，それぞれＤ，Ｂまで動いたら止まるものとします。

(1)　直線PQが辺ABと平行になるのは何秒後ですか。

(2)　４点Ａ，Ｂ，Ｑ，Ｐを結んでできる図形の面積が最も小さくなるとき，その面積は何cm^2ですか。

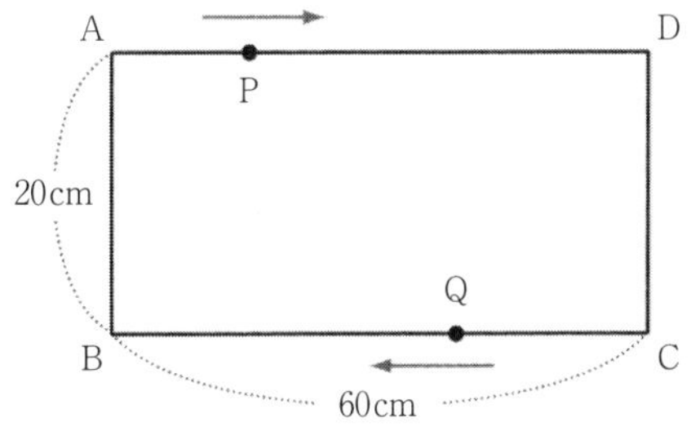

5　下の図のように，１辺が１cmの黒の立方体と白の立方体を１個，４個，９個，16個，……と順に積み重ねていきます。

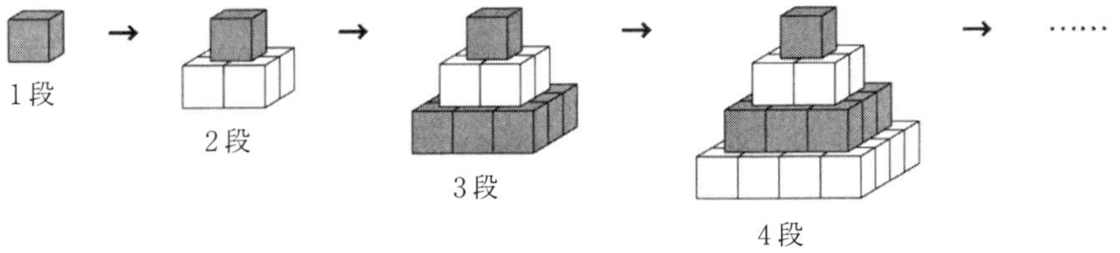

(1)　７段積み重ねたとき，白の立方体は全部で何個使いますか。

(2)　黒と白の立方体がそれぞれ300個ずつあるとき，何段まで積み重ねることができますか。

(3)　８段積み重ねた立体の表面積のうち，黒い部分の面積は何cm^2ですか。

6　右の図の四角形ABCDと四角形CEFGはどちらも正方形で，HI＝20cm，BE＝12cmです。

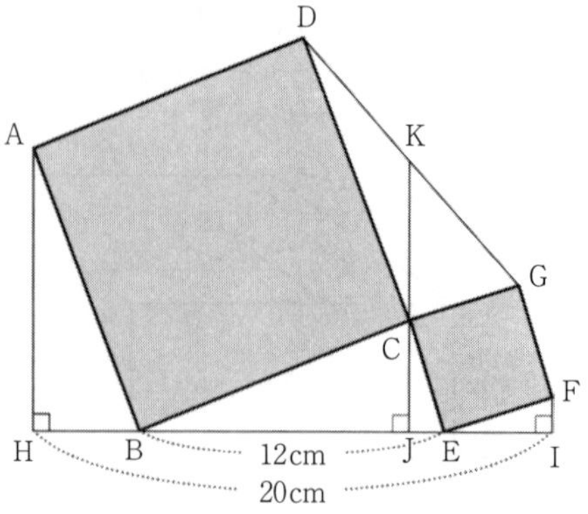

(1)　CJの長さは何cmですか。

(2)　三角形CKDと三角形CGKの面積の比を答えなさい。

(3)　KCの長さは何cmですか。

【社　会】〈第２回試験〉（理科と合わせて50分）〈満点：50点〉

1　次の文章を読んで，あとの問いに答えなさい。

2025年に大阪府大阪市で国際博覧会(以下，「万博」と略して用います。)が開かれる予定です。テーマは「いのち輝《かがや》く未来社会のデザイン」で，大阪市のホームページによれば，このテーマは，「人間一人一人が，①自らの望む生き方を考え，それぞれの可能性を最大限に発揮できるようにするとともに，こうした生き方を支える持続可能な社会を，国際社会が共創していくことを推し進めるものです。言い換《か》えれば，大阪・関西万博は，②格差や対立の拡大といった新たな社会課題や，③AIやバイオテクノロジー等の科学技術の発展，その結果としての長寿《じゅ》命化といった変化に直面する中で，参加者一人一人に対し，自らにとって幸福な生き方とは何かを正面から問う，初めての万博です。」と紹介されています。

開催《さい》都市の大阪市には，５世紀ごろ，④朝鮮半島などから大陸の文化がもたらされ，大化の改新が始まったころには，この地に⑤都が置かれました。その後，⑥室町時代になると，現在の大阪市の南に位置する⑦(　　　)は，貿易で栄え，町の人々が武士をおさえて自治を行うようになりました。また，江戸時代には広く町民を中心とした文化が発展し，2008年に国際連合(国連)の専門機関の一つである⑧(　　　)の⑨無形文化遺産に登録された人形《にんぎょう》浄瑠璃《じょうるり》文楽《ぶんらく》をはじめ，今に通じる伝統芸能がうまれました。

明治維新以降，都が東京へと移ると，大阪は繊維《せんい》⑩工業を中心とする工業都市へと転じ，新たな発展を遂《と》げました。太平洋戦争ではアメリカ軍の空爆《ばく》によって大きな被害を受けましたが，戦後，力強く復興を遂げ，⑪1970年には，「人類の進歩と調和」をテーマとする⑫アジア初の万博の開催地になるなど，日本を代表する都市の一つとして，⑬工業や商業に大きな役割を果たしてきました。

近年では，地方自治における大阪府と大阪市の行政のしくみを，⑭東京都が現在採用しているしくみに変更することが検討されましたが，2015年と2020年の２度にわたる⑮住民投票で，いずれも否決されたため，事実上廃《はい》案となりました。

問１．下線部①，日本国憲法で保障されている国民の権利に生存権があります。生存権の説明として，もっとも適当なものを１つ選び，記号で答えなさい。

ア．働く人が団結する権利

イ．仕事について働く権利

ウ．健康で文化的な生活を営む権利

エ．居住や移転，職業を選ぶ権利

オ．政治に参加する権利

問２．下線部②，次の図は，３回の調査時期における全国および東京都23区，地方圏《けん》それぞれの「小・中学生の遠隔《かく》・オンライン教育の受講状況」を示しています。この図から読み取れることとして，適当でないものを１つ選び，記号で答えなさい。

小・中学生の遠隔・オンライン教育の受講状況

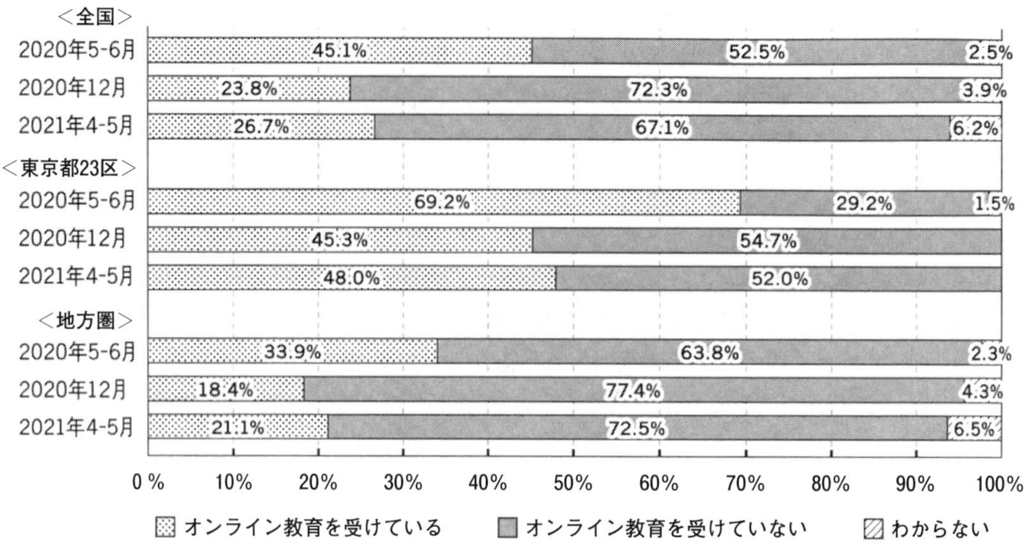

(内閣府ホームページより一部を加工して転載)

ア．それぞれの調査時期を比べると，東京都23区では，「オンライン教育を受けている」の割合が，全国の値を上回っている。

イ．それぞれの調査時期を比べると，地方圏では，「オンライン教育を受けている」の割合が，全国の値を下回っている。

ウ．すべての地域で，「オンライン教育を受けている」の割合が一番低いのは，2020年12月の調査である。

エ．すべての地域で，調査時期が後になればなるほど，「オンライン教育を受けている」の割合が，高まっている。

問３．下線部③，AIが活用されている身近な例として，適当でないものを１つ選び，記号で答えなさい。

ア．現在の日本の社会生活において，電話対応をするときに，初めて対応する問題であっても，常に相手の気持ちをくみ取り，人間に代わって解決する。

イ．お掃除《そうじ》ロボットが，内蔵されたセンサーによって障害物を避《さ》けながら掃除をしたり，部屋の間取りに合わせて効率よく掃除をしたりする。

ウ．運転手が操作をしなくても，通行人，対向車，信号，標識などを認知して自動運転機能によって自動車が走る。

エ．スピーカーに話しかけるだけで，人の言葉を理解し，部屋の電気を消したり，テレビの電源を入れたりする。

問４．下線部④，朝鮮半島の東側は日本海に面しています。次のうち，日本海に面している県の形として，正しいものを１つ選び，記号で答えなさい。(※図の上が北で，縮尺は同一でない。)

ア.

イ.
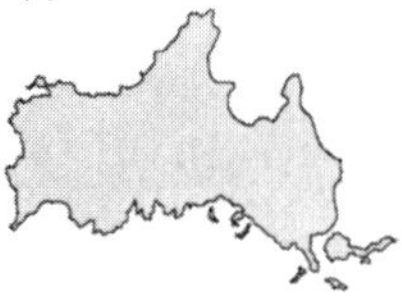
ウ.
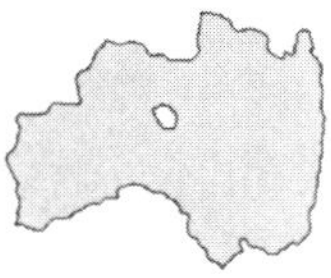
エ.

問５．下線部⑤，この都の名前として，正しいものを１つ選び，記号で答えなさい。
　ア．難波宮《なにわのみや》　　イ．紫香楽宮《しがらきのみや》　　ウ．恭仁《くに》京
　エ．平城京　　オ．平安京

問６．下線部⑥，次の写真は室町時代に建てられた銀閣のとなりにある東求堂《とうぐどう》の一室です。現代の和室のもとにもなったこの建築様式を漢字３字で答えなさい。

問７．下線部⑦，（　）には，室町時代に町の人々が武士の力をおさえて自治を行っていた都市の名前が入ります。その都市の名前を答えなさい。

問８．下線部⑧，（　）には教育や科学，文化を通じて平和な社会をつくることを目的にした国連の機関の名前が入ります。その略称をカタカナ４字で答えなさい。

問９．下線部⑨，日本から登録されている無形文化遺産と，その写真の組み合わせとして，正しくないものを１つ選び，記号で答えなさい。

ア．歌舞伎

イ．人形浄瑠璃文楽
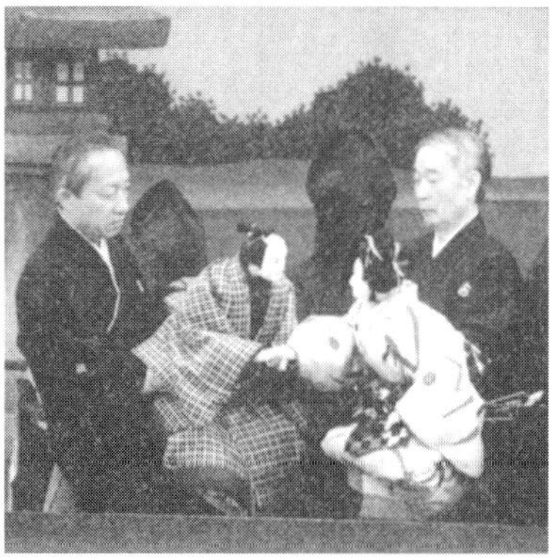

ウ．能楽

エ．アイヌ古式舞踊

問10．下線部⑩，次の図ア～エは，日本における自動車工場の所在地，集積回路などに使う半導体工場の所在地，石油化学コンビナートの所在地，セメント工場の所在地のいずれかを示したものです。このうち，半導体工場の所在地を示したものとして，もっとも適当なものを１つ選び，記号で答えなさい。

ア．

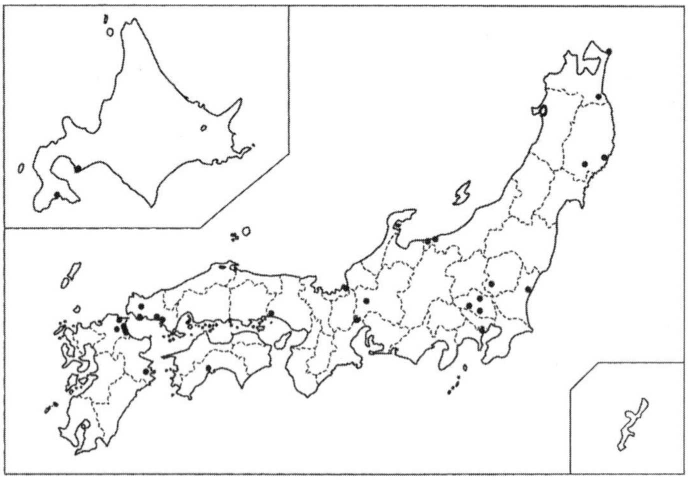

イ．

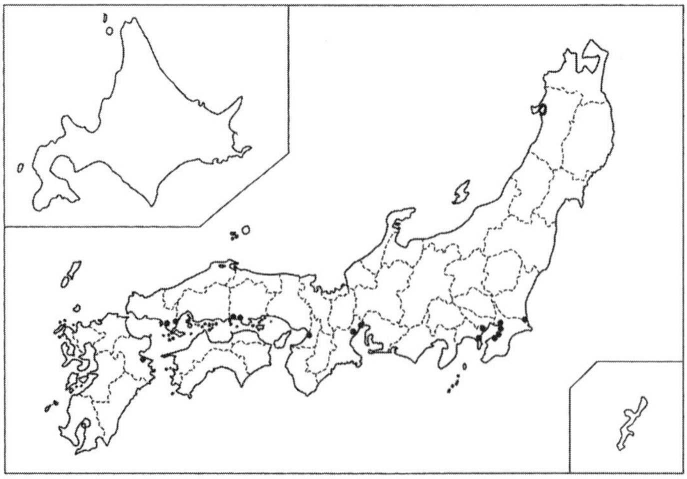

ウ．

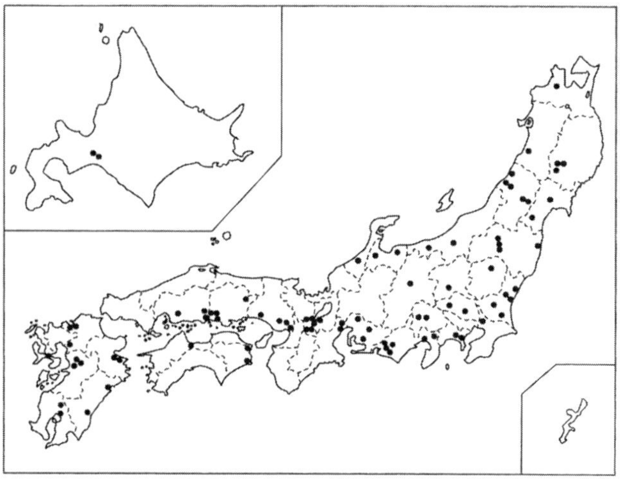

エ．

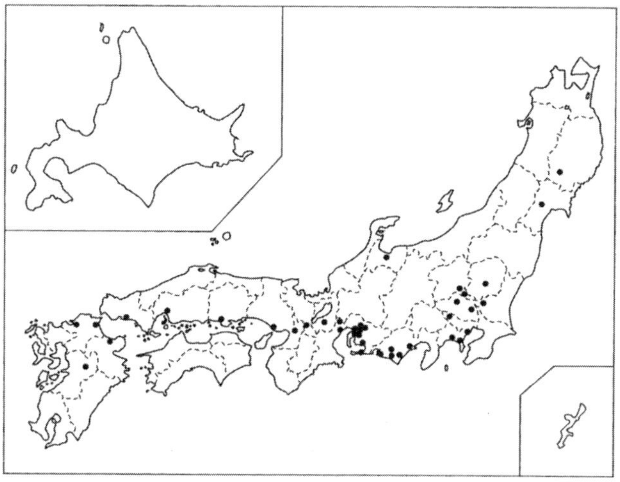

（『日本国勢図会 2023/24』より一部を加工して転載）

問11．下線部⑪，1970年代に起こった出来事として，正しいものを１つ選び，記号で答えなさい。

ア．アジアで初めてのオリンピックが，東京で開かれた。

イ．アメリカの占領下におかれていた沖縄が，日本に返還《へんかん》された。

ウ．日韓基本条約が結ばれ，韓国と国交を開いた。

エ．国際連合への加盟が認められ，日本が国際社会に復帰した。

問12．下線部⑫，アジア州に属する国として，正しくないものを１つ選び，記号で答えなさい。

ア．サウジアラビア　　イ．パキスタン

ウ．カンボジア　　エ．タイ

オ．ウクライナ

問13．下線部⑬，次のア～エは，群馬県甘楽《かんら》郡，富山県富山市，宮崎県都城《みやこのじょう》市，福島県福島市のいずれかにおける※６次産業化の取り組みでつくられた商品です。このうち，宮崎県都城市のものとして，もっとも適当なものを１つ選び，記号で答えなさい。

※６次産業化とは，第１次産業（農業など）にたずさわる人が，農産物などの元々もっている価値をさらに高めるために，第２次産業（工業）や第３次産業（商業）にも取り組み，収入の向上を目指すこと。

ア．りんごのあま塩クッキー，白桃とラフランスのゼリー

イ．地頭鶏《じとっこ》の生ハム，チーズと大葉のロールカツ

ウ．こうじ味噌《そ》・玄米味噌，のし餅《もち》・切り餅

エ．しいたけ煮《に》，ねぎ味噌，さしみこんにゃく

問14．下線部⑭，次の表のＡ・Ｂは，東京都の千代田区と練馬区のいずれかにおける2020年10月１日時点の昼間人口と夜間人口，※昼夜間人口比率を示したものであり，あとの写真ａ・ｂは，千代田区または練馬区の町並《な》みをそれぞれ示したものです。このうち，千代田区の組み合わせとして，正しいものを１つ選び，記号で答えなさい。

※昼夜間人口比率とは，夜間人口を100としたときの昼間人口のこと。小数第２位を四捨五入している。

千代田区・練馬区の昼夜間人口

	昼間人口(人)	夜間人口(人)	昼夜間人口比率
Ａ	903,780	66,680	1355.4
Ｂ	601,359	752,608	79.9

(総務省統計局2020年度国勢調査より作成)

写真ａ

新幹線も停《と》まる大きなターミナル駅や高層オフィスビル，デパートがたくさんみられるにぎやかな町並み

写真ｂ

団地や戸建ての家が建ち並び，小さな公園や八百屋などがたくさんみられる落ち着いた町並み

(写真は，各自治体ホームページより転載)

ア．Ａ―**写真ａ**　　イ．Ａ―**写真ｂ**

ウ．Ｂ―**写真ａ**　　エ．Ｂ―**写真ｂ**

問15．下線部⑮，住民投票は，都道府県や市区町村が，その地域に住む人々の暮らしに関わる問題について，住民の意思を問う制度です。住民投票として，適当でないものを１つ選び，記号で答えなさい。

ア．米軍基地の整理・縮小について意思を問う投票

イ．原子力発電所の建設の賛否を問う投票

ウ．最高裁判所の裁判官の適性を問う投票

エ．市町村合併《ぺい》についての賛否を問う投票

2　日大二中に通うユウさんは，昨年の夏休みに両親と中部地方を訪れました。次に示した地図とユウさんが書いた日記を見て，あとの問いに答えなさい。

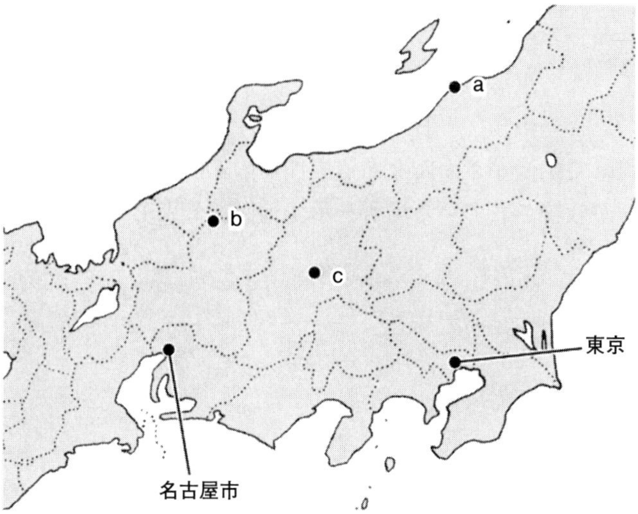

ユウさんの日記

8月1日	東京駅から①（ A ）新幹線に乗って②静岡駅を通過し，名古屋駅に向かった。 名古屋市は③中京工業地帯に位置していて，名古屋港にはたくさんの船が集まっていた。その後，名古屋市内にある祖母の家に着いて，名古屋コーチンを使った親子丼《どん》を食べた。とてもおいしかった。
8月2日	祖母の家を出て名古屋駅から高速バスで①（ B ）自動車道を通り，桃《もも》狩《が》りをしに行った。この県ではぶどうの栽培もさかんで，ぶどう狩りもしたかったが，お腹がいっぱいになってしまったので次来たときはぶどう狩りをしたいと思った。そして，山道を登り，飛驒山脈にある温泉宿に着いた。
8月3日	朝早くに宿を出発し，バスで右の写真にある世界遺産を訪れた。この地域は冬にたくさんの雪が降るため，屋根は雪の重みで家がつぶれてしまわないように工夫されていると知ってとてもおどろいた。夕方，近くにある旅館に到着《とうちゃく》し，晩ご飯では，初めて飛驒牛のステーキを食べた。とてもおいしかった。
8月4日	今日も朝から高速バスと電車に乗り，稲作のさかんな県へ向かった。この県はきれいで豊富な④雪解け水を利用してたくさんのお米を生産していて，私は，この県が生産量全国１位のおせんべいを，父は日本酒を楽しんだ。夜，新幹線に乗って東京駅に帰ってきた。夏休みの思い出が１つ増えてとてもうれしかった。

問１．下線部①（２か所），（Ａ）と（Ｂ）に入る言葉の組み合わせとして，もっとも適当なものを１つ選び，記号で答えなさい。

ア．Ａ―東海道　Ｂ―関越　　イ．Ａ―東海道　Ｂ―中央

ウ．Ａ―山陽　　Ｂ―関越　　エ．Ａ―山陽　　Ｂ―中央

問２．下線部②，次のグラフは，静岡県で生産がさかんなある農作物の2021年度の収穫量上位５府県を示しています。この農作物が栽培されている場所を示す地図記号として，正しいものを１つ選び，記号で答えなさい。

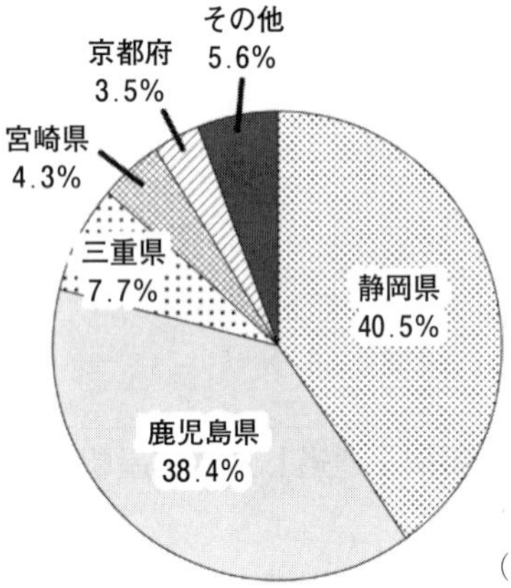

（『データブック オブ・ザ・ワールド 2023』より作成）

問３．下線部③，次のグラフⅠとⅡは，中京工業地帯，阪神工業地帯のいずれかにおける2020年の製造品出荷額等とそれに占める品目別割合を示しています。このうち，中京工業地帯を表しているグラフと，それぞれのグラフから読み取れることとして，正しいものを１つ選び，記号で答えなさい。

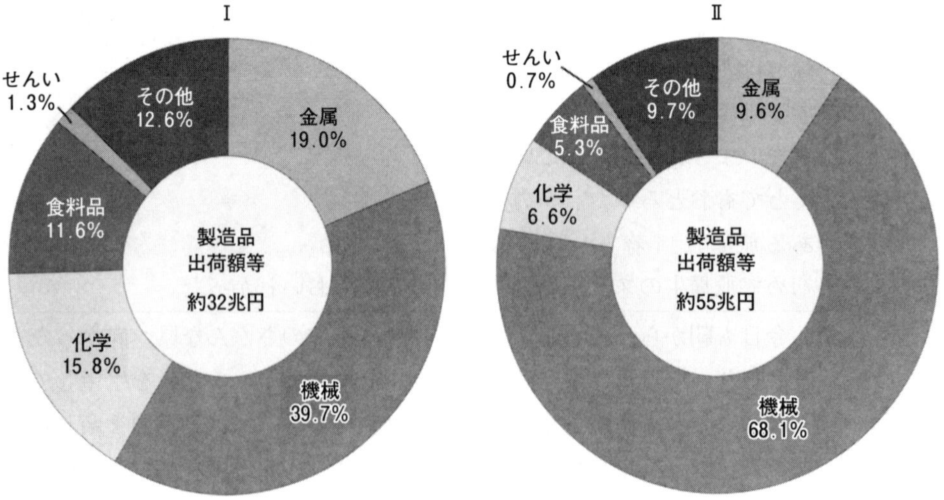

（『日本国勢図会 2023/24』より作成）

ア．中京工業地帯を表すグラフはⅠで，Ⅰの金属工業における製造品出荷額等は，10兆円を上回っている。

イ．中京工業地帯を表すグラフはⅠで，Ⅰの金属工業における製造品出荷額等は，10兆円を下回っている。

ウ．中京工業地帯を表すグラフはⅡで，Ⅱの化学工業における製造品出荷額等は，10兆円を上回っている。

エ．中京工業地帯を表すグラフはⅡで，Ⅱの化学工業における製造品出荷額等は，10兆円を下回っている。

問４．下線部④，この県では雪を利用した花の栽培がさかんで，その花は県庁所在地の市の花に指定されています。この花の名前は何ですか，答えなさい。

問５．地図とユウさんの日記から読み取れる旅行の行程として，もっとも適当なものを１つ選び，記号で答えなさい。なお，選択肢《し》中のａ～ｃは，地図中のａ～ｃを示しています。

ア．東京→名古屋→ｂ→ａ→ｃ→東京

イ．東京→名古屋→ｂ→ｃ→ａ→東京

ウ．東京→名古屋→ｃ→ａ→ｂ→東京

エ．東京→名古屋→ｃ→ｂ→ａ→東京

3　次の【Ａ】～【Ｅ】は人々の生活の歴史に関する説明です。これを読み，あとの問いに答えなさい。

【Ａ】

このころの人々の暮らしについては，次にあげるような①万葉集におさめられた歌から知ることができます。「私は人並《ひとな》みに田畑を耕しているのに，ぼろの着物を着て，こわれそうな家に住んでいる。里長《さとおさ》は税を出せとさけんでいる。」

【Ｂ】

このころ，名主などの村役人が村を運営していました。幕府や藩は，村の組織を利用して，村ごとに年貢を納めさせました。そして五人組をつくり，年貢の納入やさまざまな②税の負担に，共同で責任を負わせました。

【Ｃ】

このころ，村の人々は，「寄り合い」を開いて村の決まりを定めたり，一揆を結んで領主に対抗したりしました。山城国(現在の京都府)の南部では，８年間にわたって武士と農民たちの手で政治が行われました。

【Ｄ】

③このころの人々は，竪穴住居に住むようになり，クリやクルミなどを主な食料としました。また，人々が④知恵を出し合い，協力し合って暮らしていたことが加曽利貝塚や三内丸山遺跡からわかります。

【Ｅ】

このころ，大陸から鉄器や青銅器が伝えられ，むらでは，銅たくなどをつくる技術者があらわれました。むらの人々は，米の生産を増やすために，共同で水田を広げたり，用水路をつくったりしました。

問１．下線部①，万葉集には，北九州で３年間の任期で国の守りについた兵士がよんだ歌もふくまれています。このような兵士を何といいますか。

問２．下線部②，日本の歴史における税に関係する文章として，正しくないものを１つ選び，記号で答えなさい。

ア．鎌倉時代には，御家人となった武士を地頭につけ，地頭は年貢の取り立てなどを行った。

イ．江戸時代には，農村などに住む百姓に年貢を納めさせ，また町人には町を整備するための仕事や費用を負担させた。

ウ．明治時代には，収穫《しゅうかく》された農作物の量に応じて税金を納めさせる地租改正が行われた。

エ．太平洋戦争後に定められた日本国憲法では，納税が国民の義務の一つとされた。

問３．下線部③，右の図はこのころの黒曜石とひすいの交易路を示しています。次の文章は，生徒Ａと生徒Ｂが，この時代について考えていたことやこの図から読み取れることについて発表したものです。それぞれの生徒が図を正しく読み取れているか，正しく読み取れていないか，もっとも適当なものを１つ選び，記号で答えなさい。

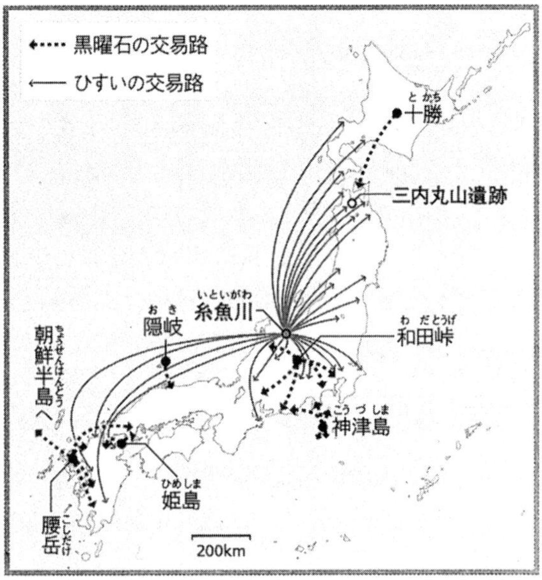

生徒Ａ：この時代は，地域間であまり交流が行われていないと思っていましたが，この図から各地との交流が行われていたことがわかりました。

生徒Ｂ：この時代は，三内丸山遺跡が中心だと思っていましたが，この図から糸魚川にもっとも多くの人が集まって住んでいたことがわかりました。

ア．生徒Ａも生徒Ｂも正しく読み取れている。

イ．生徒Ａは正しく読み取れているが，生徒Ｂは正しく読み取れていない。

ウ．生徒Ａは正しく読み取れていないが，生徒Ｂは正しく読み取れている。

エ．生徒Ａも生徒Ｂも正しく読み取れていない。

問４．下線部④，鎌倉時代の農民は，稲《いね》をかり取った後に麦など，稲とは異《こと》なる作物を作る工夫を行いましたが，このような栽培方法を何といいますか。漢字３字で答えなさい。

問５．【Ａ】～【Ｅ】の文章を年代の古い順に並べたときに，正しいものを１つ選び，記号で答えなさい。

ア．Ａ→Ｄ→Ｃ→Ｅ→Ｂ　　イ．Ａ→Ｅ→Ｃ→Ｄ→Ｂ

ウ．D→A→B→E→C　　エ．D→E→A→C→B
オ．E→B→A→D→C　　カ．E→D→B→A→C

4　次の文章を読んで，あとの問いに答えなさい。

日本の社会は大きく変化してきています。少子・高齢《れい》化の進展だけでなく，家族構成や個人の働き方も変わってきています。①21世紀半ばには，約(　　)人に１人が65歳《さい》以上の高齢者となる社会が来るともいわれています。また，②日本の労働力人口(満15歳以上の働く人の人口)も大きく変化してきています。これらの変化は，これからの日本の社会のあり方を考えていくうえで，とても重要なことです。

これからの日本では少子・高齢化を踏《ふ》まえ，豊かで安心して暮らせるための③社会保障制度や持続可能な税の仕組みが必要になります。そのためには，④歳出面での改革とともに，必要な公的サービスを安定的に支える⑤歳入面での改革も重要となります。

豊かで安心して暮らせる未来のためには，公平な税負担と公的サービスの関係について，私たち一人ひとりが考えることが大切です。

問１．下線部①，次のグラフは，「日本の年齢別人口の割合の変化」を示しています。このグラフを見て，下線部①の(　)に入る値として，もっとも適当なものを１つ選び，記号で答えなさい。

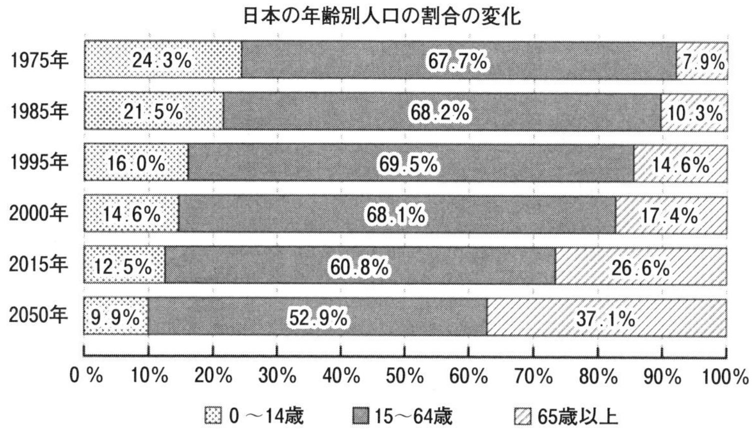

(総務省「2020年国勢調査」，国立社会保障・人口問題研究所「日本の将来推計人口」より作成)

ア．2.5　　イ．4　　ウ．5.5
エ．7　　オ．8.5

問２．下線部②，日本の労働力人口や働き方の変化についての説明として，適当でないものを１つ選び，記号で答えなさい。

ア．女性の社会進出が進んだことによって，女性の労働力人口は増加している。

イ．働き方が多様化し，会社に行かず，自分の家で働く人の数が増えている。

ウ．労働力人口の変化には，独身の人や，夫婦だけの家庭が増えたことなど，家族構成の変化も関係している。

エ．労働力人口が減少していることから，労働者には労働時間の延長や休日を減らすことが求められている。

問３．下線部③，次のグラフは，「国民負担率の国際比較」を示しています。このグラフから読み取れることとして，正しいものを１つ選び，記号で答えなさい。

国民負担率の国際比較

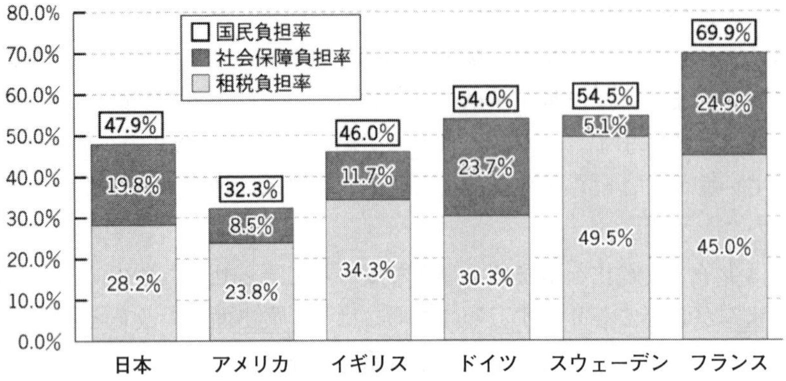

(国税庁ホームページより，2020年の国民負担率の国際比較を一部加工して転載)

＊租税負担率とは，国民所得(ある一定期間内に国民がかせいだ所得の合計額)に占める税額の割合のこと。

＊社会保障負担率とは，国民所得に占める社会保障費の負担の割合のこと。

＊国民負担率とは，国民所得に占める税金と社会保障費の負担の割合のこと。

ア．日本はグラフ中のヨーロッパの国々と比べて，国民負担率がもっとも低い。

イ．アメリカはイギリスと比べて，租税負担率が高い。

ウ．スウェーデンは日本と比べて，社会保障負担率が低い。

エ．フランスはグラフ中の国々の中で，社会保障費の総額がもっとも高い。

問４．下線部④，国の予算を決定する機関として，正しいものを１つ選び，記号で答えなさい。

ア．財務省　　イ．内閣　　ウ．日本銀行

エ．裁判所　　オ．国会

問５．下線部⑤，国が会社に勤めている人などの収入に対して課す税金を何といいますか。漢字で答えなさい。

【理　科】〈第２回試験〉（社会と合わせて50分）〈満点：50点〉

1　図１は，光が直方体のガラスにななめに入るときの光の進み方を表したものです。一部の光は折れ曲がって進みます。次の問いに答えなさい。

ただし，光の折れ曲がり具合は，物質によって異なります。

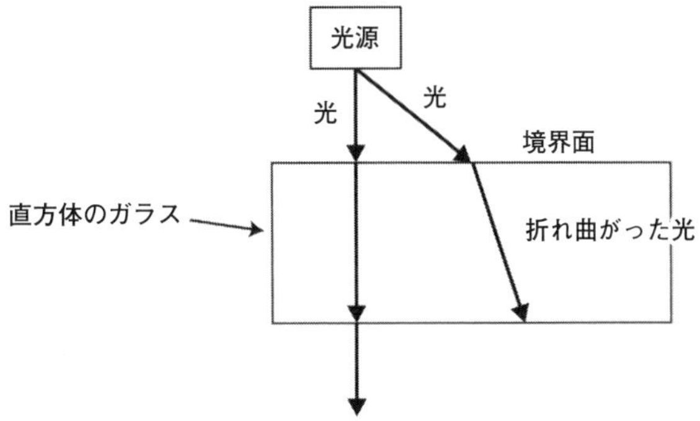

図１

(1)　光が空気中からガラス内に入るときに折れ曲がる性質を，光の何というか，ひらがなで答えなさい。

(2)　空気中からガラス内に入った光が，再び空気中に出るときの光の道すじとして，もっとも正しいものを１つ選び，記号で答えなさい。

ア．
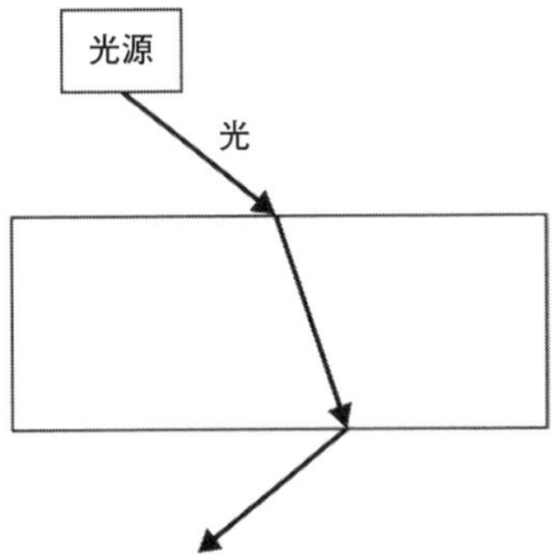

イ．
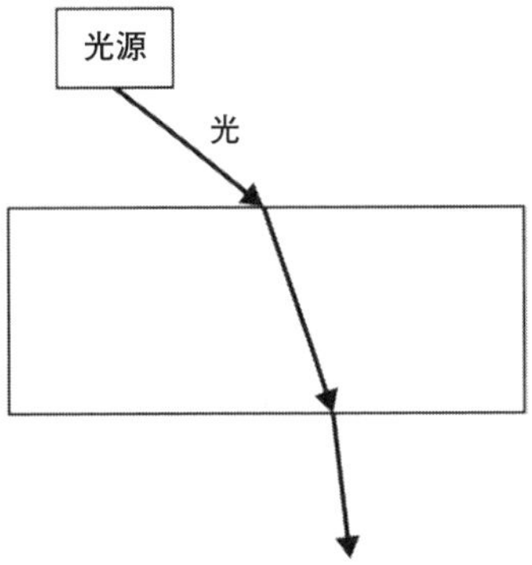

ウ．
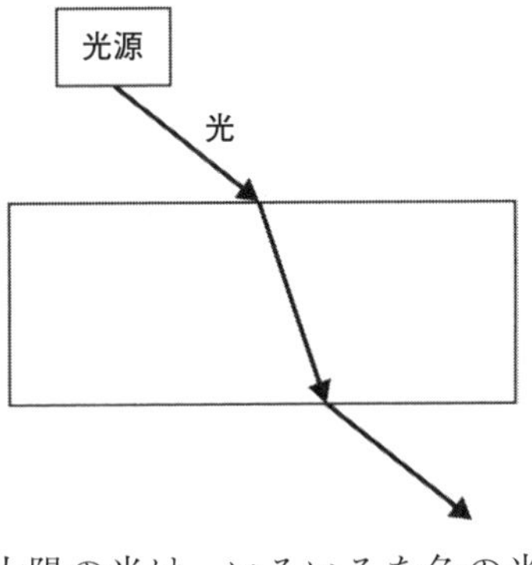

エ．
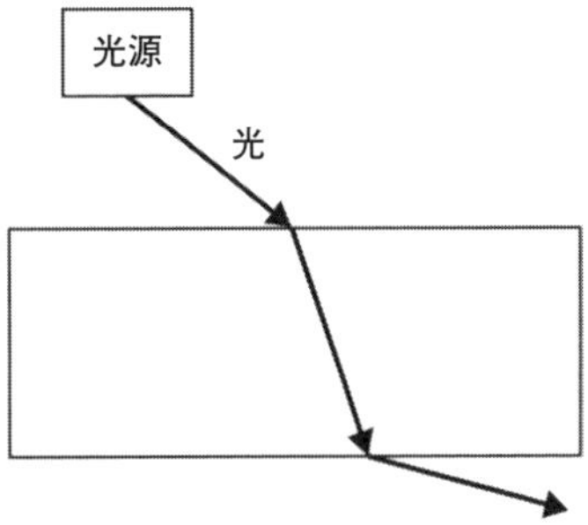

(3)　太陽の光は，いろいろな色の光が混ざってできています。図２のように，プリズムという三角柱のガラスを通すと，色によって折れ曲がる角度が異なることから，太陽の光を７色に分けることができます。この光の性質から，太陽の光が雨つぶを通るときに虹《にじ》ができます。図３は，太陽の光が雨つぶを通るときに，折れ曲がったり，反射したりすることで虹ができるしくみを表したものです。図３の①，②，③にあてはまる色として，それぞれ赤，黄，青の３色から１つずつ選び，答えなさい。

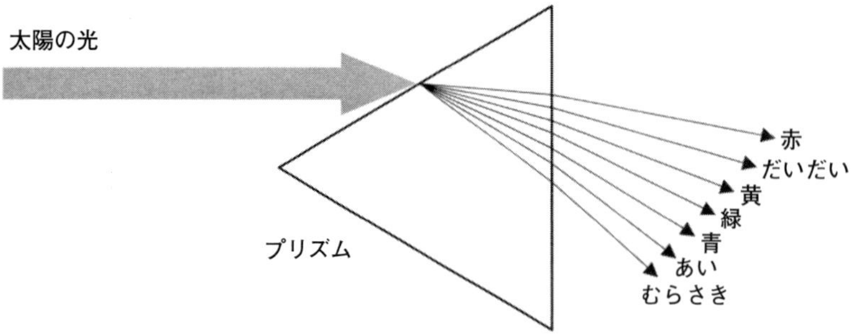

図２

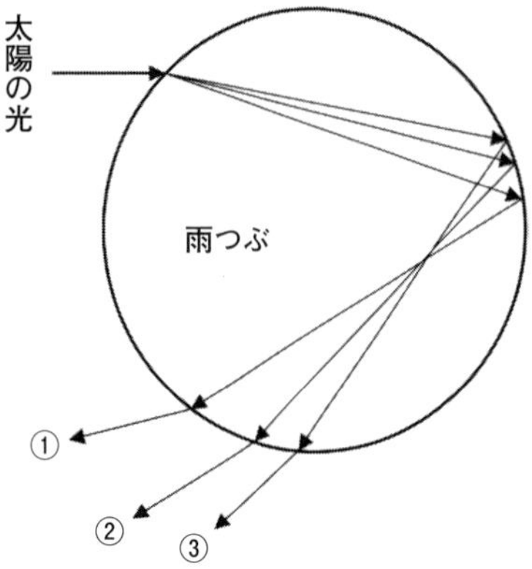

図３

(4)　レンズは，光が空気中からガラス内に入ったり，ガラス内から空気中に出たりするときに折れ曲がるという性質を利用している道具です。レンズでできないこととして，もっとも正しいものを１つ選び，記号で答えなさい。

ア．小さな文字を拡大できる。

イ．光を弱めることができる。

ウ．光を広げることができる。

エ．光を集めることができる。

オ．さかさまの像をつくることができる。

(5)　一般的《いっぱんてき》な虫めがねに使われているレンズを横から見ると，どのような形をしているか，もっとも正しいものを１つ選び，記号で答えなさい。

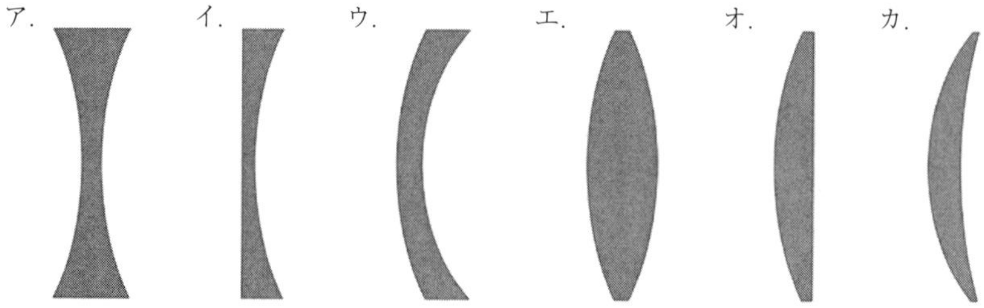

2 図4はマイナス20℃の氷100gを容器に入れて一定の火力で加熱したときの，加熱した時間と温度変化のようすを表したグラフです。次の問いに答えなさい。

ただし，実験中の室温は変わらないものとします。

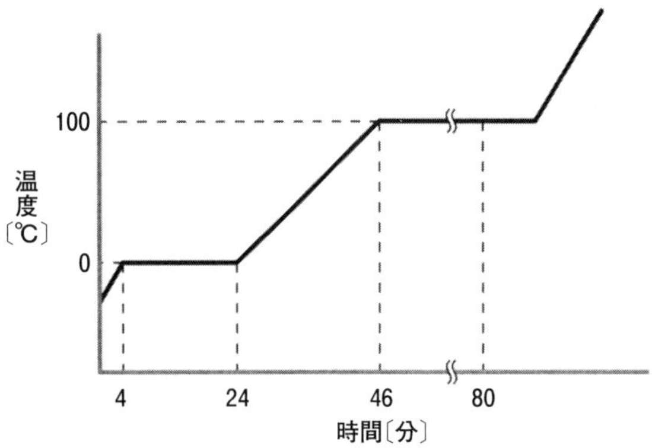

図4

(1) 加熱をはじめてから4分後，24分後，80分後には容器の中には何があるか，それぞれもっとも正しいものを1つずつ選び，記号で答えなさい。

ア．氷　　イ．氷と水　　ウ．水　　エ．水と水蒸気　　オ．水蒸気

(2) 加熱をはじめてから15分後の容器の中のようすとして，もっとも正しいものを1つ選び，記号で答えなさい。

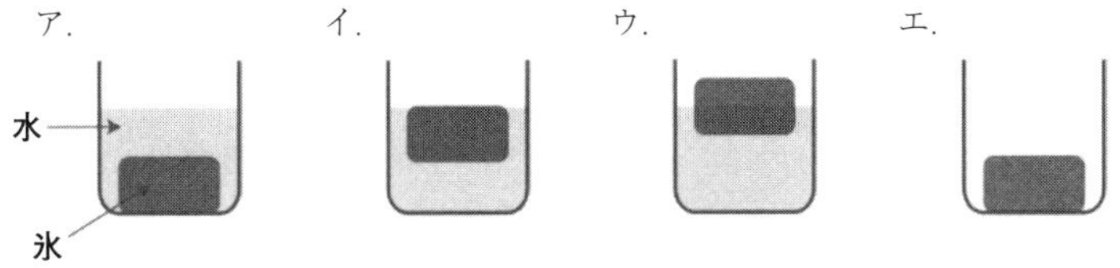

(3) 加熱をはじめてから9分後に容器に残っている氷は何gか，答えなさい。

(4) 加熱をはじめてから80分後に容器を観察すると，水面の上に白いけむりのようなものが見えました。この白いけむりのようなものは気体・液体・固体のどの状態か，もっとも正しいものを1つ選び，記号で答えなさい。

ア．気体　　イ．液体　　ウ．固体

3 次の文を読んで，問いに答えなさい。

ユリコ：この前，図書館で川の水質調査の本を読んだの。川の水がどれくらいよごれているかによって，すんでいる生き物が異なるんですって。

アキラ：へぇ。それは興味深いな。ぼく，夏休みに川へ行ったんだ。もう少しくわしく教えてよ。

ユリコ：川の水のきれいさはすんでいる生き物の種類によって，4つに分類されるの。1つ目は「きれいな水」，2つ目は「ややきれいな水」，3つ目は「きたない水」，そして4つ目は「とてもきたない水」よ。夏休みに行った川にはどんな生き物がすんでいたか覚えてる？

アキラ：うん。(①)をたくさんつかまえたよ！　大きさは6cmくらいで，石のうらにかくれていたんだ。からだに節があって，横向きに歩くんだよ。エビのなかまに分けられると思うよ。

ユリコ：なるほど。もっと情報がほしいわ。他にはどんな生き物がいた？

アキラ：ヒラタカゲロウもたくさんいたよ！　石をめくるとすごい速さでにげていくんだ。ぼくはちっともつかまえられなかったけど，お父さんはとても上手につかまえていたよ。あとはヘビトンボの幼虫もいたな。

ユリコ：わかったわ！　アキラ君が行った川の水のきれいさは(②)に分類できると思う。

アキラ：確かに！　ぼくが行った川は(　③　)。

ユリコ：そういえば，公園の近くの川は(④)がよくとれるわね。チョウバエやユスリカの幼虫もいたわ。

アキラ：ということは，その川は(⑤)に分類できるね。

ユリコ：明日，(④)をとりに行かない？　割りばしとタコ糸を持っていくわ！

アキラ：それはいいね。スルメも忘れずに持っていこうね！　ついでに，公園のとなりにある池の水をとりに行ってもいい？

ユリコ：池の水なんて，何に使うの？

アキラ：生物部でけんび鏡観察するんだ。目ではなかなか観察できない生き物が見られるよ！

(1)　文中の(①)にあてはまる生き物として，もっとも正しいものを１つ選び，記号で答えなさい。

ア．アメリカザリガニ　　イ．スジエビ

ウ．ミズムシ　　エ．サワガニ

(2)　文中の(②)にあてはまる川の水のきれいさとして，もっとも正しいものを１つ選び，記号で答えなさい。

ア．きれいな水　　イ．ややきれいな水　　ウ．きたない水　　エ．とてもきたない水

(3)　文中の(③)にあてはまる文として，もっとも正しいものを１つ選び，記号で答えなさい。

ア．水がとう明で，川底がよく見えたよ

イ．水は少しにごっていて，川底がよく見えなかったよ

ウ．水はにごっていて，川底はどろのようだったよ

エ．水がとてもにごっていて，川底がまったく見えなかったよ

(4)　文中の(④)にあてはまる生き物として，もっとも正しいものを１つ選び，記号で答えなさい。

ア．アメリカザリガニ　　イ．スジエビ

ウ．ミズムシ　　エ．サワガニ

(5)　文中の(⑤)にあてはまる川の水のきれいさとして，もっとも正しいものを１つ選び，記号で答えなさい。

ア．きれいな水　　イ．ややきれいな水　　ウ．きたない水　　エ．とてもきたない水

(6)　文中のけんび鏡観察について，図５のけんび鏡を使って池の水にすむ微《び》生物を観察しました。けんび鏡観察の手順として，ア～カを正しい順に並べなさい。

ア．プレパラートを⑤にのせて，④でとめる。

イ．⑥の角度を調節して，視野を明るくする。

ウ．③をとりつける。

エ．①をのぞいたまま，⑦をゆっくりと回しながらピントを合わせる。

オ．①を②にとりつける。

カ．横から見ながらプレパラートと③をできるだけ近づける。

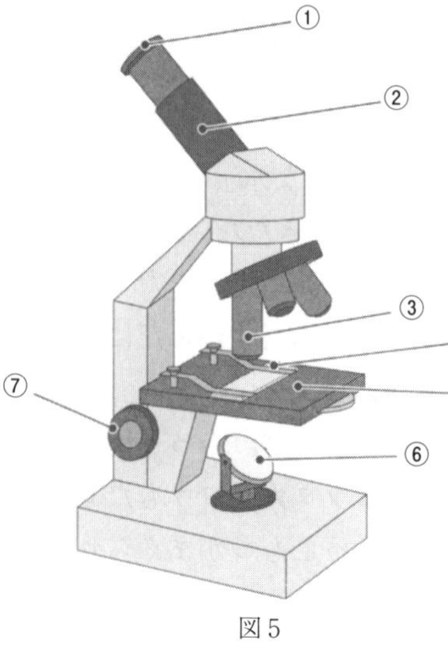

図５

(7)　池の水を図５のけんび鏡で観察したところ，図６のように視野の右下にゾウリムシが見えました。これを視野の中央に移動するには，プレパラートをどの方向に動かしたらよいか，もっとも正しいものを１つ選び，記号で答えなさい。

ア．右上

イ．右下

ウ．左上

エ．左下

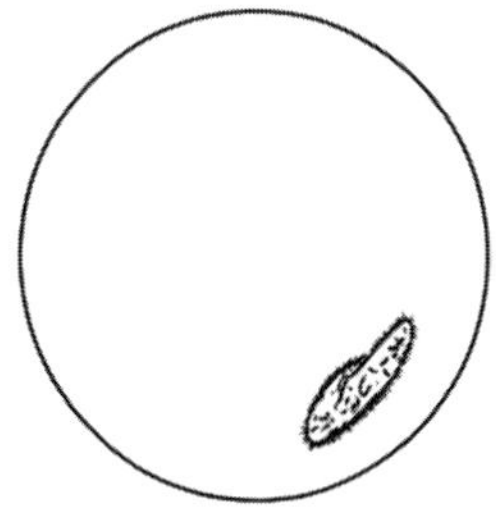

図６

4　写真は，日本が冬の季節に，気象衛星「ひまわり」が撮影《さつえい》した写真です。あとの問いに答えなさい。

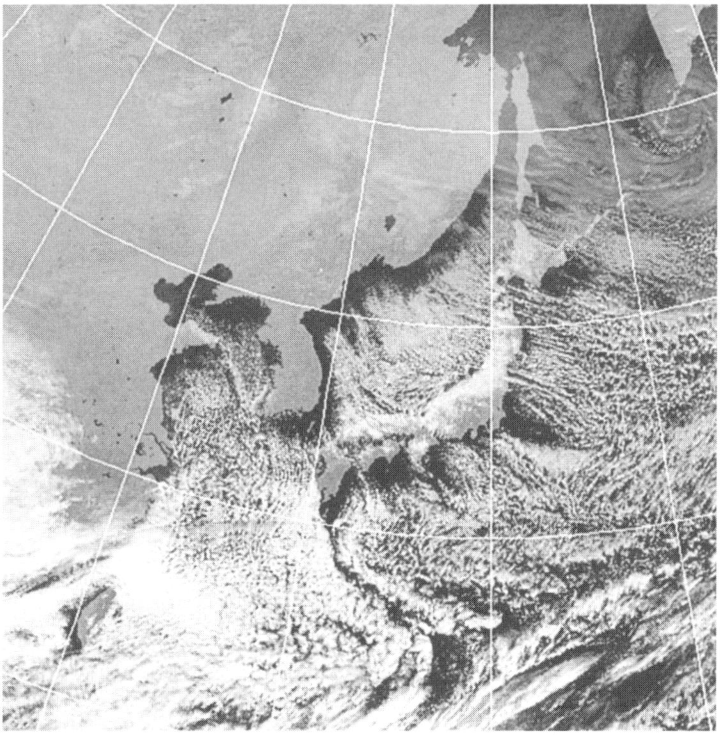

(1)　この季節に大きな影響を与える空気のかたまりはどのような特徴《とくちょう》をもつ空気か，もっとも正しいものを１つ選び，記号で答えなさい。

ア．冷たく乾燥している空気

イ．冷たく湿っている空気

ウ．暖かく乾燥している空気

エ．暖かく湿っている空気

(2)　写真のようすを表した天気図として，もっとも正しいものを１つ選び，記号で答えなさい。

ア.

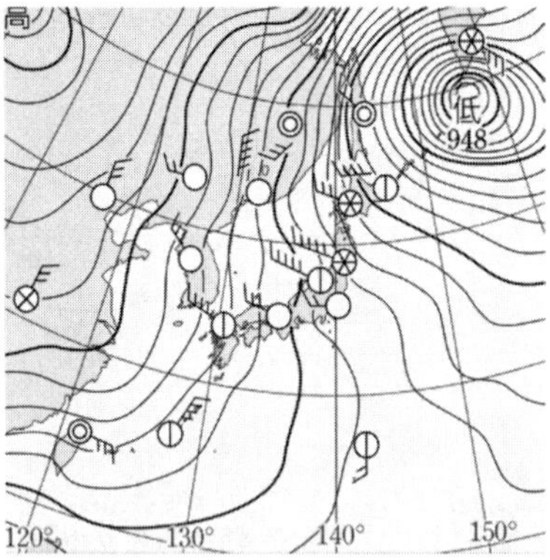

イ.

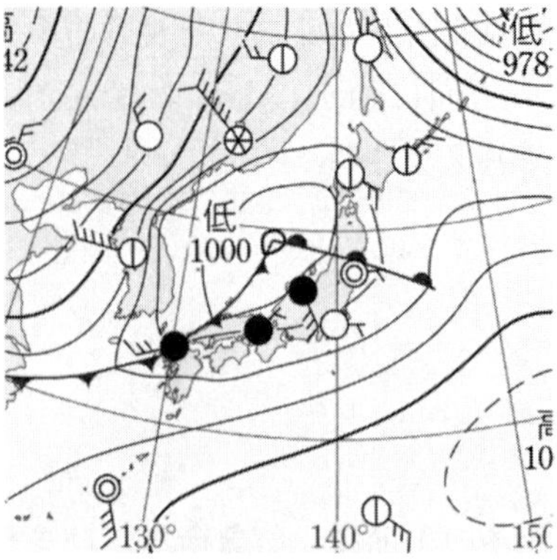

ウ.

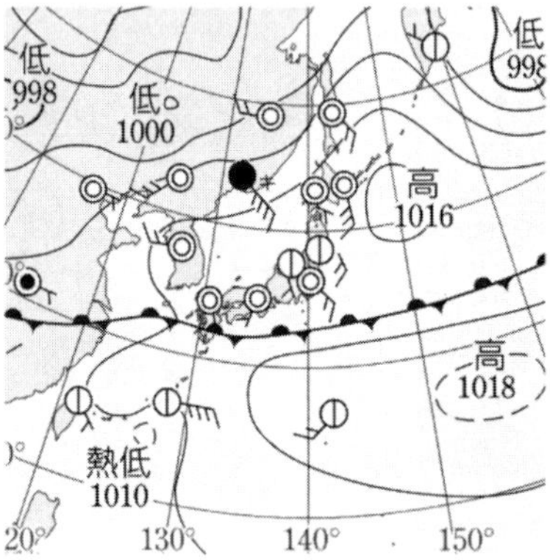

エ.

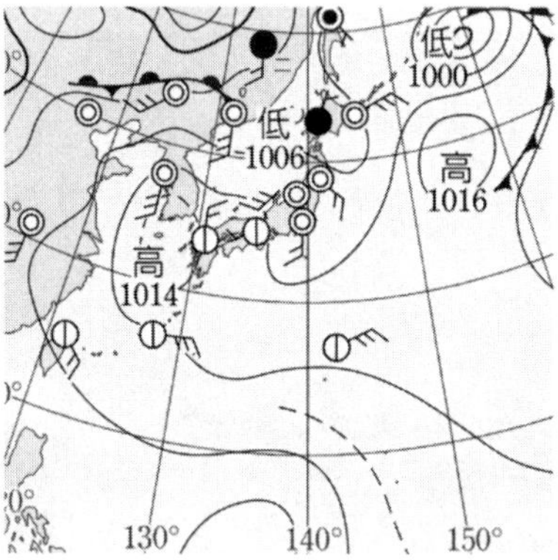

(3)　日本では，冬は北西の風がふき，夏は南風がふきます。このように冬や夏など季節ごとに決まってふく風を何というか，漢字で答えなさい。

(4)　北半球における低気圧と高気圧について，地上付近における大気の流れと上空の気流のようすを表した図として，それぞれもっとも正しいものを１つずつ選び，記号で答えなさい。

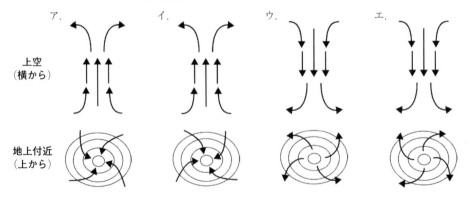

ったら、互いの関係をどうしようかと考えればいいのですから」とありますが、筆者はこの後にとる行動としてどのようなことをあげていますか。解答欄に合うように答えなさい。

問11　――線部11「トラブル」とはどのようなことですか。

ア．話が進んでいくにつれてより食い違いが生じ、相手を信頼できなくなるということ。

イ．細部の食い違いがそのままにされ、最終的に交渉が決裂する場合があるということ。

ウ．「大丈夫そう」と思うことで安心してしまい、相手を知るための機会をなくすこと。

エ．相手と価値観が同じだと思っていたのに、本当は意見が食い違っていたと気づくこと。

オ．目指していた最終目的が、話し合いをする内に食い違ったものになってしまったこと。

問12　――線部12「ここ」が指す内容を答えなさい。

問13　――線部13「『落としどころ』」とはどういうことですか。

ア．妥協《だきょう》　イ．一致《いっち》　ウ．情報

エ．理解　オ．共感

日本人はお人好《よ》しで、「話せばわかり合える」と考えがちですが、それは世界ではかなり「非常識」な認識です。

外国人の多くは、「話してもわかり合えないから交渉する」と考えています。どれだけ腹を割っても絶対に譲れないことがあり、最後はそれを互いに認め合って「落としどころ」が決まる。それが、「世界の常識」なのです。

（真山　仁『〝正しい〟を疑え！』による）

問１　――線部１「コミュニケーション」とはどのようなことだと筆者は述べていますか。二十一字で抜き出しなさい。

問２　――線部２「間違い」とはどのようなことですか。

ア　議論で勝つために相手の反論を徹底的につぶすこと。
イ　自分の主張を通すためには相手の信頼が必要なこと。
ウ　相手を誘導する力を持つ人を羨ましいと思うこと。
エ　自分には相手を言い負かす力があると信じること。
オ　「コミュ力」とは弁が立つことだと考えること。

問３　[３]に入る語を選びなさい。

ア　すると　　イ　だが　　ウ　つまり
エ　たとえば　　オ　そして

問４　――線部４「聞く力」と同じことを述べている部分を解答欄に合うように、十九字で抜き出しなさい。

問５　――線部５「相手を知るための質問」ではないものを選びなさい。

ア　「あなたは犬と猫、どっちが好きですか？」
イ　「明日の天気はどうでしょうね？」
ウ　「あの映画を見てどう思いました？」
エ　「苦手教科はありますか？」
オ　「どうして泣いてるんですか？」

問６　――線部６「この準備」とはどういうことですか。

ア　自分から積極的に話すこと。
イ　相手と議論をすること。
ウ　自分を知ってもらうこと。
エ　相手について知ること。
オ　意見を聞き入れてもらうこと。

問７　――線部７「自分語にする」とありますが、それはどういうことですか。本文中の例を用いて説明しなさい。

問８　――線部８「わかり合えた」という状態になるためには、どのようなことが必要ですか。

ア　共感する部分を深めていくこと。
イ　コミュニケーションを重ねること。
ウ　相手が持つ意見を知っていくこと。
エ　価値観が異なることを理解すること。
オ　自分の価値観を伝えていくこと。

問９　――線部９「そういう事態」とはどのようなことですか。

ア　自分の価値観を変え、こういう人なんだと思うことで、相手の意見に合わせていくこと。
イ　興奮するあまり自分の意見だけを主張して、相手が話しにくい雰囲気にしてしまうこと。
ウ　ある分野における細部の食い違いをより深く知るために、率直に違和感をぶつけること。
エ　相手の言葉や考えを遮断して、コミュニケーションをスムーズに行えるようにすること。
オ　相手を敵視したり、わかり合えないと決めつけて、コミュニケーションを終わりにすること。

問10　――線部10「最終的に理解し合えない点が多いという結論に至

その結果、同意できる点とできない点が見つかるはずです。まずは、双方が同じ考えだとわかった点について、相手に伝えましょう。

そのときに共感が生まれます。他人の考えと隅《すみ》から隅まで同じということは、ありえません。でも、すべての価値観が異なるというのも稀《まれ》なのです。

コミュニケーションを進めるためには、共感が基盤《きばん》となります。その共感を深めることで、互いにわかり合える部分ができる。それを支えに、異なる価値観について意見交換をしていくと、相手を敵視したり、「絶対にわかり合えない」と決めつけたりするのを避《さ》けることができます。

決めつけたり、相手の言葉や考えを遮断《しゃだん》したりする、その瞬間に、コミュニケーションは終わります。

可能な限り、9そういう事態を避ける。10最終的に理解し合えない点が多いという結論に至ったら、互いの関係をどうしようかと考えればいいのですから。

コミュニケーションを始めた段階で大切なのは、こういう人なんだと認められるだけの情報交換をすること。それで十分です。

話をしていると、徐々に相手のことがわかってきます。また、どのような関係になるのかも見えてきます。

双方の意見が一致《いっち》しそうだと思っても、慌《あわ》ててはいけません。ゴールは同じでも、前提やプロセスが異なる場合があります。そういうとき、「結果オーライ」だからいいんだと、その違いを放っておくと、必ず11トラブルが起きます。

「大筋合意」と報道された国や企業間の交渉《こうしょう》が、最終的に決裂《けつれつ》する場合があります。細部でどうしても譲《ゆず》れない問題が浮上《ふじょう》して、それが障害となって合意できなかったのでしょう。

だから、「大丈夫そう」だと思っても、油断は禁物です。

細部の食い違いを知るためにも、コミュニケーションを始めるときの情報交換が重要なのです。相手の価値観がわかると、双方の考えが同じはずなのに違和感《いわかん》を覚えたり、腑《ふ》に落ちなかったりする点が見えてきます。

そういうときは、率直にその違和感を相手にぶつけましょう。バレーのアタックとギターソロの要領を思い出してください。

では、話が進んでいくにつれて、重要な点が決裂しそうな雲行きになったら、どうしたらいいでしょうか。

大人や組織の場合、12ここがコミュニケーションの勝負どころとなります。どこを譲ってどこを押し通すか、双方が交渉モードに入るからです。

本来、コミュニケーションは、交渉の手段であることが多いです。交渉で重要なのは、13「落としどころ」。何を譲り、何を押し通すかという着地点のことです。

国や組織の交渉になると、事前に目標とする「落としどころ」が決まっています。想定していたよりも有利な決着なら、交渉者は判断しやすいでしょう。不利な場合は、交渉が難航し、時には物別れに終わります。

みなさんも同じです。友達になるか、ある行動を共にするかを判断するために、コミュニケーションを通じて、自分の希望や相手のルールを知ろうとするわけですから。

国家間交渉をするわけではないとしても、コミュニケーションには「落としどころ」が大切だというのは、覚えておいてください。

いきなり議論や意見交換を始めようとはしないでください。互いについて語り合い、相手を知ることに徹します。

コミュニケーションを苦手だと感じるのは、6この準備を怠《おこた》っている場合が多いようです。

自分を知ってもらいたい、意見を聞き入れてもらいたい、その気持ちはわかります。でも、はやる心を少しこらえて、まずは相手を知る――。

コミュニケーションは、そこから始まります。

話を聞くだけでコミュニケーションが上手になるなら、誰だってできそう。

そうなんですが、そうでもない。聞き方にコツがあるのです。

たいていの場合、初対面の人の話をすんなり理解するのは難しいものです。生きてきた環境が違い、そもそもどんな人かもわからないわけですから。何げなく聞いていると、半分も理解できないことがあります。

ただ聞き流しているだけでは、面と向かっていても、相手を知るために聞いているとは言えません。

じゃあ、どうすればいい?

話を聞きながら、脳内で自分の言葉に「翻訳《ほんやく》する」んです。

たとえば、あなたは、スポーツはあまり得意ではなく、友人たちとのバンドでギターを弾いているとしましょうか。

話の相手はバレーボールに夢中で、アタッカーとしてがんばっている人だとします。

仲間がレシーブしトスしたボールをアタッカーとして打つ瞬間《しゅんかん》の緊張と興奮を話してくれます。相手の口調から、アタックの瞬間をいかに素晴らしいと感じているかはわかりますが、漠然《ばくぜん》としたものです。

そこで、相手の興奮をギターを演奏している自分自身に置き換《か》えてみてください。

アタックの瞬間とは、ライブ中にあなたがギターのソロ演奏を務めるとき、に近いのではないでしょうか。

そう考えると、その興奮が一気に「自分ごと」として感じ取れます。

相手の話を、自分が理解できる言葉や風景に置き換える、これを「7自分語にする」と定義しましょう。その瞬間、あなたと相手は急接近します。

これこそが、私の言う「聞く」ことなのです。

そんなの難しそうだな、と思うかもしれませんね。自分語への翻訳が正しいかどうかもわからないし。

そんなときは、話の切れ目をみはからって、「私はバレーボールのことはよくわからないんだけど、ギターでソロ演奏するハイな気分みたいなものかな?」と尋《たず》ねればいいんです。

一瞬、意外そうな顔をされたとしても、あなたがバンド活動をしていると事前に伝えておけば、相手は「そうかも」と共感してくれるかもしれません。

もう一つピンとこないようなら、「それって、どんな感じ?」と尋ねてくるでしょう。今度はあなたが、自分の興奮を素直に話せばいいんです。

このように少しずつ接点を見つけ、共感を探していくやりとりを重ねると、徐々に相手への理解が深まっていきます。

相手を理解するというのは、相手と同じ考えを持つことではありません。また、理解しただけでは、8わかり合えたことになりません。「理解した」とは、ある分野で相手がどういう意見を持っているかがわかっただけです。

いるのに、それらを処分することが悲しく感じたから。

イ　先生が亡くなってから五年が経つことを改めて感じて、楽しかった学生時代を思い出してなつかしさを感じたから。

ウ　息子夫婦の提案に思惑があることがやり切れないし、学生時代の思い出がつまった家がなくなることがさみしいから。

エ　学生時代から何度も遊びに来ている家が取り壊され、アパートが建てられることに深い怒りを感じているから。

オ　息子夫婦の勝手な言い分に不信感があり、信子さんのあきらめているような言葉に自分は力になれないと感じたから。

問６　――線部６「いいのよ、最後だから、ね」とありますが、「最後」とは何のことですか。解答欄に合うように答えなさい。

問７　――線部７「あなたたち」と同じ内容を示す言葉を漢字一字で答えなさい。

問８　［８］に入る語を選びなさい。

ア　不器用さ　イ　几帳面《きちょうめん》さ　ウ　あたたかさ

エ　いい加減さ　オ　頑固《がんこ》さ

問９　［９］に入る語を抜き出しなさい。

問10　――線部10「私は、大丈夫ですよ。さあ！」といえるのはなぜですか。解答欄に合うように答えなさい。

［三］　次の文章を読んで、後の問いに答えなさい。

1コミュニケーション能力、いわゆる「コミュ力」とは、弁が立つことだと考えている人が多いと思います。

言葉で相手を納得《なっとく》させたり、時には言い負かす力がある、そういうイメージですね。

でも、それは2間違《ちが》いです。

言葉巧《たく》みに相手を誘導《ゆうどう》する人を見ると、羨《うらや》ましいと思うかもしれませんが、この「言葉巧み」というのが曲者《くせもの》です。

早口でまくし立てたり、相手の反論を徹底《てってい》的につぶしたりする人は、議論では勝てても、相手の信頼《しんらい》を得られないことがあります。なぜなら、自分の主張を押《お》しつけているだけだからです。

そもそもコミュニケーションとは、一方通行ではありません。自分と他者が意見を交換《こうかん》して、理解し合うことです。

［３］、言いくるめられるのとは別次元の「納得」がなければ、コミュニケーションが成立したことにはなりません。

そのために重要なのは、話す力ではなく、実は4聞く力なのです。

「聞き上手は、話し上手」と、昔から言われています。それには理由があります。

コミュニケーションの第一歩は、相手がどういう人かを知り、何を考えているのか探ることです。

自分の考えと同じ点、違う点がわからなければ、双方《そうほう》が納得できるやりとりは成立しませんからね。

そのために、まず相手の話を聞きます。

相手が話し好きであれば、あなたは聞き手に回りましょう。相手がどういう考えや価値観を持っているのかをじっくり拾い、自分自身の考えや価値観と照らし合わせていきます。

すると、第一印象とは異なる相手の素顔が見えてきます。それによって、コミュニケーションの方法も決まっていきます。

でも、引っ込《こ》み思案で積極的に話さない人もいますよね。その場合は、あなたから話を切り出してみましょう。

そのときに心がけるのは、5相手を知るための質問です。自己紹《しょう》介《かい》から始めるのもいいでしょうが、それは相手が話しやすい雰囲気《ふんいき》をつくるためです。

それは、[9]だった。

「さ、あなたも、お行きなさい」

本は、自分だけは残るんだと言わんばかりに、動こうとしなかった。

信子さんは、先生に見つめられているようなせつなさに包まれたが、それを振り切るように言った。

「10私は、大丈夫ですよ。さあ！」

語気を強めると、本はあわてて羽ばたきを開始した。信子さんに怒られた時の先生のあわてぶりとそっくりだったので、思わず笑ってしまった。目じりに浮かんだ涙を、本に気取られぬようにそっとぬぐう。

しばらく躊躇を見せて、本は空中で行きつ戻りつを繰《く》り返したが、やがて想いを振り切るかのように一気に空に舞い上がり、夜の闇《やみ》に消えていった。

信子さんは、夜空を見上げて穏やかに笑った。本は失っても、先生との思い出は変わらず信子さんの中にあった。そしてこれからもずっと……。

先生の好きだった曲を、信子さんは静かにハミングし続けた。

今宵《こよい》、世界の空は、旅立つ本に満たされていた。

ひときわ高い位置を飛ぶ群れは、役目を終え、本の墓場へと自ら向かうものたちだろう。本の墓場がどこにあるかは、今も人々には知られていない。傷つき、羽折れながらも高く、高く飛び続ける姿には、孤高《ここう》の美しさがあった。

新たな持ち主へと長い旅を続ける群れは、互《たが》いに励ましあうように隊列を組み、羽ばたき続けていた。

旅立ちの不安と戸惑《とまど》い、新たな持ち主に出会える期待と喜び。それらを自らの羽ばたきに込めるように、力強く、そして懸命《けんめい》に。

国境を越《こ》え、他国から飛び立った本と合流する。高々度の気流に乗って波高き海を渡《わた》り、※タイガの森を越え、月夜の砂漠《さばく》に影を落として、彼らの旅は続く。

世界中の人々が空を見上げ、旅する本を祈るように見つめていた。

旅立った本の無事を願い、新たに訪れる本と出会える時を待ちわびながら。

（『本からはじまる物語』（角川文庫）所収
三崎亜記「The Book Day」による）

※**落款**…作品が完成したときに、作者が押すはんこ。
※**ホバリング**…空中で停止した飛行状態。
※**タイガ**…ロシア語でシベリア地方の針葉樹林のこと。

問１ [1]に当てはまる語を選びなさい。

ア．あっさりと　イ．こっそりと　ウ．ひっそりと
エ．さっぱりと　オ．しっかりと

問２ ――線部２「時」とはどのような「時」ですか。解答欄《らん》に合うように答えなさい。

問３ ――線部３「慈しむような視線を本の上に落とす」とありますが、なぜですか。

ア．本が大好きだった先生を思い出しているから。
イ．五年間も大事にしていた本に愛着があるから。
ウ．彰さんが先生のことを覚えていてくれたから。
エ．ようやく「本の日」をむかえることができるから。
オ．息子夫婦といっしょに暮らすことが楽しみだから。

問４ ――線部４「何かを押し隠すように、わざと明るい口調だった」とありますが、信子さんはだれのためにこのような態度をとったのですか。

問５ ――線部５「彰さんの表情が曇る」のはなぜですか。

ア．信子さんが縁台に運んでいた本には先生の思い出がつまって

信子さんは、先生が好きだった曲を静かにハミングしながら、本に囲まれるように書斎《しょさい》に座る先生の姿を思い返していた。

四月二十三日。
零《れい》時の訪《おとず》れと共に、一斉にサイレンが鳴り響いた。遠く港からは、船の汽笛がもの憂《う》く伝わってくる。
気の早い本は、すでにゆっくりと羽ばたきを開始していた。サイレンの鳴り止んだ街が、本の羽音に満たされていく。
やがて、一冊、また一冊と、本たちは夜空の高みへと上っていった。
何度も飛んでいる古参の本は、ぎこちない羽ばたきの初飛行の本を見守るように、上空を旋回《せんかい》していた。
美鈴さんの胸で、絵本は、周りの様子を窺《うかが》ってもぞもぞと動き出していた。名残惜しく胸に抱えたままの美鈴さんに、彰さんは優しく肩に手をかけて促《うなが》す。
「さあ、そろそろ……」
美鈴さんは、しばらく躊躇《ちゅうちょ》するように眼を伏せていたが、やがて静かにうなずいた。
二人は両手をつないで、その上に絵本を置いた。束縛《そくばく》から解放された絵本は、伸びをするように表紙を大きく開く。自分が「飛べる」ということを、受け継《つ》がれた記憶《きおく》から呼び覚まされたかのように。
羽ばたいて、何度か宙に浮くが、自信がないのか、なかなか飛び立てずにいる。
「がんばって！」
初めて歩く赤ん坊《ぼう》を励《はげ》ますように、二人は見守り続けた。
上空を旋回していた本の一冊が舞《ま》い降りてきて、二人の周囲を優雅《ゆうが》に一回りした後、絵本の横で静かに※ホバリングした。その本の表紙には、大きな補修の跡《あと》があった。あの男の子の絵本だった。
男の子が駆け寄ってきた。
「ボクの本も飛べたんだ。おまえもきっと飛べるよ！」
二人の腕の上で絵本は、男の子の励ましに勇気付けられ、再び羽ばたいた。
次第に力を増し、絵本は目の高さに達した。そうして、さよならを告げるようにひときわ大きく羽ばたくと、男の子の絵本に先導されて、夜空へと舞い上がった。名残を惜しむように何度か上空を旋回した後、やがて群れへと迎えられ、その姿は判然としなくなった。
男の子は、手を振りながら、本の飛び行く方向へと駆けて行った。
「遠くまで飛ぶのかな」
美鈴さんは、初めて旅立った絵本の行く末を思い、不安げな表情だ。
彰さんは、大丈夫《だいじょうぶ》だよ、と言うように強く手を握った。
「きっと、新しい持ち主のもとにたどりつくよ。あの子みたいに、元気な男の子かな」
二人は、遠く旅する絵本の無事を祈《いの》り、いつまでも夜空を見上げ続けた。

先生の蔵書は、縁台の端から順序良く並んで飛び立っていった。隊列を乱さず、一定間隔《かんかく》で上っていく様は、先生の蔵書らしい［8］だった。
信子さんは、縁台に座って、その姿を眼に焼き付けるようにして見守っていた。一冊一冊の本が、先生との日々を思い起こさせた。
本の隊列が夜空に消えてしまうと、信子さんは一つ、小さなため息をついた。あらためて夜の冷気に襲《おそ》われて、ストールの中で身を縮める。
縁台に視線を落とし、一冊だけ、まだ飛び立たずに残っている本があることに気付いた。まるで、信子さんを見守るように……。

「私、息子夫婦《ふうふ》のマンションで一緒に暮らすことになりましたの」

4何かを押し隠《かく》すように、わざと明るい口調だった。

それが息子さんの意向であることは以前に聞いていた。一人で暮らす信子さんを心配しての申し出ではあったが、家を取り壊《こわ》してアパートを建てようという息子さんの思惑《おもわく》も見え隠れしていた。

学生時代から幾度《いくど》も遊びに来ていた彰さんにとっても、この家にはたくさんの思い出があった。

5彰さんの表情が曇《くも》るのを察して、信子さんはいつもの気丈《きじょう》な笑顔に戻《もど》った。

「さ、あとひとがんばりね。重い本ばっかりだからもう大変よ」

そう言いながらも、信子さんは、ちっとも苦にならない風だった。

「お手伝いしましょうか？」

美鈴さんの申し出に、信子さんは笑顔で首を振《ふ》る。

「6いいのよ、最後だから、ね」

信子さんは、美鈴さんが胸に抱えた一冊の絵本に気付いた。

「そうか、あなたたちも……」

美鈴さんがうなずく。信子さんは、夜空を見上げた。

「星も出て、風もないみたいだし、絶好の『本の日』日和《びより》になりそうね」

公園には、たくさんの人が集まっていた。

芝生《しばふ》の上にレジャーシートを敷《し》いて、親子で本を囲む家族。もう一度と、名残《なごり》惜《お》しげに本を開く者。本を胸に抱《だ》き、思い出を確かめるように空を見上げる者……。

それぞれのやり方で、静かに時を待ち続けていた。時計の長針と短針とが重なり合うその時を。

彰さんたちも、人々に交じって、絵本を抱いて公園の芝生に立つ。

「あ、同じ絵本だ」

男の子が、美鈴さんの胸の絵本をのぞき込み、自分の本を見せた。

確かに同じ絵本だった。だが、男の子の絵本は、小さな頃《ころ》から何度も何度も読み返したのだろう。手ずれしていて、表紙は大きく破れていた。

美鈴さんの抱く絵本は、一度も開かれることはなかった。絵本を見ることもなく天に召された赤ちゃんを思い、美鈴さんの胸が小さく痛む。

「この本、破れてるけど、だいじょうぶかなあ？」

男の子は心配そうに自分の絵本を見つめる。

「ボク、あそこで直してもらっておいでよ」

図書館からの臨時ブースができていて、傷《いた》んだ本の補修を行っていた。男の子は、「ありがとう」と言って元気に駆《か》けていった。

果たされなかった命の思いを、男の子の後姿に託《たく》すように、彰さんは美鈴さんの手を握《にぎ》った。

十一時五十分、ようやくすべての本を出し終えた信子さんは、縁台の端《はし》に腰かけ、一番上の本を手にした。それは、先生の著作だった。見返しに捺《お》された先生の※落款《らっかん》をそっと指先でなぞる。

縁台に座って足をぶらぶらさせながら、先生と初めて逢《あ》った遠い昔のことを思い出していた。

「デートはいっつも図書館、書店、古本屋……。私は7あなたたちに嫉妬《しっと》してたんですよ。あの頃」

冗談《じょうだん》とも、本気ともとれぬ声音《こわね》で言うと、信子さんは本をにらみつける。その目は、全然怒《おこ》っていなかった。

「聞こえないふりですか？　都合の悪いときのあの人そっくり。やっぱり持ち主に似るのねぇ」

② 心づもり

ア　大きな心づもりで胸がつぶれるような気持ちだ。
イ　先生のお話が楽しみで、心づもりが増えた。
ウ　悲しみが心づもりして病気になってしまった。
エ　雨が降るかもしれないという心づもりで出かけた。
オ　心づもりがあったので、彼は弟のことを注意した。

問7　次の会話文は、ふたりの生徒がある作品について話し合っているところです。ふたりが話している作品は何ですか。

生徒①「動物が主人公のお話ね。この動物が、自分を飼っている人やその周りの人について、いろいろ意見を言うのがおもしろいのよね。」
生徒②「私は飼い主の『くしゃみ先生』が好き。なんだかちょっとひねくれているところがおかしいわ。」
生徒①「ずっとぐずぐず悩《なや》んでしまうところが共感できるよね。」
生徒②「そういえばこの動物、名前はあるのかしら？」
生徒①「名前はないみたいね。」

ア　『なめとこ山の熊』
イ　『大造じいさんとガン』
ウ　『かもめのジョナサン』
エ　『吾輩《わがはい》は猫《ねこ》である』
オ　『ごんぎつね』

問8　日大二中がある場所の住所は「天沼《あまぬま》」といいます。最寄り駅には「荻窪《おぎくぼ》」「下井草《しもいぐさ》」「阿佐ヶ谷《あさがや》」があります。土地の名前には、その土地の特徴《とくちょう》が表れていることが多いです。このことから、日大二中のある土地は、ある「もの」が多いことが予想されます。その「もの」は何ですか。漢字一文字で答えなさい。

二　次の文章を読んで、後の問いに答えなさい。

四月二十二日。

日付が変わるまで残すところ一時間となった。いつもであればこの時間、街は［ 1 ］静まり返っていたが、今夜ばかりは家々の玄関《げんかん》には光が灯《とも》され、人通りが途絶《とだ》えることもなかった。

とはいえ、お祭りのような賑《にぎ》やかしさではない。皆《みな》、静かに2時を待つように歩いていた。

それぞれに、本を胸に抱《かか》えて。

早川夫妻は、十一時三十分にアパートの部屋を出た。四月とはいえ夜はまだ冷え込む。彰《あきら》さんはカーディガンを着て、美鈴《みすず》さんは薄手《うすで》のマフラーを巻いていた。

古くから建つ一軒《けん》の家の前を通る。彰さんの大学時代の恩師の家だった。先生は五年前に亡くなり、今では奥さんの信子《のぶこ》さんが一人で住んでいた。

先生の家でも、今夜は玄関に光が灯され、門前に持ち出された縁台《えんだい》には、分厚い本が山のように積まれていた。並んでいるのは、学術書、研究書の類だ。

「この本は……」

見覚えのある本に、彰さんは思わず手を伸ばす。それは先生の著作だった。

「あら、早川さん。こんばんは」

両手いっぱいに本を抱えた信子さんが顔を見せた。縁台に「よいしょ」と本を置くと、やれやれというように笑みを浮かべる。

「この本は、先生の？」

「ええ、もう五年になりますからね、そろそろ……」

信子さんは、3慈《いつく》しむような視線を本の上に落とす。

2024年度 日本大学第二中学校

【国　語】〈第二回試験〉（五〇分）〈満点：一〇〇点〉

注意　選択肢《せんたくし》がある場合は、指示がないかぎり最もふさわしいものを記号で答えなさい。また、抜《ぬ》き出して答える場合は、句読点・記号も字数に含《ふく》みます。

一　次のそれぞれの問いに答えなさい。

問1　次の――線部の漢字の読みをひらがなで書きなさい。

① 調理実習でねぎを**刻**む。

② 班長が**点呼**をとる。

③ **管**を通して水を送る。

④ 母の辞書を**重宝**する。

問2　次の――線部のカタカナを漢字に直しなさい。送り仮名が必要な場合は、それも書きなさい。

① 運動会が来週に**ノビル**。

② かぜ薬を**フクヨウ**する。

③ 日ごろから実力を**ヤシナウ**。

④ **チョッケイ**三センチの円を書く。

問3　次の四字熟語の□には、反対の意味をもつ漢字が入ります。それぞれ漢字を補って四字熟語を完成させなさい。

① 起□回□

② □□混交

③ □耕□読

問4　次の組み合わせの中で、――線部の漢字の読みが同じものはどれですか。

ア．令和五年の初**頭**を思い出す。
　　中学生になって**頭**角をあらわした。

イ．**漁**業組合に入る。
　　早朝から**漁**に出る。

ウ．簡**易**郵便を出す。
　　貿**易**について調べる。

エ．王様と**家**来。
　　作**家**を目指す。

オ．医学の**元**祖について調べる。
　　胸《むな》**元**のリボンを直す。

問5　次の文の□に当てはまるカタカナ語を、後から選びなさい。またそのカタカナ語と同じ意味を表す二字熟語を完成させなさい。そのとき、指定されている漢字に合うようにしなさい。

・窓口係の不親切な対応に□をつける。
＝□情を言う。

ア．ニーズ
イ．チャンス
ウ．プロセス
エ．トラブル
オ．クレーム

問6　次の①・②の言葉の使い方として正しいものはどれですか。

① 心おきなく

ア．心配事が多くて、心おきなくふさぎ込《こ》んだ。

イ．テストが終わったので、心おきなく遊べる。

ウ．心おきない出来事に、思わず泣いてしまった。

エ．ひどい言葉に心おきなく泣いてしまった。

オ．心おきない演出に感動した。

2024年度

日本大学第二中学校　▶解説と解答

算　数　＜第２回試験＞（50分）＜満点：100点＞

解　答

1 (1) $\frac{1}{4}$　(2) $1\frac{5}{7}$　(3) 5　(4) 250　(5) 9　**2** (1) 43kg　(2) 162cm　(3) 2166　(4) 28.5cm^2　(5) 3.5倍　**3** (1) 19部屋　(2) 98人　**4** (1) 12秒後　(2) 400cm^2　**5** (1) 56個　(2) 11段目　(3) 92cm^2　**6** (1) ４cm　(2) １：１　(3) ６cm

解　説

1 **四則計算，逆算，正比例，分数の性質**

(1) $\left\{\frac{1}{2}-\left(0.6-\frac{2}{5}\right)\right\}\div\frac{6}{5}=\left\{\frac{5}{10}-\left(\frac{6}{10}-\frac{4}{10}\right)\right\}\div\frac{6}{5}=\left(\frac{5}{10}-\frac{2}{10}\right)\div\frac{6}{5}=\frac{3}{10}\times\frac{5}{6}=\frac{1}{4}$

(2) $1.125\times(2.25+1.75)\div(4.1-1.475)=1.125\times4\div2.625=1\frac{1}{8}\times4\div2\frac{5}{8}=\frac{9}{8}\times4\div\frac{21}{8}=\frac{9}{8}\times4\times\frac{8}{21}=\frac{12}{7}=1\frac{5}{7}$

(3) $1-\left(\frac{2}{3}+\frac{1}{6}\right)=\frac{6}{6}-\left(\frac{4}{6}+\frac{1}{6}\right)=\frac{6}{6}-\frac{5}{6}=\frac{1}{6}$より，$\left(\frac{4}{3}-\frac{\square}{4}\right)\div\frac{1}{6}=\frac{1}{2}$，$\frac{4}{3}-\frac{\square}{4}=\frac{1}{2}\times\frac{1}{6}=\frac{1}{12}$，$\frac{\square}{4}=\frac{4}{3}-\frac{1}{12}=\frac{16}{12}-\frac{1}{12}=\frac{15}{12}=\frac{5}{4}$だから，□＝５となる。

(4) 870円は348円の，870÷348＝2.5(倍)だから，870円で買える牛肉の重さは100ｇの2.5倍の，100×2.5＝250(ｇ)である。

(5) 18，９，４の最小公倍数は36なので，分子を36にそろえると，$\frac{18}{41}=\frac{36}{82}$，$\frac{9}{20}=\frac{36}{80}$，$\frac{4}{\square}=\frac{36}{\square\times9}$となる。よって，$\frac{36}{\square\times9}$が$\frac{36}{82}$より大きく$\frac{36}{80}$より小さくなればよいから，□×９＝81とわかる。したがって，□＝81÷９＝９となる。

2 **平均とのべ，相当算，周期算，面積，体積**

(1) Ａ，Ｂ，Ｃ，Ｄの４人の体重の合計は，42.5×４＝170(kg)で，Ｅの体重が45kgだから，Ａ，Ｂ，Ｃ，Ｄ，Ｅの５人の体重の合計は，170＋45＝215(kg)となる。よって，５人の体重の平均は，215÷５＝43(kg)とわかる。

(2) Ｂの身長を$\boxed{1}$とすると，Ａの身長は，$\boxed{\frac{8}{9}}-10$(cm)，Ｃの身長は，$\boxed{\frac{2}{3}}+2$(cm)で，ＡはＣより24cm高いから，右の図１のように表せる。図１より，$\boxed{\frac{8}{9}}-\boxed{\frac{2}{3}}=\boxed{\frac{2}{9}}$が，２＋24＋10＝36(cm)にあたるので，$\boxed{1}$にあたる長さ，つまり，Ｂの身長は，$36\div\frac{2}{9}=162$(cm)と求められる。

図１

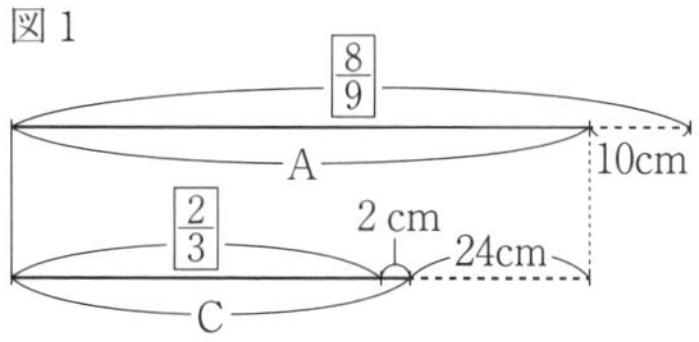

(3) ｛２，０，２，４，２，３｝の６個の数がくり返し並んでいる。よって，１番目から1000番目までには，1000÷６＝166余り４より，｛２，０，２，４，２，３｝が166回並んだ後，さらに２，０，２，４が並ぶ。よって，１番目から1000番目までの数の和は，（２＋０＋２＋４＋２＋３）×166＋

（２＋０＋２＋４）＝13×166＋８＝2166になる。

⑷　右の図２のように移動させると，色のついた部分は，おうぎ形ABCから三角形ABCを除いた形になる。おうぎ形ABCの面積は，10×10×3.14÷４＝78.5(cm^2)，三角形ABCの面積は，10×10÷２＝50(cm^2)だから，色のついた部分の面積は，78.5−50＝28.5(cm^2)とわかる。

図２

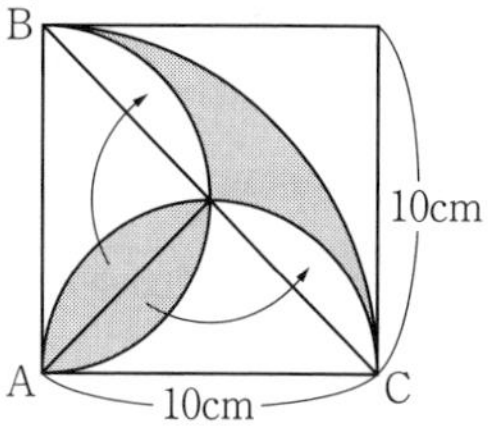

⑸　１辺が６cmの立方体の体積は，６×６×６＝216(cm^3)である。また，くり抜《ぬ》いた三角柱２つを合わせると，縦６cm，横２cm，高さ４cmの直方体になるので，くり抜く立体の体積の合計は，６×２×４＝48(cm^3)となる。よって，くり抜いた後にできるＮの形の立体の体積は，216−48＝168(cm^3)だから，Ｎの形の立体の体積はくり抜く立体の体積の合計の，168÷48＝3.5(倍)になる。

3　過不足算

⑴　１部屋あたり６人ずつにすると，２人の部屋が１部屋できて，さらに２部屋余るから，すべての部屋に６人ずつ入るには，あと，（６－２）＋６×２＝16(人)足りないと考えることができる。また，１部屋あたり５人ずつにすると，３人余るから，１部屋あたり５人のときと６人のときで，すべての部屋に入れる人数の差は，３＋16＝19(人)とわかる。これは１部屋あたり，６－５＝１(人)の差が部屋の数だけ集まったものだから，部屋の数は全部で，19÷１＝19(部屋)とわかる。

⑵　⑴より，１部屋あたり５人ずつ19部屋に入ると，３人余るから，生徒の人数は全部で，５×19＋３＝98(人)とわかる。

4　平面図形―図形上の点の移動，速さ，面積

⑴　直線PQが辺ABと平行になるとき，四角形ABQPは長方形になるから，右の図のようにAPとBQの長さが等しくなる。よって，このときまでに点Ｐが動いた距離《きょり》(APの長さ)と点Ｑが動いた距離(CQの長さ)の和は，BQとCQの長さの和に等しいので60cmとわかる。１秒間に，点Ｐと点Ｑが動く距離の合計は，２＋３＝５(cm)なので，直線PQが辺ABと平行になるのは，60÷５＝12(秒後)である。

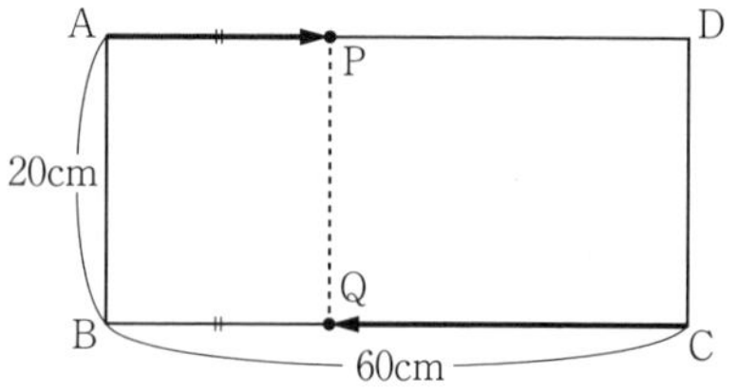

⑵　APとBQの長さの合計が小さいほど，４点Ａ，Ｂ，Ｑ，Ｐを結んでできる図形の面積は小さくなる。また，点Ｑの方が点Ｐよりも速いので，点ＱがＢに着いて止まるまでは，APとBQの長さの和は減り続ける。さらに，点Ｑが止まった後，点ＰはＤの方向へ動くので，点ＰがＤに着いて止まるまで，APの長さの合計は増え続ける。よって，４点Ａ，Ｂ，Ｑ，Ｐを結んでできる図形の面積が最も小さくなるのは，点ＱがＢに着いたときだから，60÷３＝20(秒後)とわかる。このとき，APの長さは，２×20＝40(cm)なので，４点Ａ，Ｂ，Ｑ，Ｐを結んでできる図形，つまり，三角形ABPの面積は，40×20÷２＝400(cm^2)と求められる。

5　図形と規則

⑴　７段積み重ねたとき，白の立方体は上から２段目，４段目，６段目に積まれている。また，上から１段目は，１×１＝１(個)，２段目は，２×２＝４(個)，３段目は，３×３＝９(個)，…のように，上から□段目には(□×□)個の立方体が積まれているから，白の立方体は，上から２段目に４個，上から４段目に，４×４＝16(個)，上から６段目に，６×６＝36(個)積まれている。よって，

使った白の立方体は全部で，$4+16+36=56$(個)とわかる。

(2)　白の立方体は，8段まで積み重ねると，$56+8\times 8=56+64=120$(個)，10段まで積み重ねると，$120+10\times 10=120+100=220$(個)，12段まで積み重ねると，$220+12\times 12=220+144=364$(個)使うので，白の立方体は10段まで積み重ねることができる。また，黒の立方体は，7段まで積み重ねると，$1\times 1+3\times 3+5\times 5+7\times 7=1+9+25+49=84$(個)，9段まで積み重ねると，$84+9\times 9=84+81=165$(個)，11段まで積み重ねると，$165+11\times 11=165+121=286$(個)使うので，黒の立方体は11段まで積み重ねることができる。よって，11段まで積み重ねることができる。

(3)　8段積み重ねた立体を前，後，左，右の方向から見ると，それぞれの方向から1辺1cmの黒い正方形が，$1+3+5+7=16$(個)ずつ見えるので，それぞれの方向から見える黒い部分の面積の合計は，$(1\times 1)\times 16\times 4=64$(cm^2)である。また，一番下の段は白の立方体が積まれているので，下から見ると，黒い部分は見えない。さらに，上から見た図は，右の図のようになるので，上から見える黒い部分の面積は，$1\times 1+(3\times 3-2\times 2)+(5\times 5-4\times 4)+(7\times 7-6\times 6)=1+5+9+13=28$(cm^2)となる。よって，8段積み重ねた立体の表面積のうち，黒い部分の面積は，$64+28=92$(cm^2)と求められる。

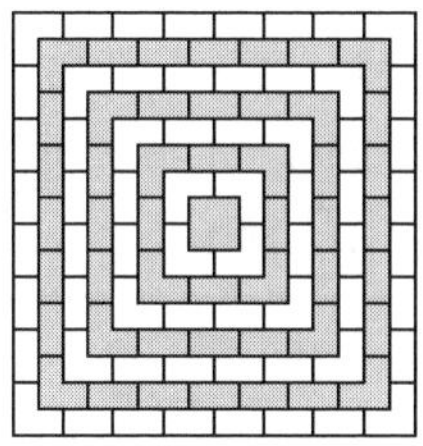

6　平面図形―相似，長さ，面積

(1)　右の図1の三角形ABHと三角形BCJで，角ア，角イの和と，角ウ，角イの和はどちらも，$180-90=90$(度)で等しくなるから，角アと角ウの大きさ，角イと角エの大きさは等しくなる。また，ABとBCの長さも等しいから，三角形ABHと三角形BCJは合同とわかる。よって，BHとCJの長さは等しい。同様に考えると，三角形CEJと三角形EFIも合同だから，CJとEIの長さも等しい。したがって，BH，CJ，EIの長さはすべて等しくなり，BH，EIの長さの和は，$20-12=8$(cm)より，BH，CJ，EIの長さは，$8\div 2=4$(cm)と求められる。

図1

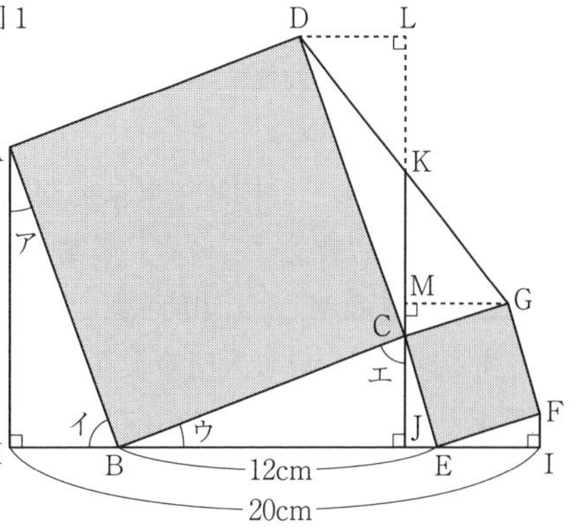

(2)　CKをのばした直線に点Dから垂直な直線DLを引き，CKに点Gから垂直な直線GMを引く。(1)と同様に考えると，三角形BCJと三角形CDLは合同だから，DL＝CJ＝4cmになる。また，三角形CEJと三角形GCMも合同なので，GM＝CJ＝4cmになる。すると，三角形CKDと三角形CGKは，底辺をCKとしたときの高さがどちらも4cmで等しいから，面積も等しくなる。よって，面積の比は1：1である。

(3)　三角形BCEの面積は，$12\times 4\div 2=24$(cm^2)である。また，角BCEと角DCGの和は，$360-90\times 2=180$(度)だから，右の図2のように，三角形DCGをDCとBCが重なるように回転させると，点G，C，Eは一直線上に並ぶ。このとき，三角形BCEと三角形DCGについて，CEとCGの長さが等しく，CE，CGを底辺としたときの高さがそれぞれ等しいから，面積が等しいとわかる。よって，三角形DCGの面積

図2

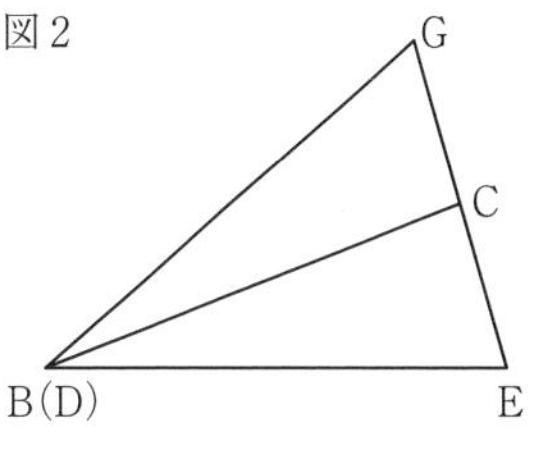

も24cm²である。また，⑵より，三角形CKD，三角形CGKの面積はどちらも，$24\times\frac{1}{1+1}=12$ (cm²)で，底辺をCKとするとき，高さは４cmとなるから，KCの長さを□cmとすると，□×４÷２＝12(cm²)と表せて，□＝12×２÷４＝６(cm)と求められる。

社　会　<第２回試験>（理科と合わせて50分）<満点：50点>

解　答

1 **問１**　ウ　**問２**　エ　**問３**　ア　**問４**　イ　**問５**　ア　**問６**　書院造　**問７**　堺　**問８**　ユネスコ　**問９**　エ　**問10**　ウ　**問11**　イ　**問12**　オ　**問13**　イ　**問14**　ア　**問15**　ウ　**2** **問１**　イ　**問２**　ア　**問３**　エ　**問４**　チューリップ　**問５**　エ　**3** **問１**　防人　**問２**　ウ　**問３**　イ　**問４**　二毛作　**問５**　エ

4 **問１**　ア　**問２**　エ　**問３**　ウ　**問４**　オ　**問５**　所得税

解　説

1　大阪の歩みを題材にした総合問題

問１　生存権は社会権の中でも基本的な権利であるとされ，日本国憲法第25条で「すべて国民は，健康で文化的な最低限度の生活を営む権利を有する」と定められている。なお，アの団結権とイの勤労の権利は社会権，エの居住・移転及《およ》び職業選択《せんたく》の自由は自由権，オの政治に参加する権利は参政権にふくまれる。

問２　図中の，〈全国〉・〈東京都23区〉・〈地方圏《けん》〉の全ての地域で，調査時期が2020年12月の「オンライン教育を受けている」の割合が最も低い。

問３　現在のAI(人工知能)は，学習を通して問題を解決する精度を高めるものであり，初めて対応する問題について人間のように対応することはできないと考えられる。

問４　アは岐阜県，イは山口県，ウは福島県，エは香川県である。このうち，イの山口県だけが日本海に面している。

問５　645年，大化の改新が始まったころ，都を難波《なにわ》宮(大阪府)に移した。なお，イの紫香楽《しがらき》宮(滋賀県)，ウの恭仁《くに》京(京都府)，エの平城京(奈良県)は奈良時代，オの平安京(京都府)は平安時代の都である。

問６　室町時代，第８代将軍の足利義政は京都東山に銀閣(慈照寺)を建て，その中に書院造と呼ばれる建築様式を取り入れた。書院造には，床《とこ》の間・違《ちが》い棚《だな》を持ち，ふすま・明かり障子《しょうじ》に，床が畳《たたみ》敷《じ》きといった特徴《とくちょう》があり，現代の和風住宅の原型となった。

問７　堺(大阪府)は勘合《かんごう》貿易や南蛮《なんばん》貿易で栄えた港町で，会合衆と呼ばれる豪商《ごうしょう》らによる自治が行われた。また，来日した宣教師から「東洋のベニス」と呼ばれたといわれている。

問８　ユネスコ(国連教育科学文化機関)は国際連合の専門機関の１つで，教育・科学・文化などの分野の国際協力を通じて世界平和に貢献《こうけん》することを目的としている。世界遺産や無形文化財の保護などの活動も行っている。

問９　ユネスコの無形文化遺産に登録されているアイヌ古式舞踊《ぶよう》は，北海道の先住民族であるアイヌ民族によって伝承されている歌と踊《おど》りで，人々が輪になって踊ったり，歌を歌ったりするものである。

問10　半導体工場は全国的に分布するが，特に九州(シリコンアイランド)や北関東・東北地方(シリコンロード)に多い。なお，アはセメント工場，イは石油化学コンビナート，エは自動車工場の所在地を示している。

問11　アのアジアで初めてのオリンピックの開催《かいさい》(東京)は1964年，イの沖縄の返還《へんかん》は1972年，ウの日韓基本条約の調印は1965年，エの日本の国際連合加盟は1956年である。

問12　ウクライナはヨーロッパ州に属する国である。なお，アのサウジアラビアは西アジア，イのパキスタンは南アジア，ウのカンボジアとエのタイは東南アジアの国である。

問13　宮崎県都城市は畜産業がさかんで，宮崎牛・地鶏《じどり》・黒豚《くろぶた》などが多く飼養されているので，イが当てはまると考えられる。なお，アは福島県福島市，ウは富山県富山市，エは群馬県甘楽《かんら》郡の商品である。

問14　千代田区は東京都心にあり，国の官庁や企業《きぎょう》の本社などが集中していて，夜間人口に比べて昼間人口がきわめて多い。一方，練馬区には住宅地が多く，夜間人口より昼間人口が少ない。

問15　最高裁判所の裁判官は，任命後に初めて行われる衆議院議員総選挙のときと，その後10年経《た》った後に初めて行われる衆議院議員総選挙のときごとに，国民審査《しんさ》を受けて適性を問われる。

2　中部地方についての地理の問題

問１　東京駅から静岡駅を通過して名古屋駅に向かったので，利用した鉄道は東海道新幹線とわかる。また，名古屋駅からは高速バスで移動したので，この高速道路は中央自動車道である。なお，山陽新幹線は新大阪駅から博多駅(福岡県)を結び，関越自動車道は首都圏と新潟県を結んでいる。

問２　静岡県は茶(∴)の栽培《さいばい》がさかんで，茶(生葉)の収穫《しゅうかく》量は全国第１位である(2021年)。なお，イの(∨)は畑，ウの(‖)は水田，エの(ó)は果樹園をあらわす地図記号である。

問３　中京工業地帯は愛知県と三重県の伊勢湾岸《わんがん》を中心に発達した工業地帯で，輸送用機械などの機械工業の割合がきわめて高いので，グラフⅡが当てはまる。グラフⅡでは化学工業の割合が6.6％なので，その製造品出荷額等は，55(兆)×0.066＝3.63(兆円)となり，10兆円を下回っている。

問４　新潟県は米の収穫量(2022年)と，米を原料とするせんべい(米菓)の生産量(2021年)が全国第１位で，日本酒(清酒)は兵庫県，京都府に次いで３番目に多い(2021年)。また，新潟県の県花，新潟市の市花はチューリップである。

問５　旅行の行程について，東京から名古屋市に向かった後，中央自動車道を通って長野県諏訪《すわ》市(ｃ)に行って桃狩《ももが》りをし，岐阜県白川郷(ｂ)で合掌《がっしょう》造り集落を見学し，高速バスで新潟市(ａ)に移動して，新幹線で東京に帰ったことになる。

3　各時代の歴史的なことがらについての問題

問１　防人《さきもり》は律令制度の下で，農民に課された兵役の１つで，北九州の大宰府《だざいふ》の警備にあたった。奈良時代に編さんされた現存する日本最古の和歌集である『万葉集』には，「防人の歌」が収められている。

問２　明治時代の地租改正(1873年)では，収穫量にかかわらず，地券を持つ土地所有者から地価の３％を現金で納めさせることが決められた。

問３　図より，縄文時代には広い範囲《はんい》で交易が行われていたことがわかる。また，「ひすいの交易路」では，「糸魚《いとい》川」(新潟県)から全国にひすいが流通しているが，この図では人口について示されていないため，糸魚川に多くの人が住んでいたかどうかはわからない。

問４　鎌倉時代，畿内《きない》や西日本で稲《いね》の裏作に麦などを作付ける二毛作が始まり，農業生産力が高まった。室町時代には，二毛作が全国に広まった。なお，同じ作物を１年に２度作付けることを二期作という。

問５　【A】は奈良時代，【B】は江戸時代，【C】は室町時代，【D】は縄文時代，【E】は弥生時代についての文章なので，年代の古い順にD→E→A→C→Bとなる。

4　少子高齢《こうれい》化社会についての問題

問１　グラフにおいて，21世紀半ばの2050年には，65歳以上の割合が37.1％となっているので，人口の約2.5人に１人が65歳以上の高齢者となる。

問２　労働時間を短くしたり，休日を増やしたりすることは，育児しやすい環境《かんきょう》を整える少子化対策や，これまで長時間は働くことができなかった人などに働いてもらうことにつながり，労働力人口を増やすと考えられる。

問３　グラフの「社会保障負担率」について，日本は19.8％であるが，スウェーデンは5.1％と低い。なお，「国民負担率」は日本が47.9％，イギリスは46.0％で，イギリスの方が低い。「租税負担率」はアメリカが23.8％，イギリスは34.3％で，アメリカの方が低い。フランスは「社会保障負担率」は24.9％で最も高いが，このグラフでは各国の国民所得が示されていないため，社会保障費の総額が高いかどうかはわからない。

問４　国の予算は内閣が作成して国会に提出し，国会で審議《しんぎ》して決める。

問５　会社に勤めている人などの個人の収入(所得)にかかる税は，所得税である。所得税では，収入の多い少ないによって生じる格差を是正《ぜせい》するため，課税対象額が多いほど税率が高くなる累進課《るいしんか》税《ぜい》制度が導入されている。

理　科　＜第２回試験＞（社会と合わせて50分）＜満点：50点＞

解　答

1　(1)　くっせつ　(2)　ウ　(3)　①　青　②　黄　③　赤　(4)　イ　(5)　エ
2　(1)　**４分後**…ア　**24分後**…ウ　**80分後**…エ　(2)　イ　(3)　75ｇ　(4)　イ
3　(1)　エ　(2)　ア　(3)　ア　(4)　ア　(5)　エ　(6)　オ→ウ→イ→ア→カ→エ　(7)　イ　4　(1)　ア　(2)　ア　(3)　季節風　(4)　**低気圧**…ア　**高気圧**…エ

解　説

1　光の進み方についての問題

(1)　光が空気中からガラス内にななめに入るとき，光の進む道すじが折れ曲がることを屈折《くっせつ》という。空気中からガラス内に進むときには境界面から遠ざかるように折れ曲がり，ガラス内から空気中に進むときには境界面に近づくように折れ曲がる。

(2)　空気中からガラス内に進むときに屈折するさいの折れ曲がり方と，ガラス内から空気中に進むときに屈折するさいの折れ曲がり方は同じになるので，ガラス内に入る前の光の道すじと，ガラス内から出たあとの光の道すじは，ウのように平行になる。

⑶　図２より，赤，黄，青の３色のうち，屈折するさいの折れ曲がり方がもっとも大きいのは青，もっとも小さいのは赤とわかる。よって，図３で，屈折のしかたがもっとも大きい①の光が青，もっとも小さい③の光が赤，それらの中間の②の光が黄である。

⑷　まわりよりも中央部分が厚くなっている凸《とつ》レンズを使うと，小さいものを拡大して見ることができたり，光を集めたりすることができる。また，しょう点距離《きょり》より遠い位置にある物体については，そのさかさまの像をつくることもできる。まわりよりも中央部分がうすくなっている凹《おう》レンズを使うと，光を広げることができる。しかし，凸レンズでも凹レンズでも光の強さを弱めることはできない。

⑸　一般《いっぱん》的な虫めがねには，両面がふくらんでいるエのような凸レンズが使われている。

2　水のすがたについての問題

⑴　図４で，０分後から４分後までの間は，氷のすがたのまま温度が上がっている。４分後は氷が０℃となった瞬間《しゅんかん》で，この時点ではまだすべて氷の状態だが，これ以降は氷がしだいにとけていく。氷がとけている間は０℃で一定となり，24分後に氷がちょうどとけ終わって，すべて水の状態となる。24分後から46分後までの間は，水のすがたのまま温度が上がっている。46分後には水が100℃に達し，沸《ふっ》とうしはじめる。沸とうしている間は100℃のまま一定で，水がさかんに水蒸気へ変化している。80分後は水が沸とうしているときなので，容器には水と水蒸気があると考えられる。

⑵　15分後は温度が０℃で一定となっているときなので，氷がとけている途中《とちゅう》である。水がこおると体積が約1.1倍になることから，氷は水より軽く，水中にある氷は体積の$\frac{1}{11}$ほどを水面の上に出してうく。

⑶　加熱をはじめてから９分後は，氷がとけはじめてから，９－４＝５(分後)にあたる。100ｇの氷がすべてとけるのにかかった時間が，24－４＝20(分)なので，氷がとけはじめて５分後には，$100\times\frac{5}{20}=25$(ｇ)の氷がとけ，100－25＝75(ｇ)の氷が残っていると考えられる。

⑷　沸とうしているときには水面からさかんに水蒸気が発生しているが，その水蒸気が上にのぼっていくと，まわりの空気に冷やされて細かい水てき(液体の水)になる。この水てきの集まりが白いけむりのように見える。

3　川の水質と指標生物についての問題

⑴　石のうらにかくれていること，エビのなかま(甲殻《こうかく》類)であること，横向きに歩くことから，サワガニと考えられる。

⑵　川の水のきれいさは４段階に分けられ，そこにすむ生き物の種類(右の表)とその数の多さによって判定する。アキラ君が行った川の場合，サワガニ，ヒラタカゲロウ，ヘビトンボがいたので，きれいな水と判断できる。

きれいな水	アミカ，ウズムシ，カワゲラ，サワガニ，ヒラタカゲロウ，ブユ，ヘビトンボ　など
ややきれいな水	イシマキガイ，カワニナ，ゲンジボタル，コオニヤンマ，ヒラタドロムシ　など
きたない水	イソコツブムシ，タニシ，ヒル，ミズカマキリ，ミズムシ　など
とてもきたない水	アメリカザリガニ，エラミミズ，サカマキガイ，ユスリカ，チョウバエ　など

⑶　アはきれいな水，イはややきれいな水，ウはきたない水，エはとてもきたない水のようすにそれぞれあてはまる。

⑷，⑸　公園の近くの川は，チョウバエやユスリカなどがいるので，とてもきたない水の川である。

このような水質のところにすみ，スルメなどをえさとしてつかまえられる生き物は，アメリカザリガニと考えられる。なお，スジエビはややきれいな水のところに生息している。

⑹　けんび鏡は，直射日光の当たらない明るい場所で，水平でじょうぶな台の上に置いて使う。まず，接眼レンズ(①)，対物レンズ(③)の順にとりつけ，接眼レンズをのぞきながら反射鏡(⑥)を調節し，視野を明るくする。次に，プレパラートをステージ(⑤)にのせ，クリップ(④)で固定する。そして，横から見ながら調節ねじ(⑦)を回してプレパラートと対物レンズをできるだけ近づける。その後，接眼レンズをのぞいたまま調節ねじを回し，対物レンズをプレパラートから遠ざけながらピントを合わせる。

⑺　けんび鏡では，視野の中に見える像は実物と上下左右が逆になっている。図６で，視野の右下に見えているゾウリムシは，プレパラート上では左上にずれた位置にあるので，プレパラートを右下の向きに動かせば，ゾウリムシが視野の中央に移動する。

４　季節と天気についての問題

⑴　写真のように，日本列島の周辺にすじ状の雲がたくさん見られるのは，冬の典型的な雲のようすである。これは，冬には大陸上のシベリア気団という冷たく乾燥《かんそう》した空気のかたまりの勢力が大きくなり，南東方向に風をふき出すことによる。この風は日本から見ると北西からの風であり，日本海などの海上を通るときに海面から蒸発した水蒸気を多量にふくむため，すじ状の雲がたくさん発生する。

⑵　写真のような冬の典型的な雲のようすになるのは，大陸上にシベリア気団による大きな高気圧があり，日本の北東の海上に低気圧が発達したとき，つまり，アのような天気図となったときである。このような気圧配置は「西高東低」とよばれ，日本列島を南北方向に走る等圧線の数が多くなると，全国的に寒さがきびしくなり，特に日本海側の地域では大雪となりやすい。

⑶　季節によりほぼ決まった方向にふく風を季節風という。日本付近では，夏には南東からの季節風がふき，冬には北西からの季節風がふく。

⑷　低気圧は周囲に比べて気圧が低いところで，周囲から低気圧の中心に向かって風がふきこみ，中心部では上昇《じょうしょう》気流が生じている。このとき，日本をふくむ北半球では，地球の自転の影響《えいきょう》により，ふきこむ風はアのように反時計回りの向きとなる。一方，高気圧は周囲に比べて気圧が高いところで，中心部では下降気流が生じていて，中心部から周囲に向かって風がふき出している。このとき，日本をふくむ北半球では，やはり地球の自転の影響により，ふき出す風はエのように時計回りの向きとなる。

国　語　＜第２回試験＞（50分）＜満点：100点＞

解　答

一　**問１**　①　きざ(む)　②　てんこ　③　くだ　④　ちょうほう　**問２**　下記を参照のこと。　**問３**　①　(起)死(回)生　②　玉石(混交)　③　晴(耕)雨(読)　**問４**　ア　**問５**　**カタカナ語**…オ　**二字熟語**…苦(情)　**問６**　①　イ　②　エ　**問７**　エ　**問８**　水　**二**　**問１**　ウ　**問２**　(例)　日付が変わり「本の日」になる(時)　**問３**　ア　**問**

4 （例） 自分自身　**問５** ウ　**問６** （例） 思い出のある家を手放す(こと)　**問７** 本　**問８** イ　**問９** 先生の著作　**問10** （例） 本を失っても，先生との思い出は残り，これからも忘れることはない(から。)　**三** **問１** 自分と他者が意見を交換して，理解し合うこと　**問２** オ　**問３** ウ　**問４** 少しずつ接点を見つけ，共感を探していく(力)　**問５** イ　**問６** エ　**問７** （例） バレーボールでの興奮をギターのソロ演奏のときの興奮に置き換えること。　**問８** ア　**問９** オ　**問10** （例） 何を譲り，何を押し通すかという着地点を交渉して決める(こと)　**問11** イ　**問12** （例） 細部でどうしても譲れない問題が浮上して，交渉が決裂しそうになる場面。　**問13** ア

●漢字の書き取り

一 **問２** ① 延びる　② 服用　③ 養う　④ 直径

解　説

一　漢字の読み，漢字の書き取り，四字熟語の完成，外来語の意味，語句の意味，文学作品の知識

問１ ① 音読みは「コク」で，「時刻」などの熟語がある。　② 一人ひとりの名前を呼び，全員がそろっているかどうかを調べること。　③ 音読みは「カン」で，「血管」などの熟語がある。　④ 便利で役に立つものとして常に使うこと。

問２ ① 音読みは「エン」で，「延期」などの熟語がある。　② 薬を飲むこと。　③ 音読みは「ヨウ」で，「栄養」などの熟語がある。　④ 円周上や球面上のある点から円や球の中心を通り，反対側の円周上や球面上までひいた直線。

問３ ① 「起死回生」は，今にもだめになりそうな状態や危機に直面した状態を，一気によい方向に立て直すこと。　② 「玉石混交」は，良いものと悪いもの，優《すぐ》れたものと劣《おと》っているものが入り混じっていること。　③ 「晴耕雨読」は，晴れた日は田畑を耕し，雨の日は家の中で読書をするというように，自然に身を任せて心おだやかに暮らすこと。

問４ アは「しょとう」と「とうかく」。イは「ぎょぎょう」と「りょう」。ウは「かんい」と「ぼうえき」。エは「けらい」と「さっか」。オは「がんそ」と「むなもと」。

問５ アの「ニーズ」は「需要《じゅよう》」，イの「チャンス」は「好機」，ウの「プロセス」は「手順」「経過」，エの「トラブル」は「紛争《ふんそう》」「事故」，オの「クレーム」は「苦情」のこと。

問６ ① 「心おきなく」は，他人のことを気にしたり遠慮《えんりょ》したりせず，安心して取り組むようす。「心おきなく楽しむ」などのように用いる。　② 「心づもり」は，前もって心の中で考えておくこと。

問７ 『吾輩《わがはい》は猫《ねこ》である』は，英語教師であるくしゃみ(苦沙弥)先生が飼っている猫の視点から人間社会を描《えが》く夏目漱石《そうせき》の小説で，「吾輩は猫である。名前はまだ無い」という書き出しで始まる。

問８ 「沼《ぬま》」は，湖より浅い水域。「窪《くぼ》」は，地面がへこんだりくぼんだりしている場所で，水がたまりやすく湿地《しっち》や沼になることが多い地形。「井草」は，湿地や浅い水中に生える植物。「谷」は，山や丘《おか》などにはさまれた細く深いくぼ地で，川になっていることが多い地形。

二 **出典：三崎亜記《みさきあき》「The Book Day」(『本からはじまる物語』所収)**。それぞれに愛され，大切にされてきたが今は不要になってしまった本たちが，「本の日」に，新たな持ち主のもとや「本の墓場」へと旅立つようすが描かれている。

問１　「ひっそりと」は，物音や人の声がせず，静かであるさま。

問２　最初の部分に，「日付が変わるまで残すところ一時間となった」とあることに着目する。まもなく日付が変わり，「本の日」が始まるのである。

問３　「慈《いつく》しむ」は，“愛情をもって大切にする”という意味。信子《のぶこ》さんは，本の持ち主で五年前に亡《な》くなった夫である「先生」のことを思い出しているので，アがふさわしい。

問４　信子さんは，先生が亡くなったあとも家で一人暮らしをしていたが，今後は「息子夫婦《むすこふうふ》のマンションで一緒《いっしょ》に暮らす」ことになったと早川夫妻に話した。ただし，「家を取り壊《こわ》してアパートを建てようという息子さんの思惑《おもわく》も見え隠《かく》れしていた」とあり，信子さんが心の底から息子夫婦との同居を喜んでいるとはいえないことがうかがえる。また，本が旅立つときに，信子さんが「その姿を眼に焼き付けるようにして見守っていた。一冊一冊の本が，先生との日々を思い起こさせた」とあるように，先生との思い出がつまった家から引っ越《こ》すことになったさびしさを押《お》し隠しながら自分自身に言い聞かせるように，自分の気持ちを奮い立たせる意味でわざと明るい口調で話しているのだと想像できる。以上から，「信子さん」「自分自身」「自分」のように書く。

問５　「表情が曇《くも》る」は，“気落ちして表情が暗くなる”という意味。直前に「学生時代から幾度《いくど》も遊びに来ていた彰《あきら》さんにとっても，この家にはたくさんの思い出があった」とあるように，先生の家は彰さんにとっても特別な存在だった。そんな家が，「家を取り壊してアパートを建てようという息子さんの思惑」のために失われてしまうことを思い，気落ちしていると読み取れるので，ウがよい。

問６　信子さんは，先生との思い出がつまった家を手放して，息子夫婦のマンションで一緒に暮らすことを決めた。明日は，先生と暮らした家で迎《むか》える最後の「本の日」で，先生が大切にしていた本に別れを告げる日であるから，誰《だれ》の手も借りずに一人で準備をしたかったと考えられる。

問７　直後に「冗談《じょうだん》とも，本気ともとれぬ声音《こわね》で言うと，信子さんは本をにらみつける」とあることに注意する。「本」が大好きだった先生が，信子さんをデートに連れていった先は「図書館，書店，古本屋」といった「本」に関係する場所ばかりだったので，信子さんは「本」に「嫉妬《しっと》してた」と言っているのである。

問８　「端《はし》から順序良く並んで」「隊列を乱さず，一定間隔《かんかく》で上っていく」ようすは，先生の「几《き》帳面《ちょうめん》」な性格を表している。「几帳面」は，厳格で折り目正しく，いいかげんではないさま。

問９　「先生の蔵書」が隊列を組んで飛び去っていったあとでも，「一冊だけ，まだ飛び立たずに残っている」のだから，信子さんに対する思いを強く残した本であることが想像できる。「信子さんは，先生に見つめられているようなせつなさに包まれた」ことや，「信子さんに怒《おこ》られた時の先生のあわてぶりとそっくり」なようすで本が飛び立っていることなどから，最後に残った一冊は，先生そのものともいえる「先生の著作」だったことが読み取れる。

問10　「本は失っても，先生との思い出は変わらず信子さんの中にあった」とあることに着目する。信子さんは，先生との思い出は心の中に残り，「これからもずっと」忘れることはないという確信があるから，先生の本が旅立っても「私は，大丈夫《だいじょうぶ》ですよ」と言っているのである。よって，これらの内容をまとめて書くとよい。

三　**出典：真山仁《まやまじん》『“正しい”を疑え！』**。筆者は，他者と適切なコミュニケーションをとるために必要な力や心がけについて説明し，それがうまくいかなかった場合の対策についても述べている。

問１　文章の最初で，筆者は，コミュニケーション能力を「言葉で相手を納得《なっとく》させたり，時には言い負かす」力だと考えるのは間違《まちが》いだとしたうえで，コミュニケーションとは「一方通行」のものではなく，「自分と他者が意見を交換《こうかん》して，理解し合うこと」だと主張している。

問２　「弁が立つ」とは，“話し方が上手だ”という意味。多くの人は「『コミュ力』とは，弁が立つことだと考えている」が，筆者は「それは間違い」だと述べ，「この『言葉巧《たく》み』というのが曲《くせ》者《もの》」なのだとして説明を続けている。

問３　直前の段落にある「自分と他者が意見を交換して，理解し合うこと」を「納得」という言葉に言いかえて説明しているので，“要するに”という意味の「つまり」があてはまる。

問４　コミュニケーションの第一歩は「相手がどういう人かを知り，何を考えているのか探《さぐ》ること」であり，そのためには「自分の考えと同じ点，違う点」を理解しなければならないと書かれている。だからこそ，「相手の話を聞」いて「相手を知るための質問」を心がけるべきだと筆者は述べ，そのうえで「相手の話を，自分が理解できる言葉や風景に置き換《か》える」こと，つまり，「少しずつ接点を見つけ，共感を探していく」ことこそが聞く力だと説明している。

問５　「相手を知るための質問」は，相手がどのような人間であるかを探るためのものであるから，イの天気についての質問は合わない。

問６　「コミュニケーションを苦手だと感じる」人は，「自分を知ってもらいたい」「意見を聞き入れてもらいたい」とあせって，「いきなり議論や意見交換を始め」てしまう，と書かれている。問４でみたように，まずは「互《たが》いについて語り合い，相手を知ること」が必要で，これが，コミュニケーションを始める際に準備しておくべきことだと述べられている。よって，エがよい。

問７　「相手の話を，自分が理解できる言葉や風景に置き換える」ことが「自分語にする」ことだ，と筆者は述べている。ぼう線部７をふくむ段落の前後では，その具体例として，「スポーツはあまり得意ではなく，友人たちとのバンドでギターを弾《ひ》いている」「あなた」と，「バレーボールに夢中」な「相手」との間でのコミュニケーションをあげている。相手が話してくれる「ボールをアタッカーとして打つ瞬間《しゅんかん》の緊張《きんちょう》と興奮」を「漠然《ばくぜん》としたもの」としかとらえられない場合，「相手の興奮をギターを演奏している自分自身に置き換えて」みることで，相手の「興奮が一気に『自分ごと』として感じ取れ」る，つまり「自分の言葉に『翻訳《ほんやく》する』」ことができ，自分のこととして理解できるようになる，と説明している。よって，「アタックの瞬間」と「ギターのソロ演奏を務めるとき」の興奮を置き換える例を用いてまとめるとよい。

問８　筆者は，「理解した」ということと「わかり合えた」ことは異なると述べている。「『理解した』とは，ある分野で相手がどういう意見を持っているかがわかっただけ」でしかないので，「まずは，双方《そうほう》が同じ考えだとわかった点について，相手に伝え」ることで，コミュニケーションの基《き》盤《ばん》となる「共感」が生まれると述べている。さらに，「互いにわかり合える部分」を生むには「共感を深めること」が必要だと書かれているので，アがふさわしい。

問９　避《さ》けたいのは，コミュニケーションが終わってしまうような事態におちいることで，直前の部分で筆者は，「相手を敵視したり，『絶対にわかり合えない』と決めつけたり」「相手の言葉や考えを遮断《しゃだん》したり」する瞬間にコミュニケーションが終わってしまうと述べている。よって，オが選べる。

問10　筆者は「本来，コミュニケーションは，交渉《こうしょう》の手段であることが多い」とし，文章の最後では，日本人のように「話せばわかり合える」と考えるのは「『非常識』な認識」で，「どれだけ腹を割っても絶対に譲《ゆず》れないこと」を最後に認め合って「落としどころ」を決めるのが，「世界の常識」だと述べている。したがって，「最終的に理解し合えない」場合は，「何を譲り，何を押《お》し通すかという着地点」を交渉によって決める必要があると主張しているので，この部分の内容をまとめるとよい。

問11　直後の部分で，「トラブル」の具体例として「『大筋合意』と報道された国や企業《きぎょう》間の交渉が，最終的に決裂《けつれつ》する場合」があげられ，その原因について筆者は，「細部でどうしても譲れない問題が浮上《ふじょう》」して解決されなかったためであろうと想像している。そして，「双方の意見」の「前提やプロセスが異なる場合」は，それが細かいことであっても油断は禁物だと書かれている。よって，イが正しい。

問12　筆者が，大人や組織の場合に「話が進んでいくにつれて，重要な点が決裂しそうな雲行きになった」場面を「コミュニケーションの勝負どころ」だとしているのは，「どこを譲ってどこを押し通すか，双方が交渉モードに入る」ためである。問11でみたように，「細部でどうしても譲れない問題が浮上」して障害になると，結果的に「交渉が，最終的に決裂する」ので，これらの内容をまとめて書くとよい。

問13　直後に，「落としどころ」とは，「何を譲り，何を押し通すかという着地点のこと」だと述べられている。「妥協《だきょう》」は，意見が対立したときに，双方が譲り合って納得できる一致《いっち》点を見出して解決することなので，アが選べる。

2023年度　日本大学第二中学校

【算　数】〈第１回試験〉(50分)〈満点：100点〉

注意　1．円周率は3.14とします。分数で答えるときは約分して，できるだけ簡単な分数にしなさい。比を答えるときは，できるだけ簡単な整数の比にしなさい。

2．定規，コンパスは使ってもかまいませんが，使わなくても解くことができます。ただし，分度器は使えません。

1　次の□の中に適する数を入れなさい。

(1)　$6.125\div(2.5-0.75)\div(3.25-2.2)=\square$

(2)　$2\frac{1}{2}\div\left\{\frac{3}{4}\times\left(3\frac{1}{5}+0.3\right)\div0.7\right\}=\square$

(3)　$\frac{2}{3}+\frac{3}{7}-\frac{4}{21}\times\square=1$

(4)　原価500円の商品を４割増しにしてから２割引きで売ると，利益は原価の□％です。

(5)　２つの数の計算について，$A*B$はAとBの和と差をかけた数を表します。
たとえば，$9*5=(9+5)\times(9-5)=14\times4=56$になります。
$12*\square=23$になるとき，□に入る数はいくつですか。

2　次の各問いに答えなさい。

(1)　時速240kmで走る新幹線は，２時間40分の間に何km進みますか。

(2)　兄と弟がある地点から東に向かって同時に出発すると３分後に兄は弟より39m前に進みます。また，ある地点から兄は東に，弟は西に向かって同時に出発すると５分後に485mはなれます。弟の速さは分速何mですか。

(3)　320円のケーキと440円のケーキを合わせて10個買ったところ，代金の合計は3440円でした。320円のケーキを何個買いましたか。

(4)　右の図のような半径10cmの３つの円があり，点A，点B，点Cはそれぞれ円の中心です。色をつけた部分の面積は何cm^2ですか。

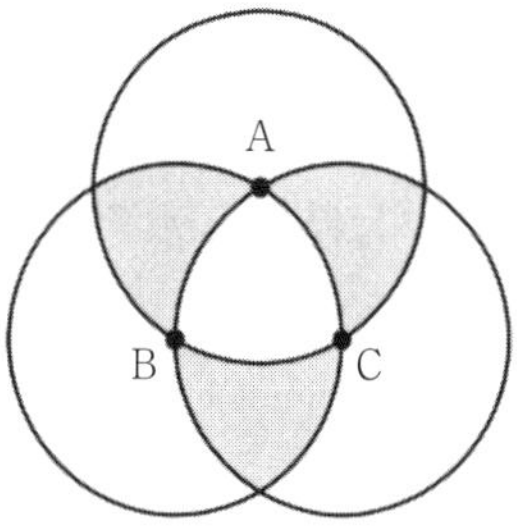

(5)　下の図の立体は，ある直方体から１辺がそれぞれ１cm，２cm，３cm，４cmの立方体をくり抜いた立体で，太線部分の長さはそれぞれ１cmです。この立体の体積は何cm^3ですか。

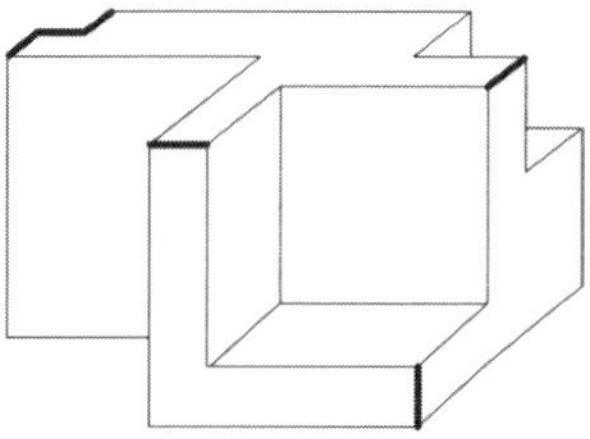

3　右の図のような，AB＝６cm，AD＝８cm，AE＝10cmの直方体ABCD−EFGHがあります。この立体のある面から反対の面まで直方体の穴をあけました。取り除かれた直方体の底面はたて４cm，横３cmの長方形でした。このとき，穴をあけた立体の体積はもとの直方体ABCD−EFGHの体積の$\frac{4}{5}$になりました。

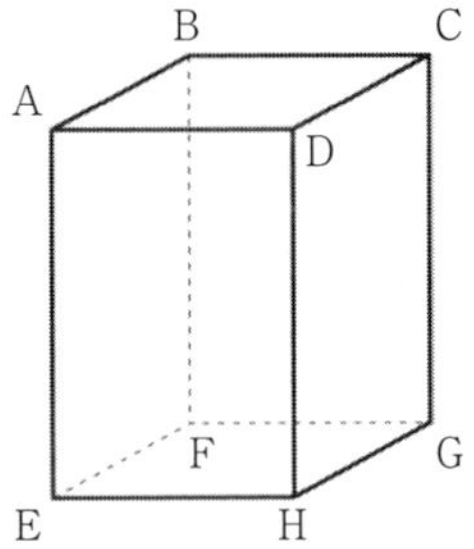

⑴　取り除かれた直方体の高さは何cmですか。

⑵　穴をあけた立体の表面積は何cm^{2}ですか。

4　下の図は，１辺の長さが８cmの正方形ABCDを点Dが辺BC上の点Gに重なるように折ったものです。DHの長さが５cm，三角形CGHの面積が６cm^{2}となりました。

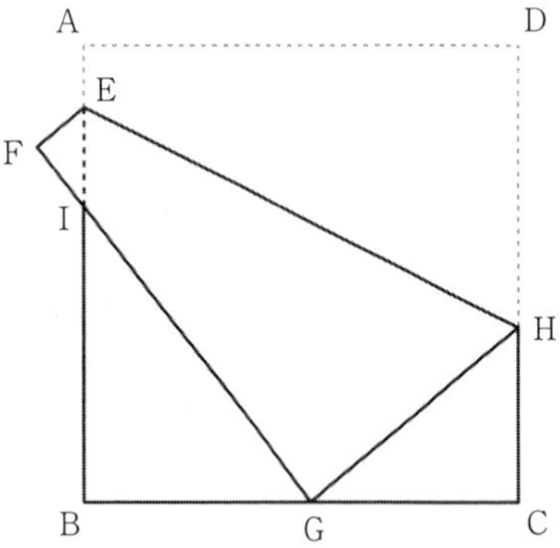

⑴　FIの長さは何cmですか。

⑵　三角形EFIの面積は三角形CGHの何倍ですか。

⑶　四角形EIGHの面積は何cm^{2}ですか。

5　下の図のように水そうと，水を入れるＡ管とＢ管，水を出すＣ管があります。まず，Ａ管だけを開けて水を入れはじめ，途中でＢ管も開けて水を入れたところ，Ｂ管を開けてから20分後に水そうは満水になり，しばらくの間水があふれていました。その後Ａ管，Ｂ管は開けたままで，Ｃ管を開けて水を出し，水そうが空になったところですべての管を閉じました。下のグラフは時間と水そうの水の量の関係を表しています。

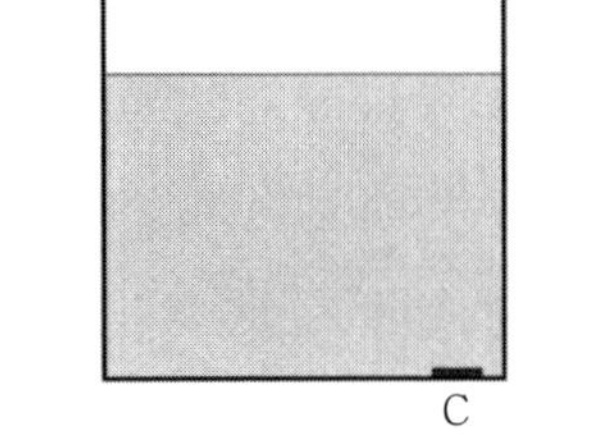

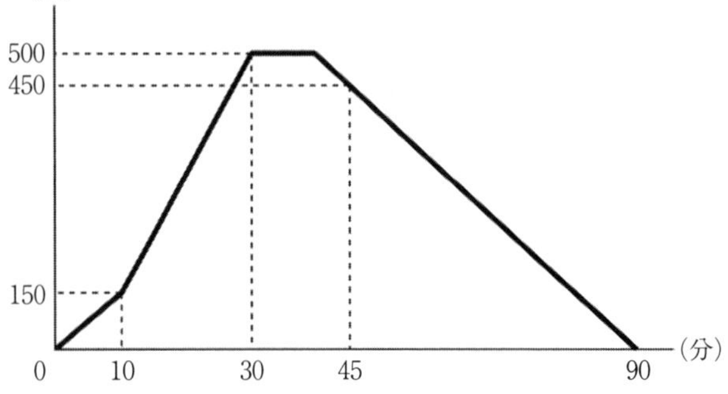

⑴　Ｂ管が入れる水の量は毎分何Ｌですか。

(2)　Ｃ管が出す水の量は毎分何Ｌですか。

(3)　あふれ出た水の量は全部で何Ｌですか。

6　右の図のような台形 ABCD があります。点Ｐは毎秒１cmの速さで，点Ａを出発し，点Ｂまで動きます。また，点Ｑは毎秒２cmの速さで，点Ｐより３秒遅れて点Ｃを出発し，点Ｄまで動きます。点Ｐが出発してから２秒後の三角形 PBC の面積は64cm^{2}でした。

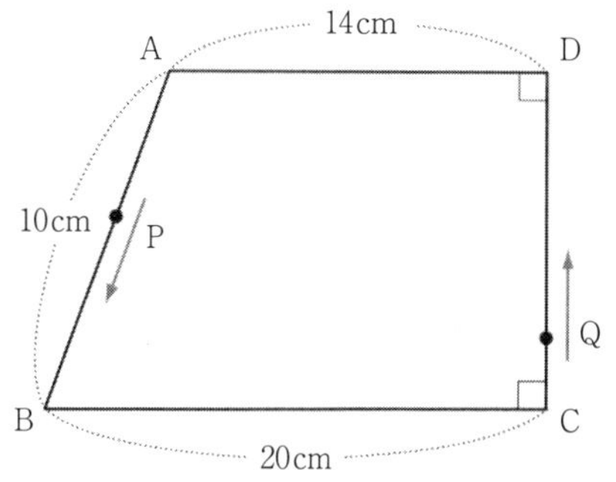

(1)　辺 CD の長さは何cmですか。

(2)　三角形 PBC と三角形 QBC の面積がはじめて３：５になるのは，点Ｐが出発してから何秒後ですか。

【社　会】〈第１回試験〉（理科と合わせて50分）〈満点：50点〉

1　次の文章を読んで，あとの問いに答えなさい。

①明治天皇が現在の皇居に移《うつ》り，②東京が事実上の③首都とされてから150年以上が経ちました。しかし，これまでには東京から首都機能を移転する意見が何度か出され，議論が行われたこともありました。

大正時代，関東大震災《だいしんさい》後には「100年ごとに起きる大地震を東京は避《さ》けられない」ことや「東京が太平洋に近すぎて④防衛上不適当である」などの意見が出され，陸軍からは現在の⑤兵庫県加古川市や東京都八王子市などに首都機能の全てを移転することが提案されました。しかし，移転費用や移転先の土地を買い取る手続きに時間がかかることなどから移転は実現しませんでした。

戦後，⑥高度経済成長にともなって，東京の人口急増や都市の拡大が問題になると，ここでも移転の議論が起こりました。この時は，首都機能の一部を移転する議論が中心であり，富士山のふもとへ⑦国会議事堂を移転させたり，⑧静岡県浜松市に⑨行政機関を移転させたりすることが提案されました。しかし，この時も移転は行われませんでした。

現在，東京には政治・経済・文化などに関係するさまざまな機能が集まっています。一方で過度な集中によって首都直下地震による大きな被《ひ》害が想定されています。実際，⑩(　　)年に発生した東日本大震災では，電車が止まったり，⑪自動車も渋滞《じゅうたい》したりして自宅に帰ることが困難になった人が大勢いました。震災によって首都機能が大きく混乱したことから，首都を移転することが再び提案されるようになりました。

東京から首都機能を移転すべきかどうか，⑫もし移転するとなった場合，どのように進めるのがよいか，など，検討すべき点はたくさんあります。これからも考えていきましょう。

問１．下線部①，明治時代の天皇と現在の天皇を比べた文章として，正しいものを１つ選び，記号で答えなさい。

ア．明治時代の天皇は神のように尊いものであるとされたが，現在の天皇は日本の国や国民のまとまりの象徴《しょうちょう》とされている。

イ．明治時代の天皇は国のゆくすえを決める最終決定権を持つ主権者とされたのと同様，現在の天皇も主権者とされている。

ウ．明治時代の天皇は軍隊を統率するとされていたが，現在の天皇は軍隊ではなく自衛隊を統率するとされている。

エ．明治時代の天皇は国の役所の長である国務大臣を直接任命したが，現在の天皇は国会が選んだ国務大臣を形式的に任命する。

問２．下線部②，次の問いに答えなさい。

(1)　次の雨温図ア～エは，熊本県熊本市，東京都千代田区，広島県広島市，山形県山形市の雨温図のいずれかです。このうち，東京都千代田区のものとして，正しいものを１つ選び，記号で選びなさい。

ア．
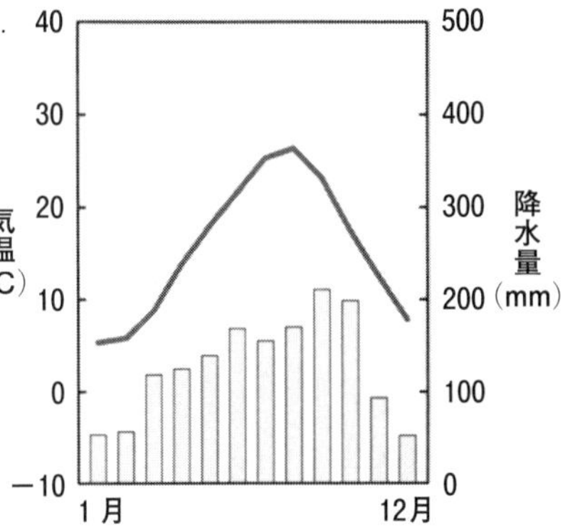

イ．
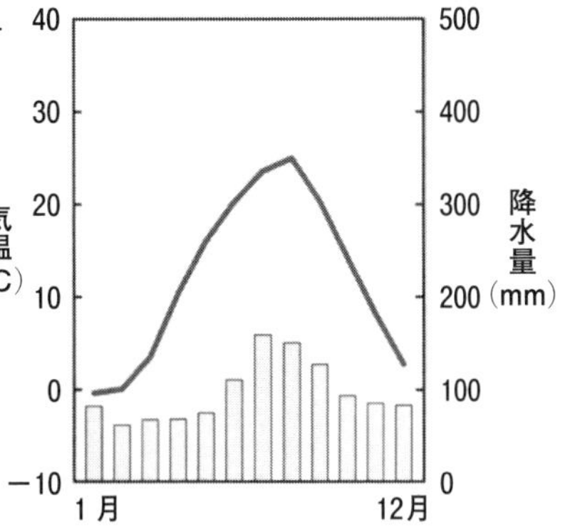

ウ．
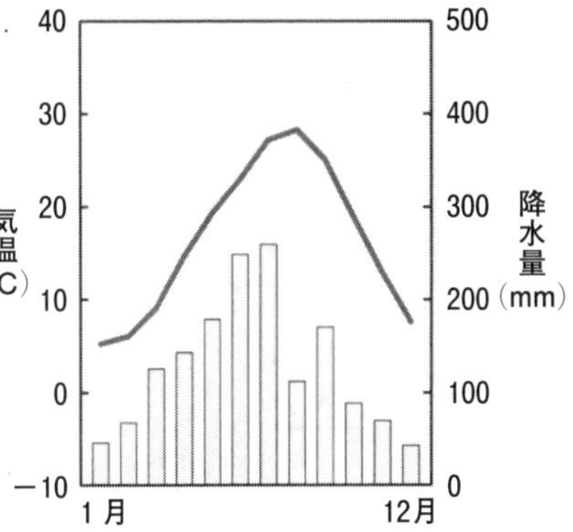

エ．
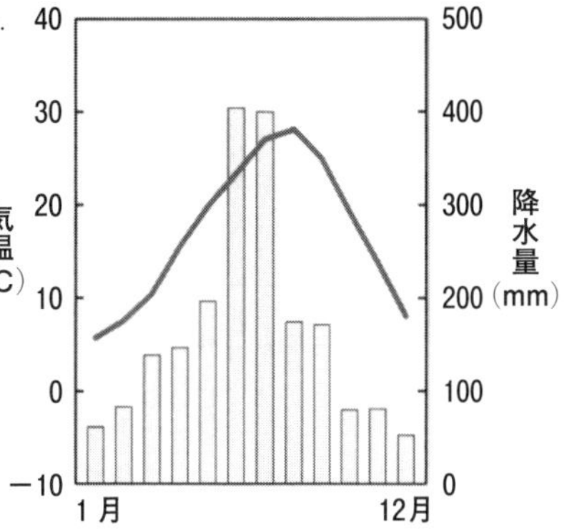

（『理科年表』より作成）

⑵　次の表は，2018年における愛知県，岡山県，東京都，新潟県の製造品出荷額等の割合上位４品目とその他を示したものであり，ア～エはいずれかの都県のものです。このうち，東京都を示した表として，正しいものを１つ選び，記号で答えなさい。

ア．

品目	割合(％)
食料品	15.7
化学	12.9
金属製品	10.9
生産用機械	8.4
その他	52.1

イ．

品目	割合(％)
輸送用機械	55.0
電気機械	6.0
鉄鋼	5.1
生産用機械	5.0
その他	28.9

ウ．

品目	割合(％)
輸送用機械	18.9
電気機械	10.1
印刷	10.0
食料品	9.4
その他	51.6

エ．

品目	割合(％)
石油・石炭製品	17.9
化学	14.8
鉄鋼	12.1
輸送用機械	11.7
その他	43.5

（『データでみる県勢2021』より作成）

問３．下線部③，京都に都が置かれていた時代に起きた出来事として，正しいものを１つ選び，記号で答えなさい。

ア．天皇は全国に国分寺を置くことを命じ，都には東大寺を建てた。

イ．地震が起こった後，後藤新平が未来を想定した復興計画を立てた。

ウ．応仁の乱で幕府の権力はおとろえ，都も焼け野原になった。

エ．アメリカ軍の空襲《くうしゅう》を受け，10万人以上の人が命を失った。

問４．下線部④，次のグラフは，令和４年度の日本の予算の支出における使いみちごとの割合を示したものです。この中で「防衛」にあたる部分はどこですか。正しいものを１つ選び，記号で答えなさい。

（単位：億円）

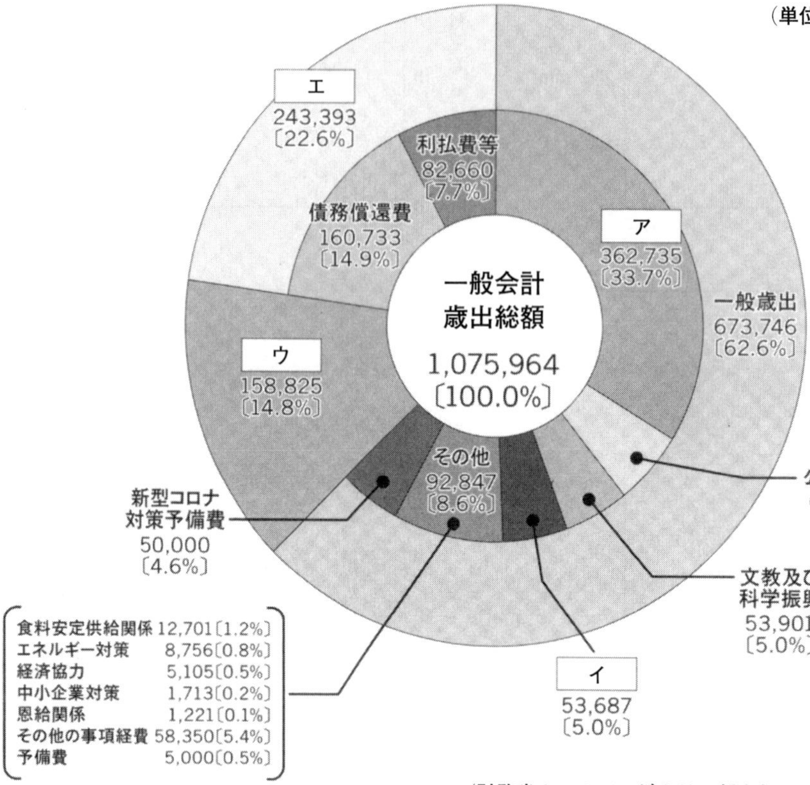

（財務省ホームページより一部を加工して転載）

問５．下線部⑤，次の地図は兵庫県加古川市の縮尺２万５千分の１の地形図を拡大したものです。図中の〇で囲まれている地図記号ＡとＢの組み合わせとして，正しいものを１つ選び，記号で答えなさい。

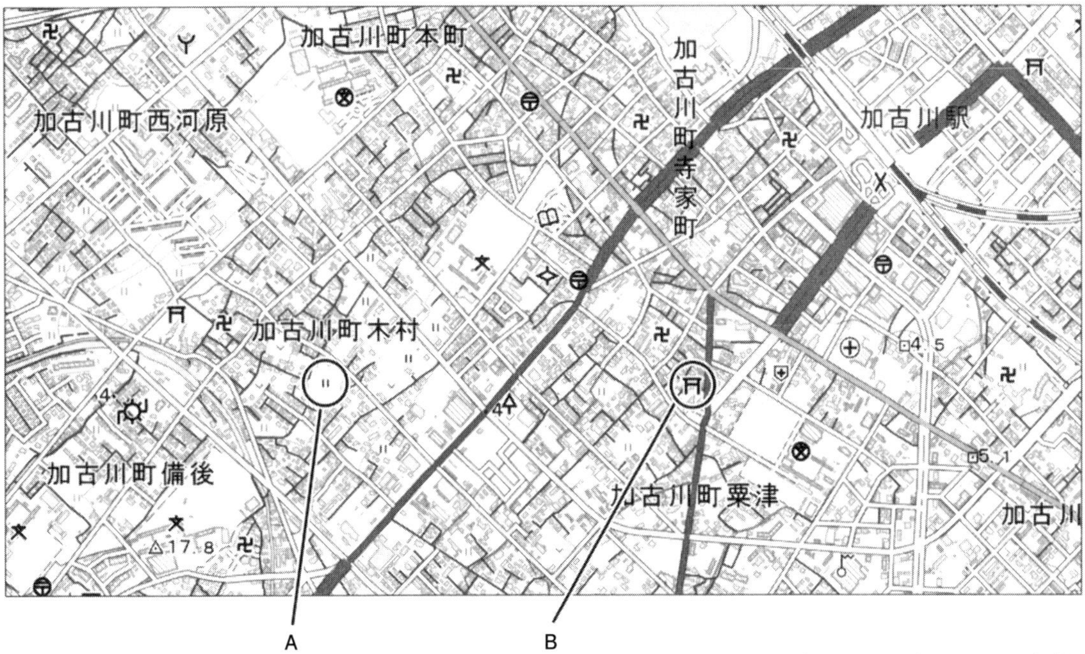

（国土地理院 地理院地図より一部を加工して転載）

	A	B
ア	畑	神社
イ	畑	寺院
ウ	田	神社
エ	田	寺院

問６．下線部⑥，高度経済成長期の日本について説明した文章として，適当でないものを１つ選び，記号で答えなさい。

ア．大都市の周辺では，農地が住宅地に変わり，団地が建てられた。

イ．輸送手段として，自動車専用の高速道路が建設された。

ウ．製鉄・石油精製などの重化学コンビナートがつくられた。

エ．公害や自然破壊は問題にならず，経済成長が重視された。

問７．下線部⑦，次の問いに答えなさい。

(1) 国会に関する文章として，正しくないものを１つ選び，記号で答えなさい。

ア．国の政治のやり方を調査する権限を持っている。

イ．税金の不足を補《おぎな》うための国債をいくら発行するのかを決める。

ウ．法律案は必ず衆議院から話し合いを行うことになっている。

エ．国会議員の中から内閣総理大臣を指名する。

(2) 国会議事堂の中央広間には，日本の議会政治の基礎をつくった３名の銅像が設置されています。この３名について説明した文章Ａ～Ｃと，その人物の組み合わせとして，正しいものを１つ選び，記号で答えなさい。

Ａ．政府を去った後，国民の意見を聞いて政治にいかすように議会を開くべきだとして，自由民権運動を主導した。

Ｂ．イギリスを手本にした憲法と議会の設立を主張して，立憲改進党をつくった。

Ｃ．大久保利通の死後，政府の中心的な存在となり，内閣制度をつくって，初代内閣総理大臣になった。

ア．Ａ―伊藤博文　Ｂ―大隈重信　Ｃ―板垣退助
イ．Ａ―伊藤博文　Ｂ―板垣退助　Ｃ―大隈重信
ウ．Ａ―大隈重信　Ｂ―伊藤博文　Ｃ―板垣退助
エ．Ａ―大隈重信　Ｂ―板垣退助　Ｃ―伊藤博文
オ．Ａ―板垣退助　Ｂ―伊藤博文　Ｃ―大隈重信
カ．Ａ―板垣退助　Ｂ―大隈重信　Ｃ―伊藤博文

問８．下線部⑧，次の問いに答えなさい。

⑴　静岡県に関係することがらとして，もっとも適当なものを１つ選び，記号で答えなさい。
ア．日本でもっとも大きな前方後円墳である大仙古墳がつくられた。
イ．源頼朝が，朝廷から征夷大将軍に任命され，幕府を開いた。
ウ．大内義隆が，雪舟をはじめ多くの文化人を城下町に受け入れた。
エ．日米和親条約にもとづいて，函館とともに港が開かれた。

⑵　次の図は，静岡県伊東市の縮尺２万５千分の１の地形図を拡大したものであり，あとの写真は地形図中の橋から撮《さつ》影したものです。写真を撮影した方向として，もっとも適当なものをア～エから１つ選び，記号で答えなさい。

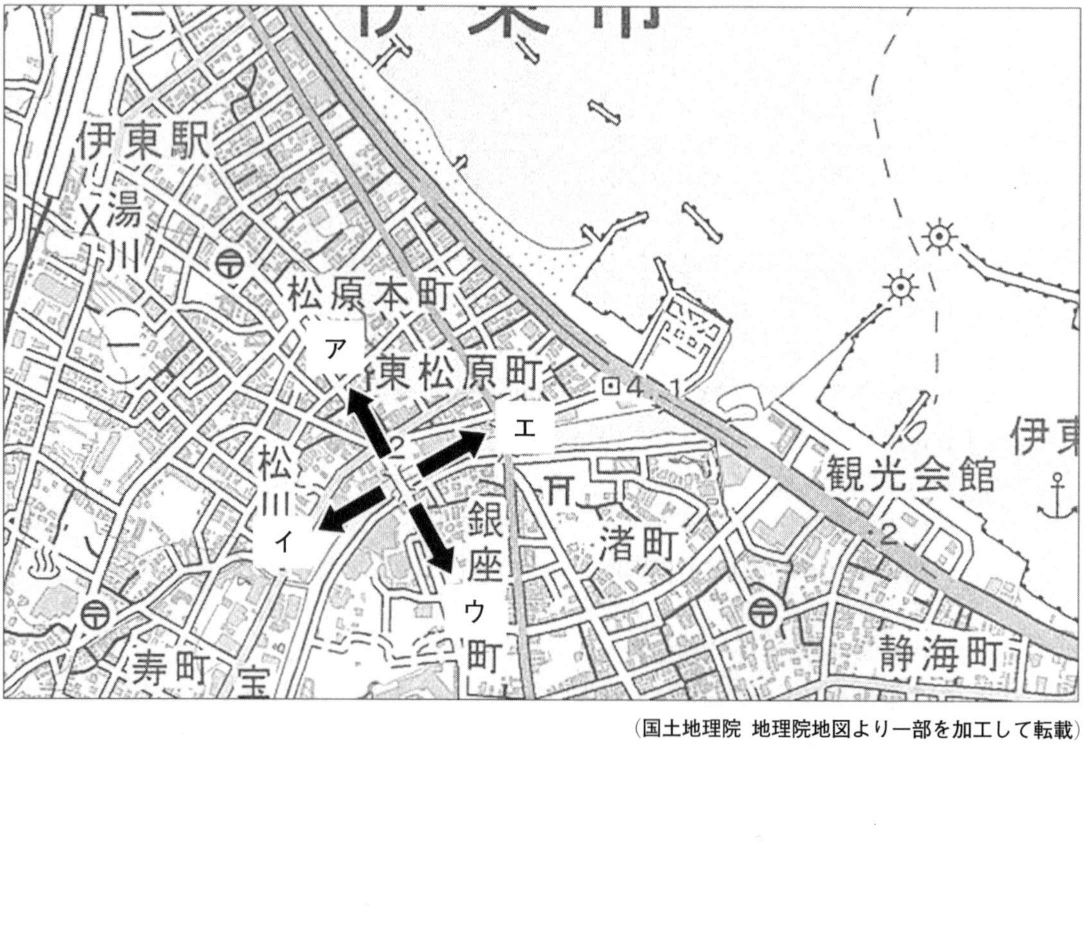

(国土地理院 地理院地図より一部を加工して転載)

写真

問９．下線部⑨，次のＡ・Ｂは，行政機関を移転した際に起こることについて説明した文章です。Ａ・Ｂが正しいか，正しくないかを考え，その組み合わせとして，適当なものを１つ選び，記号で答えなさい。

Ａ．行政機関の移転には，業務に必要な物品の輸送や関係する一部の公務員の転居がともなうため，新たな費用が発生する。

Ｂ．移転する行政機関とかかわりの深い企《き》業も，いっしょに移転するので，移転先の地域に暮らす人々の雇《こ》用が奪《うば》われてしまう。

ア．ＡもＢも正しい

イ．Ａは正しい，Ｂは正しくない

ウ．Ａは正しくない，Ｂは正しい

エ．ＡもＢも正しくない

問10．下線部⑩，(　)にあてはまる年号(西暦)を数字で答えなさい。

問11．下線部⑪，自動車の生産を説明した文章として，もっとも適当なものを１つ選び，記号で答えなさい。

ア．細かな部品をつくる工場と，それらを組み立てて大きな部品をつくる工場は別々であることが多く，大きな部品を組み合わせて一つの自動車をつくる工場もまた別であることが多い。

イ．最終的な自動車の価格には部品の費用や輸送費が含《ふく》まれるが，テレビなどでの宣伝《せんでん》費用や研究開発にかかった費用は含まれない。

ウ．日本でつくられた自動車は輸出目的でつくられているため，部品工場や自動車組み立て工場がある場所は，海に面した都道府県に限られる。

エ．輸送費をできるだけ安くおさえるために，完成した車体や部品をトラックで輸送する場合，高速道路や有料道路などを使うことはなく，一般道路のみを使うことになっている。

問12．下線部⑫に関して，なぜ東京の首都機能を移転することが提案されてきたのですか。本文中には，その理由としてあげられることが複数書かれています。本文をよく読み，その理由として，適当でないものを１つ選び，記号で答えなさい。

ア．移転先の土地を買い取る手続きに時間がかかるから。

イ．首都直下地震による大きな被害が想定されるから。

ウ．太平洋に近すぎて防衛上不適当であるから。

エ．高度経済成長にともなう人口急増が問題になったから。

2 次の文章を読んで，あとの問いに答えなさい。

日本人の伝統的な食文化である「和食」には４つの特徴があります。「多様で①新鮮な食材とその持ち味の尊重」，「健康的な食生活を支える栄養バランス」，「自然の美しさや季節の移ろいの表現」，「正月などの②年中行事との密接な関《かか》わり」の４つがこれにあたります。こうした和食文化を守り，伝えていく上で，日本の③食料自給率が低いことが心配されています。これを上げるとともに，持続可能な農業の構築，他の産業との連携《れんけい》などをはかるために，農林水産省をはじめ農林水産業に関わる多くの人が④さまざまな取り組み・対応をしています。

問１．下線部①，新鮮な水産物が日本中から集まって世界一の規模《きぼ》をほこった築地《つきじ》市場が2018年に移転しました。移転した先の市場の名前を答えなさい。

問２．下線部②，次の文章は日本のある年中行事の説明をしたものです。現在，この年中行事が行われる月として，もっとも適当なものを１つ選び，記号で答えなさい。

> 田植えを行う女性が菖蒲《しょうぶ》で屋根をおおった家にこもり，身を清めてから田植えを行った当時の日本の行事と，中国から伝わった行事が合わさってできた行事とされています。この行事は，江戸時代に入り，武家を中心に男の子の成長を祝うための行事に変化したと言われています。

ア．２月　　イ．５月　　ウ．７月　　エ．10月　　オ．12月

問３．下線部③，次の問いに答えなさい。

(1) 次の図は，いくつかの国のカロリーベースの食料自給率と生産額ベースの食料自給率を示したものです。この図から読み取れることとして，もっとも適当なものを１つ選び，記号で答えなさい。

日本と諸外国の食料自給率

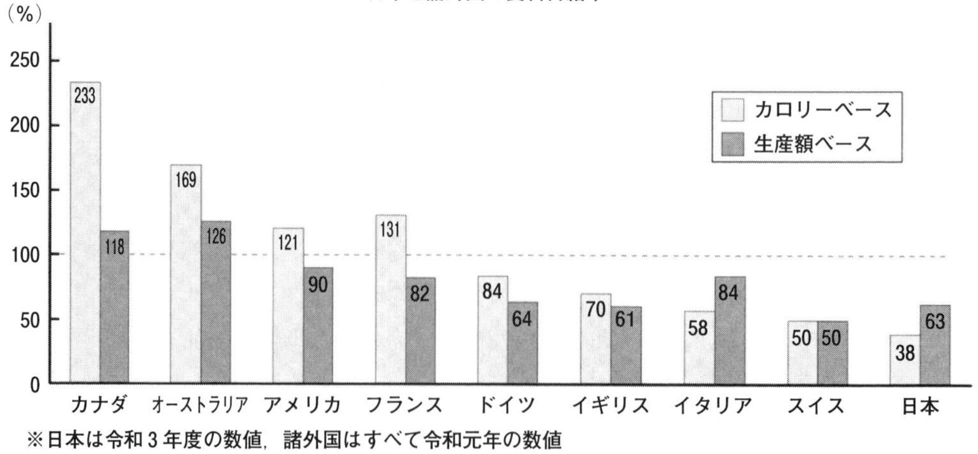

※日本は令和３年度の数値，諸外国はすべて令和元年の数値

（農林水産省ホームページより一部を加工して転載）

ア．カナダの生産額ベースの食料自給率は，アメリカの生産額ベースの食料自給率よりも高く，スイスの生産額ベースの食料自給率よりも低い。

イ．オーストラリアのカロリーベースの食料自給率は，ドイツのカロリーベースの食料自給率よりも高く，日本のカロリーベースの食料自給率よりも低い。

ウ．イタリアのカロリーベースの食料自給率は，イギリスのカロリーベースの食料自給率よりも低く，アメリカのカロリーベースの食料自給率よりも高い。

エ．日本の生産額ベースの食料自給率は，フランスの生産額ベースの食料自給率よりも低く，イギリスの生産額ベースの食料自給率よりも高い。

⑵　日本では，食料自給率を上げるために，「つくり育てる漁業」も行っています。そのような漁業はおだやかな海で行われることが多いですが，おだやかな海では，海中のプランクトンが異常に発生することによって，海が赤くなり，魚が死んでしまうことがあります。このように海が赤くなることを何と言いますか。漢字２字で答えなさい。

問４．下線部④，日本の農業の課題を解決するために，さまざまな取り組み・対応が各地で行われています。次のＡ～Ｄは農林水産省編『令和２年度食料・農業・農村白書』が報告する取り組み・対応であり，Ⅰ～Ⅳの文章はＡ～Ｄのいずれかの事例です。Ａ～ＤとⅠ～Ⅳの組み合わせとして，正しいものを１つ選び，記号で答えなさい。なお，取り組み・対応や事例の内容の表現は出題の都合上，一部変更しています。

Ａ．和食文化の保護・継承《けいしょう》

Ｂ．さまざまな環《かん》境問題への対応

Ｃ．技術開発の推進・新たな価値の創出

Ｄ．商品開発から製造・販売までの新たな流れの創出による需要の開拓

Ⅰ．長崎県大村市《おおむらし》のある会社は，ぶどう，なし，いちごの生産・加工を行うとともに，地域の農家も作物を売ることができる直売所を経営しています。また，農家レストランや観光農園，地域観光拠点《きょてん》を運営し，年間49万人を集客しています。農産加工品の販売だけでなく，収穫《しゅうかく》体験等の体験型のサービスプログラムを充実《じゅうじつ》させるとともに，農家レストランで結婚式を実施《じっし》するなどの取り組みを行っています。

Ⅱ．宮崎県小林市《こばやしし》では，学校給食で郷土料理《きょうどりょうり》を出したり，料理教室等で郷土料理や健康料理を学ぶ機会を提供したりしています。特に小・中学生とその保護者に，郷土料理である「冷や汁」や「ねったぼ(さつまいももち)」の名前の由来を伝えるとともに，料理講習を行っています。参加者からは，「郷土料理を学ぶことで，地域の農林水産物などを知って，小林市が恵《めぐ》まれた環境にあることに気づいた」等の意見があがりました。

Ⅲ．信州大学は「ナスには血圧・気分改善作用を持つ成分が他の野菜に比べて3000倍以上も多く含まれる」という研究成果を明らかにしました。この成果を活用し，ある会社ではこの成分を含むサプリメント(栄養補助食品)を開発し，このサプリメントはナスを用いた初めての※機能性表示食品となりました。また，JA 高知県でも，プロジェクトの成果を活用し，ブランド「高知なす」を機能性表示食品とするなど，ナス生産者，食品メーカー等が連携した取り組みに発展しています。

※機能性表示食品とは科学的根拠《こんきょ》にもとづき，特定の保健の目的が期待できるという機能性を表示した食品

Ⅳ．多くの商品の賞味期限は年月日で表示されていますが，納品しようとする商品の賞味期限が，すでに納品済みの商品の賞味期限より１日でも先に来るものは納品しないという慣

習があるため，食品ロスが発生しています。このような食品ロスを発生させないため，農林水産省では，賞味期限表示について，年月表示や年月日表示のままで日の表示を10日単位にすることを推進しています。

ア．A―Ⅰ　B―Ⅲ　C―Ⅱ　D―Ⅳ
イ．A―Ⅰ　B―Ⅳ　C―Ⅱ　D―Ⅲ
ウ．A―Ⅰ　B―Ⅳ　C―Ⅲ　D―Ⅱ
エ．A―Ⅱ　B―Ⅲ　C―Ⅰ　D―Ⅳ
オ．A―Ⅱ　B―Ⅳ　C―Ⅲ　D―Ⅰ
カ．A―Ⅱ　B―Ⅲ　C―Ⅳ　D―Ⅰ

3　次の文章を読んで，あとの問いに答えなさい。

日本は，古代から中国と深い関係にありました。中国の古い書物によると，①弥生時代には邪馬台国の女王である卑弥呼が中国に使いを送り，中国の皇帝から王に任命され，金印や銅の鏡などがあたえられたとされています。また，その後，日本でつくられた②古墳の壁《へき》画や出土品からも，中国との深い関係がうかがえます。

7世紀には聖徳太子が中国(隋)に小野妹子を送り，③(　　)としました。8世紀になってからも，そのような動きは変わらず，710年には④中国(唐)の都をまねて，新しい都が奈良につくられました。その後，9世紀の終わりごろになると，朝廷は中国に使いを送るのをやめましたが，⑤貿易などの交流は続きました。

問1．下線部①，弥生時代の日本について説明した文章として，正しくないものを1つ選び，記号で答えなさい。

ア．人々は，大陸から伝わった仏教を熱心に信仰《しんこう》していた。
イ．収穫した米は床を高くした倉庫に保存された。
ウ．土地や食料などをめぐり，むらとむらの間で争いが起こった。
エ．つりがね型の青銅器である銅鐸《どうたく》が使われていた。

問2．下線部②，次の絵と地図を見て，この絵が壁画として描かれている古墳の名前とその古墳がある場所の組み合わせとして，正しいものを1つ選び，記号で答えなさい。

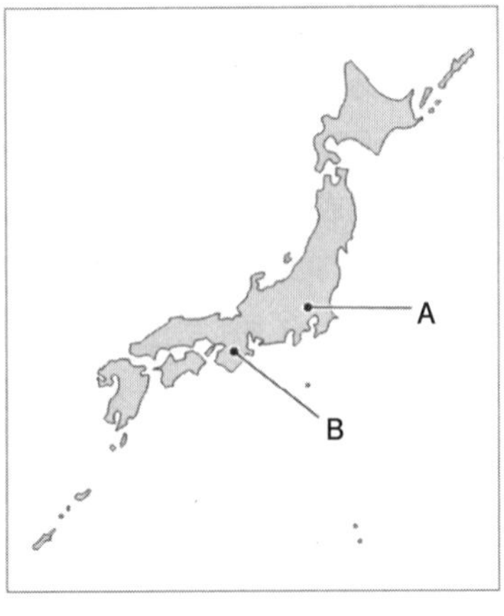

ア．稲荷山古墳―A　　イ．稲荷山古墳―B
ウ．高松塚古墳―A　　エ．高松塚古墳―B

問３．下線部③，（　）にあてはまる文章として，もっとも適当なものを１つ選び，記号で答えなさい。

ア．中国に日本の文化や政治の仕組みを学んでもらおう

イ．中国の文化や政治の仕組みを日本に取り入れよう

ウ．中国と日本の交流をやめることを伝えよう

エ．中国と日本の争いをやめて交流を再開しよう

問４．下線部④，苦難《くなん》をのりこえて日本に渡航した中国の僧で，日本の寺や僧の制度を整え，奈良に唐招提寺をひらいた人物の名前を漢字で答えなさい。

問５．下線部⑤，中国との貿易などの交流について説明した文章として，正しくないものを１つ選び，記号で答えなさい。

ア．東大寺正倉院には，中国(唐)から日本にもたらされた品々がおさめられている。

イ．武士として初めて太政大臣の地位についた平清盛は，中国(元)との貿易をすすめた。

ウ．足利義満は，中国(明)との国交をひらいて貿易をはじめ，大きな利益を得た。

エ．江戸幕府は，キリスト教を広めない中国(清)の商人に，長崎で貿易をすることを認めていた。

4　次の文章を読んで，あとの問いに答えなさい。

日本国憲法は三権分立を定めています。三権のうち①(　　)権を持つ国会は，東京都内の②(　　)にある国会議事堂でひらかれています。現在の建物は，1936年に建設されたもので，③その外観は中央の塔《とう》を境として，右側と左側でまったく同じ形になっています。内部のつくりも左右でほぼ同じになっており，④正面に向かって右側に参議院，左側に衆議院が置かれています。衆議院と参議院では，⑤選挙によって選ばれた国民の代表者たちが，国の進む方向を多数決で決めています。

問１．下線部①，（　）に入るもっとも適当な語句を漢字２字で答えなさい。

問２．下線部②，（　）に入る地名として，正しいものを１つ選び，記号で答えなさい。

ア．兜町《かぶとちょう》　　イ．霞《かすみ》が関《せき》　　ウ．永田町

エ．日本橋　　オ．大手町

問３．下線部③，この外観は，二院制を象徴しているとされています。二院制について説明した文章として，正しくないものを１つ選び，記号で答えなさい。

ア．それぞれの議院で話し合いを行うので，慎重《しんちょう》に物事を審《しん》議することができる。

イ．異《こと》なる選挙制度で議員が選ばれるため，国民のさまざまな意見をより政治に反映できる。

ウ．一つの議院の行き過ぎを防いだり，足りないところを補ったりすることができる。

エ．二つの議院で分担して審議をするので，より短い時間で審議を終えることができる。

問４．下線部④，衆議院と参議院の違《ちが》いをくらべた場合，次のＡ～Ｅにあてはまるのは，それぞれどちらの院ですか。その組み合わせとして，正しいものを１つ選び，記号で答えなさい。なお，両院の間に違いがない場合は，「同じ」と表記しています。

Ａ．議員の任期が短い

Ｂ．解散がある

Ｃ．議員定数が少ない

D．被選挙権を得られる年齢《ねんれい》が高い

E．選挙権を得られる年齢が低い

ア．A―衆議院　B―衆議院　C―参議院　D―参議院　E―同じ

イ．A―衆議院　B―参議院　C―参議院　D―衆議院　E―同じ

ウ．A―衆議院　B―衆議院　C―参議院　D―同じ　　E―衆議院

エ．A―参議院　B―参議院　C―衆議院　D―衆議院　E―同じ

オ．A―参議院　B―衆議院　C―衆議院　D―同じ　　E―参議院

カ．A―参議院　B―参議院　C―衆議院　D―参議院　E―同じ

問５．下線部⑤，次の４つの図は，いずれも女性の政治参加に関する数値の推移を示したものです。これらの図から読み取れることとして，適当でないものを，あとのア～エより１つ選び，記号で答えなさい。

図１　諸外国の国会議員に占める女性の割合の推移

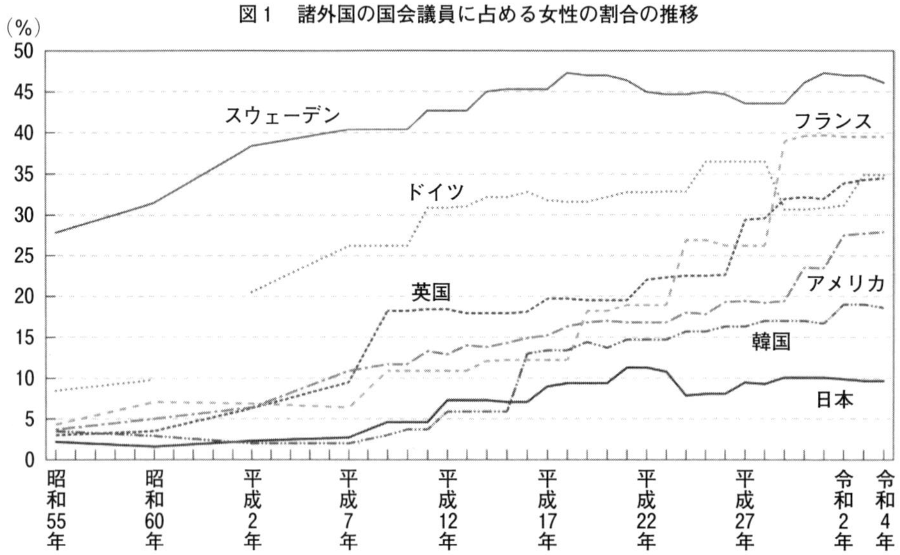

(『男女共同参画白書 令和４年版』より一部を加工して転載)

図２　衆議院議員総選挙における候補者，当選者に占める女性の割合の推移

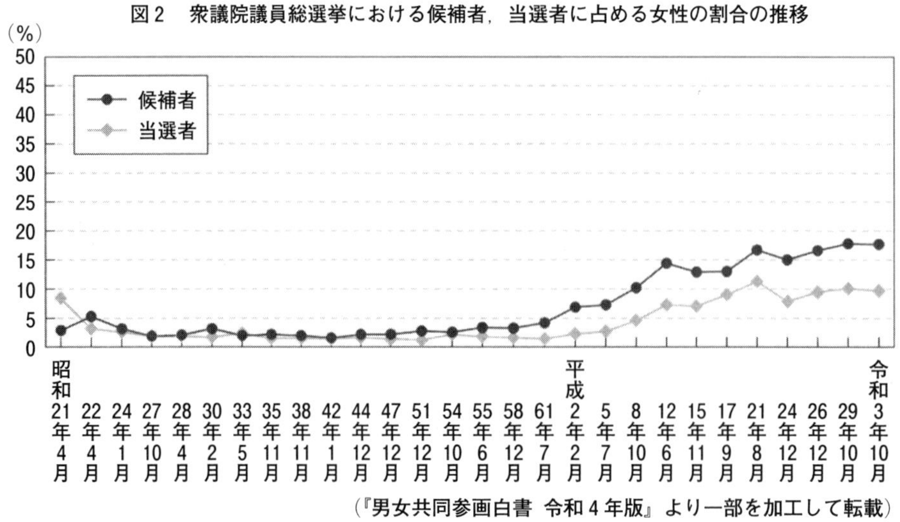

(『男女共同参画白書 令和４年版』より一部を加工して転載)

図３　参議院議員通常選挙における候補者，当選者に占める女性の割合の推移

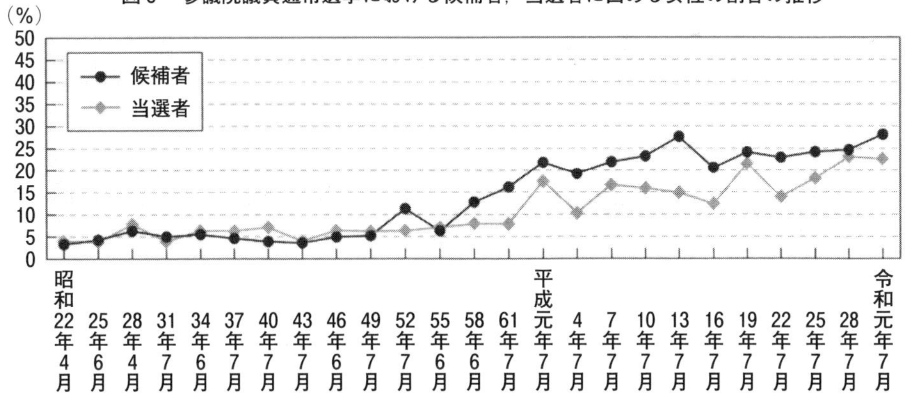

（『男女共同参画白書　令和４年版』より一部を加工して転載）

図４　地方議会における女性議員の割合の推移

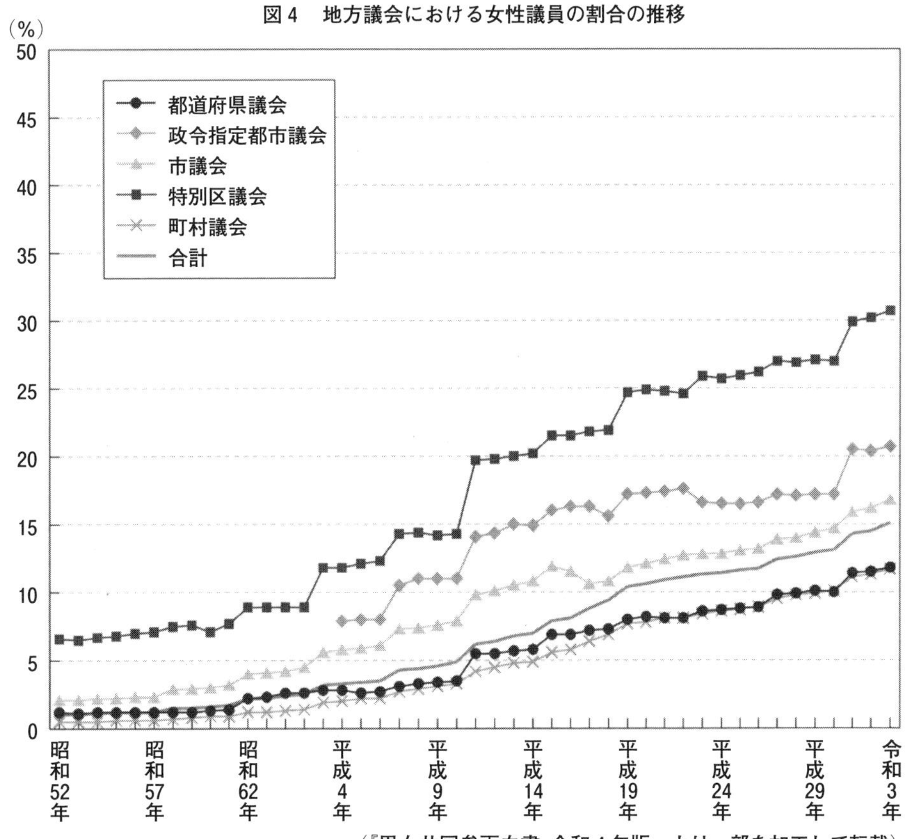

（『男女共同参画白書　令和４年版』より一部を加工して転載）

ア．日本の国会議員に占める女性の割合は，令和４年を見ると，グラフ中の７か国の中で，もっとも低い。

イ．日本の国会では，平成以降，衆議院・参議院ともに，候補者に占める女性の割合の方が，当選者に占める女性の割合よりも高い。

ウ．日本の国会では，戦後，衆議院・参議院ともに，当選者に占める女性の割合は常に増え続けている。

エ．地方議会における女性議員の割合を同じ年で比べたとき，特別区議会より町村議会の方がその割合は常に低い。

【理　科】〈第１回試験〉（社会と合わせて50分）〈満点：50点〉

1　次の会話文は，３人の生徒が川へ自然観察に行ったときのものです。下の問いに答えなさい。

Ａさん　夏休みになったし，奥《お》入《いら》瀬《せ》渓流《けいりゅう》に来ることができてよかったね。この渓流の遊歩道を歩くと気持ちいいね。岸の上は河《か》岸段丘《がんだんきゅう》になっていて，段丘の上のほうにはブナの林が見えるよ。流れの中州にも木が生えているね。

Ｂさん　このブナの木は高いね。20ｍくらいありそうだ。下から見上げると①緑の葉が光に透《す》けるようできれいだし，スケッチしよう。

Ｃさん　スケッチが終わったら，この渓流沿いに進んでみようよ。小さな滝《たき》があったり，わき水があったりしてすべりやすくなっているから気をつけて。

Ａさん　ブナの木《こ》陰《かげ》はすずしいね。林の中は少しうすぐらいけど，いろいろな下草が生えているよね。日陰でも育つ植物があるんだね。

Ｂさん　植物の葉の形もいろいろな種類があるね。たしか植物の光合成は，光が葉の葉緑体にあたるとすすむんだよね。こんなに暗い日陰だとあまり育たないと思ったけど，たくさん生えているよね。光があたらない夜はどうしているのかな。

Ｃさん　確かに不思議だね。それにブナの木は秋になると落葉するよね。落葉しない樹木もあるけれど，落葉する樹木は冬にはかれてしまうのかな。

Ａさん　イチョウの葉も秋には落葉するよね。イチョウは春になると黄緑色の小さな葉が生えて，少しずつ成長していく。葉が大きくなると，２種類の花が咲《さ》くことを知っている？　春の終わりにさしかかると，そのうちの②１種類の花がたくさん地面に落ちてくるんだ。そして夏に葉の緑色が濃くなって，種子も少しずつ大きくなってくるよね。

Ｂさん　台風が来たり，強い風が吹《ふ》いたりすると，この緑色の種子が地面に落ちてくることもあるけど，秋になると，（　③　）。秋の終わりにはすべての葉が落葉して，冬になるとすっかり茶色い幹や枝だけになるよね。

Ｃさん　植物のなかまわけも面白いな。楽しかったから，また来年も来てみたいな。

(1)　下線部①について，ブナの葉のスケッチとして，もっとも正しいものを１つ選び，記号で答えなさい。

ア.　　イ.　　ウ.　　エ.

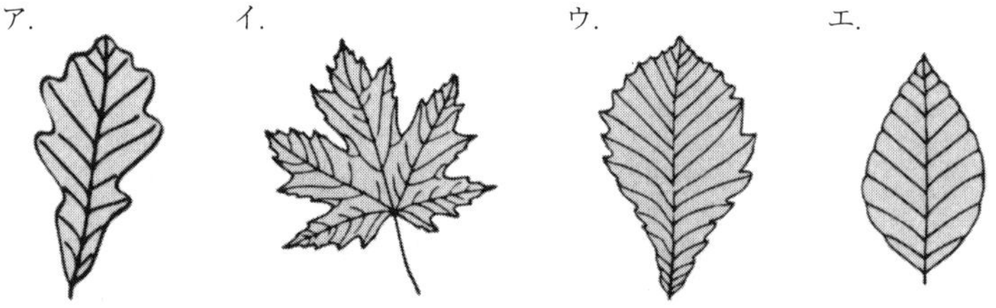

(2)　わき水があり，光のあまり届かないところの岩の表面をルーペで観察すると，小さな植物が緑色のじゅうたんのように岩をおおっていました。この植物について，もっとも正しいものを１つ選び，記号で答えなさい。

ア．この植物は，長い根と茎《くき》はあるが葉はない。花が咲いて種子で増える。

イ．この植物は，イネのような主根があり，根，茎には葉もたくさんついている。花は咲かないが実ができる。

ウ．この植物は，根をはらないので岩からはがそうとするとすぐにはがれる。根，茎，葉の区別がはっきりしていない。花は咲かないが，胞子《ほうし》でふえることができる。

エ．この植物は，日あたりのよい場所に持ってくると成長が早くなり，茎が太くなって葉も大きくなる。

(3)　図１，図２はイチョウの花を模式的に書いたものです。下線部②について，地面に落ちてくる花はア，イのどちらか，記号で答えなさい。また，はいしゅがむき出しになっている植物を何というか，解答らんにあてはまるようにひらがなで答えなさい。

図１

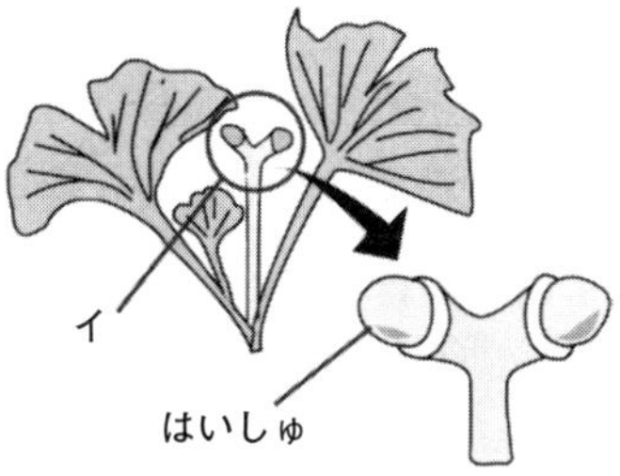

図２

(4)　次の４つの文(あ～え)は，季節によるイチョウの変化についてのものです。会話文中の(③)にあてはまるように，変化が起こる順番に文を並べたものとして，もっとも正しいものを１つ選び，記号で答えなさい。

＜文＞　あ．種子の色が黄色に変化し始めます。

い．葉が黄葉し始めます。

う．種子が落ち始めます。

え．黄色の葉が落ち始めます。

ア．あ→う→い→え

イ．い→え→あ→う

ウ．え→い→あ→う

エ．あ→い→う→え

(5)　Ｂさんは冬の間のブナはどのようになっているか調べて，まとめることにしました。次の＜レポート＞について空らんに入る語句の組み合わせとして，もっとも正しいものを１つ選び，記号で答えなさい。

＜レポート＞

ブナは秋になると気温が下がるので根から水を吸う力が弱まってきます。

葉の(　あ　)を防ぐために，葉の付け根から葉をすべて落とし，冬芽をつけて冬に備えています。冬の間は１日の日のあたる時間が短くなり，葉をつけていても十分に太陽の光を得ることができないかもしれません。また，雪が葉の上に積もると，雪の重みで枝が折れてしまうこともあります。冬は葉での光合成はなくなりますが，(　い　)は続けているため，二酸化炭素を(　う　)しています。よって，冬に大気の二酸化炭素の濃度は(　え　)なります。

ブナは，春になるとまた葉を作らなければならないため，落葉しない植物よりも大変です。しかし，夏になると光が強くなり，光合成が進んで，二酸化炭素を(　お　)してくれるため，地球温暖化問題を考えると植物のはたらきは大切だと思います。

	あ	い	う	え	お
ア	蒸散	光合成	吸収	高く	吸収
イ	拡散	光合成	放出	低く	放出
ウ	拡散	呼吸	吸収	低く	放出
エ	蒸散	呼吸	放出	高く	吸収
オ	蒸散	光合成	吸収	高く	放出

2　試験管Ａ・Ｂ・Ｃ・Ｄ・Ｅ・Ｆには，それぞれ塩酸，砂糖水，食塩水，水酸化ナトリウム水よう液，石灰水，炭酸水のいずれかの水よう液が入っています。これらについて，次の＜実験１＞～＜実験５＞を行いました。下の問いに答えなさい。

＜実験１＞　６本の試験管それぞれにBTBよう液を加えたところ，ＡとＣは黄色，ＥとＦは青色，ＢとＤは緑色になった。

＜実験２＞　６本の試験管をそれぞれふってみると，Ｃの水よう液からはあわがたくさん出てきた。

＜実験３＞　６本の試験管それぞれにスチールウールを入れたところ，Ａからは気体がはげしく出てきた。

＜実験４＞　６本の試験管に入っている水よう液を，加熱して水分を蒸発させたところ，Ｄはだんだん茶色になって最後は黒いものが残った。ＢとＥとＦは白いものが残った。ＡとＣは何も残らなかった。

＜実験５＞　試験管Ｅにストローで息をふきこんだところ，白い沈《ちん》でんができた。

(1)　試験管Ｄには何が入っていたか，あてはまるものを１つ選び，記号で答えなさい。

ア．塩酸　　イ．砂糖水　　ウ．水酸化ナトリウム水よう液　　エ．石灰水

(2)　＜実験３＞で試験管Ａから出てきた気体の性質として，もっとも正しいものを１つ選び，記号で答えなさい。

ア．空気より重い。

イ．水にとけやすい。

ウ．火のついたマッチを近づけると，ポンと音がする。

エ．火のついた線香を近づけると，線香がはげしく燃える。

(3)　試験管Ｅに他の試験管の水よう液を加えたところ，＜実験５＞と同じ白い沈でんができました。このとき，加えた水よう液はどの試験管のものか，Ａ・Ｂ・Ｃ・Ｄ・Ｆからあてはまるものを１つ選び，記号で答えなさい。

(4)　試験管Ｂの水よう液は，他の２種類の試験管の水よう液を混ぜると作ることができました。混ぜるよう液はどの試験管とどの試験管のものか，Ａ・Ｃ・Ｄ・Ｅ・Ｆからあてはまるものを２つ選び，記号で答えなさい。

3　星座や天体について，次の問いに答えなさい。

(1)　次の文は北極星の探し方についての説明です。次の文章中の(　)にあてはまる星座名は何か，答えなさい。

アルファベットＷの形をした(　　)座が北の空に見える。このＷの両端《りょうたん》２つずつの星をつ

ないだラインをそれぞれ伸《の》ばし，その交点とWの真ん中にある星とのきょりを約５倍にする。

(2)　北極星についての説明として，もっとも正しいものを１つ選び，記号で答えなさい。

ア．同じ日に観察する北極星は，同一経度上であればどの緯度で観察しても北極星の高度は変わらない。

イ．北極星を観察した日から半年後に同じ時間，同じ場所で観察したとき，北極星の位置はほぼ変わらない。

ウ．北極星はおおぐま座をつくっている星の一部である。

エ．北極星は１等星の星である。

(3)　図３は星座早見盤《はやみばん》の模式図です。次の文章中の(　)に入る内容として，もっとも正しいものを１つ選び，記号で答えなさい。

ただし，日本で観測するものとします。

星座早見盤を使って星座の観察をするときは，早見盤を回し観察したい月日と時刻の目盛りを合わせる。次に観察したい方向を向き，早見盤の方位を合わせる。例えば，東の空を観察したい場合は(　　　　)ようにする。

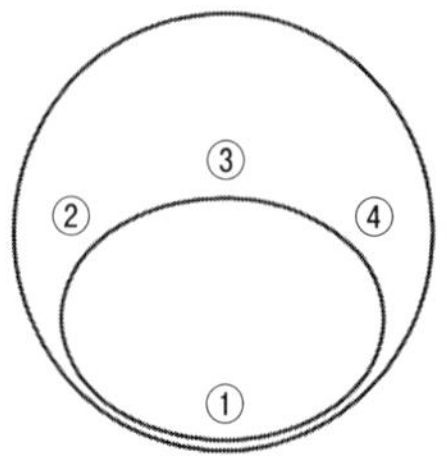

図３

ア．①の位置を手前側に持つ

イ．②の位置を手前側に持つ

ウ．③の位置を手前側に持つ

エ．④の位置を手前側に持つ

(4)　次の文は夏の大三角についての説明です。次の文章中の(①)と(②)にあてはまる星座名は何か，それぞれ答えなさい。

夏の大三角は(　①　)座のベガとわし座のアルタイルと(　②　)座のデネブを結んでできる大三角のことである。

(5)　次の文は流星についての説明です。次の文章中の(　)に入る内容として，もっとも正しいものを１つ選び，記号で答えなさい。

日本における三大流星群はしぶんぎ座流星群，ペルセウス座流星群，ふたご座流星群である。三大流星群をもとにする流星は(　　　　)で観察できる。

ア．自ら光り輝く星が地球に向かって飛んできていること

イ．宇宙にただようちりが，地球の大気にぶつかること

ウ．自ら光り輝く星が爆発したこと

エ．人工衛星などが太陽の光を反射したこと

4　図４のように，軽くてじょうぶな長さ50cmの細い鉄の棒に，５cm毎に目印(あ，い，う，…，さ)をつけました。この棒は，曲がったり折れたりしないものとし，重さは考えなくてよいものとします。また，30gの丸いおもりを２つ(おもり①・おもり②)と120gの丸いおもり(おもり③)を用意しました。次の問いに答えなさい。

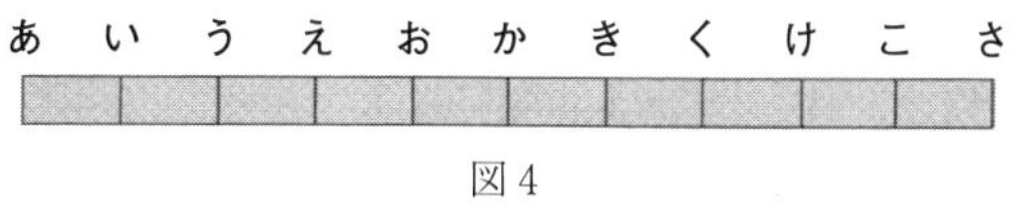

図４

(1)　目印「あ」の位置におもり①を，目印「き」の位置におもり②を取りつけて，水平にのばし

た人差し指の上に棒をのせます。のせた棒がかたむかずに水平につりあうようにするためには，どの目印の位置に人差し指をあてればよいか，もっとも正しいものを図４の「あ」～「さ」から１つ選び，記号で答えなさい。

(2) 目印「あ」の位置におもり①を，目印「さ」の位置におもり③を取りつけて，水平にのばした人差し指の上に棒をのせます。のせた棒がかたむかずに水平につりあうようにするためには，どの目印の位置に人差し指をあてればよいか，もっとも正しいものを図４の「あ」～「さ」から１つ選び，記号で答えなさい。

(3) (2)のときに，人差し指にかかる重さは何ｇか，答えなさい。

(4) 目印「あ」におもり①を，目印「く」におもり③を取りつけて，目印「か」の位置で水平にのばした人差し指の上に棒をのせます。棒がかたむかずに水平につりあうようにするためには，おもり②をどの目印の位置に取りつけるとよいか，もっとも正しいものを図４の「あ」～「さ」から１つ選び，記号で答えなさい。

(5) 図５のように，棒の両端を同じ台はかりで支えました。ここで，目印「お」の位置におもり③を取りつけたところ，台はかりＡ，台はかりＢの針がそれぞれふれました。このとき，台はかりＡが示す重さは何ｇか，答えなさい。

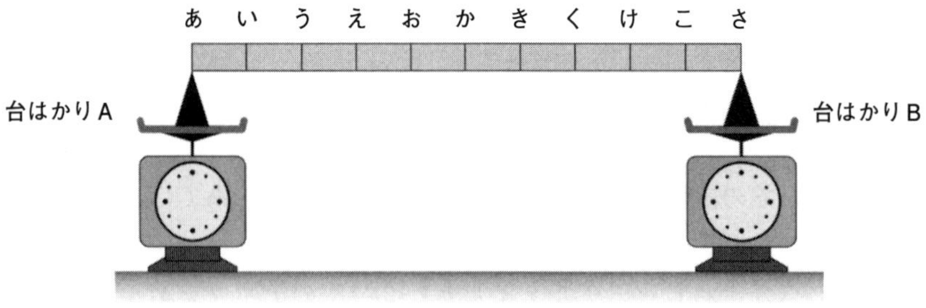

図５

(6) (5)の状態で，さらに目印「こ」の位置におもり①を取りつけたところ，台はかりＡ，台はかりＢの針がそれぞれふれました。このとき，台はかりＡが示す重さは何ｇか，答えなさい。

ウ．歴史的な使命を持つ、ひとつのアイデアとしての建築である。
エ．大災害から逃れる避難用住宅としては最も有用な建築である。
オ．設計料を様々に工夫することで、初めて成立する建築である。

問７　――線部８「もっと大きな人類のニーズ」とは何ですか。

ア．従来の建築という枠組みを越えて自由に発想すること。
イ．後世の歴史に残り、賞賛されるような建築を志すこと。
ウ．旅をしながら仕事ができる生活を可能にする家のこと。
エ．都会を離れ、「小さなハコ」とともに自給自足していくこと。
オ．地方都市で快適に生活することができる新しい技術のこと。

問８　筆者によれば、コロナ以前と以後の建築はどのようなものですか。それぞれ答えなさい。

※**リスボン**…ポルトガルの首都。
※**ムーブメント**…社会的運動。
※**前衛**…時代に先がけているさま。
※**幾何学**…自然では作られない人工的な形を用いた数学やその考え方をさす。
※**「カサ・アンブレラ」**…傘を15個、ジッパーでつなぎあわせて作る傘の家。
※**ニーズ**…必要。要求。

問１　――線部１「20世紀までの建築の流れ」を述べたものとして正しいものはどれですか。

ア．14世紀のヨーロッパを襲ったペストの流行は、狭くて不潔な中世の道や街に原因を求め、広い道と、清潔感のある建築を作ることが社会の目標とされた。
イ．18世紀のリスボンを襲った大地震や大津波によって古い街並みが燃え尽き、ゴチャゴチャしていない、見晴らしや外見のよい建築を求めるようになった。
ウ．疫病や大きな災害などをきっかけとして、一群の前衛的建築家が大きな箱型建築の絵を描いていたことに注目が集まって、近代建築が形成されていった。
エ．19世紀のシカゴの大火がアメリカ中を恐怖に陥れている間に、ヨーロッパの建築技術が一気にアメリカを追い抜き、20世紀の超高層建築へとつながった。
オ．19世紀のシカゴの大火によって、レンガと木造の小さな建築群が焼失するとともに、コンクリートと鉄からできた丈夫で強い建築を作る流れが生まれた。

問２　――線部２「『大きなハコ』は安全のためだけに必要とされたわけではありません」とありますが、これ以外の理由は何ですか。解答らんに続く言葉を、本文中より七字で抜き出しなさい。

問３　[3]・[4]にあてはまる語句の組み合わせとして正しいものはどれですか。

ア．[3] 肉体的　[4] 精神的
イ．[3] 強制的　[4] 自発的
ウ．[3] 積極的　[4] 消極的
エ．[3] 空間的　[4] 時間的
オ．[3] 個人的　[4] 集団的

問４　――線部５「狭い箱」の例としてあてはまるものはどれですか。

ア．トラック　イ．電車　ウ．自転車
エ．自家用車　オ．オートバイ

問５　――線部６「人類の怠慢」とはどのようなことですか。

ア．深く考えず、とりあえず「大きなハコ」に入れれば人間は幸せになると考えてきたこと。
イ．社会のＩＴ化によって、ストレスの少ない状態を維持《いじ》しながら仕事をし続けてきたこと。
ウ．ストレスをいかに減らすかということばかり考えすぎて、効率化をおろそかにしたこと。
エ．コロナという疫病に直面しても、都市部で高層化を進め、大都市への集中を進めたこと。
オ．建築を志す人間に対し、新たな建築を模索《さく》して試みるチャンスを与えてこなかったこと。

問６　――線部７「カサ・アンブレラ」を筆者はどのように評価していますか。

ア．自分達で組み立てられない、専門性を必要とする建築である。
イ．大都市に暮らしているからこそ組み立てたくなる建築である。

ストレスを抱《かか》えて生きていることは、すでに知られていました。「大きなハコ」は［3］に人間を管理していただけではなく、朝9時からの8時間労働といった形で、［4］にも人間を管理していたのです。通勤や通学でも、人間は効率的輸送のために、5狭い箱に押し込まれていたのです。

20世紀末からの社会のＩＴ化によって、何が効率的かという基準も、すでに劇的に変わっていました。「大きなハコ」に詰め込まれなくても、十分に効率的に、そしてストレスの少ない状態で仕事ができる技術を、すでに人間は手に入れていたのです。「大きなハコ」はもはや少しも効率的ではなかったのです。

しかし、「大きなハコ」へと向かう慣性力に流されるままに、人類は「大きなハコ」を作り続けて、都市はいよいよ高層化が進み、大都市への集中はますます進んでいたのです。

その6人類の怠慢《たいまん》に対する警告が、コロナという疫病であったように、僕は感じています。未来の建築は、逆の方向に向かわなければなりません。「大きなハコ」へと向かう流れを反転させ、大都市へと集中する流れを反転させなければいけないのです。われわれは、そして君達は、ちょうど、そのような特別な時代、特別な折り返し地点に立っているのです。それは、建築を志す人間にとっては大きなチャンスだと僕は思います。

コロナを体験した後の建築の課題は、「大きなハコ」をどう解体するかです。「大きなハコ」は、コンクリート、鉄という固く、重い素材によって可能になりました。逆に、コロナの後には木、布、紙といったやわらかくて軽い自然素材によって、自然の中に溶《と》け込んでいくような建築を作ることがテーマになります。人間を自然から遠ざけ、人間にストレスを与え続けていたコンクリート、鉄の建築から、自然と一体化するやわらかな建築へと向かわなければなりません。

※「7カサ・アンブレラ」は、そんな時代の建築を探《さぐ》る試みだと言ってもいいでしょう。

コロナ以前の反自然の時代の建築は、プロの建設会社（ゼネコン）が頼みでした。プロが作ったものを、われわれは、高額で買わされるか、高額の家賃を払《はら》って使わせてもらうような選択しかありませんでした。しかし、「カサ・アンブレラ」は、自分達で組み立てられる建築です。民主的建築、草の根建築と言ってもいいでしょう。自分達の生活を、自分達でデザインし、そのための器《うつわ》を自分達で作ることができるのです。大都市に暮らしていては、そんな自由はなかなか手にはいりません。ならば都市を出ていけばいいのです。今のＩＴ技術を使えば、離れていても仕事ができるし、離れていても人とつながれます。どうしても、人と直接触《ふ》れあいたくなったならば、旅をして会いにいけばいいのです。

そういう新しい生活を可能にする家のためのひとつのアイデアが、「カサ・アンブレラ」です。それは大災害から逃れるための避難《ひなん》用住宅であると同時に、8もっと大きな人類の※ニーズにつながった、もっと大きな歴史的な射程、使命を持つプロジェクトなのです。だから、設計料とか事務所の経営と関係なく、引き受けて全力で取り組もうとしたわけです。そして、その白い膜《まく》でできた空間は、とても開放的で、とても気持ちのよいものでした。

コロナの後を生きるみなさんは、もはや別の時代を生き始めています。従来の建築という枠《わく》組みを超えて、もっと自由に考えていいのです。自由に考えなければいけないのです。

（隈　研吾『建築家になりたい君へ』より）

※**ペスト**…ペスト菌の感染によって起こる急性の感染症。

※**ルネサンス**…14世紀～16世紀、イタリアを中心に全ヨーロッパに広まった学問・芸術・文化上の革新運動。

ウ　胸をかきむしられる
エ　胸をうつ
オ　胸がおどる

問9　――線部9「川村はわかってくれたようだった」とありますが、川村は何をわかったのですか。解答らんに続くように答えなさい。

問10　――線部10「じっとして、ぼくはしばらく立ち続けていた」とありますが、このときの「ぼく」の心情はどのようなものですか。

ア　度を越《こ》して川村の将来を心配してしまい、思いつくままにしゃべり続けてしまった自分を憎《にく》たらしく思う気持ち。
イ　川村の転校はさびしいものだが、彼女がいなくなってもいつもと変わらない生活をしていこうと決心する気持ち。
ウ　川村の今後の人生を応援しつつも、彼女の急な転校の話にやはりぼう然としてしまう、やり場のない気持ち。
エ　川村が人に頼ってもいいということを納得して、最後に初めて他人に弱さを見せたことに驚いている気持ち。
オ　いちどだけふりむいた川村から新しい環境に臨む覚悟《かくご》を感じ取るとともに、自らの情けなさを感じる気持ち。

三　次の文章を読んで、後の問いに答えなさい。

1 20世紀までの建築の流れを一言でまとめれば、「大きなハコ」への流れということになると、僕《ぼく》は考えています。効率的に生活することのできる「ハコ」に人間を詰《つ》め込むことが、人間を幸せにすることだと信じ込み、その「ハコ」をどんどん大きくしていったのが、建築の歴史であり、人類の歴史であったのです。

そのプロセスには疫病《えきびょう》も大きな影響を与えました。14世紀のヨーロッパを襲《おそ》った※ペストの流行は、狭《せま》くて不潔な中世の道、中世の街が原因のひとつであると考えられ、疫病への恐怖《きょうふ》が、広い道と、大きな箱型建築を特徴《とくちょう》とする、※ルネサンス都市を生みました。

疫病や大きな災害などのカタストロフ（大変動）をきっかけにして、「大きなハコ」への流れは加速していきました。１７５５年に※リスボンを襲った大地震、大津波は、3万人とも言われる死者を出し、リスボンの古い街は燃え尽《つ》きてしまいました。当時のリスボンに代表される、ゴチャゴチャとした街並みに代わる、新しい建築を求める※ムーブメントが加速し、ヴィジオネール（夢想家）と呼ばれた一群の※前《ぜん》衛《えい》的建築家が、純粋《じゅんすい》※幾何《きか》学の支配する大きな箱型建築の絵を描《か》き始めました。ヨーロッパの近代建築のきっかけは、リスボン地震にあったとも言われます。

レンガと木造の小さな建築群が、一気に焼失してしまった１８７１年のシカゴの大火も、アメリカ中を恐怖に陥《おとしい》れただけではなく、建築の歴史にも、大きな影響を与えました。コンクリートと鉄で、丈夫《じょうぶ》で強い建築を作ることが社会の目標とされ、アメリカの建築技術は一気にヨーロッパを逆転し、その後の20世紀の超《ちょう》高層建築へとつながるような、新しい大型建築の流れが生まれたわけです。

2「大きなハコ」は安全のためだけに必要とされたわけではありません。「大きなハコ」に人間を詰め込むことで、効率を追究するというのが、産業革命以降の工業化社会の大原則でした。大工場ほど効率的でしたし、大オフィスほど効率的だというのは、工業化社会では真実でした。だから、中小の工場は消え、世界は大工場で埋《う》め尽くされるようになり、世界の都市は超高層ビルの大オフィスで埋め尽くされていったのです。

しかし、「大きなハコ」は本当に人間を幸せにしたのでしょうか。そして、本当に効率的と言えるのでしょうか。そういう難問を僕ら全員ののどもとに突《つ》き付けたのが、新型コロナウイルスという疫病でした。「大きなハコ」に詰め込まれて働かされる人々は、非常に大きな

こと。

オ．台風に備えて日ごろから稲をしっかり植えていたのかということ。

問２　――線部２「かあさんは強気に笑い飛ばし、注意深く、田んぼを見てまわった」とありますが、このときの「かあさん」の心情はどのようなものですか。

ア．経験から、この程度なら問題ないと、事態を軽く捉《とら》えようとする気持ち。

イ．絶望して、もうどうしようもないことを息子《むすこ》に悟《さと》られまいという気持ち。

ウ．不安はあるが、異変を一つも見逃《のが》さずに冷静に対処しようとする気持ち。

エ．自らの仕事ぶりに自信があり、息子にも認めてもらいたいという気持ち。

オ．自分にできることは何もないと感じて、稲の力を信じようという気持ち。

問３　――線部３「すぐにのみこんだ」とはどういうことですか。

ア．かあさんに感心し言葉が出ないということ。

イ．かあさんに反論するのをやめたということ。

ウ．かあさんの迫《はく》力に言葉を失ったということ。

エ．かあさんの見とおしを理解したということ。

オ．かあさんの指示でわれに返ったということ。

問４　――線部４「土嚢をつくり続けた」のは何のためですか。解答らんの□にあてはまる内容を、十五字以内で答えなさい。

土嚢を高く積み、□ため。

問５　――線部５「気持ちは高ぶり、ほこらしかった」とありますが、何に対してこのように思っているのですか。

ア．はじめて両親に褒《ほ》めてもらえたこと。

イ．自分たちの努力によって稲を守れたこと。

ウ．二人が力を合わせたことで成功したこと。

エ．稲は負けないということを実感できたこと。

オ．努力は裏切らないことを証明できたこと。

問６　――線部６「あまりおどろいたようすもなく」とありますが、それはなぜですか。

ア．ぼくが来るのではないかとどこかで予想していたから。

イ．引っこしのあいさつにぼく以外の人も訪れていたから。

ウ．古いアパートへのお客さんはそれほど珍《めずら》しくないから。

エ．許可なくのぞきこむぼくの無礼さには慣れていたから。

オ．子ども同士の部屋のノックはあってないようなものだから。

問７　――線部７「ぼくはどなりつけた」とありますが、それはなぜですか。

ア．川村が自分の父親の苦労や心情をくみとらずに、どこか軽べつするような発言をしたことに腹が立ったから。

イ．何でも言い合える仲だと思っていたのに、自分のことをうまくだまそうとした川村と父親に腹が立ったから。

ウ．自分は真剣《しんけん》に川村の今後のことを考えているのに、川村が気にもとめずのんきでいることに腹が立ったから。

エ．川村が夕飯に来るのをみんなでずっと待っていたのに、悪びれる様子《ようす》もなく家にいた川村に腹が立ったから。

オ．今まで何も聞かされていなかったことや、引っこしをまるでかんたんなことのように話す川村に腹が立ったから。

問８　[8]にあてはまる、「胸」を用いた慣用表現はどれですか。

ア．胸が高鳴る

イ．胸をなでおろす

かと思うと、いたいたしくて[8]ようだった。

　川村は、ぼくの視線を追いかけて、気を取り直したようにいう。

「引っこしっていっても、なんにもないんだよね。この部屋は、販売店が借りてるし、テレビや食器だなも、はじめから置いてあったしさ」

「そんなの、どうってことないよ。なくてもこまらないだろ」

「あたしだって、こんな暮らしはいやだけど、親は親だし、おとうさんもだいじなんだよね。施設《しせつ》に入れっていう先生もいたけど、おとうさんと別れたら、おかあさんのこと、話せる人がいなくなっちゃうしさ。転校だって慣れてるから、あたしのことは心配しなくてもいいよ」

「心配なんかしてないよ。川村は、おれよりずっと強いしさ。どこへいってもだいじょうぶだよ」

　ぼくは、だまっていられなくて、思いつくまましゃべり続けた。

「おまえは知らないだろうけどさ。田んぼの草は、取っても取っても、またはえてくるんだよ。クマゼミだってそうだろ。どんどん居場所を広げて、かってにのさばってるもの。人間だっておなじだよ。みんな、必死で生きてるし、気軽に心配なんかされたら腹立つだけだしな。だから、おまえもがんばれよ。なにがあっても負けるなよ」

　いいながら、自分でも、めちゃくちゃな理屈《くつ》だと思ったが、9川村はわかってくれたようだった。返事の代わりに笑顔をうかべ、入り口の、柱のクギにほうきをかける。

　それから、土間でスニーカーをはき、重そうにバッグを持ちあげた。表に出てきて、ドアをしめ、ポケットからだしたカギをかける。カギは、ドアについている郵便受けの中へ落とし、最後に、ぼくとむきあった。

「じゃ、いくから。短いあいだだったけど、土田くんと会えてよかったよ」

「カサ、どうすんだよ。また、すぐにふりだすぞ」

「そうか。さっきさしてたカサは、おとうさんが持ってっちゃったしね。折りたたみのがあったけど、それも荷物にいれちゃった」

「台風はこれからくるんだぞ。いいから、これを持ってけよ」

　ぼくは自分のカサをさしだし、無理やりおしつけた。

「ありがとう……あたしね。世の中には、たよってもいい人がいるってわかったし、これからは、ちゃんと勉強するよ。おとなになったら、土田くんのおかあさんみたいな人になりたいから」

　そういって、歩きだした川村は、いちどだけこっちをふりむいた。ぼくが小さく手をふると、コクッとうなずき、また歩きだす。うしろ姿がブロックべいのむこうへ消えても、10じっとして、ぼくはしばらく立ち続けていた。

（浅野　竜『シャンシャン、夏だより』による）

※畦道…水田と水田との間に土を盛り上げてつくった農作業用の細い道。

※畔…水田と水田との間に土を盛り上げて境としたもの。

※造成地…土を盛ったり、うめ立てたりして、住宅を建設できる状態にした土地。

問1　――線部1「目つきでたずねた」とありますが、「目つき」でどういうことを「たずね」ようとしたのですか。

ア．台風の雨水につかり、稲がだめになっているのではないかということ。

イ．ぼくたちはこの台風の中でも安全に作業ができるのかということ。

ウ．かあさんがぼくの手助けを必要としているのかどうかということ。

エ．台風のせいで家族の仕事が失われることにならないかといういので、なるほどメスにちがいない。

「ほんとだ。メスは鳴かないもんな。だったら別に、もう一ぴきいたわけか」

「それはいいけどさ、野歩人。心配だから、よびにいってきなよ」

かあさんにさいそくされて、ぼくは立ちあがった。

セミを届けるだけの用事なら、あしたでもまにあう。台風の中、わざわざきてくれたというのは、考えてみればおかしく、不安になってきた。

ひととき、雨はふりやんで、空は変に明るかった。

夜にかけ、台風は関東地方を通過していくらしく、すごい速さで雲が動いている。

カサを持ち、ぼくは道を急いだ。道路には、大小の水たまりがいくつもできている。それをよけたり、とびこえたりするうちに、川村のアパートが見えてきた。

部屋のドアは開いていて、のぞくと、中に川村がいた。

見なれたワンピースに着がえ、ほうきでたたみをはいている。

「どうしたんだよ、川村。みんな、待ってるぞ」

形ばかりのノックをして、ぼくは声をかけた。

川村は、6あまりおどろいたようすもなく、手をとめて、ニコッと笑った。

「あたしさあ、また、引っこすことになっちゃった。急だけどね。おとうさん、ここの仕事がいやになったらしく、先に出ていっちゃったんだよ」

「なんだよ。なにかあったのか」

「そうじゃなくて、いつものこと。きのう、今月分の給料もらったしさ。いづらくなるとやめて、ほかの新聞販《はん》売店へ移るんだよ。これで五回めぐらいかな」

「先に出たって、どういうことだよ。川村もついてくのか」

「そうだよ。駅で待ちあわせてるからさ。学校へは、あとから電話して、転校の書類を送ってもらうんだよ」

「やめろよな！　そんなこと、かんたんにきめるなよっ」

きいているうちに腹が立ち、7ぼくはどなりつけた。

たいへんすぎて、ぼくなら死にたくなりそうなことを、川村は、あたりまえのように話している。急すぎるのもくやしくて、裏切られたような気持ちになった。

だけど、もちろん、川村が平気なはずはなかった。

ビクッとして、表情をくもらせると、あとはだまって歯を食いしばる。

「ほかにどうしようもないのかよ。うちの親でよけりゃ、相談してみろよ」

「うん……そう思ったんだけどね。また、めいわくかけちゃ悪いしさ」

「めいわくってなんだよ。うちだって、さっき手伝ってもらったし、クマゼミもみつけてくれただろ。そんなの、おたがいさまじゃないか」

「わかってる。みんな、いい人たちだよね。うちの親とは大ちがいだよ」

「だったら、おまえがなんとかしろよ。たった半年で、転校なんかするな」

いいながら、ぼくは泣きたくなってきた。

部屋の中はガランとしていて、ほとんど家具も見あたらなかった。

部屋の入り口に、大きいスポーツバッグが置いてあり、それが川村の荷物らしい。いままでも、こうしてひとりで、したくをしてきたの

ちない。

　重い土嚢を運ぶのも、きつい作業で、すぐに腰がいたくなってきた。

　雨はしだいに小ぶりになってきた。それでも風はおさまらず、田んぼでは、稲が波打ちたたかっている。それを見るとはげまされ、ぼくたちも負けずにがんばった。

　土嚢が高くなるにつれ、雨水は流れる方向を変えた。

だいたい土手ができあがったとき、とうさんがかけつけ、仕上げをした。このあと、ふたたび大雨になっても、それで安心できるようになり、作業はようやく終わりになった。

「よくやったな、みんな。ご苦労さん」

「ちとせちゃんも、ありがとうね。いてくれて、すごく助かったよ」

とうさんとかあさんは、口ぐちにいい、ふたりそろって頭をさげた。

　ぼくたち子どもは顔を見あわせ、満足の笑顔をうかべた。この場でたおれこんでしまいたいほどつかれたが、5気持ちは高ぶり、ほこらしかった。

　それから、急いで家にもどり、どろだらけの体でげんかんへかけこむ。

　かあさんは、ろうかを走っていきながら、川村をふりむき、手招きした。

「すぐに風呂《ふろ》をわかすからね。とりあえず、シャワーでよごれを落としなよ。ちとせちゃんが最初だよ」

「あたし、帰ります。だまって出てきちゃったし、おとうさんが心配するから」

「うちから電話したらいい。そのほうが早いよ」

「そうだけど、着がえも持ってきてないし、やっぱり、いちど帰らないと」

「そうだねえ。だったら、すぐにもどってくるんだよ。日曜で夕刊は休みだろ。夕飯はうちでつくるから、おとうさんもいっしょに食べてって」

　川村はすなおにうなずいて、小走りに外へ出ていった。

　ぼくたち家族は、順番に、風呂場へいって体を洗った。

　そのうちに風呂がわくと、お湯につかってあたたまる。

　居間でくつろぎ、お茶を飲み、夕飯のしたくもできたのに、川村はもどってこなかった。アパートに電話したかあさんは、だれも出ないといって、ぼくたちをふりむく。

「どうしたのかねえ。おとうさんのけがは、治ってきてるってきいたけど」

「そういえば、さっき、うちへきたときから元気がなかったよ。これを、ノブにわたしたかったみたい」

　明穂は思いだしたようにいい、テレビ台の上から、小箱を持ってきた。

　ぼくは受け取り、ふたを開けてみた。

　箱はせっけんの空き箱で、中にはティッシュをつめてある。ティッシュにくるんであったのは、死んでカサカサになった、クマゼミの成虫だった。

「うわ、すげえ！　あいつ、どこでみつけたのかな」

「二丁目にあるナシ畑の、鳥よけのアミに引っかかってたんだって。それはメスのセミだから、鳴いてたセミとは、ちがうんじゃないかっていってた」

　いわれて、ぼくはセミの腹を見た。

　セミのうしろ足のつけ根には、左右に分かれた、板のようなものがついている。

　腹弁《ふくべん》といわれるこの板が、クマゼミのオスは大きく、あざやかなオレンジ色をしている。川村が拾ったセミの腹弁は、黒いし、形も小さっしょうけんめいなんだよ」

そんな話をしながら、谷間の中ほどまできたとき、急に、かあさんの顔色が変わった。

視線をたどり、前方を見ると、農道を横切るようにして茶色の川ができている。

そこは、セミが脱皮《だっぴ》していた場所で、上の※造成地にふった雨は、立ち木が切られたあとの地面をけずり、傾斜《けいしゃ》地を流れ落ちていた。

農道と田んぼのあいだには、セメントづくりのせまい水路がある。土砂《どしゃ》まじりの茶色い水は、水量も多く、流れ落ちて勢いがついていた。水路だけではさばききれなくて、大量に田んぼへ流れこんでいる。

「たいへんだ！　田んぼが、土砂でうまっちゃうよ」

かあさんはそばへかけつけ、傾斜地を見あげた。

ためらわず、斜面をのぼるうしろ姿を見て、ぼくも、あとからついていった。

造成地は広く、そこにふった雨水は、大部分がこっちへむかっていた。

見まわしたところ、地面がけずられたのはこの一か所だけで、ほかの斜面は、立ち木がふせいでくれている。

「見てごらん、野歩人。造成地はほとんど平らだから、ここに土嚢《どのう》を積みさえすれば、雨水はむこうへ流れてくだろ。うちへいって、明穂をよんできな」

土嚢というのは、じょうぶなふくろに土をつめたもので、畔を補強するときにも使っている。かあさんの見とおしは確かで、ぼくも、**3**すぐにのみこんだ。

「わかった。ついでに、道具も持ってくるから」

さしていたカサをほうりだし、ぼくはかけだした。

必死で走っているあいだも、雨はふりやむ気配を見せない。やっと家にたどり着き、げんかんへかけこんだときには、下着までびしょぬれになっていた。

「おねえちゃん、早くきてっ」

長靴もぬがずに、大声をあげると、明穂はすぐに飛んできた。

いつきたのか、川村が家にあがっていて、そのうしろから顔をだす。

ぼくは意外に思ったが、そんなことを気にしているひまはなかった。

「どうしたの、ノブ。さっきから、ちとせちゃんが待ってたんだよ。なにか話があるんだって」

「あと、あと！　下の田んぼがたいへんなんだよ」

ぼくは急いで事情を話し、また外へとびだした。

作業場の中には、ビニールひもで編んだ、土嚢用のふくろをしまってある。

ぼくは両手で持てるだけかかえ、家から出てきた明穂にさけんだ。

「ふくろはもっといるからさ。できるだけ持ってきて。スコップもなきゃだめだよな。そっちはおれが運ぶから、悪いけど、川村も手伝ってくれないか」

すぐにうなずいた川村は、明穂といっしょにふくろを持ちだした。

スコップをかついで作業場を出るとき、ぼくは、チラッと川村を見た。きびしい表情の川村は、こっちをふりむくこともなく、明穂について表へとびだしていった。

それから、およそ二時間。

ぼくたちは、四人で**4**土嚢をつくり続けた。

スコップで造成地の土を取り、ふくろにつめて、口についているひもを固く結ぶ。できあがったそばから積み重ね、傾斜地の手前に土手を築いた。

ぬれた土はスコップにへばりつき、ふくろにつめようとしても、落

問７　次の文を①・②の指示のとおりに「そうだ」を使って書き直しなさい。

桜が散る。

①　人から「桜が散る」ということを聞いたことがわかるように直す。

②　今にも「桜が散る」という状態がわかるように直す。

問８　「おくの□道」は日本の文学作品の題名である。後の問いに答えなさい。

①　□にあてはまるひらがな二字を書きなさい。

②　作者はだれですか。

ア　鴨長明《かものちょうめい》　　イ　紫式部《むらさきしきぶ》

ウ　清少納言《せいしょうなごん》　　エ　吉田兼好《よしだけんこう》

オ　松尾芭蕉《まつおばしょう》

二　次の文章を読んで、後の問いに答えなさい。

ぼく（土田野歩人《のぶと》）は、千葉県に住む小学六年生です。半年前に転校してきた川村ちとせはクラスメイトです。この町では見かけないクマゼミを見つけたことをきっかけに、二人は仲良くなってきました。

夏休みも、いよいよおしつまってきた日曜日。

ぼくの町には台風が近づいてきた。

朝から強い風がふきあれ、天気予報によると、夜にかけて大雨になるという。

台風がくると、風で稲がたおれたり、水があふれ、※畦道《あぜみち》がくずれてしまうこともある。

昼すぎになって、とうさんは、ようすを見るため、遠くの田んぼへむかった。

かあさんは、谷間の田んぼの見まわりに、ひとりででかけようとした。

雨ガッパを着て、長靴《ながぐつ》をはき、げんかんのドアを開けたとたん、ふきこんできた風にあおられる。思わず、立ちすくむようすを目にすると、心配になり、ぼくもいっしょについていくことにした。

雑木林の中の小道は、雨水で川のようになり、すべって歩きにくかった。

田んぼへ出ると、さえぎるものがなくなって、風雨はいっそう激しくふきつけてきた。

稲は車のワイパーのようにゆれ、早くもたおれている場所がある。

田んぼの中には雨水がたまり、かなりの深さになっていた。

不安になったぼくは、かあさんをふりむき、1目つきでたずねた。

「だいじょうぶだよ。これでだめになるような、やわな仕事はしてないから。台風がすぎて、三日もすれば、自力で起きあがってくるよ」

2かあさんは強気に笑い飛ばし、注意深く、田んぼを見てまわった。

田んぼには、一枚ごとに、水の取り入れ口と排《はい》水口がついている。

両方とも、※畔《あぜ》に太いビニールパイプをうめこみ、となりの田んぼや水路とつながるようにしてあった。

かあさんは、水路に面したパイプを畔からはずし、水が入らないようにした。

反対に、排水口の木のふたは、全部を開けてまわった。ついでにゴミも取りのぞき、水があふれないようにする。

「少しぐらい水につかっても、稲は負けないよ。完全にしずむと、呼吸ができなくなって、枯れちゃうこともあるけどね。それだって、半日ぐらいのことなら持ち直すし、ちゃんと籾《もみ》を実らせたくて、稲もい

2023年度 日本大学第二中学校

【国　語】〈第一回試験〉（五〇分）〈満点：一〇〇点〉

注意　選択肢《せんたくし》がある場合は、指示がないかぎり最もふさわしいものを記号で答えなさい。また、抜《ぬ》き出して答える場合は、句読点・記号も字数に含《ふく》みます。

一　**次のそれぞれの問いに答えなさい。**

問１　次の――線部の漢字の読みをひらがなで書きなさい。

①　勇気を**奮**う。

②　委員に名を**連**ねる。

③　かれは**元来**、正直な人だ。

④　母が恐ろしい**形相**をしている。

問２　次の――線部のカタカナを漢字に直しなさい。

①　郷里に**アンジュウ**する。

②　会社の**ギョウセキ**が伸びる。

③　作品の**テンラン**会。

④　ストレスを**ハッサン**する。

問３　次の言葉の意味を、後の【語群】からそれぞれ選びなさい。

①　あたかも

②　にわかに

【語群】

ア．ほんの少し　イ．まるで

ウ．前もって　エ．急に

オ．はっきりと

問４　次の四字熟語が後の意味になるように、□にあてはまる語を漢字で書きなさい。

①　朝□暮□

…目先の違《ちが》いにこだわり本質を見失うこと。うまい言葉で人をだますこと。

②　□□周到《とう》

…少しも手抜《ぬ》かりのないこと。

問５　次の慣用句の□にあてはまる語を、後の【語群】からそれぞれ選びなさい。

①　□で風を切る

②　□がすわる

【語群】

ア．腹　イ．手　ウ．肩

エ．顔　オ．口

問６　次のことわざの意味として、正しくないものはどれですか。

ア．渡りに船

…何かをしようとしたときに、都合のよいことがうまい具合に起こること

イ．紺屋《こうや》の白袴《しろばかま》

…他人のためにすることがいそがしくて、自分のことをする時間がないこと

ウ．きじも鳴かずばうたれまい

…無用な発言をしなければ、わざわいを招かずにすむこと

エ．恩をあだで返す

…人に親切にすれば、よい報《むく》いがあること

オ．備えあれば憂《うれ》いなし

…ふだんから十分に準備をしておけば、いざというときも心配がないこと

2023年度

日本大学第二中学校　▶解説と解答

算　数　＜第１回試験＞（50分）＜満点：100点＞

解　答

［1］ (1) $3\frac{1}{3}$　(2) $\frac{2}{3}$　(3) $\frac{1}{2}$　(4) 12　(5) 11　［2］ (1) 640km　(2) 分速42m　(3) 8個　(4) 157cm^2　(5) 92cm^3　［3］ (1) 8cm　(2) 464cm^2　［4］ (1) $1\frac{1}{3}$cm　(2) $\frac{1}{9}$倍　(3) $23\frac{1}{3}\text{cm}^2$　［5］ (1) 毎分2.5L　(2) 毎分27.5L　(3) 175L　［6］ (1) 8cm　(2) $5\frac{4}{5}$秒後

解　説

［1］ 四則計算，逆算，売買損益，約束記号

(1) $6.125\div(2.5-0.75)\div(3.25-2.2)=6.125\div1.75\div1.05=6\frac{1}{8}\div1\frac{3}{4}\div1\frac{1}{20}=\frac{49}{8}\div\frac{7}{4}\div\frac{21}{20}=\frac{49}{8}\times\frac{4}{7}\times\frac{20}{21}=\frac{10}{3}=3\frac{1}{3}$

(2) $2\frac{1}{2}\div\left\{\frac{3}{4}\times\left(3\frac{1}{5}+0.3\right)\div0.7\right\}=\frac{5}{2}\div\left\{\frac{3}{4}\times\left(3\frac{2}{10}+\frac{3}{10}\right)\div\frac{7}{10}\right\}=\frac{5}{2}\div\left(\frac{3}{4}\times3\frac{5}{10}\div\frac{7}{10}\right)=\frac{5}{2}\div\left(\frac{3}{4}\times3\frac{1}{2}\div\frac{7}{10}\right)=\frac{5}{2}\div\left(\frac{3}{4}\times\frac{7}{2}\times\frac{10}{7}\right)=\frac{5}{2}\div\frac{15}{4}=\frac{5}{2}\times\frac{4}{15}=\frac{2}{3}$

(3) $\frac{2}{3}+\frac{3}{7}-\frac{4}{21}\times\square=1$ より，$\frac{4}{21}\times\square=\frac{2}{3}+\frac{3}{7}-1=\frac{14}{21}+\frac{9}{21}-\frac{21}{21}=\frac{2}{21}$　よって，$\square=\frac{2}{21}\div\frac{4}{21}=\frac{2}{21}\times\frac{21}{4}=\frac{1}{2}$

(4) 500円を４割増しにすると，１＋0.4＝1.4(倍)になるから，500×1.4＝700(円)となる。さらに，700円を２割引きにすると，700円の，１－0.2＝0.8(倍)になるので，700×0.8＝560(円)となる。よって，利益は，560－500＝60(円)だから，原価の，60÷500×100＝12(％)とわかる。

(5) 23は素数だから，23＝23×１と表せる。ここで，12との差が１となる数は11か13で，12＊11＝(12＋11)×(12－11)＝23×１＝23，12＊13＝(13＋12)×(13－12)＝25×１＝25となるので，□は11とわかる。

［2］ 速さ，旅人算，和差算，つるかめ算，面積，体積

(1) ２時間40分＝$2\frac{40}{60}$時間＝$2\frac{2}{3}$時間だから，時速240kmの新幹線が２時間40分で進む距離《きょり》は，$240\times2\frac{2}{3}$＝640(km)となる。

(2) 兄と弟は同じ方向に進むと３分間で39mはなれるから，兄は弟よりも１分間に，39÷３＝13(m)多く進む。また，反対方向に進むと５分間で485mはなれるから，兄と弟は１分間に合わせて，485÷５＝97(m)進む。よって，兄と弟が，１分あたりに進む距離の関係は右上の図１のように表せるから，弟の分速は，(97－13)÷２＝42(m)と求められる。

図１

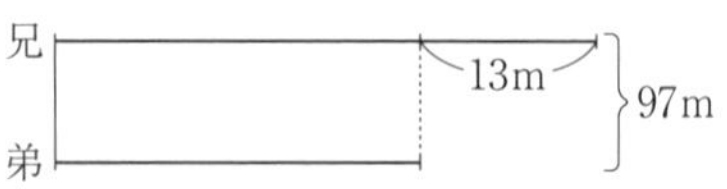

(3) 440円のケーキだけを10個買ったとすると，代金の合計は，440×10＝4400(円)となり，実際よ

りも，4400－3440＝960(円)多くなる。440円のケーキ１個を320円のケーキ１個と取りかえるごとに，代金の合計は，440－320＝120(円)ずつ少なくなるので，320円のケーキを，960÷120＝８(個)買ったことがわかる。

⑷　右の図２で，AB，BC，ACの長さは10cmで等しいから，三角形ABCは正三角形で，同様に，三角形ABD，BCE，ACFも正三角形である。ここで，色をつけた部分の一部を図２の矢印のように移動すると，色をつけた部分の面積は，３つのおうぎ形ABD，BCE，AFCの面積の和に等しいことがわかる。よって，これらのおうぎ形はすべて半径が10cm，中心角が60度だから，色をつけた部分の面積は，$10\times10\times3.14\times\frac{60}{360}\times3=157$(cm^2)と求められる。

図２

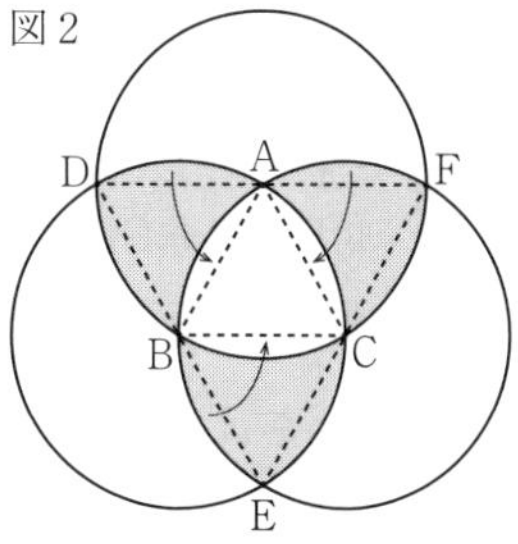

⑸　右の図３の立体は，直方体から１辺がそれぞれ１cm，２cm，３cm，４cmの立方体㋐～㋓をくり抜《ぬ》いた立体で，くり抜いた立方体㋐～㋓の体積の和は，$1\times1\times1+2\times2\times2+3\times3\times3+4\times4\times4=1+8+27+64=100$(cm^3)である。また，図３より，もとの直方体のたての長さは，$2+1+3=6$(cm)，横の長さは，$3+1+4=8$(cm)，高さは４cmだから，その体積は，$6\times8\times4=192$(cm^3)となる。したがって，残った立体の体積は，192－100＝92(cm^3)とわかる。

図３

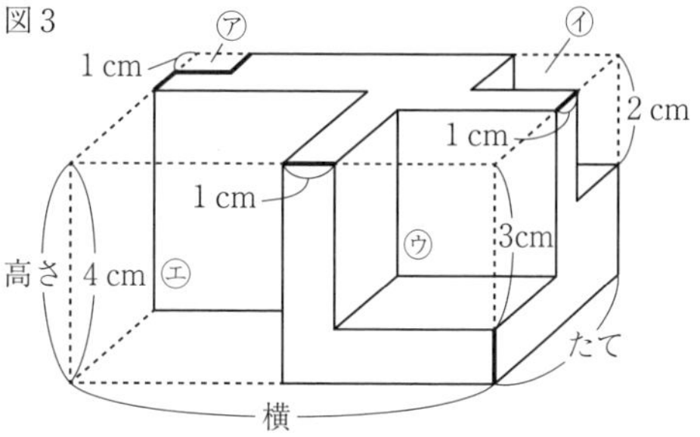

3　立体図形―長さ，表面積

⑴　直方体ABCD－EFGHの体積は，$6\times8\times10=480$(cm^3)である。また，穴をあけた立体の体積はもとの直方体の体積の$\frac{4}{5}$だから，取り除かれた直方体の体積はもとの直方体の，$1-\frac{4}{5}=\frac{1}{5}$にあたる，$480\times\frac{1}{5}=96$(cm^3)となる。さらに，取り除かれた直方体の底面の面積は，$4\times3=12$(cm^2)だから，取り除かれた直方体の高さは，96÷12＝８(cm)とわかる。

⑵　⑴より，穴をあけた立体のようすは，右の図のように考えられる。この立体の表面積のうち，外側から見える部分の面積は，もとの直方体の表面積から，たて４cm，横３cmの長方形２つ分の面積をひいたものなので，$6\times8\times2+10\times8\times2+6\times10\times2-12\times2=96+160+120-24=352$(cm^2)となる。また，穴の内側の部分の面積は，たて３cm，横８cmの長方形２つ分と，たて４cm，横８cmの長方形２つ分の面積の和で，$3\times8\times2+4\times8\times2=48+64=112$(cm^2)となる。よって，穴をあけた立体の表面積は，352＋112＝464(cm^2)と求められる。

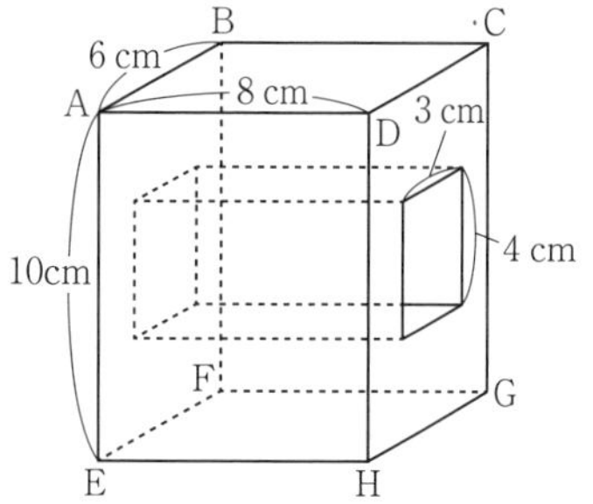

4　平面図形―相似，長さ，面積

⑴　右の図で，CHの長さは，$8-5=3$(cm)なので，GCの長さは，$6\times2\div3=4$(cm)となり，BGの長さは，$8-4=4$(cm)となる。さらに，GHの長さはDHの長さと等しく５cmである。また，角IGH

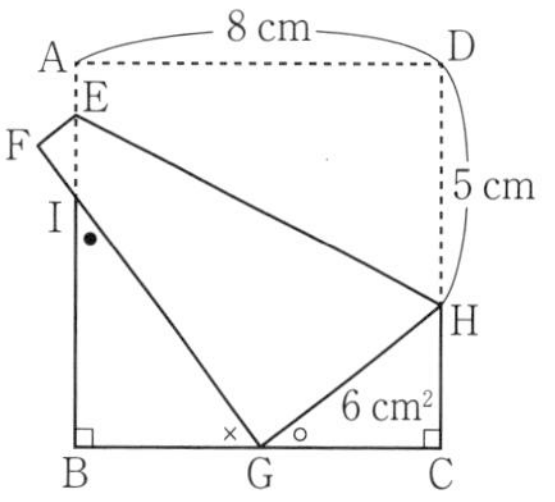

の大きさは，角Ｄと同じ90度だから，○と×の角の大きさの和は，180－90＝90(度)となり，●と×の角の大きさの和も，180－90＝90(度)なので，○と●の角の大きさは等しくなる。したがって，三角形GBIと三角形HCGは相似で，相似比は，BG：CH＝４：３となるから，IGの長さは，$5\times\frac{4}{3}=\frac{20}{3}$(cm)とわかる。さらに，FGの長さはADの長さと等しく８cmだから，FIの長さは，$8-\frac{20}{3}=\frac{4}{3}=1\frac{1}{3}$(cm)と求められる。

(2)　角EIFと角GIBの大きさは等しく，角Ｆは90度だから，三角形EFIと三角形GBIは相似であり，三角形EFIと三角形HCGも相似で，その相似比は，FI：CG＝$1\frac{1}{3}$：４＝１：３である。よって，EFの長さは，$3\times\frac{1}{3}=1$(cm)だから，三角形EFIの面積は，$1\times1\frac{1}{3}\div2=\frac{2}{3}$(cm²)と求められる。したがって，三角形EFIの面積は三角形CGHの，$\frac{2}{3}\div6=\frac{1}{9}$(倍)となる。

(3)　台形EFGHの面積は，(１＋５)×８÷２＝24(cm²)だから，四角形EIGHの面積は，$24-\frac{2}{3}=23\frac{1}{3}$(cm²)と求められる。

5　グラフ―水の深さと体積

(1)　グラフより，10分後まではＡ管だけで水が150Ｌ入るから，Ａ管が入れる水の量は毎分，150÷10＝15(Ｌ)である。また，10分後から30分後までの，30－10＝20(分間)は水が，500－150＝350(Ｌ)入るから，Ａ管とＢ管で入れる水の量は毎分，350÷20＝17.5(Ｌ)とわかる。よって，Ｂ管が入れる水の量は毎分，17.5－15＝2.5(Ｌ)と求められる。

(2)　45分後から90分後までの，90－45＝45(分間)で水は450Ｌ減っているから，Ｃ管を開けてからは毎分，450÷45＝10(Ｌ)の割合で水が減っている。このとき，Ａ管とＢ管から毎分17.5Ｌの割合で水が入っているので，Ｃ管が出す水の量は毎分，17.5＋10＝27.5(Ｌ)とわかる。

(3)　水があふれ出ていたのは，水そうが満水になってからＣ管を開けるまでの間である。Ｃ管を開けてから水そうが空になるまでの時間は，500÷10＝50(分)なので，Ｃ管を開けたのはＡ管を開けてから，90－50＝40(分後)とわかる。よって，水があふれ出ていた時間は，40－30＝10(分間)で，この間，水は毎分17.5Ｌの割合であふれ出ていたから，あふれ出た水の量は全部で，17.5×10＝175(Ｌ)となる。

6　平面図形―図形上の点の移動，長さ，面積

(1)　右の図１で，点Ｐは２秒間に，１×２＝２(cm)動くので，２秒後のBPの長さは，10－２＝８(cm)である。また，三角形PBCと三角形ABCは，底辺をそれぞれPB，ABとすると高さが等しいので，面積の比は，PB：AB＝８：10＝４：５とわかる。よって，三角形ABCの面積は，$64\times\frac{5}{4}=80$(cm²)だから，CDの長さは，80×２÷20＝８(cm)と求められる。

図１

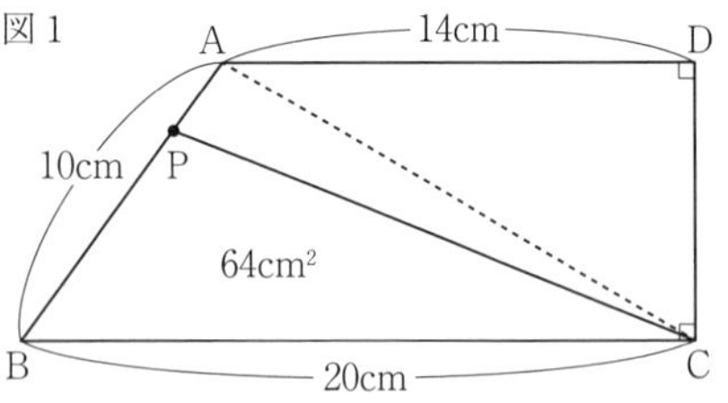

(2)　三角形PBCと三角形QBCの面積の比が３：５になるとき，右の図２のように，BCを底辺としたときの高さの比が３：５になるので，この高さをそれぞれ3，5とする。点Ｐが出発してから３秒後の点Ｐの位置をＥと

図２

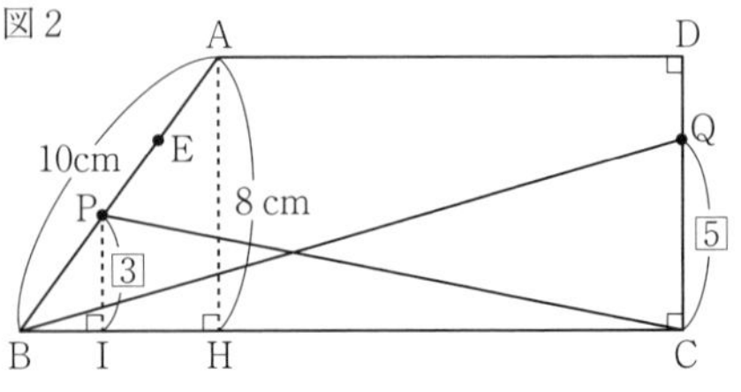

すると，点ＰがＥにきたときに点Ｑが出発し，点Ｐ，Ｑの速さの比は１：２だから，図２で，EP：CQ＝１：２になり，EPの長さは，$\boxed{5}\times\frac{1}{2}=\boxed{\frac{5}{2}}$となる。また，三角形PBIと三角形ABHは相似なので，PB：PI＝AB：AH＝10：８＝５：４より，PBの長さは，$\boxed{3}\times\frac{5}{4}=\boxed{\frac{15}{4}}$となる。さらに，AEの長さは，$1\times3=3$（cm）だから，$EP+PB=\boxed{\frac{5}{2}}+\boxed{\frac{15}{4}}=\boxed{\frac{25}{4}}$にあたる長さが，$10-3=7$（cm）となる。よって，$\boxed{1}=7\div\frac{25}{4}=\frac{28}{25}$（cm）より，CQの長さは，$\frac{28}{25}\times5=\frac{28}{5}$（cm）だから，図２のようになるのは，点Ｑが出発してから，$\frac{28}{5}\div2=\frac{14}{5}$（秒後）である。したがって，点Ｐが出発してから，$3+\frac{14}{5}=5\frac{4}{5}$（秒後）と求められる。

社　会　＜第１回試験＞（理科と合わせて50分）＜満点：50点＞

解　答

1　**問１**　ア　**問２**　(1)　ア　(2)　ウ　**問３**　ウ　**問４**　イ　**問５**　ウ　**問６**　エ　**問７**　(1)　ウ　(2)　カ　**問８**　(1)　エ　(2)　イ　**問９**　イ　**問10**　2011（年）　**問11**　ア　**問12**　ア　**2**　**問１**　豊洲（市場）　**問２**　イ　**問３**　(1)　エ　(2)　赤潮　**問４**　オ　**3**　**問１**　ア　**問２**　エ　**問３**　イ　**問４**　鑑真　**問５**　イ　**4**　**問１**　立法　**問２**　ウ　**問３**　エ　**問４**　ア　**問５**　ウ

解　説

1　首都機能の移転についての問題

問１　大日本帝国憲法では，天皇は国の元首として神格化されていたが，日本国憲法では，日本国と日本国民統合の「象徴《しょうちょう》」とされる。よって，アが正しい。なお，イについて，日本国憲法では主権は国民にあることが前文と第１条で定められている。ウの自衛隊の最高指揮権は，内閣総理大臣にある。エについて，国務大臣は内閣総理大臣が任命し，天皇はそれを認証する。

問２　(1)　東京都千代田区と熊本市は夏の降水量が多い太平洋側の気候に属している。月別の降水量では，千代田区は９月が，熊本市は台風などの影響《えいきょう》を受けて６・７月が多い。また，南に位置する熊本市の方が２月の気温が高いので，アが千代田区，エが熊本市とわかる。なお，イは日本海側の気候の山形市，ウは瀬戸内の気候の広島市。　(2)　東京都は印刷・出版業がさかんで，製造品出荷額等に占《し》める印刷の割合が高いので，ウがあてはまる。なお，アは新潟県，イは愛知県，エは岡山県。統計資料は『データでみる県勢』2021年版，『日本国勢図会』2022／23年版などによる（以下同じ）。

問３　京都に都が置かれていたのは，794年の平安京遷都《せんと》から1869年の東京遷都までの間である。応仁の乱は室町時代の1467～77年なので，ウがあてはまる。なお，アの国分寺や東大寺の建立は奈良時代。イの地震《じしん》は関東大震災《しんさい》（1923年）のことで大正時代。エの空襲《くうしゅう》は東京大空襲（1945年）のことで昭和時代。

問４　日本の予算において，一般《いっぱん》会計歳出《さいしゅつ》に占める防衛費の割合は，おおむね５％となっている。よって，グラフのイがあてはまる。なお，アは社会保障費，ウは地方交付税交付金，エは国債《こくさい》費。

問５　資料の地形図において，Ａの地図記号（‖）は水田，Ｂの地図記号（⛩）は神社である。なお，畑の地図記号は(∨)，寺院の地図記号は(卍)。

問６　高度経済成長は1950年代後半から1970年代初めまでの時期で，急速な工業化にともない，公害が全国的に広がり社会問題となった。よって，エが正しくない。

問７　(1)　衆議院に先議権が認められているのは予算案で，法律案はどちらの議院から審議《しんぎ》してもよいことになっている。よって，ウが正しくない。　(2)　A　1874年，板垣退助らは藩閥《はんばつ》政治を批判し，国会を開いて国民を政治に参加させるよう求める民撰《みんせん》議院設立建白書を政府に提出して自由民権運動のきっかけをつくり，1881年に自由党を結成した。　B　1881年，自由民権運動の高まりをおさえきれなくなった政府は国会を開設することを国民に約束した。これを受けて，大隈重信は1882年に立憲改進党をつくった。　C　1881年に国会開設を約束した政府は伊藤博文をヨーロッパに派遣《はけん》して憲法を調査させた。帰国後，伊藤は1885年に内閣制度を創設してみずから初代内閣総理大臣となり，1889年の大日本帝国憲法の発布にも貢献《こうけん》した。

問８　(1)　1854年に結ばれた日米和親条約で開港したのは，北海道の函館(箱館)と静岡県の下田である。よって，エが正しい。なお，アの大仙古墳《こふん》があるのは大阪府，イの鎌倉幕府が開かれたのは神奈川県，ウの大内義隆が本拠《ほんきょ》としたのは山口県。　(2)　資料の写真において，橋の上から川面が見られ，また川の向こう側に山が見える。よって，撮影《さつえい》した方角は地形図のイが正しい。

問９　A　文章の第２段落にもあるように，行政機関の移転には，移転にともない新たな費用がかかる。　B　行政機関が移転したとしても民間企業もいっしょに移転するとは限らない。また，一般的に，行政機関や民間企業が移転した先では仕事が生まれ雇用《こよう》が増えると考えられる。

問10　東日本大震災は2011年３月11日に発生した東北地方太平洋沖地震(マグニチュード9.0)の大地震による災害で，２万人以上の死者・行方不明者を出すなど，戦後最大の震災となった。

問11　自動車はおよそ３万の部品からつくられているので，自動車の生産においては関連工場で分担して部品を製造し，それを組み立て工場に運んで組み合わせて１台の自動車をつくることで効率化をはかっている。よって，アが正しい。なお，イの自動車の価格には，広告・宣伝費や研究開発費も含まれる。ウの日本国内でつくられる自動車は，輸出用よりも国内販売《はんばい》用の方が多い。エの自動車の車体や部品の輸送で使用するトラックには大きなものもあるため，一般道だけでなく高速道路や有料道路を使って運ぶことが多い。

問12　首都機能を移転する意見として，本文では，東京が太平洋に近すぎて防衛上不適当であること，高度経済成長にともなった東京の人口急増や都市の拡大が問題になったこと，首都直下地震による大きな被害《ひがい》が想定されていること，などの理由が挙げられている。しかし，移転費用や移転先の土地を買い取る手続きに時間がかかることが，移転が困難な理由となっている。よって，アが正しくない。

2　「和食」を題材にした問題

問１　築地《つきじ》市場は1935年の開業以来，首都圏《しゅとけん》の生鮮《せいせん》食料品の流通の拠点《きょてん》として発展してきたが，建物の老朽《ろうきゅう》化や取り扱い量の増加による敷地《しきち》の狭《せま》さなどの理由から，2018年に豊洲《とよす》市場に移転した。しかし，築地は観光地として世界的に知られる場所であることから，一部小売店・飲食店などが「築地魚河岸」として営業を続けている。

問２　説明文に，「この行事は，江戸時代に入り，武家を中心に男の子の成長を祝うための行事に変化した」とあるので，５月５日の「端午《たんご》の節句」である。現在は，「こどもの日」として国民の祝日になっている。

問３　⑴　図のグラフにおいて，日本の生産額ベースの食料自給率は63％で，フランスの82％より低く，イギリスの61％より高い。よって，エが正しい。なお，アについて，スイスの生産額ベースの食料自給率は50％なので，カナダの118％の方が高い。イについて，日本のカロリーベースの食料自給率は38％なので，オーストラリアの169％の方が高い。ウについて，イタリアのカロリーベースの食料自給率は58％なので，アメリカの121％より低い。　⑵　工場廃水《はいすい》や生活排水《はいすい》により，海水が富栄養化するなどしてプランクトンが異常発生することを赤潮という。赤潮の発生によって魚がすめなくなることで，沿岸漁業や養殖《ようしょく》業に悪影響を及《およ》ぼすことがある。

問４　Ⅰの例は，農家が農産物を生産・加工・販売する６次産業化のことなので，Ｄにあてはまる。Ⅱの例は，地元の「郷土料理」を守り育てる試みなので，Ａがあてはまる。Ⅲの例は，農産物の成分の分析《ぶんせき》による新たな食品を創り出す取り組みなので，Ｃがあてはまる。Ⅳの例は，「食品ロス」を減らすことなので，Ｂがあてはまる。

3　古代の日中関係についての問題

問１　大陸から仏教が伝来したのは，古墳時代の538年(一説に552年)なので，アが正しくない。

問２　資料の絵は「高松塚古墳壁画《へきが》」で，この古墳は奈良県にある。よって，組み合わせはエが正しい。稲荷山古墳は埼玉県にあり，「ワカタケル大王」の銘文《めいぶん》がある鉄剣《てっけん》が発見されたことで知られる。

問３　聖徳太子(厩戸《うまやど》皇子)は607年に小野妹子を遣隋《けんずい》使として中国(隋)に派遣《はけん》し，中国と対等な外交関係を築こうとした。この使節により，中国の文化や政治制度が取り入れられたので，イが正しい。

問４　鑑真は中国(唐)の高僧《こうそう》で，日本の招きに応じて渡来を決意し，５度の失敗を重ねて失明しながらも６度目の753年に来日を果たした。仏教の正式な戒律《かいりつ》を伝え，都の平城京に唐招提寺を建立した。

問５　平清盛は大輪田泊(現在の神戸港付近)を修築し，中国(宋)と民間貿易を始めた。よって，イが正しくない。元は宋の後の王朝。

4　国会のはたらきと女性議員についての問題

問１　日本国憲法は第41条で，国会を「国権の最高機関」「国の唯一の立法機関」と定めている。立法権は法律を定める権限のことである。なお，行政権は内閣，司法権は裁判所が持つ。

問２　国会が開かれる国会議事堂は，東京都千代田区永田町にある。

問３　国会が「二院制」をとっているのは，議事を慎重《しんちょう》に審議《しんぎ》するためで，二院で分担して審議にかかる時間を短くするためではない。よって，エが正しくない。

問４　Ａの議員の任期は，衆議院が４年，参議院が６年(３年ごとに半数を改選)である。Ｂの解散があるのは，衆議院だけ。Ｃの議員定数は，衆議院が465人，参議院が248人である。Ｄの被《ひ》選挙権は，衆議院が満25歳以上，参議院が満30歳以上である。Ｅの選挙権は，衆参両議員とも，満18歳以上である。

問５　ア　図１より，令和４年時点で日本はほかの外国に比べて，国会議員に占《し》める女性の割合が最も低いとわかる。　イ　図２では平成２年２月以降，図３では平成元年７月以降で，候補者に占める女性の割合の方が当選者に占める女性の割合より高い。　ウ　図２では昭和21年４月から昭和22年４月にかけて，平成21年８月から平成24年12月にかけて当選者に占める女性の割合が明らかに減っている。また，図３では平成元年７月から平成４年７月にかけて，平成19年７月から平成22年７月にかけて当選者に占める女性の割合が明らかに減っている。　エ　図４で女性議員の割合を比べると，どの期間においても特別区議会(─■─)より町村議会(─×─)の方が低い。

理　科　＜第１回試験＞（社会と合わせて50分）＜満点：50点＞

解　答

1　(1)　エ　(2)　ウ　(3)　ア，らし(植物)　(4)　エ　(5)　エ　2　(1)　イ　(2)　ウ　(3)　C　(4)　A，F　3　(1)　カシオペヤ　(2)　イ　(3)　イ　(4)　①　こと　②　はくちょう　(5)　イ　4　(1)　え　(2)　け　(3)　150g　(4)　う　(5)　72g　(6)　75g

解　説

1　季節と植物についての問題

(1)　ブナの葉は先端《せんたん》部がとがっている卵形で，葉のふちは波形をしていて，へこんだところに葉脈の先が向かっている。なお，アはカシワ，イはモミジなど，ウはミズナラなどの葉の形を表している。

(2)　岩の表面をおおっている小さな植物は，コケ植物のなかまだと考えられる。コケ植物は根，茎《くき》，葉の区別がなく，日あたりが悪く湿《しめ》った場所に育ち，根のように見える仮根によって岩などにはりついて体の表面全体で水を吸収している。コケ植物は種子ではなく胞子《ほうし》でふえるので，花は咲《さ》かない。

(3)　図１のアはイチョウの雄花《おばな》で，ふさのようになって多数つき，花粉を飛ばして地面に落ちる。図２のイはイチョウの雌花《めばな》で，はいしゅがむき出しになっている。このような植物を裸子《らし》植物という。はいしゅは秋になると熟し，ギンナンとして食用にもなる。

(4)　イチョウの種子であるギンナンは，夏のころから緑色が濃《こ》くなった葉の中に見られるようになり，葉が黄葉する前に黄色に変化し始める。葉が黄葉したころには種子の表面にしわがついたものが落下し始め，その後，黄色になった葉が落ちていく。

(5)　秋になると葉を落とすブナなどの落葉樹は，乾燥《かんそう》した季節の中で水分を失うことをさけるために，葉をすべて落として葉からの蒸散を防いでいる。冬は葉での光合成はなくなるが，生物はつねに呼吸で酸素をとり入れ二酸化炭素を放出しているので，その分大気中の二酸化炭素濃度《のうど》は夏より高くなる。夏になって太陽光が強くなると光合成がさかんになるので，１年のうちでもっとも二酸化炭素の吸収量は増える。

2　水よう液の判別についての問題

(1)　試験管Dに入っている水よう液は，実験１より中性で，実験４での色の変化のようすから砂糖水とわかる。

(2)　試験管Aの水よう液は，実験３でスチールウールをとかして気体をさかんに発生することから塩酸とわかる。このとき発生した水素は燃えやすい気体であり，火のついたマッチを近づけると，ポンと音を立てて燃える。なお，水素は空気より軽く，水にはとけにくく，助燃性はない。

(3)　実験５では，はく息にふくまれる二酸化炭素によって白い沈《ちん》でんができたので，試験管Ｅの水よう液は石灰水とわかる。炭酸水は二酸化炭素の水よう液なので，炭酸水を試験管Ｅに加えた場合も同じ白い沈でんができる。また，炭酸水にとけている二酸化炭素は，水にはあまり多くとけないので，実験２のように試験管をふると二酸化炭素のあわがたくさん出てくる。よって，試験管Ｃの水よう液が炭酸水とわかるのでこれを加えればよい。

(4)　中性の水よう液は砂糖水と食塩水なので，(1)と実験１より試験管Ｂの水よう液が食塩水とわかる。アルカリ性の水よう液は試験管Ｅの石灰水と水酸化ナトリウム水よう液なので，試験管Ｆの水よう液が水酸化ナトリウム水よう液とわかる。ここで，塩酸と水酸化ナトリウム水よう液を適切な体積どうしで混ぜ合わせると中性の食塩水ができるので，試験管Ａの塩酸と試験管Ｆの水酸化ナトリウム水よう液を混ぜればよい。

3　星座や天体についての問題

(1)　北の空に見えるカシオペヤ座はＷの形をした星座で，北極星をはさんで北斗《ほくと》七星とほぼ向かい合う位置に見え，北斗七星とともに北極星を探す手がかりとして利用される。

(2)　北極星は地球の地じくの北側の延長線上に位置する星で，その位置は一年中ほぼ変わらない。なお，北極星はこぐま座をつくっている星の一部の２等星で，緯度《いど》の低い地域で観察すると北極星の高度は低くなる。

(3)　星座早見盤《はやみばん》を使うときは，観察したい月日と時刻の目盛りを合わせたあと，観察したい方位を向いて，星座早見盤で観察したい方位の位置を手前側にして持ち，そのまま空にかざして星空を観察する。星座早見盤の方位は地図上での方位とは東西が逆で，図３の①が南，②が東，③が北，④が西となっている。

(4)　こと座のベガ，わし座のアルタイル，はくちょう座のデネブの３つの１等星を結んでできる三角形を夏の大三角という。ベガとアルタイルは天の川をはさんで向かい合い，デネブは天の川の中に位置する。

(5)　すい星などが地球の公転軌道《きどう》上を通過したときに残したちりなどが地球の大気中に飛びこむときに，大気とのまさつ熱で高温になり光り輝《かがや》くことで流星は観察される。

4　てこのつりあいについての問題

(1)　おもり①とおもり②は同じ重さなので，２つのおもりを取りつけた位置の間の真ん中を支えれば棒は水平につりあう。よって，「あ」と「き」の真ん中の「え」の位置に人差し指をあてればよい。

(2)　棒の両端《りょうはし》に取りつけたおもり①とおもり③の重さの比が，30：120＝１：４なので，棒の長さを左はしから４：１に分けた位置を支点にすれば棒は水平につりあう。したがって，「あ」から，$50\times\frac{4}{4+1}=40$(cm)の「け」の位置に人差し指をあてればよい。

(3)　支点の人差し指には，棒の両端に取りつけたおもり①とおもり③の重さの和がかかっている。よって，30＋120＝150(g)とわかる。

(4)　「か」の位置を支点として，(取りつけたおもりの重さ)×(支点からの距離《きょり》)を計算して，支点のまわりのモーメントのつりあいを考える。いま，おもり①による左まわりのモーメントは，30×25＝750，おもり③による右まわりのモーメントは，120×10＝1200となっている。棒が水平につりあうには左まわりと右まわりのモーメントの値が等しくなる必要があるので，30ｇのおもり②を支点の「か」から左に□cmの位置に取りつけるとすると，750＋30×□＝1200が成り立つ。よって，30×□＝1200−750＝450より，□＝450÷30＝15(cm)となるので，「か」から左に15cmの「う」の位置におもり②を取りつければよい。

⑸ 「お」の位置から棒の左右の端(「あ」および「さ」)までの距離の比は，20：30＝２：３となるので，おもり③の重さ120ｇは，台はかりＡ，台はかりＢに，距離の比の逆比の３：２に分かれてかかる。よって，台はかりＡが示す重さは，$120\times\frac{3}{3+2}=72$(ｇ)となる。

⑹ ⑸と同様に考えると，おもり①の重さ30ｇが台はかりＡと台はかりＢに，５：45＝１：９に分かれてかかる。したがって，台はかりＡには，⑸のときに加えて，$30\times\frac{1}{1+9}=3$(ｇ)がかかるので，台はかりＡは，72＋３＝75(ｇ)を示す。

国　語　＜第１回試験＞（50分）＜満点：100点＞

解　答

一 **問１** ①　ふる(う)　②　つら(ねる)　③　がんらい　④　ぎょうそう　**問２**　下記を参照のこと。　**問３**　①　イ　②　エ　**問４**　①　(朝)三(暮)四　②　用意(周到)　**問５**　①　ウ　②　ア　**問６**　エ　**問７**　(例)　①　桜が散るそうだ。　②　桜が散りそうだ。　**問８**　①　ほそ　②　オ　**二** **問１**　ア　**問２**　ウ　**問３**　エ　**問４**　(例)　(土嚢を高く積み，)田んぼに土砂が流れこむのを防ぐ(ため。)　**問５**　イ　**問６**　ア　**問７**　オ　**問８**　ウ　**問９**　(例)　どんなにつらいことがあっても田んぼの草やクマゼミのように負けずに強く生きてほしい(というぼくの想い。)　**問10**　ウ　**三** **問１**　オ　**問２**　効率を追究する(ため。)　**問３**　エ　**問４**　イ　**問５**　ア　**問６**　ウ　**問７**　ア　**問８**　**コロナ以前**…(例)　固く，重い素材で作られ，プロの建設会社を頼みとしたもの。　**コロナ以後**…(例)　軽い自然素材で作られ，自分たちで組み立てられるもの。

●漢字の書き取り

一 **問２**　①　安住　②　業績　③　展覧　④　発散

解　説

一　漢字の読みと書き取り，言葉の意味，四字熟語・慣用句の完成，ことわざの意味，助動詞の使い分け，文学作品の知識

問１　①　音読みは「フン」で「興奮」などの熟語がある。　②　音読みは「レン」で「連勝」などの熟語がある。　③　もともと。もとから。　④　顔つき。

問２　①　何の心配もなく安らかに暮らすこと。　②　事業や研究などの実績。　③　品物や作品などを並べて，大勢の人に見せること。　④　外へ散らすこと。

問３　①　「あたかも」は，後に「ようだ」などの言葉をともなって，あるものを何かにたとえる。②　「にわかに」は，“急に，とつぜん”という意味。

問４　①　「朝《ちょう》三《さん》暮《ぼ》四《し》」は，全体としては同じなのに，目前のちがいにごまかされて，同じ結果となることに気がつかないこと。　②　「用意周《しゅう》到《とう》」と同じ意味を表す四字熟語に「準備万端《ばんたん》」がある。

問５　①「肩《かた》で風を切る」は，肩をそびやかして，得意そうに歩くようすから，勢いを示したり，権勢をほこったりするようすを表す慣用句。　②「腹がすわる」は，いざというときのかくごができて，動じないようすを表す慣用句。

問６　エの「恩をあだで返す」は，“さんざん恩を受けながら，かえって恩人に害をなすようなことをしてしまう”という意味のことわざ。

問７　「そうだ」という助動詞は，活用する語の後に続く場合は人から聞いたことを表す意味になるので，①は「桜が散るそうだ」となる。また，活用する語の連用形や形容詞，形容動詞の語幹の後に続く場合は，ものごとの状態を表す意味になるので，②は「桜が散りそうだ」となる。

問８　「おくのほそ道」は，江戸時代に松尾芭蕉《まつおばしょう》によって著された紀行文。江戸を出発し，東北・北陸を経て大垣《おおがき》に至るまでの旅のようすが，俳句を交えてつづられている。

二　**出典は浅野竜《あさのりゅう》の『シャンシャン，夏だより』による**。小学六年生の「ぼく」（土田野歩人《のぶと》）と転校生の川村ちとせはクマゼミを見つけたことをきっかけに交流を深めていくが，ある日突然《とつぜん》川村は引っこしていってしまう。

問１　台風のせいで「稲《いね》は車のワイパーのようにゆれ，早くもたおれている場所がある」だけでなく，「田んぼの中には雨水がたま」っているようすを見て，これでだいじょうぶなのかとたずねたということ。それに対して，「かあさん」は稲はだいじょうぶだと答えている。

問２　直後に「かあさん」が田んぼの水の調整をしていることに着目する。稲がだめになるかもしれないという不安を強気な笑いでふきとばし，まずは今できることをしっかりしていこうとしている。

問３　「のみこむ」は，ここでは“理解する”という意味。「かあさん」は，造成地の土砂《どしゃ》が田んぼに流れこむのを防ぐために，「ここに土嚢《どのう》を積みさえすれば，雨水はむこうへ流れてく」と判断し，人を呼んで土嚢の用意をするために「ぼく」に家にもどるように命じたのである。「ついでに，道具も持ってくるから」という言葉からも，「ぼく」が「かあさん」の考えを理解したことがわかる。

問４　問３でみたように，「かあさん」は田んぼが土砂でうまることを防ぐためには土嚢を積み上げて雨水を別のところへ流すことが必要だと判断し，土嚢をつくり続けている。

問５　重い土嚢を運ぶのは「きつい作業」だったが，「ぼくたちも負けずにがんばった」結果，田んぼを守るという目的を達成することができたのである。その達成感で気持ちが高ぶり，田んぼを守れたことをほこらしく思っている。

問６　「おどろいたようすもな」いのは「ぼく」が来るであろうことを川村が予想していたからである。「ぼく」の家を川村が去るときに，「かあさん」は「すぐにもどってくるんだよ」と夕飯をいっしょに食べるようにさそっている。ところが川村はもどってこなかったのだから，心配した「ぼく」が川村のアパートを訪れるのは予想のつくことだったのである。

問７　「ぼく」がどなった言葉の「そんなこと」とは，引っこしをすること。川村が父親の身勝手な行動によって何度も引っこしをくり返していたことを，「ぼく」は初めて知った。自分の思いに反して引っこしをしなくてはいけないのに「あたりまえのように話している」川村に対して，「くやしくて，裏切られたような気持ちになった」からどなりつけてしまったのである。なお，アは「自分の父親の苦労や心情をくみとらずに」が，イは「自分のことをうまくだまそうとした」が，ウは「自分は真剣《しんけん》に川村の今後のことを考えている」が，エは「悪びれる様子《ようす》もなく家にいた」が本文に合わない。

問８　父親の身勝手な行動によって，自分が望まないのに引っこしをしなければならない川村の姿を，「ぼく」は「いたいたしく」思っている。「胸をかきむしられる」は，どうしようもなく悲しかったりくやしかったりする気持ちで心がいっぱいになり，平常心でいられなくなるようすを表す。

問９　「こんな暮らしはいやだけど〜おとうさんもだいじなんだ」という発言からわかるように，川村は引っこしをすることをすでに決めており，子どもである「ぼく」が引っこしをやめさせることなどできないのである。だから，「ぼく」は「川村は，おれよりずっと強いしさ。どこへいってもだいじょうぶだよ」とはげますように言い，田んぼの草やクマゼミを例にあげながら「おまえもがんばれよ。なにがあっても負けるなよ」と応援《おうえん》している。その思いが，川村にも伝わったということである。

問10　突然川村が引っこしをしてしまうということに，「ぼく」が強いショックを受けていることを読み取る。「ぼう然」は，あっけにとられたりあきれ果てたりして，気がぬけてぼんやりとしてしまうようすを表すので，ウがふさわしい。なお，アは「自分を憎《にく》たらしく思う」が，イは「いつもと変わらない生活をしていこうと決心する」が，エは「他人に弱さを見せたことに驚《おどろ》いている」が，オは「新しい環境《かんきょう》に臨む覚悟《かくご》を感じ取る」が合わない。

三　**出典は隈研吾《くまけんご》の『建築家になりたい君へ』による。**20世紀までの建築の流れは，人々が効率的に生活することのできる「ハコ」をどんどん大きくしていったものであることを説明したうえで，そのことが本当に人間を幸せにしたのか，本当に効率的と言えるのかを検証し，今後の建設について論じている。

問１　後に「20世紀までの建築の流れ」がくわしく述べられている。まず，「新しい建築を求めるムーブメントが加速し」，その後で「一群の前衛《ぜんえい》的建築家が〜大きな箱型建築の絵を描《か》き始め」たとある。そして，シカゴの大火をきっかけにして，「丈夫《じょうぶ》で強い建築」を作ることが社会の目標となったと述べられている。よって，オがよい。

問２　直後に，「『大きなハコ』に人間を詰《つ》め込《こ》むことで，効率を追究するというのが，産業革命以降の工業化社会の大原則」だったとある。工場でもオフィスでも「効率的」であることを目指して，建築物を「大きなハコ」にしていったというのである。

問３　3　「『大きなハコ』に詰め込まれて働かされる人々」に対応している。一つの空間の中で働くように人間を空間的に管理していたということをいっている。　4　「朝９時からの８時間労働」という形なのだから，空間だけではなく，時間の面でも人間を管理していたということを表す。よって，エが合う。

問４　「通勤や通学」で「効率的輸送のために」利用されている「電車」を「狭《せま》い箱」にたとえている。

問５　「怠慢《たいまん》」は，当然しなければならないことをなまけて，おろそかにすること。もともと「大きなハコ」は，効率的に生活することのできる「ハコ」に人間を詰め込むことが，人間を幸せにすることだと信じられていたために作られたものである。しかし，現実には「『大きなハコ』に詰め込まれて働かされる人々は，非常に大きなストレスを抱《かか》えて生きている」だけではなく，「『大きなハコ』に詰め込まれなくても，十分に効率的に，そしてストレスの少ない状態で仕事ができる技術」も手に入れている。しかし，「大きなハコ」の見直しも求められず，「慣性力に流されるままに，人類は『大きなハコ』を作り続けて」いることを，筆者は「怠慢」ととらえている。

問６　筆者は，現代を「特別な時代，特別な折り返し地点」ととらえ，「大きなハコ」ではなく「自然の中に溶《と》け込んでいくような建築」を今後は目指すべきだと提唱し，その代表例として「カサ・アンブレラ」を紹介《しょうかい》している。そのうえで「カサ・アンブレラ」を「大きな歴史的な射程，使命を持つプロジェクト」だと評価している。

問７　筆者は「カサ・アンブレラ」という建築を紹介したうえで，若い建築家に対して「従来の建築という枠《わく》組みを超《こ》えて，もっと自由に考えていい」，「自由に考えなければいけない」と呼びかけていることに着目する。

問８　コロナ以前の建築について，筆者は「コンクリート，鉄という固く，重い素材によって可能」になった「反自然の時代の建築」であり，「プロの建設会社(ゼネコン)が頼み」のものだったと説明している。これに対して，コロナ以後の建築は「木，布，紙といったやわらかくて軽い自然素材によって，自然の中に溶け込んでいくような建築を作ることがテーマ」であることを示している。さらにそういった建築は「自分達で組み立てられる建築」であり「民主的建築，草の根建築」とも言えるものであると述べている。

Dr.福井の入試に勝つ！脳とからだのウルトラ科学

歩いて勉強した方がいい？

みんなは座って勉強しているよね。だけど，暗記するときには歩きながら覚えるといいんだ。なぜかというと，歩いているときのほうが座っているときに比べて，心臓が速く動いて（脈はくが上がって）脳への血のめぐりがよくなるし，歩いている感覚が背骨の中を通って脳をつつくので，頭が働きやすくなるからだ（ちなみに，運動による記憶力アップについては，京都大学の久保田名誉教授の研究が有名）。

具体的なやり方は，以下のとおり。まず，机の上にテキストを広げ，１ページぐらいをざっと読む。そして，部屋の中をゆっくり歩き回りながら，さっき読んだ内容を思い出す。重要な語句は，声に出して言ってみよう。その後，机にもどってテキストをもう一度読み直し，大切な部分を覚え忘れてないかをチェック。もし忘れている部分があったら，また部屋の中を歩き回りながら覚え直す。こうしてひと通り覚えることができたら，次のページへ進む。あとはそのくり返しだ。

さらに，この“歩き回り勉強法”にひとくふう加えてみよう。それは，なかなか覚えられないことがら（地名・人名・漢字など）をメモ用紙に書いてかべに貼っておくこと。ドンドン貼っていくと，やがて部屋中がメモでいっぱいになるハズ。これらはキミの弱点集というわけだが，これを歩き回りながら覚えていくようにしてみよう！　このくふうは，ふだんのときにも自然と目に入ってくるので，知らず知らずのうちに覚えることができてしまうという利点もある。

歴史の略年表や算数の公式などを大きな紙に書いて貼っておくのも有効だ。

Dr.福井（福井《ふくい》一成《かずしげ》）…医学博士。開成中・高から東大・文Ⅱに入学後，再受験して翌年東大・理Ⅲに合格。同大医学部卒。さまざまな勉強法や脳科学に関する著書多数。

2023年度 日本大学第二中学校

【算　数】〈第２回試験〉（50分）〈満点：100点〉

注意　1．円周率は3.14とします。分数で答えるときは約分して，できるだけ簡単な分数にしなさい。比を答えるときは，できるだけ簡単な整数の比にしなさい。

2．定規，コンパスは使ってもかまいませんが，使わなくても解くことができます。ただし，分度器は使えません。

1　次の□の中に適する数を入れなさい。

(1)　$0.125\times11+0.375\times9-0.625\times6=$ □

(2)　$\left\{1\frac{2}{9}+\frac{4}{7}\times\left(1\frac{1}{6}-\frac{7}{8}\right)\right\}\div5\frac{5}{9}=$ □

(3)　$3\times(2+$ □ $)-7=20$

(4)　次のように，ある規則にしたがって数が並んでいます。左から10番目の数は □ です。

1，1，2，3，5，8，13，…

(5)　12，18，24のどの数で割っても10あまる数のうち，700に最も近い整数は □ です。

2　次の各問いに答えなさい。

(1)　大小２つの数があります。その差は８で，大きい方の数は小さい方の数の1.5倍であるとき，小さい方の数はいくつですか。

(2)　ある品物に原価の30％の利益を見込んで定価をつけましたが，売れなかったので64円引きにして売ったところ，利益は20円になりました。定価は何円ですか。

(3)　ある商品を買うのに，数ヶ月の間貯金をすることにしました。１ヶ月300円ずつ貯金をすると900円足りず，１ヶ月400円ずつ貯金しても300円足りません。この商品は何円ですか。

(4)　下の図の三角形ABCにおいて，辺AE，DE，CD，BCの長さがすべて等しくなるように，辺AB上に点D，辺AC上に点Eをとります。㋐の角度が42度のとき，㋑の角度は何度ですか。

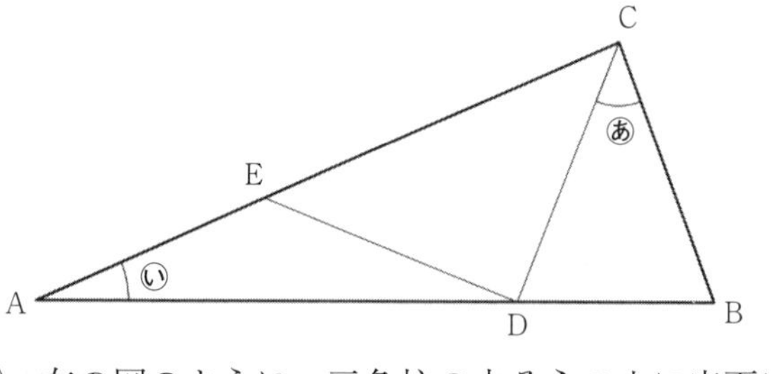

(5)　右の図のように，三角柱の水そうの中に底面に垂直な長方形の仕切りがあります。Aの部分には高さ８cm，Bの部分には高さ３cmの水が入っています。長方形の仕切りをはずすと底面からの水の高さは何cmになりますか。

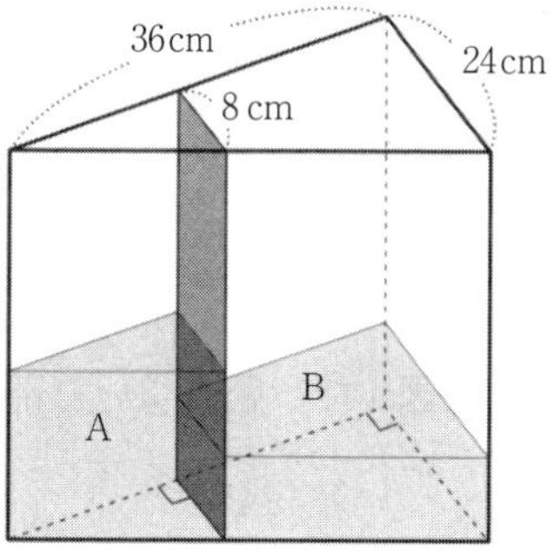

3　ＡとＢの２人は池の周りを走ってマラソンの練習をしています。２人は同じ地点から同時に走り始めます。

反対方向に進むと，２人は10分30秒後にすれ違い，同じ方向に進むと，ＡはＢに30分後に追いつきます。Ａの速さは分速270ｍです。

(1)　Ｂの速さは分速何ｍですか。

(2)　池の周りは１周何ｍですか。

(3)　ＡとＢは同じ地点から同じ方向に同時に走り始めました。ＡはＢに追いついた地点で６分間休むと反対方向に再度走り始めました。Ｂはその間も休まずに同じ方向に走っていました。

ＡがＢと再び出会うのはＡとＢが同時に走り始めてから何分何秒後ですか。

4　下の**図１**は，あるクラスの算数と国語の小テストの結果をまとめたもので，例えば，○で囲んだ３は，算数が６点，国語が７点だった生徒が３人いることを表しています。**図２**は，算数と国語の合計点を棒グラフでまとめたものです。

算数／国語	6	7	8	9	10
7	③		2	1	
8	**ア**	3	4	2	
9		**イ**	3	2	1
10			1	3	

図１

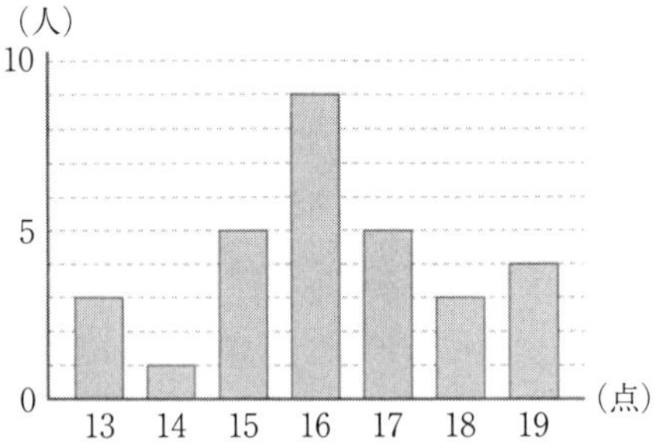

図２

(1)　**ア**，**イ**にあてはまる数はそれぞれいくつですか。

(2)　このクラスの国語の平均点は何点ですか。

(3)　合計点が19点だった生徒の算数の平均点は何点ですか。

5　**図１**の台形 ABCD は，角Ｂ，Ｃが直角で，AB ＝12cm，CD ＝ ８cm，面積は80cm^2です。

また，点Ｐは辺 BC 上を動く点です。三角形 ABP と三角形 CDP の面積の和について考えます。

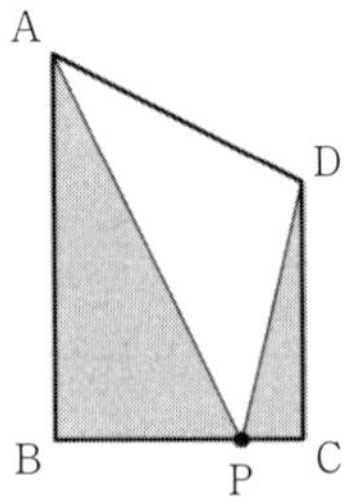

図１

(1)　**図１**で，色のついた部分の面積の和が45cm^2となるとき，BP の長さは何 cm ですか。

(2)　**図２**から**図３**のように，辺ABの長さを$\frac{4}{3}$倍，辺CDの長さを$\frac{3}{4}$倍にしても，色のついた部分の面積の和が変わらないとき，BPの長さは何cmですか。

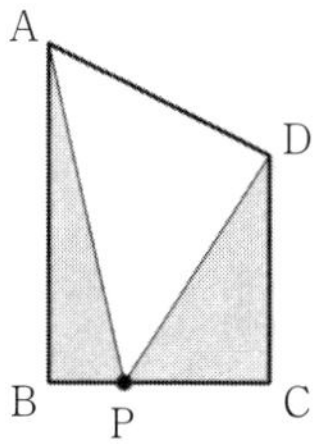

図２

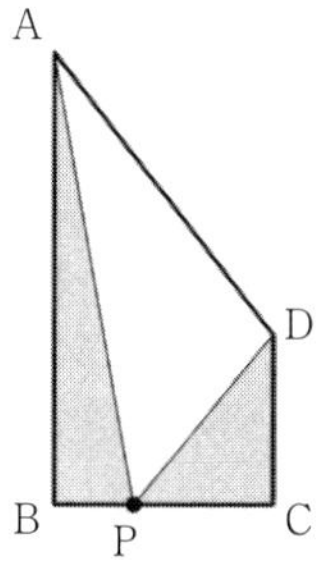

図３

6　たてが12cm，横が10cm，高さが20cmの直方体の形をした容器に水が入っています。いま，この容器に，たてが４cm，横が３cm，高さが16cmの直方体のおもりをいくつか入れます。１つ入れると1.2cm，２つ入れると2.7cmだけ水面の高さが増えます。ただし，おもりはうかずに容器の底までしずむものとし，色のついた部分が完全に底につくものとします。

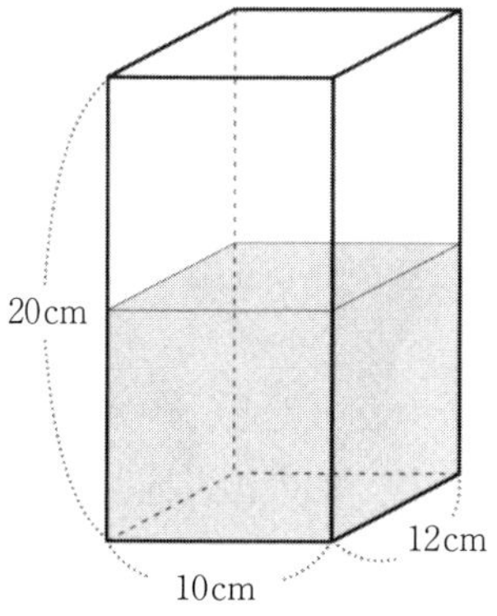

容器

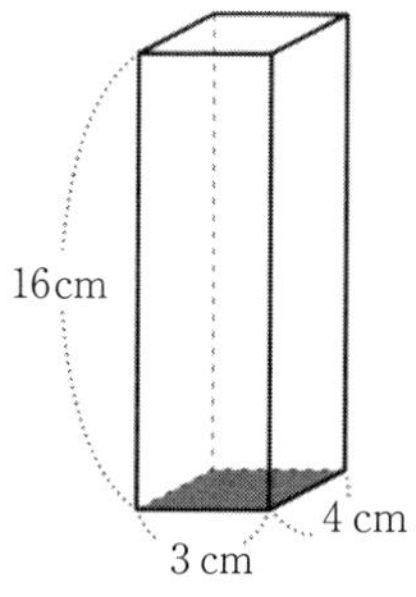

おもり

(1)　はじめの水面の高さは何cmですか。

(2)　できるだけ少ない数のおもりを容器に入れ，すべてのおもりが完全に水の中に入るようにするには，おもりを何個入れればよいですか。

【社　会】〈第２回試験〉（理科と合わせて50分）〈満点：50点〉

1　次の文章を読んで，あとの問いに答えなさい。

　小学校６年生の二郎さんは，社会科の授業で，花子さんやジョンさんなどの友達とグループをつくり，戦争について調べて発表しました。次の文章は，二郎さんたちの発表と，それに対する先生のコメントです。これを読んで，あとの問いに答えなさい。

二郎さん「わたしたちは，満州事変から，第二次世界大戦までについて調べました。それを張り出します。」【二郎さんの発表資料】

先　　生「ヨーロッパで戦争がおこっているときに，なぜ日本は①太平洋戦争を始めたのですか。」

花子さん「そこからはわたしが発表します。」【花子さんの発表資料】

先　　生「当時の日本の国民は戦争に反対しなかったのですか。」

花子さん「私が調べた本には，②『多くの国民は，この戦争は“正しい戦争である”という政府の言葉や報道を信じて，戦争に協力した』と書いてありました。」

ジョンさん「私が調べた平和資料館のホームページにも，同じことが書いてありました。」

先　　生「二郎さんたちの発表をまとめると，国民の多くも国の利益を守るための戦争だということで開戦に賛成していたということになりますね。では，授業で勉強した③日本のその他の戦争やいくさはどうでしょう。」

二郎さん「④織田信長たちの時代は，戦国大名が勢力を争っていたけれど，天下統一を争っていたんだから，わたしたちが調べた戦争とは違うかな。」

花子さん「時代は違うけれど，自分たちの利益を守るとか，自分たちが一番正しいって考えて戦争をしてしまうことは同じような気がします。」

ジョンさん「もともと武士は，領地を守るために武芸にはげんだ人たちだったし，何かを守るために武器を使って戦争してしまうことは，昔も変わらないし，他の国も同じじゃないかな。」

先　　生「それでは，現在の世界はどうでしょう。現在，戦争をしている国とか，日本が戦争にまきこまれそうな問題とかはありませんか。」

ジョンさん「⑤ウクライナとロシアとの問題があると思います。」

二郎さん「日本は⑥北方領土とかの問題があったと思います。」

花子さん「日本の憲法には戦争をしないと書かれていたと思います。日本は⑦エネルギーや食料などの輸入が多いから，外国と戦争しないようにしないといけないと思います。」

先　　生「いつの時代も戦争はしてはいけませんよね。ましてや，現在の世界は，⑧環《かん》境問題や感染症の問題など，世界が協力して解決していかなければならない問題が山積みです。⑨国際連合もあるのに，なぜ戦争を止められないのか，みなさんと一緒に考えていきましょう。」

【二郎さんの発表資料】

●日本では，一部の軍人や政治家などが，中国に勢力をのばすことにより不景気から回復しようという考えを国民の間に広めたり，⑩日清戦争や⑪日露戦争後に満州で日本がもっていた利益を守らなければ，日本がほろびると主張したりしました。

→満州事変がおこります。

→戦争が中国の各地に広がります。

●そのころ，ヨーロッパでは，ドイツがまわりの国々を侵《しん》略して，1939年，これに反対するイギリスやフランスなどと戦争になりました。

→多くの国や地域を巻き込《こ》んだ第二次世界大戦が始まります。

【花子さんの発表資料】

●1940年，日本は石油などの資源を得るために，東南アジアに軍隊を進めます。

→ドイツやイタリアと軍事同盟を結びます。

→イギリスやアメリカなどと激しく対立します。

→1941年，ハワイのアメリカ軍港や東南アジアのイギリス軍を攻撃します。

→東南アジアや太平洋を戦場にして，アメリカやイギリスなどの国々と争う太平洋戦争が始まります。

問１．下線部①，次の問いに答えなさい。

⑴　太平洋戦争に関係する次のＡ～Ｃの出来事を年代の古い順に並べたものとして，正しいものを１つ選び，記号で答えなさい。

Ａ．アメリカ軍が沖縄に上陸し，地上戦が始まった。

Ｂ．ソビエト連邦が南樺太《からふと》にせめ込んできた。

Ｃ．アメリカ軍が広島に原子爆弾を投下した。

ア．Ａ→Ｂ→Ｃ　　イ．Ａ→Ｃ→Ｂ　　ウ．Ｂ→Ａ→Ｃ

エ．Ｂ→Ｃ→Ａ　　オ．Ｃ→Ａ→Ｂ　　カ．Ｃ→Ｂ→Ａ

⑵　太平洋戦争が終わる前と終わった後の日本国民の権利などについて，正しいものを１つ選び，記号で答えなさい。

ア．太平洋戦争が終わる前から，労働者の生活と権利を守ることが憲法で定められていた。

イ．太平洋戦争が終わる前には，言論の自由について一切認められていなかった。

ウ．太平洋戦争が終わった後に，主権は国民から天皇に委《ゆだ》ねられることが憲法で定められた。

エ．太平洋戦争が終わった後に，初めて女性に参政権が認められるようになった。

問２．下線部②，太平洋戦争後から今日《こんにち》にかけての日本では，権力による世論《よろん》操作《そうさ》を防ぐなどの目的で，国の政治に関する情報を，国民が自由に入手する権利が，新しい権利として認められるようになってきました。この権利の名前を答えなさい。

問３．下線部③，弥生時代の代表的な遺跡である吉野ケ里遺跡を調べてみると，「争い」があったことがわかります。吉野ケ里遺跡のどのような特徴《ちょう》から「争い」があったことがわかりますか。もっとも適当なものを１つ選び，記号で答えなさい。

ア．「ワカタケル大王」と名前がきざまれた鉄剣が出土した。

イ．物見やぐらやむらのまわりを囲む深いほりのあとが見つかった。

ウ．貝がらや動物の骨などが捨てられた貝塚が見つかった。

エ．食べ物をにたり，たくわえたりする縄文土器がたくさん出土した。

問４．下線部④，次の問いに答えなさい。

⑴　織田信長は本拠《きょ》地を何度か変更しました。以下の文Ａ～Ｃは，織田信長が本拠地とした，現在の愛知県，岐阜県，滋賀県のいずれかを説明したものです。Ａ～Ｃと県名の組み合わせとして，正しいものを１つ選び，記号で答えなさい。

Ａ．2020年の県の人口は141万人である。県の西の端《はし》に県庁所在地があり，かつてこの県には日本の都も置かれたことがある。1571年，織田信長はこの県にある延暦寺を武力で抑《おさ》え込んだ。

Ｂ．2020年の県の人口は724万人である。この県ではキャベツの生産がさかんで，2020年のキャベツの都道府県別生産量は全国１位である。織田信長は一族の武将を討ち，その城を本拠地とした。

Ｃ．2020年の県の人口は197万人である。県の南西部に低地はあるが，県のおよそ８割が山地である。織田信長は長い戦いの末に敵の城を落とし，本拠地とするとともに城の名前を改めた。その名前は現在の県名にもなっている。

ア．Ａ—愛知県　Ｂ—岐阜県　Ｃ—滋賀県

イ．Ａ—愛知県　Ｂ—滋賀県　Ｃ—岐阜県

ウ．Ａ—岐阜県　Ｂ—愛知県　Ｃ—滋賀県

エ．Ａ—岐阜県　Ｂ—滋賀県　Ｃ—愛知県

オ．Ａ—滋賀県　Ｂ—愛知県　Ｃ—岐阜県

カ．Ａ—滋賀県　Ｂ—岐阜県　Ｃ—愛知県

⑵　織田信長が天下統一の本拠地としてきずいた安土城の場所として，もっとも適当なものを１つ選び，記号で答えなさい。

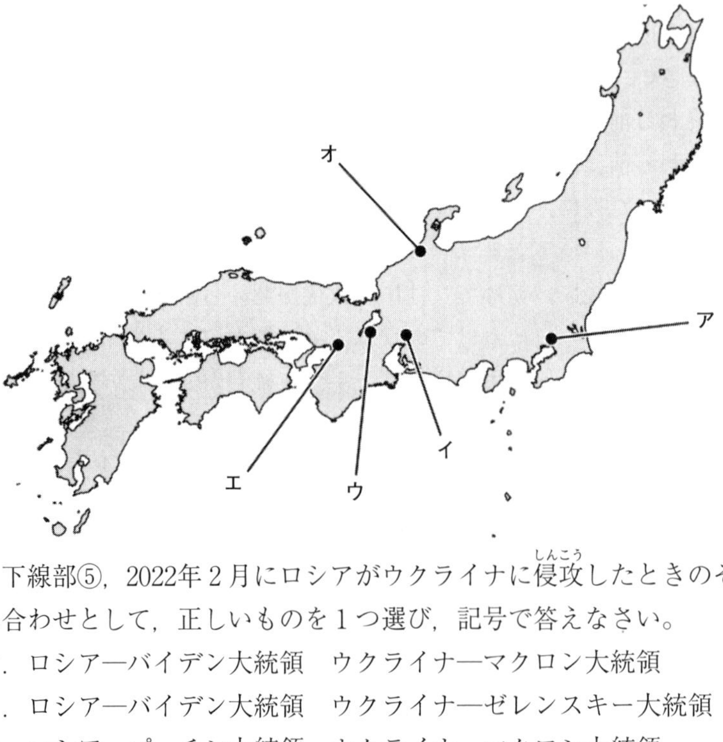

問５．下線部⑤，2022年２月にロシアがウクライナに侵攻《しんこう》したときのそれぞれの国の大統領の組み合わせとして，正しいものを１つ選び，記号で答えなさい。

ア．ロシア—バイデン大統領　ウクライナ—マクロン大統領

イ．ロシア—バイデン大統領　ウクライナ—ゼレンスキー大統領

ウ．ロシア—プーチン大統領　ウクライナ—マクロン大統領

エ．ロシア―プーチン大統領　ウクライナ―ゼレンスキー大統領

問６．下線部⑥，北方領土の中で最も北に位置する島の名前を答えなさい。

問７．下線部⑦，次の問いに答えなさい。

⑴　次の図は日本のおもな輸入品の取りあつかい額の割合の推移を示したものであり，図中のア～エには，「化学製品」，「原油など燃料」，「原料品」，「食料品」のいずれかがあてはまります。このうち，「原油など燃料」があてはまるものとして，もっとも適当なものを１つ選び，記号で答えなさい。

おもな輸入品の取りあつかい額の割合の推移

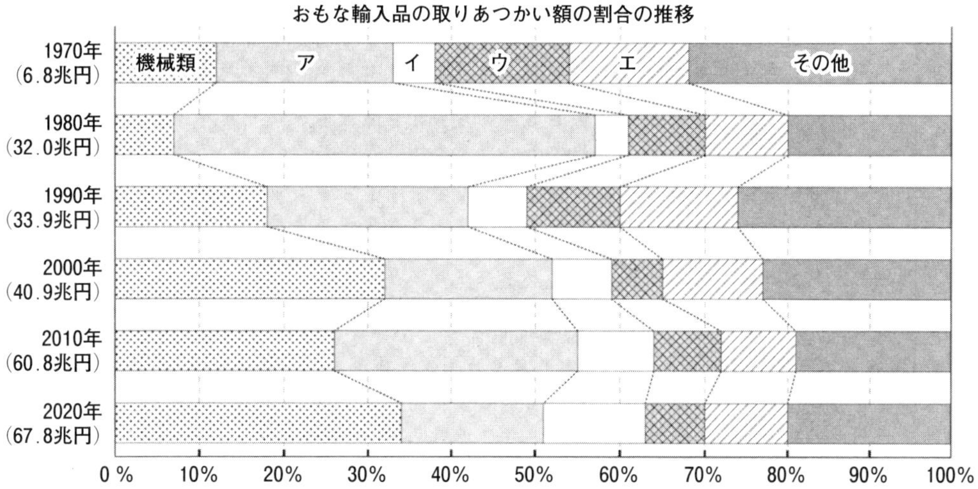

(財務省「貿易統計」，『地理統計要覧 2012』，『データブック オブ・ザ・ワールド 2022』より作成)

⑵　商品を船で輸入するときには，右の写真のような大きな箱に入れることが多く，この箱は船からトラックにそのまま積み替《か》えられることもあります。この箱のことを何と言いますか。カタカナ４字で答えなさい。

問８．下線部⑧，次の問いに答えなさい。

⑴　世界には，環境を守るためのさまざまなしくみがあります。そのひとつに，水鳥などが集まる世界的に重要な湿地を守るための条約があり，この条約の通称名には，制定された都市の名前がつけられています。この都市の名前として，正しいものを１つ選び，記号で答えなさい。

ア．ポーツマス　　イ．京都　　ウ．ラムサール

エ．ワシントン　　オ．リオデジャネイロ

⑵　環境問題についての文章として，適当でないものを１つ選び，記号で答えなさい。

ア．環境問題は地球規模の問題なので，国際連合や国家といった公的な力のみによって解決を目指すことが望ましいとされている。

イ．地球温暖化の影響《えいきょう》で，南極などの氷がとけて，海面が高くなり，国土の全体が水没《ぼつ》するおそれのある国も出てきている。

ウ．大量の石油や石炭などを消費し，二酸化炭素などの温室効果ガスを出していることが，地球温暖化の大きな原因とされている。

エ．1972年に開かれた国際会議では，地球環境を守るために国際社会が協力することが決められ，これを受けて国際連合は，国連環境計画をつくった。

問９．下線部⑨，国際連合の各機関の活動は，加盟国からの分担金などでまかなわれています。次の図は，主な国の分担金の割合を示しています。図中の（ア）にあてはまる国の名前を答えなさい。

主要国の国連分担率の推移

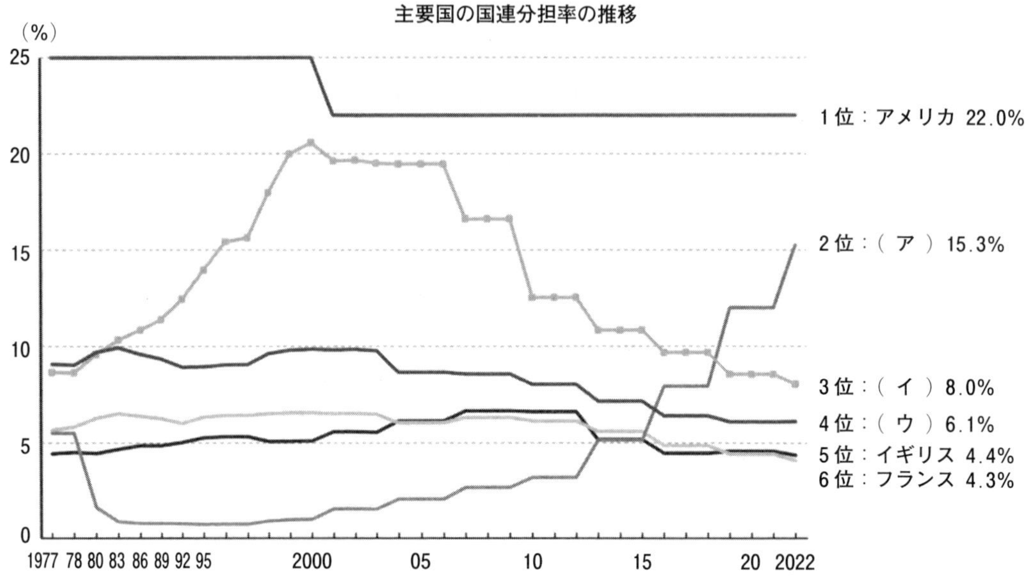

（外務省ホームページより一部を加工して転載）

問10．下線部⑩，右の絵は，日清戦争がおこる前の東アジアのようすについて，フランス人が皮肉を込めて描《か》いたものです。絵の中の ◯ で囲まれている人物は，どこの国を示していますか。その国の名前を答えなさい。

※絵は出題内容の都合上，一部加工しています。

問11．下線部⑪，次の詩は日露戦争へ行った弟を思ってつくられたものです。この詩をつくった人物の名前を答えなさい。

あゝをとうとよ
君を泣く
君死にたまふことなかれ
末に生れし君なれば
親のなさけはまさりしも
親は刃をにぎらせて
人を殺せとをしへしや
人を殺して死ねよとて
二十四までをそだてしや

2　次の文章を読んで，あとの問いに答えなさい。

日本の神話に「いなばのしろうさぎ」という話があります。あらすじは次の通りです。

　出雲《いずも》の国にだいこくさまという神様がいらっしゃいました。(出雲の国の近くの)因幡《いなば》の国に向かわれる途《と》中，一匹《ぴき》の泣いているうさぎに出会いました。だいこくさまはうさぎに泣いている理由を聞きました。そのうさぎは言いました。

「わたしは①(　　　)の島に住んでいたのですが，一度この国に渡《わた》ってみたいと思って泳がないでわたる方法を考えていました。するとそこにワニ(サメ)がきたので，わたしは彼らを利用しようと考えました。わたしはワニに自分の仲間とどっちが多いかくらべっこしようと話をもちかけました。ワニたちは私の言うとおりに背中を並べはじめて，私は数を数えるふりをしながら，向こうの岸まで渡っていきました。しかし，もう少しというところで私はうまくだませたことが嬉《うれ》しくなって，つい，だましたことを言ってしまいワニを怒らせてしまいました。そのしかえしに私はワニに皮を剝《む》かれてしまったのです。それから，私が痛くて泣いていると先ほどここを通られた神様たちが，私に海に浸《つ》かって風で乾《かわ》かすとよいとおっしゃったのでそうしたら前よりもっと痛くなったのです」

　だいこくさまはそれを聞いてそのうさぎに言いました。

「かわいそうに，すぐに真水で体を洗い，それから②蒲《がま》の花を摘《つ》んできて，その上に寝《ね》転ぶといい」

　そう言われたうさぎは今度は川に浸かり，集めた蒲の花の上に，静かに寝転びました。そうするとうさぎの体から毛が生えはじめ，すっかり元のしろうさぎに戻りました。

(出雲大社ホームページより一部を改変して転載)

　諸説ありますが，古代の日本にワニはいないため，この「ワニ」は「サメ」のことだと言われています。サメは古代より日本で食べられており，サメが登場する木簡や書物があります。サメの肉は腐《くさ》りにくく，保存食に利用されてきました。また，皮にはザラつきがあり，③ワサビをすりおろすときに使用すると，その風味が増すと言われ，料亭《りょうてい》などでも使われてきました。

問１．下線部①，(　)には，出雲大社に最も近い島の名前が入ります。(　)に入る語句として，もっとも適当なものを１つ選び，記号で答えなさい。

ア．淡路　　イ．小笠原　　ウ．隠岐《おき》　　エ．沖縄　　オ．佐渡

問２．下線部②，蒲の花は形がちくわ状になっており，昔はうなぎをこの形で焼いていました。うなぎの養殖《ようしょく》やピアノの生産で有名な天竜川河口に位置する都市の名前を答えなさい。

問３．問２の都市は沿岸部に中田島《なかたじま》砂丘という※砂丘があります。次の写真１と写真２は砂丘の同じ地点を別の角度から写したものです。写真中の ◯ で囲まれている垣根《かきね》は人工的に設置されています。写真をよく見て，この垣根が設置された理由として，もっとも適当なものを１つ選び，記号で答えなさい。

※砂丘とは，風が運んだ砂が堆積《たいせき》してできた丘のこと

写真 1

写真 2

ア．付近にある工場の排水《はい》が海を汚《お》染しないよう，砂丘の高いところに垣根を設置し，排水が垣根でせき止められるようにするため。

イ．高潮や津波が来た際に，この垣根によって海水の流れを分かれさせ，少しでも水の力を分散させることで，被《ひ》害を小さくするため。

ウ．砂丘を訪れる観光客の出したゴミが砂に埋《う》まって見失わないよう，垣根の足元に磁石を置いてゴミを引きつけ，回収しやすくするため。

エ．風が垣根に当たり，風速が弱まることで砂を堆積させやすくし，飛ばされる砂の減少を防ぎ，砂丘がやせることを防ぐため。

問４．下線部③，次の問いに答えなさい。

(1)　ワサビは非常に繊細《せんさい》な植物で，多くのわき水を必要とし，生育に適した水温は，８～18℃とされますが，年間の水温差が少ないほど(３～４℃以内)生産量が多くなると言われます。次の表は2020年におけるワサビ（水ワサビ，畑ワサビ合計）の生産量上位５県を示したものです。表の（　）に入る県として，正しいものを１つ選び，記号で答えなさい。

ワサビの生産量上位５県（2021年）

順位	県名	生産量（ｔ）
１位	（　　）県	758
２位	静岡県	490
３位	岩手県	376
４位	高知県	59
５位	島根県	57

（農林水産省「令和３年特用林産物生産統計調査」より作成）

ア．長野　　イ．沖縄　　ウ．千葉

エ．滋賀　　オ．佐賀

⑵　次の雨温図は，ワサビの生産量上位５県に属する都市のもので，ア～エは，静岡県静岡市，岩手県宮古市，高知県高知市，島根県松江市のいずれかです。このうち，島根県松江市のものとして，正しいものを１つ選び，記号で答えなさい。

ア．
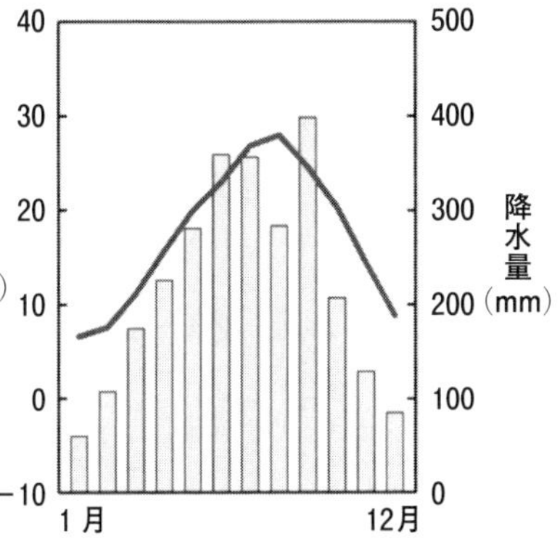

イ．
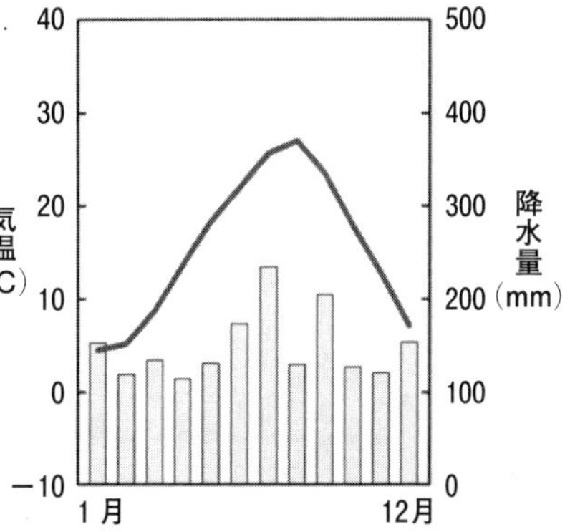

ウ．
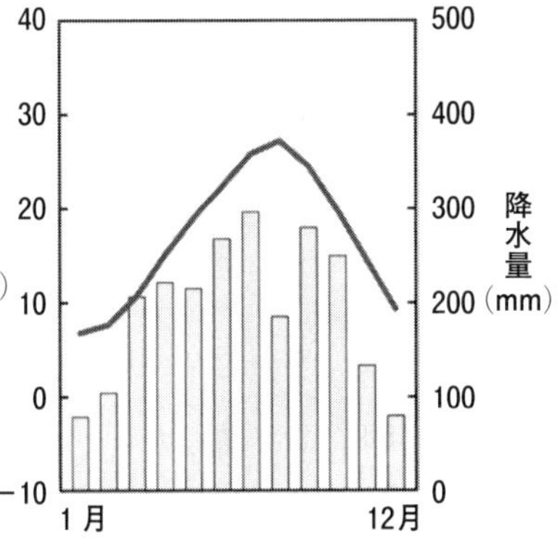

エ．
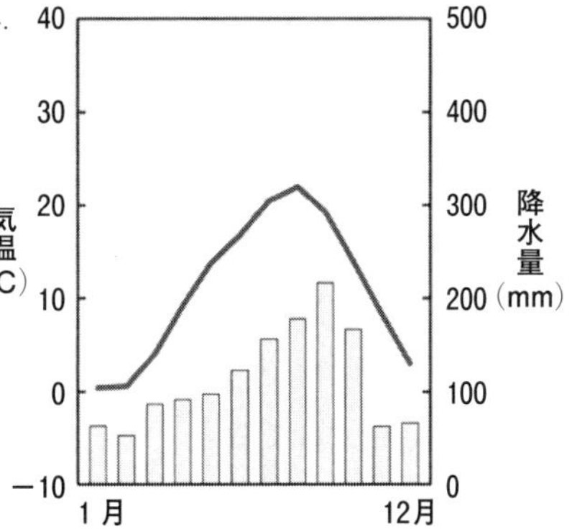

（『理科年表』より作成）

3　次の文章を読んで，あとの問いに答えなさい。

わたしたちの身近なところには，歴史を知る手がかりがたくさんあります。例えば，縁《えん》日の金魚すくいがそのひとつです。金魚が①中国から日本に入ってきたのは，②室町時代後期と言うわれています。そのころは，高級品であったため，大名や豊かな商人の鑑賞《かんしょう》用として飼われていました。

③江戸時代後期になると，養殖の技術が発達し，金魚の価格が下がったこともあり，町人の間にも金魚を飼うことが広まりました。右の絵は江戸時代に描かれた絵ですが，この絵から金魚を飼育している様子を知ることができます。

さらに，④明治時代になると，日本の美しい金魚は外国にも輸出されるようになりました。なかでも，金魚の養殖がさかんになった⑤奈良県大和郡山《やまとこおりやま》市は，現在でも日本を代表する金魚の生産地となっています。

問１．下線部①，13世紀になると，中国を征服したモンゴル人は日本に軍を送りました。モンゴル人が日本に軍を送った時の中国の国の名前と，その軍と戦った時の執権の組み合わせとして，正しいものを１つ選び，記号で答えなさい。

ア．元―源頼朝　　イ．元―北条時宗

ウ．明―源頼朝　　エ．明―北条時宗

問２．下線部②，次の写真は，京都の東山にある銀閣であり，室町幕府の８代将軍によって建てられました。この将軍の名前を漢字で答えなさい。

問３．下線部③，江戸時代の末期について説明した文章として，もっとも適当なものを１つ選び，記号で答えなさい。

ア．日米修好通商条約では日本の治外法権が認められ，日本でアメリカ人が罪を犯した時，日本人によって裁判が行われることになった。

イ．外国との貿易が始まると，輸入品の生糸が余って開国前より値段が下がり，人々の暮らしが豊かになっていった。

ウ．長州藩の吉田松陰の仲介《かい》で土佐藩と長州藩は，幕府をたおして天皇中心の新しい国をつくろうと同盟を結んだ。

エ．1867年，15代将軍の徳川慶喜は大政奉還を行い，政権を朝廷に返したが，その後，新政府軍と旧幕府軍との間に戦いが起こった。

問４．下線部④，明治時代の政府の中心人物で，同じ薩摩藩出身の西郷隆盛らとともに江戸幕府をたおすために活躍したり，使節団の一人として欧米《おうべい》の国々を訪れたりした人物は誰《だれ》ですか。もっとも適当なものを１つ選び，記号で答えなさい。

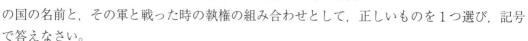

ア．勝海舟　　イ．伊藤博文　　ウ．木戸孝允

エ．陸奥宗光　　オ．大久保利通

問５．下線部⑤，奈良県には８世紀に都がおかれたことがあり，その時代を奈良時代と言います。奈良時代について説明した文章として，正しいものを１つ選び，記号で答えなさい。

ア．地方の人々は，稲のほか，織物や地方の特産品を税としておさめたり，都での土木工事などで働いたりしなければならなかった。

イ．聖武天皇は，京都につくった都に，世の中が平和になることを願って，平安京と名づけた。

ウ．奈良時代には，仏教がすたれ，現世が終わってしまうのではないかという不安や末法の考え方が広まった。

エ．足利義満は，武士たちの領地を保護し，御家人とするとともに，有力な御家人を守護や地頭に任命し，全国を支配した。

4　次の文章を読んで，あとの問いに答えなさい。

2022年で全国水平社が創設100周年をむかえました。全国水平社は，職業につくことや結婚などの差別に苦しんできた人々によってつくられました。「人の世に熱あれ，人間に光あれ」と結ばれる「水平社宣言」は日本初の①人権宣言と言われています。

現代においても，②アイヌの人々や，③日本で暮らす外国人に対する差別や偏《へん》見があります。また，障がいがある人や女性に対する差別の問題も残されています。④日本国憲法に定められている⑤基本的人権を守り，ともに理解し合うことで，偏見や差別のない社会をつくることが大切です。

問１．下線部①，右の写真は，ある国の人権宣言を記した絵画です。左上には古い社会のしくみをあらわす鎖《くさり》を切る女神が，右上には「法」の天使が描かれています。中央に描かれているのは，「理性の目」です。どの国の人権宣言を記したものか，正しいものを１つ選び，記号で答えなさい。

ア．イタリア

イ．ギリシャ

ウ．ドイツ

エ．フランス

オ．ロシア

問２．下線部②，アイヌの人々に関する説明として，正しいものを１つ選び，記号で答えなさい。

ア．かつては，アイヌの人々の文化を否定するような法律もあったが，日本人との同化は求めなかった。

イ．アイヌの伝統や文化をそのまま保存することを定めたアイヌ文化保守法が制定された。

ウ．国会において「アイヌ民族を先住民族とすることを求める決議」が全会一致で採択された。

エ．国際連合において，アイヌの人々を除く，先住民族の権利を守ることを目指す決議がなされた。

問３．下線部③，特定の民族や国籍《せき》の人々を受け入れられないとして，差別的言動をすることが社会的問題となっています。このような差別的言動のことを何と言いますか。解答欄《らん》にあてはまるようにカタカナで答えなさい。

問４．下線部④，次の日本国憲法前文の（　）に入る語句を漢字２字で答えなさい。

> 日本国民は，正当に選挙された国会における代表者を通じて行動し，われらとわれらの子孫のために，諸国民との協和による成果と，わが国全土にわたつて自由のもたらす恵沢《けいたく》を確保し，政府の行為《こうい》によつて再び戦争の惨禍《さんか》が起ることのないやうにすることを決意し，ここに（　　）が国民に存することを宣言し，この憲法を確定する。

問５．下線部⑤，日本国憲法で保障されている基本的人権の内容として，正しくないものを１つ選び，記号で答えなさい。

ア．すべての国民が国や地方公共団体に税金を納めること

イ．すべての国民が生まれながらにして平等であること

ウ．すべての国民が健康で文化的な生活を送る権利があること

エ．すべての国民が仕事に就《つ》いて働く権利があること

【理　科】〈第２回試験〉（社会と合わせて50分）〈満点：50点〉

1　次の会話文を読んで，下の問いに答えなさい。

Ａさん　先週，うちに赤ちゃんが産まれたんだ。

Ｂさん　おめでとう。赤ちゃんはかわいいね。産まれたばかりの赤ちゃんの身長はどのくらいなの？

Ａさん　赤ちゃんの身長は（ あ ）cm ぐらいで，体重は（ い ）kg ぐらいだった。平均的な大きさなんだって。

Ｂさん　赤ちゃんは思ってたより大きいね。確か，受精卵の大きさはおよそ0.14mm だから，お母さんのおなかのなかで（ う ）倍くらいに成長するということだね。

Ａさん　おなかのなかにいる平均的な妊娠《にんしん》期間は（ え ）日だから，その間にとても小さな受精卵が大人の腕《うで》に抱かれるくらいに成長するのは，すごいと思うな。

Ｂさん　①おなかのなかの赤ちゃんは，お母さんの子宮というところで育つんだよね。その部屋のようなところには羊水という特別な水が入っているんだよ。

Ａさん　え！　水のなかで大きくなったの。それじゃあ，肺で呼吸できないから酸素はどうやって受け取っていたのかな。

Ｂさん　おなかのなかの赤ちゃんとお母さんはへそのおでつながっていて，子宮のかべのへそのおがつながるところには胎盤《たいばん》というものがあるよ。（　　お　　）。

Ａさん　なるほど。水のなかでもちゃんと生きていけるしくみをもっているんだね。

Ｂさん　うん，すごいよね。でも，産まれてから肺で呼吸するきっかけは何なんだろう。これから一緒に図書館へ行って調べてみようよ。

Ａさん　ごめん。夕方は私が赤ちゃんを寝かしつけてあげるんだ。②産まれたばかりの赤ちゃんはだいたい３時間おきにお母さんの乳を飲んで，飲み終わったら眠るのをくり返しているよ。明日なら一緒に行けるからね。

Ｂさん　３時間おきにおなかがすくんだね。じゃあ，また明日。赤ちゃんのお世話がんばってね。

(1)　会話文中の（あ），（い）にあてはまる数字の組み合わせとして，もっとも正しいものを１つ選び，記号で答えなさい。

	あ	い
ア	30	5
イ	30	3
ウ	50	5
エ	50	3
オ	70	5
カ	70	3

(2)　会話文中の（う），（え）にあてはまる数字の組み合わせとして，もっとも正しいものを１つ選び，記号で答えなさい。

	う	え
ア	70	360
イ	700	280
ウ	200	360
エ	2000	280
オ	350	360
カ	3500	280

(3)　下線部①を何というか，ひらがな３文字で答えなさい。

(4)　文章中の(お)にあてはまる文として，もっとも正しいものを１つ選び，記号で答えなさい。

ア．胎盤のなかで，お母さんの血管と赤ちゃんの血管がつながっていて，お母さんの血管から赤ちゃんの血管へ血液がながれることで，酸素などの物質をわたしているんだよ

イ．胎盤では，お母さんの血液に含まれる酸素などの物質のみがうすい膜《まく》を通って，赤ちゃんの血液へわたしているんだよ

ウ．胎盤では酸素がつくられ，赤ちゃんの血液へわたしているんだよ

エ．胎盤は赤ちゃんとへそのおをつなぐはたらきだけをしていて，羊水のなかにとけている酸素を呼吸に使っているんだ

(5)　下線部②のように，親が子に乳を飲ませて育てる動物を何類というか，解答らんにあてはまるようにカタカナで答えなさい。

(6)　図１は，ヒトの肺についてのもので，Ⓐは鼻や口から吸う息が通る管を示しています。この管を何というか，答えなさい。

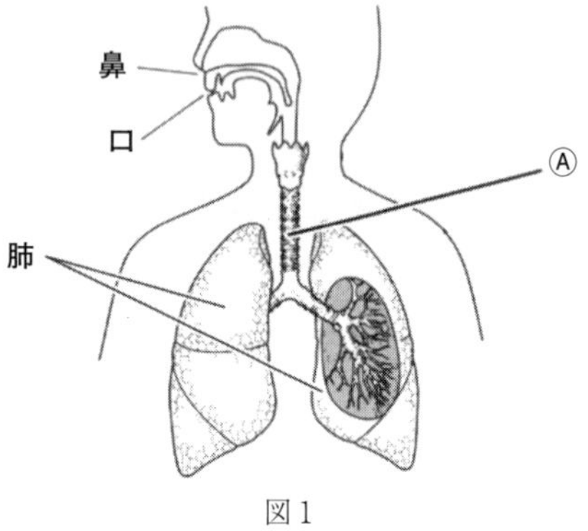

図１

(7)　呼吸をするときのろっ骨とおうかく膜(胸部と腹部との間のしきり)の関係の説明として，もっとも正しいものを１つ選び，記号で答えなさい。

ア．息を吸うとき，ろっ骨が広がり，おうかく膜が上がって胸部が広がると，肺に空気が入る。息をはくとき，おうかく膜が下がり，二酸化炭素の多い息が排出《はいしゅつ》される。

イ．息を吸うとき，ろっ骨がせばまり，おうかく膜が上がって胸部が広がると，肺に空気が入る。息をはくとき，おうかく膜が下がり，酸素の多い息が排出される。

ウ．息を吸うとき，ろっ骨が広がり，おうかく膜が下がって胸部が広がると，肺に空気が入る。息をはくとき，おうかく膜が上がり，二酸化炭素の多い息が排出される。

エ．息を吸うとき，ろっ骨がせばまり，おうかく膜が下がって胸部が広がると，肺に空気が入る。息をはくとき，おうかく膜が上がり，酸素の多い息が排出される。

2　図２のように，鉄の棒のまわりに導線を巻き，かん電池につないで電磁石を作りました。次の問いに答えなさい。

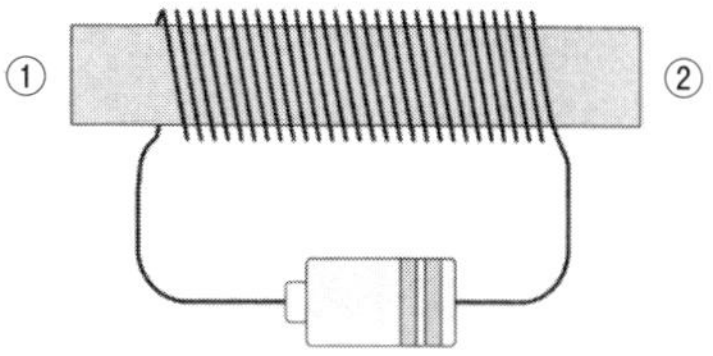

図２

(1)　図２の電磁石のＮ極は，図２の①側か②側か，番号で答えなさい。

(2)　電磁石の性質について，正しくないものをすべて選び，記号で答えなさい。

ア．導線に流れる電流の向きによって，電磁石のＳ極とＮ極を変えることができる。

イ．鉄の棒のまわりに導線を巻く向きだけを変えても，電磁石のＳ極とＮ極は変わらない。

ウ．鉄の棒の太さを太くしても，電磁石の強さは変わらない。

エ．導線に電流が流れている間だけ，電磁石になっている。

＜実験１＞

図４のように鉄の棒のまわりに導線を巻いたものを図３のＡ，Ｂ，Ｃ，Ｄの位置にそれぞれつなぎ，図２と同じかん電池を２個直列につないだ回路を作った。

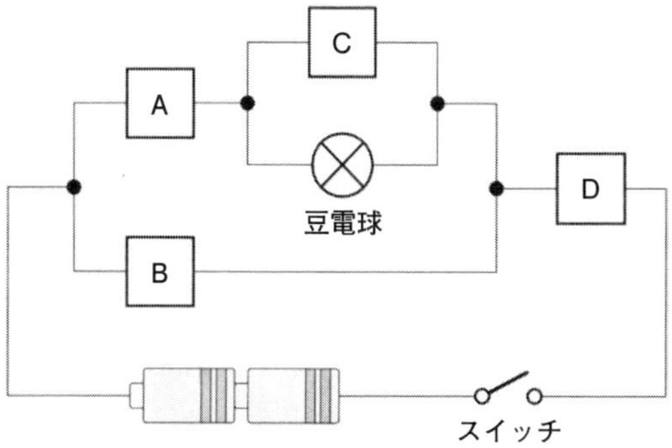

図３

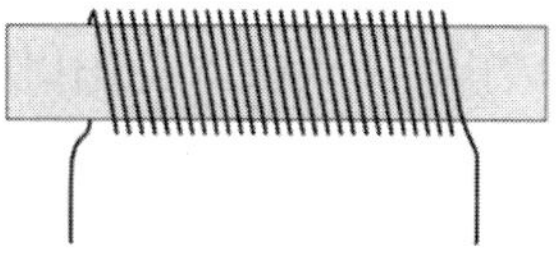

図４

(3)　図３につないであるＡ～Ｄの４つの電磁石に最大でクリップが何個つくか調べたところ，数にちがいがありました。もっともたくさんクリップがついた電磁石はＡ，Ｂ，Ｃ，Ｄのどれか，記号で答えなさい。

(4)　(3)ではそれぞれの電磁石につくクリップの数にちがいがありました。その原因は何の大きさのちがいか，答えなさい。

＜実験２＞

図２の電磁石でつなげた電池の個数と鉄の棒のまわりに巻いた導線の巻き数を変化させて，クリップのついた数を調べたところ，表１のようになった。ただし，電池をつなぐ場合は直列つなぎとする。

表１

電磁石	あ	い	う	え	お
電池の個数	１個	１個	２個	４個	５個
巻き数	150回	200回	50回	100回	②
クリップがついた数	９個	12個	６個	①	18個

(5)　表１の空らん①に入るクリップがついた数は何個か，答えなさい。

(6)　表１の空らん②に入る巻き数は何回か，答えなさい。

3 日本列島の火山は世界の火山の約７％を占《し》めるといわれています。火山について，次の問いに答えなさい。

(1) 2021年８月中旬《ちゅうじゅん》に福徳岡ノ場《ふくとくおかのば》の海底火山が噴火《ふんか》し，2021年10月中旬ごろに沖縄本島に火山噴出物《ふんしゅつぶつ》である軽石が達したことがニュースになりました。軽石が約２か月間かけて福徳岡ノ場から沖縄本島に達した理由は何か，もっとも正しいものを１つ選び，記号で答えなさい。

ア．軽石は空気中をただよい，主に偏西風《へんせいふう》によって福徳岡ノ場から沖縄本島に運ばれた。

イ．軽石は空気中をただよい，主に貿易風によって福徳岡ノ場から沖縄本島に運ばれた。

ウ．軽石は海に浮かび，主に黒潮によって福徳岡ノ場から沖縄本島に運ばれた。

エ．軽石は海に浮かび，主に黒潮反流によって福徳岡ノ場から沖縄本島に運ばれた。

(2) マグマが火口から地表に流れ出た液体状のものや，またそれが冷えてできたものを何というか，ひらがなで答えなさい。

(3) 2022年１月15日（日本時間）にトンガ諸島《しょとう》の火山で大規模噴火が発生しました。日本では海面水位の変化が観測されたことがニュースになりました。日本で観測された海面水位の変化は，通常の津波《つなみ》の速さから予測される到達《とうたつ》時刻よりも早くなりました。この観測された海面水位の変化は通常の津波とは異なる性質がありました。その原因として，もっとも正しいものを１つ選び，記号で答えなさい。

ア．トンガ諸島の火山の噴火による山体崩壊《ほうかい》に伴う海面水位の変化と考えられている。

イ．トンガ諸島の火山の噴火による気圧波に伴う海面水位の変化と考えられている。

ウ．トンガ諸島の火山の噴火による火砕流《かさいりゅう》に伴う海面水位の変化と考えられている。

エ．トンガ諸島の火山の噴火による地震発生に伴う海面水位の変化と考えられている。

(4) 図５は富士山の火山灰の降灰の可能性マップです。図５についての説明として，もっとも正しいものを１つ選び，記号で答えなさい。

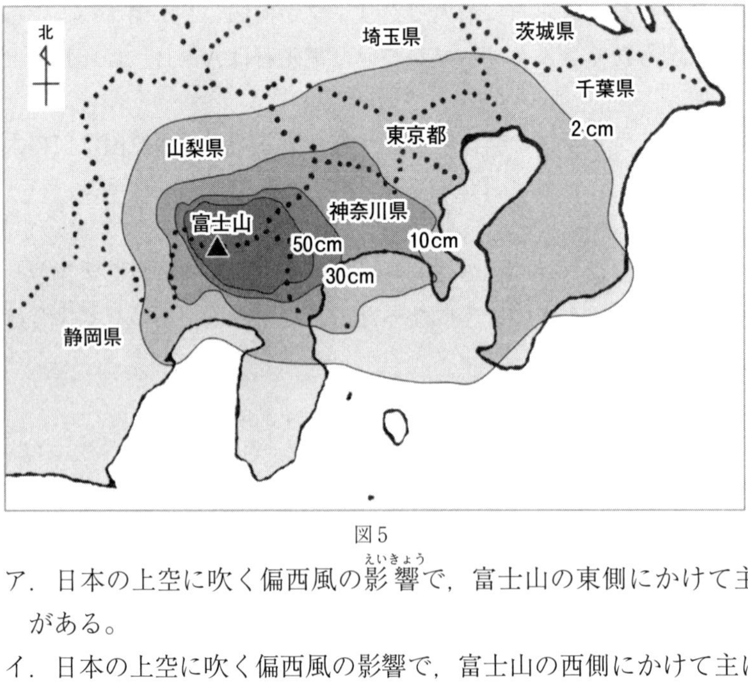

図５

ア．日本の上空に吹く偏西風の影響《えいきょう》で，富士山の東側にかけて主に火山灰が降灰する可能性がある。

イ．日本の上空に吹く偏西風の影響で，富士山の西側にかけて主に火山灰が降灰する可能性がある。

ウ．日本の上空に吹く貿易風の影響で，富士山の東側にかけて主に火山灰が降灰する可能性がある。

エ．日本の上空に吹く貿易風の影響で，富士山の西側にかけて主に火山灰が降灰する可能性がある。

(5)　日本の主な活火山の分布を表した図として，もっとも正しいものを１つ選び，記号で答えなさい。ただし，図中の▲は活火山の位置を示しています。

ア．

イ．

ウ．

エ．

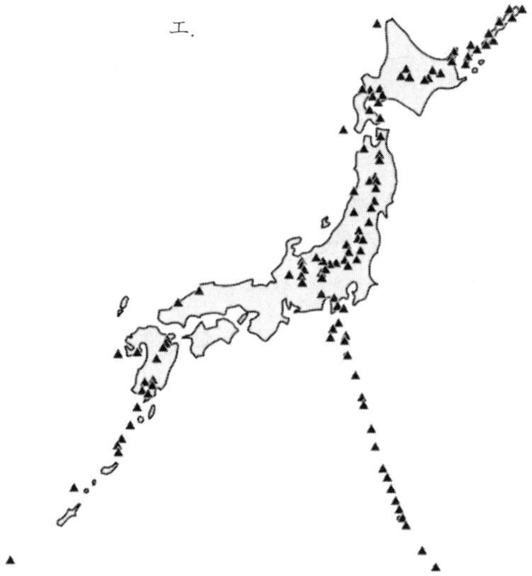

4 木の蒸し焼きに関する文章を読んで，下の問いに答えなさい。

図６のように，乾燥《かんそう》した木片《もくへん》を試験管の中に入れ，(　あ　)をあたえないようにして強く熱することを「かん留《りゅう》」という。かん留をすると乾燥した木片から白いけむりと，かん留液が発生する。かん留液をしばらく放置すると二層に分離し，上の層は，こい黄色の液体の(　い　)，下の層はこげ茶色のどろどろした(　う　)に分かれた。かん留した後の試験管には黒い固体が残った。

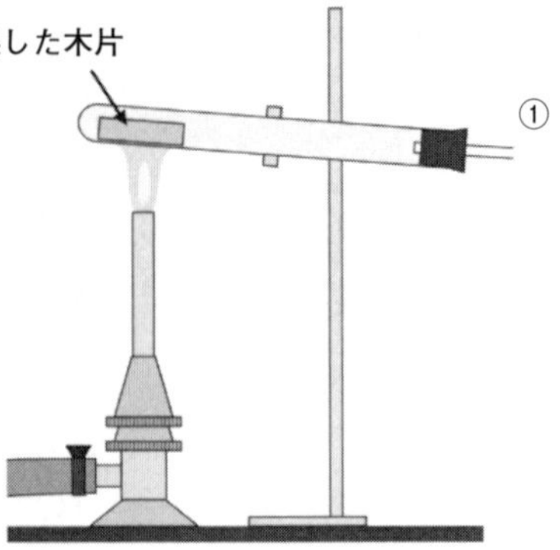

図６

(1)　文章中の(あ)，(い)，(う)にあてはまる語句の組み合わせとして，もっとも正しいものを１つ選び，記号で答えなさい。

	あ	い	う
ア	酸素	木さく液	木タール
イ	酸素	木タール	木さく液
ウ	二酸化炭素	木さく液	木タール
エ	二酸化炭素	木タール	木さく液

(2)　実験を安全に行うために，図６のように試験管の底を上げて加熱する必要があります。その理由となるように次の文中の(　)に入る内容を答えなさい。

生じた液体によって(　　　　　)ため。

(3)　図６の①の部分に火のついたマッチを近づけるとどのような変化が生じるか，もっとも正しいものを１つ選び，記号で答えなさい。

ア．マッチの火が消える。

イ．①の部分から出る気体に火がつく。

ウ．①の部分から出る気体によってマッチについた火が激しくなる。

エ．試験管の中の物質に火がつく。

(4)　(い)を緑色を示しているBTBよう液の中に入れたときの色の変化として，もっとも正しいものを１つ選び，記号で答えなさい。

ア．無色に変化する。

イ．緑色のまま変化しない。

ウ．赤色に変化する。

エ．黄色に変化する。

オ．青色に変化する。

(5)　試験管に残る黒い固体の性質として，正しいものをすべて選び，記号で答えなさい。

ア．水にとける。

イ．空気中で燃やすと炎《ほのお》を出して燃える。

ウ．乾燥した木片より軽い。

エ．においを吸収する物質として用いられる。

オ．炭素からできている。

ような、とんでもない所へ私自身を連れて行ってくれるような物語を書かなければ、やはり書いている私自身もおもしろくない。自分が予想した通りのラストシーンになったのでは、6小さな小説しか書けないと思います。

私も若い時は、[7]がいちばん重要な問題でした。自分が何者かということを知ろうとして小説を書いていました。二十年ほど書いてきて自分がそんなにこだわるほどの人間じゃないことがだんだんわかってきました。いったん自分から離れて、自分が想像も予想もしなかったような広い場所に立って世界を観察する。観察者になるという姿勢を持った時、生きている人間も死んでいる人間も、自分も他人も動物も草も花もみんな、あらゆるものが平等に見えてきた。自分自身に埋没《まいぼつ》しないという姿勢で、書いていこうと思うようになったのが、この一、二年ぐらいでしょうか。そのことに少しずつ気づきながら、小説を書くことが喜びでもあり、また苦しい作業であるということを学んでいる最中です。

（小川洋子『物語の役割』による）

※『リンデンバウム通りの双子』、『博士の愛した数式』…いずれも、小川洋子の作品。

※ルート…『博士の愛した数式』に登場する、「私」の十歳になる息子。

問1　――線部1「このこと」とはどんなことですか、解答らんに続くように、本文中の言葉を使って七十字以内で答えなさい。

問2　――線部2「死者の声を聞き取ろうと、じっと耳をすませます」とありますが、どのような行動ですか。

ア．すでに亡くなった人たちを悼《いた》む行動

イ．死者と直接対話をしようとする行動

ウ．自分の経験を思い起こそうとする行動

エ．死者について調査をしようとする行動

オ．過去の出来事を見つめようとする行動

問3　――線部3「正反対のように見える概念」とありますが、なぜ筆者は、「ように見える」という書き方をしているのですか。

問4　[4]にあてはまる言葉はどれですか。

ア．しかし　イ．むしろ　ウ．だから

エ．まるで　オ．つまり

問5　――線部5「作家自身が小細工したりこねくり回したりできる範囲は非常にせまいものでしかない」とありますが、なぜですか。

問6　――線部6「小さな小説」とはどのような小説ですか。

ア．「私」の個人的な体験が描かれる小説

イ．「私」だけが楽しむ「私」好みの小説

ウ．「私」が気軽に書ける分量の短い小説

エ．「私」が予想した通りに展開する小説

オ．「私」の身近にある出来事を描く小説

問7　[7]にあてはまる言葉を、本文中から漢字四字で抜き出しなさい。

ういうことのできない状況に陥っている。これとまったく正反対に数は永遠です。比喩《ひゆ》的な永遠ではなく、絶対的な永遠です。一方、博士たちが暮らしている、過ごしている時間は一瞬です。この間に橋をかけることが必要になってきたわけです。永遠と一瞬。あるいは、数と言葉。3正反対のように見える概念《がいねん》を、一つの王国の中に共存させたいと思って書いたのが『博士の愛した数式』です。結局、八十分をくり返し生きている三人は、ハムスターが小さなカゴの中でくるくる回っているように、八十分をくり返すことで、ある種の永遠を感じているのです。八十分は一瞬だけれども実は永遠であるというふうに、本来矛盾《むじゅん》するものが矛盾しないで共存できた。［4］この三人は至《し》福《ふく》の時を過ごすことができたのではないかなと思います。

このような一瞬と永遠を一つの島に共存させるということからイメージ、情景を思い浮かべる。つまり博士が住んでいる離《はな》れのイメージが浮かぶ、でもそこはすでに廃墟《はいきょ》になっています。自分がそこに立っている。ここに昔、小さな離れが建っていて、記憶に障害《しょうがい》を負った老いた数学者が住んでいた。そこに家政婦さんがやってくる。子どもがやってくる。そこにいったい何が起こるだろうか。それを想像して書いたわけです。

その情景、映像を想像するのに最も大きな役割を果たしてくれたのが友愛数です。「友愛」という言葉と出会ったときに「あっ、この博士とルートと家政婦さんの関係は友愛なんだな」とわかって、その２２０と２８４という二つの友愛数が円を描いているイメージが浮かんできた。ハムスターの回る円のように、２２０と２８４が切れない円の関係にある。それで、博士が離れの食堂で、家政婦さんに「君の誕生日の2月20日と僕の腕時計に刻まれている２８４という数字は、こんな奇跡《きせき》の関係にあるんだよ。星を結んで一つの星座ができるように、君の誕生日と僕の手首に刻まれている数字は、神様の計らいによって結ばれているんだ」と、広告の裏に書いて話して聞かせる場面が思い浮かんできたのです。

そうすれば、博士がどういう人かということが、その場面に自然に現れてくるわけです。友愛数について話すとき、博士が怒ったような口調で言うわけがない。では、どんな口調でしゃべるか。それを家政婦さんがどんな表情で聞くか。家政婦さんのこれまでの生活にはまったくなかった発見です。自分の誕生日とこの老人の時計の数字にそんな秘密がかくされていたなんて、というふうに面食らう。まったくそんなことと無関係な実務《じつむ》の世界に生きていた彼女が、そこにかくされていた秘密と初めて出会う。二人の関係がそこでどういうふうに育まれていくか。二人が座っているその食堂の風景。たぶん窓の外には緑があるだろう。西日がさしてきているだろう。その食卓はきっと使いこまれて傷だらけになっている。流し台では家政婦さんが作りかけているお鍋《なべ》が湯気を出しているだろう……。というように、あらゆるものが見えてくる。考えるのではなく、あくまで見えてくるのです。

私が何か小細工をあえてしたとすれば、数学者と子どもを組み合わせたらおもしろいだろうなと思っただけです。でもそれも数学者の伝記をいろいろ読んで、異常なほどに子ども好きな数学者が多いことに気づいただけで、数学者と子どもはベストマッチだというのも、私がオリジナルで考えたわけではありません。

そういうふうに考えてくると、5作家自身が小細工したりこねくり回したりできる範囲《はんい》は非常にせまいものでしかない。私はただ誰かが落としていった記憶のかけらを拾い集めて、その人が言葉にできなかったことを、たまたま自分に言葉という手段があったから小説にしただけです。その物語は語られるのを待っていて、それを私が見つけただけなのです。私の貧しい頭の中で考えることのできる範囲は、たいへんささやかなものですので、私の小さな思考回路をまったく裏切る

いると考えられますか。

ア．笑ってごまかそうとする本心をパーチに見すかされていること。

イ．おしゃべりに夢中で冷えてしまったパーチが悲しんでいること。

ウ．チョーさんの切り返しに黙る私をパーチがあわれんでいること。

エ．傷ついた記憶を思い起こした私をパーチがなぐさめていること。

オ．黙っている私の姿が冷め切ったパーチと同じように見えたこと。

問６　――線部６「原稿用紙は幼い私に、無限に広がる宇宙を見せてくれた」とありますが、どのようなことを言おうとしているのですか。

問７　――線部７「ある変化」とありますが、どのような変化ですか。

問８　――線部８「己の『淀み』」とは何を表していますか。本文中から五字で抜き出しなさい。

三　次の文章を読んで、後の問いに答えなさい。

小説を書いているときに、ときどき自分は人類、人間たちのいちばん後方を歩いているなという感触《かんしょく》を持つことがあります。人間が山登りをしているとすると、そのリーダーとなって先頭に立っている人がいて、作家という役割の人間は最後尾《さいこうび》を歩いている。先を歩いている人たちが、人知れず落としていったもの、こぼれ落ちたもの、そんなものを拾い集めて、落とした本人でさえ、そんなものを自分が持っていたと気づいていないような落とし物を拾い集めて、でもそれが確かにこの世に存在したんだという印を残すために小説の形にしている。そういう気がします。

1このことは、小説を書いていると死んだ人と会話しているような気持ちになる、ということと同じ意味合いを持っています。ここに、私がくり返している思いを象徴《しょうちょう》するような本があります。フランス人作家、パトリック・モディアノが書いたノンフィクション作品『１９４１年。パリの尋ね人』です。

〈中略〉

本書の前書きでモディアノは、寄せられた批評の中で最も心打たれた一文として、次のような言葉を挙げています。

「もはや名前もわからなくなった人々を死者の世界に探しに行くこと、文学とはこれにつきるのかもしれない」

書くことに行きづまった時、しばしば私はこの文章を読み返します。そして心を落ち着かせ、2死者の声を聞き取ろうと、じっと耳をすませます。次に書くべき言葉をじたばた探そうとするのではなく、耳をすませる。するとまた、書くことのリズムが戻ってくるような気がするのです。

ですから、自分の経験した過去を書く必要はないわけです。人が落としていった記憶を想像していけばいい。過去を見つめるという態度は、作家が観察者になることです。小説の中でも語り手は常に観察者です。※『リンデンバウム通りの双子《ふたご》』の場合であれば「僕」。※『博士の愛した数式』の場合は家政婦さんの「私」ということになります。『博士の愛した数式』の場合も、やはり橋をかける作業が行われています。博士がいて、※ルートがいて、私(家政婦さん)がいる。この三人が非常に安定した強固な関係を築けるのはなぜかというと、博士の記憶が八十分しかないからです。彼は、一瞬をくり返しているだけなのです。継続《けいぞく》した時間の中でお互《たが》いの人格をぶつけあったり、情念を戦わせたりしていない。八十分しか記憶がもたないということで、それるようになりたい。他者の声に、自分の声をやわく重ねてみることで、新しい物語が奏でられるかもしれない。
　フィンランドの澄《す》んだ青空と、湖の光を、私はまぶしく思い出す。目をそらさずにいたい。他者を映す、自分という小さな湖。その水底を絶えず見つめて、**8**己の「淀《よど》み」と闘《たたか》っていこう。キレイではない淀んだ自分も引き受けるのだ。それが、私なりの「逃げない」生き方だから。

（文月悠光『臆病な詩人、街へ出る。』による）

※搾取…人の権利、利得を誰かが取ること。
※処世術…社会で生きぬいていくための手段。

問１　――線部１「受身の人に『搾取』されている」とはどういうことですか。

ア．積極的な人だと見られて、相手を不快にさせるのではと不安になること。
イ．積極的な人だと見られて、すべての役割を任されてしまうこと。
ウ．積極的な人だと見られて、人任せの態度の人にいら立ってしまうこと。
エ．積極的な人だと見られて、重荷を背負ってくれると思われてしまうこと。
オ．積極的な人だと見られて、他人を楽しませなければならないこと。

問２　――線部２「再びひやりとする」のはなぜですか。

ア．自分も結局人任せの人間だと思われていると感じたから。
イ．自分の行動によって嫌《いや》な記《き》憶《おく》を思い出させたと感じたから。
ウ．自分といる時間が楽しくないと思われていると感じたから。
エ．自分が積極的になることは不可能だと改めて感じたから。
オ．自分の積極的な態度を不快に思われていると感じたから。

問３　――線部３「周りを気づかっているようでいて、すごく利己的な気がします」とありますが、どのような点が利己的だというのですか。

ア．相手を怒らせてしまうのではないかという恐怖にとらわれている点。
イ．申し訳なさそうな態度を過剰に示すことが相手に失礼になっている点。
ウ．自分が悪者にならないために、相手を悪者にしてしまおうとする点。
エ．傷つきたくないという理由から自分を守ることばかりを考えている点。
オ．自分のことだけで精いっぱいで、他人への興味を持とうとしない点。

問４　――線部４「男性の肩を持ちたくなった」のはなぜですか。

ア．結局自分が傷つきたくないだけだというチョーさんの意見が、私自身は違うと感じたから。
イ．過去に傷ついた経験から申し訳なく感じている男性に、チョーさんは厳しいと思ったから。
ウ．過去に傷ついたことで自信のない態度を取るようになった男性が、私自身と重なったから。
エ．男性の態度には疑問を感じつつも、憤るチョーさんをなだめるためには仕方なかったから。
オ．過剰に申し訳なさそうな態度を取る男性の態度に、いら立った経験が私自身にもあったから。

問５　――線部５「冷め切ったパーチ（白身魚）のフライが、皿の上から私を見つめていた」とありますが、どのようなことを表現して

彼女はその例として、過剰《かじょう》に申し訳なさそうな態度を取る男性にいら立った経験を話してくれた。

「申し訳なさそうな態度を取るだけで、実際の行動をあらためないのは、『悪者に見られたくない』からですよね。結局、自分が傷つきたくないだけなんですよ」とワイングラスを片手に憤《いきどお》るチョーさん。

確かにその通りだが、4男性の肩を持ちたくなった私は、ついボソリとつぶやいた。

「うーん……。その人なりの※処世術《しょせいじゅつ》なんじゃないかな。過去に傷ついた反省で、そういう自信のない態度を取るようになったとか……」

「それって自分のことですか?」

「……」

チョーさんの鋭《するど》い切り返しに、もはや黙《だま》るしかない。えへら、と苦笑いしてうつむくと5冷め切ったパーチ(白身魚)のフライが、皿の上から私を見つめていた。

ボディペイントの作品が注目され、数々のテレビ番組に出演したチョーさんは、「臆病《おくびょう》さ」の問題を次のように捉《とら》えているという。

「『絶対失敗したくない』仕事って、つまらない結果になることが多いんですよ。誰の反感も買わないように、クレームが来そうなモチーフやアイディアを削《けず》っていって。配慮《はいりょ》を重ねて、あれもダメ、これもダメ、って限定していくと、ビックリするほどつまらないものができあがるの。『失敗したくない、怒られたくない』という考えで動く人の人生も、そういう残念な作品と同じ結果になるんじゃないかな」

行動を起こさないまま、現状を嘆《なげ》くばかりだった過去の自分が思い起こされ、情けなくなった。私が目指してきた人生は、そもそも「つまらない」ものではなかったはずだ。

子どもの頃にあこがれていたのは、苦境《くきょう》に負けることなく、自ら道を切り開いた偉人《いじん》たち。図書室に並んでいた、アンネ・フランクや与《よ》謝野晶子《さのあきこ》、樋口一葉《ひぐちいちよう》の輝《かがや》かしい生涯《しょうがい》の物語。そこに一歩でも近づくために、私は大好きな「書くこと」に的を絞《しぼ》り、言葉を紡《つむ》ぐことに全《ぜん》霊《れい》を捧《ささ》げてきたつもりだ。

詩を書いているときだけは、教室で息をつまらせている自分や、さえない容姿へのコンプレックスも忘れることができた。6原稿用紙は幼い私に、無限に広がる宇宙を見せてくれた。

だが、言葉の世界に没頭《ぼっとう》するあまり、私は「人生」の舵《かじ》を取ることを放棄《ほうき》してしまったように思う。

帰国から約三ヶ月が経った現在、7ある変化を実感している。私は自分の臆病な性格を「全肯定《こうてい》」することも、「全否定」することもしなくなった。大ざっぱに切り捨てるのではなく、もっと丁寧《ていねい》に自分の欠点を見ていくべきだ。それは、チョーさんと日々を共にして気づいたことでもあった。本音で語る彼女の言動は、ときに厳しいものだったが、こちらが「私ってダメだな……」と自己否定に陥《おちい》ると、「だけど、ふづきさんみたいに他人を許せる寛容《かんよう》さは私にはないよ」「ふづきさんは『客観的に見れば……』って話を整理するよね」と必ず温かいフォローを入れてくれた。

「自己否定」の形ではなく、自分の欠点をじっくりと反省することができたのは初めての経験だった。そこまで辛抱《しんぼう》強く自分と向き合ってくれる友人も、チョーさんのほかにいない。

そして彼女は、共に新たな表現を切り開く、貴重な戦友でもある。

臆病な私もすべてを恐れてきたわけじゃない。言葉と共にまっすぐに歩んできたつもりだ。

これからは自分の内側の声ばかりではなく、他者の声に耳を傾《かたむ》けら

エ．名月や池をめぐりて夜もすがら

オ．旅に病んで夢は枯《か》れ野をかけめぐる

二　次の文章を読んで、後の問いに答えなさい。

料理の待ち時間、私は自分の受身《うけみ》すぎる態度を省みながら、「消極的な性格ゆえに、相手に利用された経験」についてチョーさんに話した。

たとえば、延々《えんえん》と仕事の愚痴《ぐち》を聞かされたり、一方的な相談役にされてしまったり。私が相手を否定できないことを見透《みす》かされ、相手に「利用」されているように感じたこと——。

「なるほど。私は逆に、1受身の人に『※搾取《さくしゅ》』されているんじゃないか、と思うことがあるんです」

ラムの煮《に》こみ料理にナイフを入れながら、チョーさんは続けた。

「『チョーさんがいると楽しませてもらえる』と期待されて、飲み会に呼ばれたり、遊びに誘《さそ》われたりすることが多くて。積極的に見られて、すべての役割を任されてしまうんです。でも私自身は、元々そこまで外向的じゃない。がんばって場を盛り上げているんです」

どきりとした。私も「チョーさんと一緒にフィンランドに行ったら、きっと楽しいだろう」と出発前に思っていたからだ。でも、そんな風に役割を背負わせるのは、重荷だっただろう。

「受身の人は、人任せのふるまいを許されてきたのか、『何もしなくても誰かがやってくれる』『私を楽しませてくれる』という態度の人が多くて。こっちが与《あた》え続けることになって、すごく疲《つか》れるんですよね」

「そうだよね。ごめん……」

「いや、ふづきさんのことを言ったわけじゃないですよ……。でも、ふづきさんの受身な態度を見ていると、そういう人のことを思い出すときがあります」

チョーさんがポツリともらした一言に、2再びひやりとする。

今日にしても、地図でレストランの場所を確かめたのも彼女だし（私は一緒にのぞきこむだけ）、ウェイトレスさんを呼び、英語で注文を取り付けたのも彼女だ（私は同じくメニューをのぞきこんで、申し訳程度に単語を発するくらい）。いくら彼女が積極的なコミュニケーションに長《た》けていても、私がこんなに人任せでは疲れてしまうだろう。

「受身な人は積極的な人を探すけど、積極的な人同士で関わると超楽しいんですよ！　行く場所もすぐ決まるし、役割を分担《ぶんたん》できるし」

その言葉を聞き、私も積極的になれるよう努力してみようかな、と一瞬《いっしゅん》心が動く。

「チョーさんは、人とコミュニケーション取るのが上手だよね。どうやってうまくなったの？」

私の言葉に、彼女は肩《かた》をすくめた。

「本当はひどい人見知りですけどね。私は人を楽しませたいから、積極性を演じてるんです」

人を楽しませたい……。

私は初日にチョーさんから「他人に興味がないのか」と言われたことを思い起こした。自分には、そもそも「人を楽しませたい」という欲がうすい。代わりに「相手を不快にさせたくない、怒らせたくない」という「恐《おそ》れ」が行動の指標になっているようだ。

「思い通りの反応が返ってくるとは限らないと思うと、怖くて口を開けないんだよね。楽しませる以前に、相手を怒らせない無難《ぶなん》な回答を考えちゃうな……」

私がもらした言葉に、チョーさんは首をひねった。

「それって、3周りを気づかっているようでいて、すごく利己的な気がします」

2023年度

日本大学第二中学校

【国語】〈第二回試験〉（五〇分）〈満点：一〇〇点〉

注意　選択肢《せんたくし》がある場合は、指示がないかぎり最もふさわしいものを記号で答えなさい。また、抜《ぬ》き出して答える場合は、句読点・記号も字数に含《ふく》みます。

一

次のそれぞれの問いに答えなさい。

問１　次の——線部の漢字の読みをひらがなで書きなさい。

① 家庭科の授業で布を裁つ。

② 外国に門戸を開放する。

③ 蒸気機関車の仕組みを学ぶ。

④ 人としての道を説く。

問２　次の——線部のカタカナを漢字に直しなさい。

① ザッシの取材を受ける。

② 誰からもコウイを持たれる。

③ キチョウ品を大切に保管する。

④ センレンされた動きに夢中になる。

問３　次の言葉と同じような意味になる二字の熟語を、後の【語群】の漢字を組み合わせて答えなさい。

① 消息

② 承認

【語群】　信　安　成　許
　　　　心　音　功　可

問４　次の□に同じ漢字を一字入れて、四字熟語を完成させなさい。

① □信□疑

② □画□賛

③ □体□命

問５　次の□にあてはまる色を漢字一字で答えなさい。

① 年齢を重ね、いぶし□の働きをする。

② □輪際同じミスをくり返さないと誓《ちか》う。

問６　次のことわざの意味として、正しくないものはどれですか。

ア．雨だれ石をうがつ
…わずかなことでも、度重なれば大きなことになること。

イ．魚心あれば水心
…相手の態度によってこちらの態度も決まること。

ウ．下手の横好き
…時間をむだにするばかりで何の効果もないこと。

エ．三つ子の魂《たましい》百まで
…幼いころからの性格は大人になっても変わらないこと。

オ．木を見て森を見ず
…小さいことに心をうばわれて、全体を見通さないこと。

問７　次の作者と作品名の組み合わせとして正しくないものはどれですか。

ア．『雪国』…川端康成《かわばたやすなり》

イ．『よだかの星』…宮沢賢治《みやざわけんじ》

ウ．『トロッコ』…芥川龍之介《あくたがわりゅうのすけ》

エ．『吾輩は猫である』…志賀直哉《しがなおや》

オ．『走れメロス』…太宰治《だざいおさむ》

問８　次の俳句で字余りになっている句はどれですか。

ア．ゆく春や鳥なき魚の目は涙

イ．秋深しとなりは何をする人ぞ

ウ．五月雨を集めてはやし最上川《もがみがわ》

2023年度

日本大学第二中学校 ▶解説と解答

算　数 ＜第２回試験＞（50分）＜満点：100点＞

解　答

[1] (1) 1　(2) $\frac{1}{4}$　(3) 7　(4) 55　(5) 730　[2] (1) 16　(2) 364円　(3) 2700円　(4) 23度　(5) $3\frac{5}{9}$cm　[3] (1) 分速130m　(2) 4200m　(3) 44分33秒後　[4] (1) ア 1　イ 4　(2) 8.4点　(3) 9.25点　[5] (1) 6.5cm　(2) $2\frac{2}{3}$cm　[6] (1) 10.8cm　(2) 4個

解　説

[1] 計算のくふう，四則計算，逆算，数列，整数の性質

(1)　$0.125\times11+0.375\times9-0.625\times6=\frac{1}{8}\times11+\frac{3}{8}\times9-\frac{5}{8}\times6=\frac{11}{8}+\frac{27}{8}-\frac{30}{8}=\frac{8}{8}=1$

(2)　$\left\{1\frac{2}{9}+\frac{4}{7}\times\left(1\frac{1}{6}-\frac{7}{8}\right)\right\}\div5\frac{5}{9}=\left\{\frac{11}{9}+\frac{4}{7}\times\left(\frac{7}{6}-\frac{7}{8}\right)\right\}\div\frac{50}{9}=\left\{\frac{11}{9}+\frac{4}{7}\times\left(\frac{28}{24}-\frac{21}{24}\right)\right\}\div\frac{50}{9}=\left(\frac{11}{9}+\frac{4}{7}\times\frac{7}{24}\right)\div\frac{50}{9}=\left(\frac{11}{9}+\frac{1}{6}\right)\div\frac{50}{9}=\left(\frac{22}{18}+\frac{3}{18}\right)\div\frac{50}{9}=\frac{25}{18}\times\frac{9}{50}=\frac{1}{4}$

(3)　3×(2＋□)－7＝20より，3×(2＋□)＝20＋7＝27，2＋□＝27÷3＝9　よって，□＝9－2＝7

(4)　3番目は，1＋1＝2，4番目は，1＋2＝3，5番目は，2＋3＝5，6番目は，3＋5＝8，7番目は，5＋8＝13，…のように，3番目からは，1つ前と2つ前の数の和が順に並んでいる。よって，8番目は，8＋13＝21，9番目は，13＋21＝34，10番目は，21＋34＝55となる。

(5)　12，18，24のどの数で割っても10あまる数で，最も小さい数は10である。また，12，18，24の最小公倍数は72だから，12，18，24のどの数で割っても10あまる数は，10に72を次々と加えていった数となる。よって，(700－10)÷72＝9あまり42だから，10＋72×9＝658，10＋72×10＝730より，700に最も近い数は730とわかる。

[2] 相当算，売買損益，差集め算，角度，相似，水の深さと体積

(1)　大きい方の数は小さい方の数の1.5倍で，その差が8だから，小さい方の数の，1.5－1＝0.5(倍)が8になる。よって，小さい方の数は，8÷0.5＝16とわかる。

(2)　定価から64円引いて売ると，利益が20円だったので，定価で売ると，利益は，20＋64＝84(円)になる。これが原価の30％だから，原価は，84÷0.3＝280(円)とわかる。よって，定価は，280＋84＝364(円)である。

(3)　1ヶ月に貯金する金額を，400－300＝100(円)増やすと，貯金できる金額は，900－300＝600(円)増える。よって，貯金する期間は，600÷100＝6(ヶ月)だから，この商品の値段は，300×6＋900＝2700(円)とわかる。

(4)　下の図1で，三角形CDBはBC＝CDの二等辺三角形なので，(か)＝(180－42)÷2＝69(度)となる。また，三角形EADはAE＝DEの二等辺三角形で，(い)＝(う)だから，三角形EADについて，(え)＝

㋒＋㋑＝㋑×２とわかる。さらに，三角形CDEもCD＝DEの二等辺三角形で，㋔＝㋓＝㋑×２だから，三角形CADについて，㋕＝㋑＋㋔＝㋑＋㋑×２＝㋑×３とわかる。よって，㋑×３＝69(度)より，㋑＝69÷３＝23(度)と求められる。

図１

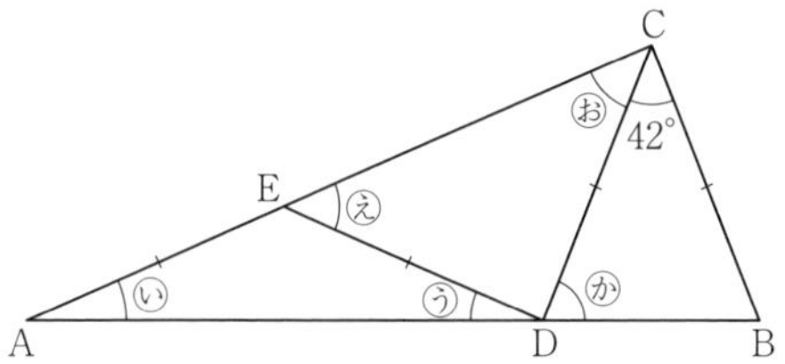

図２

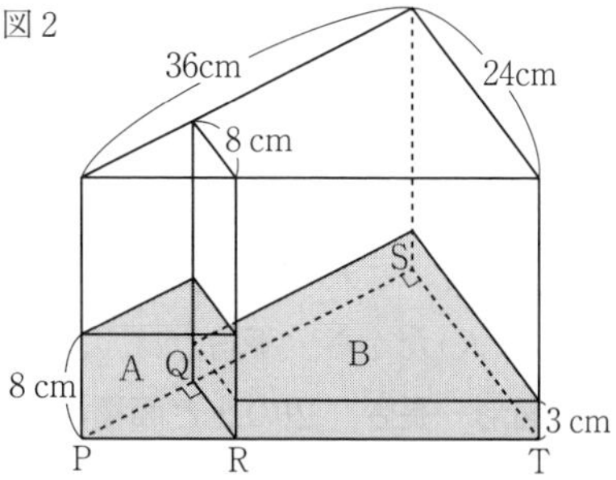

(5)　上の図２で，三角形PQRと三角形PSTは相似で，相似比は，QR：ST＝８：24＝１：３だから，PQの長さは，36×$\frac{1}{3}$＝12(cm)である。また，Ａの部分の底面積(三角形PQRの面積)は，12×８÷２＝48(cm^2)，三角形PSTの面積は，36×24÷２＝432(cm^2)だから，Ｂの部分の底面積(台形QRTSの面積)は，432－48＝384(cm^2)と求められる。よって，ＡとＢの部分に入っている水の体積の和は，48×８＋384×３＝384＋1152＝1536(cm^3)となるから，仕切りをはずしたときの底面からの水の高さは，1536÷432＝$3\frac{5}{9}$(cm)である。

3　旅人算，速さと比

(1)　ＡとＢの速さをそれぞれⒶ，Ⓑとすると，池の周りの長さは，(Ⓐ＋Ⓑ)×$10\frac{30}{60}$＝(Ⓐ－Ⓑ)×30である。ここで，ＡとＢの速さの和(Ⓐ＋Ⓑ)とＡとＢの速さの差(Ⓐ－Ⓑ)の比は，$\left(1\div10\frac{30}{60}\right)$：(１÷30)＝20：７となるから，ＡとＢの速さの関係は右上の図のように表せる。よって，ＡとＢの速さの比は，$\frac{20+7}{2}$：$\frac{20-7}{2}$＝27：13とわかるから，Ｂの分速は，270×$\frac{13}{27}$＝130(m)と求められる。

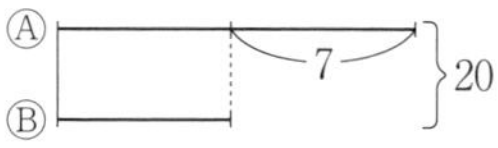

(2)　同じ方向に進むとき，ＡとＢの距離《きょり》は１分間に，270－130＝140(m)ずつ短くなる。よって，池の周りの長さは，140×30＝4200(m)である。

(3)　ＡがＢに追いつくのは走り始めてから30分後で，その後，Ａが６分間休んでいる間に，Ｂは，130×６＝780(m)進む。よって，２人が再び出会うのは，Ａが再度反対方向に走り始めてから，２人合わせて，4200－780＝3420(m)進んだときなので，Ａが再度走り始めてから，3420÷400＝8.55(分後)，60×0.55＝33(秒)より，８分33秒後である。これは，２人が走り始めてから，30分＋６分＋８分33秒＝44分33秒後になる。

4　表とグラフ―平均とのべ

(1)　問題文中の図１のアにあてはまる人数は，国語が８点，算数が６点の生徒の人数で，その生徒の合計点は，８＋６＝14(点)である。また，問題文中の図２より，合計点が14点の生徒は１人であり，図１より，合計点が14点の生徒は，国語が８点，算数が６点の生徒以外にはいないから，アにあてはまる人数は１人とわかる。次に，図１のイにあてはまる人数は，国語が９点，算数が７点の生徒の人数で，その生徒の合計点は，９＋７＝16(点)である。このほかに，合計点が16点の生徒は，国語が８点，算数が８点の４人と，国語が７点，算数が９点の１人がいて，図２より，合計点が16

点の生徒は９人いるから，イにあてはまる人数は，９－(４＋１)＝４(人)とわかる。

(2)　図１より，国語が７点の生徒は，３＋２＋１＝６(人)，国語が８点の生徒は，１＋３＋４＋２＝10(人)，国語が９点の生徒は，４＋３＋２＋１＝10(人)，国語が10点の生徒は，１＋３＝４(人)いる。よって，クラス全体の国語の合計点は，７×６＋８×10＋９×10＋10×４＝42＋80＋90＋40＝252(点)となり，クラス全体の人数は，６＋10＋10＋４＝30(人)だから，国語の平均点は，252÷30＝8.4(点)と求められる。

(3)　合計点が19点の生徒は，国語が10点，算数が９点の３人と，国語が９点，算数が10点の１人である。よって，これらの生徒の算数の合計点は，９×３＋10×１＝27＋10＝37(点)で，人数は，３＋１＝４(人)だから，平均点は，37÷４＝9.25(点)となる。

5　平面図形―長さ，辺の比と面積の比

図①

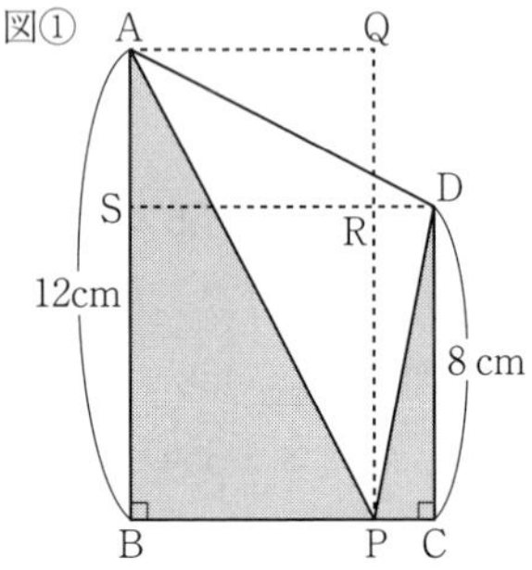

(1)　右の図①で，BCの長さを□cmとすると，(12＋８)×□÷２＝80(cm^2)だから，□＝80×２÷(12＋８)＝８(cm)とわかる。また，図①のように，長方形ABPQと長方形PCDRをつくると，この２つの長方形の面積の和は，色のついた部分の面積の和の２倍なので，45×２＝90(cm^2)となる。さらに，四角形SBCDの面積は，８×８＝64(cm^2)だから，長方形ASRQの面積は，90－64＝26(cm^2)である。よって，BPの長さは，26÷(12－８)＝6.5(cm)と求められる。

図②

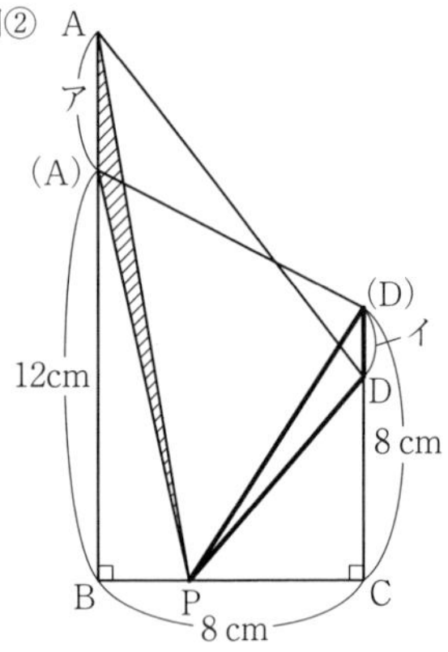

(2)　辺の長さを変える前と変えた後の図形を重ねると，右の図②のようになる。辺の長さを変えると，三角形ABPの面積は斜線《しゃせん》部分の面積だけ増え，三角形DCPの面積は，太線で囲んだ部分の面積だけ減ったことになる。このとき，三角形ABPと三角形DCPの面積の和は変わらなかったから，斜線部分の面積と太線で囲んだ部分の面積は等しいことがわかる。また，辺ABの長さを$\frac{4}{3}$倍，辺CDの長さを$\frac{3}{4}$倍にしたので，アの長さは，$12\times\left(\frac{4}{3}-1\right)=4$(cm)，イの長さは，$8\times\left(1-\frac{3}{4}\right)=2$(cm)である。よって，４×BP÷２＝２×PC÷２，２×BP＝１×PCより，BP：PC＝$\frac{1}{2}$：１＝１：２となる。したがって，BPの長さは，$8\times\frac{1}{1+2}=\frac{8}{3}=2\frac{2}{3}$(cm)と求められる。

6　立体図形―水の深さと体積

(1)　おもりを１個入れた後に，水が入っている部分の底面積は，12×10－４×３＝120－12＝108(cm^2)で，入っている水の体積は同じだから，おもりを入れる前と後の水面の高さの比は，底面の面積の逆比に等しく，$\frac{1}{120}:\frac{1}{108}$＝108：120＝９：10となる。この比の，10－９＝１にあたる高さが1.2cmだから，おもりを入れる前の水面の高さは，1.2×９＝10.8(cm)と求められる。

(2)　(1)より，容器に入っている水の体積は，120×10.8＝1296(cm^3)である。また，すべてのおもりが完全に水の中に入るのは，水面の高さが16cm以上になるときだから，水の体積とおもりの体積の和が，120×16＝1920(cm^3)以上のときである。よって，おもりの体積の和が，1920－1296＝624(cm^3)以上になればよいから，624÷(12×16)＝3.25より，おもりは４個入れればよい。

社 会 ＜第２回試験＞（理科と合わせて50分）＜満点：50点＞

解 答

1 **問１** (1) イ (2) エ **問２** 知る権利 **問３** イ **問４** (1) オ (2) ウ **問５** エ **問６** 択捉(島) **問７** (1) ア (2) コンテナ **問８** (1) ウ (2) ア **問９** 中国(中華人民共和国) **問10** ロシア **問11** 与謝野晶子 2 **問１** ウ **問２** 浜松(市) **問３** エ **問４** (1) ア (2) イ 3 **問１** イ **問２** 足利義政 **問３** エ **問４** オ **問５** ア 4 **問１** エ **問２** ウ **問３** ヘイト(スピーチ) **問４** 主権 **問５** ア

解 説

1 戦争についての発表資料を題材にした問題

問１ (1) Aのアメリカ軍の沖縄本島への上陸は1945年４月，Bのソビエト連邦《れんぽう》(ソ連)の対日参戦は1945年８月８日，Cの広島への原子爆弾《ばくだん》投下は1945年８月６日のできごとなので，年代の古い順にA→C→Bとなる。 (2) 太平洋戦争が終わった1945年12月に衆議院議員選挙法が改正され，初めて女性参政権が認められた。よって，エが正しい。なお，アの労働者の働く権利や労働三権(団結権・団体交渉《こうしょう》権・団体行動権)が認められたのは戦後の日本国憲法による。イについて，戦時体制の下で言論は統制されていたが，戦前の大日本帝国憲法では法律の範囲《はんい》内において言論や出版・結社の自由が認められていた。ウの主権は，戦前は天皇が持つとされたが，戦後は国民主権となった。

問２ 国民の自由や権利にかかわることで，国や地方自治体などが持つ情報の公開を求めることができる権利を知る権利という。環境《かんきょう》権，プライバシーの権利などとともに，憲法に直接明記されていないものの，国民に認められている新しい人権の１つである。

問３ 吉野ケ里遺跡(佐賀県)は弥生時代の環濠《かんごう》集落の跡で，外敵の侵入《しんにゅう》を防ぐため集落の周りを柵《さく》や濠《ほり》で囲み，物見やぐらも備えていた。よって，イがあてはまる。なお，アの「ワカタケル大王」の銘文《めいぶん》のある鉄剣《てっけん》が出土したのは稲荷山古墳《いなりやまこふん》(埼玉県)で，古墳時代。ウの貝塚《かいづか》とエの縄文土器は，縄文時代。

問４ (1) A 1571年に織田信長が焼き打ちした比叡《ひえい》山延暦《えんりゃく》寺があるのは滋賀県である。また，かつて置かれていた都は近江《おうみ》大津宮である。 B キャベツの生産量が全国１位とあるので，愛知県である。信長の出身地である尾張《おわり》国は現在の愛知県西部に位置していた。 C 県の大部分が山地で，南西部に低地があるのは岐阜県である。信長は落とした稲葉山城を岐阜城と改称《かいしょう》し，「天下布武」の印章を用いて統一事業を開始した。 (2) 信長は琵琶《びわ》湖(滋賀県)の東岸に安土城を築き，全国統一の本拠《ほんきょ》地とした。よって，地図のウがあてはまる。

問５ 2022年２月，ロシアはウクライナに侵攻《しんこう》した。このときのロシア大統領はプーチン，ウクライナ大統領はゼレンスキーである。よって，組み合わせはエが正しい。なお，バイデンはアメリカ大統領，マクロンはフランス大統領(2023年２月現在)。

問６ 北方領土は北から順に，択捉《えとろふ》島・国後《くなしり》島・色丹《しこたん》島・歯舞《はぼまい》群島からなり，日本固有の領土であるが，現在ロシアに占拠《せんきょ》されている。

問７ (1) 日本は資源が乏《とぼ》しいため，原油など燃料の多くを輸入に頼《たよ》っている。そのため，どの年でも多くの割合を占《し》めているアがあてはまる。　(2) 資料は，商品の輸出入や輸送に使われるコンテナの写真で，世界共通の仕様になっており，船やトラック・鉄道でも運ぶことができる。

問８ (1) ラムサール条約は，正式名称を「特に水鳥の生息地として国際的に重要な湿地《しっち》に関する条約」といい，水鳥の生息地として重要な湿地を保護することを目的とした条約で，1971年にイランのラムサールで採択《さいたく》された。なお，アのポーツマスとエのワシントンはアメリカ，オのリオデジャネイロはブラジルの都市。　(2) 地球的な規模での環境問題は，国際連合や国家などの公的機関だけではなく，国境を越《こ》えて活動するNGO(非政府組織)のような民間組織や企業《きぎょう》などの協力に加えて，一人ひとりが環境を守るために行動することも必要である。

問９ 国連分担金は国際連合の活動経費で，加盟国の経済力に応じてその分担割合が決まる。現在アメリカに次いで２位は中国(中華人民共和国)，３位は日本，４位はドイツとなっている。

問10 資料はフランス人ビゴーの風刺《ふうし》画で，日清戦争(1894～95年)前の東アジア情勢を表しており，一般《いっぱん》に「漁夫の利」などとよばれる。朝鮮を表す魚を左の日本と右の中国(清)が釣《つ》りあげようとしているが，橋にいるロシアが釣りあげた魚を横取りしようとしている。

問11 資料は，与謝野晶子が日露戦争(1904～05年)に出征《しゅっせい》した弟の身を案じ，雑誌『明星』に発表した「君死にたまふ《う》ことなかれ」という詩である。

２ 神話「いなばのしろうさぎ」を題材にした問題

問１ 出雲《いずも》大社は島根県にあり，その北の沖合の日本海上に同じ島根県に属する隠岐《おき》島がある。なお，アの淡路《あわじ》島は兵庫県，イの小笠原《おがさわら》諸島は東京都，エの沖縄島は沖縄県，オの佐渡《さど》島は新潟県に属する。

問２ 浜松市は静岡県の太平洋側の西端に位置し，県内では人口が最大の都市で，うなぎの養殖《ようしょく》で知られる浜名湖がある。また，工業ではピアノなどの楽器やオートバイの生産がさかんである。統計資料は『データでみる県勢』2023年版による。

問３ 中田島砂丘《さきゅう》は天竜川河口の西側に広がり，アカウミガメの産卵地として知られる。しかし，天竜川上流に佐久間ダムが建設されたことで，上流からの土砂が減り砂丘がやせてきている。そこで，防砂林のほか，資料の写真のような堆砂垣《たいさがき》とよばれる垣根を設け，砂の流出を防いでいる。

問４ (1) ワサビの生産量は長野県が全国１位で，２位の静岡県と３位の岩手県の生産量を合わせると，国内生産量の９割近くになる。　(2) 松江市(島根県)は日本海側の気候で，北西季節風の影響《えいきょう》で冬の降水(雪)量が多い。よって，イがあてはまる。なお，アは高知市，ウは静岡市，エは宮古市(岩手県)。

３ 金魚の養殖の歩みを題材にした問題

問１ 13世紀，モンゴル帝国のフビライ＝ハンは中国を征服して元を建国し，日本にも服属を求め遠征軍を２度にわたって派遣《はけん》した。これを元寇(1274年の文永の役，1281年の弘安の役)という。このときの鎌倉幕府の執権は，第８代の北条時宗であった。なお，明は元の後の中国王朝，源頼朝は鎌倉幕府初代将軍。

問２ 資料の写真は慈照《じしょう》寺銀閣で，慈照寺にある東求堂《とうぐどう》は日本の和風住宅の原型となる書院造の建物として知られる。室町幕府第８代将軍の足利義政が京都東山に山荘《さんそう》として建てた。

問３ 1867年，江戸幕府第15代将軍の徳川慶喜は大政奉還を行い，政治の実権を朝廷に返した。これにより江戸幕府が滅亡し，翌1868年には新政府軍と旧幕府軍が戦った戊辰《ぼしん》戦争が起こった。よって，エが正しい。なお，アの日米修好通商条約では，アメリカに治外法権を認めた。イの生糸は最大の輸出品で，品不足となった。ウの薩長《さっちょう》同盟は土佐藩(高知県)の坂本龍馬の仲介で，薩摩《さつま》藩(鹿児島県)と長州藩(山口県)の間で結ばれた。

問４　大久保利通は西郷隆盛と同じ薩摩藩出身の政治家で，西郷が明治政府を去った後，政府の中心となったが，1878年に不満を持つ旧士族に暗殺された。なお，アの勝海舟は幕臣，イの伊藤博文とウの木戸孝允は長州藩，エの陸奥宗光は紀伊藩(和歌山県)出身。

問５　奈良時代には律令制度にもとづく政治が行われ，農民は口分田を支給されて税や労役・兵役の義務を課された。よって，アが正しい。なお，イの平安京は桓武天皇が794年に遷都《せんと》した都。ウの末法思想は平安時代後半に流行した。エの足利義満は室町幕府第３代将軍をつとめた人物。

４　全国水平社の創設100周年にちなんだ問題

問１　資料の写真にある「人権宣言」は，フランス革命(1789年)のときに発せられたものである。

問２　2008年，アイヌ民族を先住民族とすることを求める決議が採択された。これは前年の2007年に，国連において「先住民族の権利に関する国際連合宣言」が採択されたことを受けたものである。よって，ウが正しい。なお，アについて，明治時代の1899年に制定された北海道旧土人保護法は，アイヌ民族を保護する名目で日本人との同化を進めるものであった。イのアイヌ文化の保存を定めた法律は，1997年に制定されたアイヌ文化振興法で，2019年にアイヌ施策《しさく》推進法の制定にともない廃止《はいし》された。

問３　特定の民族や国籍《こくせき》の人々を受け入れられないとして行われる差別的な言動をヘイトスピーチという。民族や国籍などの違《ちが》いを認め，人権を尊重し合う社会を実現するために，法律によってヘイトスピーチは規制されている。

問４　資料は日本国憲法前文で，平和主義と国民主権の原則が述べられている。この場合の主権とは，国の政治を最終的に決める権力のことで，これが国民にあるとしている。

問５　国や地方公共団体に税金を納めることは，国民の権利ではなく義務である。よって，アが正しくない。なお，国民の義務はこのほか，勤労の義務・子どもに普通《ふつう》教育を受けさせる義務がある。

理　科　＜第２回試験＞（社会と合わせて50分）＜満点：50点＞

解　答

１　(1)　エ　(2)　カ　(3)　たいじ　(4)　イ　(5)　ホニュウ(類)　(6)　気管　(7)　ウ　**２**　(1)　②　(2)　イ，ウ　(3)　D　(4)　巻いた導線に流れる電流　(5)　24個　(6)　60回　**３**　(1)　エ　(2)　ようがん　(3)　イ　(4)　ア　(5)　エ　**４**　(1)　ア　(2)　(例)　(生じた液体によって)加熱部分が急冷され，試験管が割れるのを防ぐ(ため。)　(3)　イ　(4)　エ　(5)　ウ，エ，オ

解　説

１　ヒトのたん生やからだのつくりについての問題

(1)　ヒトが産まれるときの平均身長は50cm，平均体重は３kgである。

(2)　う　大きさ0.14mmの受精卵が身長50cmにまで成長するので，50×10÷0.14＝3571.4…より，約3500倍になる。　　え　ヒトの平均的な妊娠《にんしん》期間は40週で，７×40＝280(日)である。

(3)　妊娠８週目からたん生するまでの，母親のおなかの中で成長している子のことを胎児《たいじ》という。

(4)　胎盤《たいばん》は胎児とへそのおでつながっている。胎盤の中には母親の血液で満たされた部屋があり，胎児の毛細血管が入りこんでいて，母親側からは酸素や栄養分，胎児側からは不要物がわたされ，物質の交換が行われる。また，母親から有害物質が胎児へ送られないようにフィルターの役目もしている。

(5)　母親が子に乳を飲ませて育てる動物のなかまをホニュウ類という。ホニュウ類は，体内で受精し，子はある程度母親のからだの中で育ってから産まれる。

(6)　鼻や口から取り入れた空気は，気管，気管が枝分かれした気管支を通って肺へ入る。気管はなん骨でできていて，ホースのような形をしている。

(7)　肺には筋肉がないので，肺がある胸の内部の空間を広げて空気を取り入れ，空間をせばめて息をはき出す。息を吸うときは，ろっ骨が上がり，おうかく膜《まく》が下がることで肺が広がり空気が入ってくる。息をはくときは，ろっ骨が下がり，おうかく膜が上がることで肺がちぢまり二酸化炭素の多い息が排出《はいしゅつ》される。

2　電磁石の性質についての問題

(1)　右手の親指をのぞく４本の指を電流の向きに合わせてコイルをにぎるようにするとき，右手の親指が向く方がＮ極である。したがって，図２では，①側がＳ極，②側がＮ極となる。

(2)　電磁石とは，鉄の棒のように磁性を持つもののまわりに導線をコイル状に巻きつけ，その導線に電流を流すことで磁石のようなはたらきをするものである。電磁石の極を変えるには，導線に流れる電流の向きを変えたり，鉄の棒のまわりに巻く導線の向きを変える方法がある。また，鉄心とする鉄の棒を太くすると電磁石は強くなる。このほかにも，流す電流を大きくしたり，導線の巻き数を増やしても強くすることができる。

(3)，(4)　巻きつけた導線に流れる電流が大きいほど電磁石が強くなり，クリップがつく数も多くなる。図３の回路は枝分かれをしていて，Ｄに流れる電流の大きさはＡとＢに流れる電流の和，Ａに流れる電流の大きさはＣと豆電球に流れる電流の和である。したがって，Ｄを流れる電流が最も大きく，電磁石は最も多くのクリップを引きつけることができる。

(5)　表１で電磁石「あ」と電磁石「い」の結果を比べると，電磁石にクリップがついた数はコイルの巻き数に比例していることがわかる。さらに，電磁石「う」と電磁石「あ」の結果を比べると，巻き数が，$50\div150=\frac{1}{3}$(倍)で，電磁石にクリップがついた数が，$6\div9=\frac{2}{3}$(倍)になっていることから，$\frac{2}{3}\div\frac{1}{3}=2$より，直列つなぎにした電池の個数にも比例していることになる。以上から，電磁石「え」についたクリップの数は，電磁石「う」の，(４÷２)×(100÷50)＝４(倍)の，６×４＝24(個)とわかる。

(6)　②に入る巻き数を□回とすると，電磁石「あ」を基準として電磁石「お」についたクリップの数を求めると，９×(５÷１)×(□÷150)＝18，□÷150＝18÷９÷５＝0.4より，□＝0.4×150＝60(回)となる。

3　火山の噴火《ふんか》についての問題

(1)　2021年８月13日から15日にかけて小笠原《おがさわら》諸島の福徳岡《ふくとくおか》ノ《の》場《ば》の海底火山が噴火し，大量の軽石が海中に放出された。軽石は海水に浮《う》くため，黒潮反流という東から西に向かう海流に流されて，約２か月後の10月中旬《じゅん》には沖縄本島まで運ばれた。

(2)　火山が噴火したときにマグマが地表に流れ出たものや，それが冷えて固まったものをよう岩という。

(3)　2022年に南太平洋のトンガ諸島で発生した海底火山の噴火によって，太平洋のほかにインド洋の沿岸などでも海面水位の変化が観測された。ひじょうに大規模な噴火で爆発《ばくはつ》的であったため，急激に周辺の気圧が変化し，それが気圧波(大気波)とよばれる「大気の波動」として広がった。気圧波はほぼ音と同じ速さで伝わり，その影響《えいきょう》で海面水位も上がったため，通常の津波《つなみ》より日本に到《とう》達《たつ》するのがはやかったと考えられている。

(4)　日本上空に一年中吹《ふ》いている強い西風を偏西風《へんせいふう》という。富士山が噴火すると，放出された火山灰はこの偏西風に運ばれて，火山の東側に多く降り積もる可能性がある。

(5)　過去１万年以内に噴火した火山および現在活発な噴気活動のある火山を活火山といい，その数は2017年までに111となっている。その多くは，北海道，東北地方，伊豆《いず》・小笠原諸島へと続く東日本火山帯と，西日本の日本海側，九州中央部，南西諸島へと続く西日本火山帯に分布している。

4　木の蒸し焼きについての問題

(1)　あ　「かん留《りゅう》」とは，空気(酸素)をあたえないようにして物を強く加熱することで，蒸し焼きともいう。木片は酸素にふれないので燃焼はせず，熱によっていくつかの物質に分解される。

い，う　木をかん留すると，黄色の液体である木さく液と，こげ茶色でねばりけの強い木タールができる。木タールは木さく液よりも重いので，しばらく放置すると木さく液が上の層に，木タールが下の層に分かれる。

(2)　蒸し焼きによって生じた液が加熱部分に逆流すると，試験管が急に冷やされて割れるおそれがある。これを防ぐために，試験管の底を上げて加熱する。

(3)　かん留によって発生する白いけむりは木ガスとよばれる。木ガスには，水素，メタン，一酸化炭素といった燃える気体がふくまれているため，マッチの火を近づけると炎《ほのお》をあげて燃える。

(4)　木さく液は酸性を示すので，緑色のBTBよう液の中に入れると黄色に変化する。

(5)　木を蒸し焼きにしたときに試験管に残る黒い固体は木炭で，加熱前の木片より木ガスや木さく液の分だけ軽くなっているのでウは正しい。木炭には小さな穴がたくさんあって，においのもとになる物質を吸着するはたらきがあるので，エもあてはまる。木炭は炭素でできているので，オも正しい。いっぽう，木炭は水にとけず，加熱すると固体のまま燃え炎を出さないため，ア，イは正しくない。

国　語　＜第２回試験＞（50分）＜満点：100点＞

解　答

一　**問１**　①　た(つ)　②　もんこ　③　じょうき　④　と(く)　**問２**　下記を参照のこと。　**問３**　①　音信　②　許可　**問４**　①　半　②　自　③　絶　**問５**　①　銀　②　金　**問６**　ウ　**問７**　エ　**問８**　オ　**二**　**問１**　イ　**問２**　ア　**問３**

エ　**問４**　ウ　**問５**　ア　**問６**　(例)　詩を書くことによって，子どもの頃にあこがれた偉人たちのような輝かしい生涯を送れるような気持ちになれたということ。　**問７**　(例)　自分の臆病な性格を「全肯定」したり「全否定」したりするのではなく，じっくりと反省することで自分の生き方を変えようとする(変化)　**問８**　臆病な性格　三　**問１**　(例)　作家は，先を歩いている人たちが落としたものを拾い集めて，それが確かにこの世に存在したんだという印を残すために小説の形にしているような気がする(こと)　**問２**　オ　**問３**　(例)　本来矛盾するものを共存させることができたから。　**問４**　ウ　**問５**　(例)　物語は人が落としていった記憶を想像して書くものであるから。　**問６**　エ　**問７**　自分自身

●漢字の書き取り

一　**問２**　①　雑誌　②　好意　③　貴重　④　洗練

解説

一　漢字の読みと書き取り，類義語の完成，四字熟語・慣用句の完成，ことわざの意味，文学作品の知識，俳句の知識

問１　①　音読みは「サイ」で「裁断」などの熟語がある。　②　外部のものを受け入れ，交流するための入り口。　③　水が蒸発することによってできた気体。　④　音読みは「セツ」で「説得」などの熟語がある。

問２　①　複数の人が記事などを書き，定期的に刊行される出版物。　②　相手に対する親しみや好ましいと思う気持ち。　③　手に入れにくいものであり，きわめて大切にすること。　④　あかぬけていて優雅《ゆうが》であること。

問３　①　「消息」も「音信」も，状況《じょうきょう》をしらせるたよりのこと。　②　「承認」も「許可」も，あることを聞き入れて許すこと。

問４　①　「半信半疑」は，なかば疑い，なかば信じている状態。　②　「自画自賛」は，自分で自分の行動などをほめること。　③　「絶体絶命」は，どうしてものがれられないような立場におかれ，進退きわまること。

問５　①　「いぶし銀」は，華《はな》やかではないもののしぶくて味わいがあるようす。　②　「金輪《こんりん》際《ざい》」は“絶対に”という意味で，後に打ち消しの語をともなって強い決意を表すときに用いる言葉。

問６　ウの「下手《へた》の横好き」は，下手なくせにそのことが好きで熱心であること。

問７　エの『吾輩《わがはい》は猫《ねこ》である』の作者は夏目漱石《なつめそうせき》。なお，志賀直哉《しがなおや》の代表作には『小僧《こぞう》の神様』や『暗夜行路』などがある。

問８　俳句は五・七・五の十七音が定型。オの句は「旅に病《や》んで」の部分が六音になるので字余りである。

二　出典は文月悠光《ふづきゆみ》の『臆病《おくびょう》な詩人，街へ出る。』による。臆病で受身すぎることを自覚している「私」は，積極的なコミュニケーションに長《た》けているチョーさんとともに旅をしたことをきっかけに自分自身を見つめ直し始める。

問１　チョーさんは，「元々そこまで外向的じゃない」のに「積極的に見られて，すべての役割を任されてしまう」と話している。

問２　チョーさんは「受身の人は，人任せのふるまいを許されてきたのか，『何もしなくても誰《だれ》か

がやってくれる』『私を楽しませてくれる』という態度の人が多くて」と話した後，「ふづきさんのことを言ったわけじゃない」と一応は否定しながらも，「ふづきさんの受身な態度を見ていると，そういう人のことを思い出すときがあります」と話している。それを聞いて，自分も人任せな人間だと思われているのではないかと思い，落ち着かないような気持ちになったのだと想像できる。

問３　「利己的」は，自分の得になることだけを追求しようとするようす。「すごく利己的」な例として，チョーさんは「過剰《かじょう》に申し訳なさそうな態度を取る男性」のことを話題にして，「結局，自分が傷つきたくないだけ」だと話している。

問４　「肩《かた》を持つ」は，“味方をする”という意味の慣用句。男性に対して厳しい判断をするチョーさんに対して「私」は「過去に傷ついた反省で，そういう自信のない態度を取るようになった」のではないかとかばうような発言をしている。その後，チョーさんから「それって自分のことですか？」と問われ，「黙《だま》るしか」なかったことから，過去の「私」自身の体験と重なっていることがわかる。

問５　「チョーさんの鋭《するど》い切り返し」に「私」は反論することもできず，「苦笑い」しているだけなのである。「チョーさん」の言っていることが正しいのに，それを「笑ってごまかそう」としている本心を，見透《みす》かされたような気持ちになっている。

問６　「原稿《げんこう》用紙」は，「私」が詩を書くために使うものである。「私が目指してきた人生は，そもそも『つまらない』ものではなかったはずだ」とあるように，「私」は子どもの頃《ころ》は「苦境《くきょう》に負けることなく，自ら道を切り開いた偉人《いじん》たち」のような「輝《かがや》かしい生涯《しょうがい》」にあこがれていたのである。そして，その「輝かしい生涯」に「一歩でも近づくために～言葉を紡《つむ》ぐことに全霊《ぜんれい》を捧《ささ》げてきた」と話している。

問７　直後に「私は自分の臆病な性格を『全肯定《こうてい》』することも，『全否定』することもしなくなった」とある。そのかわりに「自分の欠点をじっくりと反省することができた」というのである。そうすることで「己《おのれ》の『淀《よど》み』と闘《たたか》っていこう」と，自分の生き方を変えていこうとしている。

問８　「己の『淀み』」について「キレイではない淀んだ自分」と表現していることに注目する。つまり自分の欠点と闘っていくということであり，その欠点とは，ここでは具体的に「臆病な性格」を指している。

三　**出典は小川洋子《おがわようこ》の『物語の役割』による**。筆者自身の作品である『博士の愛した数式』を取りあげながら，物語を書くということはどのようなことであるかを解説している。

問１　第一段落の要旨《ようし》をまとめるとよい。「作家という役割の人間は最後尾《さいこうび》を歩いている」存在で，「先を歩いている人たち」が「落としていったもの」を「拾い集めて，でもそれが確かにこの世に存在したんだという印を残すために小説の形にしている」気がすると述べられている。

問２　直後の段落で「人が落としていった記憶《きおく》を想像していけばいい。過去を見つめるという態度は，作家が観察者になることです」と述べられているが，このことが「死者の声を聞き取ろう」とする行動と結びついている。

問３　「正反対のように見える概念《がいねん》」とは「永遠と一瞬《いっしゅん》」「数と言葉」を指している。この概念を「一つの王国の中に共存させたいと思って書いたのが『博士の愛した数式』」であり，作品の中では「本来矛盾《むじゅん》するものが矛盾しないで共存できた」，つまり，「正反対」の概念とはならなかったので，「ように見える」という表現を用いている。

問４　「八十分」の中では，「継続《けいぞく》した時間の中でお互《たが》いの人格をぶつけあったり，情念を戦わせたり」することができない。その「八十分」をくり返すことで永遠を感じるという状況であったため，「至福《しふく》の時を過ごすことができたのではないか」とつながっていく。よって，前のことがらを理由・原因として，後にその結果をつなげるときに用いる「だから」があてはまる。

問５　筆者が小説(物語)を書くということについてくり返し述べている内容に注目する。「先を歩いている人たち」が「落としていったもの」を「拾い集めて，でもそれが確かにこの世に存在したんだという印を残すために小説の形にしている」や「人が落としていった記憶を想像していけばいい」や「考えるのではなく，あくまで見えてくる」などのように筆者は述べている。そのため，「作家自身が小細工したりこねくり回したりできる範囲《はんい》」，つまり，オリジナルで考えることができる範囲は「非常にせまいもの」だというのである。

問６　「小さな小説」とは，前に書かれている「自分が予想した通りのラストシーン」になるような小説を指している。「私の小さな思考回路をまったく裏切るような〜物語」と対照的な小説のことである。

問７　直後に「自分が何者かということを知ろうとして小説を書いていました」とある。その後は，「いったん自分から離《はな》れて」，「観察者になるという姿勢」を持つことで，「自分自身に埋没《まいぼつ》しないという姿勢で，書いていこうと思うようになった」と述べられていることからも，「自分自身」が「重要な問題」であったことがわかる。

Memo

Memo

2022年度　日本大学第二中学校

〔電　話〕(03) 3391－５７３９
〔所在地〕〒167-0032　東京都杉並区天沼１－45－33
〔交　通〕JR中央線・東京メトロ丸ノ内線－「荻窪駅」より徒歩15分
西武新宿線－「下井草駅」より徒歩25分

【算　数】〈第１回試験〉(50分)〈満点：100点〉

注意　1．円周率は3.14とします。分数で答えるときは約分して，できるだけ簡単な分数にしなさい。比を答えるときは，できるだけ簡単な整数の比にしなさい。

2．定規，コンパスは使ってもかまいませんが，使わなくても解くことができます。ただし，分度器は使えません。

1　次の□の中に適する数を入れなさい。

(1)　$0.1\times(1.5+1.4\times2.5)+0.8\div1.2=$□

(2)　$\left(1\frac{1}{3}-\frac{1}{2}\right)\div\left(2\frac{1}{4}+\frac{2}{3}\right)\div0.6=$□

(3)　(□$+1.3\times6)-3.5\times6=1$

(4)　次の数はある規則にしたがって並んでいます。

3　5　9　17　□　65　…

(5)　630と□の最大公約数は105で，最小公倍数は4410です。

2　次の各問いに答えなさい。

(1)　百円玉と五百円玉が合わせて17枚あり，合計金額は5300円です。百円玉は何枚ありますか。

(2)　18のすべての約数について，それぞれの逆数の和はいくつですか。

(3)　容器Aには濃度12％の食塩水が200ｇ，容器Bには濃度４％の食塩水が300ｇ入っています。Aの100ｇをBに入れた後，よく混ぜます。その後，Bの食塩水の100ｇをAに入れ，よく混ぜます。このときのAの食塩水の濃度は何％ですか。

(4)　下の図は，正三角形と二等辺三角形を組み合わせた平面図形で，長さが等しい辺には印が付けてあります。角㋐の大きさは何度ですか。

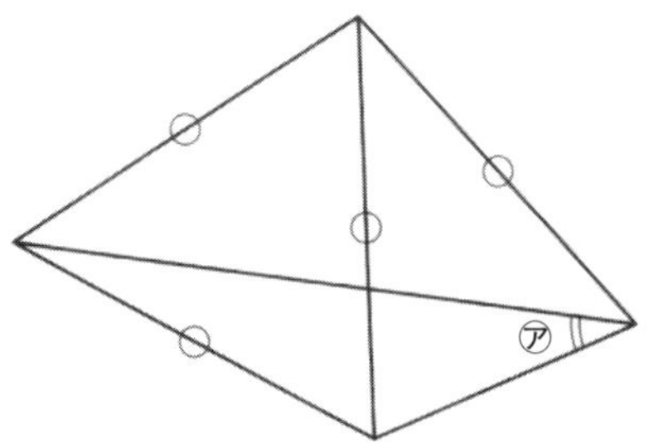

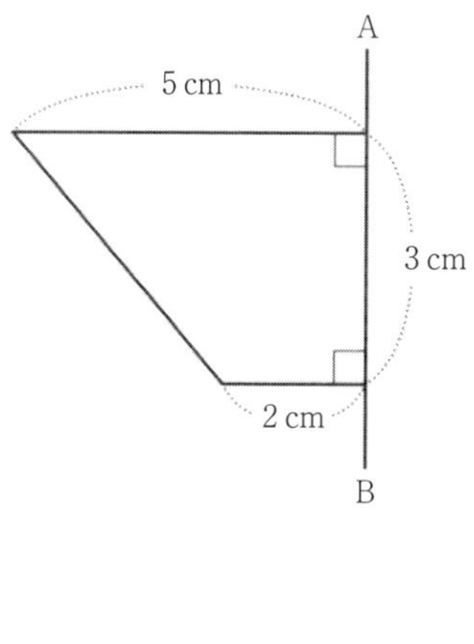

(5)　右の図の台形を直線 AB を軸として１回転してできる立体の体積は何cm^3ですか。ただし，円すいの体積は，(底面積)×(高さ)÷3で求められます。

3　図１のように直方体の形をした水そうの中に２枚の仕切りが底面に垂直に入っています。この水そうの①の部分に水を入れます。初めは毎分３ l の割合で，水が②の部分に入り始めてからは毎分６ l の割合で，水が③の部分に入り始めてからは毎分９ l の割合で水を入れます。図２は，水を入れ始めてから満水になるまでの時間と水面の最も高い部分の高さの関係をグラフにしたものです。ただし，水そうと仕切りの厚さは考えません。

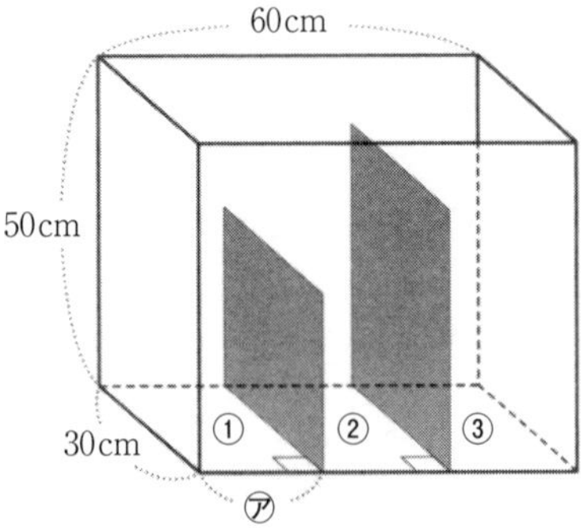

図１

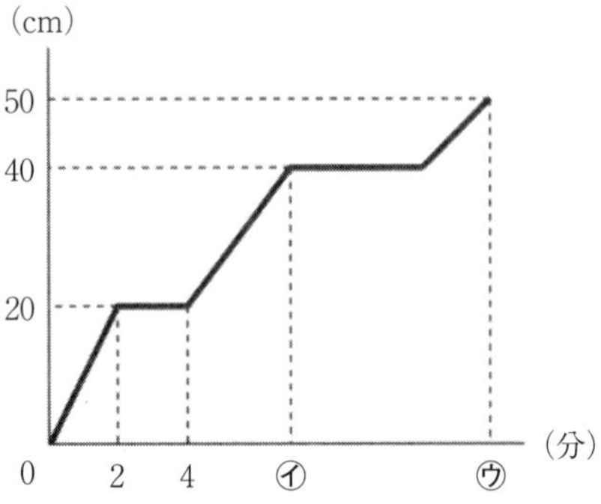

図２

(1)　図１の㋐の長さは何cmですか。

(2)　図２の㋑にあてはまる数はいくつですか。

(3)　図２の㋒にあてはまる数はいくつですか。

4　下の図は半径が５cmの半円と長方形を重ねた図形で，PO ＝ ６cm，QO ＝ ８cmです。

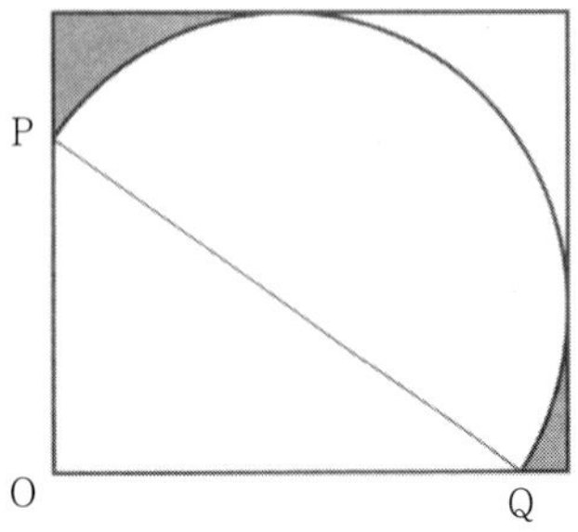

(1)　長方形の面積は何cm^2ですか。

(2)　色のついた部分の面積の合計は何cm^2ですか。

5　A，B，Cの３人は，９日間の体温を測り，その結果をそれぞれの方法で，下のようにまとめました。Cは１日目の体温を書かなかったため，表からは実際の体温は分かりませんが，Aの体温の平均値と同じということが分かりました。ただし，体温は小数第２位を四捨五入して，小数第１位までで考えるものとします。

【Ａのまとめ】

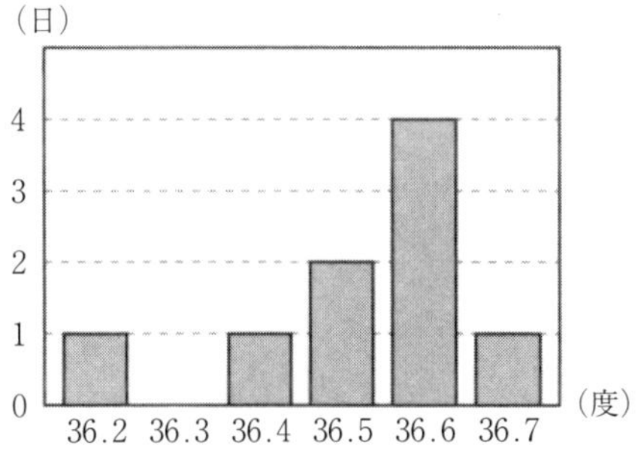

工夫：何度の日が多かったか分かるようにした。

【Ｂのまとめ】

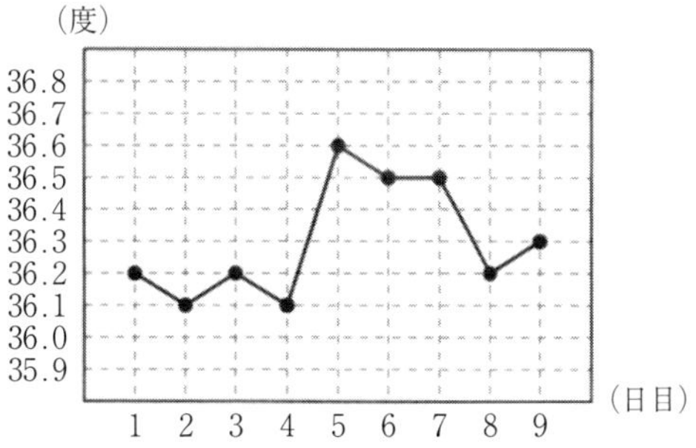

工夫：日々の体温の変化が分かるようにした。

【Ｃのまとめ】

日数	１日目	２日目	３日目	４日目	５日目	６日目	７日目	８日目	９日目
前日との差	——	0.1度高い	0.1度低い	0.4度低い	0.2度低い	0.2度高い	0.1度高い	0.1度高い	0.1度低い

工夫：体温の変化を読み取りやすいように前日との差で表した。

(1)　Ａの体温の平均値は何度ですか。

(2)　Ｂの体温の中央値は何度ですか。

(3)　Ｃの体温が最も高かったのは，何日目で，その体温は何度ですか。

6　右の図のような直方体があります。３点Ｐ，Ｑ，Ｒはそれぞれ毎秒１cmの速さで，点Ａを同時に出発し，Ｐは正方形ABCD，Ｑは三角形AEF，Ｒは長方形AFGDの辺上を３分間動きます。ただし，Ｐ，Ｑ，Ｒはそれぞれ図の矢印の向きに動くとします。

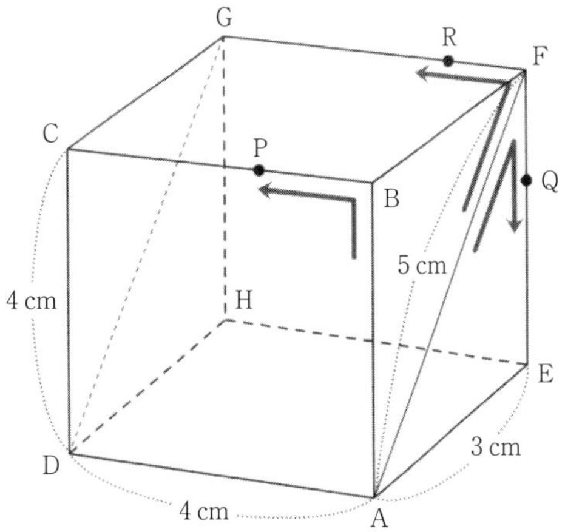

(1)　３点Ｐ，Ｑ，Ｒが初めて点Ａで重なるのは出発してから何秒後ですか。

(2)　３点Ｐ，Ｑ，Ｒのうち２点が重なって動く時間は合わせて何秒間ですか。

【社　会】〈第１回試験〉（理科と合わせて50分）〈満点：50点〉

1　次の文章を読んで，あとの問いに答えなさい。

2020年以降，新型コロナウイルス感染症《かんせんしょう》がひろまり，日本政府はたびたび緊急《きんきゅう》事態宣言を出しました。その中で「人流《じんりゅう》の制限」が強く求められました。

人の流れは，人びとの①日常生活だけでなく，経済活動を活発にしたり，文化や学問を発達させたりする上でも大切なものです。

日本の歴史をふり返ると，中国や朝鮮半島から移り住んだ人びとによって②米作りが伝えられ，日本の社会は大きく変わりました。「むら」から「くに」が生まれ，そして③大和朝廷が成立し，その後，聖徳太子の政治や大化の改新によって日本の国づくりはすすみました。

その後，都と地方を結ぶ交通が本格的に整備され，朝廷の命令を地方に伝えたり，地方の特産品が都に運ばれたりしました。そして鎌倉時代から室町時代には，陸上と海上の交通や輸送も活発になりました。④戦国大名の中には関所を廃止して，領地内の人や物の往来をさかんにしたものもいました。江戸時代になると，参勤交代もあって街道の整備が進められ，宿場町も発展しました。

⑤江戸幕府がたおれ，明治政府による新しい国づくりがすすめられると，交通網《もう》が急速に整備されます。特に鉄道の建設がすすみ，⑥都市では⑦路面電車が整備されました。⑧第二次世界大戦後，高度経済成長のころには地方の道路の整備もすすみ，さらに⑨1964年の東京オリンピックに合わせて，⑩高速道路や新幹線などが開通しました。1980年代以降は，航空機を利用した海外へのビジネスや旅行も活発になっていきます。

今日までの交通網や交通手段の発達は，人びとの移動をはやめて，⑪世界の一体化や⑫グローバル化を進めてきました。⑬(　　　)は，その流れを止めてしまうようですが，その中で私たちに求められていることは，人と人との新しい結びつきのあり方や，新しい経済活動のあり方などを考えていくことではないでしょうか。

問１．下線部①，日常生活に欠《か》かせない電気は，おもに発電所でつくられます。日本の電気の半分以上をつくっている発電の種類として，正しいものを１つ選び，記号で答えなさい。

ア．太陽光　　イ．原子力　　ウ．水力　　エ．火力　　オ．地熱

問２．下線部②について，次の問いに答えなさい。

(1)　米作りがさかんな山形県庄内平野では，夏の南東の季節風を「宝の風」とよんでいます。この理由として，もっとも適当なものを１つ選び，記号で答えなさい。

ア．この風は山を越《こ》えてくるため，ぬれた稲の葉を乾《かわ》かして病気を防ぎ，日光を十分に当てて，じょうぶな稲を育てるから。

イ．この風は山を越えてくるため，乾いた稲の葉をぬらして虫の飲み水をたくわえ，稲を食べる虫を十分に育てるから。

ウ．この風は海から吹きつけるため，ぬれた稲の葉を乾かして病気を防ぎ，日光を十分に当てて，じょうぶな稲を育てるから。

エ．この風は海から吹きつけるため，乾いた稲の葉をぬらして虫の飲み水をたくわえ，稲を食べる虫を十分に育てるから。

(2)　山形県庄内平野の米作りをささえている河川は，日本三大急流の一つにかぞえられています。この河川の名前を答えなさい。

⑶　農薬や化学肥料などを使用せず，カモを放したり，牛や豚のふんを肥料にしたりして米などを育てることで，環境《かんきょう》への影響《えいきょう》をできる限り減らした栽培方法を「（　　）栽培」といいます。（　）に入る言葉を漢字２字で答えなさい。

問３．下線部③，大和朝廷について説明した文章として，正しいものを１つ選び，記号で答えなさい。

ア．２世紀から３世紀にかけて，大和地方の豪族や王たちが連合してつくった政府を大和朝廷という。

イ．大和朝廷は，大陸から移住してきた渡来人も朝廷のだいじな役につけ，国内の技術を高めていった。

ウ．大和朝廷の大王であったヤマトタケルノミコトは，中国に送った手紙に多くのくにを従えたと書いた。

エ．『古事記』がつくられた８世紀の初めごろ，大和朝廷は，ようやく九州から関東地方まで広く治めることができた。

問４．下線部④について，次の問いに答えなさい。

⑴　織田信長について説明した文章として，正しくないものを１つ選び，記号で答えなさい。

ア．城下町では，商人たちが自由に商業活動をできるようにした。

イ．一向宗の信者など，抵抗する仏教勢力を戦いで従わせた。

ウ．全国統一のさまたげとなるため，キリスト教を禁止した。

エ．外国との貿易や鉄砲生産の中心地である堺を支配下においた。

⑵　次の資料は，豊臣秀吉に関係するものです。この資料から考えられることとして，適当でないものを１つ選び，記号で答えなさい。

> 一　諸国の百姓が，刀，やり，鉄砲などの武器をもつことを，かたく禁止する。武器をたくわえ，年貢を出ししぶり，一揆をくわだてて領主に反抗する者は，厳《きび》しく処《しょ》罰《ばつ》される。
>
> 一　取り上げた刀などは，京都に新しくつくる大仏のくぎなどにする。百姓は仏のめぐみを受けて，この世ばかりか，死んだ後も，救われるだろう。
>
> 一　百姓は，農具だけを持って耕作にせいを出せば，子孫の代まですえながく幸せである。

ア．刀や鉄砲を取り上げることで，百姓が武器を使って反抗できないようにしようとしたことが考えられる。

イ．百姓は田畑を所有する権利が認められる代わりに，年貢をおさめる義務を負うようになることが考えられる。

ウ．百姓を農業などに専念させることで，百姓の役割をはっきりさせようとしたことが考えられる。

エ．命令のとおりに武器を差し出すと仏のめぐみを受けられるとし，百姓にすすんで武器を出させようとしたことが考えられる。

問５．下線部⑤，右の絵は江戸城の開城について，幕府の元《もと》役人であった人物（右側）が，明治政府の西郷隆盛（左側）と話し合っている様子を描いたものです。右側の人物は，かつて幕府の海軍で，坂本龍馬など多くの人材を育てました。右側の人物の名前を答えなさい。

問６．下線部⑥，次の絵は明治時代の京橋《きょうばし》（東京）を描いたものです。絵の中の〇で囲まれている乗り物の名前を漢字３字で答えなさい。

問７．下線部⑦，近年，都市の公共交通機関として，右の写真のような路面電車の役割が見直されつつあります。路面電車について説明した文章として，正しくないものを１つ選び，記号で答えなさい。

ア．鉄道専用の敷地内《しきちない》に敷《し》かれた線路だけを走り，一度に大量の利用者を高速で輸送することができる。

イ．電気を動力とする路面電車は，一般的な自家用車と比べると，二酸化炭素排出《はいしゅつ》量が少なく，環境に優しい。

ウ．路面を走るため，停留所のバリアフリー化が進めやすく，低床《ていしょう》式車両を導入することで，乗降時の段差を解消できる。

エ．今ある道路に線路を敷くため，地下鉄やモノレールといった他の公共交通機関よりも建設費が安い。

問８．下線部⑧，次のア～エは，自衛隊の活動を撮影《さつえい》した写真です。この中から，国際連合への協力活動であることが，はっきりと分かるものを１つ選び，記号で答えなさい。

ア．

イ．

ウ．

エ．

問９．下線部⑨，1964年の東京オリンピック後に日本で開かれたＡ～Ｃの出来事を年代の古い順に並べたものとして，正しいものを１つ選び，記号で答えなさい。

Ａ．冬季オリンピックが長野で開かれた。

Ｂ．サッカーのワールドカップが日韓共同で開かれた。

Ｃ．冬季オリンピックが札幌で開かれた。

ア．Ａ→Ｂ→Ｃ　　イ．Ａ→Ｃ→Ｂ　　ウ．Ｂ→Ａ→Ｃ

エ．Ｂ→Ｃ→Ａ　　オ．Ｃ→Ａ→Ｂ　　カ　Ｃ→Ｂ→Ａ

問10．下線部⑩，国の予算における支出の中で，高速道路や新幹線などの建設のために使われる費用は何とよばれますか。正しいものを１つ選び，記号で答えなさい。

ア．社会保障関係費　　イ．国債費　　ウ．公共事業費

エ．教育科学振興費　　オ．防衛費

問11．下線部⑪，次の世界地図におけるＡ～Ｃの海洋名の組み合わせとして，正しいものを１つ選び，記号で答えなさい。

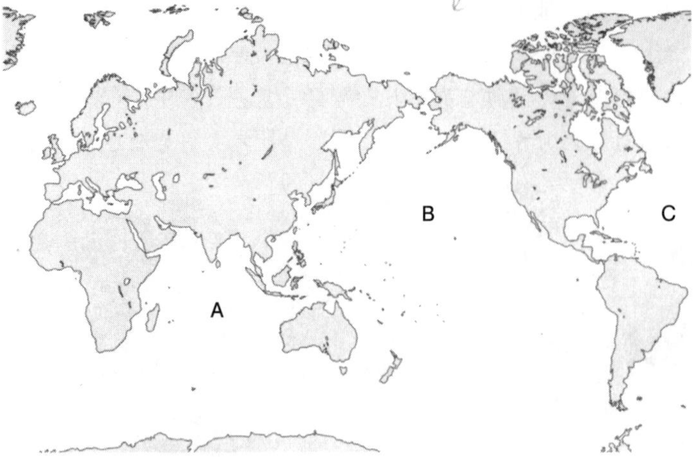

ア．A—インド洋　B—大西洋　　C—太平洋
イ．A—インド洋　B—太平洋　　C—大西洋
ウ．A—大西洋　　B—インド洋　C—太平洋
エ．A—大西洋　　B—太平洋　　C—インド洋
オ．A—太平洋　　B—インド洋　C—大西洋
カ．A—太平洋　　B—大西洋　　C—インド洋

問12．下線部⑫，グローバル化についての文章として，正しくないものを１つ選び，記号で答えなさい。

ア．グローバル化の背景には，インターネットや衛星放送の普及《ふきゅう》によって，世界各地の出来事が，すぐに伝わるようになったことがある。

イ．グローバル化がすすみ，国境を越えてさまざまな活動をしている企業《きぎょう》や団体が増えた。

ウ．グローバル化によって，一つの大国での出来事が，世界中に影響を与えるようなことはなくなった。

エ．グローバル化は文化の面でも進んでおり，世界中で，同じ映画や音楽を楽しむ人が増えたり，同じ食習慣がひろまったりしている。

問13．下線部⑬，（　）には「感染症の世界的な大流行」という意味の英語が入ります。（　）に入る語句をカタカナで答えなさい。

2　次の文章を読んで，あとの問いに答えなさい。

①香川県の北部，瀬戸内海に浮かぶ島のひとつに小豆島《しょうどしま》があります。この島で明治時代から栽培されているオリーブの生産額は全国１位です。近年，オリーブオイルが健康に良いとテレビや②インターネットなどで紹介され，島の知名度は高まっています。

食用以外にも，かつてはオリーブオイルに③魚をつけて運ぶことで，魚の保存期間を長くしていたといわれています。この技術は，現在も魚の④缶《かん》づめやびんづめに応用されています。

問１．下線部①，次の問いに答えなさい。

⑴　香川県は，オリーブのほかに「うどん」で有名です。次のグラフの中のア～エはそれぞれ，日本における小麦，魚介類，米，果物の食料自給率を示したものです。このうち「うどん」の原料である小麦を示したものとして，もっとも適当なものを１つ選び，記号で答

えなさい。

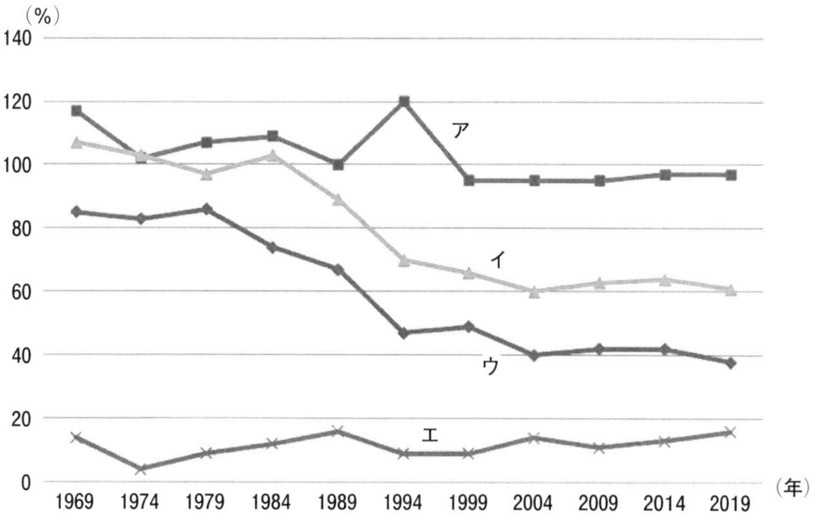

※割合はカロリーベースで計算したもの
(『令和元年度食料需給表』より作成)

(2) 次の雨温図は，香川県高松市，三重県津市，鹿児島県鹿児島市，北海道札幌市のいずれかのものです。このうち，香川県高松市のものとして，正しいものを１つ選び，記号で答えなさい。

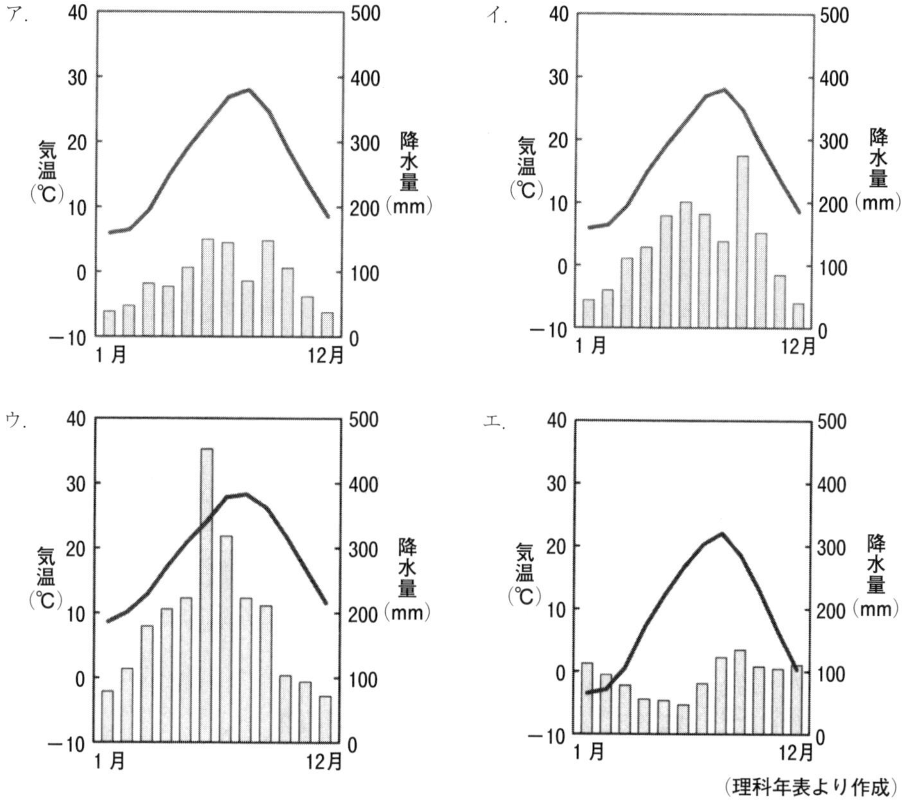

(理科年表より作成)

問２．下線部②，インターネットはスマートフォンやパソコンから簡単に利用でき，わたしたちの生活にとても深い関わりがあります。スマートフォンやパソコンをつくる工業として，もっとも適当なものを１つ選び，記号で答えなさい。

ア．食料品工業　　イ．繊維《せんい》工業　　ウ．金属工業

エ．機械工業　　　オ．化学工業

問３．下線部③，魚などをとる産業を漁業といいます。次の図の折れ線グラフは，日本の漁業従事者(漁業にたずさわる人)の総数(左の縦軸《たてじく》)を，棒グラフは総数に占める年代別割合(右の縦軸)を示しています。この図から読み取れることとして，もっとも適当なものを１つ選び，記号で答えなさい。

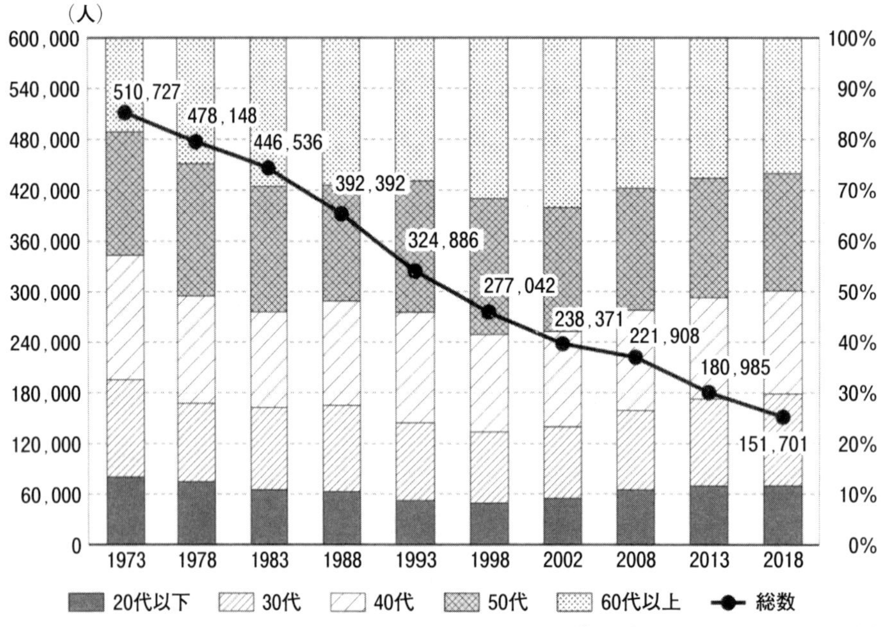

（『2018年漁業センサス』より作成）

ア．2018年における漁業従事者の総数は，1978年における漁業従事者の総数の５分の１以下まで減少している。

イ．1993年における漁業従事者の人数は，20代以下よりも50代のほうが多い。

ウ．1998年における30代の漁業従事者の人数は，６万人以上である。

エ．2002年と2008年の60代以上の漁業従事者の人数を比べたとき，人数が多いのは2008年である。

問４．下線部④，次の表は，水産物の缶づめ・びんづめの生産額上位５道県を示しています。この中で日本海に面している道県はいくつありますか。数字で答えなさい。

順位	道県名	生産額 (単位：百万円)
１位	静岡県	23,648
２位	青森県	20,435
３位	北海道	13,507
４位	岩手県	8,087
５位	新潟県	3,443

（『平成30年工業統計調査』より作成）

3 次の文章を読んで，あとの問いに答えなさい。

2020年7月，北海道白老《しらおい》町にアイヌ民族の文化を発信する場所として，「民族共生象徴《しょうちょう》空間（ウポポイ）」が開業しました。ウポポイとは，アイヌ語で「おおぜいで歌うこと」という意味です。

①(　　)地とよばれていた北海道や②サハリン，千島列島などには，古くからアイヌ民族が住み，豊かな自然を大切にしながら，狩《か》りや漁をして生活していました。江戸時代，幕府からアイヌの人々と交易する権利を認められた③(　　)藩は，④不公平な取り引きをして利益をえていました。その後，明治政府は①(　　)地を⑤北海道と改め，開拓をすすめました。太平洋戦争後もアイヌの人々には，民族の権利が制限された明治時代の法律が適用されたままでしたが，1997年にようやくアイヌの伝統と文化を大切に守る「アイヌ文化振興《しんこう》法」が制定されました。

問1．下線部①，文章中の2つの(　)には同じ語句が入ります。(　)に入る語句をひらがな2字で答えなさい。

問2．下線部②，サハリンの場所を右の地図中より1つ選び，記号で答えなさい。

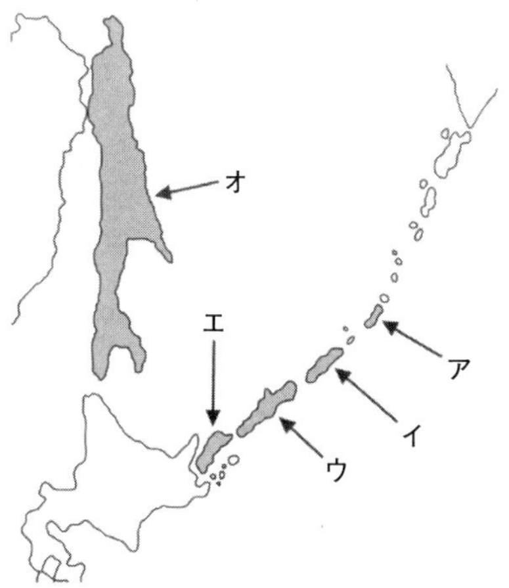

問3．下線部③，(　)に入る語句を1つ選び，記号で答えなさい。

ア．秋田
イ．米沢
ウ．松前
エ．土佐
オ．薩摩

問4．下線部④，アイヌの人々は不利な条件の取り引きをしいられたり，自然を荒らされたりして生活がおびやかされました。これに抗《こう》議し，アイヌの人々を率いて戦った人物の像として，正しいものを1つ選び，記号で答えなさい。

ア．

イ．

ウ．

エ．

問５．下線部⑤，この頃《ころ》のアイヌの人々を説明した文章として，正しくないものを１つ選び，記号で答えなさい。

ア．アイヌの人々は，狩りや漁の場所を失っていった。

イ．アイヌの人々は，日本名への改名や日本語の使用を強制された。

ウ．アイヌの人々は，伝統的な文化や生活様式を否定された。

エ．アイヌの人々は，国際連合で先住民の権利を訴えた。

4　中学生のＡさんと担任のＢ先生は文化祭のテーマについて話をしました。次の会話文を読んで，あとの問いに答えなさい。

Ａさん：今度の文化祭のテーマをクラスで決めなくてはいけませんが，みんなの仲が悪くならないように，いろいろな意見が出たらすぐに①(　　)で決めようと思います。

Ｂ先生：クラスの決めごとでも，国会での決めごとでも，民主的に行うことが大切だよね。

Ａさん：はい。だからすぐに①(　　)にするのがいいですよね。

Ｂ先生：ちょっと待って。授業で学習したように「民主的」とか「民主主義」は，単純に①(　　)にたよることではなかったよね。

Ａさん：はい。少数意見の尊重ですよね。

Ｂ先生：その通り。でも，単純に「少数」って決めつけないで，まずはじっくりと議論することが大切だったよね。国会でも，法律や予算，その時の大きな問題などについて，テーマごとに②(　　)という小さなグループに分かれて議論するんだ。すべての議員はどこかのグループに属して，そこで決まった結論が③(　　)に送られるという仕組みだったね。④内閣が提出した法律案が成立しないことだってあるんだ。

Ａさん：けっこう，めんどうなんですね。

Ｂ先生：その「めんどう」を嫌《いや》がると，危険だということを歴史の授業でも学習したよね。民主主義は単なる①(　　)ではなくて，しっかりした議論が前提になるし，その議論でも⑤人権を重んじなければいけなかったよね。

Ａさん：「早く決まればいい」って，大切なことを忘れていたような気がします。

問１．下線部①，会話文にある４つの(　)には同じ語句が入ります。(　)に入るもっとも適当な語句を，漢字で答えなさい。

問２．下線部②・③，それぞれの(　)に入る語句の組み合わせとして，正しいものを１つ選び，記号で答えなさい。

ア．②―本会議　③―委員会　　イ．②―委員会　③―本会議

ウ．②―委員会　③―閣議　　エ．②―閣議　　③―本会議

問３．下線部④について，次の問いに答えなさい。

(1)　内閣について説明した文章として，もっとも適当なものを１つ選び，記号で答えなさい。

ア．外国と結んだ条約を承認したり，外国との交渉《こうしょう》を行ったりする。

イ．国会の召集《しょうしゅう》を決めたり，参議院の解散を決めたりする。

ウ．各省などの長である国務大臣は，国会によって指名される。

エ．閣議での決定は，国務大臣の全員一致を原則とする。

(2)　平成24年の衆議院議員選挙後に内閣総理大臣になって以来，歴代最も長く内閣総理大臣を務めていた人物の写真として，正しいものを１つ選び，記号で答えなさい。

ア．

イ．

ウ．

エ．

問４．下線部⑤，国民の人権について問題や争いごとがおこったとき，裁判を通じて，その解決や救済を求めることができます。日本の裁判について説明した文章として，正しいものを１つ選び，記号で答えなさい。

ア．裁判員は，くじで選ばれ，刑罰が重い犯罪の１回目の裁判に裁判官とともに加わり，有罪か無罪かなどを判断する。

イ．日本の裁判は判決までのスピードが速いことを特徴としたが，時間をかけて慎重《しんちょう》に判断するために，市民感覚をもった裁判員を加えることになった。

ウ．裁判のまちがいを防ぎ，人権を守るために，同じ事件について複数回裁判を受けることができるので，日本では過去，判決の誤りは一度もない。

エ．罪の軽い事件や未成年者の問題を扱《あつか》う裁判所が地方裁判所であり，全国各地に400以上も設置されている。

【理　科】〈第１回試験〉（社会と合わせて50分）〈満点：50点〉

1　次の文章は，４人の生徒の会話です。植物についての会話文を読んで，次の問いに答えなさい。

Ａさん「今日はお天気も良いし，近くの公園で植物の観察をしようよ。」
Ｂさん「今の季節だと，いろいろな木の実が落ちているね。花のさいている木もあるのかな？」
Ｃさん「今は冬だから，小鳥がとまっている（ ① ）の花が観察できると思うよ。クヌギの木があったから（　②　）と思うな。」
Ｄさん「植物には，いろいろな種子や木の実があるんだね。」
Ａさん「そうだね，被子《ひし》植物の種子はめしべの（ ③ ）の中にある胚珠《はいしゅ》というところにできるんだよ。」
Ｃさん「マツや（ ④ ）の種子はどんなふうに運ばれるのかな？」
Ｂさん「（　⑤　）。」
Ａさん「この前，私が広場に行ったときは，（ ⑥ ）の実がセーターにくっついて，とるのが大変だったんだ。」
Ｄさん「Ａさん大変だったね。（　⑦　）。」
Ｂさん「キノコもみつかるといいね。」
Ｃさん「キノコは（　⑧　）。」
Ａさん「そうなんだね，はやくみんなで公園に行ってみようよ。」

(1)　会話文の(①)と(④)，(⑥)に入る植物の組み合わせとして，もっとも正しいものを１つ選び，記号で答えなさい。

	(①)	(④)	(⑥)
ア	アサガオ	イチョウ	カラスノエンドウ
イ	ススキ	カエデ	ホウセンカ
ウ	ホウセンカ	タンポポ	カタバミ
エ	ツバキ	カエデ	オナモミ
オ	ツツジ	ホウセンカ	タンポポ

(2)　会話文の(②)に入る文として，もっとも正しいものを１つ選び，記号で答えなさい。
　ア．小さくて，はじけて飛ぶ種子がたくさん落ちている
　イ．小さくて，はねがある種子が風に飛ばされている
　ウ．大きくて，重たいドングリの実が木の下にたくさん落ちている
　エ．枝の先にぶら下がっている大きな果実の中にたくさんの種子ができている

(3)　会話文の(③)に入る語句を，ひらがなで答えなさい。

(4)　会話文の(⑤)に入る文として，もっとも正しいものを１つ選び，記号で答えなさい。
　ア．大きな実がとてもあまいから，動物に食べられて遠くに運ばれるね
　イ．種子にはねがついていて，風に飛ばされやすくなっているね
　ウ．種子がとても小さくて粉末状だから，風に飛ばされると遠いところまで運ばれるね
　エ．大きくて重たい種子だから，そのまま下に落ちて，一つの場所にたくさん発芽するね
　オ．ぶらさがる実がはじけると，赤くて小さな種子がとび出してくるね

(5)　会話文の(⑦)に入る文として，もっとも正しいものを１つ選び，記号で答えなさい。

ア．その種子に毛が生えているのは，動物にくっつくことで運ばれるためだね

イ．その種子は，水をかけるとはじけるから雨が降ると運ばれるね

ウ．その種子に毛が生えているのは，こん虫にくっついて受粉してもらうためだね

エ．その種子の毛は，こん虫を攻撃《こうげき》するためにするどくなっているね

(6)　会話文の(⑧)に入る文として，もっとも正しいものを１つ選び，記号で答えなさい。

ア．花はさかないけど，コケのなかまと同じように種子でふえるよ

イ．花がさいて，カビのなかまと同じように胞子《ほうし》でふえるよ

ウ．花はさかないけど，シダのなかまと同じように種子でふえるよ

エ．花がさいて，サツマイモと同じように地下茎《ちかけい》でふえるよ

オ．花はさかないけど，カビのなかまと同じように胞子でふえるよ

2　物体が液体の中にあるとき，液体から物体へ，上向きの力がはたらきます。この力を浮力《ふりょく》と言います。浮力の大きさは，物体がおしのけた液体の重さと同じです。

また，図１のように物体が液体に浮《う》いているとき，浮力の大きさは物体が地球に引っ張られる力の大きさと同じになります。浮力について実験を行いました。次の問いに答えなさい。ただし，水１cm³の重さは１ｇとします。

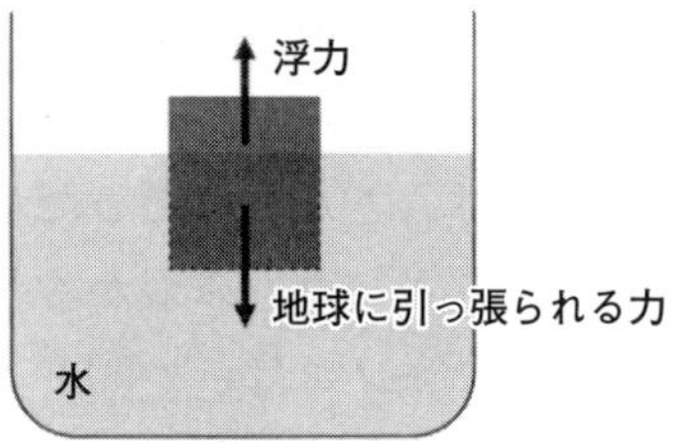

図１

<実験>

図２のような重さ540ｇ，体積720cm³の木片を，水の入った容器に浮かべたところ，図３のように木片は静止しました。

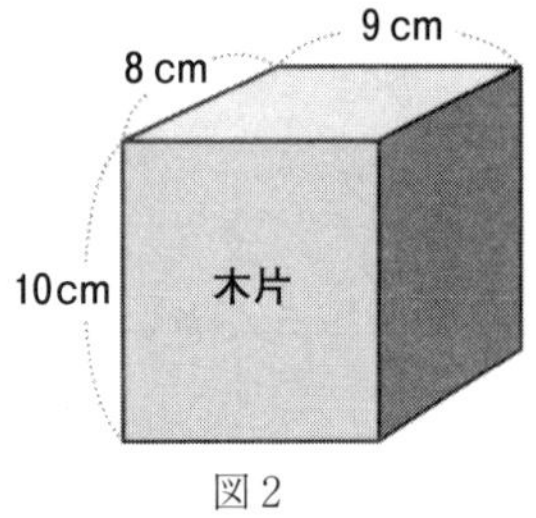

図２

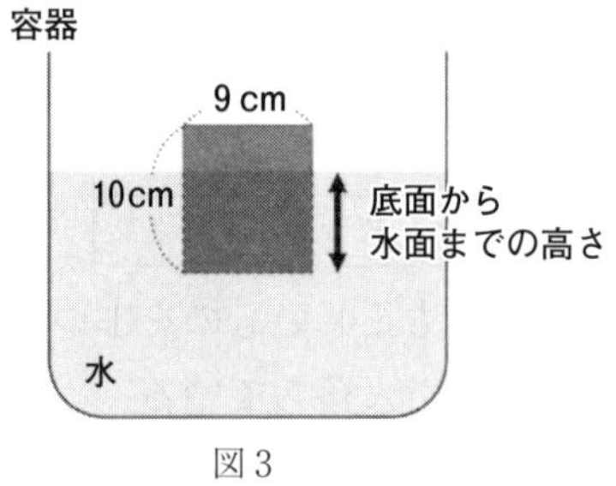

図３

(1)　木片１cm³の重さは何ｇか，小数第２位まで答えなさい。

(2)　<実験>において，木片にはたらく浮力の大きさは何ｇか，答えなさい。

(3)　図３について，木片の底面から水面までの高さは何cmか，小数第１位まで答えなさい。

(4)　図３の木片の上におもりを乗せたところ，図４のように木片の上面がちょうど水面の高さになりました。木片が受ける浮力の大きさは何ｇか，答えなさい。

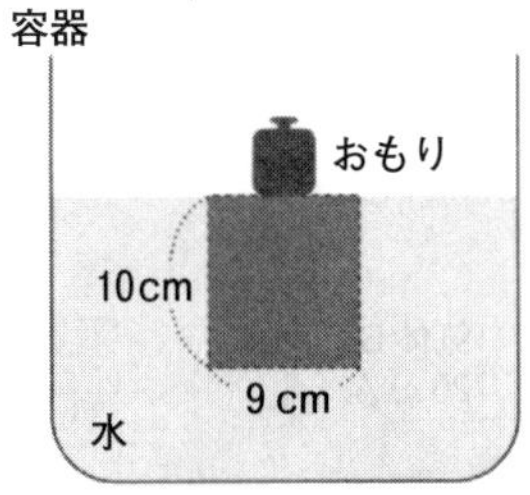

図４

(5)　(4)で乗せたおもりの重さは何ｇか，答えなさい。

3　図５は，ある日の夕方から夜にかけて学校から南の空に見える月を１時間ごとに３回観察し，月が見えた位置を✖で示したものです。次の問いに答えなさい。

(1)　図５の18時の月の見え方として，もっとも正しいものを１つ選び，記号で答えなさい。

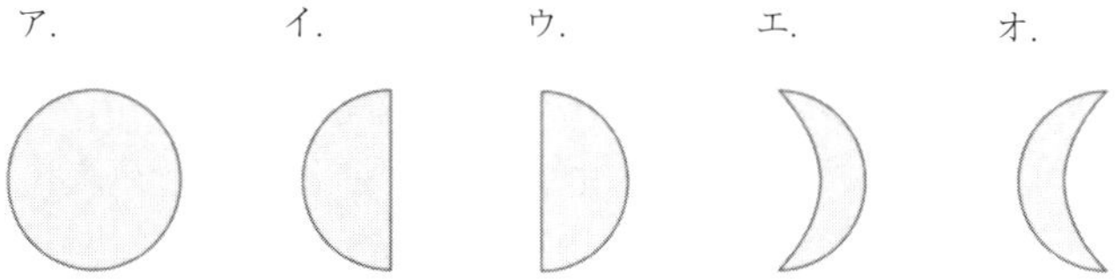

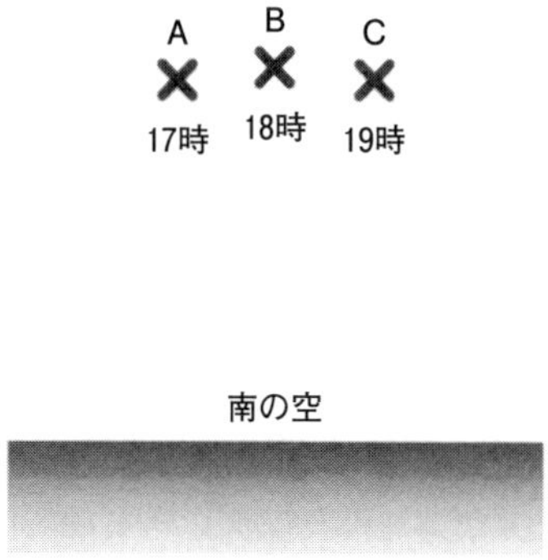

図５

(2)　図５で見える月を何というか，もっとも正しいものを１つ選び，記号で答えなさい。

ア．満月　　イ．新月　　ウ．三日月　　エ．上げんの月　　オ．下げんの月

(3)　観察した日から次の満月の日にかいき月食が見えることがわかりました。次の満月は約何週間後に見られるか，もっとも正しいものを１つ選び，記号で答えなさい。

ア．１週間後　　イ．２週間後　　ウ．３週間後　　エ．４週間後

(4)　かいき月食になると月が赤銅色に見えますが，これと同じ理由で赤く見える現象について，もっとも正しいものを１つ選び，記号で答えなさい。

ア．朝焼けが赤く見える。

イ．10円玉が赤く見える。

ウ．アンタレスが赤く見える。

エ．ロケットのエンジンから出るほのおが赤く見える。

(5)　2021年５月26日の満月は，その年で見られた満月の中でもっとも大きく見えました。その理由として，もっとも正しいものを１つ選び，記号で答えなさい。

ア．月がぼうちょうしたから。

イ．月が収縮したから。

ウ．月が地球から遠かったから。

エ．月が地球に近かったから。

4　図６は，大気に含《ふく》まれる気体の体積の割合を示したものです。次の問いに答えなさい。

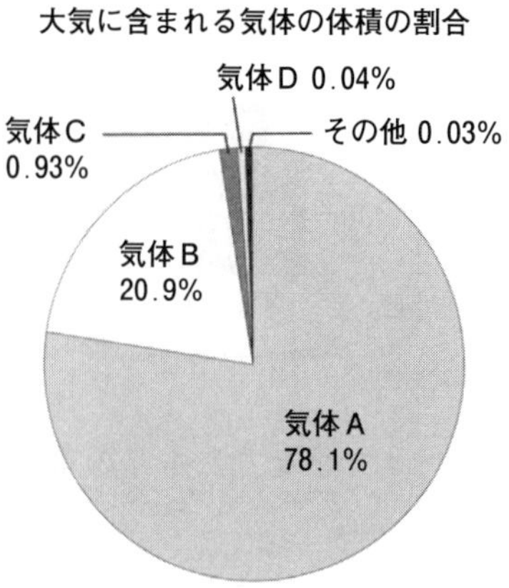

図６

(1)　気体Ａ，Ｂ，Ｄについての説明として正しいものを，それぞれ１つずつ選び，記号で答えなさい。

ア．無色であるが，鼻をさすにおいがする。

イ．物が燃えるのを助けるはたらきがある。

ウ．地球温暖化の原因の１つとされている。

エ．保存のために，お菓子《かし》のふくろやスポーツドリンクなどのアルミニウム缶《かん》などに入れられている。

オ．空気と比べてとても軽い気体で，燃料電池の燃料として用いられる。

(2)　固体と液体を反応させて気体Ｂを発生させるとき，固体と液体として，それぞれどれを選べばよいか，１つずつ選び，記号で答えなさい。

ア．亜鉛《あえん》　　イ．アンモニア水　　ウ．二酸化マンガン　　エ．石灰石

オ．水　　カ．過酸化水素水　　キ．水酸化カルシウム　　ク．うすい塩酸

(3)　気体Ａを集める方法として，もっとも正しいものを１つ選び，記号で答えなさい。

ア．

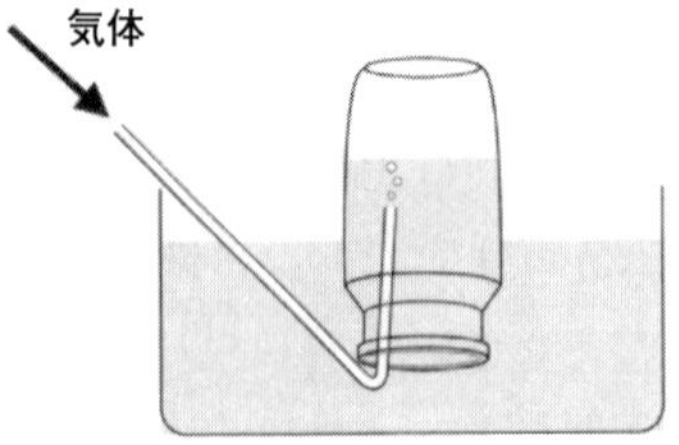

イ．

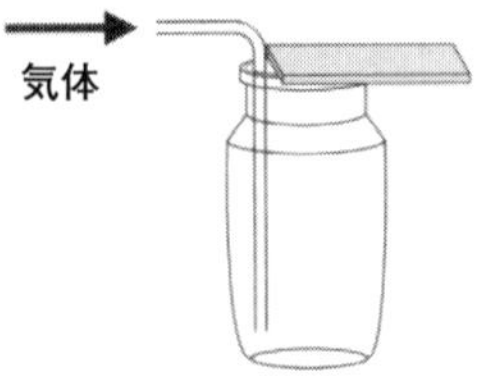

ウ．

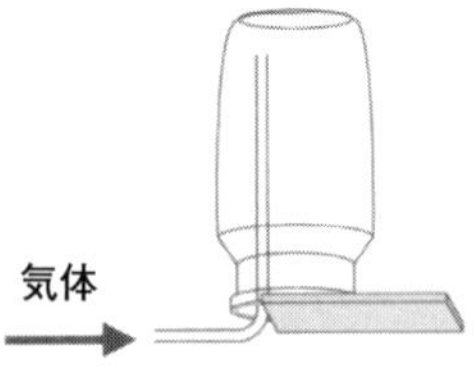

(4)　部屋の換《かん》気がしっかり行われているかを判断するために，「ある気体」を測定する機器を設置している飲食店があります。この「ある気体」は，気体Ａ，Ｂ，Ｃ，Ｄのうちどれか，もっとも正しいものを１つ選び，記号で答えなさい。

ア．気体Ａ　　イ．気体Ｂ　　ウ．気体Ｃ　　エ．気体Ｄ

③　先生が黒板に書いた算数の問題をノートに書き写して答えること

④　どうすれば友人に自分の意見が伝わるか思いをめぐらせること

⑤　説明書をよく見ながらプラモデルを組み立てて完成させること

問6　――線部5「いかがわしい」という言葉の意味はどれですか。

ア．うたがわしい　　イ．そらぞらしい

ウ．はずかしい　　エ．なやましい

オ．まぎらわしい

問7　――線部6「『意見をもっている』ことと『考える』っていうことはぜんぜん違う」とありますが、次の会話で、「考えていないひと」の発言を、二つ選びなさい。（答えの順番は問いません）

ア．「文化祭の出し物は合唱コンクールがいいかなあと思っているのだけど、みんなの意見はどう？」

イ．「うーん。ぼくもいろいろ考えているんだけど、全然まとまらないんだ。君の意見は？」

ウ．「ちょっと待ってね。ぼく、さっき出された宿題のことで頭がいっぱいなんだよ」

エ．「ぼくはお化けやしき以外はやらないよ。六年生になったらお化けやしきをやるって、ずっと決めてたんだ」

オ．「なーるほど。お化けやしきも面白そうだね。でも、合唱コンクールもやってみたいなあ」

カ．「あっ、じゃあこういうのは？　お化けやしきに入ると、お化けたちが大合唱してるの。ダメかな？」

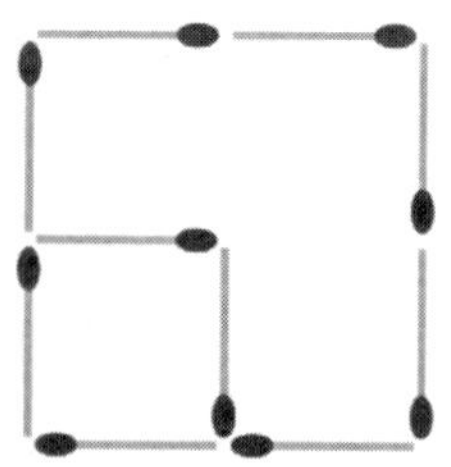

できた？

オーケー。話を続けよう。

「自分で考える」っていう言い方も、5いかがわしい。

よくそれは「他人に左右されない自分の意見をもつ」というくらいの意味で使われる。だけど、6「意見をもっている」ことと「考える」っていうことはぜんぜん違う。

他人に左右されない頑固《がんこ》な自分の意見の持ち主って、実はあまり考えないひとなんじゃないだろうか。対抗《たいこう》してちょっと極端《きょくたん》なことを言えば、考えるひとというのは、ひとの意見を聞いて敏感《びんかん》に反応して、すぐに「なーるほど」とか「あっそうか」とか言って、むしろ自分の意見にはこだわらないんじゃないだろうか。

ことばがなければ考えられない。そして、ことばというのは、自分ひとりで生み出せるものではなく、コミュニケーションを必要とする集団が、その歴史の中で作り上げ、作りつつあるものだ。だとすれば、ことばを使っている以上、そこには自分以外のひとたちの圧倒《あっとう》的な力が入りこんでいる。

それから、新しいことばだけが、新しい可能性を開いてくれる。そして、新しいことばというのも、他人からもたらされるものでしかない。ぼくらは他人からことばを教わってきたし、いまも他人からことばを教わりつづけている。

他人から教わるのは、まったく新しいことばでもあるだろう。だけど、もっとありがちなこととして、もう知ってるはずのことばに新しい意味の広がりを与《あた》えてくれるような、新しい見方を教わる、ということでもある。

（野矢茂樹『はじめて考えるときのように』による）

※ワープロ…文書を作成・編集・印刷できる機械。ワードプロセッサの略。

※ヘウレーカ…古代ギリシアの数学者・アルキメデスが「アルキメデスの原理」を発見した時にさけんだとされる、喜びを表した言葉。

問1　本文中の あ と い に当てはまる言葉をそれぞれ選びなさい。

ア．あるいは　イ．だけど　ウ．すると

エ．つまり　オ．ところで　カ．だから

問2　――線部1「『マッチ棒で』考えている」とはどういうことですか。

問3　――線部2「別の例で言えば」とありますが、筆者が例をあげて言いたいことは何ですか。本文中から一文で探し、はじめの五字を抜き出しなさい。

問4　――線部3「まず頭の中でリハーサルしてから、しゃべった方がいい」とは、どういうことですか。

問5　――線部4「ぼくが考えてきた『考える』ってことはそういう『考える』ではなかった」とありますが、次の①～⑤の例は、ア．「ぼくが考えてきた『考える』」と、イ．「そういう『考える』」のどちらに当てはまりますか。

①　散歩しながら文化祭で発表する内容をあれこれと考えてみること

②　計画的な貯金のために毎日の買い物をお小遣《こづか》い帳に記録すること

るとか、図を使うとかして習う。

じっさいに目の前のもので手を使って操作できるひとだけが、イメージの中でも操作できるようになる。

イメージを使って操作することの方が「考えてる」って感じがするかもしれないけど、それはまちがいだ。イメージを操作することはものを操作することの二番煎《せん》じで、もともとは手を使ってものを操作することにある。

だいたい、ことばっていうのがそういうものだ。頭の中にまずことばがあって、それを音や文字に写すっていうんじゃない。ことばというのは、目の前のものや、口から発した音や、紙に書きつけられた文字としてある。ぼくらは文字を、積み木のようにして紙の上で（［い］※ワープロの画面上で）あれこれ組み合わせる。

それは基本的に、手作業なんだ。

「頭の中で考える」という言い方がふつうにされてしまうことには、「考える」ということに対する誤解もあるかもしれない。筆算じゃなくて暗算でやった方が「考える」という感じがする。紙の上で機械的に計算をしているだけだと、「考えてる」とは言ってもらえないけれど、「ちょっと待ってね」とかいって「うーん」なんて暗算して答えを出すと、「考えた」と言ってもらえそうだ。

絵に描いてるのじゃなくて、思い描いてる方が「考えてる」感じがするし、思いつくかたっぱしから口にしてると「ちょっとは考えてものを言え」なんて言われてしまう。3まず頭の中でリハーサルしてから、しゃべった方がいいってことだろうか。

どうも「考え」っていうのは、まず最初は「内側」で生まれて、次にそれをことばにのせて「外に」伝えるものと思われがちのようだ。そして、ことばにのせないでとどめておかれると「内に秘めた考え」とか言われる。

でも、ぜんぜんそういうものじゃないとぼくは思う。

もちろん、「考える」っていうことばにはいろんな意味があるから、「口に出さないでしゃべる」とか「紙の上に描かないで思い描く」といったことを「考える」と呼ぶこともまちがいじゃない。そういう「考える」の使い方もある。

だけど、4ぼくが考えてきた「考える」ってことはそういう「考える」ではなかった。

ぼくらが考えるのは、なによりも問題をかかえこんでいるときだ。何も思いつかないときだって、問題の答えに耳を澄《す》ましているかぎり、その緊張《きんちょう》が失われていないかぎり、そのひとは考えている。それから、「何も思いつかない」ということと「考えられない」ということは違《ちが》う。何も思いつかないというつらい状態でも、あきらめずに目をこらし、耳を澄ます。そしていろんな作業をしてみる。その緊張がつづかなくなったとき、それが、「考えられない」ということだ。それは「頭の中が空っぽ」ということじゃない。

問題を抱《かか》えて頭の中にひきこもるんじゃなくて、問題のまなざしで自分を外に開いていくこと、そして観察や手作業や、あれこれ試してみること。あれこれあるのは、頭の中じゃない。頭の外に「※ヘウレーカ」の呼び声を待つあれやこれやがある。そうしてぼくらは、頭の外で、考える。

ここでさっきのパズルの答えを書いておこう。二本動かして、左のようにするってわけ。

未来は変えられるという期待を感じたから。

問4　――線部4「たのしみが増す」とありますが、何のたのしみが増すのですか。十字以内で抜き出しなさい。

問5　――線部5「『柔らかそうだから、ちょっとさわってみたくて』」と言ったのはなぜですか。

ア　運命を感じた品物を手にした喜びのあまり、つい思ってもいないことを口走ってしまったから。

イ　運命を感じた品物を見つけたのは自分なのに、周りの人もほしがっているように感じたから。

ウ　運命を感じた品物に引き寄せられ、思わず工事現場に入ってしまったはずかしさをごまかそうとしたから。

エ　運命を感じた品物が置かれていた場所に、直接手を触《ふ》れてみたいという衝動《しょうどう》にかられたから。

オ　運命を感じた品物を手に入れる目的で工事現場に入ったことを、さとられたくなかったから。

問6　――線部6「声優っぽい口調」でささやいたのはなぜですか。

ア　誰《だれ》かに盗《ぬす》まれるかも知れないという危機感をいだいたから。

イ　不思議なものを手にしてしまったことに恐怖を覚えたから。

ウ　前からほしかった宝物を手に入れて安心しているから。

エ　運命的な出会いを果たした満足感にひたっているから。

オ　手に入れたものにあまりにも謎が多く不満を感じたから。

問7　――線部7「二度目の直感」とありますが、何をすることを直感したのですか。解答らんに合うように答えなさい。

三　次の文章を読んで、後の問いに答えなさい。

たとえばよく見るパズルでこんなのがある。

十本のマッチ棒が図のように並んでいる。このうち二本だけを動かして、正方形を二つにしなさい。

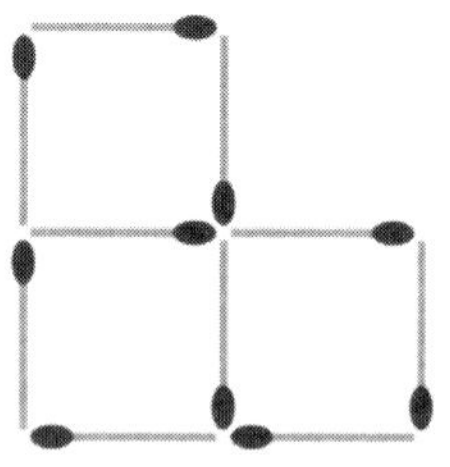

これを考えるとき、きみはどうする？

マッチ棒をもってきて、それをあれこれいじってみる。テーブルの上であれこれ組み合わせて、考える。もしそうなら、それはけっして「頭の中で」考えているんじゃない。1「マッチ棒で」考えている。テーブルの上がきみの考える場所になっている。そうじゃないかな。

マッチ棒なんかもってこなくてもできちゃったってひともいるかもしれない。［あ］、その場合でも、紙にこの図が描《か》いてあることがずいぶん役にたったはずだ。そしてこの紙を見つめながら、その線を組み替えてみたんじゃないだろうか。その場合は、紙の上で考えていると言える。

（パズルの答えがわからなくて気になるひとのために、答えはちょっとあとに書いておくことにしよう。べつに、こんなもんわからなくても命に別状ないけどね。）

2別の例で言えば、たとえば、筆算と暗算。

きみは、筆算と暗算と、どっちが先にできるようになった？　暗算が先ってことは、ないよね。

筆算を習ったひとだけが、暗算することができる。最初から暗算を習うのは、無理ってもんだ。「２＋５＝７」とか、「３×２＝６」みたいなかんたんな計算だって、最初の最初はおはじきを使ってやってみくらどんなにながめても、正体がつかめない。奇妙《きみょう》なことに、時折、光を放つのだった。呼吸のように、心臓の動きのように、ふわっと光るのだから、これはもう、謎《なぞ》の物体Xである。

「どうやら、ついに手に入れてしまったようね」

6声優っぽい口調で自分にささやき、リリアは重々しくうなずいた。まちがいなく、あたしだけの宝物だ。

これは胸のうちでつぶやいた。宝物になりそうだという直感は平凡だったが、見つけたモノの突拍子もなさがすごい。

肌身《はだみ》離さず持ち歩こうと決めた。こころここにあらずの状態でお夕飯を食べ、食後のひとときを上の空で家族と過《す》ごし、部屋に戻《もど》って寝《ね》る前に、ふたたび部屋でじっと見つめているうちに降りてきた7二度目の直感だった。

夜中に起きて、部屋を出た。おトイレに行き、キッチンで水を飲んでから、リビングに入った。リリア一家は3LDKのマンションに住んでいた。玄関《げんかん》を入ってすぐにリリアの部屋があり、隣《となり》が小三の弟の部屋だった。おトイレはその向かいで、両親の寝室《しんしつ》はリビングの奥《おく》である。

物音を立てないよう注意して、リビングボードの引き出しから遺骨ペンダントを取り出した。遺骨ペンダントとは、お骨を入れて、※故人をしのぶためのロケットペンダント。おじいちゃんが亡《な》くなったとき、おかあさんが買った。でも、お坊《ぼう》さんがいい顔をしなかったので、身につけることを断念した。

部屋に戻り、机に向かい、銀色の細長い円柱形の入れ物に、謎の物体Xをおさめた。首にかけて、ベッドに入る。目がさえて、眠《ねむ》れなかった。なにかが起こりそうな予感がした。運命がゆっくりと動き始めたような気がして、胸がいっぱいになった。

（朝倉かすみ『少女奇譚《きたん》　あたしたちは無敵』による）

※四叉路…四つに分かれている道。

※屋根の上に投げたか、床下に落とした…健康な歯が生える願いをこめて、抜けた上の乳歯を床下に、下の乳歯を屋根に投げるという日本の習わし。

※伴侶…連れ立って行く者。ここでは結婚相手のこと。

※猫車…土や砂《すな》を運ぶための手押し車。

※故人…亡くなった人。

問１　――線部１「白くて、つやつやしいちいさなもの」とは、結局何でしたか。

ア．どこにでもある小石

イ．土に埋まっていた乳歯

ウ．正体がわからないもの

エ．硬くて弾力がある貝殻《かいがら》

オ．少し大きめのお米つぶ

問２　――線部２「にっこり笑って受け取るにちがいない」とありますが、リリアがこのように考えたのはなぜですか。

問３　――線部３「運命、恐るべし。そして、なんて、神秘的」とありますが、リリアがこのように感じたのはなぜですか。

ア．もがいても逆らいようのないもので、自分の思いどおりの未来ではないことに恐怖《きょうふ》を感じているから。

イ．もがいても逆らいようのないものだが、未来が決まっていることに不思議な魅力《みりょく》も感じているから。

ウ．もがいても逆らいようのないものだが、恐怖を乗りこえることにわくわくするような興奮を感じたから。

エ．もがいても逆らいようのないもので、自分で意識してもむだなものだという絶望を感じたから。

オ．もがいても逆らいようのないものだが、自分の意識しだいでただの白い小石だったとしても、いっこうにかまわなかった。それならそれで「あたしだけの宝物」になりそうだとの直感がリリアのもとに降りてきていた。だって、その白くてつやつやしいものは、あんなにちいさいのに、リリアの目に飛び込んできたんだもの。「リリア、わたしはあなたに見つけてもらいたいの」とささやくように、金色に光って……。つまり、出会ってしまったってこと。たぶん、運命。

　小学校六年生のリリアは、去年くらいから「運命」にあこがれを抱《いだ》いていた。英語だとデスティニーと言うらしい。生まれたときから、ひとにはそれぞれ運命が定まっていて、決してあらがえないと聞いている。意識してもしなくても、逆らおうともがいても、ひとは結局、デスティニーどおりに生きてしまうようだ。3運命、恐《おそ》るべし。そして、なんて、神秘的。

　いま、こうしているあいだにも、いずれ出会うにちがいない未来の友人や恋人《こいびと》や※伴侶《はんりょ》が、どこかであそんだり、勉強したり、テレビを観たりしていると思うたび、リリアの胸はときめいた。天使の鳴らす教会の鐘《かね》の音が聞こえるようだった。

　そのときがくれば、かならず出会ってしまうのに、いまはまだ、そのひとのことをなんにも知らないなんて！

　そうして、いつかかならずやってくる「そのとき」の自分がどこでどうしているのかも知らないなんて！　デスティニーで定められているというのに！　だからこそのデスティニーなんだけど！

　断っておくが、リリアは四六時中「運命」を念頭に置いているわけではない。リリアの胸に「運命」（デスティニーでもいいけど）がよぎるのは、なんらかの直感がはたらいたときだった。

　ふと目にしたり、耳に入ってきたりしたものにたいして、ロマンチックなあじわいの直感がはたらいたとき、リリアは「運命」を意識する。突拍子《とっぴょうし》もないひらめきであればあるほど、何年後か何十年後、なぜそんな直感がはたらいたのかの答えを知ったときの4たのしみが増す、と思う。ああ、そういうことだったのか、とストンと腑《ふ》に落ちる未来の自分のすがたが目に浮《う》かび、息をするのが苦しいくらい、わくわくするのだった。

　しかし、突拍子もないひらめきなどというものは、そうそう降りてこないらしい。少なくともリリアは未体験だった。

　掘り返された土から見つけた、白くてつやつやしいちいさなもの。宝物になりそうだ、との直感はロマンチックではあるのだが、いささか平凡《へいぼん》だった。それくらい、リリアだって承知している。でも、直感は直感。未来での答え合わせのためにも、ぜひ、手に入れたい。

　基礎工事中の現場に足をふみ入れた。無邪気《むじゃき》なこどものふりをして、掘り返された土に近づく。※猫車《ねこぐるま》で土を運んでいる作業員に「危ないから入っちゃいけない」と注意されたが、5「柔《やわ》らかそうだから、ちょっとさわってみたくて」と言い、土をひとつかみしてから、手のひら全体でもむようにし、パラパラと落とした。白くてつやつやしいちいさなものは、うまいこと手に残し、「ありがとうございました」と作業員に頭を下げ、その場を離《はな》れた。少し歩いて、立ち止まり、握《にぎ》っていた手をそうっとひらく。

　お米つぶみたいなかたちをしていた。それをふたまわりほど大きくした感じ。乳歯でも小石でもなさそうだ。

　親指とひと差し指ではさみ、リリアはしげしげとながめた。

　両の指に軽く力を入れてみた。硬《かた》い。なのに弾力《だんりょく》もありそうだ。押《お》し返されるような、かすかな手応えがある。なかになにかがいそうである。硬い殻《から》に守られて、じっとしているなにか。

　ひとまず、カーゴパンツのポケットに入れた。家まではもうすぐだった。

　お夕飯の時間になるまで、部屋のなかで、じっくりと観察した。いイ．社長のご意見を承る。

ウ．名人の作品を拝見する。

エ．友人にも伝えます。

オ．先生の自宅にうかがう。

問7　次の中学生Ａ・Ｂの会話を読み、□に当てはまる言葉を後から選びなさい。

Ａ：『スタンド・バイ・ミー』って知ってる？　アメリカの作家の、スティーブン・キングの小説で、映画や舞台にもなってるんだよ。

Ｂ：そうなんだ。知らなかったよ。

Ａ：わたし、舞台を観《み》たことがあるんだけど、印象に残ったセリフがあるの。主人公の十二才の男の子が、「初めて夕焼けが悲しく見えた夏、ぼくには友だちがいた」っていうの。

Ｂ：おお、なんかすごいね。何だかぼくにもわかるような気がするよ。

Ａ：太陽が沈《しず》むと、□は絶対にやってくる。当たり前なんだけど、だんだん大人に近づいていくってことだよね。子どもじゃなくなっていく「今」を、悲しく感じたんだと思うな。

Ｂ：そうだよね。ぼくらもあと何回、夕焼けを見たら、大人になるんだろうな。

Ａ：あ！　まさにそのセリフ、『スタンド・バイ・ミー』にも出てくるんだよ！

ア．明日　イ．季節　ウ．希望

エ．友達　オ．幸福

二　次の文章を読んで、後の問いに答えなさい。

月曜の下校途《と》中だった。リリアは※四叉路《よんさろ》で友だちと別れたばかり。家までは遠くなかった。十分もまっすぐ歩けばマンションに着く。

リリアがひとりで歩く道には、両側に一戸建てがならんでいた。そのうちの一軒《いっけん》が建て替《か》え中で、基礎《きそ》工事をおこなっている。コンクリートで仕切った区画に、土を戻《もど》しているところである。

ショベルカーで掘《ほ》り返された土は、ふだん目にする土よりもしっとりと黒かった。そのなかに、1白くて、つやつやしいちいさなものが輝《かがや》いていた。掘り返された土から、一部、のぞいていたのだった。

乳歯だと思った。小石の可能性も捨てきれないが、きっと、乳歯。

※屋根の上に投げたか、床下《ゆかした》に落としたものが、いつしか土に埋《う》まり、それが掘り返されたのだと、リリアの頭のなかで想像がめぐった。

リリアにも覚えがあった。乳歯が抜《ぬ》けるたび、おじいちゃんの家まで行き、上に投げたり、床下に落としたりした。あの乳歯たちはあれからどうなったのだろう、と気にかかり、「乳歯の大ぼうけん」という短いお話を書いたことがある。そのお話はリリアも気に入ったし、両親にもほめられた。おかあさんなどは、捨ててしまった乳歯に思いをはせるような顔をして、「一本くらい記念に取っておけばよかったね」と言った。

リリア一家がそうであるように、この家のひとたちにとっても、こどもの乳歯は大切な思い出だろう。現物が残っていたら、貴重な記念品になるはずだ。そこでリリアは思いついた。いったん自分があずかっておき、折を見て返してあげよう。

その家のひとたちのことはよく知らなかった。学校の行き帰りに、おじいさんに近いおじさんを見かけたことがあるきりだった。不機嫌《ふきげん》そうな顔つきのひとだったが、リリアが「思い出の乳歯」を届けたら、2にっこり笑って受け取るにちがいない。

二〇二二年度
日本大学第二中学校

【国　語】〈第一回試験〉（五〇分）〈満点：一〇〇点〉

注意　選択肢《せんたくし》がある場合は、指示がないかぎり最もふさわしいものを記号で答えなさい。また、抜《ぬ》き出して答える場合は、句読点・記号も字数に含《ふく》みます。

一　次のそれぞれの問いに答えなさい。

問１　次の――線部の漢字の読みをひらがなで書きなさい。

①　ていねいに細工する。
②　和風の家屋が好きだ。
③　字の誤りに気をつける。
④　昨日を境に暑くなった。

問２　次の――線部のカタカナを漢字に直しなさい。送りがなが必要な場合は、それも書きなさい。

①　規約をカイセイする。
②　電力がフッキュウする。
③　品質をホショウする。
④　一人で畑をタガヤス。

問３　次の慣用句のうち、□に入る言葉が異なるものを一つずつ選びなさい。

①　ア．□が立たない
イ．□をかける
ウ．□を皿にする
エ．□を細くする
オ．□が肥える

②　ア．□の額
イ．□につままれる
ウ．□をかぶる
エ．□なで声
オ．□の手も借りたい

問４　次の四字熟語の□に当てはまる語を漢字一字で答えなさい。

①　一部□終
②　千変万□

問５　次の――線部の使い方が異なるものはどれですか。

①　ア．妹たちのおどる様子を見る。
イ．外で雨の降る音がする。
ウ．字の上手な人を募集《ぼしゅう》する。
エ．あきらめるのが早すぎる。
オ．くちばしの黄色い鳥がいる。

②　ア．学校から駅までは近い。
イ．倉庫から荷物を取り出す。
ウ．寒いからセーターを着る。
エ．三月に田舎から上京する。
オ．父から入学祝いをもらう。

問６　次の――線部に使われている敬語の種類が異なるものはどれですか。

①　ア．食事をめし上がる。
イ．絵画をご覧になる。
ウ．おっしゃるとおりです。
エ．声をお聞きになる。
オ．別室でお待ちする。

②　ア．自分の考えを申し上げる。

2022年度

日本大学第二中学校 ▶解説と解答

算　数　＜第１回試験＞（50分）＜満点：100点＞

解　答

1 (1) $1\frac{1}{6}$　(2) $\frac{10}{21}$　(3) 14.2　(4) 33　(5) 735　2 (1) ８枚　(2) $2\frac{1}{6}$　(3) ９％　(4) 30度　(5) 122.46cm^3　3 (1) 10cm　(2) 7　(3) 13　4 (1) 72cm^2　(2) $3\frac{3}{8}$$cm^2$　5 (1) 36.5度　(2) 36.2度　(3) ２日目，36.6度　6 (1) 144秒後　(2) 29秒間

解　説

1 四則計算，逆算，数列，約数と倍数

(1) $0.1\times(1.5+1.4\times2.5)+0.8\div1.2=0.1\times(1.5+3.5)+\frac{8}{12}=0.1\times5+\frac{2}{3}=0.5+\frac{2}{3}=\frac{1}{2}+\frac{2}{3}=\frac{3}{6}+\frac{4}{6}=\frac{7}{6}=1\frac{1}{6}$

(2) $\left(1\frac{1}{3}-\frac{1}{2}\right)\div\left(2\frac{1}{4}+\frac{2}{3}\right)\div0.6=\left(1\frac{2}{6}-\frac{3}{6}\right)\div\left(2\frac{3}{12}+\frac{8}{12}\right)\div\frac{3}{5}=\left(\frac{8}{6}-\frac{3}{6}\right)\div2\frac{11}{12}\div\frac{3}{5}=\frac{5}{6}\div\frac{35}{12}\div\frac{3}{5}=\frac{5}{6}\times\frac{12}{35}\times\frac{5}{3}=\frac{10}{21}$

(3) $1.3\times6=7.8$，$3.5\times6=21$より，$(\square+7.8)-21=1$，$\square+7.8=1+21=22$　よって，$\square=22-7.8=14.2$

(4) となり合う数の差を求めると，右の図１のようになる。よって，となり合う数の差は，２，４，８，…のように２倍になると考えられるから，17と□の差は，$8\times2=16$で，□と65の差は，$16\times2=32$とわかる。よって，$\square=17+16=33$と求められる。

図１

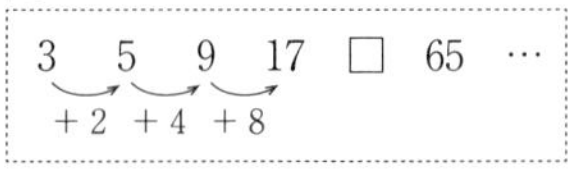

(5) $630\div105=6$なので，□を105で割った商を○とすると，右の図２のように表せて，最小公倍数は，$105\times6\times○=4410$となる。よって，$○=4410\div(105\times6)=4410\div630=7$だから，$\square=7\times105=735$と求められる。

図２

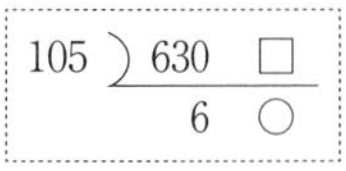

2 つるかめ算，約数，濃度《のうど》，角度，体積，相似

(1) 五百円玉だけが17枚あるとすると，合計金額は，$500\times17=8500$(円)となり，実際よりも，$8500-5300=3200$(円)多くなる。五百円玉を百円玉と１枚かえるごとに，合計金額は，$500-100=400$(円)ずつ減っていくので，3200円減らすには，五百円玉を百円玉と，$3200\div400=8$(枚)かえればよい。よって，百円玉は８枚ある。

(2) 18の約数は{1，2，3，6，9，18}である。これらの逆数はそれぞれ１，$\frac{1}{2}$，$\frac{1}{3}$，$\frac{1}{6}$，$\frac{1}{9}$，$\frac{1}{18}$だから，その和は，$1+\frac{1}{2}+\frac{1}{3}+\frac{1}{6}+\frac{1}{9}+\frac{1}{18}=\frac{18}{18}+\frac{9}{18}+\frac{6}{18}+\frac{3}{18}+\frac{2}{18}+\frac{1}{18}=\frac{39}{18}=\frac{13}{6}=2\frac{1}{6}$となる。

(3) 食塩水のやり取りのようすは下の図１のように表せる。ＡからＢに入れた12％の食塩水100ｇには食塩が，$100\times0.12=12$(ｇ)，初めにＢに入っていた４％の食塩水300ｇには食塩が，$300\times0.04=12$(ｇ)ふくまれているので，これらを混ぜてできた図１のイの食塩水，$100+300=400$(ｇ)には

食塩が，12＋12＝24(ｇ)ふくまれているから，その濃度は，24÷400×100＝６(％)とわかる。つまり，ＢからＡに入れた食塩水100ｇの濃度は６％だから，その中に食塩は，100×0.06＝６(ｇ)ふくまれている。また，ＡからＢに入れた後，Ａには12％の食塩水(図１のア)が，200－100＝100(ｇ)残っており，その中に食塩は12ｇふくまれている。したがって，最後にできたＡの食塩水(図１のウ)，100＋100＝200(ｇ)には食塩が，12＋６＝18(ｇ)ふくまれているから，その濃度は，18÷200×100＝９(％)である。

図１

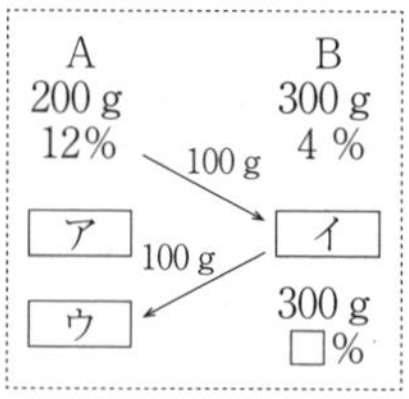

⑷　右の図２で，三角形ABDは二等辺三角形なので，●印を付けた２つの角の大きさは等しい。また，三角形ABCは正三角形なので，角㋑の大きさは，(60－●)度，角㋒の大きさは60度となる。さらに，三角形ACDは二等辺三角形だから，㋓の角の大きさは角ADCと等しく，(●＋㋐)度になる。ここで，三角形BCDに注目すると，㋐＋㋑＋㋒＋㋓＝180(度)なので，㋐＋(60－●)＋60＋(●＋㋐)＝㋐＋60＋60＋㋐＝180(度)となる。よって，㋐＋㋐＝180－60－60＝60(度)だから，㋐＝60÷２＝30(度)と求められる。

図２

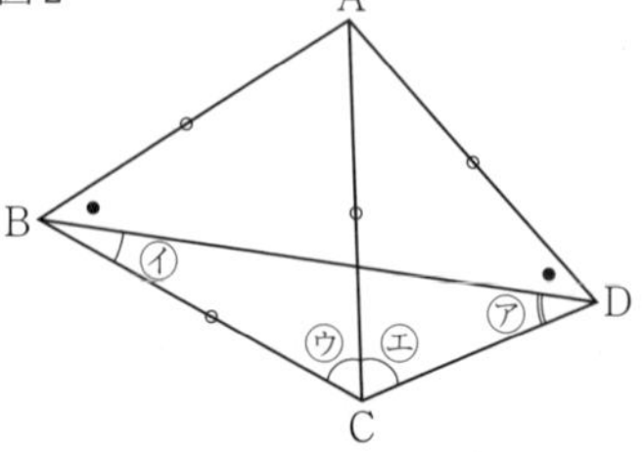

⑸　台形QSTRを１回転させてできる立体は，右の図３のように，大きな円すいから小さな円すいを切り取った形の立体となる。図３で，三角形PSTと三角形PQRは相似で，相似比は，ST：QR＝２：５だから，PT：TR＝２：(５－２)＝２：３となる。よって，PTの長さは，$3\times\frac{2}{3}=2$(cm)なので，小さな円すいの体積は，$(2\times2\times3.14)\times2\div3=\frac{8}{3}\times3.14$(cm³)，大きな円すいの体積は，$(5\times5\times3.14)\times(2+3)\div3=\frac{125}{3}\times3.14$(cm³)とわかる。したがって，図３の立体の体積は，$\frac{125}{3}\times3.14-\frac{8}{3}\times3.14=\left(\frac{125}{3}-\frac{8}{3}\right)\times3.14=39\times3.14=122.46$(cm³)である。

図３

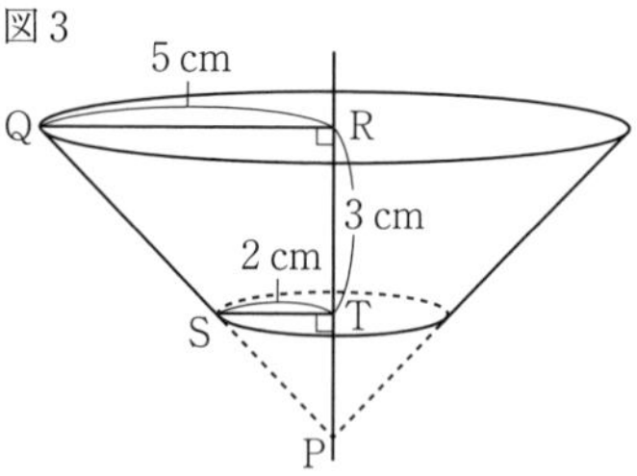

3　グラフ―水の深さと体積

⑴　水そうを正面から見た図は右の図のようになる。グラフより，①と②，②と③の間の仕切りの高さはそれぞれ20cm，40cmで，Ａの部分が水でいっぱいになるのは２分後，Ａ，Ｂの部分が水でいっぱいになるのは４分後，Ａ，Ｂ，Ｃの部分が水でいっぱいになるのは㋑分後，満水になるのは㋒分後とわかる。また，Ａの部分には毎分３Ｌ(＝3000cm³)の割合で水が入るから，Ａの部分の容積は，3000×２＝6000(cm³)である。よって，Ａの部分の底面積は，6000÷20＝300(cm²)となるので，㋐の長さは，300÷30＝10(cm)と求められる。

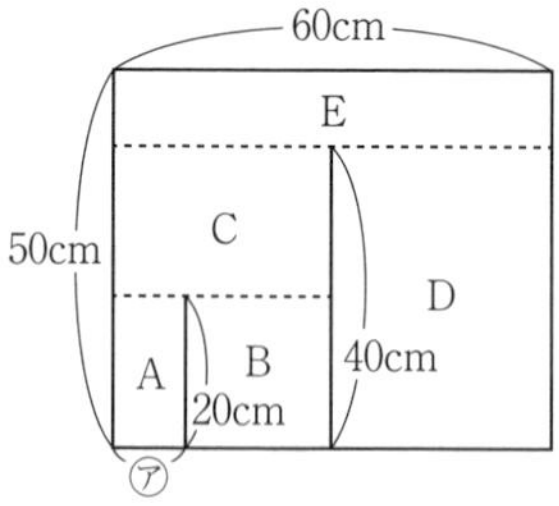

⑵　Ｂ，Ｃの部分には毎分６Ｌ(＝6000cm³)の割合で水が入るので，Ｂの部分の容積は，6000×(４－２)＝12000(cm³)である。よって，Ｂの部分の底面積は，12000÷20＝600(cm²)だから，Ｃの部分の底面積は，300＋600＝900(cm²)となる。すると，Ｃの部分の容積は，900×(40－20)＝18000(cm³)なので，Ｃの部分に水が入る時間は，18000÷6000＝３(分間)とわかる。したがって，㋑＝４＋３＝７(分)である。

⑶　容器全体の底面積は，30×60＝1800(cm²)で，Ｄの部分の底面積は，1800－900＝900(cm²)だから，Ｄの部分の容積は，900×40＝36000(cm³)，Ｅの部分の容積は，1800×(50－40)＝18000(cm³)となる。また，Ｄ，Ｅの部分には毎分９Ｌ(＝9000cm³)の割合で水が入るので，Ｄ，Ｅの部分に水が入る時間は，(36000＋18000)÷9000＝６(分間)とわかる。よって，㋒＝７＋６＝13(分)である。

4　平面図形―面積，相似

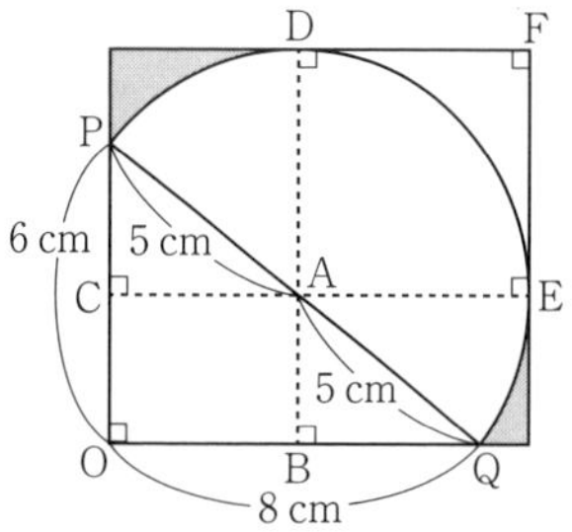

⑴　右の図のように，半円の中心をＡとすると，点ＡはPQの真ん中の点なので，三角形ABQは三角形POQを$\frac{1}{2}$に縮小した三角形である。よって，ABの長さは，$6\times\frac{1}{2}=3$(cm)になる。同様に，三角形PCAも三角形POQを$\frac{1}{2}$に縮小した三角形だから，CAの長さは，$8\times\frac{1}{2}=4$(cm)となる。また，AE，ADは半円の半径なので，長さは５cmである。よって，BDの長さは，３＋５＝８(cm)，CEの長さは，４＋５＝９(cm)だから，長方形の面積は，８×９＝72(cm²)とわかる。

⑵　色のついた部分の面積の合計は，長方形の面積から，三角形POQの面積，四角形AEFDの面積，おうぎ形AEQの面積，おうぎ形ADPの面積をひくと求められる。まず，三角形POQの面積は，６×８÷２＝24(cm²)で，四角形AEFDは１辺が５cmの正方形だから，その面積は，５×５＝25(cm²)である。また，角DAEの大きさは90度だから，おうぎ形AEQとおうぎ形ADPを合わせると，半径が５cmで，中心角が，180－90＝90(度)のおうぎ形になる。よって，おうぎ形AEQとおうぎ形ADPの面積の和は，$5\times5\times3.14\times\frac{1}{4}=78.5\times\frac{1}{4}=\frac{157}{2}\times\frac{1}{4}=\frac{157}{8}=19\frac{5}{8}$(cm²)となる。したがって，色のついた部分の面積の合計は，$72-24-25-19\frac{5}{8}=3\frac{3}{8}$(cm²)と求められる。

5　表，グラフ―平均

⑴　Ａの体温は，36度を基準にして考えると，36度よりも0.2度高い日が１日，0.4度高い日が１日，0.5度高い日が２日，0.6度高い日が４日，0.7度高い日が１日あるから，36度より高い分の体温の合計は，0.2×１＋0.4×１＋0.5×２＋0.6×４＋0.7×１＝4.7(度)となる。よって，36度より高い分の体温の平均は，4.7÷９＝0.52…より，0.5度だから，Ａの体温の平均値は，36＋0.5＝36.5(度)と求められる。

⑵　Ｂの９日間の体温を低い順に並べると，36.1度，36.1度，36.2度，36.2度，36.2度，36.3度，36.5度，36.5度，36.6度となる。これらの中央値は低い方から数えて５番目の36.2度である。

⑶　Ｃの１日目の体温はＡの体温の平均値と同じ36.5度なので，それぞれの日程での体温は下の表のようにまとめられる。よって，最も体温が高かったのは，２日目の36.6度とわかる。

日数	１日目	２日目	３日目	４日目	５日目	６日目	７日目	８日目	９日目
前日との差	—	0.1度高い	0.1度低い	0.4度低い	0.2度低い	0.2度高い	0.1度高い	0.1度高い	0.1度低い
その日の体温	36.5度	36.6度	36.5度	36.1度	35.9度	36.1度	36.2度	36.3度	36.2度

6　立体図形―図形上の点の移動

⑴　下の図で，正方形ABCD，三角形AEF，長方形AFGDの周の長さはそれぞれ，４×４＝16(cm)，５＋４＋３＝12(cm)，５＋４＋５＋４＝18(cm)で，３点Ｐ，Ｑ，Ｒの速さはいずれも毎

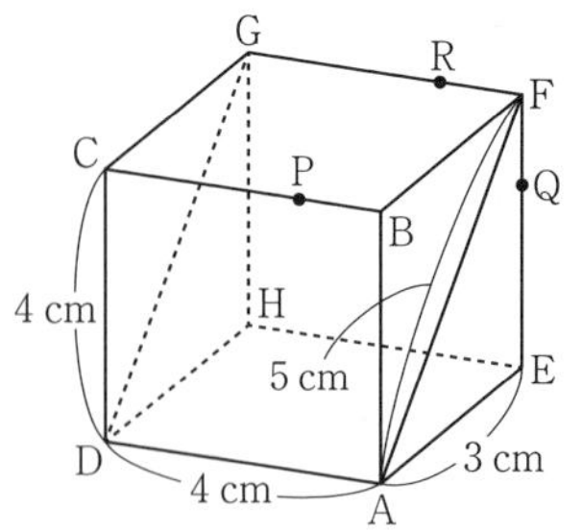

秒1cmだから，点Pは16秒ごと，点Qは12秒ごと，点Rは18秒ごとにそれぞれ点Aにもどる。よって，3点P，Q，Rが初めて点Aで重なるのは，16，12，18の最小公倍数から，144秒後となる。

(2)　点P，Qが重なる場所は点Aだけだから，点P，Qが重なって動くことはない。点P，Rが重なって動くのは，点P，Rが辺DA上にあるときで，点P，Rの速さは同じだから，そのとき，点P，Rは点Dで重なってから，点Aまで重なって動くことになる。点P，Rが初めて点Aで重なるのは16と18の最小公倍数から，144秒後で，辺DAの長さは4cmだから，初めて点P，Rが重なって動くのは，144－4＝140(秒後)から144秒後までの4秒間となる。その後，2回目に点P，Rが点Aで重なるのは，144×2＝288(秒後)で，3分は，60×3＝180(秒)だから，3分間のうち点P，Rが重なって動くのは140秒後から144秒後までの4秒間のみとわかる。次に，点Q，Rが重なって動くのは，点Q，Rが辺AF上にあるときで，AFの長さは5cmだから，まず出発してから5秒間，点Q，Rは重なって動く。また，点Q，Rは出発してから，12秒と18秒の最小公倍数である36秒ごとに点Aで重なるから，3分間(180秒間)で点Q，Rが点Aで重なるのは，36秒後，72秒後，108秒後，144秒後，180秒後となる。よって，180秒後までに点Q，Rが重なって動いている時間は全部で，5×5＝25(秒間)である。したがって，3点P，Q，Rのうち2点が重なって動く時間は，4＋25＝29(秒間)と求められる。

社　会　＜第1回試験＞（理科と合わせて50分）＜満点：50点＞

解　答

1　**問1**　エ　**問2**　(1)　ア　(2)　最上(川)　(3)　有機　**問3**　イ　**問4**　(1)　ウ　(2)　イ　**問5**　勝海舟　**問6**　人力車　**問7**　ア　**問8**　ア　**問9**　オ　**問10**　ウ　**問11**　イ　**問12**　ウ　**問13**　パンデミック　**2**　**問1**　(1)　エ　(2)　ア　**問2**　エ　**問3**　イ　**問4**　3　**3**　**問1**　えぞ　**問2**　オ　**問3**　ウ　**問4**　イ　**問5**　エ　**4**　**問1**　多数決　**問2**　イ　**問3**　(1)　エ　(2)　ウ　**問4**　ア

解　説

1　**交通手段の歩みを題材にした地理と歴史の問題**

問1　日本の発電電力量は約8割を火力発電が占《し》め，以下，水力・原子力・太陽光・風力・地熱の順となっている。統計資料は『日本国勢図会』2021／22年版による(以下同じ)。

問2　(1)　夏の南東の季節風は，山形県の東部に連なる奥羽山脈を越《こ》えたのち，乾《かわ》いた高温の風となって山形県に吹《ふ》き下ろす(フェーン現象)。この風が稲の生育に役立つことから，県北西部の庄内平野は日本有数の米どころとなっている。　(2)　最上川は，山形県と福島県の県境に位置する吾《あ》妻《ずま》山群を水源として山形県内の米沢盆地・山形盆地・新庄盆地を流れ，庄内平野の酒田市で日本海に注ぐ。最上川は，富士川(山梨県・静岡県)，球磨《くま》川(熊本県)とともに日本三大急流の一つにかぞえられる。　(3)　農薬や化学肥料をほとんど使わずに作物を育てることを，有機栽培(有機農法)という。有機栽培によって，環境への負荷を軽減したり，食の安全を高めたりすることが期待できる。

問3　ア　大和《やまと》朝廷は，古墳時代の4世紀なかばごろに成立したと考えられている。2～3世紀は，弥生時代後半にあたる。　イ　渡来人は大陸の進んだ技術や文化を伝えたため，大和朝廷で重用された。よって，正しい。　ウ　「ヤマトタケルノミコト」ではなく，「ワカタケル(大王)」が正しい。ワカタケル大王は，5世紀に在位した雄略《ゆうりゃく》天皇のことと推定されている。　エ　大和朝廷の支配は，5世紀には九州地方から関東地方にまでおよんでいたと考えられている。

問4　(1)　織田信長は，南蛮《なんばん》貿易の利益を重視し，敵対する仏教勢力をおさえるため，キリスト教を保護して布教を認めた。　(2)　資料は，豊臣秀吉が1588年に発した刀狩令の内容で，田畑の所有権についての記述はないので，イが正しくない。イの内容は，1582年から秀吉が始めた検地(太閤検地)にあてはまる。

問5　勝海舟は幕臣で，戊辰《ぼしん》戦争(1868～69年)のさい，旧幕府軍の代表として新政府軍代表の西郷隆盛と話し合い，江戸城を無血開城して江戸総攻撃《こうげき》をくい止めた。明治維新後は明治政府の一員として働き，日本の政治に力をつくした。

問6　明治時代になると，政府が政策として近代化・西洋化をおし進めたことから，文明開化とよばれる生活の急速な近代化・洋風化が進んだ。東京のような都市では，○で囲まれた人力車や，その左右に見られる鉄道馬車が新たな乗り物として登場し，レンガづくりの建物が立ち並ぶようになった。

問7　路面電車は，専用の線路を走る場合もあるが，写真にあるように，道路に敷《し》かれた線路を走る場合もある。

問8　国際連合はUNと略され，アの写真ではUNの文字がトラックや自衛隊員のヘルメットに書かれているので，これが国際連合のPKO(平和維持活動)への協力活動のようすだと判断できる。

問9　Aは1998年，Bは2002年，Cは1972年のできごとなので，年代の古い順にC→A→Bとなる。

問10　道路や港湾など，社会全体に役立つ施設を社会資本といい，その整備にかかる費用は公共事業費とよばれる。なお，高速道路や新幹線の建設では一般に，運営会社の出す費用に加えて公共事業費が用いられる。

問11　Aはインド洋，Bは太平洋，Cは大西洋で，合わせて三大洋とよばれ，太平洋，大西洋，インド洋の順に広い。

問12　グローバル化とは，交通手段や通信技術の発達により，人やモノ・情報の国際的な移動が活発になることをいう。グローバル化の進展によってあらゆる分野で国境がなくなり，国と国の結びつきが強まるので，他国で起きる大きなできごとが世界全体に影響《えいきょう》を与える場合もある。

問13　パンデミックは感染症《しょう》の世界的な大流行を意味する言葉で，2020年3月，WHO(世界保健機関)は，新型コロナウイルス感染症がパンデミックにあたると宣言した。

2　**オリーブの栽培を題材にした問題**

問1　(1)　うどんの原料になる小麦の自給率は20%に満たず，アメリカ合衆国・カナダ・オーストラリアから輸入している。なお，アは米，イは魚介《ぎょかい》類，ウは果物。　(2)　香川県高松市は，一年を通じて降水量が少なく，冬でも比較《ひかく》的温暖な瀬戸内の気候に属しているので，アが選べる。なお，イは三重県津市，ウは鹿児島市鹿児島市の雨温図で，いずれも太平洋側の気候に属している。エは北海道(亜寒帯)の気候に属する北海道札幌市の雨温図。

問２　スマートフォンやパソコンなどの情報通信機器は，機械工業の製品である。

問３　ア　2018年における漁業従事者の総数は151701人で，1978年の478148人の，約３分の１に減少している。　　イ　1993年における漁業従事者を年代別に比べると，20代以下は10％以下，50代は20％程度だとわかるので，正しい。　　ウ　1998年における30代の漁業従事者は，277042人の15％程度なので，４万人程度になる。　　エ　2002年と2008年を比べた場合，漁業従事者の総数も60代以上の割合も2002年のほうが2008年を上回っているので，人数が多いとわかる。

問４　静岡県と岩手県は太平洋に，青森県は太平洋と日本海に，北海道は太平洋と日本海とオホーツク海に，新潟県は日本海に面している。

3　アイヌについての問題

問１　北海道は江戸時代まで蝦夷《えぞ》地とよばれ，先住民族のアイヌが狩《か》りや漁を中心とする独自の文化を育んできた。明治時代になると，蝦夷地は北海道として政治的に日本に組みこまれ，開拓がすすめられたが，これによってアイヌの人々は土地や文化をうばわれていった。

問２　サハリンは北海道の北部に位置する縦長の島で，かつては樺太《からふと》とよばれていた。なお，アはシムシル島，イはウルップ島，ウは択捉《えとろふ》島，エは国後《くなしり》島。

問３　江戸時代，蝦夷地南部には松前藩が置かれ，幕府からアイヌと交易する権利を認められていた。なお，米沢藩は山形県，土佐藩は高知県，薩摩藩は鹿児島県にあった。

問４　松前藩とアイヌの人々の交易では，米と蝦夷地の海産物などが取り引きされたが，アイヌの人々にとって非常に不公正なもので，アイヌの人々はたびたび反乱を起こした。江戸時代の1669年には，アイヌの族長であったイのシャクシャインが戦いを起こしたが，しずめられた。なお，アは平清盛，ウは棚田《たなだ》嘉十郎《かじゅうろう》(平城宮跡の保存や復元に貢献《こうけん》した人物)，エは源頼朝の像。

問５　国際連合は，第二次世界大戦後の1945年10月に発足した国際組織で，北海道の開拓が始められた明治時代初期には存在していない。

4　民主主義についての問題

問１　民主主義では，ものごとを決定する方法として，一般的に多数決が採用される。多数派の意見が採用されることになるが，多数決を行うまでに十分な話し合いをし，少数派の意見にも配慮することが重要である。

問２　国会で予算や法律を決める場合，衆参両議院とも，まず予算委員会などの専門の委員会で審議が行われる。委員会で多数決によって議決を行ったのち，本会議が開かれ，出席議員の過半数の賛成で可決・成立する。

問３　⑴　ア　外国との交渉《こうしょう》や条約の締結《ていけつ》は内閣が行い，締結の事前または事後に国会が条約を承認する。　　イ　参議院には，任期途中での解散はない。　　ウ　国務大臣を任命したり罷免《ひめん》(やめさせること)したりする権限は，内閣総理大臣が持っている。　　エ　内閣の行う閣議について，正しく説明している。　　⑵　ウの安倍《あべ》晋三《しんぞう》は，2006年９月～2007年９月と，2012年12月～2020年９月の，合わせて3188日にわたり内閣総理大臣を務めた。これは歴代最長で，連続在職日数の2822日も歴代最長となっている。なお，アは小泉純一郎元首相，イは小池百合子《ゆりこ》東京都知事(2021年末現在)，エは菅義偉《すがよしひで》元首相。

問４　ア　裁判員裁判について，正しく説明している。　　イ　日本の裁判は，判決までのスピードが遅いといわれている。　　ウ　日本では，裁判のまちがいをなくして国民の人権を守るため，同一事件について３回まで裁判を受けられる三審制がとられている。しかし，判決に誤りが一度もなかったと断言することはできない。　エ　罪の軽い事件は簡易裁判所で，未成年者の問題は家庭裁判所で扱《あつか》われる。

理 科　＜第１回試験＞（社会と合わせて50分）＜満点：50点＞

解 答

1 (1) エ　(2) ウ　(3) しぼう　(4) イ　(5) ア　(6) オ　2 (1) 0.75 g　(2) 540 g　(3) 7.5cm　(4) 720 g　(5) 180 g　3 (1) ウ　(2) エ　(3) ア　(4) ア　(5) エ　4 (1) **気体A**…エ　**気体B**…イ　**気体D**…ウ　(2) **固体**…ウ　**液体**…カ　(3) ア　(4) エ

解 説

1 植物についての問題

(1) 選択肢《せんたくし》の植物の中で，ツバキだけが冬に花がさく。また，マツやカエデの種子にははねがついていて，風に乗って運ばれ，オナモミの種子は衣服などにくっついて運ばれる。

(2) クヌギの実は，やや上下につぶれた大きな球形のドングリで，熟すと枝から落ちるので木の下に多く見られる。なお，アはカタバミなど，イはカエデなど，エはヘチマなどの実のようすを述べている。

(3) 被子《ひし》植物では，成長して種子になる胚珠《はいしゅ》が，めしべのもとのふくらんだ部分のしぼうにつつまれている。なお，マツやイチョウなどは裸子《らし》植物のなかまで，しぼうがなく，胚珠はむき出しとなっている。

(4) マツやカエデの種子にははねがついていて，風に飛ばされやすくなっている。

(5) オナモミの種子の表面は，先のとがった毛のようなものでおおわれていて，動物の体にくっつきやすくなっている。

(6) キノコは菌類《きんるい》のなかまで，花はさかず種子もつくらない。カビのなかまと同じように，胞子《ほうし》という小さいつぶをつくってふえる。

2 浮力《ふりょく》についての問題

(1) 1 cm^3あたりの重さは，(重さ)÷(体積)で求められる。よって，木片1 cm^3の重さは，540÷720＝0.75(g)となる。

(2) 木片が浮《う》いているので，木片の重さと浮力がつり合っている。よって，木片にはたらいている浮力の大きさは，木片の重さと同じ540 gである。

(3) (2)より，浮力の大きさは540 gなので，木片がおしのけている水の重さも540 gとわかる。水1 cm^3の重さは1 gなので，水面下にある木片の体積が，540÷1＝540(cm^3)ということになる。したがって，木片の底面から水面までの高さは，540÷(8×9)＝7.5(cm)と求められる。

(4) 木片全体が水の中に入ると，おしのけた水の体積は木片の体積と同じ720cm^3となるので，木片が受けている浮力の大きさは，1×720＝720(g)となる。

(5) (4)で求めた浮力が，木片とおもりの重さの和とつりあっているので，おもりの重さは，720－

540＝180(ｇ)とわかる。

3　月の動きと見え方についての問題

⑴，⑵　太陽が西の地平線にしずむ夕方の18時ごろ南の空に見える月は，日本(北半球)から見ると右半分が光っており，この月を上げんの月という。

⑶　月は毎日少しずつ満ち欠けしていて，約29.5日でまた同じ形に見えるようになる。したがって，新月から上げんの月まで，上げんの月から満月まで，満月から下げんの月まで，下げんの月から新月までの日数はそれぞれ約１週間である。

⑷　月全体が地球の影《かげ》の中にかくれる現象をかいき月食というが，そのとき月がまったく見えなくなるわけではなく，赤銅色になった満月が見える。これは，地球にとどく太陽の光の一部が地球の大気を通過するときに屈折《くっせつ》し，月にとどくからである。太陽の光に含《ふく》まれる光のうち，青色～紫《むらさき》色やそれに近い色の光は大気中のつぶによって散らばりやすいため，大気の層を通過しにくいが，赤色やそれに近い色の光は散らばりにくく，大気の層を通過して月にとどく。そのため，月が赤銅色に見える。朝焼けや夕焼けが赤く見えるのも同じように考えられ，朝や夕方は太陽光がななめに差しこむので大気の層を通過する距離《きょり》が長くなり，赤色に近い色以外の色は散らばってしまって，赤色だけが残って見えている。

⑸　地球と月の距離は一定ではなく，少しずつ変化している。そのため，地球に近いときの満月は，地球から遠いときの満月よりもやや大きく見える。2021年５月26日の満月は，その年で見られた満月の中でもっとも地球に近く，もっとも大きく見えた。このような満月はスーパームーンとよばれることもある。

4　大気に含まれる気体についての問題

⑴　気体Ａは大気にもっとも多く含まれるちっ素である。ちっ素は他の物質とは反応しにくいので，食品の保存のために，お菓子《かし》のふくろの中や飲み物の缶《かん》の中に入れて利用されている。大気中に２番目に多く含まれている気体Ｂは酸素で，物が燃えるのを助けるはたらき(助燃性)がある。また，大気中に0.04％ほど含まれている気体Ｄの二酸化炭素は温室効果ガスであり，大気中の濃度《のうど》が上《じょう》昇《しょう》していることは地球温暖化の原因の１つとされている。

⑵　気体Ｂの酸素を発生させるには，固体の二酸化マンガンにうすい過酸化水素水(オキシドール)を加える。このとき，過酸化水素が分解して酸素が発生するが，二酸化マンガンは過酸化水素の分解を助けるだけで，二酸化マンガン自体は変化しない。

⑶　ちっ素や酸素，水素などのように水にとけにくい気体は，集気びんや試験管などに満たした水と気体を置き換《か》えるアの水上置換《ちかん》法で集める。イの下方置換法は水にとけやすく空気より重い気体の集め方，ウの上方置換法は水にとけやすく空気より軽い気体の集め方である。

⑷　飲食店などのように人が集まる場所では，部屋の換気がしっかりと行われているかどうかを，二酸化炭素(気体Ｄ)の濃度(空気中の割合)を測定する機器を使って調べることがある。換気が不十分な場合には部屋の二酸化炭素濃度が上昇するので，換気の状況《じょうきょう》を判断することができる。

国語 ＜第１回試験＞（50分）＜満点：100点＞

解答

一 **問１** ① さいく ② かおく ③ あやま(り) ④ さかい **問２** 下記を参照のこと。 **問３** ① ア ② イ **問４** ① 始 ② 化 **問５** ① エ ② ウ **問６** ① オ ② エ **問７** ア 二 **問１** ウ **問２** （例） おじさんにとってもこどもの乳歯は大切な思い出だろうと考えたから。 **問３** イ **問４** 未来での答え合わせ **問５** オ **問６** エ **問７** （例） (謎の物体Ｘを)ロケットペンダントに入れ，首にかけて身につける(こと) 三 **問１** **あ** イ **い** ア **問２** （例） マッチ棒を操作しながら考えているということ。 **問３** じっさいに **問４** （例） 思ったことをすぐ口に出すのではなく，内容を整理して話すこと。 **問５** ① イ ② ア ③ ア ④ イ ⑤ ア **問６** ア **問７** ウ，エ

●**漢字の書き取り**

一 **問２** ① 改正 ② 復旧 ③ 保証 ④ 耕す

解説

一 **漢字の読みと書き取り，慣用句・四字熟語の完成，助詞の識別，敬語の知識，会話文の読み取り**

問１ ① 手先を使って，細かいものをつくること。 ② 人が住む建物。 ③ 音読みは「ゴ」で，「誤解」などの熟語がある。 ④ 分かれ目のこと。

問２ ① 悪いところなどを改めて正しくすること。 ② もとどおりの状態にもどすこと。 ③ 確かであるとうけあうこと。 ④ 音読みは「コウ」で，「耕作」などの熟語がある。

問３ ① アは「歯が立たない」で，“相手が強くてたちうちできない”という意味。ほかはすべて「目」が入る。 ② イは「狐《きつね》につままれる」で，何が何だかわからなくなるようす。ほかはすべて「猫《ねこ》」が入る。

問４ ① 「一部始終」は，“最初から最後まですべて”という意味。 ② 「千変万化《ばんか》」は，さまざまに変化をすること。

問５ ① エは「～こと」と言いかえられ，体言の代用をする「の」にあたる。 ② ウの「から」は，原因や理由を表す用法。

問６ ① オの「お～する」という表現は，謙譲《けんじょう》語。ほかはすべて尊敬語である。 ② エの「伝えます」は丁寧《ていねい》語。ほかはすべて謙譲語である。

問７ 「だんだん大人に近づいていく」という表現に着目する。時がたえず移りすぎていくようすを，「夕焼け」が暗示している。

二 **出典は朝倉《あさくら》かすみの『少女奇譚《きたん》 あたしたちは無敵』による。**「運命」にあこがれている小学生のリリアは，ある日家の近くの工事現場で，正体のわからない，白くて，つやつやしいちいさなものを手に入れた。

問１ リリアは，最初は乳歯かと思い，たとえ小石でも宝物にしようと思っていたのだが，実際には「正体がつかめない」，「謎《なぞ》の物体Ｘ」と表現するしかないものであったことを読み取る。

問２ 「乳歯」についてリリアは「こどもの乳歯は大切な思い出だろう～貴重な記念品になるはず

だ」と考えている。そんな「大切な思い出」の品を届けるのだから，喜んで「にっこり笑って受け取るにちがいない」と考えたのである。

問３　リリアが「『運命』にあこがれを抱《いだ》いていた」ことに着目する。「運命」が「決してあらがえない」ものであったとしても，「いずれ出会うにちがいない未来の友人や恋人《こいびと》や伴侶《はんりょ》」のことを考え，胸をときめかせていることをおさえる。イのように，「不思議な魅力《みりょく》」を感じていることがわかる。

問４　「突拍子《とっぴょうし》もないひらめき」の答えがわかり，「ああ，そういうことだったのか，とストンと腑《ふ》に落ちる未来の自分のすがた」を思って，「わくわく」している。つまり，「突拍子もないひらめき」の「未来での答え合わせ」をたのしみにしているのである。

問５　リリアが工事中の現場に足をふみ入れた本当の目的は，「掘《ほ》り返された土から見つけた，白くてつやつやしいちいさなもの」を手に入れるためだったことをおさえる。そのことを正直に言えば止められそうだったので，土にさわるだけだとごまかしたのである。よって，オがよい。

問６　リリアが拾いあげた「白い」ものは「いくらどんなにながめても，正体がつかめない」だけでなく，「奇妙《きみょう》なことに，時折，光を放つ」というのである。それは「謎の物体Ｘ」と表現するしかない不思議なものであり，「運命」にあこがれを抱いているリリアにとっては，その思いを満足させるようなものだったのだから，エが合う。

問７　直後のリリアの行動に着目する。リリアはリビングボードの引き出しから「故人をしのぶためのロケットペンダント」を持ち出し，その中に「謎の物体Ｘをおさめ」，「首にかけ」ている。本来は遺骨を入れて身につけておくものである「ロケットペンダント」のことを思い出し，リリアは「謎の物体Ｘ」をそれにおさめて身につけておくことを直感したのである。

三　**出典は野矢茂樹《のやしげき》の『はじめて考えるときのように―「わかる」ための哲学《てつがく》的道案内』による。**「考える」というのは，イメージを使って操作したり，口に出さないでしゃべったりすることではなくて，問題を抱《かか》えたときに，問題のまなざしで自分を外に開いていき，いろいろな作業をしてみることではないかということを解説している。

問１　**あ**　「マッチ棒なんかもってこなくてもできちゃった」という人に対して，「その場合でも，紙にこの図が描《か》いてあることがずいぶん役にたったはずだ」と，打ち消すような内容を続けている。よって，前のことがらを受けて，それに反する内容を述べるときに用いる「だけど」があてはまる。
い　「紙の上」と「ワープロの画面上」を並べているので，同類のことがらを並べ立て，いろいろな場合があることを表す「あるいは」がふさわしい。

問２　「マッチ棒をもってきて，それをあれこれいじって」みながら，つまり，マッチ棒を操作しながら考えているということである。

問３　最初はマッチ棒を操作しながら考えること，あるいは紙に描《か》かれた図を見ながら考えることの例である。別の例である「筆算と暗算」については，はじめから暗算することはできず，「最初の最初はおはじきを使ってやってみるとか，図を使うとかして習う」と述べられている。つまり，「マッチ棒で」考えるのと同じことをしているというのである。要するに，「じっさいに目の前のもので手を使って操作できるひとだけが，イメージの中でも操作できるようになる」ことを伝えているのである。

問４　「思いつくかたっぱしから口にしてる」人に対して「まず頭の中でリハーサルしてから」話

すように言っている。「リハーサル」は，本番前に本番と同じように進行させてする練習のことなので，まず頭の中で何を話すかを整理してから話すようにしたほうがいいということになる。

問５　①～⑤　「そういう『考える』」が指しているのは，「口に出さないでしゃべる」，つまり頭の中で話すことをリハーサルすることや，「紙の上に描かないで思い描《えが》く」，つまりイメージを操作して答えを導き出すようなことである。よって，①，④の場合があてはまる。それに対して，「ぼくが考えてきた『考える』」は，「なによりも問題をかかえこんでいるとき」の行為《こうい》であり，「頭の中にひきこもるんじゃなくて，問題のまなざしで自分を外に開いていくこと，そして観察や手作業や，あれこれ試してみること」だと述べられている。よって，②，③，⑤の場合があてはまる。

問６　「いかがわしい」は，“本当かどうかうたがわしい，内容などがあやしげだ”という意味。

問７　まず，直後を確認《かくにん》すると「他人に左右されない頑固《がんこ》な自分の意見の持ち主って，実はあまり考えないひとなんじゃないだろうか」と述べられている。この点から，エの発言は「考えていないひと」にあたる。一方で，「ことばがなければ考えられない。そして，ことばというのは～コミュニケーションを必要とする集団が，その歴史の中で作り上げ，作りつつあるものだ」とも述べられている。この点から考えると，コミュニケーションを拒否《きょひ》するようなウの発言は「考えていない」ことになる。なお，イは，「『何も思いつかない』ということと『考えられない』ということは違《ちが》う」と述べられていることに着目する。「何も思いつかないというつらい状態でも，あきらめずに目をこらし，耳を澄《す》ます」という緊張《きんちょう》が続いているならば，それは考えていることになるというのである。

2022年度　日本大学第二中学校

〔電　話〕 (03) 3391－５７３９
〔所在地〕 〒167-0032　東京都杉並区天沼１―45―33
〔交　通〕 JR中央線・東京メトロ丸ノ内線―「荻窪駅」より徒歩15分
西武新宿線―「下井草駅」より徒歩25分

【算　数】〈第２回試験〉 (50分)〈満点：100点〉

注意　１．円周率は3.14とします。分数で答えるときは約分して，できるだけ簡単な分数にしなさい。比を答えるときは，できるだけ簡単な整数の比にしなさい。

２．定規，コンパスは使ってもかまいませんが，使わなくても解くことができます。ただし，分度器は使えません。

1　次の□の中に適する数を入れなさい。

(1)　$\frac{2}{3}-\left(\frac{7}{3}-\frac{1}{2}\times 4\right)=\square$

(2)　$8\div\left\{1\frac{2}{9}\div\left(\frac{1}{3}+\frac{1}{4}\right)\right\}\times 2\frac{1}{6}=\square$

(3)　$\left(1-\frac{\square}{6}\right)\times 3\div\left(0.8-\frac{3}{4}\right)=10$

(4)　２つの２けたの数A，Bに対して，$A*B$はAの十の位の数とBの一の位の数の和と，Aの一の位の数とBの十の位の数の和の積を表します。たとえば，$32*46=(3+6)\times(2+4)=54$となります。このとき，$35*(52*27)=\square$です。

(5)　３つの数$\frac{55}{6}$，$\frac{33}{4}$，$\frac{22}{5}$のどれにかけても答えが整数になる分数の中で，最も小さい分数は□です。

2　次の各問いに答えなさい。

(1)　ある商品に原価の20％の利益を見込んで定価をつけたが，セールの日に定価の10％引きで売ったところ，利益が800円でした。この商品の原価は何円ですか。

(2)　現在，花子さんの年令を３倍すると，母親の年令と一致します。５年経つと，母親の年令は花子さんの年令の2.5倍になります。花子さんの現在の年令は何才ですか。

(3)　０から５までの数字を使って表せる数を次のように小さい順に並べるとき，100番目の数はいくつですか。

０，１，２，３，４，５，10，11，12，13，14，15，20，21，……

(4)　１から６までの目がある立方体のさいころＡと，１から８までの目がある正八面体のさいころＢがあります。これらを投げ，Ａの出た目を十の位，Ｂの出た目を一の位として２けたの整数を作るとき，３で割り切れる整数は全部で何個ありますか。

(5)　面積が $1\,cm^2$ の正三角形 ABC と正三角形 DEF を右の図のように重ねました。色のついた図形が正六角形となるとき，その正六角形の面積は何 cm^2 ですか。

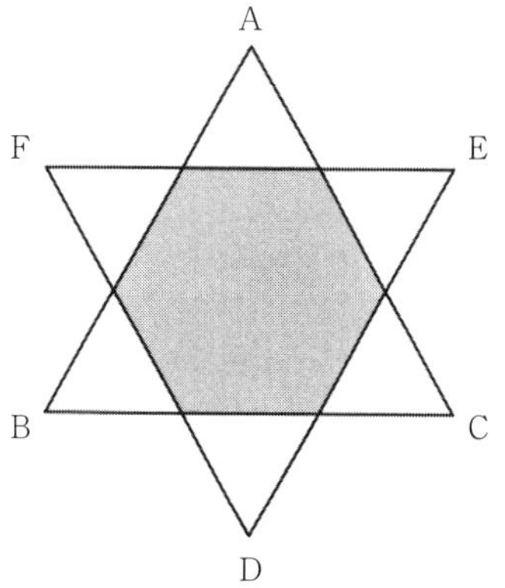

3　Ａ地からＢ地までは上り坂で，Ｂ地からＣ地までは下り坂であるハイキングコースがあります。二郎君は，上りを毎分30mの速さで，下りを毎分36mの速さで歩いて，このハイキングコースを往復しました。行きのＡ地からＣ地までは１時間50分かかり，下りの時間より上りの時間が20分長くかかりました。

(1)　行きのＡ地からＢ地までにかかった時間は何分ですか。

(2)　Ａ地からＣ地までの距離は何ｍですか。

(3)　帰りのＣ地からＡ地までかかった時間は何時間何分何秒ですか。

4　下の図において，四角形 ABCD は平行四辺形です。

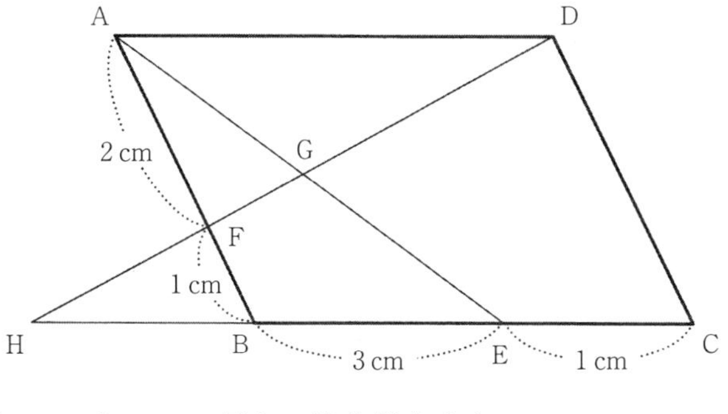

(1)　DG と GH の長さの比を答えなさい。

(2)　DG と GF の長さの比を答えなさい。

5　下の図１は，三角柱Ａ，直方体Ｂ，底面がおうぎ形である図２の立体Ｃを組み合わせて，３つの方向から見たものです。

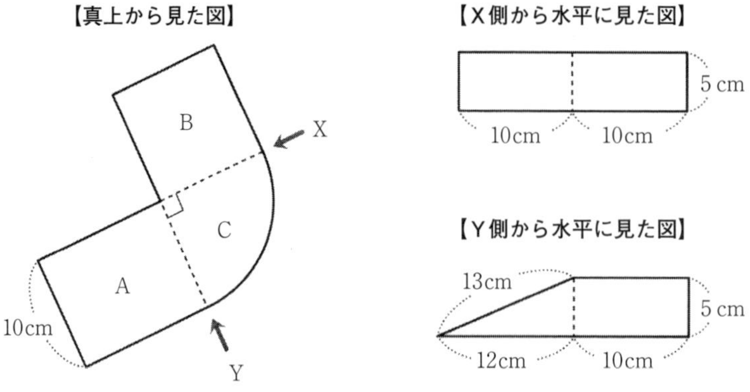

図１

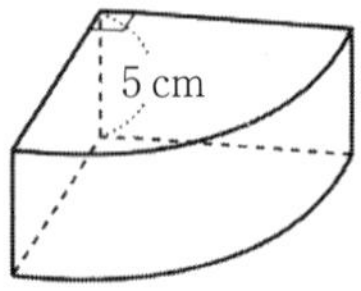

図２

(1)　組み合わせた立体の体積は何cm^3ですか。

(2)　組み合わせた立体の表面積は何cm^2ですか。

6　図のように，８列のマスに数字が書かれています。

赤，黄，緑，青，白，黒，茶，灰，水，金の10色で，この順に１からマスに色をぬります。たとえば，１は１段目の１列目で赤，12は２段目の４列目で黄になります。

⋮

9	10	11	12				
1	2	3	4	5	6	7	8

(1)　４段目の５列目は何色にぬられますか。

(2)　７段目に使われない色をすべて答えなさい。

(3)　青でぬられたどのマスの周囲にもない青以外の色をすべて答えなさい。ただし，「周囲」とは右の図の斜線部分の８マスのことをいいます。

Ａの周囲のマス

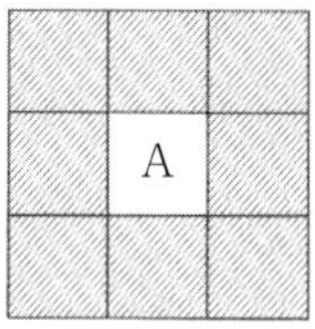

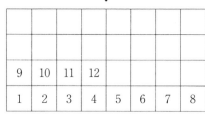

【社　会】〈第２回試験〉（理科と合わせて50分）〈満点：50点〉

1　次の文章を読んで，あとの問いに答えなさい。

2020年３月14日，山手線で30番目の駅となる高輪ゲートウェイ駅が開業しました。JR 東日本は高輪ゲートウェイ駅の名前を発表したときに，「この地域は，古来より街道が通じ①江戸の玄関口《げんかんぐち》として賑《にぎ》わいをみせた地であり，②明治時代には地域をつなぐ鉄道が開通した由緒《ゆいしょ》あるエリアという歴史的背景を持っています」と説明しています。玄関口という言葉からゲートウェイと名付けられたと考えられます。③日本初の鉄道路線は，1872年に現在の④東京都新橋と神奈川県横浜の間で開通しました。1889年には新橋と⑤神戸を結ぶ東海道線が開通するなど，線路は年月を経て日本の各地を結んでいきました。

日本大学第二中学校の近くを通る⑥中央線は，かつて日本国有鉄道（国鉄）の路線でした。国鉄は公共企業体《こうきょうきぎょうたい》として⑦国が運営していましたが，1987年に民営化されました。現在の鉄道の多くは，JR，その他の民間企業によって運営される私鉄，地方公共団体によって運営される公営鉄道などに分類されます。これらを担当している国の役所は⑧（　　）省の鉄道局です。

鉄道局は，新幹線の整備や在来線の高速化，環境問題，駅におけるエレベーターやエスカレーターなどの設置，施設の⑨バリアフリー化などに取り組んでいます。また，すべての駅利用者が線路に転落することを防止するための設備として，⑩（　　）の設置も進めています。

多くの人が利用する公共施設においては，すべての人が使いやすいように⑪モノや⑫建物などをデザインすることが求められています。

問１．下線部①，人口が集中していた江戸では，不要なものやこわれたものを資源として有効に活用したり，ものを修理して再生させたりする知恵やしくみがみられました。「ものを修理して再生させる知恵やしくみ」として，もっとも適当なものを１つ選び，記号で答えなさい。

ア．土地改良や染《そ》め物の原料として使うため，かまどの灰を買い集めた。

イ．すり減った下駄《げた》の歯の部分だけを新しいものと交換した。

ウ．破れた傘《かさ》を買い取り，はがした油紙を包装《ほうそう》用などとして売った。

エ．人々の排泄物《はいせつぶつ》を買い取って，農村に運び，肥料として利用した。

問２．下線部②について，次の問いに答えなさい。

⑴　明治時代になると東京などの都市を中心に西洋風のくらしがひろがりました。洋服を着る人や西洋風の髪《かみ》型にする人が増える中で，次のような言葉が流行しました。（　）に入る語句を漢字４字で答えなさい。

ザン切り頭をたたいてみれば，（　　　）の音がする

⑵　明治時代に開設された日本の帝国議会と現在の日本の国会との違いとして，正しいものを１つ選び，記号で答えなさい。

ア．帝国議会の衆議院は，天皇によって選ばれた人によって構成されたが，現在の国会議員は，すべて選挙で選ばれた人によって構成されている。

イ．帝国議会は，衆議院のみの一院制であったが，現在の国会は衆議院と参議院の二院制となっている。

ウ．帝国議会の衆議院の選挙権は，初めは一部の高額納税者だけに認められていたが，現在の国会議員の選挙では，納税額による選挙権の制限はない。

エ．帝国議会の衆議院の選挙権は，大正時代には，男性女性ともに認められるようになり，現在の国会議員の選挙では18歳以上のすべての国民が選挙権を持つ。

問３．下線部③，この鉄道路線の近くで，1877年，来日していたアメリカ人の動物学者がある遺《い》跡《せき》を発見しました。その遺跡として，正しいものを１つ選び，記号で答えなさい。

ア．吉野ケ里遺跡　　イ．板付遺跡　　ウ．大塚遺跡

エ．大森貝塚　　　　オ．加曽利貝塚

問４．下線部④について，次の問いに答えなさい。

(1) 次の雨温図は神奈川県横浜市，青森県青森市，長野県長野市，長崎県長崎市のいずれかのものです。このうち，横浜市のものとして，正しいものを１つ選び，記号で答えなさい。

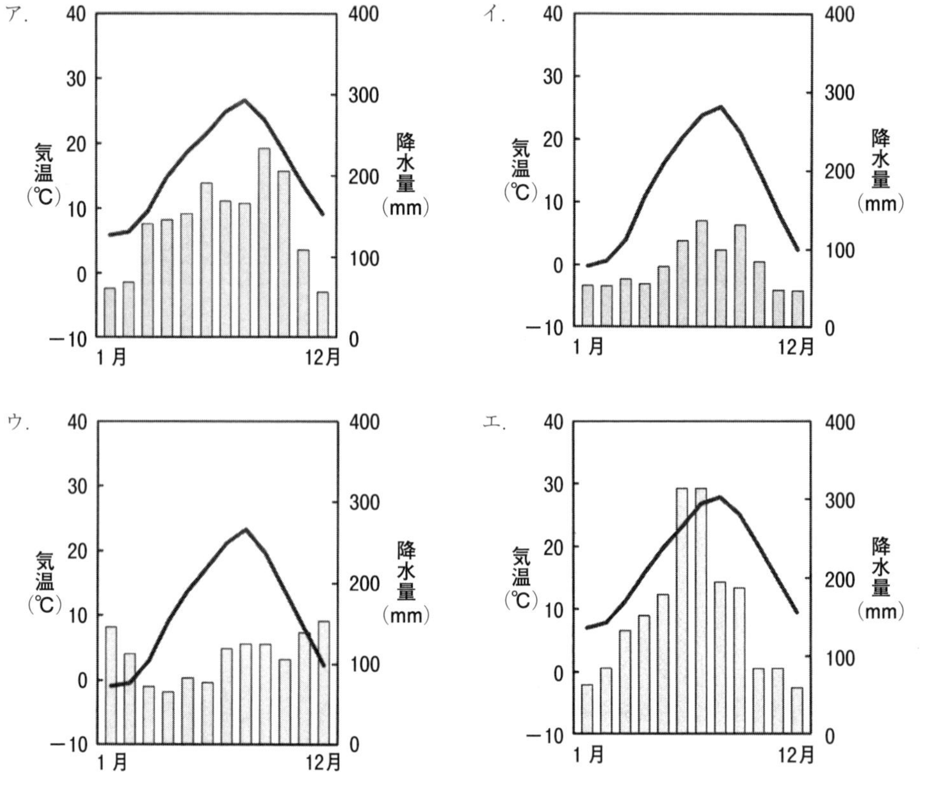

(理科年表より作成)

(2) 東京都と神奈川県には京浜工業地帯がひろがっています。次のグラフは，2016年の京浜工業地帯，中京工業地帯，阪神工業地帯，北九州工業地帯における製造品出荷額の内訳《うちわけ》と割合を示しています。京浜工業地帯を示したものとして，正しいものを１つ選び，記号で答えなさい。

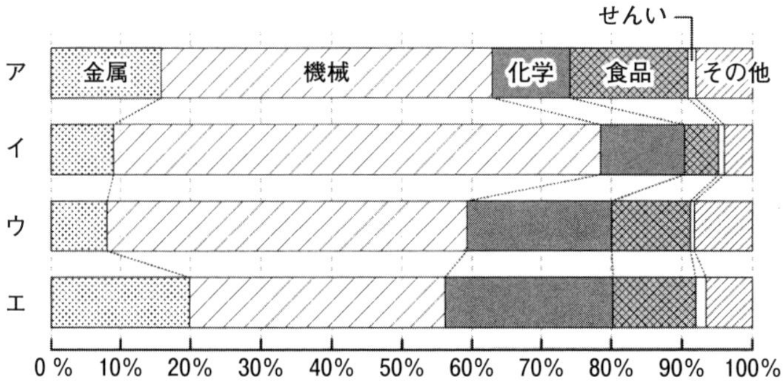

(『データブック オブ・ザ・ワールド 2020』より作成)

問５．下線部⑤，神戸市はどこの都道府県にありますか。都道府県名を漢字で答えなさい。

問６．下線部⑥，中央線の国分寺駅の近くには，聖武天皇の命令によって建てられた国分寺の跡《あと》があります。聖武天皇が国ごとに国分寺を建てることを命じたのは，何世紀のことですか。数字で答えなさい。

問７．下線部⑦，国が行う経済活動の１つに公共事業があります。公共事業の中にはダムの建設《けんせつ》も含まれ，2020年４月１日からは利根川の支流につくられた八ッ場《やんば》ダムの運用が始まりました。右の地図で利根川を示したものとして，正しいものを１つ選び，記号で答えなさい。

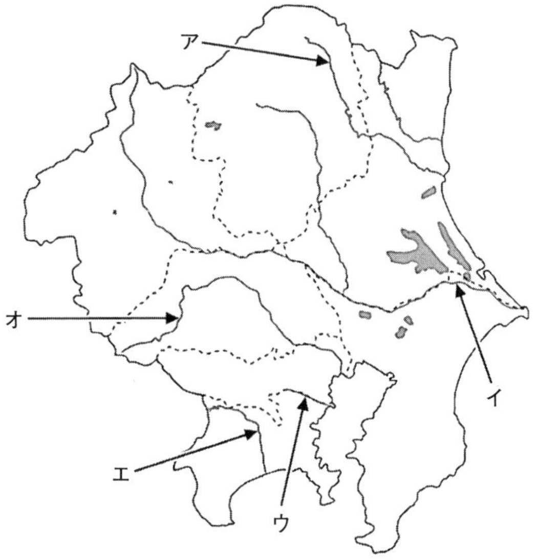

問８．下線部⑧について，次の問いに答えなさい。

⑴　(　)の中に入る語句として，正しいものを１つ選び，記号で答えなさい。

ア．経済産業　　イ．文部科学

ウ．厚生労働　　エ．国土交通

オ．環境

⑵　各省などの長である国務大臣を任命する立場の人は誰ですか。役職名を漢字で答えなさい。

問９．下線部⑨，今日ではさまざまな場所でバリアフリーの工夫がみられます。次の写真の中から，バリアフリーの例として，適当でないものを１つ選び，記号で答えなさい。

ア．

せまい空間を利用したロフトベッド

イ．

段差のない床

ウ．

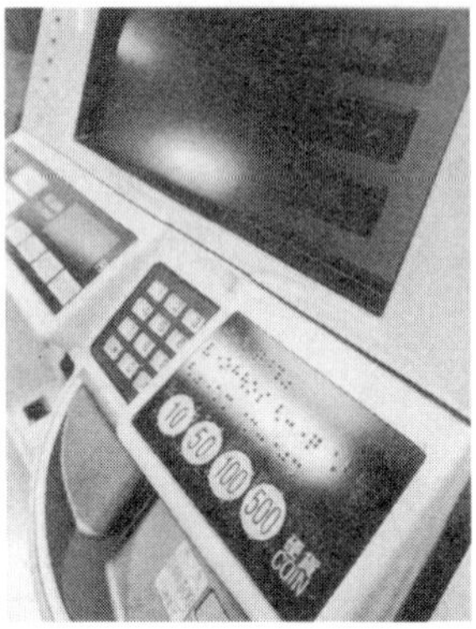

点字が表示された券売機

エ．

ノンステップバス

問10．下線部⑩，（　）に入る語句として，もっとも適当なものを１つ選び，記号で答えなさい。

ア．車いす　　イ．スロープ　　ウ．発車メロディー

エ．AED　　オ．ホームドア

問11．下線部⑪，原材料を加工してモノをつくる産業を工業とよびます。化学工業の説明として，正しいものを１つ選び，記号で答えなさい。

ア．金属などの材料から，自動車やテレビ，コンピュータなどをつくる工業

イ．原油や塩などを原料に石油やゴム，薬やプラスチックなどをつくる工業

ウ．農産物，水産物などを材料に，パン，おかし，乳製品などをつくる工業

エ．綿，羊毛，生糸などから，糸や布をつくったり洋服や着物をつくる工業

問12．下線部⑫，琉球王国の王が政治を行った建物は，太平洋戦争中に焼失し，その後復元されましたが，2019年10月の火災で再び焼失し，現在再建がめざされています。その建物の写真として，正しいものを１つ選び，記号で答えなさい。

ア.

イ.

ウ.

エ.

2 次の文章を読んで，あとの問いに答えなさい。

2013年，日本伝統の和食が①UNESCOの無形文化遺産に登録《とうろく》されました。健康的で，美しい盛《も》り付けの和食は世界で高く評価され，様々《さまざま》な国で人気を集めています。和食の定番に寿司がありますが，外国で生《なま》の魚を食べる文化はあまりみられません。フランスやドイツなどは平たんな地形が多く，漁業よりも畑作や②畜産を組み合わせる農業が発達しました。一方，日本の三重県や③福井県などでは山がちな地形と水産資源の豊富な環境により，④漁業が発達してきました。

しかし和食が人気を集め，世界中の人々に知られていく中で，魚介類《ぎょかいるい》の乱獲《らんかく》や漁場をめぐるトラブルなどが増えています。各国がルールを守り，⑤資源には限りがあるという意識を持って利用することが大切です。

問１．下線部①，UNESCOが2021年，世界自然遺産に登録した場所として，正しいものを１つ選び，記号で答えなさい。

ア．小笠原諸島　　イ．屋久島　　ウ．知床

エ．奄美《あまみ》大島　　オ．白神山地

問２．下線部②，次の表は2019年の肉用牛，乳用牛，豚，ブロイラー（肉用若鶏《わかどり》）の飼養《しよう》頭（羽）数上位５道県を示したものです。このうち，ブロイラーを示したものとして，正しいものを１つ選び，記号で答えなさい。

ア.

北海道	80.1
栃　木	5.2
熊　本	4.4
岩　手	4.2
群　馬	3.4

イ.

鹿児島	126.9
宮　崎	83.6
北海道	69.2
群　馬	63.0
千　葉	60.4

ウ.

宮　崎	2824
鹿児島	2797
岩　手	2165
青　森	694
北海道	492

エ.

北海道	51.3
鹿児島	33.8
宮　崎	25.0
熊　本	12.5
岩　手	8.9

（単位：万頭（万羽））

（『日本国勢図会 2021/22』より作成）

問３．下線部③，福井県では，右の写真にあるようなメガネフレームの生産がさかんです。その生産額は日本全体の約96％(2016年)を占《し》めており，世界的にも有名です。特に生産がさかんな福井県の都市として，正しいものを１つ選び，記号で答えなさい。

ア．浜松市　　イ．鯖江《さばえ》市　　ウ．彦根《ひこね》市

エ．川崎市　　オ．明石市

問４．下線部④，次の図は日本における漁業種類別生産量の推移を示したもので，図中のア～エは，遠洋漁業，沖合漁業，沿岸漁業，内水面養殖《ないすいめんようしょく》業のいずれかを示しています。このうち，沖合漁業を示したものとして，正しいものを１つ選び，記号で答えなさい。

※内水面養殖業とは，主に河川・湖・池・沼などにおける養殖業です。

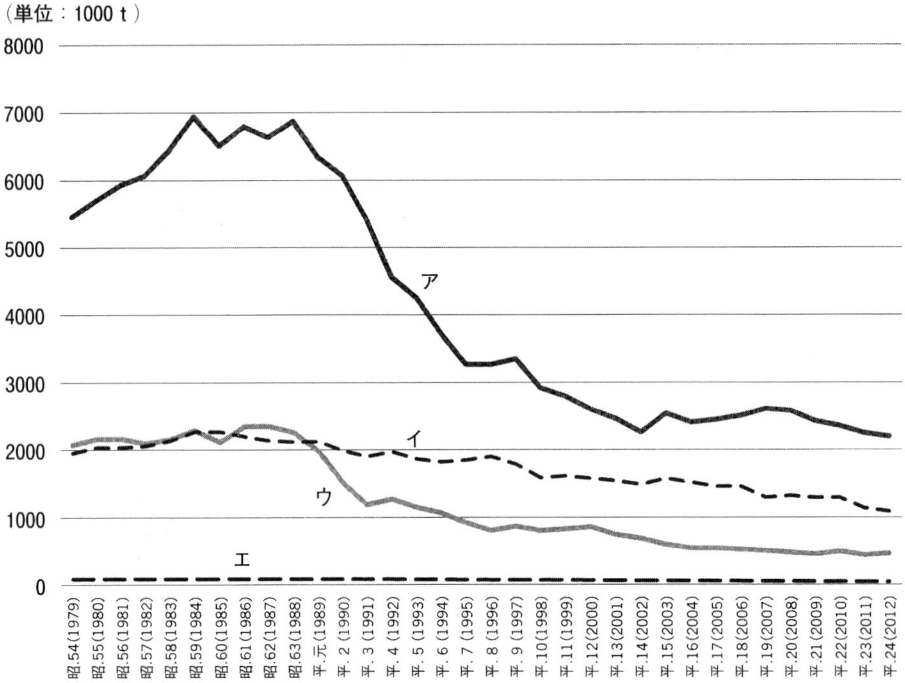

(農林水産省「海面漁業生産統計調査」より作成)

問５．下線部⑤，水産資源をあつかう漁業のひとつに栽培漁業があります。栽培漁業の説明として，正しいものを１つ選び，記号で答えなさい。

ア．卵をとり，その卵を商品として消費者へとどける漁業

イ．卵の状態で放流し，自然のなかで孵化《ふか》・成長した魚をとる漁業

ウ．卵から稚魚《ちぎょ》の間は人工的に育てて放流し，成長した魚をとる漁業

エ．卵から成魚《せいぎょ》になるまで成長させ，その魚を放流する漁業

3　次の文章を読んで，あとの問いに答えなさい。

日本では2024年に①紙幣《しへい》のデザインが変わることが予定されています。それにともない，紙幣に描《えが》かれる肖像《しょうぞう》も変わります。近年は②明治時代以降の人物の肖像が使われることが多く，今回も千円札に北里柴三郎，五千円札に津田梅子，一万円札に渋沢栄一の肖像が使われること

になっています。

北里柴三郎は破傷風《はしょうふう》の治療《ちりょう》法を開発したり，ペスト菌《きん》を発見したりした細菌学者で，伝染病の予防と治療に貢献《こうけん》しました。津田梅子は女子英学塾（現在の津田塾大学）の創立者であり，③女子教育の発展に力をつくしました。また，女子留学生として岩倉使節団に同行して，④アメリカに渡ったことでも有名です。⑤渋沢栄一は第一国立銀行を設立するなど様々な会社の設立にかかわり，日本の経済発展に貢献しました。

問１．下線部①，右の写真は，これまでに紙幣の肖像として使われたことがある人物です。写真の人物の説明として，正しいものを１つ選び，記号で答えなさい。

ア．写真の人物は夏目漱石で，『坊っちゃん』や『吾輩《わがはい》は猫である』などの小説を書いた。

イ．写真の人物は夏目漱石で，『学問のすゝめ』を書くなど，教育者として活躍した。

ウ．写真の人物は福沢諭吉で，『坊っちゃん』や『吾輩は猫である』などの小説を書いた。

エ．写真の人物は福沢諭吉で，『学問のすゝめ』を書くなど，教育者として活躍した。

問２．下線部②，明治時代に行われた条約改正と関係するＡ～Ｃの出来事を，年代の古い順に並べたものとして，正しいものを１つ選び，記号で答えなさい。

Ａ．関税自主権の回復に成功する。

Ｂ．治外法権の廃止《はいし》に成功する。

Ｃ．ノルマントン号事件が起こる。

ア．Ａ→Ｂ→Ｃ　　イ．Ａ→Ｃ→Ｂ　　ウ．Ｂ→Ａ→Ｃ

エ．Ｂ→Ｃ→Ａ　　オ．Ｃ→Ａ→Ｂ　　カ．Ｃ→Ｂ→Ａ

問３．下線部③，次にあげる女性とその女性を説明した文章の組み合わせとして，正しくないものを１つ選び，記号で答えなさい。

ア．推古天皇―摂政である聖徳太子とともに，天皇中心の政治をめざした。

イ．清少納言―平仮名をもちいて，『枕草子』を書いた。

ウ．北条政子―御家人たちを団結させたが，承久の乱にやぶれた。

エ．樋口一葉―江戸時代の文学を学び，『たけくらべ』を書いた。

問４．下線部④，1951年にアメリカのある都市で講和会議が開かれ，日本はアメリカ，イギリスなど48か国と平和条約を結び，翌年に主権を回復しました。この講和会議が開かれ，条約が結ばれた都市として，正しいものを１つ選び，記号で答えなさい。

ア．ワシントン　　イ．ロサンゼルス　　ウ．ボストン

エ．ニューヨーク　　オ．サンフランシスコ

問５．下線部⑤，この人物は近代的な産業をさかんにし，群馬県につくられた官営の製糸場の設立にもかかわりました。現在は世界遺産にも登録されているこの製糸場の名前を漢字で答えなさい。

4　次の円グラフは，日本の国の支出と収入を示しています。このグラフを見て，あとの問いに答えなさい。

国の予算(2021年)　(単位：億円)

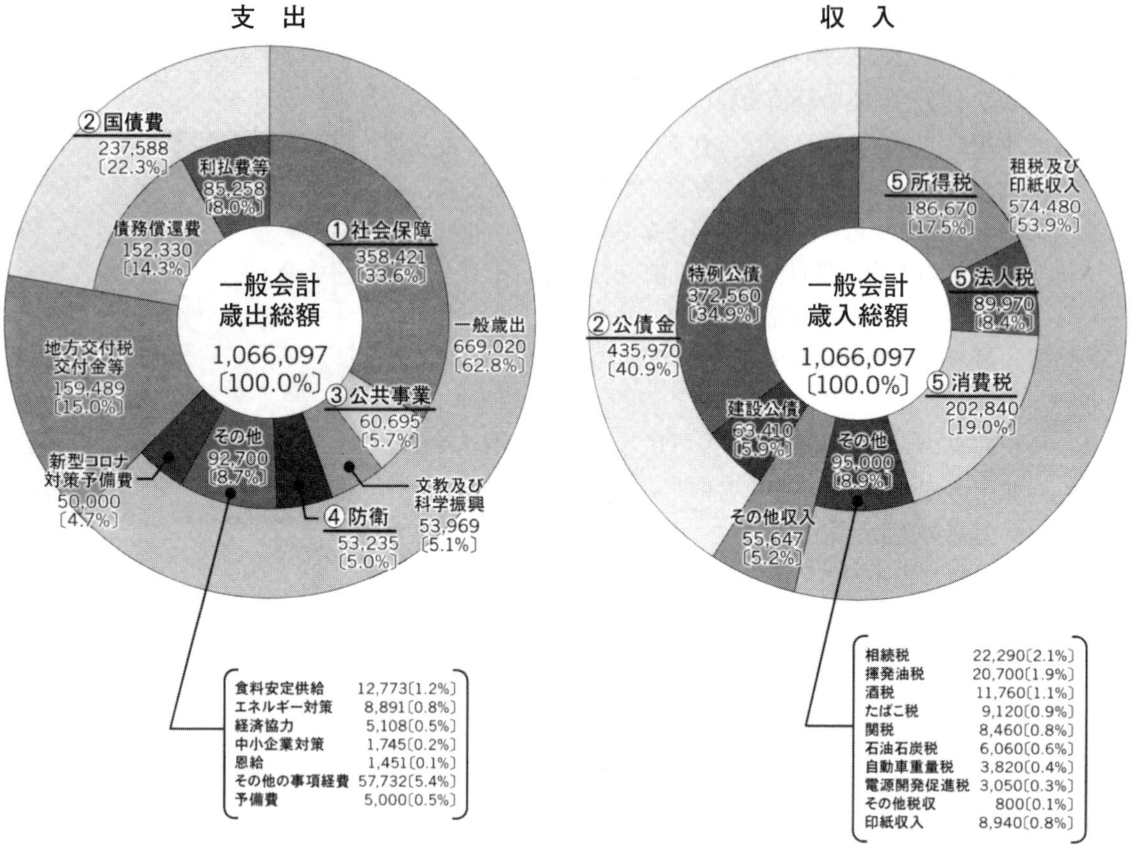

(財務省ホームページより一部を加工して転載)

問１．下線部①，この支出の目的と関係の深い国民の権利として，もっとも適当なものを１つ選び，記号で答えなさい。

ア．性別により差別されない権利

イ．働く人が団結する権利

ウ．政治に参加する権利

エ．健康で文化的な生活を営む権利

オ．職業を自由に選ぶ権利

問２．下線部②(２か所)，支出と収入に占める国債《こくさい》費と公債《こうさい》金の割合が，今後も変わらずに続いた場合，国の借金の残高は，どのようになっていくと考えられますか。もっとも適当なものを１つ選び，記号で答えなさい。

ア．国の借金の残高が減少していく。

イ．国の借金の残高が増加していく。

ウ．国の借金の残高に増減は生じない。

エ．このグラフからでは，国の借金の残高がどうなるかは分からない。

問3．下線部③，代表的な公共事業に道路の整備があります。もしも，道路の整備を国が税金を使って行うのではなく，民間の企業が行った場合，どのような状況になっていくと考えられますか。適当でないものを１つ選び，記号で答えなさい。

ア．離島《りとう》や農山村にも道路が一層整備されるようになり，福祉《ふくし》の向上につながる。

イ．道路の建設費と維持《いじ》費を調達するために，一般の道路でも通行料がかかるようになる。

ウ．道路が商品となるため，かかる費用の削減《さくげん》や品質・サービスの向上が期待できる。

エ．通行量の少ない道路は補修などが後回しになり，通行の安全がおびやかされる。

問4．下線部④，おもに防衛費によって維持・運営されている組織で，国を防衛することはもちろん，国内の被災《ひさい》地や海外にも派遣《はけん》されることがある組織は何ですか。組織の名前を漢字３字で答えなさい。

問5．下線部⑤(３か所)，所得税・法人税・消費税を比べたとき，働く世代が減少し，高齢《こうれい》者が増加する日本社会において，どの世代にも負担を求めることで，今後も安定した税収が見込めるとされている税として，もっとも適当なものを１つ選び，記号で答えなさい。

ア．所得税　　イ．法人税　　ウ．消費税

【理　科】〈第２回試験〉（社会と合わせて50分）〈満点：50点〉

1　地層についての会話文を読んで，次の問いに答えなさい。

ある兄弟は，図１のような地層を観察しています。

兄：「見て，地層ごとに色が変わるよ。」

弟：「本当だ。色だけではなく手ざわりやふくまれているものも変わりそうだね。」

兄：「なんでだろう。①地層の間から水が出ているところがあるよ。」

弟：「不思議だね。もっと見てみよう。」

兄：「ぼくはＦの地層を観察してスケッチしてみたよ。②白っぽい鉱物が多く，ほとんど同じ大きさの鉱物がぎっしりとつまっていたよ。」

弟：「③こっちの地層はふくまれているつぶが角ばっているね。」

兄：「なんとなく石はすべて同じだと思って見ていたけれど，よく観察するといろいろな種類があるんだね。その地層の岩石を見れば，たい積した当時の環境《かんきょう》だったり，ようすがわかるね。」

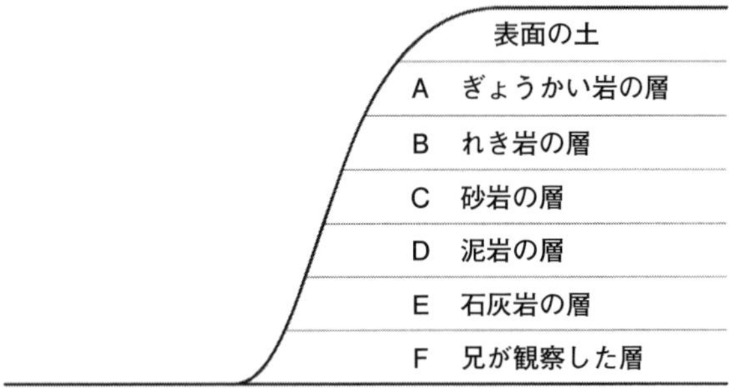

※地層は水平にたい積しており，地層の逆転はない。

図１

(1)　下線部①のように，地層の間から水が出ていました。どの層とどの層の間から出ていたか，もっとも正しいものを１つ選び，記号で答えなさい。

ア．Ａの地層とＢの地層の間　　イ．Ｂの地層とＣの地層の間

ウ．Ｃの地層とＤの地層の間　　エ．Ｄの地層とＥの地層の間

(2)　Ｅの地層にはサンゴの化石が含まれていました。Ｅの地層がたい積したときの環境として，もっとも正しいものを１つ選び，記号で答えなさい。

ア．暖かい湖

イ．冷たい湖

ウ．河口近くの塩水と淡水の混ざっているところ

エ．暖かくて深い海

オ．冷たくて深い海

カ．暖かくて浅い海

キ．冷たくて浅い海

(3)　Ｅの地層の岩石にうすい塩酸をかけるとあわが発生しました。このあわの正体として，もっとも正しいものを１つ選び，記号で答えなさい。

ア．酸素　　イ．水素　　ウ．二酸化炭素　　エ．ちっ素

(4)　Ｂ～Ｄの地層がたい積したときの海水面と海岸線の変動について考えた説明として，もっとも正しいものを１つ選び，記号で答えなさい。ただし，図１の地層は水平にたい積しており，

地層の逆転はないものとします。

ア．海水面は時間とともに下降し，海岸線は内陸側へと移動した。

イ．海水面は時間とともに下降し，海岸線は海側へと移動した。

ウ．海水面は時間とともに上昇《じょうしょう》し，海岸線は内陸側へと移動した。

エ．海水面は時間とともに上昇し，海岸線は海側へと移動した。

(5) 図2は，兄がスケッチしたものです。下線部②のような特ちょうがみられます。この岩石の名称として，もっとも正しいものを1つ選び，記号で答えなさい。

ア．げんぶ岩

イ．花こう岩

ウ．流もん岩

エ．安山岩

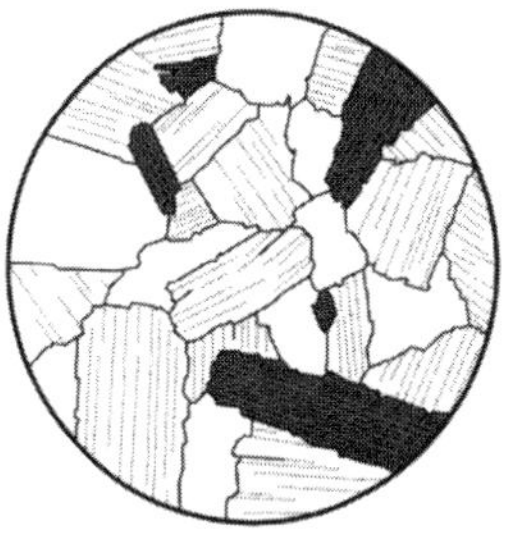

図2

(6) 下線部③のように，ふくまれているつぶが角ばっているのはどの層か，もっとも正しいものを1つ選び，記号で答えなさい。

ア．A層　　イ．B層　　ウ．C層　　エ．D層

2　図3は，生態系(生物やそのまわりをとりまく環境のこと)における生物どうしの関係と二酸化炭素の移動を矢印で示したものです。次の問いに答えなさい。

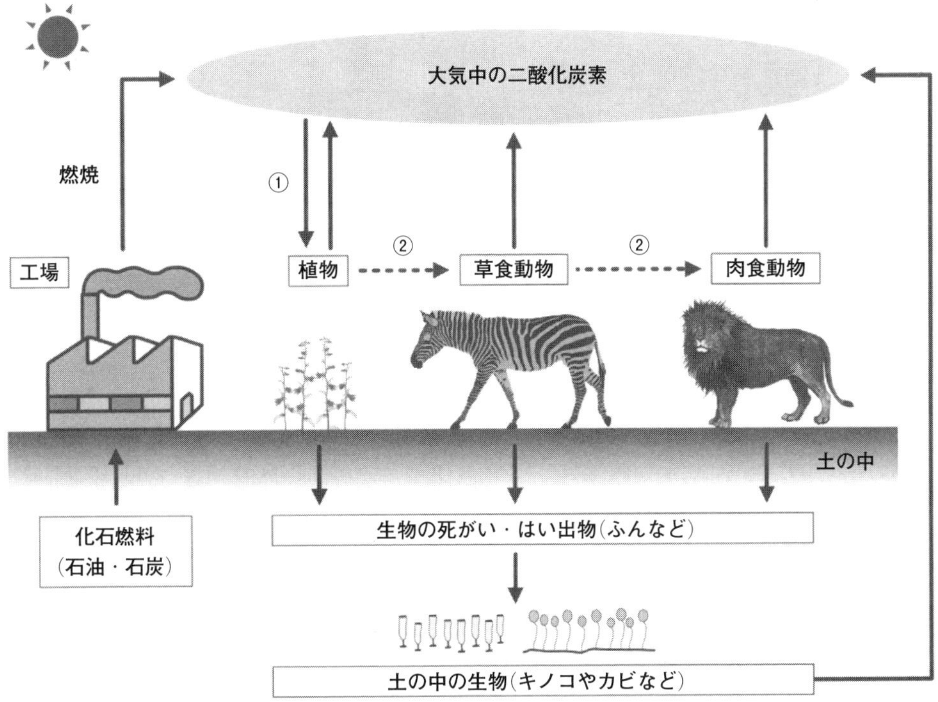

図3

(1) 図3の矢印①は，植物に二酸化炭素が昼の間に吸収されていくことを示しています。植物は二酸化炭素と水を取り込んで，栄養分を作り出すことができます。この反応を何というか，漢字で答えなさい。

(2)　大気中の二酸化炭素は，地球環境にとって大切な役割を果たしています。二酸化炭素の役割の説明として，もっとも正しいものを１つ選び，記号で答えなさい。

ア．二酸化炭素から上空のオゾン層が形成されて，太陽光線の中にふくまれている紫外線《しがいせん》を吸収するはたらきがある。

イ．二酸化炭素が上空で雨つぶにとけこみ，酸性雨となって湖沼《こしょう》の酸性化を進める。

ウ．二酸化炭素が海洋中にとけこみ，海洋汚染やマイクロプラスチックの原因となる。

エ．太陽光によってあたたまった地面から放出される熱を大気中の二酸化炭素が吸収し，熱が宇宙空間へにげていくのを防ぐはたらきをする。

(3)　近年は，化石燃料の消費など，さまざまな人間の活動によって，大気中の二酸化炭素が増加しています。その結果，地球温暖化とよばれる環境問題が起きています。このような要因となる二酸化炭素などの気体をまとめて何というか，下の□に入る語句を漢字で答えなさい。

□ガス

(4)　日本のある地点で観察された大気中にふくまれる二酸化炭素の割合の変化をグラフにしました。大気中にふくまれる二酸化炭素の割合の変化を示しているグラフとして，もっとも正しいものを１つ選び，記号で答えなさい。

ア．

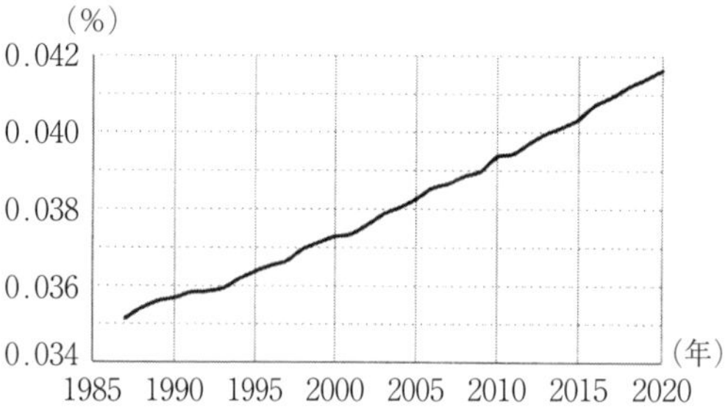

イ．

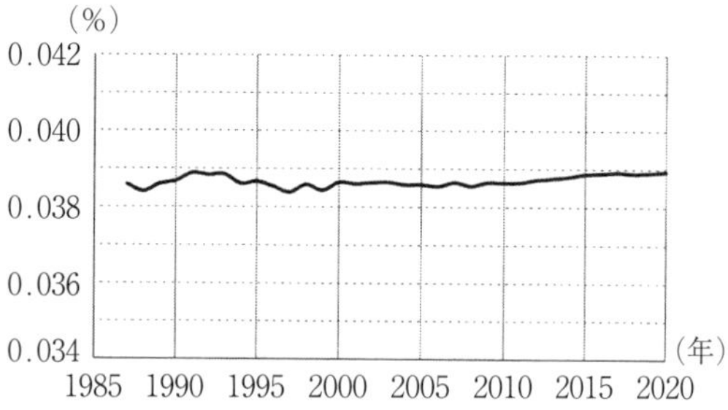

ウ．

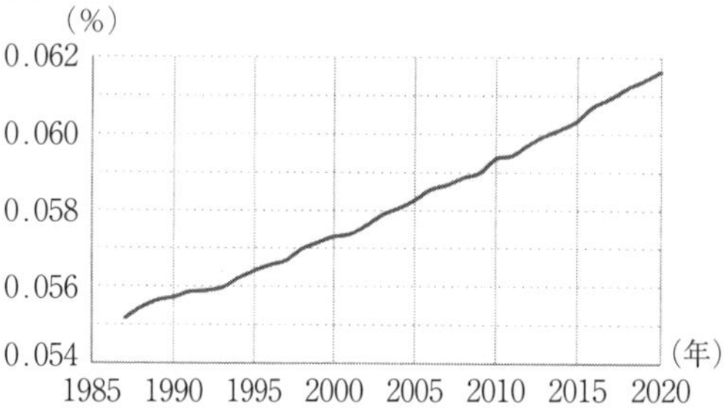

エ．

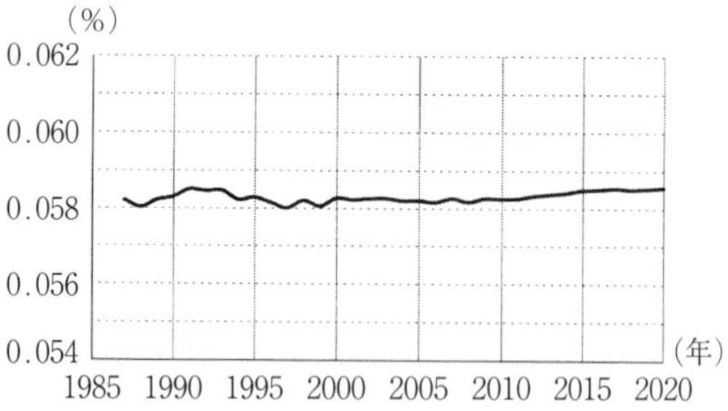

(5)　図３の点線の矢印②は生物の食う・食われるの関係を示しています。ある草原の生態系において，生物Ａ，Ｂ，Ｃの数を調べると図４のようにピラミッド型になることがわかりました。図４のＡ，Ｂ，Ｃに入る生物の種類の組み合わせとして，もっとも正しいものを１つ選び，記号で答えなさい。

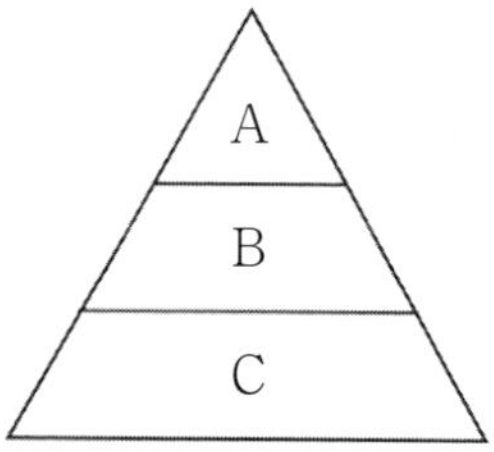

図４

	A	B	C
ア	植物	草食動物	肉食動物
イ	植物	肉食動物	草食動物
ウ	草食動物	植物	肉食動物
エ	草食動物	肉食動物	植物
オ	肉食動物	植物	草食動物
カ	肉食動物	草食動物	植物

(6) 植物がかれたり，動物が死んだりすると，あとに死がいが残ります。また，動物は生活している間に，はい出物も出します。これらは，キノコやカビなどによって栄養分としてとりこまれ，二酸化炭素，水などの物質に変えられていきます。図３の土の中の生物は，生態系の中で特に何と呼ばれているか，もっとも正しいものを１つ選び，記号で答えなさい。

ア．生産者　　イ．分解者　　ウ．消費者　　エ．合成者

3 1849年にフランスのフィゾーという人が，初めて光の速さの測定に成功しました。次の問いに答えなさい。

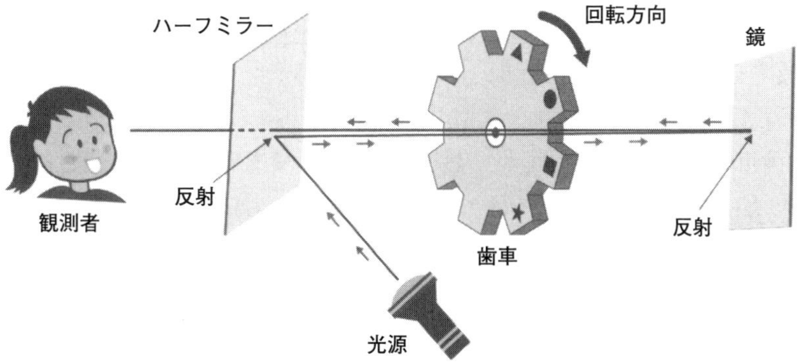

※ハーフミラーは，入射した光の一部を反射し，一部を通すものである。

図５

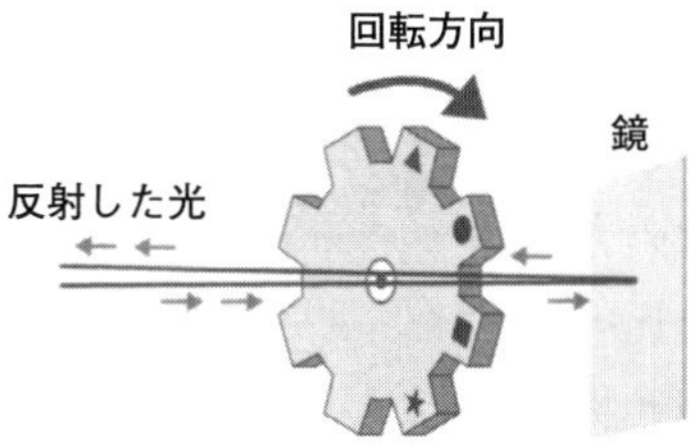

図６

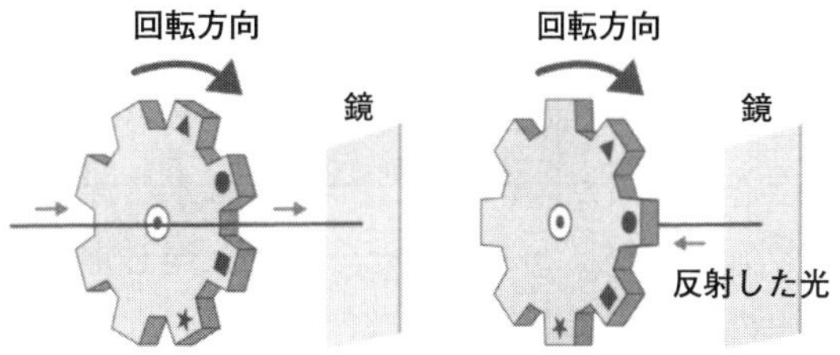

図７

＜実験＞

図５のように光は，光源⇒ハーフミラー⇒歯車⇒鏡⇒歯車⇒ハーフミラー⇒観測者の順に進みます。図６は，歯車がゆっくり回転しているときに，光源からの光は回転している歯車の歯と歯の間を通りぬけ，鏡で反射されて再びもとと同じ歯の間を通りぬけることを示しています。また，図７は，歯車の回転が速くなると，光が鏡まで往復する間に歯が動き，鏡に反射した光が，通りぬけたすき間のとなりの歯にさえぎられてしまうことを示しています。今回は，歯の数が720個の歯車を使用しました。

(1)　この実験は，光が反射するという性質を用いています。その性質を表す現象として，もっとも正しいものを１つ選び，記号で答えなさい。

ア．物体に光があたると，影ができる。

イ．虫めがねで光があつまる。

ウ．水たまりをのぞくと自分のすがたが見える。

エ．水中に棒を入れると，棒が水面で折れ曲がったように見える。

(2)　＜実験＞において，歯と歯のすき間の中心を通りぬけた光が鏡で反射して，回転したとなりの歯の中心に当たるまでに歯車はいくら回転するか，図７を参考にもっとも正しいものを１つ選び，記号で答えなさい。

ア．$\frac{1}{180}$回転　　イ．$\frac{1}{360}$回転　　ウ．$\frac{1}{720}$回転　　エ．$\frac{1}{1440}$回転

(3)　歯車の回転する速さが１秒間あたりに12.6回でした。１回転するのにかかる時間はおよそ何秒か，もっとも正しいものを１つ選び，記号で答えなさい。

ア．0.32秒　　イ．0.24秒　　ウ．0.16秒　　エ．0.08秒

(4)　＜実験＞において，歯と歯のすき間の中心を通りぬけた光が鏡で反射して，回転したとなりの歯の中心に当たるまでにかかる時間は何秒か，図７を参考に小数第７位以下は切り捨てて，下の□に当てはまる数字を書きなさい。

0.0000□□秒

(5)　＜実験＞において，歯車から鏡までの距離が，およそ8.25kmであれば，光の速さは１秒間におよそ何km進むか，もっとも正しいものを１つ選び，記号で答えなさい。

ア．10万km　　イ．20万km　　ウ．30万km　　エ．40万km

4　氷や水を用いて，体積と重さの関係や温度などについて調べました。以下の文章を読んで，次の問いに答えなさい。

冷とう庫から氷を50g取り出してビーカーに入れた。図８のように，温度計の液だめの部分を氷に直接つけたところ，その温度は（　①　）。冷たい水50gを氷の入ったビーカーに入れてよくかき混ぜたところ，氷はまだ半分ぐらい残っていた。このとき，水の温度をはかったら（　②　）。氷は水に浮《う》くがこれは氷の方が水よりも密度が（ ③ ）からだ。つまり同じ重さの氷と水を比べると，氷の方が水よりも体積は（ ④ ）ということになる。同じ物質の固体と液体において，固体が液体に浮くという現象は（　⑤　）。

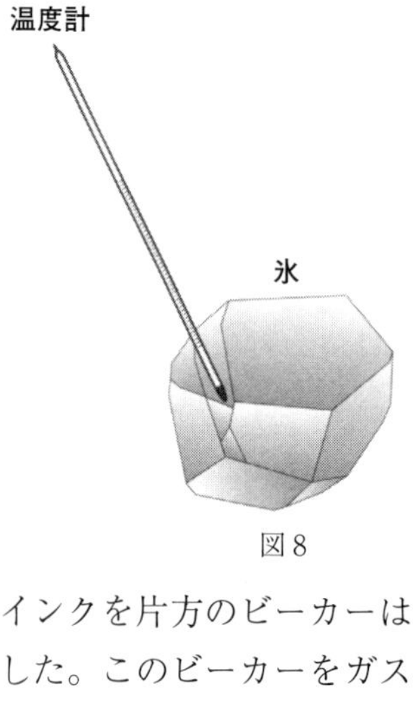

図８

今度はビーカー２つにそれぞれ水100gを入れた。次のページの図９，図10のように，水にややとけにくく水よりも密度が大きいインクを片方のビーカーは中心部分に，もう片方のビーカーはビーカーの周辺部に数てきたらした。このビーカーをガスバーナーでゆっくりと加熱すると，インクが動き始めた。

(1)　(①)，(②)に当てはまるものとして，それぞれ１つずつ選び，記号で答えなさい。

ア．０℃よりずっと低かった

イ．だいたい０℃だった

ウ．０℃よりずっと高かった

(2)　(③)，(④)に当てはまるものの組み合わせとして，もっとも正しいものを１つ選び，記号で答えなさい。

ア．③　大きい　④　大きい　　イ．③　大きい　④　小さい

ウ．③　小さい　④　大きい　　エ．③　小さい　④　小さい

(3)　(⑤)に当てはまるものとして，もっとも正しいものを１つ選び，記号で答えなさい。

ア．他の物質でもよく見られる

イ．他の物質ではほとんど見られない

ウ．他の物質では見られるものと見られないものがほぼ半分半分である

(4)　下の図は，ガスの元栓《もとせん》とガスバーナーのコックを表しています。ガスの元栓とガスバーナーのコックが開いている状態を表すものの組み合わせとして，もっとも正しいものを１つ選び，記号で答えなさい。

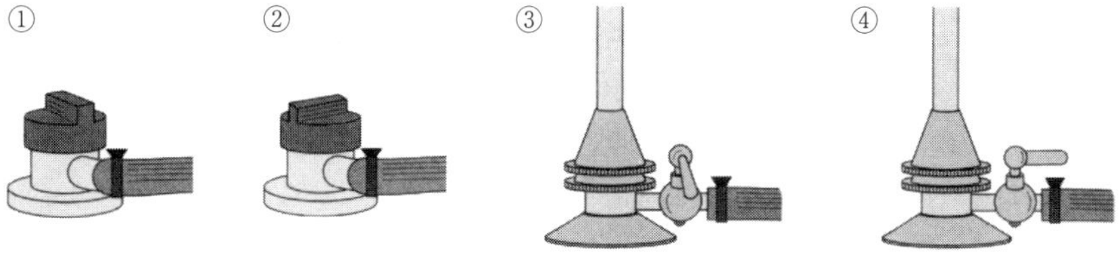

ア．①と③　　イ．①と④　　ウ．②と③　　エ．②と④

(5)　下線部にあるように，水をガスバーナーで加熱するとインクは動き始める。ビーカー内のインクはどのように動くかを，解答欄《らん》の２つの図に矢印でそれぞれ書き入れなさい。矢印は初めにインクがあった位置までのばすこと。

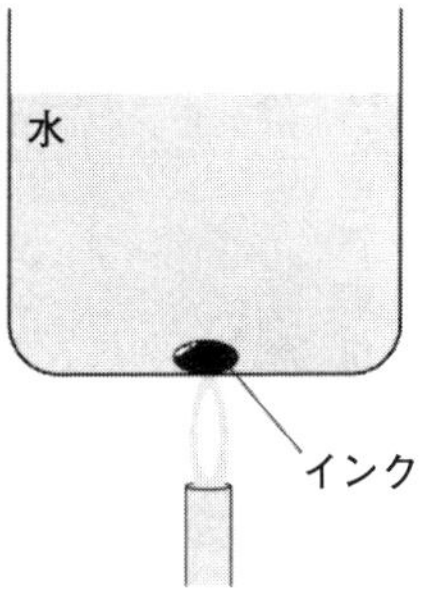

図９

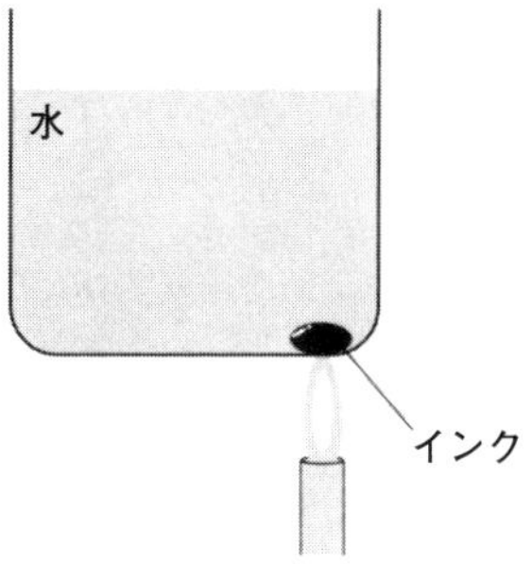

図10

※触りきらんかった…触ることができなかった

問１　[1] に当てはまる語はどれですか。

ア．ギリギリ　イ．ジリジリ　ウ．パリパリ
エ．ギスギス　オ．ビシビシ

問２　[2] に当てはまる言葉はどれですか。

ア．何の用かな……
イ．今やろうと思ったのに……
ウ．私も頑張《がんば》ってるんだよ……
エ．めんどくさいな……
オ．暑いのに……

問３　――線部３「もうちょっと見とく」とありますが、これはどのような心から起きた行動ですか。

ア．好奇心　イ．自尊心　ウ．向上心
エ．競争心　オ．平常心

問４　――線部４「私は胸が痛くなった」とありますが、それはなぜですか。

ア．蝉の羽化に何の手助けもできないことを嘆《なげ》く父を目の前にして、人間の自然への無力さというものを感じ絶望してしまったから。
イ．蝉と同じように、娘の成長にも手を差しのべたいけれども見守ることしかできないと感じている様子の父に切なさを抱《いだ》いたから。
ウ．蝉の羽化の立ち会いと同じように、子育てにおいても余計なことをしてはいけないと感じる父を無責任な人であると思ったから。
エ．蝉と同じように、自力でなんでもできるようになった娘を遠い存在になったと思っている父に対して、申し訳なく感じているから。
オ．蝉の羽化にせっかく立ち会うことができたのに、自分のほうが夢中になってしまって父の感動を奪ってしまったと思ったから。

問５　――線部５「予想外の甘さ」とありますが、私がこのように感じたのはなぜですか。

ア．一回目に食べたトマトの青い匂いが、鼻の中から消えてしまったから。
イ．二回目に食べたトマトは真っ赤に完熟した甘いトマトだったから。
ウ．父との会話を通じて、父の私に対する優しさに気がついたから。
エ．恥ずかしい気持ちで、完熟したトマトを口にほおばったから。
オ．病気の父を喜ばそうと食べたら、いままでと違う味だったから。

問６　本文中、父はどのような人物として描かれていますか。

ア．最期まで娘を見守ろうとする優しい人物
イ．常に微笑みながら娘に接する寂しい人物
ウ．感情を露にすることのない不思議な人物
エ．穏やかだが情熱的な一面をもつ人物
オ．寂しさを娘に隠しきれない素直な人物

問７　「私」が「羽化」したのはどのような行動をとったときですか。

そう言って、家の中に戻っていった。

それから、どれくらいの時間が経っただろうか。陽《ひ》が傾《かたむ》き、台所から夕飯を作る母の包丁《ほうちょう》の音が聞こえてきても、私はその場所から離れなかった。そして、とうとう最後まで、蟬の羽化に立ち会ったのだった。

陽はすっかり落ち、夕風が、縁《えん》側の風鈴《りん》をチリンチリンと鳴らしていた。テレビから、昼間の高校野球の結果を伝えるニュースキャスターの声が聞こえていた。

私は高揚《こうよう》した気持ちのまま、夕食の卓《たく》につくと、久しぶりに自分のほうから父に話しかけた。

「蟬が出てくる時ね、殻を破ってやりたくなったけど、※触《さわ》りきらんかった」

「それは、触ったらいかん。触らんでよかったよ」

「うん」

「誰《だれ》にも教わらんでも、蟬は自分で羽化する時ば知っとって、自分の力で殻ば破る。苦しそうに見えて、手伝ってやりたくなっても、やっぱりそれは要《い》らんお世話だもんな」

父は少し微笑んで、やさしく私にそう言った。その笑顔が、何故《なぜ》だかとても寂《さび》しく見えて、4私は胸が痛くなった。

その日の夕飯は、父が大好きな水餃子《すいぎょうざ》だった。添《そ》えられたサラダには、真っ赤に熟《う》れたトマトが、たっぷりと入っていた。

手を合わせ、食前の挨拶《あいさつ》を済ませると、父はおいしそうに餃子を食べ、トマトに箸《はし》をつけた。静かに食事をする父を見ながら、私は、無《む》性《しょう》に父を喜ばせたい気持ちになって、サラダの中に入っている、とりわけ大きなトマトを、勢い良く箸で突き刺《さ》し、息を止めて口の中に放り込んだ。

完熟したトマトは、ジュルッと音を立てて口の中に広がり、青い匂いが鼻の中に流れてきた。

（食べたよ！）

そんな気持ちで父を見た。父は少し驚いた表情で私を見た後、すぐにいつもの微笑を口元に浮かべて、

「美味《おい》しかったね？」

と、訊《たず》ねてきた。

私は、なんだか恥《は》ずかしい気持ちになって、父から目をそらすと、もうひとつトマトを口に入れた。青臭いばかりだと思っていたトマトは、5予想外の甘さをもって私の口の中で弾《はじ》け、気持ちよく喉《のど》を通っていった。

それから三年後、父は体調を崩《くず》し、しばらく床《とこ》についた後、私が十八歳の時に他界した。最期《ご》まで、感情を露《あらわ》にすることはなく、穏《おだ》やかなまま逝《い》った父を想うとき、私はきまって、飴色の殻から抜け出そうとしている半透明の蟬の羽と、真っ赤に熟れたトマトを思い出す。父が言おうとして口に出さなかったこと、伝えようとして伝えられなかったものに、私はいつか辿《たど》り着けるだろうか。そんなことを考えながら。

（森山友香子『蟬とトマトと父の思い出』による）

※**億劫**…面倒で気が進まないさま。

※**呼びよんなはるよ。早く来んね。**…お呼びになっているよ。早く行きなさい。

※**それよか、宿題は進みよるとね**？…それよりも、宿題は進んでいるの？

※**ステテコ**…膝《ひざ》の下あたりまである、ズボンのような下着。

※**何か、おると**？…何かいるの？

※**なかなか見られんよ**…なかなか見られないよ

※**もういっとき時間のかかるよ**…もう少し時間がかかるよ

カ．タンポポは種子をつけるために、「タンポポ体操」をするから、あえて他の草の生えていないような場所を選んでいるんだね。

三　次の文章を読んで、後の問いに答えなさい。

子どもの頃、「嫌《きら》いな野菜」のベストスリーに、トマトは必ずランクインしていた。硬《かた》くて青い部分の残っているトマトなら、まだなんとか食べられたのだが、完熟している真っ赤なトマトとなると、完全にお手上げだった。

あのジュルジュルした食感と青臭《くさ》い匂《にお》い、口の中で弾《はじ》けるように飛び散るヌメッとした種。ハンバーグの隣にあっても、サラダやスープの中に隠《かく》れていても、私はその赤い実のかけらを丹念《たんねん》に探し出し、皿の隅《すみ》っこに追いやっていた。

小学校の五年生くらいの時だったろうか。夏休みのある日、庭から私を呼ぶ父の声がした。とても暑い日で、私はアイスクリームを食べながらテレビを観ていた。

「友香《ゆか》ちゃん、ちょっと来てごらん」

正直なところ、真夏の太陽が［ 1 ］と照りつけている庭に出るのは※億劫《おっくう》で、その上、思春期に片足を突《つ》っ込んでいた当時の私に、父との会話はもっと億劫だった。

しばらく聞こえないふりをしていると、今度は母が声をかけてきた。

「友香子、お父さんが※呼びよんなはるよ。早く来んね。※それよか、宿題は進みよるとね？」

［ 2 ］と、思いながらも、母の小言を聞くよりは、父の話を聞くほうが楽だし、早く済むや。そう思い直して、私は麦藁帽子《むぎわらぼうし》を手に取り、庭へ出た。

父は、庭の真ん中に立っている榎《えのき》の木の下にしゃがんで、何かをじっと見つめていた。白いランニングシャツに※ステテコ姿で、大きな麦藁帽子をかぶっている父は、首にぶら下げたタオルで額の汗を拭《ふ》きながら、私をそっと手招いた。

「※何か、おると？」

「今、背中のところが割れたもんな。もうハネが出てくる」

父が見つめていたのは、まさに今、羽《う》化しようとしている蟬《せみ》の幼虫だった。初めて目にするその光景に、私は軽く圧倒されながら、父の横に並んでしゃがみ込んだ。

「蟬の羽化なんて、※なかなか見られんよ。お父さんは初めて見た」

父はにっこり笑ってそう言うと、

「カメラば持ってくるけん、ちょっと見とってごらん」

と、私の肩《かた》に軽く手を置き、家の中へ入っていった。

私は、まばたきも惜《お》しむような気持ちで、蟬の羽化に立ち会った。薄《うす》い緑色をした半透《とう》明のハネが、飴《あめ》色の硬い殻《から》を少しずつ押《お》しのけて盛り上がる。柔《やわ》らかいハネが、殻に引っ掛《か》かって破れてしまいそうな気がして、そっと殻を壊してやりたい衝動《しょうどう》に駆《か》られたが、必死に生まれ出ようとしている蟬の幼虫に、私はどうしても触《ふ》れることが出来なかった。

しばらくして、カメラを持った父が戻《もど》ってきた。蟬の羽化に釘《くぎ》付けになっている私を満足そうに眺《なが》めながら、父は何度もカメラのシャッターを切った。

「まだ、ハネも出てきとらんね。※もういっとき時間のかかるよ、友香ちゃん。暑いけん、一回家に入っとこうか」

「よか。3もうちょっと見とく」

父は、口元に微笑《ほほえみ》を浮かべながら、軽く二、三度うなずくと、自分の首に巻いていたタオルを私の首にそっとかけて、

「暑いけんね、樹の陰《かげ》から出らんようにしなさいよ」

のです」とありますが、それはなぜですか。

ア．踏まれにくいところで生育するから。
イ．茎を上に伸ばさないで身を守るから。
ウ．茎がとても丈夫《じょうぶ》にできているから。
エ．葉の枚数が他の植物より多いから。
オ．日当たりのよい場所で生育するから。

問３　[3]には、「形式・様式」といった意味のカタカナ語が入りますが、それはどれですか。

ア．ポイント　イ．メリット　ウ．イメージ
エ．スタイル　オ．キャリア

問４　――線部４「よく踏まれるような場所」とはどのような場所ですか。本文より十六字で抜き出しなさい。

問５　[5]に当てはまる語はどれですか。

ア．土　イ．水　ウ．光
エ．火　オ．風

問６　[6]に当てはまる語はどれですか。

ア．むしろ　イ．しかし　ウ．だから
エ．さらに　オ．もしくは

問７　――線部７「踏みにじられて～起き上がるんだ！」は歌詞の引用です。これはどのような目的で引用されているのですか。

ア．タンポポが踏まれやすい場所を好んで咲くことを確認するため。
イ．私たちがタンポポにふだんから親しんでいることを示すため。
ウ．タンポポは踏まれてもけなげに咲く花だということを示すため。
エ．タンポポが踏まれる場所を利用して咲くことを確認するため。
オ．私たちが普通もっているタンポポのイメージを確認するため。

問８　――線部８「タンポポ体操」とは、タンポポのどのような動きのことですか。

問９　――線部９「身を引く」とはこの場合どのようなことですか。

ア．他の花に関心を向けること
イ．他の花より目立つこと
ウ．わざと踏まれること
エ．しばらく動かないこと
オ．他の花に場をまかせること

問10　――線部10「本当に大切なこと」とは何のことですか。

ア．時期が来たら立ち上がって茎を伸ばすこと
イ．成長のために、他の生き物に踏まれること
ウ．光合成を可能なかぎり効率よく行うこと
エ．種をつくり、綿毛を風に乗せて飛ばすこと
オ．踏まれる場所を選んで花を咲かせること

問11　次のア～カはこの文章を読んだ人の感想です。内容をもっとも的確に読みとっている人はだれですか。

ア．タンポポは茎を上ではなく横に伸ばすことで生き残り、花を咲かせ種をつけ、種子を飛ばそうとしている植物だね。
イ．タンポポは踏まれることに耐えている、がまんづよい植物の代表だね。倒れても倒れても上へ伸びようとする植物だからね。
ウ．タンポポはその時々にとって、最も適切だと思われる行動をとっているんだね。だから雑草として成功しているんだね。
エ．タンポポは踏まれることで花や種をつけるんだね。綿毛を飛ばすときには「タンポポ体操」をすることで飛ばしやすくするんだね。
オ．タンポポは種子を遠くへ飛ばすために、茎を花が咲いているときよりも一段高い位置に伸ばせる場所を選んでいるんだね。

有利な特徴だったのです。

こうして、タンポポは踏まれる場所に好んで生えています。踏まれることに耐えているわけではなく、踏まれる場所を利用しているのです。

「ふまれてたんぽぽ」と詠まれたタンポポ。しかし「踏まれても咲いている」というけなげな花ではありません。［６］、「踏まれる場所を選んで咲く」したたかでたくましい花なのです。

〈７踏みにじられて　倒されても　何度も起き上がるんだ！
――※The ALFEE「タンポポの詩」〉

踏まれても踏まれても何度でも立ち上がる。

タンポポのような雑草には、そんなイメージがあるかもしれません。しかし、すでに紹介したように、よく踏まれる場所では、タンポポは茎を高くは伸ばしません。

しかし、そんな場所であってもタンポポが茎を伸ばすときがあります。それが、綿毛を飛ばすときです。

「８タンポポ体操」という言葉を聞いたことがありますか？　植物は、動物のように動き回るようなことはできませんが、ゆっくりとゆっくりと動いています。そしてタンポポは、「タンポポ体操」という動きをすることで知られているのです。

タンポポは茎をまっすぐ伸ばして花を咲かせますが、花が咲き終わると、茎を倒して地面に横になってしまいます。やがて種子が熟す頃《ころ》になると茎は再び立ち上がり、一段と高い位置にまで茎を伸ばすのです。この茎の動きを「タンポポ体操」と呼んでいます。

茎を高く伸ばすのは、綿毛を風にのせて遠くへ飛ばすためです。踏まれる場所では、タンポポは花を咲かせ種子をつけるまでは茎を伸ばさずに、じっと地面に伏《ふ》せていますが、種子のためには危険を顧《かえり》みずに茎を伸ばすのです。

もっとも、すでに種子は作っているのですから、たとえ踏まれて茎が折れたり、倒れたりしたとしても、風が吹けば種子を飛ばすことができます。花を咲かせるための茎が折れてしまうことと比べれば、ダメージはほとんどありません。

タンポポ体操には、もう一つ不思議《ふしぎ》な動きがあります。

それは、茎を伸ばして咲いていたはずのタンポポが、種子が熟すまでの間、地面に横たわる動きです。花を咲かせたまま、そのまま綿毛をつけても良さそうなものです。

この理由は、はっきりとはわかっていません。

考えられる理由の一つは、大切な種子が熟すまでの間、強風などから種子を守るためと考えられています。

もう一つの理由は、咲き終わった花が９身を引くためともいわれています。受粉を終えた花が身を引いて茎を倒すことで、まだ受粉が終わっていない花が目立ちます。そのことで昆虫《こんちゅう》たちが効率よく花を回ることができるのです。

踏まれる場所では、タンポポは立ち上がろうとはしません。それどころか、上に伸びようとさえしません。タンポポにとって大切なのは、上に伸びたり、立ち上がることではなく、種子をつけることです。タンポポは踏まれたまま花を咲かせて種をつけるのです。

そして時期が来れば迷うことなく立ち上がって茎を伸ばします。茎を伸ばし、花を咲かせ、咲き終わったら、茎を倒し他の花に譲《ゆず》ります。

タンポポの花は、10本当に大切なことは何かを知っているのです。

（稲垣栄洋『大事なことは植物が教えてくれる』による）

※The ALFEE…日本のロックバンド

問１　［１］に当てはまる言葉を漢字二字で書きなさい。

問２　――線部２「じつはタンポポは、踏まれることにはとても強い

イ．今は昔、竹取の翁《おきな》といふものありけり。
ウ．春はあけぼの。やうやう白くなりゆく山ぎは……
エ．つれづれなるままに、日暮らし、硯《すずり》に向かひて……
オ．ゆく河の流れは絶えずして、しかももとの水にあらず。

問10　次の作品に共通する作者はだれですか。

『くちぶえ番長』
『半パン・デイズ』
『ビタミンF』

ア．星新一　イ．恩田陸　ウ．重松清
エ．小川糸　オ．宗田理

二　次の文章を読んで、後の問いに答えなさい。

〈ふまれてたんぽぽ　ひらいてたんぽぽ　種田山頭火《たねださんとうか》〉

タンポポが踏《ふ》まれながら咲《さ》いています。踏まれながらも、笑顔《えがお》のような、輝《かがや》くような、花を咲かせています。

タンポポはいつも笑顔で私たちに咲きかけます。そんなタンポポに励《はげ》まされ、勇気づけられる人も少なくないことでしょう。

俳人の種田山頭火は、タンポポの句をたくさん残しています。山頭火は五・七・五の俳句の定型にとらわれない［1］律の俳句を詠《よ》みました。

たとえば、こんな句もあります。

「今日の道のたんぽぽ咲いた」

そんな山頭火の俳句の一つが「ふまれてたんぽぽ　ひらいてたんぽぽ」です。

それにしても、タンポポはよく踏まれています。それもそのはず、2じつはタンポポは、踏まれることにはとても強いのです。

まず、葉っぱは、地べたに近いところで広がっています。上から見るとバラの花のように見えるため、ドレスにつけるロゼットというバラの花の形をした飾《かざ》りに見立てて、同じようにロゼットと呼びます。ロゼットは、葉を広げて光合成をしながら、茎《くき》を伸《の》ばさずに身を守る［3］です。

茎を伸ばさないので、踏まれてもダメージがありません。

道端《みちばた》や公園の芝生《しばふ》など、4よく踏まれるような場所では、タンポポの茎は横たわっています。踏まれて茎が倒れてしまったようにも見えますが、じつはそうではありません。

タンポポは葉が踏まれたり、草刈《くさか》りで葉がちぎれたりすると、茎を上には伸ばしません。上へ伸びると危険だと判断するのです。短い茎を横向きに伸ばして花を咲かせるのです。

横に倒れたように見える茎は、タンポポが初めからそうしていたのです。

こうして踏まれることに耐《た》えているタンポポ。しかし、タンポポは踏まれることに耐えているだけではありません。

タンポポは高く伸びるわけでも茎に葉をつけるわけでもありませんので、上へ上へと伸びる植物との競争には、けっして強くありません。［5］を奪《うば》い合うような競争では勝てませんが、かわりに、他の植物が生育できないような場所を選んで生《は》えます。それが、よく踏まれる場所なのです。

よく踏まれる場所では、上へ上へと茎を伸ばすような植物は成長することができません。上へ伸びようとすれば、踏まれて茎が折れてしまうからです。

タンポポは小さな草花ですが、日当たりの良い場所で、存分に光を浴びて光合成をしています。

踏まれる場所を選んでいるから、背が低くても光を浴びることができます。そして、背の低いことこそが、踏まれる場所に生えるために

二〇二二年度
日本大学第二中学校

【国　語】〈第二回試験〉（五〇分）〈満点：一〇〇点〉

注意　選択肢《せんたくし》がある場合は、指示がないかぎり最もふさわしいものを記号で答えなさい。また、抜《ぬ》き出して答える場合は、句読点・記号も字数に含《ふく》みます。

一　次のそれぞれの問いに答えなさい。

問１　次の――線部の漢字の読みをひらがなで書きなさい。

①　**一対**の湯飲みをあげた。
②　法案の**骨子**をまとめる。
③　**養蚕**業が盛んだ。
④　歌舞伎《かぶき》の**所作**を学ぶ。

問２　次の――線部のカタカナの部分を漢字に直しなさい。送りがなが必要な場合は、それも書きなさい。

①　鉄道の**エンセン**に多くの工場がある。
②　実力を**ハッキ**する。
③　**シュッショク**のできばえ。
④　布を**サイダン**する。

問３　次の二つの言葉が反対の意味になるように、□に当てはまる漢字を書きなさい。

①　保守―□新
②　生産―消□

問４　次の□には同じ漢字が入りますが、一つだけ異なるものが混ざっています。それはどれですか。

ア　□朝□夕
イ　□刻□金
ウ　□期□会
エ　□喜□憂《ゆう》

問５　次のそれぞれの漢字に共通してつけることのできる「へん」を書きなさい。

工　氏　売　内

問６　次のうち、「ら抜《ぬ》き言葉」ではないものはどれですか。

ア　小さい子でも**着れる**服を作る。
イ　それは**食べれる**キノコだ。
ウ　私の家まで**来れる**なら来てください。
エ　そのくらいのことなら自分で**決めれる**。
オ　名古屋までなら一人でも**行かれる**。

問７　□に入れるのにふさわしい言葉はどれですか。

欲しいものは何かと聞いたら□に答えが返ってきた。

ア　間髪《かんはつ》入れず　　イ　灯台下暗し
ウ　泣きっ面《つら》にはち　　エ　急がば回れ
オ　悪銭身につかず

問８　次の――線部の敬語表現のうち、正しいものを二つ選びなさい。
（答えの順番は問いません）

ア　先生が**申し上げた**ことを思い出す。
イ　私が**おっしゃった**ことは間違っていた。
ウ　僕は昨年小学校を**ご卒業なさいました**。
エ　父はまだ会社に**おります**。
オ　皆さん、ここが日大二中で**ございます**。

問９　次の文章のうち、『平家物語』の冒頭はどれですか。

ア　祇園精舎《ぎおんしょうじゃ》の鐘《かね》の声、諸行無常《しょぎょうむじょう》の響きあり。

2022年度

日本大学第二中学校　▶解説と解答

算　数　＜第２回試験＞（50分）＜満点：100点＞

解　答

1 (1) $\frac{1}{3}$　(2) $8\frac{3}{11}$　(3) 5　(4) 99　(5) $5\frac{5}{11}$　**2** (1) 10000円　(2) 15才　(3) 243　(4) 16個　(5) $\frac{2}{3}$cm²　**3** (1) 65分　(2) 3570m　(3) 1時間48分10秒　**4** (1) 4：5　(2) 2：1　**5** (1) 1192.5cm³　(2) 895.5cm²　**6** (1) 水　(2) 茶，灰　(3) 灰，水，金

解　説

1 **四則計算，逆算，約束記号，分数の性質**

(1) $\frac{2}{3}-\left(\frac{7}{3}-\frac{1}{2}\times 4\right)=\frac{2}{3}-\left(\frac{7}{3}-2\right)=\frac{2}{3}-\left(\frac{7}{3}-\frac{6}{3}\right)=\frac{2}{3}-\frac{1}{3}=\frac{1}{3}$

(2) $8\div\left\{1\frac{2}{9}\div\left(\frac{1}{3}+\frac{1}{4}\right)\right\}\times 2\frac{1}{6}=8\div\left\{\frac{11}{9}\div\left(\frac{4}{12}+\frac{3}{12}\right)\right\}\times\frac{13}{6}=8\div\left(\frac{11}{9}\div\frac{7}{12}\right)\times\frac{13}{6}=8\div\left(\frac{11}{9}\times\frac{12}{7}\right)\times\frac{13}{6}$ $=8\div\frac{44}{21}\times\frac{13}{6}=8\times\frac{21}{44}\times\frac{13}{6}=\frac{91}{11}=8\frac{3}{11}$

(3) $0.8-\frac{3}{4}=\frac{4}{5}-\frac{3}{4}=\frac{16}{20}-\frac{15}{20}=\frac{1}{20}$より，$\left(1-\frac{\square}{6}\right)\times 3\div\frac{1}{20}=10$，$\left(1-\frac{\square}{6}\right)\times 3=10\times\frac{1}{20}=\frac{1}{2}$，$1-\frac{\square}{6}=\frac{1}{2}\div 3=\frac{1}{6}$，$\frac{\square}{6}=1-\frac{1}{6}=\frac{5}{6}$　よって，$\square=5$となる。

(4) $52*27=(5+7)\times(2+2)=12\times 4=48$だから，$35*(52*27)=35*48=(3+8)\times(5+4)=11\times 9=99$

(5) 求める分数を$\frac{B}{A}$とする。まず，$\frac{55}{6}$に$\frac{B}{A}$をかけると整数になるので，Aは55と約分できて１になり，６はBと約分できて１になる。よって，Aは55の約数で，Bは６の倍数とわかる。同様に考えていくと，Aは55，33，22の公約数，Bは６，４，５の公倍数となる。また，最も小さい分数を答えるので，Aは55，33，22の最大公約数，Bは６，４，５の最小公倍数だから，Aは11，Bは60となる。したがって，求める分数は，$\frac{60}{11}=5\frac{5}{11}$である。

2 **売買損益，年令算，数列，整数の性質，面積**

(1) 原価を１とすると，原価の20％の利益を見込《こ》んでつけた定価は，$1+0.2=1.2$，定価の10％引きの値段は定価の，$1-0.1=0.9$(倍)だから，$1.2\times 0.9=1.08$と表せる。よって，利益は，$1.08-1=0.08$となり，これが800円にあたるので，原価は，$800\div 0.08=10000$(円)である。

(2) 現在，母親の年令は花子さんの年令の３倍で，５年後，母親の年令は花子さんの年令の2.5倍になるから，右の図１のように表せる。また，２人の年令の差は何年経っても同じなので，現在の花子さんの年令の，$3-1=2$(倍)と，５年後の花子さんの年令の，$2.5-1=1.5$(倍)は等しくなる。よって，現在の花子さんの年令と５年後の花子さんの年令の比は，$(1\div 2):(1\div 1.5)=\frac{1}{2}:\frac{2}{3}=3:4$となり，その差は５才だか

図１

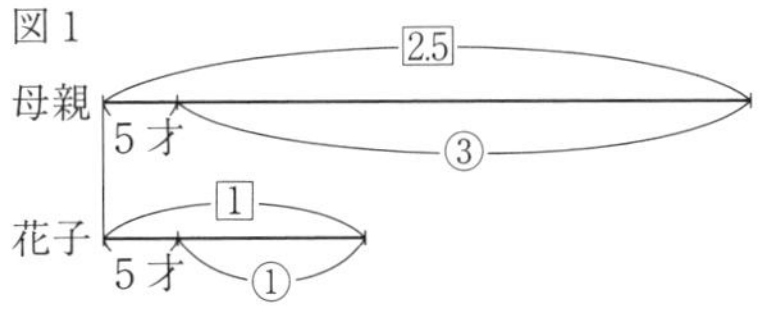

ら，比の，４－３＝１にあたる年令は５才となる。したがって，現在の花子さんの年令は，５×３＝15(才)とわかる。

(3)　右の図２のように，並ぶ数を６個ずつ区切っていき，前から順に１組，２組，…とすると，100番目の数は，

図２

0，1，2，3，4，5，	10，11，12，13，14，15，	20，21，…
１組	２組	

100÷６＝16余り４より，16＋１＝17(組)の４番目となる。まず，並ぶ数の一の位は，１つの組の中で{0，1，2，3，4，5}の６つがくり返すから，17組の４番目の数の一の位は４つ目の数と同じ３となる。また，１組目の数の十の位を０と考えると，並ぶ数の十の位は，１組から組ごとに{0，1，2，3，4，5}の６つがくり返すので，17組の数の一の位は，17÷６＝２余り５より，５つ目の数と同じ４となる。さらに，１組から６組までは１けたと２けたの数が並び，７組から12組までは百の位が１の数，13組から18組までは百の位が２の数が並ぶので，17組の数の百の位は２である。よって，17組の４番目の数，つまり，100番目の数は243とわかる。

(4)　十の位は１～６，一の位は１～８になる。十の位ごとに３で割り切れる整数を調べると，右上の図３のようになるので，３で割り切れる整数は全部で16個ある。

図３

十の位が１…12，15，18	十の位が２…21，24，27	十の位が３…33，36
十の位が４…42，45，48	十の位が５…51，54，57	十の位が６…63，66

(5)　右の図４で，正六角形の向かい合う辺は平行だから，PUとRS，つまり，PUとBCは平行になる。よって，三角形APUは三角形ABCと相似だから，正三角形である。また，正六角形の対角線PS，QT，RUを引いてできる６個の三角形は合同な正三角形で，三角形APU，三角形BQR，三角形CSTもそれらと合同な正三角形だから，三角形ABCの中にある９個の三角形はすべて合同になる。したがって，色のついた正六角形PQRSTUの面積は，$1\times\frac{6}{9}=\frac{2}{3}$(cm²)と求められる。

図４

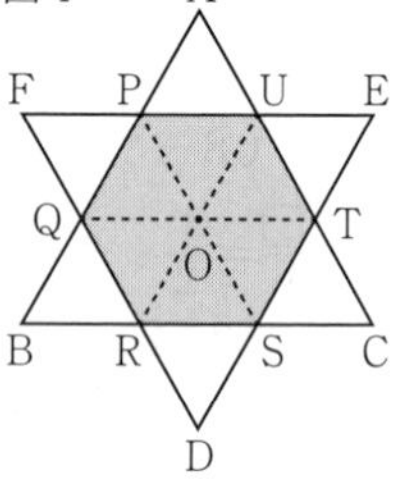

3　速さ，和差算

(1)　行きのＡ地からＢ地までの上りとＢ地からＣ地までの下りにかかった時間の合計は，60×１＋50＝110(分)である。また，行きは上りの方が下りよりも20分長くかかったので，右上の図のように表せる。よって，Ｂ地からＣ地までかかった時間は，(110－20)÷２＝45(分)だから，Ａ地からＢ地までかかった時間は，45＋20＝65(分)と求められる。

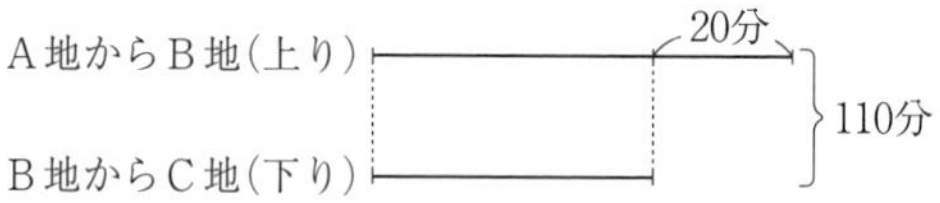

(2)　上りの速さは毎分30m，下りの速さは毎分36mだから，Ａ地からＢ地までの距離《きょり》は，30×65＝1950(m)，Ｂ地からＣ地までの距離は，36×45＝1620(m)である。よって，Ａ地からＣ地までの距離は，1950＋1620＝3570(m)とわかる。

(3)　帰りは，Ｃ地からＢ地までの1620mが上りで，Ｂ地からＡ地までの1950mが下りとなる。よって，Ｃ地からＢ地までは，1620÷30＝54(分)，Ｂ地からＡ地までは，$1950\div36=\frac{325}{6}=54\frac{1}{6}$(分)，$60\times\frac{1}{6}=10$(秒)より，54分10秒かかる。よって，Ｃ地からＡ地までかかった時間は，54分＋54分10秒＝108分10秒＝１時間48分10秒と求められる。

4 平面図形―相似

⑴　下の図１で，ADとHBは平行だから，三角形ADFと三角形BHFは相似で，相似比は，AF：BF＝２：１となり，ADの長さはBCと同じで，３＋１＝４(cm)だから，HBの長さは，$4\times\frac{1}{2}=2$(cm)とわかる。また，三角形ADGと三角形EHGも相似で，相似比は，AD：EH＝４：(２＋３)＝４：５である。よって，DG：GH＝４：５となる。

図１

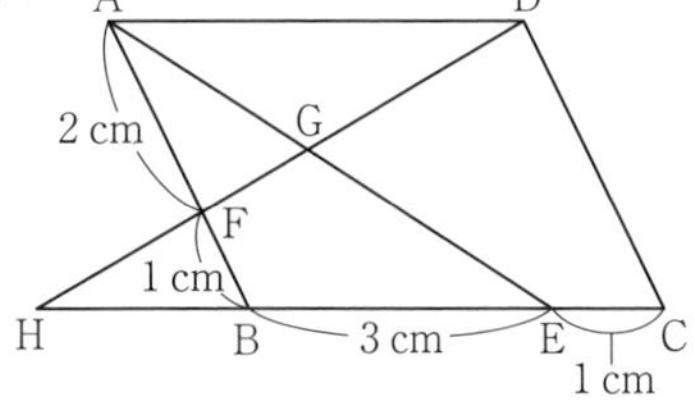

図２

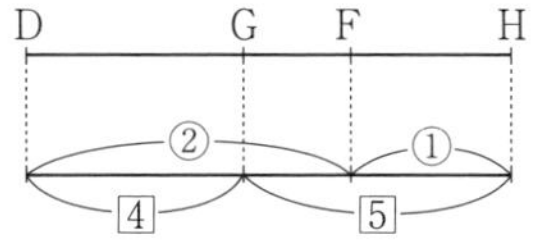

図３

和３　×３　和９
DF：FH＝２：１ ⟶ ６：３
和９　×１　和９
DG：GH＝４：５ ⟶ ４：５

⑵　⑴より，DF：FH＝２：１，DG：GH＝４：５なので，上の図２のように表せる。ここで，DHの長さを，２＋１＝３と，４＋５＝９の最小公倍数である９とすると，上の図３のように，DFの長さは６，DGの長さは４と表せる。よって，DG：GF＝４：(６－４)＝２：１と求められる。

5 立体図形―体積，表面積

⑴　問題文中の図１，図２より，組み合わせた立体は右の図のようになる。この図より，三角柱Ａの体積は，(５×12÷２)×10＝30×10＝300(cm^3)，直方体Ｂの体積は，10×10×５＝500(cm^3)，立体Ｃの体積は，(10×10×3.14÷４)×５＝392.5(cm^3)だから，組み合わせた立体の体積は，300＋500＋392.5＝1192.5(cm^3)と求められる。

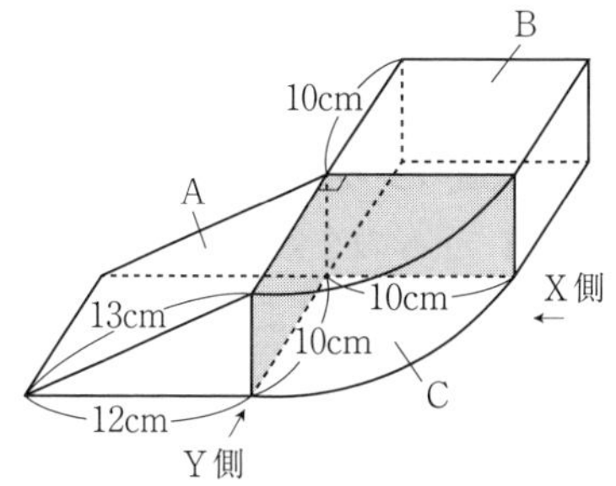

⑵　組み合わせた立体の表面積は，三角柱Ａ，直方体Ｂ，立体Ｃの表面積の和から右上の図の色をつけた長方形４つ分の面積をひいて求められる。三角柱Ａの表面積は，５×12÷２×２＋(12＋５＋13)×10＝60＋300＝360(cm^2)，直方体Ｂの表面積は，10×10×２＋10×４×５＝200＋200＝400(cm^2)となる。また，立体Ｃの底面積は，$10\times10\times3.14\times\frac{1}{4}=25\times3.14=78.5$($cm^2$)，底面のまわりの長さは，$10\times2+10\times2\times3.14\times\frac{1}{4}=35.7$(cm)となるので，立体Ｃの表面積は，78.5×２＋35.7×５＝335.5(cm^2)となる。よって，組み合わせた立体の表面積は，360＋400＋335.5－(５×10)×４＝895.5(cm^2)とわかる。

6 周期算

⑴　１段に８個の数字が並ぶから，３段目の８列目の数字は，８×３＝24であり，４段目の５列目の数字は，８×３＋５＝29となる。また，それぞれの数字の色は１から順に，{赤，黄，緑，青，白，黒，茶，灰，水，金}の10色がくり返されるから，29÷10＝２余り９より，29のマスにぬられる色は，10色のうち９番目の水となる。

⑵　７段目に書かれる数字は，８×６＋１＝49から，８×７＝56までとなる。49のマスにぬられる色は，49÷10＝４余り９より，10色のうち９番目の水だから，７段目に使われる色は，水から数えて８つの色，つまり，{水，金，赤，黄，緑，青，白，黒}となる。よって，使われない色は茶，灰である。

(3)　右の図１で，エのマスの色は青の１つ前の色だから緑で，オのマスの色は青の１つ後の色だから白である。また，１段にマスは８つあるので，イの色は青の８つ前の黒となる。すると，アの色は黒の１つ前の白，ウの色は黒の１つ後の茶，さらに，キの色は，青の８つ後の黄，カの色は赤，クの色は緑となる。よって，青の周囲の色は右上の図２のようになるから，青の周囲にない青以外の色は灰，水，金とわかる。

図１

カ	キ	ク
エ	青	オ
ア	イ	ウ

図２

赤	黄	緑
緑	青	白
白	黒	茶

社　会　＜第２回試験＞（理科と合わせて50分）＜満点：50点＞

解　答

1 **問１**　イ　**問２**　(1)　文明開化　(2)　ウ　**問３**　エ　**問４**　(1)　ア　(2)　ウ　**問５**　兵庫県　**問６**　８（世紀）　**問７**　イ　**問８**　(1)　エ　(2)　内閣総理大臣　**問９**　ア　**問10**　オ　**問11**　イ　**問12**　エ　**2** **問１**　エ　**問２**　ウ　**問３**　イ　**問４**　ア　**問５**　ウ　**3** **問１**　ア　**問２**　カ　**問３**　ウ　**問４**　オ　**問５**　富岡（製糸場）　**4** **問１**　エ　**問２**　イ　**問３**　ア　**問４**　自衛隊　**問５**　ウ

解　説

1　鉄道の歩みを題材にした問題

問１　「ものを修理して再生させる」のだから，下駄《げた》のすり減った部分だけを修理して再び使うというイがあてはまる。ア，ウ，エはいずれも，いらなくなったものを別のものとして再利用したり再資源化したりすることの例にあたる。

問２　(1)　明治時代になると，政府の近代化政策のもとで西洋文明がさかんにとり入れられ，人々の生活が急激に変わった。これを文明開化といい，まげを切り落として刈《か》りこんだ「ザン切り頭」は，文明開化の象徴《しょうちょう》の一つとなった。　(2)　ア　「衆議院」ではなく「貴族院」が正しい。　イ　帝国議会では，衆議院と貴族院の二院制が採用された。　ウ　選挙権の移り変わりについて，正しく説明している。　エ　女性の参政権は，昭和時代の1945年12月に衆議院議員選挙法が改正されたことで，ようやく認められた。

問３　エドワード・モースは明治政府の招きに応じて「お雇《やと》い外国人」として来日したアメリカ人動物学者で，1877年，横浜（神奈川県）から新橋（東京都）へと向かう汽車の車窓から大森貝塚（東京都）を発見した。なお，吉野ヶ里遺跡は佐賀県，板付《いたづけ》遺跡は福岡県，大塚遺跡は神奈川県にある弥生時代の遺跡。加曽利《かそり》貝塚は千葉県にある縄文時代の遺跡。

問４　(1)　神奈川県横浜市と長崎県長崎市はともに，季節風や梅雨，台風の影響《えいきょう》を受けて夏の降水量が多い一方，冬は少雨となる太平洋側の気候に属している。二つを比べた場合，南に位置する長崎市のほうが冬の平均気温が高いので，アが横浜市，エが長崎市の雨温図だと判断できる。なお，イは長野県長野市，ウは青森県青森市の雨温図。　(2)　京浜工業地帯は東京都と神奈川県の東京湾岸を中心に発達した工業地帯で，製造品出荷額等に占《し》める機械工業の割合が高いが，これが７割近くを占める中京工業地帯ほど高くなく，約50％となっている。なお，アは北九州工業地帯，イは中京工業地帯，エは阪神工業地帯のグラフ。統計資料は『日本国勢図会』2021／22年版による（以下同じ)。

問５　神戸市は兵庫県の県庁所在地で，古代から港町となっていたが，江戸時代末に開港地とされて以降，日本を代表する港湾都市として発展した。

問６　仏教を厚く信仰した聖武天皇は，741年，社会不安の続く国を仏教の力で安らかに治めようと願い，地方の国ごとに国分寺と国分尼《に》寺を建てる命令を出した。741年は，701年から800年まで続く８世紀の前半にあたる。

問７　利根川は日本最大の流域面積を持つ川で，越後山脈の大水上《おおみなかみ》山を水源として関東平野を南東へと流れたのち，千葉県銚子《ちょうし》市で太平洋に注ぐ。なお，アは那珂《なか》川，ウは多摩《たま》川，エは相模《さがみ》川，オは荒《あら》川。

問８　⑴　鉄道などの交通機関を監督しているのは国土交通省で，国土開発や気象観測などの仕事も行っている。　⑵　国務大臣は各省庁の長を務める大臣で，これを任命したり罷免《ひめん》(やめさせること)したりする権限は内閣総理大臣が持っている。

問９　生活の中でバリア(障壁《しょうへき》)となるものをなくし，誰《だれ》でも暮らしやすい社会をつくろうという考え方や取り組みを，バリアフリーという。イやエは車いすの人やベビーカーを押す人など，ウは目の不自由な人でも使いやすいように配慮《はいりょ》されたバリアフリーの例だが，アはこれにあたらない。

問10　鉄道の駅では，駅利用者が線路に転落するのを防ぐため，ホームの端にホームドアが設置されるようになっている。

問11　化学工業は，原料から性質の異なるものを製造する工業で，石油からつくられるナフサを原料とする石油化学工業がその中心である。なお，アは機械工業，ウは食料品工業，エは繊維工業。

問12　首里城は15世紀に成立した琉球《りゅうきゅう》王国の王城で，現在の那覇市につくられた。戦災などで何度も焼失したがそのたびに再建されてきた。首里城跡は2000年には「琉球王国のグスク(城という意味)及《およ》び関連遺産群」の一つとして，ユネスコ(UNESCO，国連教育科学文化機関)の世界文化遺産に登録された。しかし，2019年に火災でエの正殿などが焼失し，復元に向けた作業が進められている。なお，アは銀閣(慈照寺)，イは平等院鳳凰《ほうおう》堂，ウは東大寺大仏殿。

2　日本の産業と世界遺産についての問題

問１　2021年７月，鹿児島県と沖縄県にまたがる「奄美《あまみ》大島，徳之島《とくのしま》，沖縄島北部及び西表《いりおもて》島」が，ユネスコの世界自然遺産に登録された。なお，小笠原《おがさわら》諸島(東京都)は2011年，屋久島(鹿児島県)と白神山地(青森県・秋田県)は1993年，知床《しれとこ》(北海道)は2005年に，世界自然遺産に登録された。

問２　ブロイラー(肉用若鶏)の飼養羽数は，宮崎県が全国の20.4％を占めて最も多く，以下，鹿児島・岩手・青森の各県が続く。なお，アは乳用牛，イは豚，エは肉用牛の飼養頭数。

問３　福井県の鯖江《さばえ》市では，地場産業として発展したメガネフレームの製造がさかんで，全国の生産額のほとんどを占めている。なお，浜松市は静岡県，彦根市は滋賀県，川崎市は神奈川県，明石《あかし》市は兵庫県の都市。

問４　沖合漁業は排他的経済水域内で行う漁業で，1990年代には資源量の減少などから大幅に漁獲《ぎょかく》量を減らしたが，それでも漁業種類別の生産量が最も多い。なお，イは沿岸漁業，ウは遠洋漁業，エは内水面養殖業。

問５　栽培漁業は，人工的に孵化《ふか》させた稚魚・稚貝を，ある程度成長させてから川や海に放流し，自然の力で大きくなったものをとる漁業である。エで説明されている養殖業とともに「育てる漁業」とよばれ，水産資源保護のために取り組みが進められている。

3 各時代の歴史的なことがらについての問題

問１　写真の人物は小説家の夏目漱石《そうせき》で，明治～大正時代に活躍《かつやく》し，『坊《ぼ》っちゃん』や『吾輩《わがはい》は猫である』などの作品を残した。なお，『学問のすゝ《(す)》め』は福沢諭吉の著書である。

問２　Ａは1911年，Ｂは1894年，Ｃは1886年のできごとなので，年代の古い順にＣ→Ｂ→Ａとなる。

問３　北条政子は鎌倉幕府の初代将軍源頼朝の妻で，頼朝の死後，一族とともに幕政に深くかかわったことから，尼《あま》将軍とよばれた。1221年，後鳥羽《ごとば》上皇が朝廷に政権を取りもどそうとして承久《じょうきゅう》の乱を起こすと，頼朝の御恩を説く演説を行って御家人の団結を強め，幕府軍を勝利に導いた。

問４　1951年，サンフランシスコで第二次世界大戦の講和会議が開かれ，日本代表として吉田茂《しげる》首相が出席した。このとき，連合国48か国との間でサンフランシスコ平和条約が結ばれ，翌52年に条約が発効したことで，日本は主権を回復した。

問５　明治時代初めの，殖産興業政策の一つとして，養蚕業のさかんだった群馬県に日本初の官営模範工場として富岡製糸場が設立され，1872年に操業が開始された。操業停止後も建物が大切に保存され，2014年には「富岡製糸場と絹産業遺産群」として世界文化遺産に登録された。

4 国家財政についての問題

問１　社会保障費は，日本国憲法第25条が「健康で文化的な最低限度の生活を営む権利」と規定している生存権を保障するための費用で，年金や医療《いりょう》，福祉《ふくし》などにかかる費用がこれにあたる。社会保障関係費は，少子高齢化の進行にともない，国の支出（歳出）で最も大きな割合を占めるようになっている。

問２　公債《こうさい》金は国がする借金で，国債費はその返済にあてられた費用である。2021年度予算のように，国債費よりも公債金のほうが多い状況《じょうきょう》が続いた場合，借金の残高が増加していき，財政を圧《あっ》迫《ぱく》することになる。

問３　原則として，民間企業は利益を上げるために活動するので，利用者が少なく，利益が見こめないと考えられる離島や農山村の道路は，整備されなくなるおそれがある。

問４　自衛隊は日本の国土と国民を守る組織で，国土の防衛のほか，PKO（国連平和維持活動）を通じた国際貢献《こうけん》や，被災地の復旧・復興支援なども行っている。自衛隊は，朝鮮戦争をきっかけとして1950年に創設された警察予備隊を前身とし，防衛省の指揮・監督のもとで活動する。

問５　消費税は，ものやサービスを購入《こうにゅう》したときにかかる税で，年齢や収入にかかわらず広く一律に徴収できるため，政府としては安定した税収が見こめる。なお，働く世代が減少すると，働いて得た収入に課される税である所得税の税収も，減少することになる。企業などの収入に課される法人税も，働く世代が減って経済活動が鈍くなった場合には，税収が減少すると考えられる。また，所得税や法人税は景気の変動に左右されやすく，この点でも安定した税収を見こめる税とはいえない。

理 科 ＜第２回試験＞（社会と合わせて50分）＜満点：50点＞

解 答

1 (1) ウ　(2) カ　(3) ウ　(4) イ　(5) イ　(6) ア　2 (1) 光合成　(2) エ　(3) 温室効果(ガス)　(4) ア　(5) カ　(6) イ　3 (1) ウ　(2) エ　(3) エ　(4) 0.000055秒　(5) ウ　4 (1) ① ア　② イ　(2) ウ　(3) イ　(4) イ　(5) **図９**…解説の図①を参照のこと。　**図10**…解説の図②を参照のこと。

解 説

1 地層と岩石についての問題

(1) 表面の土から地下にしみこんだ水はふつう，水を通しにくい層の上にたまる。Aのぎょうかい岩，Bのれき岩，Cの砂岩の層は比かく的水を通しやすいが，Dの泥《でい》岩の層は水を通しにくいので，CとDの層の間から水が出る。

(2) サンゴは，暖かくて浅いきれいな海にすむので，サンゴの化石をふくむEの層も同じような環《かん》境《きょう》の海であったと考えられる。

(3) 石灰岩は炭酸カルシウムという物質をおもな成分とする岩石である。炭酸カルシウムはうすい塩酸と反応し，気体の二酸化炭素が発生する。

(4) 川の水によって運ばれてきた土砂が海に流れこむと，急に流れがゆっくりになって海底にたい積する。このとき，つぶの大きなものははやくしずむので海岸に近い場所に，つぶの小さなものはゆっくりしずむので海岸から遠い場所まで運ばれて積もる。地層は下から順にできるので，Dの泥岩の層→Cの砂岩の層→Bのれき岩の層の順にたい積し，たい積するもののつぶの大きさがしだいに大きくなっている。このことから，海の深さはだんだん浅くなったことがわかる。つまり，海岸線が海側へ移動して，海水面が下降したと考えられる。

(5) 図２のように，ほとんど同じ大きさの鉱物がつまっている岩石のつくりを等粒《りゅう》状組織といい，これはマグマが地下の深いところでゆっくりと冷えて固まった深成岩の特ちょうである。深成岩のうち花こう岩は，無色鉱物を多くふくみ，白っぽく見える。なお，げんぶ岩，流もん岩，安山岩は，マグマが地表や地表付近で急に冷え固まった火山岩である。

(6) れき岩，砂岩，泥岩をつくるつぶは流水のはたらきによって角がとれて丸みをおびている。一方，ぎょうかい岩は，火山のふん火でふん出された火山灰などがたい積したもので，つぶが角ばっている。

2 生態系と二酸化炭素の移動についての問題

(1) 植物は大気中の二酸化炭素と土の中の水を取りこんで，昼の間に日光のエネルギーを利用してでんぷんなどの栄養分と酸素を作り出す光合成を行う。

(2) 大気中の二酸化炭素には熱を吸収して，再び放出する性質がある。この性質により，熱が宇宙空間ににげていくのを防ぎ，地球を保温する。このはたらきを温室効果という。

(3) 化石燃料の大量消費などによって大気中の二酸化炭素が増加すると，温室効果で地球の平均気温が上昇《じょうしょう》する。この現象を地球温暖化といい，地球温暖化の要因となる二酸化炭素やメタンなどの気体を，温室効果ガスという。

⑷　アのように，大気中の二酸化炭素の割合は年々増加していて，現在は0.04％をこえている。

⑸　生物界における「食う・食われるの関係」を食物連さという。食物連さではふつう，食う生物の数よりも食われる生物の数の方が多いので，Ｃは植物，その上のＢは植物を食べる草食動物，Ａは草食動物を食べる肉食動物があてはまる。

⑹　光合成によって栄養分を作り出す植物は生産者，生産者を食う草食動物や，それを食べる肉食動物は消費者にあたる。消費者のうち，キノコやカビなどのように，生物の死がいやはい出物を取りこみ，栄養分を得ている生物は，生態系の中では分解者と呼ばれる。

3　光の速さの測定についての問題

⑴　光が物体にあたってはね返って進むことを光の反射という。鏡や水面のように表面がなめらかな物体に光があたると規則正しく反射して，自分のすがたや景色がうつって見える。なお，アは光の直進，イ，エは光のくっ折による現象である。

⑵　歯車の歯の数は720個なので，歯の中心からとなりの歯の中心までが$\frac{1}{720}$回転にあたる。よって，歯と歯のすき間からとなりの歯の中心までの回転はその半分の，$\frac{1}{720}\times\frac{1}{2}=\frac{1}{1440}$(回転)となる。

⑶　１秒間に12.6回回転するので，歯車が１回転するのにかかる時間は，$1\div12.6=0.079\cdots$より，約0.08秒とわかる。

⑷　⑶から，１回転に約0.08秒かかるので，$\frac{1}{1440}$回転するのにかかる時間は，$0.08\times\frac{1}{1440}=0.0000555\cdots$より，約0.000055秒となる。

⑸　光は，0.000055秒で8.25kmの距離《きょり》を往復していることになるので，１秒間に進む光の速さは，$8.25\times2\div0.000055=300000$(km)と求められる。

4　水の状態変化，熱の伝わり方についての問題

⑴　①　冷とう庫内の温度は０℃よりも低くなっているので，取り出した氷の温度も０℃より低いと考えられる。　②　氷に水を加えてよくかき混ぜて氷が半分くらい残っているとあるので，氷はとける途中《とちゅう》であり，水の温度はほぼ０℃になっている。

⑵　③　1 cm³あたりの物質の重さなど，物質の重さを体積で割ったものを密度という。水に入れると浮《う》く物質は，水よりも密度が小さい。　④　密度は重さを体積で割って求めるので，同じ重さなら，体積が小さい方が密度は大きくなる。ちなみに，水がこおり氷になると体積は約1.1倍になる。

⑶　ふつう，物質が冷やされて液体から固体になると体積は小さくなり，同じ物質の固体はその液体の中にしずむ。それに対して，水は液体から固体になると体積が増えて浮くようになるので例外であるといえる。

⑷　ガスの元栓《せん》の場合はツマミ部分が，ガスバーナーのコックの場合はレバーが，ホースに対して直角の向きになっている②や③のときは閉じていて，同じ向きになっている①や④のときは開いている。

⑸　ガスバーナーによってあたためられた水は軽くなって上昇し，あたためられているところへまわりの冷たい水が入りこんでくる。また，水面で冷やされた水は重くなって下降する。このように，ビーカー内で水の移動(対流)が起こり全体に熱が伝

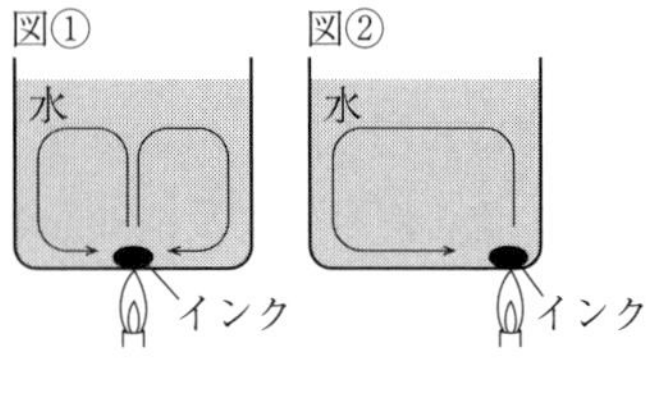

わっていく。上の図①，図②のように，インクは水の動きといっしょに移動する。

国　語　＜第２回試験＞（50分）＜満点：100点＞

解　答

一 **問１**　①　いっつい　②　こっし　③　ようさん　④　しょさ　**問２**　下記を参照のこと。　**問３**　①　革　②　費　**問４**　イ　**問５**　糸　**問６**　オ　**問７**　ア　**問８**　エ，オ　**問９**　ア　**問10**　ウ　二 **問１**　自由　**問２**　イ　**問３**　エ　**問４**　他の植物が生育できないような場所　**問５**　ウ　**問６**　ア　**問７**　オ　**問８**　（例）花を咲かせるときには茎をまっすぐ伸ばし，花が咲き終わると茎を倒して地面に横になり，種子が熟す頃に再び立ち上がり，高い位置まで茎を伸ばすという動き。　**問９**　オ　**問10**　エ　**問11**　ウ　三 **問１**　イ　**問２**　エ　**問３**　ア　**問４**　イ　**問５**　ウ　**問６**　ア　**問７**　（例）それまで苦手で食べようともしなかった完熟している真っ赤なトマトを，みずからの意志で二つも食べたとき。

●漢字の書き取り

一 **問２**　①　沿線　②　発揮　③　出色　④　裁断

解　説

一　漢字の読みと書き取り，対義語・四字熟語の完成，漢字の部首，言葉の知識，ことわざの知識，敬語の知識，文学作品の知識

問１　①　二つで一組になっているもの。　②　ものごとなどの中心のことがら。　③　きぬ糸をとるためにかいこを飼育すること。　④　体の動かし方。ふるまい。

問２　①　鉄道の線路に沿ったところ。　②　持っている能力などを外に表すこと。　③　ほかと比べて，特にすぐれているようす。　④　布や紙などを型に合わせてたち切ること。

問３　①　「保守」は，伝統を重んじ，それを守っていこうとすること。「革新」は，古いやり方を改めて，新しくしていこうとすること。　②　「生産」は，生活に必要な食料や製品をつくり出すこと。「消費」は，お金や物を使ってなくすこと。

問４　イの「一刻千金」は，“わずかなひとときが千金にも値する”という意味。なお，アは「一朝一夕」，ウは「一期一会《いちごいちえ》」，エは「一喜一憂《いちゆう》」となる。

問５　共通する部首は「いとへん」で，「紅」，「紙」，「続」，「納」という漢字になる。

問６　「ら抜き言葉」は，本来助動詞の「られる」がつく動詞に，「れる」をつけてしまう表現。正しい言い方は，ア「着られる」，イ「食べられる」，ウ「来られる」，エ「決められる」となる。

問７　アの「間髪《かんはつ》入れず」は，“即座《そくざ》に，すぐに”という意味を表す。

問８　アは「申し上げる」が「言う」の謙譲《けんじょう》語なので，先生の動作に用いるのは誤り。「先生がおっしゃった」が正しい言い方。イは「おっしゃる」が「言う」の尊敬語なので，自分の動作に用いるのはふさわしくない。「私が申し上げた」が正しい言い方。ウは「ご～なさる」は尊敬表現なので自分の動作に用いるのは正しくない。「卒業しました」が正しい言い方。

問９　『平家物語』は，源氏と平家の合戦を中心に，平家一門の栄枯盛衰《えいこせいすい》を描《えが》いた軍記物語で，冒《ぼう》頭《とう》の部分では，世の中は無常であることを語っている。なお，イは『竹取物語』，ウは『枕草子《まくらのそうし》』，エは『徒然草』，オは『方丈記《ほうじょうき》』の冒頭部分である。

問10　重松清《しげまつきよし》は，日本の作家で少年少女を主人公にした多くの作品を著《あらわ》している。『ビタミンF』は，2000年下半期の直木賞受賞作品である。

二　**出典は稲垣栄洋《いながきひでひろ》の『大事なことは植物が教えてくれる』による。**タンポポの生態について解説している。

問１　「自由律の俳句」とは，五・七・五の定型や季語にとらわれない俳句のこと。

問２　後の，タンポポについての説明に注目する。タンポポは，「葉を広げて光合成をしながら，茎《くき》を伸《の》ばさずに身を守る」ので，「踏《ふ》まれてもダメージ」がないと述べられている。

問３　身近な外来語については意味を正しくとらえておく。なお，アの「ポイント」は，要点や箇《か》所《しょ》。イの「メリット」は，長所，利点。ウの「イメージ」は，印象や思いうかべる情景。オの「キャリア」は，経歴や経験。

問４　タンポポが「上へ上へと伸びる植物との競争には，けっして強く」ないことを説明した後で，「かわりに，他の植物が生育できないような場所」を選んで生えると述べられている。その場所が「よく踏まれるような場所」にあたる。

問５　タンポポは「他の植物が生育できないような場所」に生え，他の植物との競争をさけて「日当たりの良い場所で，存分に光を浴びて光合成をして」いると述べられている。つまり，植物は光合成をするために光を奪《うば》い合うような競争をしているというのである。

問６　タンポポについて「けなげな花ではありません」と述べた後に，「したたかでたくましい花なのです」と言いかえていることに着目する。よって，二つのことを並べて，前のことがらより後のことがらを選ぶ気持ちを表す「むしろ」があてはまる。

問７　歌詞を引用した後，「踏まれても踏まれても何度でも立ち上がる」というのが普通《ふつう》もっているタンポポに対する「イメージ」であると述べられている。そのうえで，筆者はこの「イメージ」は誤りであると述べている。

問８　少し後で，「この茎の動きを『タンポポ体操』と呼んでいます」と述べられていることに着目する。「この茎の動き」とは，「茎をまっすぐ伸ばして花を咲かせ」→「花が咲き終わると，茎を倒《たお》して地面に横になって」→「種子が熟す頃《ころ》になると茎は再び立ち上がり，一段と高い位置にまで茎を伸ばす」という一連の動きのことである。

問９　「身を引く」は，それまで身を置いていた立場や立ち位置から，自ら退くことで，後進に場をまかせるという意味の慣用句。「受粉を終えた花が身を引いて茎を倒すことで，まだ受粉が終わっていない花が目立ちます」と述べられているように，受粉の場を他の花にまかせるために，自分は退くというのである。「咲き終わったら，茎を倒し他の花に譲《ゆず》ります」と述べられていることにも着目する。

問10　前で，「タンポポにとって大切なのは，上に伸びたり，立ち上がることではなく，種子をつけること」だと述べられている。種子をつけ，それを飛ばすことがタンポポにとっては大切なのであり，そのために「時期が来れば迷うことなく立ち上がって茎を伸ばし」ていくのである。この点について，前でも「種子のためには危険を顧《かえり》みずに茎を伸ばす」と述べられていることに着目する。

問11　本文では，タンポポがその時々に合わせて「したたかでたくまし」く生きている花であることが説明されている。よって，ウが合う。なお，アは「タンポポは茎を上ではなく横に伸ばすことで生き残り」が合わない。花を咲かせるときや種子を飛ばすときは茎を上に伸ばしている。イは「倒れても倒れても上へ伸びようとする」が合わない。これはタンポポに対する普通もっているイメージで，筆者はこれを否定している。エは「タンポポは踏まれることで花や種をつける」が合わない。「踏まれる」ことが「花や種をつける」要因になるとは述べられていない。オは「茎を花が咲いているときよりも一段高い位置に伸ばせる場所を選んでいる」が誤り。タンポポが選んだ場所は「他の植物が生育できないような場所」であり，そのような場所を選ぶのは「上へ上へと伸びる植物との競争には，決して強く」ないことが原因である。カは「『タンポポ体操』をするから，あえて他の草の生えていないような場所を選んでいる」が合わない。オの説明でみたように，「上へ上へと伸びる植物との競争には，決して強く」ないことが，場所を選ぶ要因となる。

三　**出典は宮本輝《みやもとてる》編集の『父の目方』所収の「蟬《せみ》とトマトと父の思い出（森山友香子《もりやまゆかこ》著）」による。**筆者が小学校の五年生くらいのころの，父との思い出が語られている。

問１　真夏の太陽の強い日差しを表す言葉が入る。「ジリジリ」は，太陽が焼けつくように強く照りつけるようすを表す。

問２　「思春期に片足を突《つ》っ込《こ》んでいた当時の」自分にとって，「父との会話はもっと億劫《おっくう》だった」ため，父から呼ばれても「私」は「しばらく聞こえないふりをして」いた。母にうながされることでしぶしぶ父のもとに向かったのであり，めんどくさいという思いでいたことがわかる。

問３　最初はめんどくさいと思っていた「私」が，蟬の羽化を目にして「まばたきも惜《お》しむような気持ちで，蟬の羽化に立ち会った」ことに着目する。好奇心《こうきしん》につき動かされて，暑くとも最後まで見届けたいという思いになったのだと想像できる。

問４　「誰《だれ》にも教わらんでも～やっぱりそれは要らんお世話だもんな」という言葉を聞いた「私」は，父の内心に思いをはせている。成長していく娘も，やがて自分の力で殻《から》を破るときがくるだろうが，そのときに見守ることしかできないのをさびしく思っているのだろうと，「私」は受け止めたのである。

問５　いつもなら「丹念《たんねん》に探し出し，皿の隅《すみ》っこに追いやっていた」トマトを「私」が食べたのは，「無性に父を喜ばせたい気持ち」になったからである。そんな気持ちに応えるように「父は少し驚《おどろ》いた表情で私を見た後，すぐにいつもの微笑《びしょう》を口元に浮《う》かべて」対応してくれたのである。トマトそのものの味がどうかということではなく，「私」の気持ちの変化が「予想外の甘《あま》さ」に結びついていることをおさえる。

問６　「私」に対して優しい気持ちを持って接してくれていた父親の姿を作品全体から読み取る。そのような父親に対して，好意的な印象を抱《いだ》いているからこそ，筆者は「いつか辿《たど》り着けるだろうか」と考えているのである。

問７　ここでの「羽化」は，今までまとっていた「殻」を破り，成長を見せること。「私」にとっての「殻」は，「完熟している真っ赤なトマト」を苦手として，「赤い実のかけらを～皿の隅っこに追いやっていた」ことである。しかし最後の場面では，「父を喜ばせたい気持ち」からとはいえ，完熟したトマトを二つも口にしている。今までの「殻」を破り，「羽化」したといえる。

Dr.福井の 入試に勝つ! 脳とからだのウルトラ科学

睡眠時間や休み時間も勉強!?

みんなは寝不足になっていないかな？　もしそうなら大変だ。睡眠時間が少ないと，体にも悪いし，脳にも悪い。なぜなら，眠っている間に，脳は海馬《かいば》という部分に記憶をくっつけているんだから。つまり，自分が眠っている間も頭は勉強しているわけだ。それに，成長ホルモン（体内に出される背をのばす薬みたいなもの）も眠っている間に出されている。昔から言われている「寝る子は育つ」は，医学的にも正しいことなんだ。

寝不足だと，勉強の成果も上がらないし，体も大きくなりにくく，いいことがない。だから，睡眠時間はちゃんと確保するように心がけよう。ただし，だからといって寝すぎるのもダメ。アメリカの学者タウブによると，10時間以上も眠ると，逆に能力や集中力がダウンしたという研究報告があるんだ。

睡眠時間と同じくらい大切なのが，休み時間だ。適度に休憩するのが勉強をはかどらせるコツといえる。何時間もぶっ続けで勉強するよりも，50分勉強して10分休むことをくり返すようにしたほうがよい。休み時間は，散歩や体操などをして体を動かそう。かたまった体をほぐして，つかれた脳を休ませるためだ。マンガを読んだりテレビを見たりするのは，頭を休めたことにならないから要注意！

頭の疲れに関連して，勉強の順序にもふれておこう。算数の応用問題や理科の計算問題，国語の読解問題などを勉強するときには，脳のおもに前頭葉という部分を使う。それに対して，国語の知識問題（漢字や語句など）や社会などの勉強では，おもに海馬《かいば》という部分を使う。したがって，それらを交互に勉強すると，１日中勉強しても疲れにくい。

Dr.福井（福井《ふくい》一成《かずしげ》）…医学博士。開成中・高から東大・文Ⅱに入学後，再受験して翌年東大・理Ⅲに合格。同大医学部卒。さまざまな勉強法や脳科学に関する著書多数。

2021年度　日本大学第二中学校

〔電　話〕 (03) 3391－５７３９
〔所在地〕 〒167-0032　東京都杉並区天沼１－45－33
〔交　通〕 JR中央線・東京メトロ丸ノ内線－「荻窪駅」より徒歩15分
西武新宿線－「下井草駅」より徒歩25分

【算　数】〈第１回試験〉（40分）〈満点：100点〉

注意　１．円周率は3.14とします。分数で答えるときは約分して，できるだけ簡単な分数にしなさい。比を答えるときは，できるだけ簡単な整数の比にしなさい。

２．定規，コンパスは使ってもかまいませんが，使わなくても解くことができます。ただし，分度器は使えません。

1　次の□の中に適する数を入れなさい。

(1)　$8.4\div(4.5-2.4)\times(0.6-1.4\times0.25)=\square$

(2)　$9\div\left\{2\frac{1}{3}-\left(4-2\frac{1}{2}\right)\right\}\div1\frac{3}{5}=\square$

(3)　$\frac{1}{2}-\left(\square+\frac{1}{4}\div2\frac{1}{4}\right)=\frac{2}{9}$

(4)　ある分数を2.8倍すると，もとの分数より21大きくなりました。もとの分数は□です。

(5)　ある食塩水に，６％の食塩水300ｇを混ぜたところ，8.5％の食塩水が800ｇできました。はじめの食塩水の濃度は□％です。

(6)　記号｛　｝は，｛　｝内の数を15倍した数の各位の数の積を求めるものとします。たとえば，$11\times15=165$ なので，$\{11\}=1\times6\times5=30$ です。

このとき，｛㋐｝＝0となる０より大きい整数㋐のうち，３番目に小さい整数は□です。

2　次の各問いに答えなさい。

(1)　１個150円のりんごと１個110円のみかんを合わせて13個買ったところ，代金の合計が1750円になりました。りんごは何個買いましたか。

(2)　ある仕事を１人で行うと，Ａさんは16日，Ｂさんは24日，Ｃさんは18日かかります。この仕事を３人ではじめましたが，Ａさんが途中から休んだため，仕事を終えるのにちょうど９日かかりました。Ａさんが休んだ日数は何日ですか。

(3)　下の図の３つの正方形Ａ，Ｂ，Ｃの面積の合計は196cm^{2}で，正方形Ｂ，Ｃの１辺の長さは正方形Ａの１辺の長さの$\frac{1}{2}$，$\frac{1}{3}$です。正方形Ｂの１辺の長さは何cmですか。

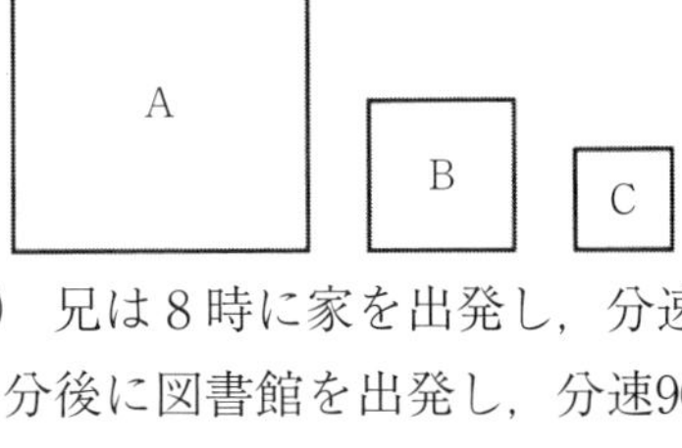

(4)　兄は８時に家を出発し，分速75ｍの速さで図書館に向かいました。弟は兄が出発してから３分後に図書館を出発し，分速90ｍの速さで家に向かったところ，弟が出発してから５分後に兄とすれ違いました。家から図書館までの距離は何ｍですか。また，弟が家に着く時刻は何時何

分何秒ですか。

3　半径３cmの円Oと，１辺５cmの正方形ABCDがあります。図のように，頂点CをPからQまで円周にそうように，正方形を動かしました。ただし，辺BCとQOはつねに平行でした。

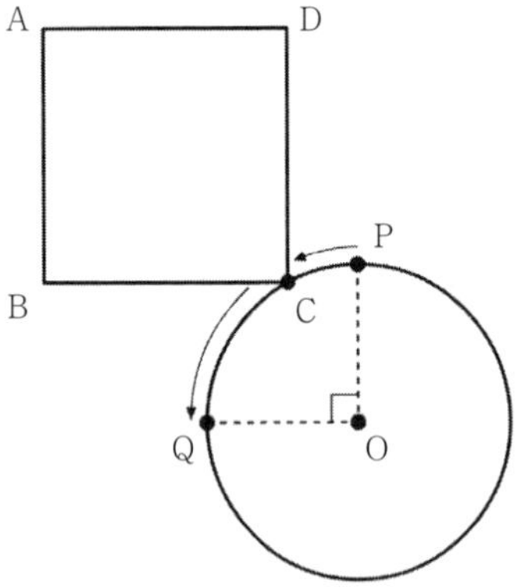

⑴　点Aが動いた長さは何cmですか。

⑵　正方形が通過した部分の面積は何cm^2ですか。

4　**図１**のように，水の入った水そうがあります。この水そうの中に，底面が１辺６cmの正方形で高さが18cmの直方体を**図２**のように完全にしずめると水面が２cm高くなりました。また，**図３**のようにしずめると水面から出た部分の高さが６cmになりました。ただし，水そうの厚みは考えないものとします。

図１

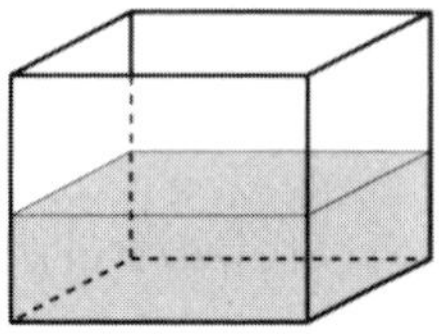

図２

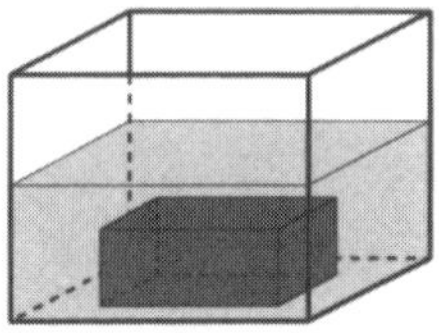

図３

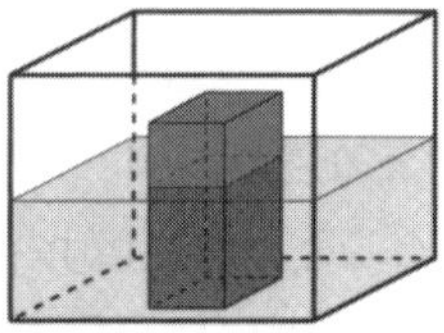

⑴　水そうの底面積は何cm^2ですか。

⑵　水そうに入っている水の量は何cm^3ですか。

5　図のように，数字の部分が点で表されている時計があり，かたむいているため，どこが上か分からなくなっています。

ある日の午後，この時計を見たところ，長針はちょうど㋐の点を指しており，短針は㋑の点から少し進んだところにありました。このとき，長針と短針がつくる角度のうち，小さい方の角度を測ると142.5度でした。

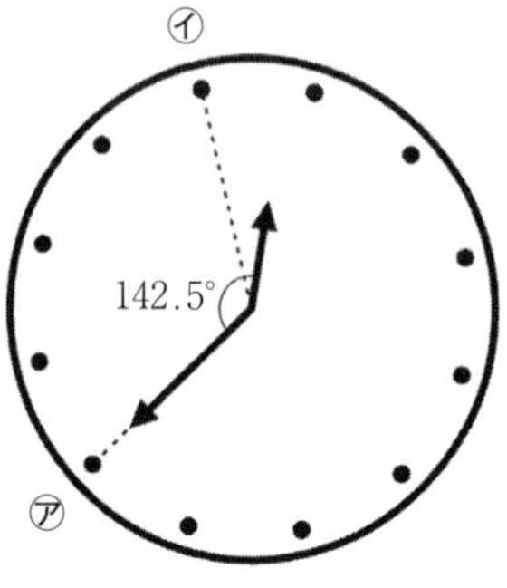

⑴　短針は㋑の点から何度だけ進んだところにありますか。

⑵　このときの時刻は，午後何時何分ですか。

⑶　このあと，長針と短針がはじめて重なる時刻は，午後何時何分ですか。

【社　会】〈第１回試験〉（理科と合わせて40分）〈満点：50点〉

注意　**4** と **5** の問題は，どちらか１つを選んで答えなさい。**4** と **5** の両方の問題を答えた場合は，**4** を採点します。

1　次の文章を読んで，あとの問いに答えなさい。

2019年５月14日，通常国会での①法律の改正に基づいて，総務省が，②大阪府泉佐野市，静岡県小山《おやま》町，和歌山県高野《こうや》町，佐賀県みやき町の４市町を，③ふるさと納税制度の対象から除外したことで，ふるさと納税制度に注目が集まりました。

ふるさと納税制度とは，自分のふるさとや応援したい④地方自治体にお金を寄付できる制度のことです。この制度を利用して寄付をすると，納めた⑤税金の一部が戻ってきたり，所得税や住民税の納税額が差し引かれたりします。また，多くの地方自治体が，地域の名産品などを，寄付に対する⑥お礼の品として用意している点も，この制度の大きな特徴です。

例えば，⑦鎌倉時代から刃物の産地として有名な美濃の国，現在の岐阜県関市に寄付をすると，⑧織田信長が使ったとされる刀の模造品がもらえたり，石川県の輪島市に寄付をすると，⑨伝統工芸品の輪島塗《わじまぬり》がもらえたりします。また，⑩新潟県の小千谷《おぢや》市に寄付をすると小千谷《おぢや》縮《ちぢみ》を用いた製品がもらえます。小千谷縮は江戸時代初期につくり出された夏向きの麻布《あさぬの》です。新潟県の織物の歴史は古く，奈良県の⑪正倉院にその原型となる布が収められています。この他にも，⑫（　　）県有田町の有田焼や同県伊万里市の伊万里焼など，地域の伝統的な特産品が，お礼の品として，数多く名を連ねています。

しかし，お礼の品をめぐって，⑬政府と一部の地方自治体との間で，考え方の違いが生じて，裁判がおこりました。ふるさと納税のあり方が問われたのです。

問１．下線部①，右の図は，2019年12月の容《よう》器《き》包装《ほうそう》リサイクル法に関係する命令の改正などに基づいて，2020年７月からスタートした制度を国民に広く知らせるために作成されたパンフレットの表紙です。図の中の○○に入るもっとも適当な語句を，カタカナ２字で答えなさい。

（経済産業省ホームページより一部を加工して転載）

問２．下線部②，泉佐野市には関西国際空港があります。次の表は，関西国際空港における航空機の発着回数と旅客者の数を示したものです。これから読み取れることとして，適当でないものを１つ選び，記号で答えなさい。

		2019年						
		１月	２月	３月	４月	５月	６月	７月
航空機発着回数(回)								
	国際線旅客便	11,605	10,813	12,038	11,957	12,278	11,902	12,457
	国内線旅客便	3,897	3,448	3,958	3,881	3,960	3,769	4,160
航空旅客数(人)								
国際線	日本人旅客数	616,901	579,223	835,949	584,514	658,841	596,060	624,840
国際線	外国人旅客数	1,363,573	1,382,056	1,403,789	1,569,243	1,484,593	1,534,020	1,530,650
国内線	国内線旅客数	550,312	523,705	638,727	569,997	599,180	552,105	612,920

(関西エアポートホームページより作成)

ア．2019年１月から７月の国内線旅客便の航空機発着回数と国内線旅客数がもっとも多い月はともに７月である。

イ．2019年１月から７月の国際線旅客便がもっとも多い月は７月であり，国際線旅客便がもっとも少ない月は２月である。

ウ．2019年１月から７月の国際線における日本人旅客数がもっとも多い月は３月であり，もっとも少ない月は２月である。

エ．2019年１月から７月までのどの月でも，国際線における日本人旅客数は国際線における外国人旅客数を上回ることはない。

問３．下線部③，日本の歴史における税について説明した文章として，正しくないものを１つ選び，記号で答えなさい。

ア．律令の決まりにより，農民たちは稲の収穫《かく》高の３％を納める租，地方の特産物を納める調などの税を納めた。

イ．豊臣秀吉の太閤検地をつうじて，農民たちは田畑を耕す権利を認められるかわりに，年貢を納める義務を負った。

ウ．江戸幕府や藩は，村の組織を利用して村ごとに年貢を納めさせ，農民たちは年貢納入や税負担に共同で責任を負わされた。

エ．明治政府による地租改正をつうじて，農民たちは土地の値段の10％を地租(税)として現金で納めることになった。

問４．下線部④，2018年に開かれた国際会議で，2025年に開催される国際博覧会(万博)の開催都市に決定した地方自治体はどこですか。正しいものを１つ選び，記号で答えなさい。

ア．札幌市　　イ．名古屋市　　ウ．京都市

エ．大阪市　　オ．長崎市

問５．下線部⑤，2019年10月，消費税の税率が引き上げられました。何％から何％に引き上げられましたか。解答らんにあてはまる数字を答えなさい。

問６．下線部⑥，ふるさと納税制度における返礼品の多くはその地域の特産品です。地方自治体とその返礼品の組み合わせとして，正しくないものを１つ選び，記号で答えなさい。ただし，組み合わせは2020年１月現在のものとします。

ア．岩手県陸前高田市—三陸産サバ缶詰
イ．三重県津市　　　—伊勢湾の浜三撰《せん》
ウ．滋賀県彦根市　　—近江《おうみ》牛モモスライス
エ．香川県多度津《たどつ》町　—純生《じゅんなま》讃岐うどん
オ．千葉県銚子市　　—陸奥《むつ》湾産ほたて干し貝柱

問7．下線部⑦，鎌倉時代に関係する出来事を古い順にならべかえたときに，3番目にくるものを記号で答えなさい。

ア．御成敗式目が制定される。
イ．源頼朝が征夷大将軍に任命される。
ウ．朝廷と幕府の間に承久の乱がおきる。
エ．源義経が壇ノ浦《だんのうら》で平氏をほろぼす。

問8．下線部⑧，織田信長の天下統一過程について，下の年表の[A]に入る出来事を下より1つ選び，記号で答えなさい。

1560年	桶狭間の戦いで駿河の今川義元をやぶる
1573年	[　A　]
1575年	長篠の戦いで武田軍をやぶる
1576年	琵琶湖のほとりに安土城をきずき始める
1582年	本能寺の変で明智光秀におそわれて自害する

ア．比叡山延暦寺を焼打ちにする
イ．将軍を京都から追放し，室町幕府をほろぼす
ウ．石山本願寺との戦いが終わる
エ．姉川の戦いで浅井・朝倉氏をやぶる

問9．下線部⑨，2020年1月現在，東京都では41品目が伝統工芸品として指定されています。次の文章は，東京都の，ある伝統工芸品の歴史を説明したものです。文章中の(　)に入るものとして，もっとも適当なものを1つ選び，記号で答えなさい。ただし，文章中の(　)には同じ語句が入ります。

(　　)製品が本格的に作られるようになったのは，西洋より渡米した人々から新しい(　　)の取り出し方を教えられてからのことだといわれている。

欧米では(　　)製品が好まれ，富裕な家庭には，(　　)で作られた立派な食器が備えてあるといわれている。戦後，外国人の往来《おうらい》が多くなった東京では，スプーン・フォーク・装身具《そうしんぐ》類をはじめ(　　)製品の需要も拡大し，こんにち，東京が主要な産地となっている。

(東京都産業労働局ホームページより引用。都合により一部変更)

ア．漆《うるし》　イ．銅　ウ．銀　エ．陶《とう》　オ．鉄

問10．下線部⑩，次のページの雨温図ア～エは岩手県盛岡市，高知県高知市，新潟県新潟市，和歌山県和歌山市のいずれかのものです。このうち，新潟市のものとして，正しいものを1つ選び，記号で答えなさい。

ア.

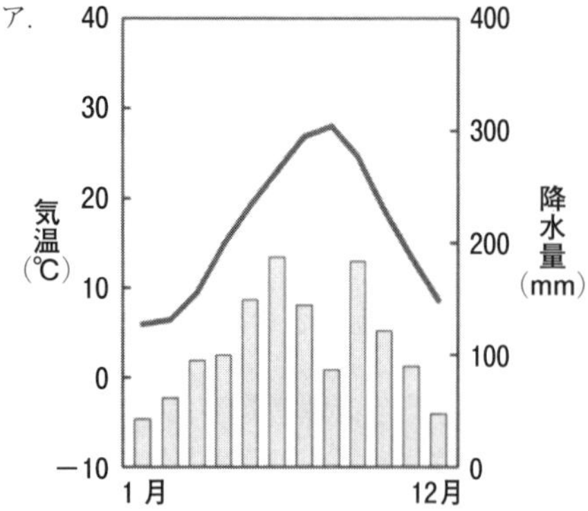

イ.

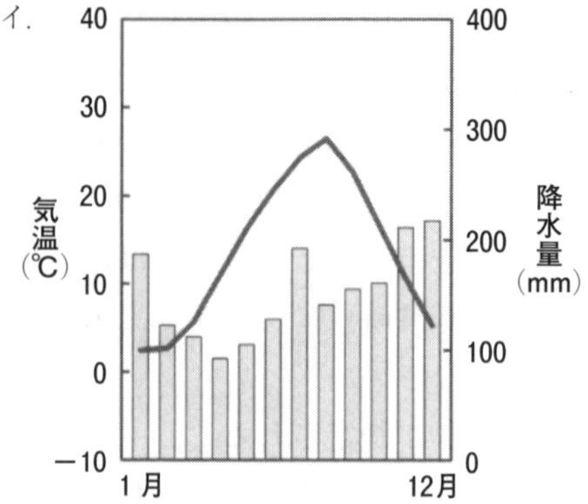

ウ.

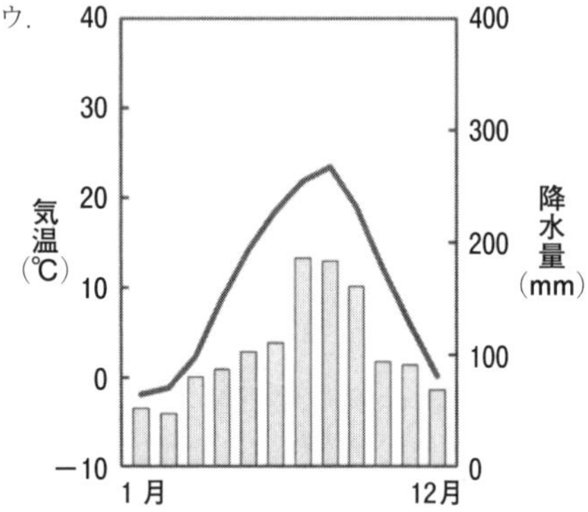

エ.

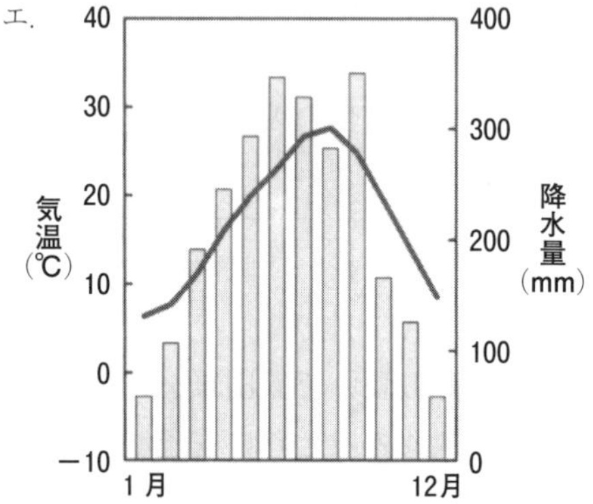

(『理科年表』より作成)

問11．下線部⑪，右の写真は正倉院です。正倉院は柱を使用せず，断面が三角形の木を積み上げて壁《かべ》にした建築様式でつくられています。この建築様式を何というか答えなさい。

問12．下線部⑫，(　)に入る県名を，漢字で答えなさい。

問13．下線部⑬，政府が新型コロナウイルスの感染拡大を防ぐために，2020年４月７日に東京都をはじめとする７都府県に発令し，その後，４月16日に対象地域を全国に拡大した宣言を答えなさい。

2　次の文章を読んで，あとの問いに答えなさい。

①群馬県高崎市には，※ラスクの製造で有名な会社とその本社工場があります。2000年に主力の商品を販売しはじめ，2020年１月現在では全国に27の店舗を数えるまでになりました。

この会社の創業は1901年のことで，最初は和菓子が主な商品だったそうです。戦中の1942年に製パン業に着手，戦後に②パンを素材とするラスクの発売をはじめました。1959年に

③(　　　　　)ことによって，65年には大型工場の建設がすすみ，パンの大量生産が可能となりました。

現在のラスクの生産工程を実際に見ると，その多くが機械化されており，特に生産工程の最後で使われている商品の選別機械はドイツ製で，この会社のためにつくられました。

この会社の工場では，④様々なデータを処理し，工場を動かすエネルギー使用の効率化をすすめようとしています。これらは，地球社会への貢献を考えるこの会社の，環境《かんきょう》に対する取り組みの一つといえるでしょう。

※パンを2度焼きしたお菓子のこと。

問1．下線部①，次の地図から群馬県の位置として，正しいものを1つ選び，記号で答えなさい。

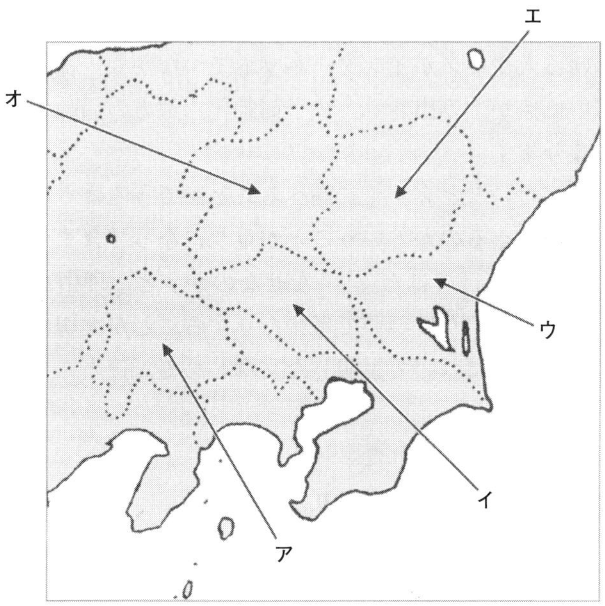

問2．下線部②，パンの原料は小麦です。次の表ア～エは，2017年における米，小麦，ねぎ，りんごの生産量上位5都道府県を示したものです。このうち，小麦の生産量上位5都道府県を示したものとして，もっとも適当なものを1つ選び，記号で答えなさい。

ア．

都道府県	生産量(t)
北海道	471,100
福岡	54,900
佐賀	36,900
群馬	23,100
愛知	22,800

イ．

都道府県	生産量(t)
新潟	627,600
北海道	514,800
秋田	491,100
山形	374,100
宮城	371,400

ウ．

都道府県	生産量(t)
千葉	62,600
埼玉	55,500
茨城	49,900
群馬	19,600
北海道	19,300

エ．

都道府県	生産量(t)
青森	445,500
長野	142,200
岩手	47,300
山形	41,300
福島	25,700

(『データでみる県勢2020』より作成)

問3．下線部③，(　)に入る文として，もっとも適当なものを1つ選び，記号で答えなさい。

ア．工場が学校給食の指定工場となった

イ．震災にともなう電力不足が発生した

ウ．商品が伝統工芸品に指定された

エ．高崎市の人口が急速に減少した

問４．下線部④，データの処理や生産管理などの分野で，今後，人工知能が利用されていくことが予想されています。人工知能を英語であらわしたときの言葉を，アルファベット２字で答えなさい。

3 次の文章を読んで，あとの問いに答えなさい。

内閣府は，これからの日本が目指すべき未来社会の姿として，「Society（ソサエティ）5.0」を提唱しました。これは，①狩猟《しゅりょう》社会，②農耕社会，工業社会，情報社会に続く５番目の社会のことです。この社会では，あらゆる人やモノがインターネットでつながり，様々な知識や情報が共有されることで，あたらしい価値が生み出され，少子高齢化，地方の過疎《かそ》化，貧富の格差などの課題が克服《こくふく》されるようになります。

高度に情報化が進んだ社会では，調べたいことをすぐに調べることができるようになります。そこでは，情報をどのように使い，何を考えるのかということが重要になってきます。

歴史の学び方も，年号や用語を暗記するだけではなく，「なぜなのか」と③理由を考えたり，④出来事の前後でどのような変化が起こったのかについて考えたりすることが大切になります。

問１．下線部①，狩猟がおこなわれた縄文時代について説明した文章として，適当でないものを１つ選び，記号で答えなさい。

ア．人々は力を合わせて，動物や貝などを手に入れた。

イ．土器を使って食べ物を煮《に》たり，木の実をたくわえたりした。

ウ．土地をめぐる争いが絶《た》えず，各地と交流することはなかった。

エ．地面をほり，柱を立てて屋根をかけた竪穴《たてあな》住居に住んでいた。

問２．下線部②，次の文章は静岡県の遺跡で農耕がおこなわれていたことを説明しています。この遺跡の名前として，正しいものを１つ選び，記号で答えなさい。

> 今から1800年ほど前にあった水田やむらのあとが残る遺跡で，竪穴住居と高床倉庫のあともみつかっています。当時の人々は，湿地《しっち》に何枚もの板を打ちこんで，水路やあぜ道をつくっていたと考えられています。

ア．板付遺跡　　イ．登呂遺跡

ウ．吉野ケ里遺跡　　エ．三内丸山遺跡

オ．菜畑遺跡

問３．下線部③，右の写真は，江戸時代の終わりにアメリカから日本に来航した人物です。この人物が日本に来た理由として，もっとも適当なものを１つ選び，記号で答えなさい。

ア．江戸幕府の将軍が代わったので，お祝いを伝えるため。

イ．外国船を砲撃した長州藩の砲台を占領するため。

ウ．日本に鎖国をやめさせ，強く開国をせまるため。

エ．江戸幕府の将軍に政権を天皇に返すよう，すすめるため。

問４．下線部④，元寇後における鎌倉幕府と御家人の関係の変化について説明した文章として，正しいものを１つ選び，記号で答えなさい。

ア．元寇後，幕府は活やくした御家人を，手がらに応じて鎌倉周辺などの重要な国の国司に任命した。

イ．元軍との二度の戦いの後，はじめて幕府は御家人に石塁《せきるい》（防塁《ぼうるい》）を北九州沿岸につくらせたが，御家人にとって大きな負担となった。

ウ．元寇後，力が弱まった幕府をたてなおすために，北条政子は源頼朝から受けた恩を説いて，御家人たちを団結させた。

エ．御家人は元軍と戦ったが，ほうびとして領地をもらった者はわずかで，幕府に不満をもつ者がでてきた。

4　次の文章を読んで，あとの問いに答えなさい。

昨年の春，新型コロナウイルス感染症拡大による①小学校や中学校などでの長期休校が続く中で，入学時期を４月から９月に変更すべきかどうかが大きな話題となりました。入学時期は国によって異《こと》なりますが，アメリカやヨーロッパでは，７月から９月が一般的です。

今日の日本では「４月入学」の学校がほとんどですが，②明治時代の大学は，ヨーロッパにならって入学時期を秋にしていたようです。しかし，1886年の徴兵令改正などをきっかけに，入学の時期は４月となっていきました。太平洋戦争後，③新しい憲法が制定されるなど，民主化が進む中で，④様々な改革が行われましたが，「４月入学」は，今日まで続いています。

問１．下線部①，1872年に公布された制度によって，６才以上の子どもが小学校に通うことが定められました。この制度を，漢字２字で答えなさい。

問２．下線部②，次の２枚の絵は，Ａが江戸時代末ごろの寺子屋の様子を描いた絵，Ｂが明治時代初めの小学校の様子を描いた絵です。この絵に描かれている頃の寺子屋と小学校について説明した文章として，正しいものを１つ選び，記号で答えなさい。

Ａ

Ｂ

ア．寺子屋では，武士や僧，医者などが，身分のちがう町人や農民の子どもを教えることはできなかった。

イ．江戸幕府は，義務教育の制度をつくり，寺子屋に町人や農民の子どもが入学することを義務づけた。

ウ．男の子だけが小学校に通うことを許可《きょか》され，読み，書き，そろばんなど生活に役立つ学問を学んだ。

エ．家の仕事をしたり，授業料をはらうことができなかったりしたために，小学校に通えない子どももいた。

問３．下線部③，次の文章は，戦後，日本国憲法の解説のためにつくられた教科書『あたらしい憲法のはなし』の一部です。文章中の２つの（　）には同じ語句が入ります。（　）にあてはまる語句を，漢字２字で答えなさい。

> こんどの憲法では，日本の国が，けっして二度と（　　）をしないように，二つのことをきめました。その一つは，兵隊も軍艦も飛行機も，およそ（　　）をするためのものは，いっさいもたないということです。（中略）これからさき日本には，陸軍も海軍も空軍もないのです。しかしみなさんは，けっして心ぼそく思うことはありません。日本は正しいことを，ほかの国よりさきに行ったのです。世の中に，正しいことぐらい強いものはありません。

問４．下線部④，太平洋戦争後の日本で行われた改革として，正しくないものを１つ選び，記号で答えなさい。

ア．財閥が解体される。

イ．義務教育の期間が６年間となる。

ウ．農地改革がはじまる。

エ．女性の参政権が認められる。

5　太郎君のグループは，小学校の宿題で，日本とつながりの深い６つの国について調べて発表会を行いました。次のカードは，その６つの国についてまとめたものです。これらのカードの内容について，あとの問いに答えなさい。

国名　【 ① 】
- 50以上の民族がいて，民族によって服装や言語，習慣などがちがう。
- 急速に経済発展した国で，経済特区という地区を中心に，日本の企業が進出している。
- 2015年まで続いた「ひとりっ子政策」のために，兄弟姉妹のいない若者が多い。

国名　【 ② 】
- 第二次世界大戦後に，アメリカとソビエト連邦の対立から，南北に分けられたうちの１つの国である。
- 高度経済成長をなしとげ，オリンピックも開催された。
- 儒教の教えを重んじて，上下関係や伝統などを大切にしている。

国名 【 ③ 】
・中東の国で，日本がもっとも多く石油を輸入している。
・男女の区別が厳しく，利用できる施設や行動などが男女で異なる。
・イスラム教を国の宗教としていて，宗教と政治が深く関係している。

国名 【 ④ 】
・多くの移民を受け入れてきた多文化社会の国である。
・自動車の大量生産やコンピューター産業，ハンバーガーやジーンズなどを生み出した。
・クリスマスやハロウィン，感謝祭などの行事を大切にする人が多い。

国名 【 ⑤ 】
・かつて多くの日本人が移住した国で，今でも多くの日系人が住んでいる。
・ポルトガル語を公用語としている。
・これまで，この国から日本に多くの労働者が来ている。

国名 【 ⑥ 】
・アジアとヨーロッパにまたがった国で，日本と友好国になっている。
・国民の多くはイスラム教徒だが，女性の服装もさまざまで，【③】の国ほど厳しくない。
・大都市イスタンブールをはじめ，世界遺産が多い。

問1．①の国名を7字で答えなさい。

問2．②の国の首都をカタカナで答えなさい。

問3．③の国で重んじられているイスラム教の義務の1つである「ラマダン(ラマダーン)」の説明として，もっとも適当なものを1つ選び，記号で答えなさい。

ア．聖地であるメッカの方角に向かっていのりをささげること。

イ．女性が外出するときは黒い服を着ること。

ウ．親や年長者などとの人間関係や伝統を重んじること。

エ．1か月間，日中に食べ物を口にしないこと。

問4．③・④・⑤・⑥の国の名前の組み合わせとして，正しいものを1つ選び，記号で答えなさい。

ア．③―サウジアラビア王国　④―アメリカ合衆国
　　⑤―ブラジル連邦共和国　⑥―トルコ共和国

イ．③―トルコ共和国　④―アメリカ合衆国
　　⑤―ブラジル連邦共和国　⑥―サウジアラビア王国

ウ．③―サウジアラビア王国　④―ブラジル連邦共和国
　　⑤―アメリカ合衆国　⑥―トルコ共和国

エ．③―トルコ共和国　④―ブラジル連邦共和国
　　⑤―アメリカ合衆国　⑥―サウジアラビア王国

【理　科】〈第１回試験〉（社会と合わせて40分）〈満点：50点〉

1　流れる水のはたらきについて，次の問いに答えなさい。

(1)　図１のように，土で作った山にみぞをつけて，山の上から少しずつ水を流しました。図２は図１の一部を上から見た図です。図２の①―②間のみぞの底の形はどうなるか，もっとも正しいものを１つ選び，記号で答えなさい。

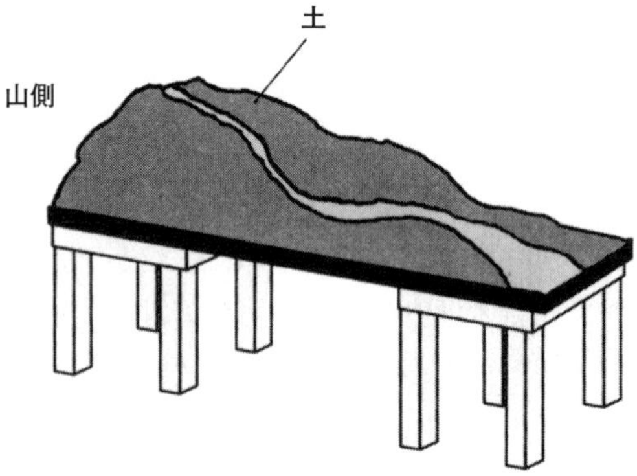

図１

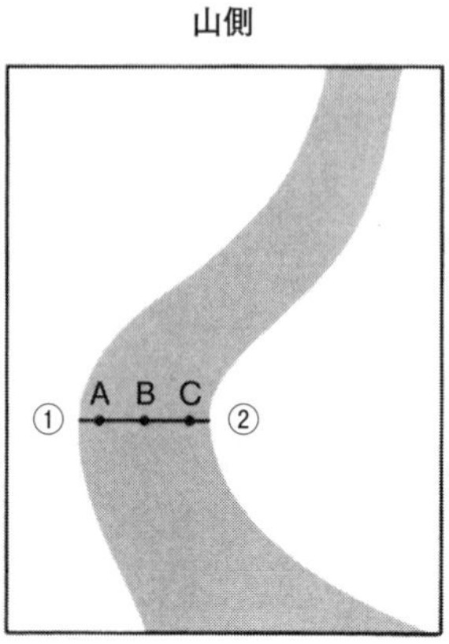

図２

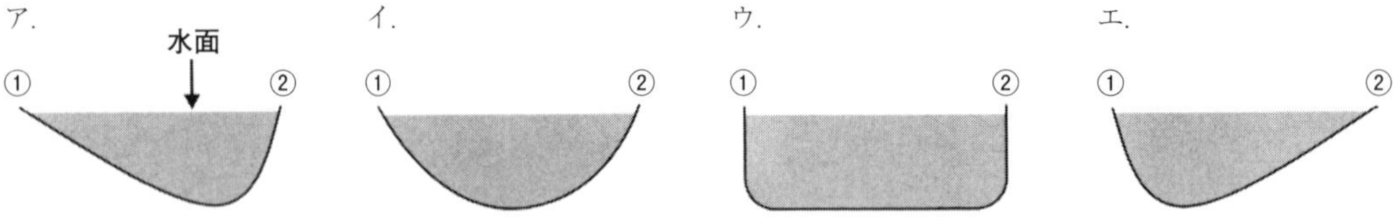

(2)　図２のA点，B点，C点を流れる水の速さの説明として，もっとも正しいものを１つ選び，記号で答えなさい。

ア．A点がもっとも速く，C点がもっともおそい。

イ．B点がもっとも速く，A点とC点の速さは同じ。

ウ．C点がもっとも速く，A点がもっともおそい。

エ．A点，B点，C点の速さはすべて同じ。

(3)　川の上流，中流，下流の河原で，それぞれ100個ずつの石を拾いました。石の大きさの基準を１つ決めて，石を小，中，大の３つに分け，石の大きさと個数の関係を調べてグラフにまとめたとき，下流のグラフはどれか，もっとも正しいものを１つ選び，記号で答えなさい。

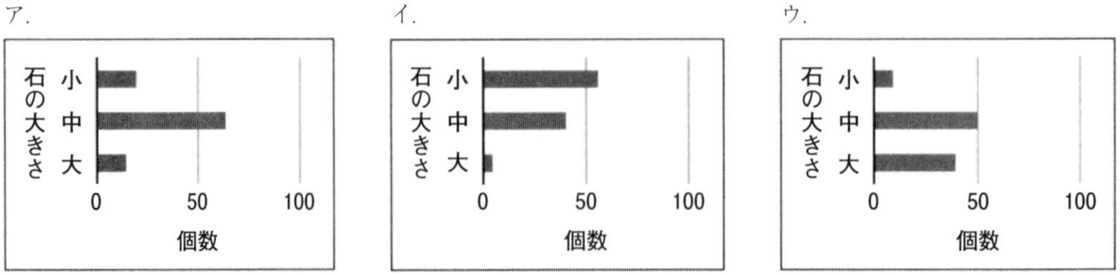

(4)　川の上流に行くと次のページの図３のようにダムが連続して作られていることがあります。このダムの役割《やくわり》として，もっとも正しいものを１つ選び，記号で答えなさい。

ア．上流にすむ生き物が下流に流されるのを防ぐため。

イ．水の流れを速くし，川岸がけずられるのを防ぐため。

ウ．多くの川の水を一時的にためて，下流に少しずつ水を流すため。

エ．石や砂《すな》が一度に流されるのを防ぐため。

(5)　水害などの災害が予想される地域《ちいき》では，被害《ひがい》を最小限におさえるためにハザードマップの整備が進められています。ハザードマップの説明として，もっとも正しいものを１つ選び，記号で答えなさい。

図３

ア．ハザードマップには，避難《ひなん》場所などの情報は示されていない。

イ．ハザードマップは過去の災害例をもとに作成されている。

ウ．ハザードマップには，その地域にある川のはんらんする日時や，継続《けいぞく》時間の予測が示されている。

エ．ハザードマップは国が管理しているため，一般《ぱん》には公開されていない。

2　水の性質を調べる実験を行いました。あとの問いに答えなさい。

＜実験１＞

学校の理科室で図４のような装置《そうち》を作り，フラスコの中に20℃の水100mLを入れて加熱しました。図５は加熱した時間と水の温度の変化をグラフに表したものです。フラスコのようすをしばらく観察していると，温度計の値が100℃になったとき，フラスコの底から大きなあわが次々と出てきました。

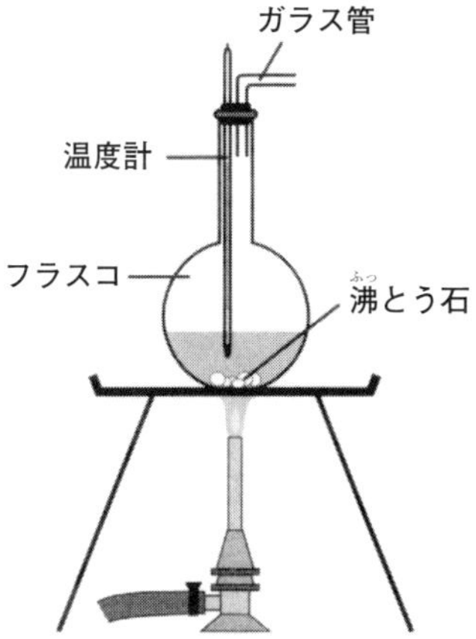

図４

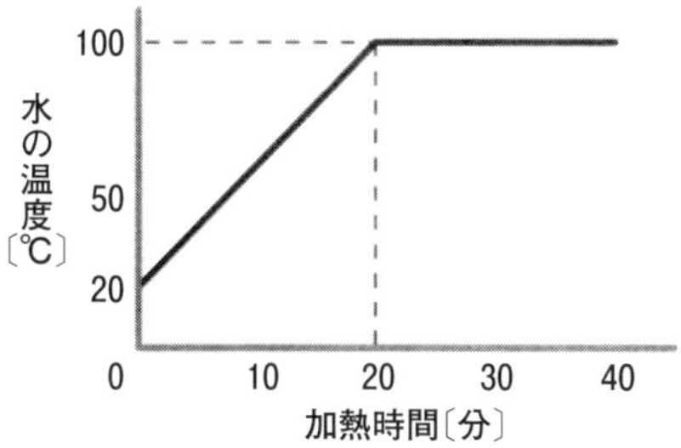

図５

(1)　＜実験１＞において，フラスコに沸《ふっ》とう石を入れる理由として，もっとも正しいものを１つ選び，記号で答えなさい。

ア．急な沸とうを防ぐため。

イ．フラスコ内の水の動きを見やすくするため。

ウ．水をより早く沸とうさせるため。

エ．沸とうしたときのあわの大きさを一定にするため。

(2)　＜実験１＞の下線部の大きなあわの正体として，もっとも正しいものを１つ選び，記号で答えなさい。

ア．水にとけていた空気

イ．水が変化してできた空気

ウ．水にとけていた水蒸気《すいじょうき》

エ．水が変化してできた水蒸気

(3)　＜実験１＞ではガラス管の先から湯気《ゆげ》が出ていました。湯気の正体として，もっとも正しいものを１つ選び，記号で答えなさい。

ア．あたためられた空気

イ．あたためられた水蒸気

ウ．水蒸気が冷えてできた水てき

エ．液体の空気

(4)　図６は，ガラス管の先から湯気が出てきた部分を拡大したものです。湯気は①の部分で見えなくなりました。これと同じ現象を表している説明として，もっとも正しいものを１つ選び，記号で答えなさい。

ア．冷たい水を入れたコップの外側に水てきがつく。

イ．冬に水道管が破れつすることがある。

ウ．外に干した洗《せん》たく物がかわく。

エ．屋根につららができる。

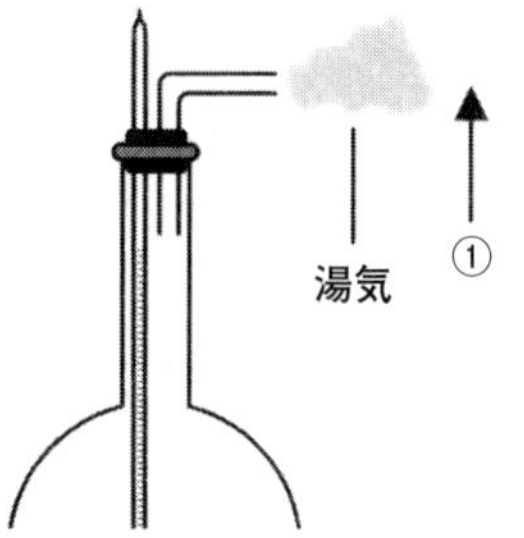

図６

(5)　＜実験１＞において，水の量を50mLに変えて実験を行いました。このときの加熱した時間と水の温度の変化を示したグラフとして，もっとも正しいものを１つ選び，記号で答えなさい。

　ただし，ガスバーナーの火の強さは＜実験１＞と同じとします。

ア．

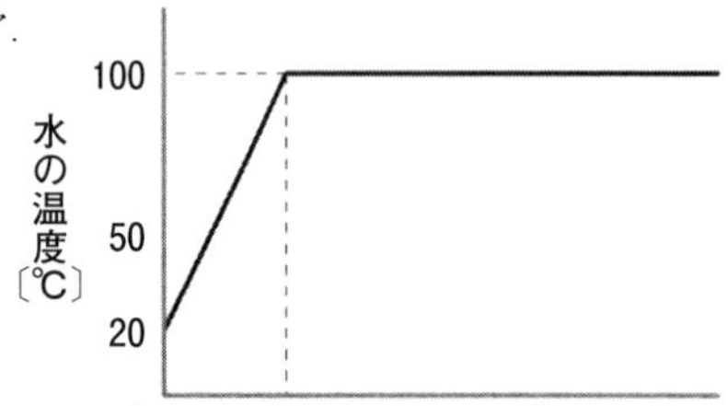

イ．

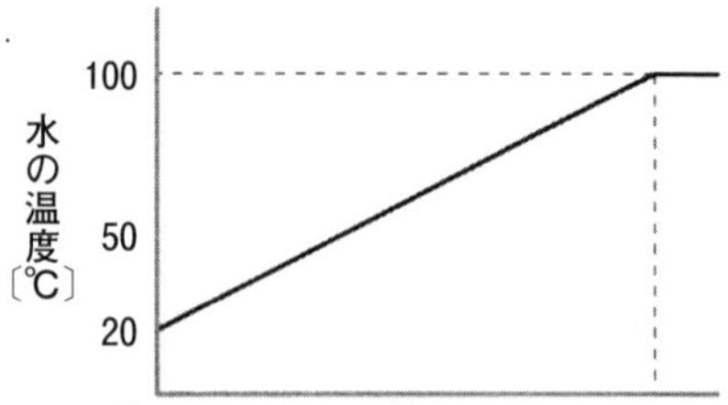

ウ．

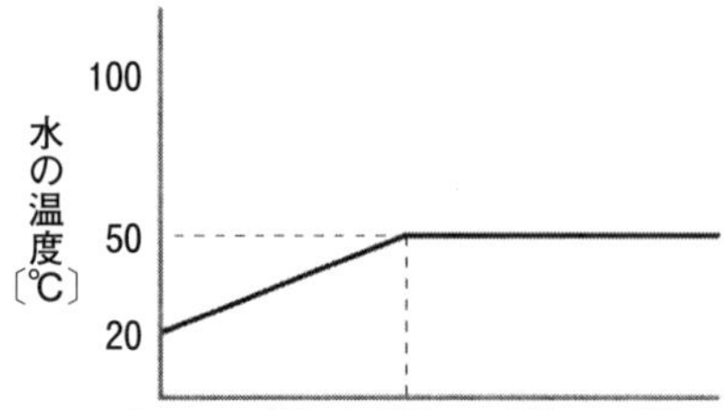

エ．

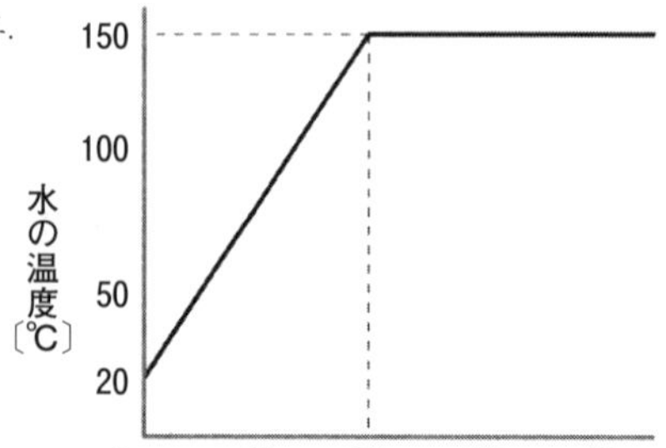

3　生命のつながりに関する文章を読んで，あとの問いに答えなさい。

多くの動物は，おすの体内でつくられた精子と，めすの体内でつくられた卵《らん》が結びつくことで子孫を残していきます。精子と卵が結びつくことを受精といい，受精した卵を受精卵といいます。たまごで生み出される動物は，たまごの中にたくわえられた養分を使って成長します。

また，①たまごではなく，親と似たすがたで生み出される動物は②成長に必要な養分を母親の体から直接受け取っています。

(1)　下線部①のような生まれ方を何というか，答えなさい。

(2)　下線部②において，母親とつながっている管《くだ》のようなものを何というか，ひらがなで答えなさい。

(3)　図７は，母親の体内の胎児《たいじ》のようすを示したものです。胎児をしょうげきから守るはたらきをしているところとして，もっとも正しいものを１つ選び，記号で答えなさい。

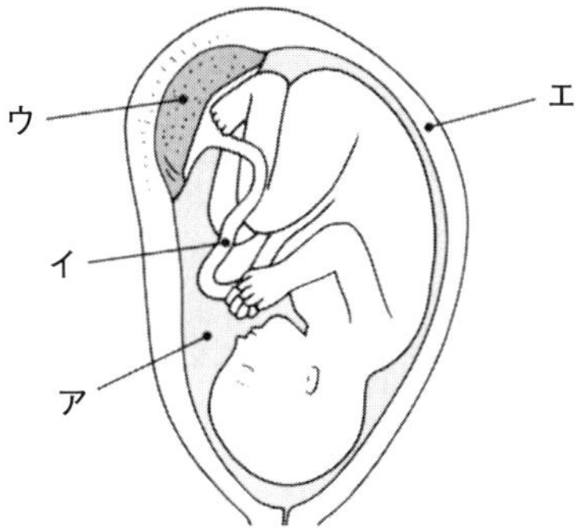

図７

(4)　次の説明１～５は，さまざまな動物の受精について説明したものです。それぞれの説明にあてはまる動物の組み合わせとして，もっとも正しいものを１つ選び，記号で答えなさい。

説明１　めすがたまごを生み出すとき，おすはめすの背中《せなか》にのって，生まれたたまごに精子をかける。受精卵は水中で，かんてんのようなものの中にある。

説明２　交尾《こうび》によっておすが放出した精子とめすの体内にある卵が受精する。生み出されたたまごはかたいからでつつまれており，親はたまごがふ化するまであたためる。

説明３　めすが水中にたまごを生み出したとき，近くのおすが精子を放出して受精させる。受精卵の表面はうすい膜《まく》につつまれている。

説明４　めすの体内で受精する。生まれるまで受精卵はめすの体の中で成長し，子どもは親と似たすがたで生み出される。

説明５　交尾によっておすが放出した精子とめすの体内にある卵が受精する。生み出されたたまごはかたいからでつつまれており，土の中でふ化する。

記号	説明１	説明２	説明３	説明４	説明５
ア	チョウ	ハト	サメ	イヌ	ウサギ
イ	カメ	ペンギン	フナ	イルカ	ニワトリ
ウ	イモリ	イヌ	クジラ	カマキリ	カエル
エ	カエル	ニワトリ	メダカ	ネコ	カメ
オ	メダカ	ダチョウ	カエル	ネズミ	モグラ

(5) 図8は，受精後のメダカの成長の過程を示したものです。成長の過程を順番に並《なら》べたとき，3番目と5番目として，正しいものをそれぞれ1つずつ選び，記号で答えなさい。

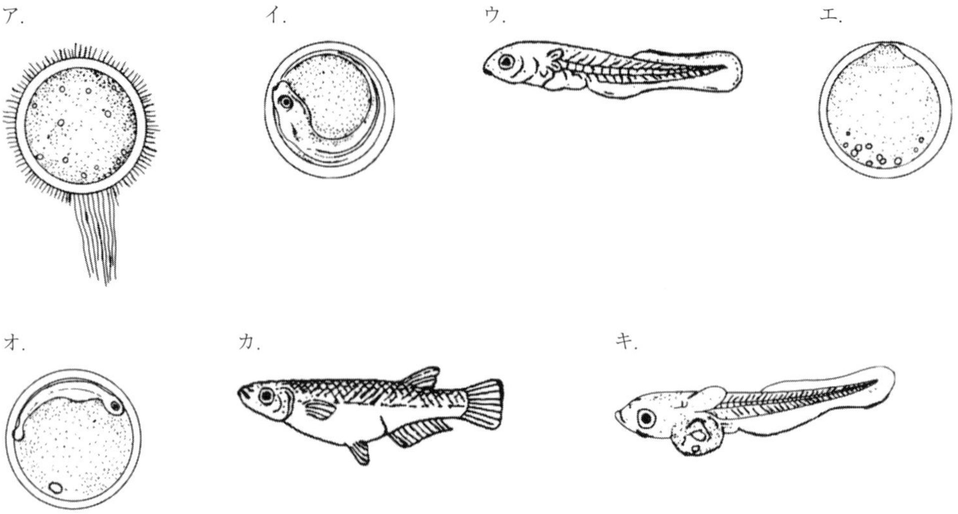

図8

4

ばねと物体の運動の関係を調べる実験を行いました。あとの問いに答えなさい。

<実験2>

図9のように，ばねの片方《かたほう》を固定し，もう片方に重さ90gの小球を置き，ばねをさまざまな長さにおし縮《ちぢ》めて，手を静かにはなし，小球を発射《はっしゃ》させました。このとき，床《ゆか》の上を真っすぐ進む小球の速さを，速さ測定器を通して測定しました。図10は速さ測定器を表しています。表1はばねをおし縮めた長さと，床を進む小球の速さの関係を示したものです。

ただし，床はなめらかであり，床と小球のまさつは無視できるものとします。

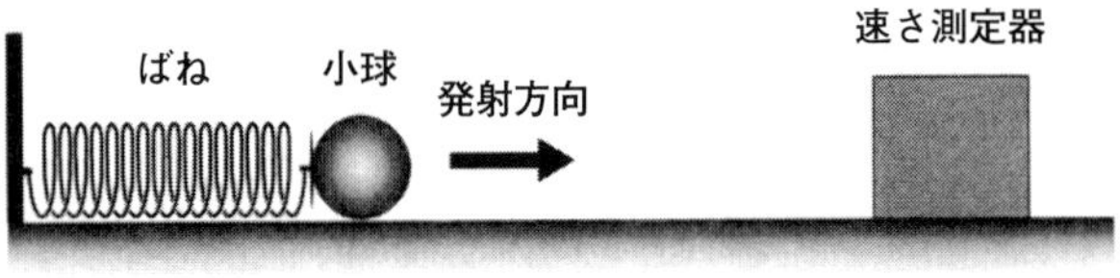

図9

図10

表1

ばねをおし縮めた長さ[cm]	2.0	2.5	3.0	3.5	4.0
小球の速さ　[cm/秒]	80	100	120	140	160

(1) 次の文章中の(あ)にあてはまる語句を答えなさい。

<実験2>では，ばねをおし縮めた長さが長くなるほど，小球が進む速さは速くなっています。これは，ばねの小球をおし出す力と，ばねの縮んだ長さが(あ)の関係にあるためです。

(2) <実験2>において，90gの小球を秒速270cmで速さ測定器を通すためには，ばねを何cmおし縮めればよいか，小数第二位まで答えなさい。

<実験3>

図11のように，図9の速さ測定器の先に，なめらかな斜面《しゃめん》を取り付け，重さ90gの小球を発射させて，小球が斜面で止まった位置の床からの高さを調べました。表2は，ばねをおし縮め

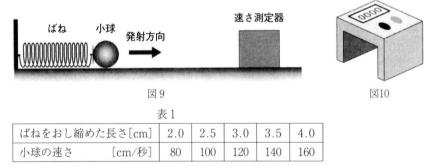

た長さと，小球が斜面で止まった位置の床からの高さの関係を示したものです。

ただし，床と斜面は，なめらかにつながっており，小球と斜面との間のまさつも無視できるとします。

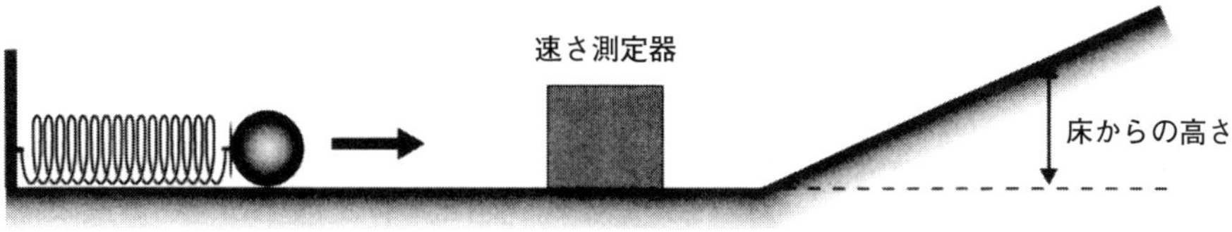

図11

表２

ばねをおし縮めた長さ[cm]	2.0	2.5	3.0	3.5	4.0
床からの高さ [cm]	3.2	5.0	7.2	9.8	12.8

(3)　＜実験３＞において，ばねを1.0cmおし縮めて小球を発射させると，斜面で止まった位置の床からの高さは何cmになるか，答えなさい。

(4)　＜実験３＞において，ばねを4.5cmおし縮めて小球を発射させると，斜面で止まった位置の床からの高さは何cmになるか，答えなさい。

を悲しんでいるから。
ウ．愛情不足が原因だと書いてあった本に対して怒っているから。
エ．親の注意よりも、先生が注意したら素直に聞いたことに悲しくなっているから。
オ．えな先生に対するいらだちがこらえられなくなってしまっているから。

問７　――線部７「涙がこぼれそうだった」のはなぜですか。
ア．萌香ちゃんへの親の愛情が不足していたことがわかったから。
イ．萌香ちゃんのお母さんからネイルがきれいだとほめられたから。
ウ．自分の行いが生まれて初めて誰かの役に立ったと感じたから。
エ．我慢して隠していた思いを誰かに見破られて悔しかったから。
オ．ネイルをし続けた理由が萌香ちゃんに通じたと感じたから。

問８　――線部８「私の願い」とありますが、えな先生が思っている願いとは何ですか。

問９　――線部９「しどろもどろ」の意味は何ですか。
ア．こわくてふるえがとまらないさま
イ．言葉や話の内容がひどく乱れるさま
ウ．内容が難しくて理解できないさま
エ．驚いてしまいこわばってしまうさま
オ．日常に起こることで慣れているさま

問10　――線部10「……」には、どのような気持ちが読みとれますか。
ア．おどろき　イ．うれしさ　ウ．かなしさ
エ．よろこび　オ．くるしさ

問11　[11]に当てはまる語はどれですか。
ア．耳　イ．瞳　ウ．鼻
エ．眉《まゆ》　オ．口

問12　――線部12「不思議なくらい心が落ち着いていた」のはなぜですか。
ア．泰子先生の口調がいつもよりも穏やかだったので、落ち着いて安心して聞くことができたから。
イ．泰子先生の話の内容が頭に入ってこないほど、自分自身で考えていることが正しいと思えていたから。
ウ．泰子先生は厳しい口調であったが、私のことを考えて発言してくれているのがわかるようになったから。
エ．萌香ちゃんのお母さんに自分の考えを理解してもらえて、心の底から安心することができたから。
オ．萌香ちゃんの突然の引っ越しの別れに対するつらさで心がいっぱいになってしまっていたから。

問13　――線部13「ひとつひとつがライブなんだ」とありますが、どういうことですか。

問14　――線部14「ああ、見つけた」とありますが、えな先生が見つけたものは何ですか。八字で抜き出しなさい。

私たちは笑い合った。そんなことは初めてだったけど、ほんとうは私も、もうずいぶん前から泰子先生とこんなふうに話したかったような気がする。

14ああ、見つけた、と私は思った。

今は仕事を辞《や》めない。しばらく、ここでがんばる。だって、こんなにうれしいもの。萌香ちゃんがきれいな手になりたいと思ってくれたことも、萌香ちゃんのお母さんがあんなに安らいだ顔で笑ったことも、そして、泰子先生を近くに感じられることも。

私のやりたいことは、まだこの幼稚園にたくさんある。それが私の、ここにいる「理由」だ。

泰子先生と並んで、帰っていく親子たちを見送る。また明日ね、元気で会おうね。

萌香ちゃんが門でくるりと向きを変え、私たちに大きく手を振ってくれた。

（青山美智子『木曜日にはココアを』による）

※ネイルをオフする…マニキュアをおとす

※マコちゃん…私（えな先生）のいとこ

※バロメーター…めじるし

問１　――線部１「私は『あっ』と声をあげそうになった。すんでのところで、それをこらえる」とありますが、私が声をあげそうになったのはなぜですか。

ア．萌香ちゃんの手があまりにもきれいになったから。

イ．萌香ちゃんの手がひび割れて傷ついていたから。

ウ．萌香ちゃんの爪が噛まれてなくなっていたから。

エ．萌香ちゃんが私の手を突然握りしめたから。

オ．萌香ちゃんが倒れそうになってしまったから。

問２　――線部２「化粧をしない先生」の部分からはどのようなことが読みとれますか。

ア．保護者の言葉を真に受け自分の考えで行動できない先生であること

イ．仕事とそれ以外の区別をはっきりとつけられない先生であること

ウ．自分には無関心で周りをいつも思いやるような先生であること

エ．経験でしかものを考えられない感情の激しい先生であること

オ．保護者からの苦情を受けにくい先生であること

問３　――線部３「私は奥歯をかみしめた」とありますが、これは私のどのような感情をあらわしていますか。

ア．疑いと安心　イ．不安と悲しさ

ウ．喜びと悲しみ　エ．怒《いか》りと悔《くや》しさ

オ．悲しさと怒り

問４　――線部４「……」には、どのような気持ちが読みとれますか。

ア．悲しさ　イ．戸惑《とまど》い　ウ．共感

エ．疑問　オ．怒り

問５　――線部５「萌香もあんなきれいな手になりたい」とありますが、どのような「手」ですか。

問６　――線部６「声を震わせる」とありますが、それはなぜですか。

ア．いろいろとつらかったが、爪噛みが止んだことに感動しているから。

イ．せっかく良いと思えた幼稚園を転園しなくてはならないこと

走ってくるのが見えた。

「さびしいわねぇ、お別れなんて」

振《ふ》り返るといつのまにか泰子先生がいて、私は「ひっ！」と飛び上がった。道端《みちばた》で突然ヘビに出くわしたみたいな私に、泰子先生が［11］をひそめる。

「そんなに驚《おどろ》かなくても。挨拶しようと思ってさっきからそばにいたけど、出て行ける雰囲気《ふんいき》じゃなかったから」

泰子先生は、なんだかきまり悪そうにそっぽを向き、門に向かって歩き出した萌香ちゃん親子に目をやった。

私は「あの……」と切り出したが、かぶせるように泰子先生は言う。

「べつに、あなたのことかばったわけじゃないから。まあ、でも……」

泰子先生はやっと、私の顔を見た。

「がんばってるっていうのは、本当でしょ」

泰子先生がいつになく穏《おだ》やかな口調で言うので、私は面食らってしまった。もしかしたら、私のことを意外とわかってくれているのかもしれない。そう思ったら、なんだかジンときた。そんな私をちらりと見ると、泰子先生は強い口調で言った。

「だいたいねぇ、ちゃんと説明してくれれば私だって頭ごなしに注意したりしなかったのよ。ふてくされた顔で黙ってないで、ちゃんと話してくれたらよかったのに」

いつものようにきつく言われているのに、威圧《いあつ》的には感じなかった。泰子先生自身じゃなくて、私の受け止め方が変わったからだと気づく。

「どう説明すればいいのか、よくわからなかったんです。瑠々ちゃんのお母さんが怒《おこ》るのも無理ないって思うし」

私が答えると、泰子先生はふと真剣《しんけん》な表情を浮かべた。

「わからなくても、話してほしい。私も経験があるの。あなたぐらいのころ、色付きのリップクリームを塗ってたね。口紅ってほどじゃなかったんだけど、子どもを抱《だ》っこした拍子《ひょうし》に、シャツについてしまって。男の子だったの。その子のお母さんからいかがわしいって非難されたわ」

「そんな……」

「ううん、私が悪い。だからなるべく体に色をつけないようにしてきたの。一方で、ちょっとはお化粧するのが大人の身だしなみだって言うお母さんもいる。いろんな考え方があるからね。あなたのネイルにしたって、萌香ちゃんの爪噛み治しにひと役買ったのは間違いないと思う。でも、必ずしもいい方向に行くとは限らないし、すべての保護者さんが受け入れてくれるかはわからない。かんじんの子どもたちにとって何がいいかは、私たちがそのつど肌《はだ》で感じるしかないのよ」

私はうなずいた。12不思議なくらい心が落ち着いていた。13ひとつひとつがライブなんだ。試行錯誤《さくご》で、体当たりで、合っているかどうかわからない正解を探し続ける。毎日毎日、音を立てるように大きくなっていく子どもたち。ひとりひとりと向き合いながら、きっと私も、伸びていく。

「難しいですね。すごく大変だけど……でも、やりがいってこういうことを言うんだなって、わかった気がします」

私が言うと、泰子先生は「あら、生意気」とちょっとおどけた。

「私、ずっとえな先生のこと気になっちゃって、つい厳《きび》しすぎること言ってたかもしれないわ。あなた、私の若いころに似てるのよね」

「え」

反射的に体がのけぞる。

「なに嫌《いや》がってるのよ！」

「嫌がってませんよ！」

お迎《むか》えのとき、萌香ちゃんのお母さんから呼び止められた。普段口数が少なくて控《ひか》えめな彼女から、声をかけられたのは初めてだった。

「萌香がお世話になりました」

「……萌香ちゃん、お引っ越ししちゃうんですね」

「ええ」

ほんの少し間があって、何か言わなくてはと思ったところでお母さんが口を開いた。

「えな先生。萌香ね、爪噛《か》みが治ったんですよ」

お母さんが静かな笑みをたたえて言う。

「あの子、前は指の爪ぜんぶ噛んでしまって、ひどいときは血が出るくらいで……。悩《なや》みました。育児書を読むと、やめなさいと叱《しか》っててはいけないとか、愛情不足が原因だとかって書いてあるし、こんなに大事に想っているつもりなのにどうしてって、まるで自分が責められているようにも思いました」

「4……」

「一ヶ月ぐらい前、えな先生の爪はきれいなピンクなんだよって、うれしそうに話してました。5萌香もあんなきれいな手になりたいって。だから爪はもう噛まないって、自分から。ギザギザで伸《の》びる間もなかった爪が、今ではちゃんと揃《そろ》ってます」

萌香ちゃんのお母さんは6声を震《ふる》わせる。私も胸がいっぱいになって、7涙《なみだ》がこぼれそうだった。ああ、よかった。8私の願いは通じていた。私が※マコちゃんに憧《あこが》れたように、萌香ちゃんが私のピンクのネイルを素敵《すてき》だと感じてくれたなら、爪噛みしなくなるかもしれないと思ったのだ。

「ありがとうございます」

深々とお辞儀《じぎ》をするお母さんに、私は9しどろもどろになって言った。

「でも、私、すぐにネイル取っちゃったから、萌香ちゃんガッカリしたんじゃないかと思います」

お母さんは身体を起こす。

「いいえ。萌香がきれいだと言ってたのは、ネイルを取ったあとの爪のことです」

「え？」

「泰子先生から、聞いてません？」

聞いていない、何も。泰子先生の名前が出てくること自体、予想外だった。

「最初はネイルをかわいいと思ったみたいで、それがきっかけだったのはたしかです。でも、えな先生がネイルを取ったあと、泰子先生がみんなに言ったんですって。えな先生の手は、働き者の手だよねって。たくさん笑って、たくさん食べて、なんでも楽しくがんばっていると、えな先生みたいにきれいな爪になるよ。大人になってから、爪に色を塗ってオシャレしたいなと思ったとき、元気な爪だったら素敵だよって」

10……泰子先生が、そんなこと？

びっくりして、何も言えなかった。萌香ちゃんのお母さんは、自分の手をじっと見る。

「爪って健康の※バロメーターですもんね。私、しばらく自分の爪なんか見てなかった。夫は仕事が忙しくてほとんど家にいなくて、ひとりで育児を背負ってる気がして……キリキリしてたなあって気づきました。転勤先では、もっと家族一緒にいられると思うんです。私も萌香ときれいなピンクの爪になれるように、元気で、笑顔でいたいと思います」

お母さんが笑ったときの目元は、萌香ちゃんとよく似ている。

おかあさーん、と萌香ちゃんの明るい声がして、こちらに向かってた。

「えな先生、また明日もおてて見せてね」

はにかみながら私を見上げる萌香ちゃんの手を見て、1私は「あっ」と声をあげそうになった。すんでのところで、それをこらえる。

「……うん、明日ね」

翌日も、その次の日も、私はネイルをつけたまま出勤した。

「事務室に来て」

閉園のあと、片づけをしていたら泰子《やすこ》先生が私の耳元でぼそりと言った。金曜日の夕方のことだ。同僚《どうりょう》数人から心配と好奇《こうき》の混ざった視線で見送られつつ、私は泰子先生の後についていった。

泰子先生は勤続15年のベテランで、「2化粧をしない先生」だ。眉《まゆ》毛《げ》さえ描《か》かない。顔立ちは整っているから、メイクしたらけっこう美人なのにと思う。だけど彼女にしてみれば大きなお世話だろう。いつも高圧的で、私は最初からなんとなく彼女に好かれていないだろうなと感じていた。事務室でふたりになり、ドアを閉めると泰子先生は言った。

「あなたねえ、手、見せてごらんなさいよ」

前置きもなく、第一声、それだった。言われるまま右手を差し出すと、泰子先生は乱暴に私の指をつかんだ。

「何考えてるの、ネイルなんかして！」

そう言い放つと、今度は汚いものを捨てるように私の手をはらう。

「添島《そえじま》瑠々ちゃんのお母さんから苦情がきてるのよ。あなたのせいで、瑠々ちゃんが爪にマジックを塗って困るって。あなた、子どもたちに、お店に行かなくても自分で簡単にできるって言ったらしいわね。どうしてそんなけしかけるようなことするの」

そういえばさっき、瑠々ちゃんのお母さんとすれ違《ちが》った。私が挨拶《あいさつ》したら、ふいっと顔をそむけられたっけ。彼女がよく着ているボーダーシャツの後ろ姿を私は思い出す。

「けしかけたわけじゃ……」

「言い訳しないで。他のお母さんたちだって気づいてるわよ。あなただけじゃなくて園全体の印象が悪くなるのよ？」

3私は奥歯をかみしめた。そんなふうに頭ごなしで私が悪いと断定されたら何も言えない。黙《だま》っていると、泰子先生は勝手に話を進めていく。

「仕事が終わったら彼氏とデートとかでオシャレしたいんだろうけど、仕事は仕事、プライベートはプライベートできっちり分けないとだめよ」

違う。ぜんぜん違う、違います。否定しようとして、やめた。泰子先生は常に自分が正解なんだろう。話しても無駄《むだ》な気がした。私だって、自分なりに一生懸命《けんめい》仕事に取り組んでいる。でも、私がどうしてネイルを取らなかったか、その「理由」をどう説明すればいいのかわからなかったし、私にはそれが正解なのかも自信がなかった。

「とにかく、ネイルはとりなさい」

「……わかりました」

やっとのことでそれだけ言い、私はぎゅうっと拳《こぶし》を握《にぎ》った。ピンクの爪を隠《かく》すみたいに。

＊＊＊中略＊＊＊

萌香ちゃんが退園すると園長から聞かされたのは、10月も半ばに差しかかったころだ。

お父さんの急な転勤で、来週には引っ越しするという。

「えな先生」

二 **次の文章を読んで、後の問いに答えなさい。**

「えなせんせい、おててみせて」
萌香《もえか》ちゃんにせがまれて、私はちょっとだけ躊躇《ちゅうちょ》した。くりくりした瞳《ひとみ》が私を見上げている。朝、幼稚園《ようちえん》に来てからお母さんの姿が見えなくなったとたん、萌香ちゃんは待ちきれなかったというように私めがけて飛んできたのだ。

「おてて、ね。はい」
私がぱっと手を広げると、萌香ちゃんの顔にも落胆《らくたん》した表情が広がった。
「ピンク、もうぬらないの？」
私はほほえんでみせる。
「うん、もうぬらないの」
「なんで？」

ダメって言われたから。
その言葉を飲み込んで、私は萌香ちゃんと手をつなぐ。
「あっちで絵本読もうか」
萌香ちゃんはうなずいたけど、きっと納得《なっとく》していない。宙に浮《う》かんだままの「なんで？」が、ふわふわと漂《ただよ》いながら私にまとわりついていた。

先週の火曜日のことだ。
９月の三連休に中学の同窓会があって、私は久しぶりに塗《ぬ》った※ネイルをオフするのを忘れて出勤《しゅっきん》してしまった。短大卒業後、幼稚園教諭《きょうゆ》の仕事に就《つ》いて一年半になる。ちょっと気がゆるんでいたのかもしれない。

一応、ネイル禁止という規則はない。でもそれはなんとなく暗黙《あんもく》のルールになっていて、ネイルはおろか化粧《けしょう》もしてこない先生もいる。
ネイルの色はピンクだった。そんなに派手な色ではない。爪《つめ》は短く切りそろえてあるし、ストーンやラメもつけていないから、はがれて食事に入ったり園児をひっかいたりすることもない。安全だ。今日だけ、ごまかして過ごそう。先生や園児の視界に手がなるべく入らないよう心がけながら、私は午前中を乗り切った。
お弁当の時間だった。私が牛乳の入ったコップを配っているとき、萌香ちゃんが「わあ」と声をあげた。
「えな先生、おててキレイ」
はっと手をひっこめようとしたがそうもいかない。配らなければならない牛乳のコップがまだトレイに載《の》っていた。他の先生に聞こえていないのを確認すると私は、「ありがとう」と小さく言って笑いかけ、急いでコップをテーブルに置いた。
萌香ちゃんの隣《となり》に座っていた、きのこ頭の拓海《たくみ》くんが得意気《とくいげ》に言う。
「僕のおかあさんもやってるよ。爪にお絵かきしてくれるお店があるんでしょ」
それを受けて、向かいにいた瑠々《るる》ちゃんも食いつくように身を乗り出し、私の指に見入った。瑠々ちゃんのきつく結んだおさげの先が牛乳に入りそうになって、私はコップをよけた。
「えな先生もお店でやってもらったの？」
瑠々ちゃんは私の指をつかむ。こうなるともう逃げられなかった。
「ううん、お店じゃなくておうちで、自分でやったよ」
「自分でできるの？」
「できるよ、簡単だよ」
私はコップを配り終え、ひきつった笑顔だけ残して退散した。
帰り際、萌香ちゃんがおずおずとやってきて、ささやくように言っ

二〇二一年度 日本大学第二中学校

【国語】〈第一回試験〉（四〇分）〈満点：一〇〇点〉

注意　選択肢《せんたくし》がある場合は、指示がないかぎり最もふさわしいものを記号で答えなさい。また、抜《ぬ》き出して答える場合は、句読点・記号も字数に含《ふく》みます。

一　次のそれぞれの問いに答えなさい。

問1　次の――線部の漢字の読みをひらがなで書きなさい。

① チームを勝利に導いた。
② 距離《きょり》を保つ。
③ 国の人口が減る。
④ 未来を築く。

問2　次の――線部のカタカナを漢字に直しなさい。送りがなが必要な場合は、それも書きなさい。

① 注文をウケタマワル。
② 異議《いぎ》をトナエル。
③ 手をセイケツにする。
④ デントウを重んじる。
⑤ カダイを出しに行く。

問3　次の四字熟語の□に当てはまる語を漢字一字で答えなさい。

① □差万別
② □里霧中《むちゅう》
③ □寒四温
④ □春日和《びより》

問4　次のうち、後に「ひく」を続けた時に、言葉としてあやまっているものはどれですか。

「ひく」
ア．風邪《かぜ》を
イ．糸を
ウ．見栄を
エ．人目を
オ．辞書を

問5　次の――線部の慣用句であやまった使い方をしているものはどれですか。

ア．私と彼は気が置けない関係であり、なんでも話す仲だ。
イ．昨年の優勝者がいる試合への出場に二の足をふむ。
ウ．急に引っ越《こ》してしまうなんて、寝耳に水だ。
エ．新しく発売されたバッグを選ぶとは、目が高い。
オ．困っている友達を助けようと、水を差す。

問6　下の説明に合うように□に当てはまる漢字二字の熟語を答えなさい。

① □の友　（幼いころの友だち）
② □の利　（争っている者よりほかの者が得すること）
③ □のともしび　（危機が迫《せま》って命などが危《あや》ういこと）

2021年度

日本大学第二中学校　▶解説と解答

算　数　＜第１回試験＞（40分）＜満点：100点＞

解　答

[1] (1)　1　(2)　$6\frac{3}{4}$　(3)　$\frac{1}{6}$　(4)　$11\frac{2}{3}$　(5)　10　(6)　6　[2] (1)　８個　(2)　７日　(3)　６cm　(4)　1050m，８時14分40秒　[3] (1)　4.71cm　(2)　$55cm^2$　[4] (1)　$324cm^2$　(2)　$3456cm^3$　[5] (1)　22.5度　(2)　午後１時45分　(3)　午後２時$10\frac{10}{11}$分

解　説

[1] 四則計算，逆算，分配算，濃度《のうど》，約束記号

(1)　$8.4\div(4.5-2.4)\times(0.6-1.4\times0.25)=8.4\div2.1\times(0.6-0.35)=8.4\div2.1\times0.25=4\times0.25=1$

(2)　$9\div\left\{2\frac{1}{3}-\left(4-2\frac{1}{2}\right)\right\}\div1\frac{3}{5}=9\div\left\{\frac{7}{3}-\left(\frac{8}{2}-\frac{5}{2}\right)\right\}\div\frac{8}{5}=9\div\left(\frac{7}{3}-\frac{3}{2}\right)\div\frac{8}{5}=9\div\left(\frac{14}{6}-\frac{9}{6}\right)\div\frac{8}{5}=9\div\frac{5}{6}\div\frac{8}{5}=9\times\frac{6}{5}\times\frac{5}{8}=\frac{27}{4}=6\frac{3}{4}$

(3)　$\frac{1}{4}\div2\frac{1}{4}=\frac{1}{4}\div\frac{9}{4}=\frac{1}{4}\times\frac{4}{9}=\frac{1}{9}$より，$\frac{1}{2}-\left(\square+\frac{1}{9}\right)=\frac{2}{9}$，$\square+\frac{1}{9}=\frac{1}{2}-\frac{2}{9}=\frac{9}{18}-\frac{4}{18}=\frac{5}{18}$　よって，$\square=\frac{5}{18}-\frac{1}{9}=\frac{5}{18}-\frac{2}{18}=\frac{3}{18}=\frac{1}{6}$

(4)　もとの分数を[1]とすると，もとの分数を2.8倍した数は[2.8]と表せる。すると，大きくなった数ともとの分数との差は，[2.8]－[1]＝[1.8]と表せて，これが21にあたるから，[1]にあたる数，つまり，もとの分数は，$21\div1.8=\frac{210}{18}=\frac{35}{3}=11\frac{2}{3}$と求められる。

(5)　はじめの食塩水の重さは，800－300＝500(ｇ)である。また，(食塩の重さ)＝(食塩水の重さ)×(濃度)より，混ぜた６％の食塩水300ｇには食塩が，300×0.06＝18(ｇ)含《ふく》まれ，できた8.5％の食塩水800ｇには食塩が，800×0.085＝68(ｇ)含まれる。よって，はじめの食塩水には食塩が，68－18＝50(ｇ)含まれていたので，その濃度は，50÷500×100＝10(％)とわかる。

(6)　いくつかの数の積が０になるとき，それらの数のうち少なくとも１つは０である。よって，{㋐}＝０となるとき，㋐を15倍した数は，$1\underline{0}5$や$21\underline{0}$のように，各位の数の中に０が含まれる。㋐は０より大きい整数なので，１，２，３，４，…をそれぞれ15倍して，各位の数の中に０が含まれるかを調べると，右の図のようになる。したがって，{㋐}＝０となる０より大きい整数㋐のうち，３番目に小さい整数は６である。

1…1×15＝15	2…2×15＝3$\underline{0}$
3…3×15＝45	4…4×15＝6$\underline{0}$
5…5×15＝75	6…6×15＝9$\underline{0}$

[2] つるかめ算，仕事算，比の性質，長さ，旅人算

(1)　みかんだけを13個買ったとすると，代金の合計は，110×13＝1430(円)となり，実際よりも，1750－1430＝320(円)少なくなる。みかんをりんごに１個かえると，代金の合計は，150－110＝40(円)増えるから，320円増やすには，320÷40＝８より，みかん８個をりんごにかえればよい。よって，りんごは８個買ったとわかる。

(2)　この仕事全体の量を１とすると，１日あたり，Ａさんは，$1\div16=\frac{1}{16}$，Ｂさんは，$1\div24=\frac{1}{24}$，Ｃさんは，$1\div18=\frac{1}{18}$の仕事ができる。また，仕事を終えるのに９日かかり，ＢさんとＣさんは９日間休まずに仕事をしたので，ＢさんとＣさんがした仕事の量の合計は，$\left(\frac{1}{24}+\frac{1}{18}\right)\times9=\frac{7}{8}$となる。よって，Ａさんがした仕事の量は，$1-\frac{7}{8}=\frac{1}{8}$だから，Ａさんが仕事をした日数は，$\frac{1}{8}\div\frac{1}{16}=2$（日）とわかる。したがって，休んだ日数は，$9-2=7$（日）である。

(3)　正方形Ｂ，Ｃの１辺の長さは正方形Ａの１辺の長さの$\frac{1}{2}$，$\frac{1}{3}$だから，正方形Ａ，Ｂ，Ｃの１辺の長さの比は，$1:\frac{1}{2}:\frac{1}{3}=6:3:2$となる。また，（正方形の面積）＝（１辺の長さ）×（１辺の長さ）なので，正方形Ａ，Ｂ，Ｃの面積の比は，$(6\times6):(3\times3):(2\times2)=36:9:4$とわかる。この比の，$36+9+4=49$にあたる面積が196cm^{2}だから，比の１にあたる面積は，$196\div49=4$（cm^2）となる。よって，正方形Ｂの面積は，$4\times9=36$（cm^2）なので，$36=6\times6$より，１辺の長さは６cmとわかる。

(4)　すれ違《ちが》うまでに２人が進んだ様子は右の図のように表せる。家から図書館までの距離《きょり》は兄が，$3+5=8$（分）で進む距離と，弟が５分で進む距離の和になるから，$75\times8+90\times5=600+450=1050$（m）と求められる。次に，２人がすれ違った時刻は，８時＋３分＋５分＝８時８分である。また，家から２人がすれ違った地点までの距離，つまり，兄が８分で進んだ距離は，$75\times8=600$（m）で，この距離を弟は，$600\div90=\frac{20}{3}=6\frac{2}{3}$（分），$60\times\frac{2}{3}=40$（秒）より，６分40秒かかるから，弟が家に着く時刻は，８時８分＋６分40秒＝８時14分40秒である。

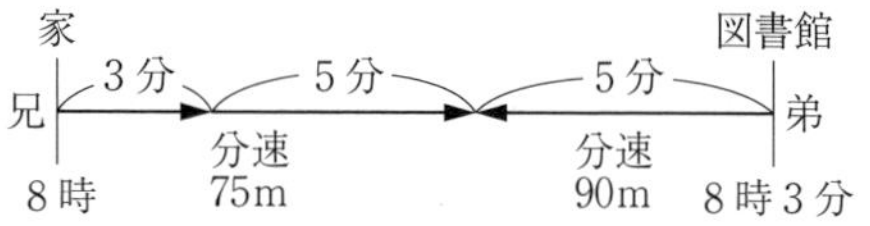

3　平面図形—図形の移動，長さ，面積

(1)　正方形ABCDが動いた様子は右の図のようになり，点Ａ，Ｂ，Ｄが動いた長さはすべて点Ｃが動いた★の部分の長さと同じになる。よって，点Ａが動いた☆の部分の長さは，$3\times2\times3.14\times\frac{1}{4}=4.71$（cm）と求められる。

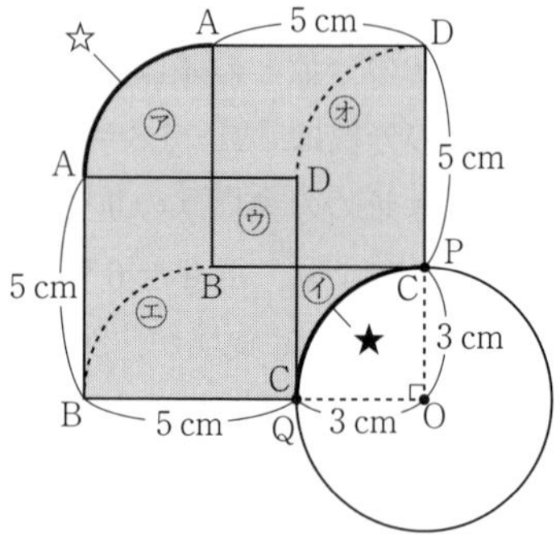

(2)　正方形ABCDが通過した部分は図のかげをつけた部分となる。㋐と㋑の部分を合わせると，１辺が３cmの正方形になるので面積の和は，$3\times3=9$（cm^2），また，㋒は１辺が，$5-3=2$（cm）の正方形だから，面積は，$2\times2=4$（cm^2），さらに，㋓と㋔は１辺が５cmの正方形から１辺が２cmの正方形を取り除いた形なので，面積はそれぞれ，$5\times5-2\times2=25-4=21$（cm^2）となる。よって，かげをつけた部分の面積は，$9+4+21+21=55$（cm^2）とわかる。

4　立体図形—水の深さと体積

(1)　水の中に完全にしずめた直方体の体積は，$6\times6\times18=648$（cm^3）で，水面が２cm高くなったから，水そうの高さ２cm分の容積が648cm^{3}とわかる。よって，水そうの底面積は，$648\div2=324$（cm^2）と求められる。

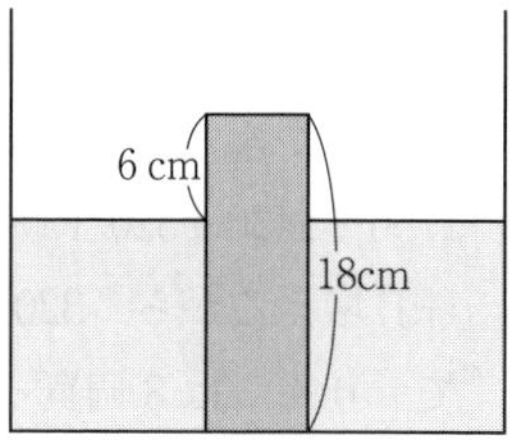

(2)　右の図のように直方体をしずめると，水そうの底面積が324cm^2，直方体の底面積が36cm^{2}なので，水が入っている部分の底面積は，

$324-36=288$(cm²)となる。また，直方体の水面から出た部分の高さが6 cmだから，水面の高さは，$18-6=12$(cm)である。よって，水そうに入っている水の量は，$288\times12=3456$(cm³)とわかる。

5 時計算

⑴　時計の点と点の間１つ分の角度は，$360\div12=30$(度)なので，右の図の㋐から㋑までの角度は，$30\times4=120$(度)である。よって，短針は㋑の点から，$142.5-120=22.5$(度)進んだところにある。

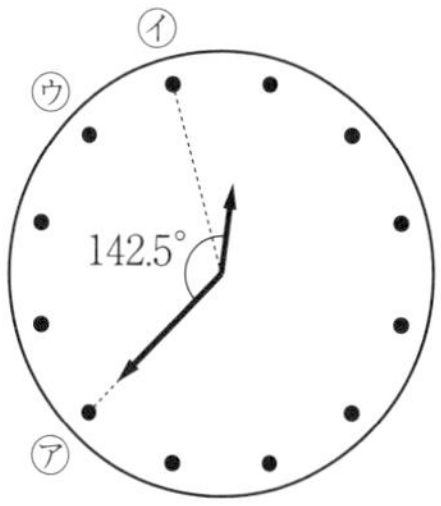

⑵　短針は１時間(60分)で，時計の点と点の間１つ分(30度)だけ進むので，１分間に，$30\div60=0.5$(度)進む。図の状態は短針が㋑の点にきてから，$22.5\div0.5=45$(分後)で，この状態の時刻は「○時45分」とわかる。よって，長針の指している㋐の点が文字盤《もじばん》の９，㋒の点が12，㋑の点が１を表している。したがって，図の状態の時刻は午後１時45分である。

⑶　図の状態のあと，長針と短針がはじめて重なるのは，長針が短針よりも142.5度多く進んだときとなる。長針は１時間(60分)で360度進むから，１分間に，$360\div60=6$(度)進む。よって，長針は短針よりも１分間に，$6-0.5=5.5$(度)多く進むので，このあと長針と短針がはじめて重なる時刻は，午後１時45分から，$142.5\div5.5=\frac{285}{11}=25\frac{10}{11}$(分後)になり，午後１時45分$+25\frac{10}{11}$分＝午後２時$10\frac{10}{11}$分と求められる。

社　会　＜第１回試験＞（理科と合わせて40分）＜満点：50点＞

解　答

1 **問１**　レジ(袋)　**問２**　ア　**問３**　エ　**問４**　エ　**問５**　８(％から)10(％に引き上げられた)　**問６**　オ　**問７**　ウ　**問８**　イ　**問９**　ウ　**問10**　イ　**問11**　校倉造　**問12**　佐賀(県)　**問13**　緊急事態(宣言)　**2** **問１**　オ　**問２**　ア　**問３**　ア　**問４**　AI　**3** **問１**　ウ　**問２**　イ　**問３**　ウ　**問４**　エ　**4** **問１**　学制　**問２**　エ　**問３**　戦争　**問４**　イ　**5** **問１**　中華人民共和国　**問２**　ソウル　**問３**　エ　**問４**　ア

解　説

1 ふるさと納税制度を題材にした問題

問１　近年，海洋プラスチックごみによる環境破壊が国際的な問題になっていることなどを受けて，容器包装リサイクル法に関係する命令が改正された。これにもとづき，2020年７月から，プラスチックごみを減らす対策の１つとしてスーパーやコンビニのレジ袋が有料化された。消費者は買い物をするさい，マイバッグ(エコバッグ)を持参することが推奨《すいしょう》されている。

問２　資料の表を見ると，国内線旅客便の航空機発着回数は７月が最も多いが，国内線旅客数は３月が最も多い。よって，アが適当でない。

問３　明治政府が1873年に行った地租改正により，農民は地価(土地の値段)の３％を地租(税)として現金で納めることになった。よって，税率を10％とするエが正しくない。

問４　2025年の日本国際博覧会(大阪・関西万博，EXPO2025)は，「いのち輝く未来社会のデザイン」をテーマとして，大阪湾の人工島「夢洲《ゆめしま》」で開かれる予定である。

問５　2019年10月，消費税の税率がそれまでの８％から10％に引き上げられた。ただし，酒や外食を除く飲食料品，定期購読《こうどく》の新聞代などは８％のまますえ置かれた(軽減税率)。

問６　千葉県銚子《ちょうし》市の返礼品は，地元での生産がさかんな醤油《しょうゆ》を使った「醤油の町の炭火焼手焼きせんべい」などである。よって，オが正しくない。陸奥《むつ》湾は青森県北部に広がっており，「陸奥湾産ほたて干し貝柱」は青森県むつ市などが返礼品としている。

問７　アは1232年，イは1192年，ウは1221年，エは1185年のことなので，年代の古い順にならべかえるとエ→イ→ウ→アとなる。

問８　1573年，織田信長は対立する室町幕府の第15代将軍足利義昭《よしあき》を京都から追放し，室町幕府をほろぼした。なお，アは1571年，ウは1580年，エは1570年。

問９　東京都が指定する伝統的工芸品は41品目あり，そのうち銀製品として「東京銀器」がある。これは江戸時代中期に器物やかんざしなどをつくる職人が江戸に登場したことが始まりとされ，現在では酒器・花器や食器，装飾《そうしょく》品などがつくられている。経済産業大臣による国の伝統的工芸品の指定も受けている。

問10　新潟市は日本海側の気候に属し，冬の降水(雪)量が多い。よって，イがあてはまる。アは瀬戸内の気候に属する和歌山市，ウは太平洋側の気候に属するが，内陸性の気候の特徴をあわせ持つ岩手県盛岡市，エは太平洋側の気候に属する高知市。

問11　東大寺の正倉院は，切り口が三角形(または台形)の長い角材を井桁《いげた》に積み上げて壁にした校《あぜ》倉《くら》造の建物として知られ，聖武天皇ゆかりの品々などの宝物が納められていた。

問12　有田焼は有田町，伊万里焼は伊万里市の伝統的工芸品で，いずれも佐賀県西部にある磁器の生産地である。

問13　2020年は新型コロナウイルス感染症《しょう》が世界的に拡大したが，日本でも感染症を防ぐため，４月から５月にかけて最初の緊急事態宣言が発出され，外出の自粛《じしゅく》や商店の休業などが求められた。

２　群馬県高崎市にある食品会社を題材にした問題

問１　群馬県は関東地方の北西部に位置する内陸県で，県庁所在地は前橋市だが，県内で最も人口が多いのは高崎市である。なお，アは山梨県，イは埼玉県，ウは茨城県，エは栃木県。

問２　小麦の生産量は北海道が全国の61.6％を占《し》めて最も多く，以下，福岡・佐賀など九州地方の県が続く。よって，アがあてはまる。イは米，ウはねぎ，エはりんご。統計資料は『データでみる県勢』2020年版による。なお，示された数値は2017年ではなく2018年のもの。

問３　この食品会社は，本文に「ラスクの製造で有名な会社」だが，パンを大量生産する工場を建設したとあるので，その背景としてアの「工場が学校給食の指定工場となった」がふさわしい。

問４　人工知能の略称は「AI」である。一般に，言語の理解や推論，問題解決などの知的行動を人間に代わってコンピューターに行わせる技術をいう。

３　各時代の歴史的なことがらについての問題

問１　縄文時代には農耕がそれほど発達しておらず，水利や土地をめぐる争いが起こるようになったのは，米づくりが本格的に始まる弥生時代のことである。よって，ウが適当でない。

問２　静岡県の登呂遺跡は弥生時代後期の農業集落あとで，平地につくられた住居あとや高床倉庫などと，水田を耕すために用いられたくわやすきといった多数の木製農具が出土している。くいと矢板でしきった水路や水田あとも発掘され，当時の稲作のようすを知ることができる。なお，アの板付遺跡は福岡県，ウの吉野ヶ里遺跡とオの菜畑遺跡は佐賀県，エの三内丸山遺跡は青森県にある遺跡。

問３　写真は，アメリカ合衆国東インド艦隊《かんたい》司令長官のペリー。1853年，ペリーはアメリカ合衆国使節として浦賀(神奈川県)に来航し，開国を求める大統領の国書を江戸幕府に手渡した。翌54年，再び来航して幕府と日米和親条約を結び，日本を開国させることに成功した。よって，ウがあてはまる。

問４　鎌倉時代の元寇《げんこう》(1274年の文永の役と1281年の弘安の役の二度にわたる元軍の襲来《しゅうらい》)では元軍を撃退することができたものの，この戦いは国土防衛戦で，新たに領地を得たわけではなかったので，幕府は御家人に恩賞(ほうび)として十分に領地をあたえることができなかった。そのため，多くの犠牲《ぎせい》を強いられた御家人は生活に困り，幕府に対する不満をつのらせるようになった。よって，エが正しい。アについて，国司は朝廷の役職で，幕府が任命したのは守護や地頭。イについて，石塁《せきるい》(防塁)は文永の役のあと，弘安の役の前に築かれた。ウについて，北条政子が活躍《かつやく》したのは，1221年の承久の乱のときのことである。

4　学校教育の歴史についての問題

問１　明治政府は1872年に学制を発布し，６才以上の子どもが小学校に通うことを定めた。義務教育の期間はその後４年，さらに６年と定められ，戦後には９年に延長された。

問２　学制が出された当時，子どもは農家にとって貴重な働き手であったこと，授業料が高かったこと，女子に教育は必要ないと考える人が多かったことなどから，就学率は低かった。よって，エが正しい。

問３　戦後，文部省(現在の文部科学省)が憲法学習の教科書として発行した『あたらしい憲法のはなし』では，戦争の放棄《ほうき》(平和主義)の原則がわかりやすく解説されている。

問４　義務教育期間は，戦後，小学校・中学校の９年間に延長されたので，イが正しくない。

5　日本と関係が深い国々についての問題

問１　中国(中華人民共和国，首都ペキン)は漢民族を中心とする多民族国家で，人口が世界で最も多い。近年，工業化と経済成長が著しく，外資系企業が多数進出しており，「世界の工場」とよばれている。

問２　韓国(大韓民国，首都ソウル)は朝鮮半島の南半分を占める国。第二次世界大戦後，南半分はアメリカ合衆国，北半分はソビエト連邦の管理下に置かれ，1948年，朝鮮半島が統一されないまま韓国と北朝鮮(朝鮮民主主義人民共和国)が成立し，1950年，両国の武力衝突《しょうとつ》をきっかけに朝鮮戦争が起こった。

問３　イスラム教における「ラマダン(ラマダーン)」は断食月のことで，信者はほぼ１か月にわたり日中に食べ物を口にすることができない。よって，エがあてはまる。

問４　③はサウジアラビア(首都リヤド)，④はアメリカ合衆国(首都ワシントンD.C.)，⑤はブラジル(首都ブラジリア)，⑥はトルコ(首都アンカラ)についての説明である。

理　科　＜第１回試験＞（社会と合わせて40分）＜満点：50点＞

解　答

1 (1) エ　(2) ア　(3) イ　(4) エ　(5) イ　2 (1) ア　(2) エ　(3) ウ　(4) ウ　(5) ア　3 (1) 胎生　(2) へそのお　(3) ア　(4) エ　(5) **３番目**…オ　**５番目**…キ　4 (1) 比例　(2) 6.75cm　(3) 0.8cm　(4) 16.2cm

解　説

1 流れる水のはたらきについての問題

(1), (2)　川が曲がって流れているところでは，曲がりの外側の方が内側よりも流れが速いので，曲がりの外側であるＡ点で流れがもっとも速く，いちばん内側のＣ点で流れがもっともおそい。流れが速い外側では，流れる水にけずられて川底は深くなり，川岸は急ながけになっている場合が多い。また，流れがおそい内側の川岸は，土砂がたい積して川原になっていることが多い。

(3)　川で見られる石は，上流から下流へ向かって運ばれるうちにぶつかり合って割れるなどして，しだいに大きさが小さくなっていく。大きい石や中くらいの石の割合が多く，小さい石の割合がもっとも少ないウのグラフは上流，中くらいの石の割合がもっとも多いアのグラフが中流，小さい石の割合がもっとも多いイのグラフが下流を表している。

(4)　川の上流などで，小さなダムが連続して作られているものは砂防ダムとよばれる。このダムにより，水の流れがおそくなり，石や土砂がたい積し，石や土砂が一度に下流側に流されることを防ぐことができるといわれている。

(5)　ハザードマップとは，過去の災害例をもとに，災害が想定される区域や避難《ひなん》場所，避難経路などを地図上に示したもので，被害《ひがい》をできるだけ小さくするために作られたものである。なお，災害が起こる日時などの予測はできないので示されていない。ハザードマップは，国や地方自治体が作成したものが一般《いっぱん》に公開されている。

2 水の温度と状態変化についての問題

(1)　水などの液体を加熱するときには，沸《ふっ》とう石を入れることで，急な沸とうを防ぎ，おだやかに沸とうさせることができる。

(2)　水が沸とうしているときに水中から出てくる大きなあわは，液体の水が気体の水蒸気になったものである。なお，もともと水にとけていた空気は，あたため始めてしばらくするとフラスコのかべに小さなあわとなってつく。

(3)　湯気は，ガラス管の先から出てきた水蒸気が冷えて，細かい水てきとなったものである。水蒸気は目に見えないが，細かい水てきは集まると白っぽくけむりのように見える。

(4)　湯気の細かい水てきはすぐに蒸発して水蒸気になり，目に見えなくなる。同じように，水が蒸発する現象として，ウが選べる。アは水蒸気が液体の水てきとなる現象，イは水がこおって体積が増えることにより起こる現象，エは屋根からたれた水がこおる現象である。

(5)　水の量を半分にすると，沸とうが始まるまでの時間は半分になるが，沸とうする温度は変わらない。したがって，アのグラフが選べる。

3 生命のつながりについての問題

⑴　たまごではなく，イヌやネコ，ヒトなどのように親と似たすがたで子が生み出される生まれ方を，胎生《たいせい》という。それに対し，たまごで子が生まれる生まれ方を卵生という。

⑵　ほ乳類の胎児は，母親の体内の子宮とよばれる部屋の中で育っていて，母親の胎ばんとへそのおというひも状の管でつながっている。胎児は，胎ばんを通して母親から養分と酸素を受け取り，二酸化炭素などの不要物を母親にわたしている。

⑶　胎児を外部からのしょうげきから守っているのは，子宮内(図７でアの部分)を満たしている羊水とよばれる液体である。その他，羊水には子宮内の温度の変化をおだやかにするはたらきなどがある。

⑷　説明１…受精卵がかんてんのような物質につつまれているのは，両生類の特ちょうである。両生類のカエルは，めすがたまごを生み出すとき，おすがめすの背中にのって，生み出されたたまごに精子をかける，体外受精を行うものが多い。　説明２…交尾によってめすの体内で受精するのは，陸上で生活する動物に多く見られる特ちょうである。その中でも，たまごにかたいからがあり，たまごがふ化するまで親がたまごをあたためるのはニワトリなどの鳥類の特ちょうである。　説明３…めすが水中に生み出したたまごにおすが精子を放出して受精させるのは，魚類の特ちょうである。メダカなど魚類の受精卵は，うすい膜《まく》でつつまれている。　説明４…めすの体内で受精が行われ，子が親と似たすがたで生まれてくるのは，ネコなどのほ乳類の特ちょうである。　説明５…交尾によってめすの体内で受精が行われ，たまごにかたいからがあるのは，鳥類とは虫類の特ちょうである。は虫類のカメはふつう穴をほって土の中にたまごを生み出す。

⑸　生みつけられた直後のメダカのたまごは小さなあわのつぶ(油てき)と表面の一部についている長い毛(付着毛)が特ちょうである。たまごの大部分は栄養分をふくむ卵黄であるが，一部にからだに育つ胚《はい》がある。胚はしだいに成長して大きくなり，しばらくすると，からだができていく。ふ化した直後の子メダカは腹の下に栄養分の入ったふくろをつけていて，数日はこの栄養分を使って育つ。このふくろがなくなるころにはえさを自分でとり始め，やがて成長して親メダカになる。したがって，成長の過程を順番に並べると，ア→エ→オ→イ→キ→ウ→カとなる。

4　ばねのはたらきと物体の運動についての問題

⑴　ばねの下におもりをつけて伸《の》ばすなど，ばねを引いて伸ばすときには，ばねを引く力の大きさとばねの伸びは比例(正比例)の関係となる。同様に，ばねをおし縮めるときも，ばねをおし縮める力の大きさとばねの縮んだ長さは比例する。ばねを引いたときやおし縮めたときは，ばねからも同じ大きさの力が逆向きにはたらいているので，おし縮めたばねが小球をおし出す力の大きさは，ばねの縮んだ長さに比例している。

⑵　表１より，ばねを縮めた長さと小球の速さは比例していることがわかる。ばねをおし縮めた長さが□cmのときに小球の速さが毎秒270cmになったとすると，2.0：80＝□：270の関係が成り立つので，□＝2.0×270÷80＝6.75(cm)となる。

⑶　表２より，ばねをおし縮めた長さが2.0cmの1.5倍の3.0cmになると，小球が斜面《しゃめん》の上で止まった位置の床《ゆか》からの高さは3.2cmの，1.5×1.5＝2.25(倍)の7.2cmになっている。また，ばねをおし縮めた長さが2.0cmの２倍の4.0cmになると，小球が止まった位置の床からの高さは3.2cmの，２×２＝４(倍)の12.8cmになっている。したがって，ばねをおし縮めた長さが○倍になれば，小球が止まった位置の床からの高さは，(○×○)倍になると考えられる。よって，ばねを1.0cmおし縮めて

小球を発射させたときの小球の床からの高さを△cmとして，おし縮めた長さが2.0cmのときと比べると，△×２×２＝3.2が成り立ち，△＝0.8(cm)と求められる。

(4)　ばねをおし縮めた長さが3.0cmのときと比べて考えると，ばねを4.5cm押し縮めて小球を発射させた場合，斜面で止まった位置の床からの高さは，4.5÷3.0＝1.5より，7.2×1.5×1.5＝16.2(cm)となる。

国　語　＜第１回試験＞（40分）＜満点：100点＞

解　答

□一　**問１**　①　みちび(いた)　②　たも(つ)　③　へ(る)　④　きず(く)　**問２**　下記を参照のこと。　**問３**　①　千　②　五　③　三　④　小　**問４**　ウ　**問５**　オ　**問６**　①　竹馬　②　漁夫　③　風前　□二　**問１**　ウ　**問２**　オ　**問３**　エ　**問４**　イ　**問５**　（例）　健康的できれいなピンクの爪をした手。　**問６**　ア　**問７**　オ　**問８**　（例）　萌香ちゃんが爪噛みをしなくなること。　**問９**　イ　**問10**　ア　**問11**　エ　**問12**　ウ　**問13**　（例）　子どもたちひとりひとりと向き合いながら，試行錯誤をし，体当たりで，子どもたちに合う正解を見つけるということ。　**問14**　私のやりたいこと

●漢字の書き取り

□一　**問２**　①　承る　②　唱える　③　清潔　④　伝統　⑤　課題

解　説

□一　漢字の読みと書き取り，四字熟語の完成，慣用句・ことわざ・故事成語の知識

問１　①　音読みは「ドウ」で，「導入」などの熟語がある。　②　音読みは「ホ」で，「保存」などの熟語がある。　③　音読みは「ゲン」で，「減少」などの熟語がある。　④　音読みは「チク」で，「建築」などの熟語がある。

問２　①　音読みは「ショウ」で，「承知」などの熟語がある。　②　音読みは「ショウ」で，「合唱」などの熟語がある。　③　きれいで衛生が保たれている状態。　④　昔から受けつがれてきた習慣やしきたり。　⑤　あたえられた問題。

問３　①「千差万別《ばんべつ》」は，いろいろとちがいがあること。　②「五里霧中《むちゅう》」は，濃《こ》い霧《きり》の中にいるように，まわりのようすがわからず，どうしていいかわからないこと。　③「三寒四温」は，三日寒さが続くと次の四日は暖かい日が続くような気候がくり返されること。　④「小春日和《びより》」は，初冬のころにおとずれる春のように暖かくおだやかな天気。

問４　ウの「見栄を」に続く言葉は，「見栄を切る」や「見栄を張る」などがある。

問５　オの「水を差す」は，“とちゅうでじゃまをして，何かをし続ける気力をなくさせる”という意味の慣用句。なお，アの「気が置けない」は，“相手に気配りをする必要がなく心から打ち解けられる”という意味。イの「二の足をふむ」は，決断できずにためらうこと。ウの「寝耳《ねみみ》に水」は，思いがけないできごとにおどろくこと。エの「目が高い」は，物の価値を見きわめる力が優《すぐ》れていること。

問６　①「竹馬の友」は，いっしょに竹馬に乗って遊んだような，幼いころからの友だちのこと。

② 「漁夫の利」は，鳥と貝がたがいに争っているところに漁師が通りかかり，労せずにして両方ともつかまえてしまったという中国の故事にもとづく言葉。　③ 「風前のともしび」は，風があたる場所にあるろうそくの火がいまにも消えてしまいそうなようすであることから，危機が迫《せま》り，非常に危険である状態を表すようになった言葉。

二 **出典は青山美智子《あおやまみちこ》の『木曜日にはココアを』による。**幼稚園教諭《きょうゆ》として働いている「私」は，ある日うっかり爪《つめ》にネイルをしたまま出勤してしまったことをきっかけに，しばらくネイルをしての勤務を続けていたが，そのことを先輩《せんぱい》の泰子《やすこ》先生から注意されてしまう。

問１　萌香《もえか》ちゃんの手がどうだったのかは，後半部分でわかる。萌香ちゃんのお母さんとの会話の場面で，お母さんから萌香ちゃんの爪噛《つめか》みが治ったことを感謝され，「萌香ちゃんが私のピンクのネイルを素敵《すてき》だと感じてくれたなら，爪噛みしなくなるかもしれないと思った」と書かれている。つまり，自分を見上げる萌香ちゃんの手を見た「私」が「あっ」と声をあげそうになったのは，彼《かの》女《じょ》が爪を噛んでしまっていることに気づいたからだと考えられる。

問２　泰子先生は「私」が爪にしたネイルについて，「瑠々《るる》ちゃんのお母さんから苦情がきてる」ことを理由に注意していることをおさえる。化粧《けしょう》をしていることで苦情を言われた「私」とはちがって，化粧をしていないのだから保護者から苦情を言われることも少ない，優等生的な先生だということが表現されている。

問３　泰子先生の態度に対して，「そんなふうに頭ごなしで私が悪いと断定されたら何も言えない」と思っていることや，「やっとのことでそれだけ言い，私はぎゅうっと拳《こぶし》を握《にぎ》った」とあることに注意する。また，このときのようすを，文章後半で，泰子先生が「ふてくされた顔で黙《だま》ってないで，ちゃんと話してくれたらよかったのに」と言っていることにも着目する。「私」は萌香ちゃんの爪噛みをやめさせたいという思いから，あえてネイルをして勤務をしていたのだが，「その『理由』」を説明できないことに対する悔《くや》しさと，頭ごなしに否定されたことに対する怒《いか》りを感じていたと判断できる。

問４　「私」は理由があって，ネイルをしたまま勤務していたが，そのことを泰子先生にしかられて，それ以降はネイルをやめていた。だから，「私，すぐにネイル取っちゃったから，萌香ちゃんガッカリしたんじゃないか」と思っていたのである。ところが，ずっと萌香ちゃんの爪噛みに悩《なや》んでいたお母さんから，爪噛みが治ったという話を聞かされて，どうして爪噛みが治ったのかがわからず，戸惑《とまど》った気持ちになったのである。

問５　直前に「きれいなピンク」の爪だとある。「私」はネイルのピンクだと思ったが，萌香ちゃんのお母さんが，ぼう線部９の後で，「萌香がきれいだと言ってたのは，ネイルを取ったあとの爪のことです」と話していることに着目する。その後，「ネイルを取ったあとの爪」について，泰子先生は「働き者の手」，「きれいな爪」，「元気な爪」だと言っている。お母さんは，爪は「健康のバロメーター」でもあるから，「きれいなピンクの爪になれるように，元気で，笑顔でいたい」とも話しているので，これらからまとめるとよい。

問６　萌香ちゃんのお母さんは，萌香ちゃんが爪噛みをすることに対して「まるで自分が責められているように」思うほどつらかったのである。それが「私」のおかげで爪噛みをしなくなったので，救われたような気持ちになれ，感動しているのである。

問７　萌香ちゃんが「萌香もあんなきれいな手になりたい」から「爪はもう噛まない」とお母さん

に話していたと聞いて，「私」は，萌香ちゃんが爪噛みをやめることに自分が役に立てたと実感できた。ぼう線部７の後にある，ピンクのネイルをし続けた自分の「願い」が，萌香ちゃんに通じたと感じられたので，「私」はうれしさで涙《なみだ》がこぼれそうになったのである。

問８　「私」がネイルをし続けたのは，「萌香ちゃんが私のピンクのネイルを素敵だと感じてくれたなら，爪噛みしなくなるかもしれないと思った」からなので，「私」の「願い」は，萌香ちゃんが爪噛みをしなくなることだといえる。

問９　「しどろもどろ」は，自信がなくて，なめらかに話せなくなるようす。萌香ちゃんが爪噛みをしなくなったことに感謝されたものの，自分はすぐにネイルを取ってしまったので，逆に「萌香ちゃんガッカリしたんじゃないか」と思っていた。だから，萌香ちゃんのお母さんの感謝の言葉を，自信を持って受け入れることができなかったのである。

問10　ネイルをしていたことを「私」は泰子先生にきつくしかられていたのであり，そのときに泰子先生に対しては，「泰子先生は常に自分が正解なんだろう。話しても無駄《むだ》な気がした」と反発していることに着目する。それなのに，泰子先生が「えな先生の手は，働き者の手だよね」，「えな先生みたいにきれいな爪になるよ」と子どもたちに話していたと聞いて，にわかには信じられず，おどろいてしまったのである。

問11　「眉《まゆ》をひそめる」は，眉のあたりにしわを寄せて，不快な気持ちを表すこと。泰子先生がいたことに気づいた「私」が「道端《みちばた》で突然《とつぜん》ヘビに出くわした」ような反応を見せたので，不快な気持ちになったのである。

問12　泰子先生から声をかけられた後，もしかしたら，自分のことを「意外とわかってくれているのかもしれない」と感じた「私」は，泰子先生から，「いつものようにきつく言われているのに，威圧的《いあつてき》には感じなかった。泰子先生自身じゃなくて，私の受け止め方が変わったからだと気づ」いたことに着目する。以前とちがい，先生の言葉を素直《すなお》に聞くことができたのである。

問13　「子どもたちにとって何がいいかは，私たちがそのつど肌《はだ》で感じるしかない」という泰子先生の言葉を聞いた「私」は，「ひとりひとりと向き合いながら」「試行錯誤《しこうさくご》で，体当たりで，合っているかどうかわからない正解を探し続ける」と考えていることをおさえる。そのときそのとき，ひとりひとりに合った接し方をしていかなければならないことを，生演奏を意味する「ライブ」にたとえているのである。

問14　直後で「私」が「今は仕事を辞めない。しばらく，ここでがんばる」と考えていることに着目する。この表現からは，「私」が幼稚園教諭としての仕事を続けることに悩みを感じていたことが伝わってくる。しかし「私のやりたいこと」が，まだこの幼稚園にたくさんあるということを見つけられたことで，もうしばらくここで仕事を続けようという気持ちになれたのである。

2021年度　日本大学第二中学校

〔電　話〕 (03) 3391 ─ ５７３９
〔所在地〕 〒167-0032　東京都杉並区天沼１─45─33
〔交　通〕 JR中央線・東京メトロ丸ノ内線─「荻窪駅」より徒歩15分
西武新宿線─「下井草駅」より徒歩25分

【算　数】〈第２回試験〉（40分）〈満点：100点〉

注意　1．円周率は3.14とします。分数で答えるときは約分して，できるだけ簡単な分数にしなさい。比を答えるときは，できるだけ簡単な整数の比にしなさい。

2．定規，コンパスは使ってもかまいませんが，使わなくても解くことができます。ただし，分度器は使えません。

1　次の□の中に適する数を入れなさい。

(1)　$6\times3.2+7\times6.4-8\div1.25\times5=$□

(2)　$\left\{\left(7\frac{1}{2}-3\right)+5\frac{1}{10}\right\}\div3\frac{1}{5}=$□

(3)　$\frac{5}{7}-\left(\frac{2}{3}+0.2\right)\times$□$=\frac{2}{21}$

(4)　１から2021までの整数のうち，３でも４でも割り切れないものは□個あります。

(5)　記号◎は，次の〈例〉のように計算をするものとします。
〈例〉　3◎4＝13，4◎6＝25，7◎7＝50
このとき，(2◎□)◎8＝121 です。

(6)　右の図で，ABとFGは平行です。このとき，㋐の角度は□度です。

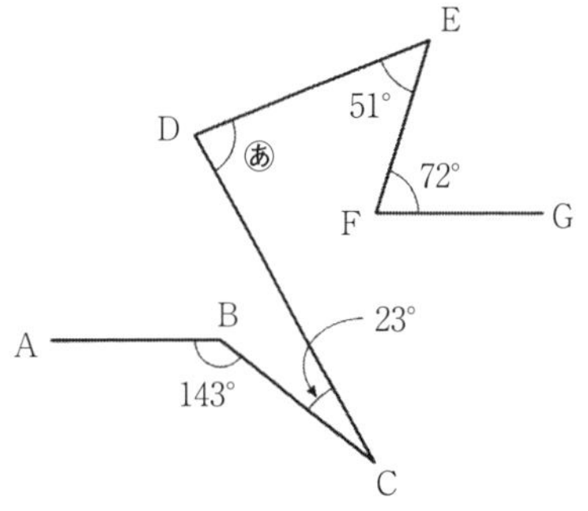

2　次の各問いに答えなさい。

(1)　１本100円のボールペンと１本70円のえんぴつを合わせて30本買う予定でしたが，買う本数を逆にしてしまったので，予定より240円安くなりました。70円のえんぴつは何本買う予定でしたか。

(2)　秒速24ｍで走る長さ180ｍの列車Ａが，秒速16ｍで走る長さ140ｍの列車Ｂの後ろを同じ向きに走っています。列車Ａが列車Ｂの最後尾に追いついてから完全に追いこすまでにかかる時間は何秒ですか。

(3)　右の図は，底面が１辺３cmの正方形で高さが10cmの直方体を，４つの点Ａ，Ｂ，Ｃ，Ｄを通る平面で切り取ってできる立体です。この立体の体積は何cm^3ですか。

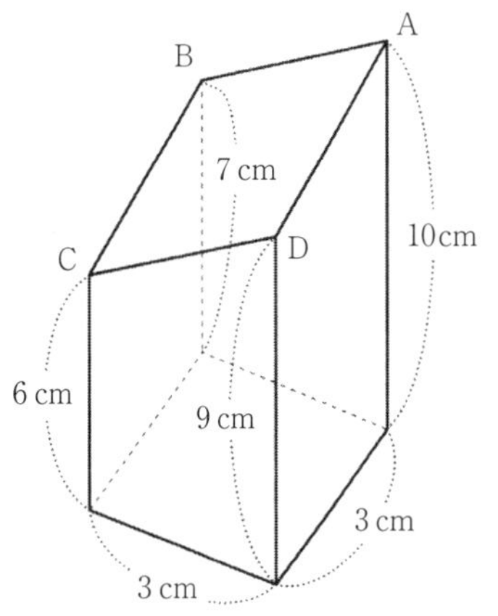

(4)　１ｍの糸を５つに切り分け，短い順に並べたところ，それぞれとなりの糸との長さの差は順に1.5cm，５cm，3.4cm，4.1cmでした。最長の糸と最短の糸の長さはそれぞれ何cmですか。

3 　下の**図1**，**図2**はそれぞれ中心が点Oで半径が1 cm，2 cm，3 cm，4 cmの4つの円と，点Oで垂直に交わる2本の直線を組み合わせた図形です。

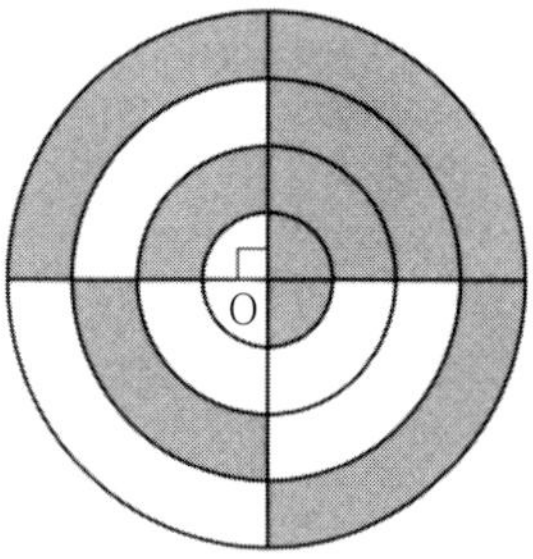

図1

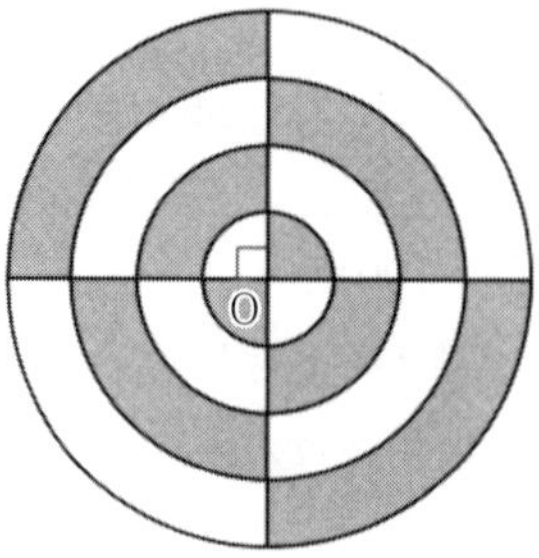

図2

(1) **図1**の色のついた部分の面積は何cm^2ですか。
(2) **図2**の色のついた部分の周りの長さは何cmですか。

4 　太郎君は学年全員の晴れの日と雨の日の通学方法を調べるために，徒歩，自転車，バス，電車の中から1つずつ選ぶアンケートをとり，下のグラフを作りました。
　晴れの日は，ちょうど6割の生徒が電車または徒歩で通学しています。また，雨の日には通学方法をバスに変える生徒が9人いて，その生徒は晴れの日は徒歩または自転車で通学しています。

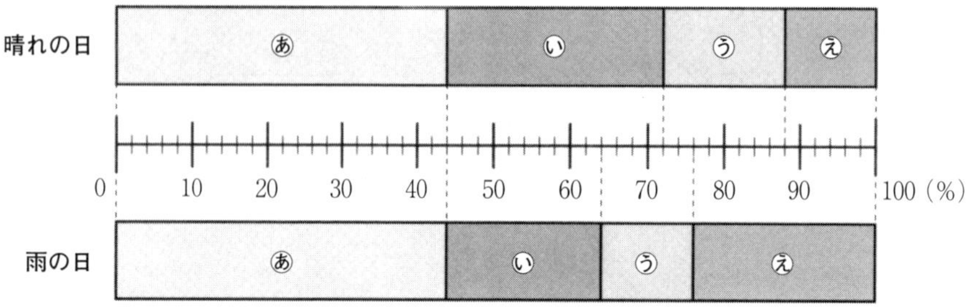

(1) (あ)，(い)にあてはまる通学方法を，以下の中から選び，記号で答えなさい。
A．徒歩　　B．自転車　　C．バス　　D．電車
(2) 晴れの日に電車で通学している生徒は何人いますか。

5 　図のような，1辺1 cmの立方体14個を合わせた形の容器に，2段目の半分の高さまで水が入っています。それぞれの立方体の間に仕切りはなく，中の水は外にこぼれないものとします。また，容器の厚みは考えないものとします。

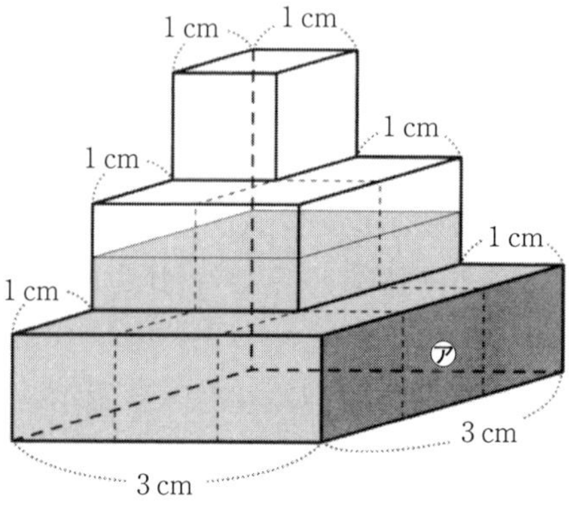

(1) 容器の中に入っている水の量は何cm^3ですか。
(2) ㋐の面を真上に向けてかたむかないようにするとき，容器の中の水深で一番深いところは何cmですか。
(3) ㋐の面を真下に向けてかたむかないようにするとき，容器の中の水深で一番深いところは何cmですか。

【社　会】 **〈第２回試験〉**（理科と合わせて40分）〈満点：50点〉

注意　**4** と **5** の問題は，どちらか１つを選んで答えなさい。**4** と **5** の両方の問題を答えた場合は，**4** を採点します。

1　下の文章を読んで，あとの問いに答えなさい。

（国際連合広報センターホームページより引用）

みなさんは，上の図を見たことがありますか。これは，SDGs（エスディージーズ）といって，「①(　　)可能な開発目標」という，2015年の②国連サミットで決まった，2016年から2030年までに達成を目指している17の国際目標をあらわした図です。

「①(　　)可能な開発目標」は，今ある世界のさまざまな問題を解決して，「③人間がずっと地球に住み続けられるように開発・発展するにはどうしたら良いか」を④世界の国々が考えた17の目標です。

例えば，目標の１番目は「貧困をなくそう」です。途上国だけでなく先進国でも社会的に弱い立場の人々をはじめ，一人も残さずに貧困から抜け出すことができるような取り組みを考えることが求められます。

目標の２番目は「飢《き》餓《が》をゼロに」です。⑤飢《う》えをなくし，地球の環境《かんきょう》を守り続けながら⑥食料を生産していくことが大切です。今でこそ日本には食べ物も多くありますが，歴史を見れば食料をどのように手に入れるかという⑦多くの工夫を重ねて今日に至《いた》っています。

その他，SDGsの目標には，３番目に「すべての人に健康と福祉《ふくし》を」，８番目に「働きがいも経済成長も」，11番目に「住み続けられる⑧まちづくりを」などがあげられています。しかし，2020年に世界で広まった⑨新型コロナウイルス感染症は，これらの目標に対する取り組みに先進国でも不十分な面があったことを明るみに出しました。

目標の最後，17番目は「⑩パートナーシップで目標を達成しよう」です。世界の人々が協力しあい，これらの目標が達成できるよう，まずは自分にできる身近なことから始めることが大切です。

問１．下線部①，（　）に入る語句として，正しいものを１つ選び，記号で答えなさい。

ア．発展　　イ．持続　　ウ．成長　　エ．継続　　オ．中断

問２．下線部②，新型コロナウイルス感染症の感染拡大防止などについて活動し，昨年，テドロス事務局長が世界に向けて情報を発信した国連の機関として，正しいものを１つ選び，記号で答えなさい。

ア．世界貿易機関　　イ．国際労働機関　　ウ．国連教育科学文化機関

エ．国連児童基金　　オ．世界保健機関

問３．下線部③，このような開発の必要性は琵琶湖やその周辺の河川でも求められています。琵琶湖から大阪湾に流れ込む河川として，正しいものを１つ選び，記号で答えなさい。

ア．淀川　　イ．木曽川　　ウ．吉野川　　エ．太田川　　オ．筑後川

問４．下線部④，日本の歴史における，日本と世界の国々とのかかわりについて説明した文章として，正しいものを１つ選び，記号で答えなさい。

ア．武士として初めて太政大臣の地位についた源頼朝は，兵庫の港を整えて中国(宋)との貿易をすすめた。

イ．鎌倉時代には，ポルトガルやスペインの商人が日本にやってきて，ヨーロッパの品物や文化をもたらした。

ウ．天下統一を目指した織田信長は，海外にも目を向け，中国(明)を征服しようと明に大軍を送った。

エ．江戸時代の初め，幕府から許可状を与えられた大名や商人の貿易船が東南アジアに向かい，その地に日本町がつくられた。

問５．下線部⑤，江戸時代に起こった天保の大ききんで飢えに苦しむ人々が増える中，幕府のもと役人であった大塩平八郎は，生活に苦しむ人々を救うために仲間を集めて兵をあげました。次の人物画の中から，大塩平八郎を描いたとされる絵を１つ選び，記号で答えなさい。

ア．

イ．

ウ．

エ．

問６．下線部⑥について，次の問いに答えなさい。

⑴　次の文章が説明する作物として，もっとも適当なものを１つ選び，記号で答えなさい。

> なだらかな斜面に広がる水はけのよい土地で生産がさかんです。雨が少なく，昼と夜の気温の差が大きい気候を生かして栽培しています。夏から秋にかけて収穫《かく》されることが多く，その作物は生《なま》で食べるほか，ジュースやお酒にも加工されています。山梨県と長野県で国内生産量の40％ほどを生産しています。

ア．ピーマン　　イ．ぶどう　　ウ．にんじん　　エ．じゃがいも　　オ．りんご

⑵　次の文章は，ある日本の米農家が取り組んでいる内容をまとめたものです。文章中の（Ａ）～（Ｃ）に入る言葉の組み合わせとして，もっとも適当なものを１つ選び，記号で答えなさい。

> それぞれの米の産地は，国内の他の産地や（　Ａ　）米との価格競争に勝つために努力しています。おいしい農作物をより安い費用でつくるためにさまざまな試《こころ》みをしています。
>
> 消費者に農作物を安心して買ってもらうことも大切です。そこで消費者に直接とどける産地直送を行うこともあります。また，環境にやさしい（　Ｂ　）米にしたり，無農薬や減《げん》農薬，有機栽培の米をつくったりして，（　Ｃ　）米の生産にも取り組んでいます。

ア．（Ａ）―無洗　（Ｂ）―値段は高くても売れる
（Ｃ）―安い外国産

イ．（Ａ）―無洗　（Ｂ）―安い外国産
（Ｃ）―値段は高くても売れる

ウ．（Ａ）―値段は高くても売れる　（Ｂ）―無洗
（Ｃ）―安い外国産

エ．（Ａ）―値段は高くても売れる　（Ｂ）―安い外国産
（Ｃ）―無洗

オ．（Ａ）―安い外国産　（Ｂ）―無洗
（Ｃ）―値段は高くても売れる

カ．（Ａ）―安い外国産　（Ｂ）―値段は高くても売れる
（Ｃ）―無洗

問７．下線部⑦，人々が食べものを手に入れるために行ってきた工夫について説明した文章として，正しくないものを１つ選び，記号で答えなさい。

ア．縄文時代には，貝や木の実を集め，石や骨などでつくった道具を使って動物や魚などをとっていた。

イ．室町時代には，農具を改良したり，作物の品種改良をしたりして，生産力を高めていった。

ウ．江戸時代には，生産量を増やすために新田開発がさかんに行われ，肥料にも工夫がみられた。

エ．明治時代には，食べものを安定的に確保するため，国家がすべての農民に土地を与えた。

問８．下線部⑧について，次の問いに答えなさい。

⑴　江戸時代，江戸を中心に東海道や中山道などの街道が整備され，街道沿いには宿場町ができました。一方，有名な神社や寺を中心に栄えた町を何といいますか。漢字で答えなさい。

⑵　右の図は，「ある問題」の対策をすすめるために考えられたまちづくりの目標をしるした模式図です。「ある問題」とは何ですか。もっとも適当なものを１つ選び，記号で答えなさい。

ア．台風

イ．短時間豪雨（ゲリラ豪雨）

ウ．洪水

エ．ヒートアイランド

オ．光化学スモッグ

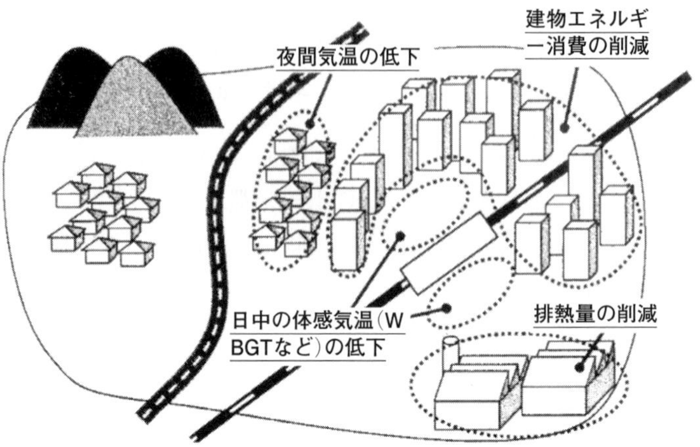

（環境省ホームページより引用）

問９．下線部⑨について，次の問いに答えなさい。

⑴　新型コロナウイルス感染症が拡大する中で，2020年の２月から６月に日本の政府が行った政策について説明した文章として，適当でないものを１つ選び，記号で答えなさい。

ア．内閣総理大臣から，全国の小学校・中学校・高等学校は一斉に休校するように要請された。

イ．４月にはロックダウン（都市封鎖）を行って，東京に住む人々は許可なく外出すると罰金を取られることになった。

ウ．緊急事態宣言が出され，外食産業などの営業は自粛《じしゅく》を求められたが，自粛しなくても法的に罰せられることはなかった。

エ．感染予防のマスクが不足したため，世帯《せたい》ごとに布のマスクを配布することが決定されたが，全国の家庭に届くのには時間がかかった。

⑵　2020年10月５日時点での世界各国の新型コロナウイルス累計《るいけい》感染者数上位５か国は次の表のとおりです。ここで，上位５か国がそれぞれどの大陸に属するかを考えたとき，どの国も属さない大陸があり，次のページの図の**A**がその大陸の１つにあたります。**A**の大陸名を答えなさい。

上位５か国	感染者数（人）（2020年10月５日時点）
アメリカ合衆国	7,315,267
インド	6,549,373
ブラジル	4,915,289
ロシア	1,209,020
コロンビア	855,052

（外務省海外安全ホームページより作成）

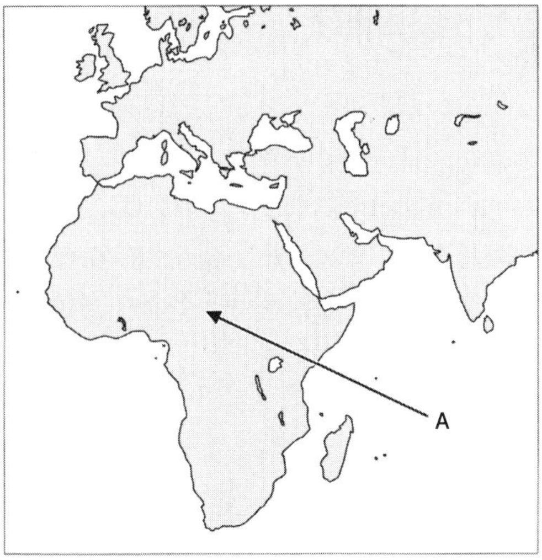

問10．下線部⑩，次の文章の中で，この目標の達成にもっとも近いと考えられるものを１つ選び，記号で答えなさい。

ア．自分の国では生活に必要なものが開発できずに困っている国に，先進国が資金を援助《えんじょ》したり，技術を指導する人を派遣したりする。

イ．捨てられたレジ袋による環境被害をなくすために，レジ袋の無料配布をやめて，レジ袋も有料化して売り出す。

ウ．育児や介護《かいご》に時間がとられる人は，日々の生活が大変忙しいので国や自治体，企業《きぎょう》などで採用しないようにする。

エ．国民の働く場が失われることを防ぐために，移民を受け入れないようにして，外国人労働者を減らすための法律をつくる。

2 次の文章を読んで，あとの問いに答えなさい。

①石川県中能登町《なかのとまち》の杉谷《すぎたに》チャノバタケ遺跡で，弥生時代の黒く炭化《たんか》した米が発見されました。これは現在，日本最古のおにぎりとされています。

おにぎりは米の普及《ふきゅう》とともに日本に広まりました。奈良時代に書かれた『②常陸国《ひたちのくに》風土記』では握飯《にぎりいい》という言葉が出てきますが，どのようなおにぎりだったかは不明です。また，鎌倉時代の承久の乱において，幕府は兵に当時貴重だった③梅干しを具にしたおにぎりを配ったといわれています。

江戸時代，おにぎりに海苔《のり》が巻かれるようになり，現在のおにぎりのイメージに近いものになりました。昭和時代後期まで，おにぎりは家でつくるものというイメージが根強かったようです。

このイメージを変えたのが，④コンビニエンスストアでしょう。しかし，はじめはコンビニエンスストアでおにぎりを発売しても，売れなかったようです。その後，おにぎりと海苔をフィルムで仕切り，食べる直前に海苔を巻く手巻きおにぎりの販売をしたところ，売り上げがのび，おにぎりはコンビニエンスストアの主力商品になりました。

コンビニエンスストアにある身近な商品をじっくり調べてみるのも面白いかもしれません。

問１．下線部①，次のア～エは，石川県，岩手県，千葉県，香川県のいずれかを説明したものです。このうち，石川県を説明した文章として，正しいものを１つ選び，記号で答えなさい。

※ア～エの人口データは『データでみる県勢2020』によるもの

ア．この県は南北に長く，県の南東部に高い山脈が位置する。４つの県の中では３番目に人口が多い。県北部の漆塗《うるしぬ》りや県中央部の着物の染色技法が有名である。

イ．この県は東西に長く，県の南部にけわしい山脈が位置する。４つの県の中では最も人口が少ない。海の神をまつった神社や，小麦粉をねって麺《めん》にしたものが有名である。

ウ．この県は，北部で東西に長く，中部から南部では南北に長い。４つの県の中では最も人口が多い。農業から商業まで幅広い産業がみられ，日本有数の来場者数をほこるテーマパークがある。

エ．この県は南北に長く，県の東側に入り組んだ海岸線を持つ。４つの県の中では２番目に人口が多い。涼しい気候を利用した酪農《らくのう》や中尊寺金色堂が有名である。

問２．下線部②，常陸国とは現在の茨城県です。次の表は茨城県，宮城県，和歌山県，沖縄県の各種資料であり，ア～エには各県のいずれかが入ります。このうち，茨城県のものとして，もっとも適当なものを１つ選び，記号で答えなさい。

	野菜の産出額（億円）	果実の産出額（億円）	県の面積に占める林野の面積の割合（％）	製造品出荷額等（億円）
ア	153	60	48.7	4,929
イ	171	816	76.4	26,913
ウ	267	24	56.4	44,953
エ	2,071	133	31.2	123,377

（『データでみる県勢2020』より作成）

問３．下線部③，昔ながらの製法でつくった梅干しには殺菌《さっきん》作用があり，特に梅雨《つゆ》入りから秋までは防腐《ぼうふ》の効果を期待され，お弁当などに利用されてきました。東京都心において，ここ30年でもっとも多く梅雨入りした時期として，適当なものを１つ選び，記号で答えなさい。

ア．２月上旬　　イ．４月上旬　　ウ．６月上旬　　エ．８月上旬　　オ．10月上旬

問４．下線部④，2020年３月末現在，コンビニエンスストアの店舗《てんぽ》数上位５都道府県を黒で示した図として，もっとも適当なものを１つ選び，記号で答えなさい。

ア．

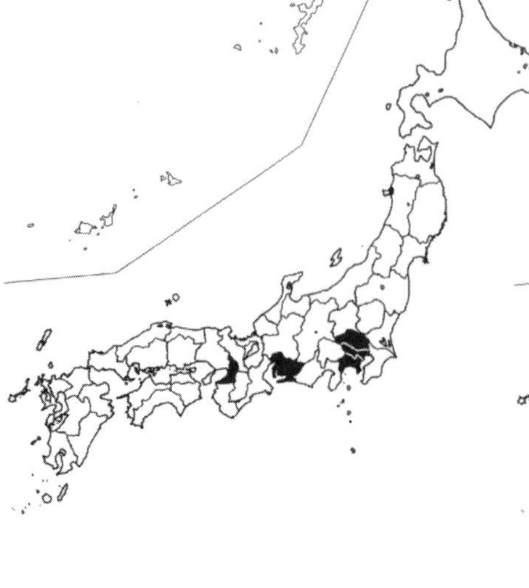

イ．

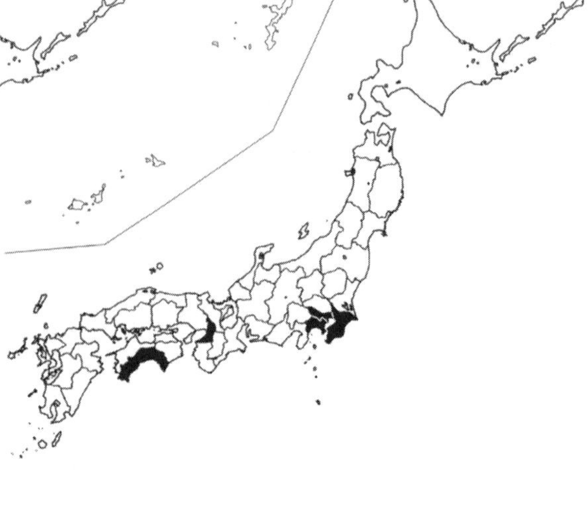

ウ.

エ.

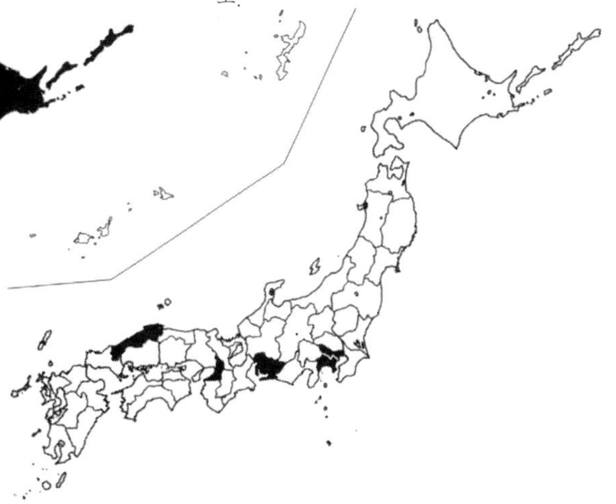

(『月刊コンビニ2020年5月号』より作成)

3　次のⅠ～Ⅲの文章は，太郎君が夏休みの宿題で歴史上の人物の自己紹介文を作ってまとめたものです。文章を読んで，あとの問いに答えなさい。

Ⅰ：私が皇子であったころ，蘇我氏の力は天皇をしのぐほどだった。そこで，中臣鎌足らとともに，①蘇我氏をたおして，天皇中心の国づくりを中国から帰国した留学生たちの協力を得ながら進めた。

Ⅱ：私が天皇であった8世紀の中ごろ，都では伝染病が広がり，地方ではききんが起こった。貴族の争いもあいついだ。私は仏教の力を借りて人々の不安をしずめ，国を守ろうと考えた。全国に国分寺を建て，また②大仏をつくることを決めた。

Ⅲ：私は都を京都に移し，世の中が平和になることを願って都を③(　　)と名づけた。この都で政治が行われた約400年間の時代は，私たち天皇を中心としながらも有力な貴族が政治を動かした。

問1．下線部①，蘇我氏がたおされた年を西暦で答えなさい。

問2．下線部②，この大仏を説明した文章A・Bが正しいか，正しくないかを考え，その組み合わせとして，適当なものを1つ選び，記号で答えなさい。

A：当時，大仏づくりは国の大事業であり，大勢の武士や農民が働いた。

B：現在，大仏は奈良県の東大寺にあり，東大寺は世界遺産に登録されている。

ア．AもBも正しい

イ．Aは正しい，Bは正しくない

ウ．Aは正しくない，Bは正しい

エ．AもBも正しくない

問3．下線部③，(　)に入る都の名前を漢字で答えなさい。

問4．文章Ⅰ～Ⅲにある「私」とは誰のことですか。あてはまる天皇の組み合わせとして，正しいものを1つ選び，記号で答えなさい。

ア．Ⅰ―桓武天皇　Ⅱ―天智天皇　Ⅲ―聖武天皇

イ．Ⅰ―桓武天皇　Ⅱ―聖武天皇　Ⅲ―天智天皇

ウ．Ⅰ－聖武天皇　Ⅱ－天智天皇　Ⅲ－桓武天皇

エ．Ⅰ－聖武天皇　Ⅱ－桓武天皇　Ⅲ－天智天皇

オ．Ⅰ－天智天皇　Ⅱ－聖武天皇　Ⅲ－桓武天皇

カ．Ⅰ－天智天皇　Ⅱ－桓武天皇　Ⅲ－聖武天皇

4　次の文章は，2020年８月６日に，広島で行われた平和記念式典での広島市長による平和宣言の一部です。文章を読んで，あとの問いに答えなさい。(平和宣言の文章は，読みやすいように一部を省略したり，漢字をひらがなになおしています)

広島は一発の原子爆弾により破壊しつくされ，「①(　　)年間は草木も生えぬ」と言われました。しかし，広島は今，復興をとげて，世界中から多くの人々が訪れる平和を象徴する都市になっています。＜途中省略＞

およそ②100年前に流行したスペイン風邪は，③第一次世界大戦中で敵対する国家間での「連帯」がかなわなかったため，数千万人のぎせい者を出し，世界中を恐怖《きょうふ》におとしいれました。その後，国家主義の台頭もあって，第二次世界大戦へと突入し，原爆投下へとつながりました。

こうした過去の苦い経験を決してくり返してはなりません。そのために，私たち市民社会は，自国第一主義によることなく，「連帯」して脅威《きょうい》に立ち向かわなければなりません。＜途中省略＞

本日，被爆①(　　)周年の平和記念式典にあたり，原爆ぎせい者の御霊《みたま》に心からの哀悼《あいとう》の誠《まこと》をささげるとともに，核兵器廃絶とその先にある世界恒久《こうきゅう》平和の実現に向け，被爆地長崎，そして思いを同じくする世界の人々と共に力をつくすことを誓います。

問１．下線部①，(　)には数字が入ります。(　)に入る数字を答えなさい。２つの(　)には同じ数字が入ります。

問２．下線部②，今から100年前は大正時代でした。大正時代の日本の出来事として，正しくないものを１つ選び，記号で答えなさい。

ア．関東大震災がおこる。

イ．全国水平社が差別をなくす運動をはじめる。

ウ．関税自主権の回復が決まる。

エ．男子普通選挙の制度が定められる。

問３．下線部③，第一次世界大戦と戦争中の日本について説明した文章として，正しいものを１つ選び，記号で答えなさい。

ア．ドイツがまわりの国々を侵略《しんりゃく》し，1939年，これに反対するイギリスやフランスなどと戦争になり，第一次世界大戦ははじまった。

イ．第一次世界大戦の影響《えいきょう》で，日本は輸出が増えて好景気をむかえたが，国内では米や物の値段が急に高くなっていった。

ウ．第一次世界大戦がはげしくなり，日本国内も空襲《くうしゅう》を受けるようになると都市に住んでいた小学生は地方に疎開《そかい》した。

エ．日本は第一次世界大戦に参加し，大戦後に朝鮮や台湾を植民地として支配するようになった。

問４．広島市長が，はじめて平和宣言を読み上げたのは，1947年８月６日のことです。当時の広島市長は「この地上から戦争をなくし，真実の平和を確立しよう」と述べました。しかし，その後も戦争や核実験は続きました。次のＡ～Ｃの出来事を年代の古い順に並べたものとして，正しいものを１つ選び，記号で答えなさい。

Ａ．ベトナム戦争がおこる。

Ｂ．朝鮮戦争がおこる。

Ｃ．アメリカの水爆実験で日本の漁船(第五福竜丸)が被爆する。

ア．Ａ→Ｂ→Ｃ　　イ．Ａ→Ｃ→Ｂ　　ウ．Ｂ→Ａ→Ｃ

エ．Ｂ→Ｃ→Ａ　　オ．Ｃ→Ａ→Ｂ　　カ．Ｃ→Ｂ→Ａ

5　次の文章を読んで，あとの問いに答えなさい。

2020年７月，①東京都知事選挙が行われました。ここでは，地方公共団体のしくみについて考えてみましょう。地方公共団体のしくみでは，議会と首長が重要な役割をそれぞれ担《にな》っています。議会とは，住民の意思を代表する機関です。この②議会で地方公共団体の意思を決定します。首長とは，都道府県知事や市町村長などを指し，地方公共団体の行政を管理し，これをまとめあげ，代表する存在です。そして，③議会と首長は，ともに独立性が強く，互いに権力の行使を抑《おさ》え，バランスを保つ関係です。なぜなら，④(　　　　　)です。このような議会と首長の関係は，日本の行政を代表する内閣総理大臣と国会の関係とは異《こと》なります。内閣総理大臣は，国会議員の中から，国会の議決で指名されるからです。

問１．下線部①，東京都知事選挙に立候補できる年齢《れい》は何歳からですか。正しいものを１つ選び，記号で答えなさい。

ア．18歳　　イ．20歳　　ウ．25歳　　エ．30歳　　オ．35歳

問２．下線部②，地方公共団体の議会や議員の仕事として，適当でないものを１つ選び，記号で答えなさい。

ア．地方公共団体の施設をつくるための最終計画案をつくり，首長に提出する。

イ．地方公共団体の教育費や福祉に関する予算を審議《しんぎ》して決定する。

ウ．地方公共団体独自の決まりである条例を制定・改正・廃止する。

エ．地方公共団体の仕事が正しく運営されているかどうかをチェックする。

問３．下線部③，このような政治のしくみを大統領制として採用している国家があります。その中で，2020年11月に大統領を選ぶ選挙があった国を答えなさい。

問４．下線部④，(　)に入る文章として，もっとも適当なものを１つ選び，記号で答えなさい。

ア．議会の議員と首長は，互いに基本的人権を持っているから

イ．議会の議員と首長は，ともにその地方公共団体の住民だから

ウ．議会の議員と首長は，それぞれ選挙で住民に直接選ばれているから

エ．議会の議員と首長は，仕事を兼務しているから

【理　科】〈第２回試験〉（社会と合わせて40分）〈満点：50点〉

1　次の＜会話１＞はヘチマのようすを観察したときの会話です。会話文の内容について，あとの問いに答えなさい。

＜会話１＞

Ａさん「春に種を植えたヘチマがずいぶん大きくなったね。つるがのびて花がたくさん咲《さ》いているね。花にこん虫がいるよ。」

Ｂさん「本当だね。ヘチマには①お花《ばな》とめ花《ばな》があるね。②ヘチマのお花《ばな》には，つぼみの集まりがみられるよ。（図１）」

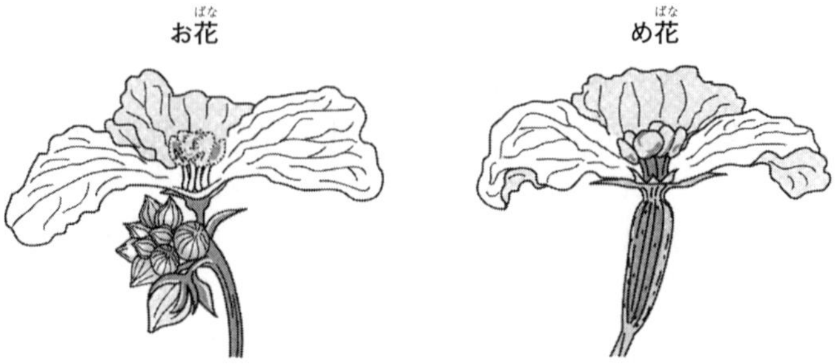

図１

Ａさん「め花《ばな》にはお花《ばな》にみられない子ぼうがあって，少しふくれているね。」

Ｂさん「この子ぼうが大きくなると，実になるのかな？　③ヘチマの実ができる条件を一緒《いっしょ》に考えようよ。」

(1)　下線部①のような植物の組み合わせとして，もっとも正しいものを１つ選び，記号で答えなさい。

ア．メロン・サツマイモ・スイカ・アブラナ

イ．ジャガイモ・カキ・ダイコン・イチョウ

ウ．カボチャ・ゴーヤ・スイカ・キュウリ

エ．キュウリ・カブ・ゴーヤ・タンポポ

オ．ヒョウタン・ダイズ・メロン・マツ

(2)　下線部②の利点として，もっとも正しいものを１つ選び，記号で答えなさい。

ア．たくさんの花を咲かせることで，め花《ばな》が咲かなくても，お花《ばな》がめ花《ばな》の代わりになる。

イ．たくさんの花を次々《つぎつぎ》に咲かせることで，花粉がこん虫に運ばれる期間が長くなる。

ウ．たくさんの花を咲かせることで，多くの実をつけて，種子をたくさんつくることができる。

エ．たくさんの花を次々に咲かせることで，花粉が風に運ばれる期間が長くなる。

(3)　下線部③において，次の方法のうち，ヘチマの実ができるものとして，もっとも正しいものを１つ選び，記号で答えなさい。

ア．お花《ばな》のつぼみにビニールのふくろをかぶせる。

イ．め花《ばな》のつぼみにビニールのふくろをかぶせる。

ウ．め花《ばな》のめしべの先端《せんたん》にお花《ばな》のおしべの先端をこすりつける。

エ．お花《ばな》のおしべの先端に別のお花《ばな》のおしべの先端をこすりつける。

オ．め花《ばな》のめしべの先端に別のめ花《ばな》のめしべの先端をこすりつける。

カ．め花《ばな》のめしべを取りのぞく。

キ．お花《ばな》のおしべを取りのぞく。

(4)　ヘチマのような実のつけ方をする花と，その花にさそわれて飛んでくるこん虫の組み合わせとして，もっとも正しいものを１つ選び，記号で答えなさい。

記号	花	こん虫
ア	アカシア	オニヤンマ
イ	トウモロコシ	ナナホシテントウ
ウ	イネ	ミツバチ
エ	ヒマワリ	アゲハチョウ
オ	アサガオ	アブラゼミ

(5)　次の<会話２>は<会話１>から３か月後にヘチマのようすを観察しているときの会話です。予想されるＢさんの会話文として，もっとも正しいものを１つ選び，記号で答えなさい。

<会話２>

Ａさん「ヘチマの実がたくさんできているね。」

Ｂさん「　会話文　」

Ａさん「この種を，また来年植えようね。」

ア．葉が枯《か》れていて，つるには細長い茶色の実がついているよ。実の中には黒い種がたくさん入っているね。

イ．葉は緑だけれど，つるには細長い黄色の実がついているよ。実の先が割《わ》れて，つるの下には赤い種がたくさん落ちているね。

ウ．葉が枯れていて，土をほると，細長い茶色の実がうまっているよ。実の中には黒い種がたくさん入っているね。

エ．葉が枯れていて，土をほると，丸い黄色の実がうまっているよ。実の中には大きな茶色の種が１つ入っているね。

2　気象について，次の問いに答えなさい。

(1)　天気は，空全体の広さを10としたときに空をおおっている雲の量で決まります。快晴，晴れ，くもりのうち，晴れの雲の量はいくつからいくつか，０～10の数字で答えなさい。

(2)　図２は，ある月の晴れた日と，くもりの日の気温と観測した時刻《じこく》の関係をグラフに示したものです。この図から読み取れることとして，正しいものを１つ選び，記号で答えなさい。

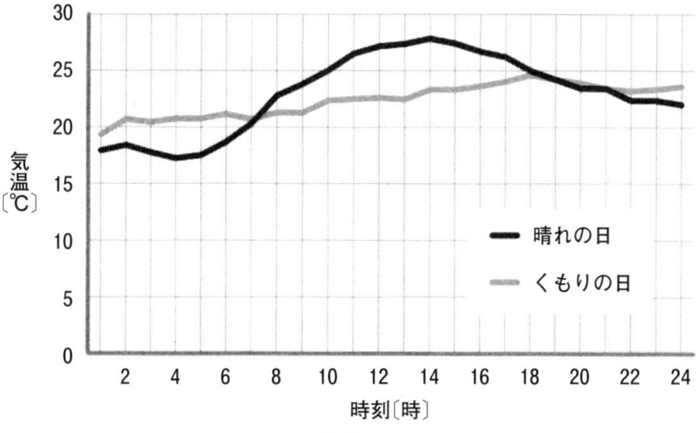

図２

ア．晴れの日は12時に気温がもっとも高くなる。

イ．くもりの日は晴れの日よりも，１日を通して気温の変化が大きい。

ウ．晴れの日よりも，くもりの日の方が4時～6時の気温が高い。

エ．晴れの日よりも，くもりの日の方が22時～24時の気温が低い。

(3) 雲のようすを見て，天気の変化を予測することができます。日本で予測した場合，観察した周辺の雲のようすと，観察者がいる場所の天気の予想の説明として，もっとも正しいものを1つ選び，記号で答えなさい。

ア．仙台《せんだい》市で，朝焼けを観察したとき，その方角の空に雲が見えない日は，1日中晴れることが多い。

イ．熊本市で，夕焼けを観察したとき，その方角の空に雲が見えない日の次の日は晴れることが多い。

ウ．大阪市で，日中の太陽を観察したとき，太陽のまわりにうすい雲がかかっていると，その日の夜は晴れることが多い。

エ．富士山のふもとで，山頂《さんちょう》付近の雲を観察したとき，山頂に雲のかさがかかっていると，その後は晴れることが多い。

(4) 図3の①～⑤は，日本付近の月ごとの平均的な台風の通り道を示したものです。台風が②と④の通り道を通ることが多いのはそれぞれ何月か，その組み合わせとして，もっとも正しいものを1つ選び，記号で答えなさい。

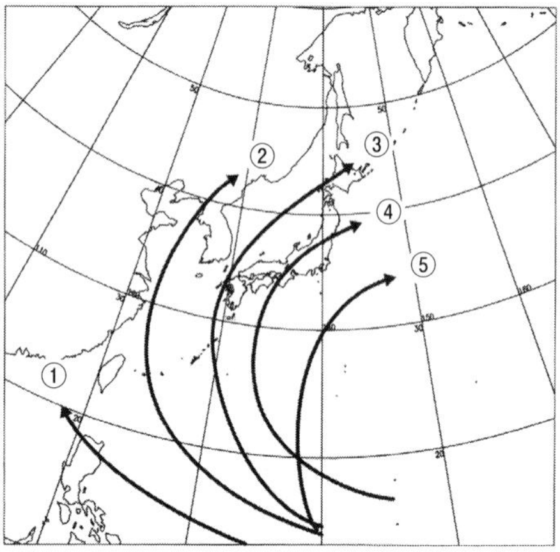

図3

記号	②	④
ア	4月	6月
イ	5月	7月
ウ	6月	8月
エ	7月	9月

(5) 2013年8月30日から気象庁《きしょうちょう》で特別警報《けいほう》の運用が開始されました。

特別警報の説明として，もっとも正しいものを1つ選び，記号で答えなさい。

ア．台風が日本列島に上陸したときに必ず発表される。

イ．特別警報が発表されていないときは，絶対に災害が起こらない。

ウ．数十年に一度の大雨などにより，重大な災害が起こるおそれがあるときに，発表される。

エ．波の高さが1mをこえたときに必ず発表される。

3　図４は，かん電池１つと豆電球４つと電流計をつないだ回路です。また，図５は使用した電流計を表したものです。あとの問いに答えなさい。

ただし，図４の ┃| はかん電池，⊗ は豆電球，Ⓐ は電流計を表し，使用している豆電球はすべて同じものとします。

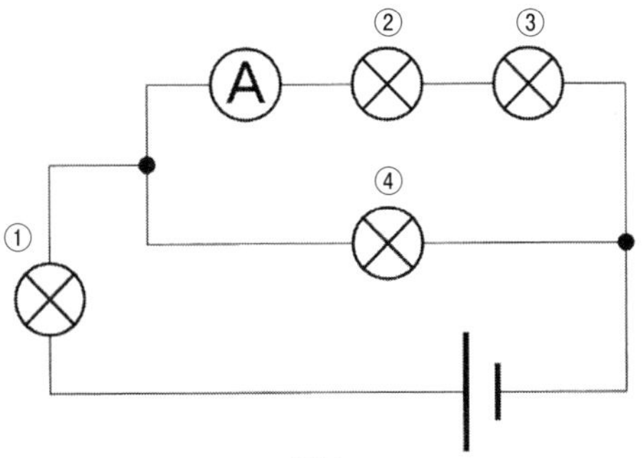

図４

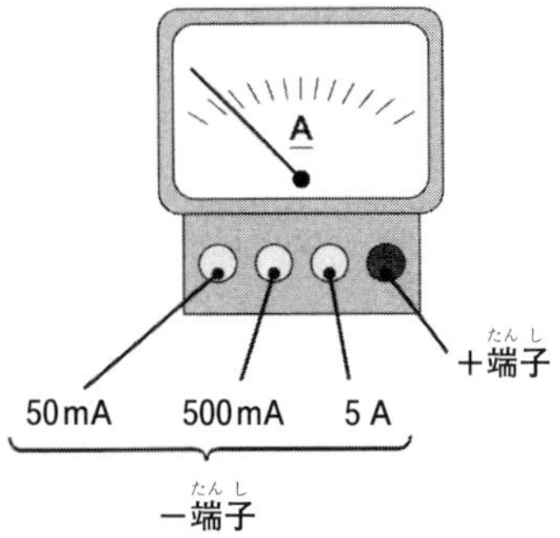

図５

(1)　図４の電流計に0.3Aの電流が流れているとき，電流計の－端子《たんし》は図５のどの端子を使うと値《あたい》が読みやすいか，もっとも正しいものを１つ選び，記号で答えなさい。

ア．50mA

イ．500mA

ウ．５Ａ

エ．どの端子でも変わらない。

(2)　電流計の値が(1)のとき，図４の①の豆電球に流れる電流の大きさは何Ａか，答えなさい。

(3)　図４の①，②，③，④の豆電球の明るさの大小を，等号，不等号で表したとき，正しいものを１つ選び，記号で答えなさい。

ア．①＞④＞②＝③

イ．④＞②＝③＞①

ウ．②＝③＞④＞①

エ．②＝③＞①＞④

(4)　図４の①の豆電球をソケットからゆるめたとき，①の豆電球のほかに，明かりが消える豆電球はどれか，豆電球の番号ですべて答えなさい。また，①以外のすべての豆電球の明かりが消えない場合は「なし」と答えなさい。

(5)　図４の④の豆電球をソケットからゆるめたとき，④の豆電球のほかに，明かりが消える豆電球はどれか，豆電球の番号ですべて答えなさい。また，④以外のすべての豆電球の明かりが消えない場合は「なし」と答えなさい。

4　表１は，温度のちがう水100ｇに物質Ａがとける最大量を示したものです。次の問いに答えなさい。

表１

水の温度　[℃]	20	40	60	80
物質Ａがとける最大量[ｇ]	5.0	9.0	15.0	24.0

(1)　水よう液全体の重さに対して，とけている物質の重さの割合《わりあい》を濃度《のうど》といいます。

水に物質Ａを７ｇとかして，濃度10％の水よう液をつくりました。このとき，物質Ａを７ｇとかすために必要な水は何ｇか，答えなさい。

(2) 40℃の水80gに物質Aを18g入れて水よう液をつくったところ，とけ残りました。このとけ残りをすべてとかす方法として，もっとも正しいものを1つ選び，記号で答えなさい。

ただし，加熱による水の蒸発《じょうはつ》量は考えないものとします。

ア．40℃の水を100g加えてよくかき混ぜる。

イ．水よう液を冷やして，温度を20℃にする。

ウ．沸とう石を入れて，よくかき混ぜる。

エ．水よう液を加熱して，温度を80℃にする。

(3) ろ過の方法やろ過で使うものの説明として，まちがっているものを1つ選び，記号で答えなさい。

ア．ろ紙には小さな穴《あな》が開いているため，その穴より大きなつぶの物質はろ紙を通りぬけない。

イ．ろ過するとき，ろうとの先をビーカーの内側のかべにつけるようにする。そのとき，ろうとの先の長い方をかべにつける。

ウ．ろ過するとき，ガラス棒《ぼう》に液体を伝わらせて入れる。そのとき，ガラス棒の先をろ紙の重なっているところにあてる。

エ．ろ過によって，水よう液にとけている物質を取り出すことができる。

(4) 図6は，水に物質がとけているようすを表しています。図6の ○ はとけている物質を示し，①～③の部分の水よう液の体積はすべて同じとします。

水にとけている物質のようすとして，②の部分の ○ の数を参考に，①，③の部分へ ○ を書き加えなさい。

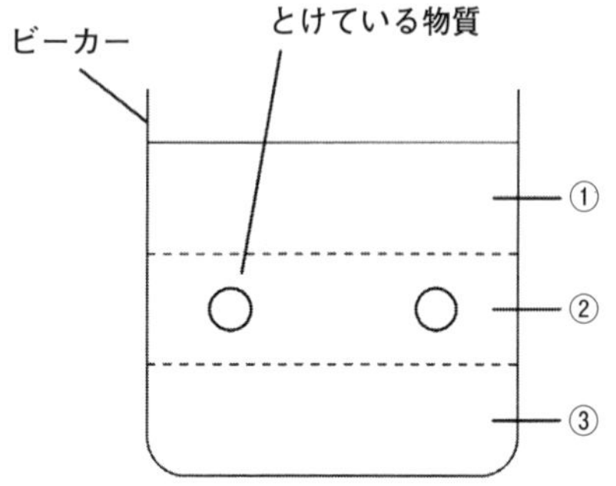

図6

カ．木村君が喜んで蝶の標本箱を受け取ったこと

キ．標本箱を受け取った木村君を見て安心したこと

問５　――線部５「みなの作文には時々、ウソがある」とありますが、教師の言う「ウソ」とはどのようなことですか。

問６　――線部６「良心的だナ」とありますが、教師はどのようなことを「良心的」だと言ったのですか。

ア．昆虫採集という少年らしい遊びで得た蝶をお見まいの品に選んだこと

イ．自分の大切な標本箱をあげてでも、友達の悦《よろこ》びを優先しようとしたこと

ウ．先生が悦びそうな内容をしっかりと作文の中に取り入れて書いたこと

エ．他人には知られたくない本当の気持ちまで隠さずに書いていたこと

オ．病気になった友達をはげますためにお見まいに行こうと思いついたこと

問７　――線部７「そうすること」とはどういうことですか。

ア．作文には真実でない大げさなことを書くこと

イ．純真で少年らしい気持ちを持ち続けること

ウ．大人がよろこびそうな言動を選び実行すること

エ．友達に対しては親切にしようと心がけること

オ．常に良心的な行動を心がけるよう努めること

問８　――線部８「何かうしろめたい屈辱感に似たものを感じる」とありますが、それはなぜですか。

問９　――線部９「あの時」とはいつのことですか。

ア．教師が若林を「クン」づけで呼んだ時

イ．みなの前で自分の作文を朗読した時

ウ．新入生として若林が紹介された時

エ．教師が黒板に「良心的」と書いた時

オ．若林の唇にうすい笑いが浮かんだ時

問10　本文の内容と合っているものはどれですか。

ア．ぼくのような子供が持つ大人への不信感や、子供同士の競争心を、教師は理解しなかった。

イ．ぼくは周りから一目置かれていたが、ウソによって作り上げた立場でしかなかった。

ウ．ぼくが優等生でありつづけようとしたのは、みんなをよろこばせるためだった。

エ．ぼくのように東京からやってきた子供に対して、地方の子供たちは劣等感を抱いた。

オ．ぼくは、大人は簡単にだませても、自分と同じ年齢の子供はだませないと知った。

いているような気がした。

それからぼくの自信は少しずつ崩《くず》れはじめた。教室でも校庭でもこの若林という子がそばにいる限り、**8**何かうしろめたい屈辱感《くつじょくかん》に似《に》たものを感じるのである。もちろん、そのために成績が落ちるということはなかったが、教師からみなの前でホメられた時、図画や※書方《かきかた》が壁《かべ》にはられた時、組の自治会で仲間から委員にまつり上げられた時、ぼくは彼の眼をひそかに盗み見てしまう。

この子の眼と書いたが、今、考えてみるとそれは決してぼくをとがめる裁判官の眼でもなく罪《つみ》を責《せ》める良心の眼でもなかった。同じ秘密、同じ悪の種をもった二人の少年がたがいに相手の中に自分の姿《すがた》をさぐりあっただけにすぎぬ。ぼくが**9**あの時、感じたのは心の※呵責《かしゃく》ではなく、自分の秘密を握《にぎ》られたという屈辱感だったのだ。

（遠藤周作『海と毒薬』（角川文庫　改版十五版）による）

※百姓…農業を営む人。
※白墨…チョークのこと。
※師範出…師範学校（教員を養成するための学校）の出身者。
※鈴木三重吉…児童文学作家。子どものための雑誌「赤い鳥」を創刊した。
※標本箱…虫などの実物を保存して見せるようにした箱。
※唱歌…明治から昭和時代にかけて、学校教育用につくられた歌。
※書方…習字のこと。
※呵責…責め苦しめること。

問１　――線部１「教室はすこし、ざわめいた」とありますが、それはなぜですか。

ア．転校生に対してどんな態度で接するか迷ったから。
イ．転校生がぼくと同じように髪の毛を伸ばしていたから。
ウ．転校生が眼鏡を指であげながらこちらを盗み見たから。
エ．転校生の名前の読み方が難しくてとまどったから。
オ．転校生が首にまいていた白い包帯が気になったから。

問２　［２］に当てはまる言葉を選びなさい。

ア．平常心　イ．自尊心　ウ．親切心
エ．忠誠心　オ．好奇心

問３　――線部３「心は落ちつかなかった」とありますが、それはなぜですか。

ア．ぼくと同じく東京から来た新入生に注目されている気がして、動揺《どうよう》したから。
イ．ぼくの特権を奪って得意になる新入生に、自分の実力を見せつけたいと思ったから。
ウ．ぼくのことを眼鏡の奥からためすように見ていた新入生に怒りを感じたから。
エ．ぼくよりも後にやってきたのに、自分より人気者になる気がして不安になったから。
オ．ぼくが作文を読むのに失敗して、新入生の前で恥をかくのがたえられなかったから。

問４　――線部４「ありもしない場面」について、

①　**ぼくはどんな言葉で言い表していますか、本文中から三字で抜き出しなさい。**

②　**「ありもしない場面」に当てはまる内容を、次から三つ選びなさい。**

ア．病気の木村君のもとへお見まいに行ったこと
イ．苦心して集めた蝶を木村君にあげようとしたこと
ウ．蝶の標本箱を手に木村君の家へ向かったこと
エ．ネギ畑の中を歩いて木村君の家まで行ったこと
オ．幾度も家に戻ろうとしてから木村君の家についたこと

に腰をおろした新入生の眼鏡が気になったのである。彼は東京の小学校から来ている。髪の毛を伸ばし、白いえりの出たシャれた洋服を着ている。（負けんぞ）とぼくは心の中でつぶやいた。

作文の時、ぼくはいつも一、二か所のサワリを作っておく。サワリとは※師範《しはん》出《で》の若い教師がよろこびそうな場面である。別に意識して書いたのではないが、※鈴木三重吉《すずきみえきち》の「赤い鳥」文集を生徒に読みきかせるこの青年教師からほめられるために、純真さ、少年らしい感情を感じさせる場面を織りこんでおいたのだ。

「夏休みのある日、木村君が病気だと聞いたので、さっそく見まいに行こうと考えた」とその日もぼくはみなの前で朗読した。

これは本当だった。けれどもそれに続くあとの部分で、例によってぼくは4ありもしない場面を作りあげていた。病気の木村君のため、苦心して採集した蝶《ちょう》の※標本箱を持っていこうとする。ネギ畑の中を歩きながら、突然、それをやることが惜《お》しくなる。幾度《いくど》も家に戻《もど》ろうとするが、やっぱり木村君の家まで来てしまう。そして彼のよろこんだ顔をみてホッとする……

「よおし」ぼくが読み終わった時、教師はいかにも満足したように組中の子供を見まわした。

「戸田クンの作文のどこがええか、わかるか。わかった者は手をあげよ」

二、三人の子供が自信なげに手をあげた。ぼくには彼らの答えも、教師の言いたいこともほぼ見当がついていた。木村マサルという子に標本箱を持っていってやったのは本当である。だが、それは彼の病気に同情したためではない。キリギリスの鳴きたてる畑を歩いたことも事実である。だが、これをくれてやることが惜しいとは思いもしなかった。なぜならぼくは三つほど、そんな標本箱を父から買い与《あた》えられていたからだ。木村がよろこんだことは言うまでもない。だが、あの時、ぼくが感じたのは彼の百姓家《ひゃくしょうや》のきたなさと優越感とだけであった。

「アキラ。答えてみろや」

「戸田クンがマサルに標本箱……大切な標本箱、やりはったのがえらいと思います」

「それは、まあ、そやけれど、この作文のええ所は」教師は白墨をとると黒板に――良心的――という三文字を書きつけた。「ネギ畑を歩きながら標本箱やるのが惜しうなった気持ちをありのままに書いているやろ。5みなの作文には時々、ウソがある。しかし戸田クンは本当の気持ちを正直に書いている。6良心的だナ」

ぼくは黒板に教師が大書《たいしょ》した良心的という三文字を眺めた。どこかの教室でかすれたオルガンの音がきこえる。女の子たちが※唱歌《しょうか》を歌っている。別にウソをついたとも仲間や教師をだましたとも思わなかった。今日まで学校でも家庭でもそうだったのだし、7そうすることによってぼくは優等生であり善《よ》い子だったのである。

ななめ横をそっと振りむくと、あの髪の毛を伸ばした新入生が鼻に眼鏡を少しずり落として黒板をじっと見つめていた。ぼくの視線に気づいたのか、彼は首にまいた白い包帯をねじるようにしてこちらに顔をむけた。二人はそのまましばらくの間、たがいの顔を探るようにうかがいあっていた。と、彼のほおがかすかに赤らみ、うすい笑いが唇《くちびる》にうかんだ。（みんなはだまされてもネ、ぼくは知っているよ）その微笑《びしょう》はまるでそう言っているようだった。

（ネギ畑を歩いたことも、標本箱が惜しくなったこともみな、ウソだろ。うまくやってきたね。だが大人をだませても東京の子供はだまされないよ）

ぼくは視線をそらし、耳まで赤い血がのぼるのを感じた。オルガンの音がやみ、女の子たちの声もきこえなくなった。黒板の字が震《ふる》え動

エ．パフォーマンス…意欲
オ．モチベーション…演技
カ．カルチャー…文化

問８　次の①・②の作品の□に当てはまる言葉をそれぞれ漢字一字で答え、共通する作者名を後から選びなさい。

①　□ニモマケズ
②　□の又三郎

【作者名】
ア．太宰治　イ．夏目漱石　ウ．宮沢賢治
エ．芥川龍之介　オ．新美南吉

問９　次の文章を読み、後の問いに答えなさい。

私と妹は、同じ絵画クラブに通っている。妹は、私なんかより才能があって、一年生の頃から、展覧会《てんらんかい》で入賞し、四年生になった今年はとうとう一番上の、「大賞」というのを受賞した。
「じまんの妹だね、だって。クラスの子たちに言われたよ」
「あらそう？」お母さんはやっぱり、まんざらでもなさそうな顔だ。
「私もさ、鼻が高いよ」
そう言った。ウソじゃない。間違いなく、本心だった。だけど言ったそばから、**心がざらつく**。どうしてなんだろう。なぜだろう。

問　「心がざらつく」とは、この文章ではどのような気持ちを表していますか。

ア．ねたましさ　イ．あどけなさ
ウ．したたかさ　エ．いじらしさ
オ．ほこらしさ

二　次の文章を読んで、後の問いに答えなさい。

昭和十年ごろ、ぼく（戸田）は、東京から神戸に引っ越《こ》してきた。級友たちのほとんどが※百姓《ひゃくしょう》の子供だったが、ぼくだけが医者の息子で、髪《かみ》の毛も長く伸《の》ばしていた。

五年生になった新学期の最初の日、教師が一人の新入生を教室に連れてきた。首に白い包帯をまき眼鏡《めがね》をかけた小さな子だった。教壇《きょうだん》の横で彼は女の子のように眼《め》をふせて床《ゆか》の一点をみつめていた。
「みんな」黄ばんだスポーツ・パンツをはいたその若い教師は腰《こし》に手をあてて大声で叫んだ。
「東京から転校してきた友だちや。仲良うせな、あかんぜ」
それから彼は黒板に※白墨《はくぼく》で若林稔《みのる》という名を書いた。
「アキラよ、この子の名、読めるか」
１教室はすこし、ざわめいた。中にはぼくの方をそっと振りかえる者もいる。その若林という子がぼくと同じように髪の毛を長く伸ばしていたからである。ぼくといえば、多少、敵意《てきい》とも嫉妬《しっと》ともつかぬ感情で、その首に白い包帯をまいた子供を眺《なが》めていた。鼻にずり落ちた眼鏡を指であげながら、彼はこちらをチラッと盗《ぬす》み見ては眼をふせた。
「みんな、夏休みの作文、書いてきたやろ」教師は言った。「若林クンはあの席にすわって聞きなさい。まず、戸田クン、読んでみろや」
新入生のことを教師が若林クンと呼んだことが、ぼくの［２］を傷つけた。この組で君をつけて呼ばれるのは今日までぼくが一人だけの特権だったからである。
命ぜられるままに、たち上がって作文を読みはじめた。いつもなら、この時間はぼくにとって楽しいものなのだ。自分の書いたものを模範《もはん》作文としてみなに朗読《ろうどく》することは大いに虚栄心《きょえいしん》を満たしてくれたのだが、この日は読みながら、３心は落ちつかなかった。ななめ横の椅子《いす》

二〇二一年度 日本大学第二中学校

【国　語】〈第二回試験〉（四〇分）〈満点：一〇〇点〉

注意　選択肢《せんたくし》がある場合は、指示がないかぎり最もふさわしいものを記号で答えなさい。また、抜《ぬ》き出して答える場合は、句読点・記号も字数に含《ふく》みます。

一　次のそれぞれの問いに答えなさい。

問１　次の――線部の漢字の読みをひらがなで書きなさい。

① 銀行から**預金**をおろす。

② 現状を**打破**する。

③ 大会のルールに**則**る。

④ 大臣を**護衛**する。

問２　次の――線部のカタカナを漢字に直しなさい。送りがなが必要な場合は、それも書きなさい。

① バスが**コンザツ**している。

② 法案が**カケツ**される。

③ お店を**イトナム**。

④ 勉強の**ノウリツ**が上がる。

問３　次の文には漢字のあやまりが一つあります。正しく直して答えなさい。

① となりの部屋から机を写す。

② 学級会の議長を努める。

問４　次の□に共通する体の一部分を、漢字一字で答えなさい。

① □であしらう
　 □で笑う

② □を折る
　 □で息をする
　 □を並べる
　 □を落とす

問５　次の言葉と同じような意味になる二字の熟語を、後の【語群】の漢字を組み合わせて答えなさい。

① 賛成

② 進歩

【語群】

退　対　上　意　後　反　向　同

問６　次の言葉の意味を後の【語群】からそれぞれ選びなさい。

① 杞憂《きゆう》

② 岡目八目

【語群】

ア．心配する必要のないことをあれこれと心配すること。

イ．当事者同士が争っている間に、第三者が利益を横取りすること。

ウ．人の世話ばかり焼いて、自分のことにはかまわないこと。

エ．当事者よりも第三者の方が正確な判断ができるということ。

オ．自分の利益にはならないのに、他人のために危険をおかすこと。

カ．実際にやってみると、心配していたよりもうまくいくこと。

問７　カタカナ語とその意味の組み合わせとして正しいものを二つ選びなさい。

ア．テクノロジー…反応

イ．コンディション…状態

ウ．リアクション…技術

2021年度

日本大学第二中学校　▶解説と解答

算　数　＜第２回試験＞（40分）＜満点：100点＞

解　答

1 (1) 32　(2) 3　(3) $\frac{5}{7}$　(4) 1011　(5) 7　(6) 81　2 (1) 11本　(2) 40秒　(3) 72cm^3　(4) **最長**…27.62cm，**最短**…13.62cm　3 (1) 30.615cm^2　(2) 66.24cm　4 (1) あ D　い B　(2) 33人　5 (1) 11cm^3　(2) 2 cm　(3) 2.5cm

解　説

1 計算のくふう，四則計算，逆算，整数の性質，約束記号，角度

(1)　$6\times3.2+7\times6.4-8\div1.25\times5=6\times3.2+7\times2\times3.2-8\div1\frac{1}{4}\times5=6\times3.2+14\times3.2-8\div\frac{5}{4}\times5=(6+14)\times3.2-8\times\frac{4}{5}\times5=20\times3.2-32=2\times32-32=(2-1)\times32=1\times32=32$

(2)　$\left\{\left(7\frac{1}{2}-3\right)+5\frac{1}{10}\right\}\div3\frac{1}{5}=\left(4\frac{1}{2}+5\frac{1}{10}\right)\div3\frac{1}{5}=\left(4\frac{5}{10}+5\frac{1}{10}\right)\div\frac{16}{5}=9\frac{6}{10}\div\frac{16}{5}=9\frac{3}{5}\div\frac{16}{5}=\frac{48}{5}\times\frac{5}{16}=3$

(3)　$\frac{2}{3}+0.2=\frac{2}{3}+\frac{1}{5}=\frac{10}{15}+\frac{3}{15}=\frac{13}{15}$より，$\frac{5}{7}-\frac{13}{15}\times\square=\frac{2}{21}$，$\frac{13}{15}\times\square=\frac{5}{7}-\frac{2}{21}=\frac{15}{21}-\frac{2}{21}=\frac{13}{21}$　よって，$\square=\frac{13}{21}\div\frac{13}{15}=\frac{13}{21}\times\frac{15}{13}=\frac{5}{7}$

(4)　１から2021までの整数のうち，３で割り切れる数は，2021÷３＝673あまり２より，673個あり，４で割り切れる数は，2021÷４＝505あまり１より，505個ある。また，３と４の最小公倍数は12だから，３でも４でも割り切れる数は，2021÷12＝168あまり５より，168個ある。よって，１から2021までの整数のうち，３か４で割り切れる数は，673＋505－168＝1010(個)あるから，３でも４でも割り切れない数は，2021－1010＝1011(個)ある。

(5)　３×４＋１＝13，４×６＋１＝25，７×７＋１＝50だから，記号◎は，２つの数の積に１をたす計算を表している。(２◎□)◎８＝121のとき，(２◎□)×８＋１＝121となるので，(２◎□)×８＝121－１＝120，２◎□＝120÷８＝15と求められる。よって，２×□＋１＝15より，２×□＝15－１＝14，□＝14÷２＝７となる。

(6)　右の図のように，ABとGFをのばして考えると，三角形BCHについて，か＋23＝143(度)なので，かの角度は，143－23＝120(度)である。よって，きの角度も120度で，BHとIFは平行だから，くの角度はきの角度と同じ120度とわかる。また，けの角度は，180－72＝108(度)より，四角形DIFEで，あの角度は，360－(120＋108＋51)＝360－279＝81(度)と求められる。

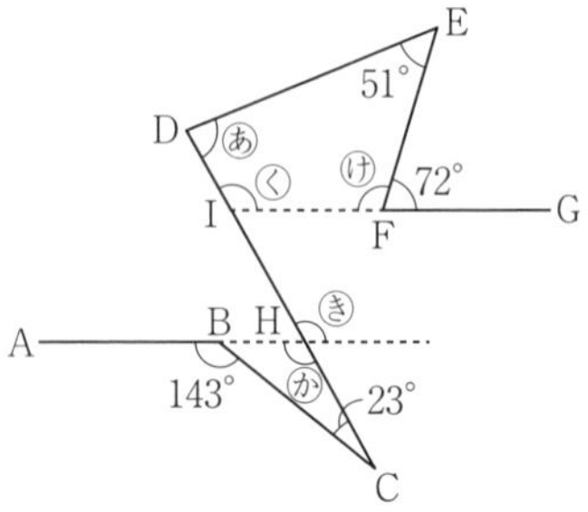

2 差集め算，通過算，体積，和差算

(1)　買う本数を逆にして，代金が予定より安くなったので，値段の高いボールペンを値段の安いえんぴつより多く買う予定だったとわかる。そこで，ボールペンをえんぴつより□本多く買う予定だったとすると，買う本数を逆にすることは，多い分のボールペン□本をえんぴつ□本にかえることと同じになる。ボールペン１本をえんぴつ１本にかえると，代金は，100−70＝30(円)安くなるので，240円安くなるとき，240÷30＝８より，ボールペン８本をえんぴつ８本にかえて買ったことになる。つまり，ボールペンをえんぴつより８本多く買う予定だったから，予定のえんぴつの本数の２倍が，30−８＝22(本)となる。よって，えんぴつは，22÷２＝11(本)買う予定だったとわかる。

(2)　列車Ａが列車Ｂの最後尾《さいこうび》に追いついてから完全に追いこすとき，右の図１の矢印のように，ＡがＢよりも，180＋140＝320(m)多く進む。よって，ＡはＢよりも１秒あたり，24−16＝８(m)多く進むから，追いこすのにかかる時間は，320÷８＝40(秒)と求められる。

図１

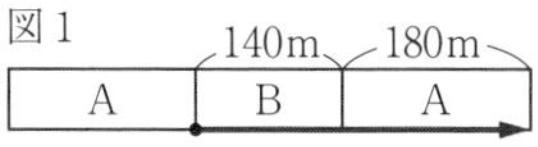

図２

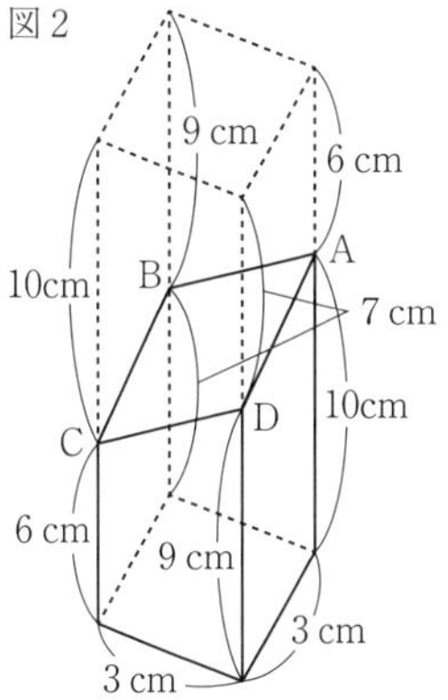

(3)　この立体と同じ立体を，右の図２のように，もとの立体の上に重ねると，底面が１辺３cmの正方形で，高さが，10＋６＝(９＋７＝)16(cm)の直方体ができる。このとき，上に重ねた立体と下の立体(もとの立体)の体積は同じだから，もとの立体の体積は，できた直方体の体積の半分になる。よって，３×３×16÷２＝72(cm^3)と求められる。

(4)　５つの糸を短い順に並べると，右下の図３のように表せる。これらの糸の長さの合計は，１m＝100cmだから，最短の糸の長さの５倍が，100−(1.5×４＋５×３＋3.4×２＋4.1)＝100−(６＋15＋6.8＋4.1)＝100−31.9＝68.1(cm)となる。よって，最短の糸の長さは，68.1÷５＝13.62(cm)で，最長の糸の長さは，13.62＋1.5＋５＋3.4＋4.1＝27.62(cm)となる。

図３

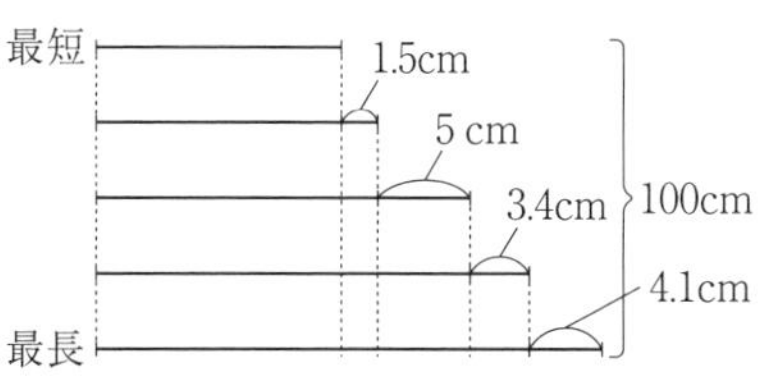

3　平面図形―面積，長さ

(1)　右の図①のように，色のついた部分の一部を移動させると，色のついた部分は，半径が４cmの半円と，太線で囲んだ部分を合わせた形となる。まず，半径が４cmの半円の面積は，４×４×3.14÷２＝８×3.14(cm^2)である。また，太線で囲んだ部分は，半径４cmの円の$\frac{1}{4}$から，半径３cmの円の$\frac{1}{4}$を取り除いた形なので，その面積は，４×４×3.14×$\frac{1}{4}$−３×３×3.14×$\frac{1}{4}$＝４×3.14−2.25×3.14＝(４−2.25)×3.14＝1.75×3.14(cm^2)となる。よって，色のついた部分の面積は，８×3.14＋1.75×3.14＝(８＋1.75)×3.14＝9.75×3.14＝30.615(cm^2)と求められる。

図①

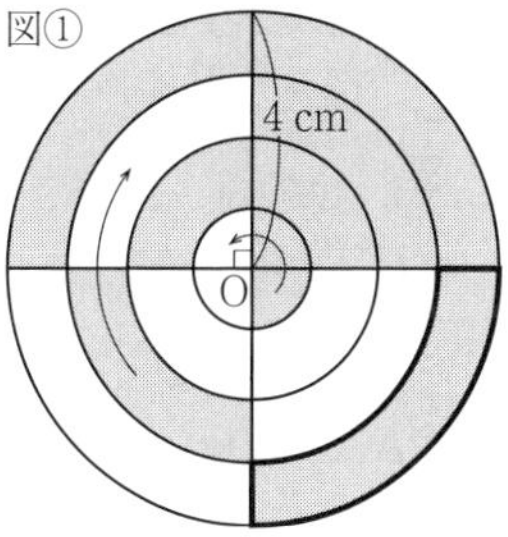

(2)　右の図②で，㋐と㋕，㋑と㋖，㋒と㋗，㋓と㋘はそれぞれ同じ図形だから，㋐，㋑，㋒，㋓の周りの長さの和を２倍すれば，色のついた部分の周りの長さとなる。まず，㋐，㋑，㋒，㋓の周りのうち，直線部分の長さの和は，１×８＝８(cm)である。また，曲線部分の長さの和は，太線部分の長さの和となり，これは，半径４cmの円周の$\frac{1}{4}$と，半径３cm，２cm，１cmの円周の半分を合わせた長さとなるから，４×２×3.14×$\frac{1}{4}$＋３×２×3.14×$\frac{1}{2}$＋２×２×3.14×$\frac{1}{2}$＋１×２×3.14×$\frac{1}{2}$＝２×3.14＋３×3.14＋２×3.14＋１×3.14＝(２＋３＋２＋１)×3.14＝８×3.14＝

図②

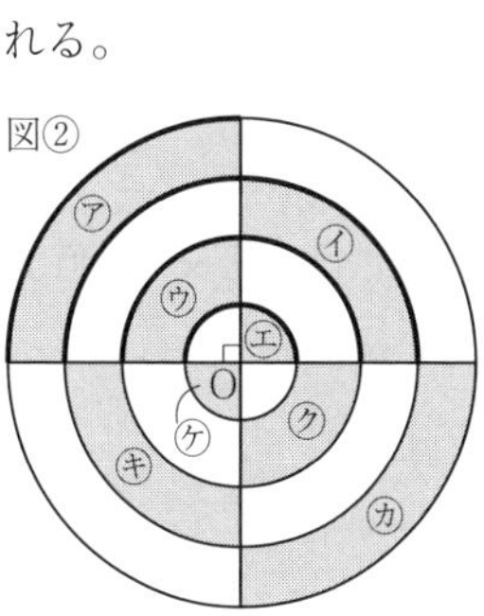

25.12(cm)とわかる。よって，㋐，㋑，㋒，㋓の周りの長さの和は，８＋25.12＝33.12(cm)だから，色のついた部分の周りの長さは，33.12×２＝66.24(cm)と求められる。

4 グラフ―割合と比，条件の整理

(1) 晴れの日に徒歩または自転車で通学する生徒のうち，雨の日はバスで通学する生徒が９人いるから，雨の日は晴れの日と比べて，徒歩と自転車で通学する生徒の割合は減り，バスで通学する生徒の割合は増える。よって，晴れの日と雨の日で割合が同じⓐは電車とわかる。また，雨の日に割合が増えているⓔはバスだから，ⓘは徒歩か自転車である。グラフの１目もりが２％であることに注意すると，晴れの日のグラフで，ⓐ(電車)は44％，ⓘは，72－44＝28(％)，ⓤは，88－72＝16(％)，ⓔ(バス)は，100－88＝12(％)であり，晴れの日に電車または徒歩で通学する生徒は，６割＝60％だから，徒歩で通学する生徒は，60－44＝16(％)となり，ⓤが徒歩とわかる。したがって，ⓘは自転車である。

(2) 雨の日のグラフで，ⓔは，100－76＝24(％)だから，雨の日にバスで通学する生徒の人数は，晴れの日と比べて全体の，24－12＝12(％)にあたる人数だけ増えている。よって，全体の人数の12％が９人だから，全体の人数は，９÷0.12＝75(人)とわかる。したがって，晴れの日に電車で通学する生徒は，75×0.44＝33(人)となる。

5 立体図形―水の深さと体積

(1) 右の図で，下から１段目に入っている水の量は，３×３×１＝９(cm^3)である。また，下から２段目には，１÷２＝0.5(cm)の高さまで水が入っているから，下から２段目に入っている水の量は，２×２×0.5＝２(cm^3)である。よって，容器の中に入っている水の量は全部で，９＋２＝11(cm^3)となる。

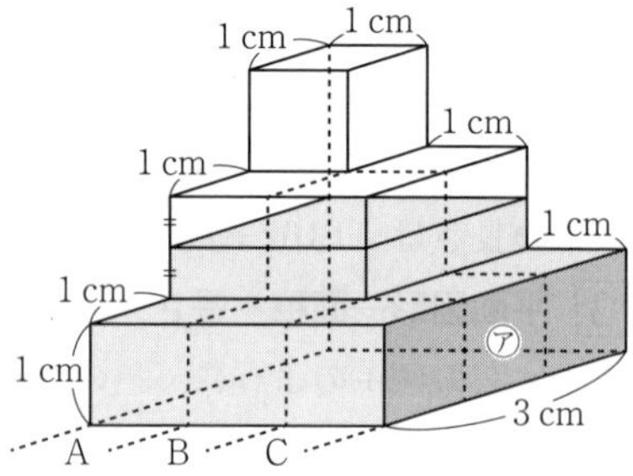

(2) 図のように，左はしから１cmまでの部分をA，１cm～２cmの部分をB，２cm～３cmの部分をCとすると，㋐の面を真上に向けるとき，下から１段目はAの部分，２段目はBの部分，３段目はCの部分となる。また，Aの部分の容積は６cm^3，Bの部分の容積は５cm^{3}で，その和は，６＋５＝11(cm^3)だから，㋐の面を真上に向けると，ちょうどAとBの部分すべてに水が入ることになる。よって，一番深いところの水深は，１＋１＝２(cm)とわかる。

(3) ㋐の面を真下に向けると，下から１段目はCの部分，２段目はBの部分，３段目はAの部分となり，Cの部分の容積は３cm^3，Bの部分の容積は５cm^{3}なので，Aの部分には水が，11－(３＋５)＝３(cm^3)入る。このとき，Aの部分の底面積は，１×１×６＝６(cm^2)だから，Aの部分の水の高さは，３÷６＝0.5(cm)となる。よって，一番深いところの水深は，１＋１＋0.5＝2.5(cm)とわかる。

社　会　＜第２回試験＞（理科と合わせて40分）＜満点：50点＞

解　答

1 問１　イ　問２　オ　問３　ア　問４　エ　問５　ウ　問６　(1)　イ　(2)　オ
問７　エ　問８　(1)　門前町　(2)　エ　問９　(1)　イ　(2)　アフリカ(大陸)　問10
ア　2 問１　ア　問２　エ　問３　ウ　問４　ア　3 問１　645(年)　問
２　ウ　問３　平安京　問４　オ　4 問１　75　問２　ウ　問３　イ　問４
エ　5 問１　エ　問２　ア　問３　アメリカ合衆国　問４　ウ

解　説

1 SDGsを題材にした問題

問１　SDGsは2015年に国連総会で採択《さいたく》された「持続可能な開発目標」のことで，2030年までに達成すべき17の国際目標からなる。

問２　世界保健機関(WHO)は国連の専門機関の１つで，伝染病予防や世界の人々の健康増進をはかる活動を行っている。2019年末から新型コロナウイルス感染症《しょう》が世界的に拡大していったことにともない，その情報を世界に発信し警戒《けいかい》をよびかけている。なお，アの世界貿易機関(WTO)は関税などの貿易障壁《しょうへき》をなくし，自由貿易を進める機関，イの国際労働機関(ILO)は世界の労働者の権利保障や労働環境の改善などを行う機関，ウの国連教育科学文化機関(UNESCO)は教育・科学・文化の分野を通じて国際交流をはかり，世界平和を促進する機関。エの国連児童基金(UNICEF)は，飢《う》えや紛争で苦しむ発展途上国の子どもたちを救済する機関。

問３　淀《よど》川は琵琶湖(滋賀県)を水源とし，おおむね南西へ向かって流れ，大阪湾に注いでいる。琵琶湖・淀川の水は大阪・神戸・京都などに住む人々の水道水や工業用水などとして用いられている。なお，イの木曽川は長野県から岐阜県・愛知県・三重県を流れて伊勢湾に注ぐ川，ウの吉野川は高知県・徳島県を流れて紀伊水道に注ぐ川(奈良県にも同名の川が流れる)，エの太田川は広島県内を流れて広島湾に注ぐ川，オの筑後《ちくご》川は熊本県・大分県・福岡県・佐賀県を流れて有明海に注ぐ川。

問４　江戸時代の初め，幕府から貿易許可状を与えられた西国の大名や商人たちによる朱印船貿易がさかんに行われ，東南アジア各地に日本人の居留地である日本町が形成された。よって，エが正しい。なお，アは「源頼朝」ではなく「平清盛」，イは「鎌倉時代」ではなく「戦国時代」，ウは「織田信長」ではなく「豊臣秀吉」が正しい。

問５　ウの大塩平八郎は大阪町奉行所の元役人・陽明学者で，天保の大ききん(1833～36年)における幕府の処置を不満として，1837年に大阪で反乱を起こした。乱そのものは半日ほどで平定され，大塩もその後自害したが，元幕府の役人が反乱を起こしたということで幕府や諸藩に大きな衝撃《しょうげき》を与えた。なお，アは壇ノ浦《だんのうら》の戦いで平氏をほろぼした源義経《よしつね》，イは日本の水墨画《すいぼくが》を大成した雪《せっ》舟《しゅう》，エは江戸幕府の第３代将軍徳川家光。

問６　(1)　生で食べるほか，ジュースやお酒にも加工され，山梨県と長野県で国内生産量の40％ほどを生産するとあることから，ぶどうがあてはまる。ぶどうの生産量は山梨県が全国第１位で，以下，長野・山形・岡山の各県が続く。統計資料は『日本国勢図会』2020／21年版による。　(2)　米農家では，ほかの産地や安い輸入米との競争に勝つため，環境に配慮《はいりょ》した無洗米を出荷したり，高くても品質・味のよい米の生産に取り組んだりしている。よって，オがあてはまる。なお，無洗米とは，精米工場であらかじめ肌《はだ》ぬかの部分を取り除き，水でとぎ洗いせずに水を加えるだけで炊《た》けるようにした米のこと。

問７　明治政府は国の財政を安定させるため1873年に地租改正を行ったが，すべての農民に土地を与えるようなことはしていないので，エが正しくない。

問８　⑴　有名や神社や寺院の門前を中心に形成された町を門前町という。伊勢神宮のある三重県伊勢市，善光寺のある長野市などが知られている。　⑵　模式図に，夜間気温の低下，日中の体感気温の低下，建物エネルギー消費の削減《さくげん》，排熱量の削減などとあるので，都心部の気温が周辺部より高くなる「ヒートアイランド現象」をおさえるための対策だとわかる。

問９　⑴　新型コロナウイルス感染症《しょう》が拡大するのを防ぐ対策として，各国はロックダウン(都市封鎖《ふうさ》)という強硬《きょうこう》な手段を用いたが，日本ではあくまで国民に要請《ようせい》するという形の対策をとった。よって，イが正しくない。　⑵　地図Ａはアフリカ大陸。資料の新型コロナウイルス累計《るいけい》感染者数上位５か国のうち，アメリカ合衆国は北アメリカ大陸，インドとロシアはユーラシア大陸，ブラジルとコロンビアは南アメリカ大陸に位置する。

問10　17番目の目標は世界の人々が協力し合うことをめざしているので，先進国が発展途上国に資金援助を行ったり技術指導者を派遣したりすることを説明したアが選べる。イは環境保全にかかわることで，ウとエはSDGsの考え方に反する。

2　おにぎりの歴史を題材にした問題

問１　石川県は中部地方の北西部に位置し，県域は北東から南西にかけて細長い。県北東部の能登半島にある輪島市は，漆器《しっき》の輪島塗《ぬり》の産地，県中部にある県庁所在地の金沢市は，染物の加賀友禅《かがゆうぜん》の産地として知られる。よって，アがあてはまる。イは香川県，ウは千葉県，エは岩手県の説明。

問２　茨城県は近郊農業がさかんで，野菜の産出額が多い。また，県南東部には鹿島臨海工業地域があり，製造品出荷額等も多い。よって，エがあてはまる。アは沖縄県，イは和歌山県，ウは宮城県。

問３　東京都心で梅雨入りするのは，一般的に初夏の６月上旬ごろになる。

問４　コンビニエンスストアの店舗《てんぽ》数は東京都が最も多く，以下，神奈川県・大阪府・愛知県・埼玉県が続く。よって，アがあてはまる。

3　歴史上の人物についての問題

問１　645年，中大兄《なかのおおえの》皇子(のちの天智天皇)と中臣鎌足《なかとみのかまたり》らは，天皇を中心とした国づくりを行うため，皇室をしのぐ勢力をふるっていた蘇我《そが》氏をたおし，新しい政治を始めた(大化の改新)。

問２　東大寺の大仏づくりには，多くの人々が動員されたが，この当時，武士は存在していない。また，東大寺は1998年に「古都奈良の文化財」として世界文化遺産に登録されている。

問３　京都は，桓武天皇が794年に都を平安京に移して以来，1869年に都が東京に移されるまでの約1100年にわたり日本の都として栄えた。

問４　Ⅰは天智天皇，Ⅱは聖武天皇，Ⅲは桓武天皇のことなので，オが正しい。

4　広島市で行われた平和記念式典での平和宣言を題材にした問題

問１　2020年８月６日は，第二次世界大戦末期の1945年８月６日，広島に人類史上初となる原子爆弾の投下が行われてから，ちょうど75年目にあたる。

問２　大正時代は，大正元(1912)年から大正15(1926)年まで。ウは1911年のことで，明治時代のできごとになる。アは1923年，イは1922年，エは1925年のことで，いずれも大正時代のできごと。

問３　第一次世界大戦(1914～18年)中，日本は輸出が増えて好景気をむかえた反面，物価が上昇して人々の生活は苦しくなった。よって，イが正しい。アとウは第二次世界大戦(1939～45年)の説明。エについて，台湾は日清戦争(1894～95年)で清(中国)から譲《ゆず》り受け，朝鮮は1910年に韓国併合を行って日本の植民地とした。

問４　Ａは1965年(アメリカ合衆国が本格介入した年)，Ｂは1950年，Ｃは1954年のできごとなので，年代の古い順に並べるとＢ→Ｃ→Ａとなる。

5　地方の政治についての問題

問１　地方自治における首長の被選挙権は，都道府県知事が満30歳以上，市町村長が満25歳以上となっている。

問２　地方自治において，条例案などの議案は，首長あるいは議員から地方議会に提出される。よって，アが適当でない。

問３　下線部③のような政治のしくみを大統領制として採用している国の１つとして，アメリカ合衆国がある。2020年11月，アメリカ合衆国で大統領選挙が行われ，民主党のジョー・バイデンが共和党現職のドナルド・トランプ大統領を破って当選した。

問４　議会と首長のどちらも独立性が強いのは，議会の議員も首長も住民の直接選挙で選ばれているからである。よって，ウがあてはまる。

理　科　＜第２回試験＞（社会と合わせて40分）＜満点：50点＞

解　答

1　(1)　ウ　(2)　イ　(3)　ウ　(4)　エ　(5)　ア　**2**　(1)　２～８　(2)　ウ　(3)　イ　(4)　エ　(5)　ウ　**3**　(1)　イ　(2)　0.9Ａ　(3)　ア　(4)　②，③，④　(5)　なし　**4**　(1)　63ｇ　(2)　エ　(3)　エ　(4)　解説の図を参照のこと。

解　説

1　ヘチマの花のつくりと成長についての問題

(1)　お花とめ花に分かれて花をつける植物には，カボチャやゴーヤ(ツルレイシ)，スイカ，キュウリなどのウリ科の植物や，マツ，トウモロコシなどがある。おしべとめしべのうち，お花にはおしべだけが，め花にはめしべだけがある。

(2)　お花が次々と咲《さ》くことで，花粉がめしべまで運ばれる期間が長くなると考えられる。また，ヘチマの花粉は，「花にこん虫がいるよ。」と述べられているように，こん虫によって運ばれるので，イが正しく，エは誤りである。なお，お花にはめしべがないので，め花の代わりになることはできない。実はめしべの下部にあるふくらんだ部分(子ぼう)が成長してできるので，お花がたくさんあってもそれだけでは実や種子はできない。よって，アとウは誤り。

(3)　ヘチマの実ができるためには，お花のおしべの先端《せんたん》にある，やくとよばれるふくろの中でつくられる花粉が，め花のめしべの先端にある柱頭につく(受粉する)必要がある。ア～キの中で受粉することが可能なのはウだけである。

(4)　ヘチマのように花粉がこん虫によって運ばれる植物の花は，虫媒《ちゅうばい》花《か》とよばれる。ア～オの花のうち，アカシア，ヒマワリ，アサガオは虫媒花で，トウモロコシとイネの花は花粉が風によって運ばれる風媒花である。なお，アサガオは自家受粉もする。虫媒花に集まりその花粉を運ぶこん虫として，花のみつをすったり花粉を集めたりするモンシロチョウ，アゲハチョウ，ミツバチなどがあげられる。よって，エが選べる。ほかの虫をとらえて食べるオニヤンマやナナホシテントウ，木のみきに口をさしこんで木のしるをすうアブラゼミは，花粉を運ぶこん虫としては適さない。

(5)　ヘチマは一年草で，秋になって葉が枯《か》れてくるころに，細長い茶色の実をつける。実の中には，黒い種が多数できている。

2　気象についての問題

(1)　雨や雪がふっていないときの天気は，空全体にしめる雲の割合(雲量)によって決められている。空全体の広さを10として，雲量が０～１のときが快晴，２～８のときが晴れ，９～10のときがくもりとなる。

(2)　図２を見ると，晴れの日は14時ごろに気温がもっとも高くなり，くもりの日と比べて１日の気温の変化が大きい。また，夜から明け方にかけての気温は，くもりの日の方が高くなっている。これは，地面から宇宙空間へ逃《に》げる熱が雲によってさえぎられ，気温が下がりにくくなるからである。

(3)　ア，イ　「朝焼けは雨，夕焼けは晴れ」ということわざがある。朝焼けが東の空に見えると，天気のよい状態は東へうつり，しだいに天気がくずれていくと考えられる。一方，夕焼けは西の空に見えて，西の空に雲がないので，次の日の天気はよいと予想できる。　　ウ　太陽のまわりにうすい雲がかかるときは，低気圧や前線が近づいているときなので，やがて天気がくずれることが多い。　　エ　富士山の山頂に雲のかさがかかるのは，低気圧や前線が近づくときに多く，ふもとではやがて天気がくずれることが多い。

(4)　台風は一年中赤道付近で発生している。日本付近の台風の通り道は，冬から６月にかけては①のようになることが多いが，７月になり太平洋高気圧が日本付近にはり出してくると，そのふちに沿って北上し②のような道すじとなることが多い。以後は順に③が８月，④が９月，⑤が10月ごろと通り道が変化していく。

(5)　特別警報とは，数十年に一度の大きな被害《ひがい》が出ると予想される状況のとき発表される，最大級の警報のことである。気象庁では平成25年(2013年)８月30日から運用を開始している。

3　豆電球のつなぎ方と明るさについての問題

(1)　0.3Ａ＝300mAであるから，最大で500mAの電流が測れる500mA端子を使うのがもっとも適している。50mAの端子では針がふり切れてしまい，電流計がこわれるおそれがある。また，５Ａの端子では針のふれが小さく，値が読みにくくなってしまう。

(2)　②と③の豆電球は直列につながれているので，それぞれ0.3Ａの電流が流れている。②と③の豆電球と並列につながれている④の豆電球は，②と③の豆電球の直列部分と比べて電流の流れにくさが半分なので，流れる電流の大きさは②と③の豆電球の２倍の，0.3×２＝0.6(Ａ)となる。①の豆電球は，流れる電流の道筋が分かれる前にあるため，流れる電流の大きさは並列部分に流れる電流の和の，0.3＋0.6＝0.9(Ａ)の電流が流れている。

(3)　①～④の豆電球は同じ種類の豆電球なので，流れる電流の大きさが大きいほど明るく光る。よって，(2)より，①の豆電球がもっとも明るく，次に④の豆電球が明るく，②と③の豆電球は明るさが同じでもっとも暗い。

(4)　図４の回路で①の豆電球はかん電池と直列につながれているので，①の豆電球をソケットからゆるめて，電流が流れないようにすると回路全体に電流が流れなくなる。したがって，②，③，④の豆電球も消える。

(5)　④の豆電球は②と③の豆電球とは並列につながれているので，④の豆電球に電流が流れなくなっても，②，③の豆電球には電流が流れる。このとき，①～③の豆電球は３個とも直列につながっている。したがって，④の豆電球以外に消える豆電球はない。

4　もののとけ方と水よう液についての問題

(1)　水よう液全体の重さは，$7\div\frac{10}{100}$＝70(g)なので，水の重さは，70－７＝63(g)である。

(2)　ア　水の重さは合計で，80＋100＝180(g)となり，40℃の水180gに物質Ａは，$9.0\times\frac{180}{100}$＝16.2(g)までとける。よって，18－16.2＝1.8(g)がとけ残る。　イ　表１より，物質Ａは水の温度を下げるととけにくくなり，さらにとけ残りが出てくるので誤り。　ウ　沸《ふっ》とう石を入れても，物質Ａのとけ方には変わりはない。　エ　80℃の水80gに物質Ａは，$24.0\times\frac{80}{100}$＝19.2(g)までとけるので，18gの物質Ａはすべてとける。

(3)　ろ過は，液体にとけ残ったものをこし取る操作であり，とけているものは取り出せない。このとき，液体にとけているものはろ紙を通りぬけて下のビーカーに入る。

(4)　水に物質がとけているとき，とけている物質のつぶは水のつぶの間に均一に散らばる。よって，右の図のように図６の①，③の部分に○をそれぞれ２個ずつかけばよい。

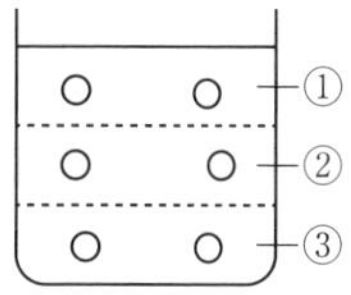

国語　＜第２回試験＞（40分）＜満点：100点＞

解答

一　**問１**　①　よきん　②　だは　③　のっと(る)　④　ごえい　**問２**　下記を参照のこと。　**問３**　①　移　②　務　**問４**　①　鼻　②　肩　**問５**　①　同意　②　向上　**問６**　①　ア　②　エ　**問７**　イ，カ　**問８**　①　雨　②　風　**作者名**…ウ　**問９**　ア　**二**　**問１**　イ　**問２**　イ　**問３**　ア　**問４**　①　サワリ　②　イ，オ，キ　**問５**　(例)　ありのままの本当の気持ちを正直に書かずにごまかす(こと)　**問６**　エ　**問７**　ウ　**問８**　(例)　優等生の善い子という評価をウソで勝ち取ってきたという秘密を若林に見ぬかれたように思った(から。)　**問９**　オ　**問10**　イ

●漢字の書き取り

一　**問２**　①　混雑　②　可決　③　営む　④　能率

解説

一　漢字の読みと書き取り，誤字の訂正，慣用句・ことわざ・故事成語の知識，熟語の知識，外来語の知識，文学作品と作者，言葉の意味

問１　①　銀行などに預けたお金。　②　よくない状態を打ち破ること。　③　音読みは「ソク」で，「規則」などの熟語がある。　④　近くにつきそって守ること。

問２　①　混み合うこと。　②　会議で議題にのぼっていることについて話し合い，よいと決めること。　③　音読みは「エイ」で，「営業」などの熟語がある。　④　仕事などのはかどり具合。

問３　①「写す」は，“そのとおりに書き取る，写し取る”という意味で使う。ここでは“場所を変える”という意味の「移す」がふさわしい。　②「努める」は“努力する”という意味なので，“役目を果たす”という意味の「務める」が正しい。

問４　①「鼻であしらう」は，相手を見下し，いいかげんにあつかうこと。「鼻で笑う」は，ばかにして笑うこと。「鼻を折る」は，相手にはじをかかせること。　②「肩《かた》で息をする」は，肩を上下させて苦しそうに呼吸すること。「肩を並べる」は，対等な立場に立つこと。「肩を落とす」は，とてもがっかりすること。

問５　①「賛成」は，相手の意見をよいと認めることなので，同じ意味になる熟語は「同意」。②「進歩」は，だんだんよいほうへ進んでいくことなので，同じような意味の熟語は「向上」。

問６　①「杞憂《きゆう》」は，“不必要な心配をする”という意味の故事成語。　②「岡目《おかめ》八目」は，本人より，はたから見ている人のほうが正しい判断ができるということ。

問７　イとカは意味が正しい。なお，アは技術，ウは反応，エは演技，オは意欲という意味。

問８　『雨ニモマケズ』や『風の又三郎《またさぶろう》』の作者は，宮沢賢治《みやざわけんじ》である。なお，アの太宰治《だざいおさむ》には『人間失格』『斜陽《しゃよう》』，イの夏目漱石《なつめそうせき》には『吾輩《わがはい》は猫《ねこ》である』『坊《ぼ》っちゃん』，エの芥川龍之介《あくたがわりゅうのすけ》には『鼻』『羅生門《らしょうもん》』，オの新美南吉《にいみなんきち》には『ごんぎつね』『てぶくろを買いに』などの作品がある。

問９　妹が展覧会で「大賞」を受賞したことを姉として「鼻が高い」と心からじまんに思っているものの，それに相反する感情に「心がざらつく」ため，「私」はとまどっている。自分より才能にめぐまれた妹がうらやましく，くやしく思う気持ちもあると考えられるので，アがよい。

二　**出典は遠藤周作《えんどうしゅうさく》の『海と毒薬』による。**「ぼく」は優等生の「善《よ》い子」として一目置かれていたが，東京から転校してきた若林に，周囲をだましてその立場を築いたことを見ぬかれたように感じる。

問１　二文後に，転校生の若林が「ぼく」と同じように「髪《かみ》の毛を長く伸《の》ばしていたから」だと理由が述べられている。

問２　次の文に注目する。この組で「君」をつけて呼ばれるのは自分だけの特権だったのに，新入生も君づけで呼ばれたことで傷ついたのは，「ぼく」の「自尊心」である。「自尊心」は，自分をほこりに思う気持ち。

問３　前の部分で，新入生は眼鏡を指であげながら，こちらを「盗《ぬす》み見」していた。また，ぼう線部３の後，「ぼく」は彼《かれ》の眼鏡が気になっていて，「負けんぞ」と心の中でつぶやいている。これらから，自分と同じように東京から来た新入生が，自分に注目しているように感じて落ちつかなかったと考えられる。

問４　①「例によって」作りあげていたとあるので，今までも「ありもしない場面」を作っていることがわかる。少し前に，作文で「ぼく」はいつも「サワリ」を作っておくと書かれている。「サワリ」とは，「若い教師がよろこびそうな場面」であり，「ほめられるため」に織りこむ，「純真さ，少年らしい感情を感じさせる場面」である。　②　今回の作文に入れた「ありもしない場面」を，その後の説明からおさえる。病気の木村君に標本箱を持っていこうとしたが，とちゅうでやることが惜《お》しくなったと「ぼく」は作文に書いた。だが，木村君にやった標本箱と同じようなものをほかにも「ぼく」は父に買い与《あた》えられていたと後にあるので，「苦心して集めた蝶《ちょう》」とあるイは作り話である。また，標本箱をやることが惜しいとは思わなかったとあるので，惜しくなって「幾度《いくど》も家に戻《もど》ろうとして」とあるオも真実ではない。また，木村君は「よろこんだ」が，「ぼく」が見まいに行って感じたのは木村君の家の「きたなさ」と「優越感《ゆうえつかん》」だけだったとあるので，木村君を見て「安心した」とあるキも「ありもしない」ことにあたる。

問５　「ウソがある」みなの作文とはちがうとして，教師は「ぼく」の作文を「本当の気持ちを正直に書いている」とほめている。したがって，ここでの「ウソ」とは，本当の気持ちではないこと，ありのままの本当の気持ちを正直に書かずにごまかすことになる。

問６　教師の説明から考える。標本箱をやるのが惜しくなったという，本来ならかくしたいと思っても不思議はない気持ちを正直に書いたとして，教師は「ぼく」の作文を「良心的」だとほめたのだから，エが合う。

問７　「そうすること」が指すのは，「ぼく」が「優等生」の「善い子」とされる理由にあたることである。教師からほめられるような場面を作文に織りこんで書くこと以外にも，最後から二番目の段落にある，教師からほめられるようなことをすること，作品がはりだされたり，委員に選ばれたりするといった，優等生の善い子らしい言動をすることもふくむので，ウがよい。

問８　「うしろめたい」は，人に知られたくない，やましいところがあって気がとがめること。前の部分で，「ぼく」が若林の視線や表情から，「ぼく」のウソを見破られたように感じたことが書かれている。また，文章の最後で，「屈辱感《くつじょくかん》」について，「自分の秘密を握《にぎ》られたという屈辱感」と説明されていることにも注目する。つまり，優等生の善い子という評価をウソによって勝ち取ってきたという秘密を若林に見ぬかれたような気がして，くやしさやはずかしさを感じたのである。

問９　「あの時」とは，「自分の秘密を握られたという屈辱感」を感じた時にあたる。問８でみたように，「ぼく」は若林の視線や表情からウソを見ぬかれたと感じているので，その部分に注目する。若林の「ほおがかすかに赤らみ，うすい笑いが唇《くちびる》にうかんだ」時，若林が「みんなはだまされてもネ，ぼくは知っているよ」，「みな，ウソだろ」と言ったように，「ぼく」は感じている。

問10　東京から引っ越《こ》してきた「ぼく」は，大人が喜びそうな言動をすることで周りから優等生の善い子と認められてきた。だが，やはり東京から転校してきた若林に，ほめられるためにウソをついてきたことを見ぬかれたように感じ，屈辱を味わうのだから，イがふさわしい。

Dr.福井の 入試に勝つ！脳とからだのウルトラ科学

入試当日の朝食で，脳力をアップ！

朝食を食べない学生は，朝食をきちんと食べる学生に比べて成績が悪かった――という研究発表がある。まあ，ちょっと考えればわかると思うけど，朝食を食べないということは，車にガソリンを入れないで走らせようとするようなものだ。体がガス欠になった状態では，頭が十分に働くわけがない。入試当日の朝食はちゃんと食べよう！　朝食を食べた効果があらわれるように，試験開始の２時間以上前に食べるようにするとよい。

では，入試当日の朝食にふさわしいものは何か？

まず，脳の直接のエネルギー源はブドウ糖だけであるから，それを補給するためのご飯やパン，これは絶対に必要だ。また，砂糖や果物の糖分は吸収されやすく，効果が速くあらわれやすいので，パンにジャムをぬったり果物を食べたりするのもよいだろう。

次に，タンパク質。これは脳の温度を上げる作用がある。温度が低いままでは十分に働かないからね。タンパク質を多くふくむのは肉や魚，牛乳，卵，大豆などだが，ここでは大豆でできたとうふのみそ汁や納豆をオススメする。そして，記憶力がアップするDHAを多くふくんでいる青魚，つまりサバやイワシなども食べておきたい。

生野菜も忘れてはならない。その中にふくまれるビタミンBは，ブドウ糖を脳に吸収しやすくする働きを持つので，結果的に脳力アップにつながるんだ。

コーヒーや紅茶，緑茶は，カフェインという成分の作用で目覚めをうながすが，トイレが近くなってしまうので，飲みすぎに注意！　試験当日はひかえたほうがよいだろう。眠気を覚ましたいときはガムをかむといい。脳が刺激《しげき》されて活性化し，目が覚めるんだ。

Dr.福井（福井《ふくい》一成《かずしげ》）…医学博士。開成中・高から東大・文Ⅱに入学後，再受験して翌年東大・理Ⅲに合格。同大医学部卒。さまざまな勉強法や脳科学に関する著書多数。

Memo

Memo

2020年度　日本大学第二中学校

〔電　話〕(03) 3391－５７３９
〔所在地〕〒167-0032　東京都杉並区天沼１－45－33
〔交　通〕JR中央線・東京メトロ丸ノ内線－「荻窪駅」より徒歩15分
西武新宿線－「下井草駅」より徒歩25分

【算　数】〈第１回試験〉(50分)〈満点：100点〉

注意　１．分数で答えるときは，約分して，できるだけ簡単な分数にしなさい。比を答えるときは，できるだけ簡単な整数の比にしなさい。

２．定規，コンパスは使ってもかまいませんが，使わなくても解くことができます。ただし，分度器は使えません。

1　次の□の中に適する数を入れなさい。

(1)　$3 \div 0.25 + 1.2 \times \frac{5}{2} \div 0.6 = \square$

(2)　$3 + \left\{\left(1.2 - \frac{2}{5}\right) \div 4 \times 2\right\} \times 5 = \square$

(3)　$\frac{5}{6} \times \left\{\left(\frac{2}{3} + \square\right) \times 1\frac{1}{5} - \frac{1}{2}\right\} = \frac{1}{2}$

(4)　$\frac{7}{18}$ でわったとしても，$\frac{13}{24}$ でわったとしても整数になる分数のうち，最も小さい分数は□です。

(5)　A，B，C，Dの４チームが野球の試合をします。どのチームも他のチームと１回ずつ試合をするとき，４チームの試合数は全部で□試合あります。

2　次の各問いに答えなさい。

(1)　４％の砂糖水100ｇと８％の砂糖水300ｇを混ぜ合わせると，何％の砂糖水ができますか。

(2)　ある学年の生徒が何脚かある長いすに座ろうとしています。１脚に８人ずつ座ると５人の生徒が座れず，１脚に９人ずつ座ると８人分の席が余ります。このとき，長いすは何脚ありますか。

(3)　２けたの整数で，一の位の数と十の位の数を入れかえると９大きくなるような整数は何個ありますか。

(4)　A，Bの２人で取り組むとちょうど６日間で終わる仕事があります。２人でこの仕事に３日間取り組んだ後，残りの仕事はAが１人で取り組みました。そのため，全部で８日間で終わりました。この仕事をBが１人で取り組むと，何日間で終わりますか。

(5)　右の図のように，１つの正三角形と２つのひし形を組み合わせた図形があります。太線の長さは何cmですか。

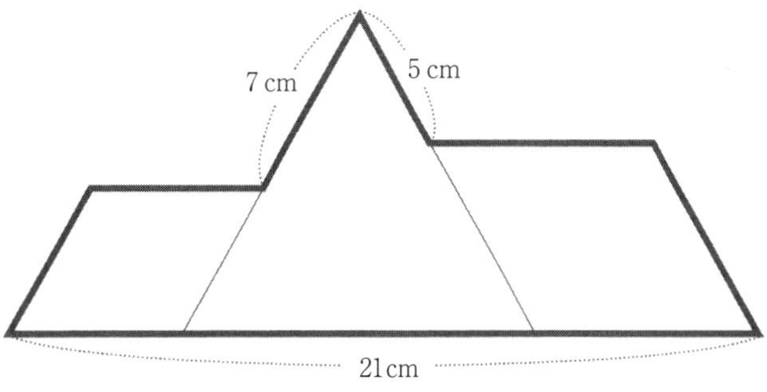

3　図のように，最も長い対角線の長さが20cm の正十二角形があります。

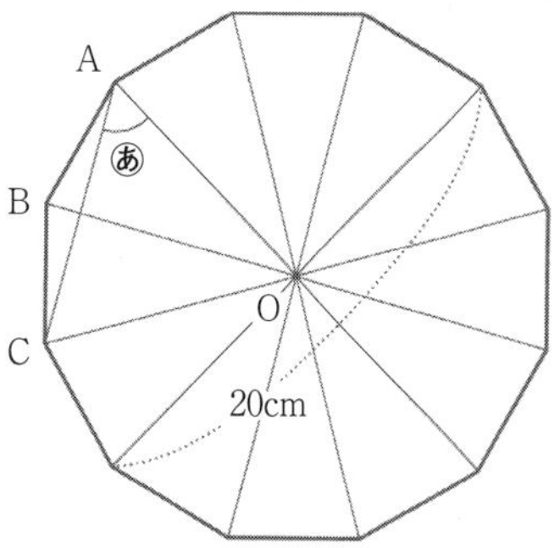

(1)　角㋐の大きさは何度ですか。

(2)　四角形 OABC の面積は何 cm^2 ですか。

4　図１のように，長方形の仕切り板 ABCD によって直方体の水そうが(ア)と(イ)の部分に分かれており，(ア)と(イ)のそれぞれに水を入れました。次に，図２のように辺 BC を動かさないよう仕切り板をかたむけたところ，２つの部分の水面の高さがともに８cm になりました。

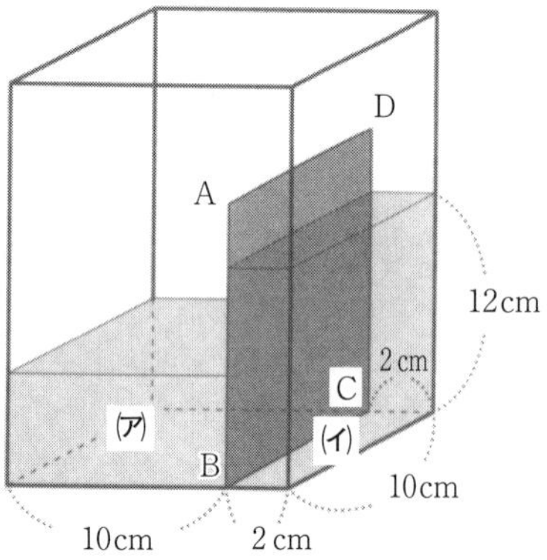

図１

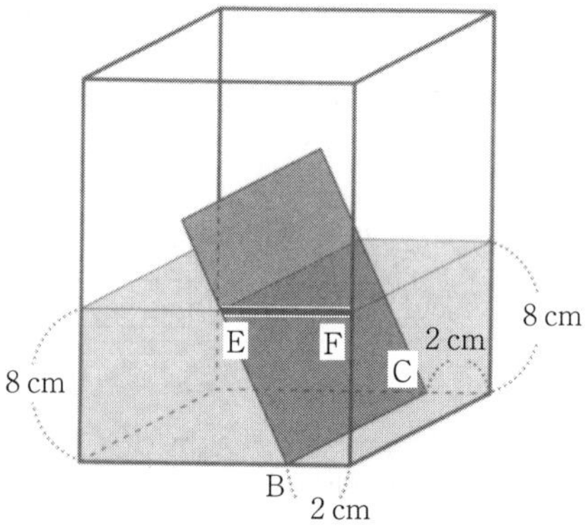

図２

(1)　図２の太線部分 EF の長さは何 cm ですか。

(2)　図１のとき，(ア)と(イ)の部分の水面の高さの差は何 cm でしたか。

5　100点満点の算数のテストをしたところ，何人かが試験を欠席し，180人が受験しました。図１は，受験した180人の結果を円グラフにしてまとめたもので，図２は欠席者も含めた円グラフです。

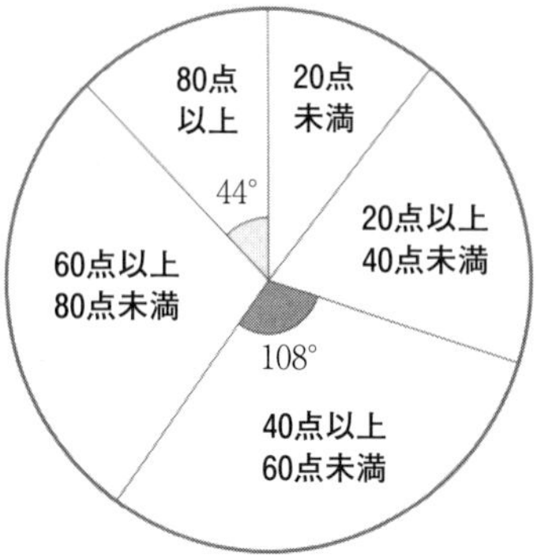

図１

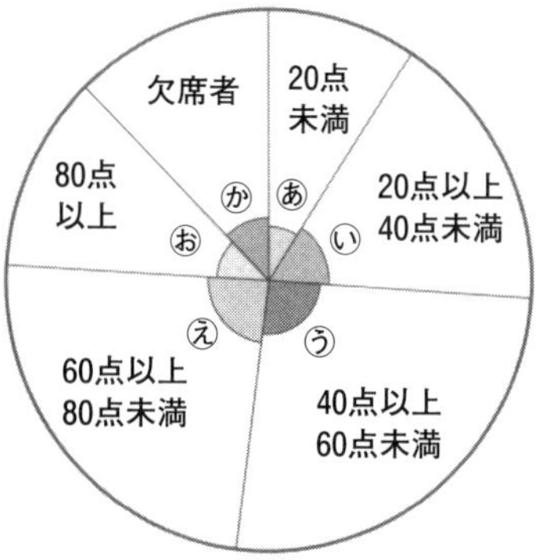

図２

(1)　40点以上60点未満の人数は何人ですか。

(2)　角㋒と角㋕の大きさの比は３：１でした。角㋔の大きさは何度ですか。

(3)　角㋐と角㋑の大きさの比は１：２で，角㋐と角㋓の大きさの比は２：７でした。60点以上80点未満の人数は何人ですか。

6　右の図は，底面の円周が72cm，高さが20cmの円柱で，点Ａは点Ｂの真上にあります。点Ｐは毎秒３cmの速さで点Ａから反時計回りに円周上を動き続けます。点Ｑは毎秒２cmの速さで点Ａから点Ｂまで真下に進み，その後はそのままの速さで時計回りに円周上を動き続けます。

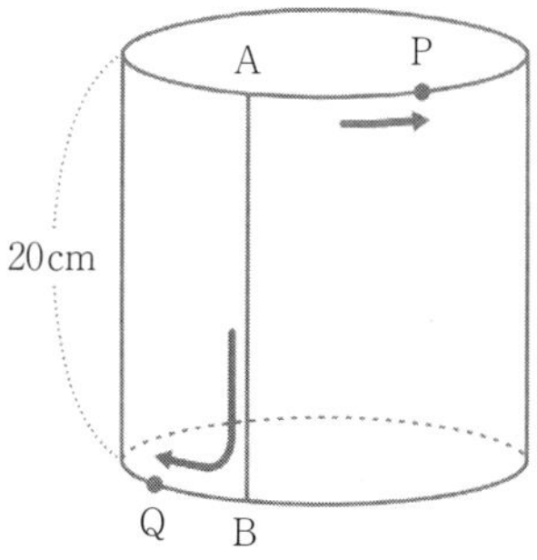

(1)　点Ｐと点Ｑが同時に出発する場合を考えます。点Ｐが初めて点Ｑの真上にくるのは点Ａを出発してから何秒後ですか。

(2)　点Ｑが出発して34秒後に点Ｐが出発する場合を考えます。点Ｐ，Ｑがそれぞれ点Ａ，Ｂに初めて同時にくるのは点Ｑが点Ａを出発してから何秒後ですか。

(3)　点Ｐが出発してから23秒後に点Ｑが出発する場合を考えます。点Ｐが２回目に点Ｑの真上にくるのは，点Ｐが出発してから何秒後ですか。

【社　会】〈第１回試験〉（理科と合わせて50分）〈満点：50点〉

1　次の文章を読んで，あとの問いに答えなさい。

2020年に開かれる①東京オリンピック・パラリンピックの大会マスコットは，②オリンピックの歴史ではじめて，全国の小学校16,769校の投票で決まりました。参加した学校では，各学級でどのマスコットを選ぶかを話し合い，決定することで，③民主主義の基本を学ぶことにもなりました。

こうして決まったマスコットであるミライトワ(A)とソメイティ(B)には，大会エンブレムと同じ，日本の④伝統的な模様《もよう》である市松模様《いちまつもよう》が使われています。

日本では2000年代に入ってから，地域おこしや⑤各地の名産品の紹介などに「ゆるキャラ」と言われるマスコットキャラクターがさかんに使用されるようになりました。「ゆるキャラ」のグランプリ投票も行われていて，2017年にご当地部門で第１位になったのは，⑥千葉県成田市の「うなりくん」(C)でした。

地域の歴史から生まれたものもあり，2015年に第１位になった「出世大名家康くん」(D)は，⑦徳川家康が天下取りの足がかりにしたと言われる⑧静岡県浜松市の「ゆるキャラ」です。滋賀県彦根市の「ひこにゃん」(E)は，⑨国宝の彦根城築城400年祭のイメージキャラクターとして2007年に登場しました。

2011年に第１位だった「くまモン」(F)は，2016年４月におこった⑩熊本地震からの地域復《ふっ》興《こう》にも貢献《こうけん》しています。

日本の政治では，現在⑪地方の活性化が求められていますが，こんにちの「ゆるキャラ」グランプリで上位に入ろうとして「ゆるキャラ」に多額の⑫税金を使おうとする地方自治体に，

A.

〔編集部注…ここには，「ミライトワ」のイラストがありましたが，著作権上の問題により掲載《けいさい》できません。〕

B.

〔編集部注…ここには，「ソメイティ」のイラストがありましたが，著作権上の問題により掲載できません。〕

C.

〔編集部注…ここには，「うなりくん」のイラストがありましたが，著作権上の問題により掲載できません。〕

D.

〔編集部注…ここには，「出世大名家康くん」のイラストがありましたが，著作権上の問題により掲載できません。〕

E.

〔編集部注…ここには，「ひこにゃん」の写真がありましたが，著作権上の問題により掲載できません。〕

F.

〔編集部注…ここには，「くまモン」の写真がありましたが，著作権上の問題により掲載できません。〕

（画像は各キャラクターの公式ホームページより）

住民から批判が出る場合もあります。

多くの人が「かわいい」と感じるマスコットキャラクターを考案することは日本人が得意とすることでもありますが，その背景や影響についても考えを深めたいものです。

※本文中(A)～(F)は，前ページのそれぞれのキャラクターを指しています。

問１．下線部①，前回の東京オリンピックが開かれた年を西暦で答えなさい。

問２．下線部②，オリンピックはヨーロッパのギリシャではじまりました。ギリシャの首都アテネの場所として，正しいものを１つ選び，記号で答えなさい。

問３．下線部③について，次の問いに答えなさい。

(1) 国民の意思を政治に反映させるための方法の１つとして選挙があります。日本の選挙について，正しいものを１つ選び，記号で答えなさい。

ア．法律が改正され，選挙権は18歳《さい》から与えられることになったが，まだ18歳以上の国民による選挙は行われていない。

イ．選挙権が納税額や性別にかかわりなく20歳以上のすべての国民に与えられたのは，1925年からである。

ウ．選挙権を持つ年齢は18歳以上に引き下げられたが，衆議院議員の被選挙権や参議院議員の被選挙権には変更はない。

エ．国会議員を選ぶ選挙の選挙権を持つ年齢は18歳以上に引き下げられたが，地方選挙の選挙権に関しては20歳以上である。

(2) 民主主義の国である日本では，近年，選挙において「一票の重み」が問題になることがあります。「一票の重み」についての説明として，正しいものを１つ選び，記号で答えなさい。

ア．特に若者を中心に政治に関心がうすい人が多く，投票を棄権《きけん》する人が増えている。

イ．外国に住んでいる日本人は，日本で行われる国会議員の選挙に投票できない。

ウ．都道府県知事や市区町村長とちがって，内閣総理大臣を国民が直接選挙で選ぶことはできない。

エ．選挙区によって，選挙権がある人の数に対して選ばれる議員の数に大きな差がある。

問４．下線部④，次のⅠ～Ⅳは日本の伝統文化に関係する写真です。それぞれの写真の説明として，正しくないものを１つ選び，記号で答えなさい。

Ⅰ．

Ⅱ．

Ⅲ．

Ⅳ．

ア．Ⅰは人形浄瑠璃を演じている。江戸時代に近松門左衛門は人形浄瑠璃の脚本を書いた。

イ．Ⅱは茶の湯の席である。茶の湯は，室町時代に杉田玄白が茶会の席での作法を完成させた。

ウ．Ⅲは花を生けている。生け花は書院造の床《とこ》の間《ま》をかざるものとして室町時代から盛んになった。

エ．Ⅳは能を演じている。足利義満の保護を受けた観阿弥・世阿弥の父子によって大成された。

問５．下線部⑤，名産品のひとつに博多人形があります。博多人形の生産の中心地として，正しいものを１つ選び，記号で答えなさい。

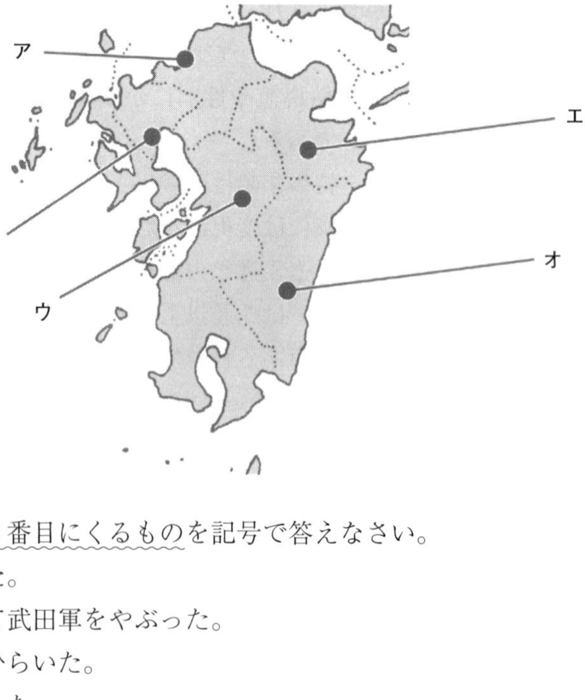

問６．下線部⑥，千葉県にある遺跡を１つ選び，記号で答えなさい。

ア．三内丸山遺跡

イ．大森貝塚

ウ．加曽利貝塚

エ．登呂遺跡

オ．吉野ヶ里遺跡

問７．下線部⑦，徳川家康に関係する出来事を古い順にならべかえたときに，３番目にくるものを記号で答えなさい。

ア．大阪城を攻めて豊臣氏をほろぼした。

イ．長篠の戦いでは織田信長と連合して武田軍をやぶった。

ウ．征夷大将軍となって江戸に幕府をひらいた。

エ．豊臣秀吉の命令で関東に領地を移した。

問８．下線部⑧，次の雨温図は岩手県盛岡市，静岡県浜松市，鳥取県鳥取市，宮崎県宮崎市のいずれかのものです。このうち浜松市の雨温図として，正しいものを１つ選び，記号で答えなさい。

ア．
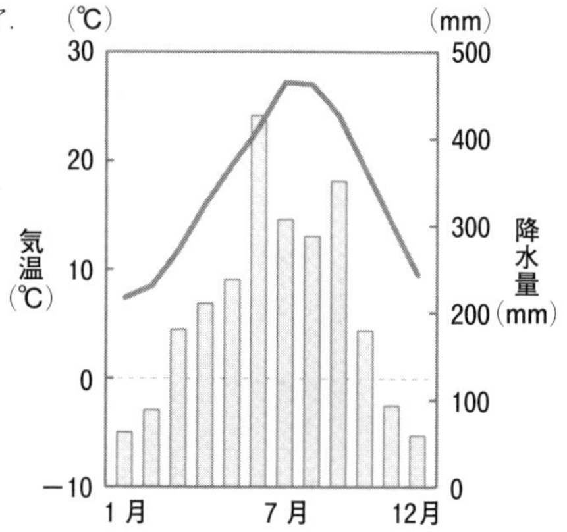

イ．
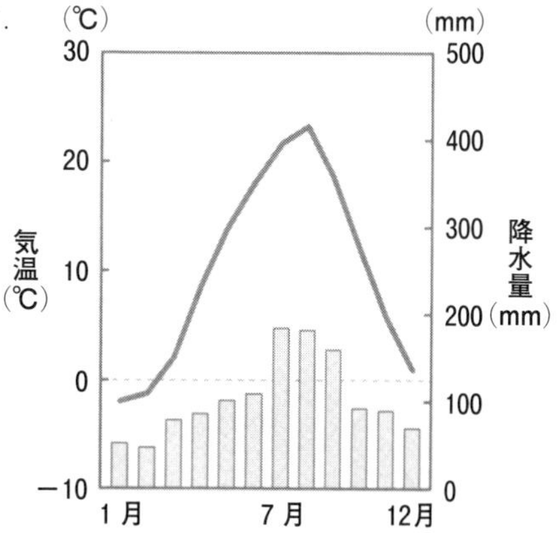

ウ．
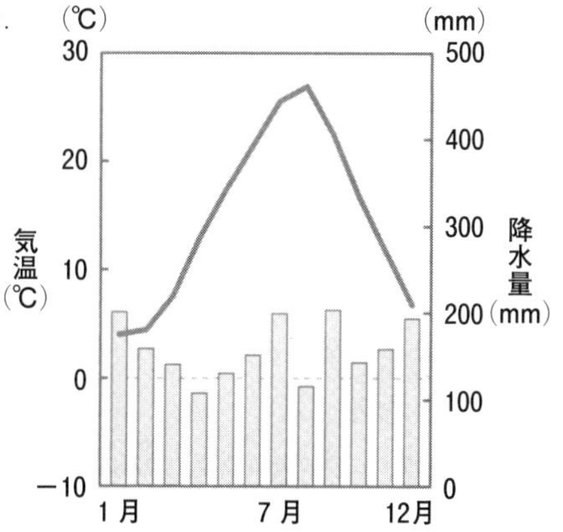

エ．
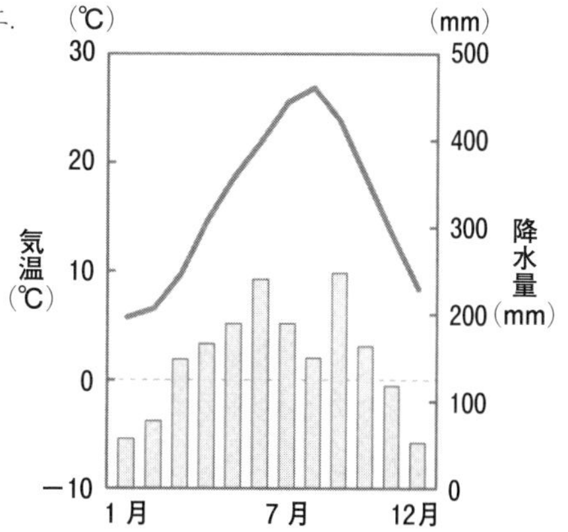

(『理科年表』より作成)

問９．下線部⑨，国の重要な文化財の中でも特に価値の高いものが国宝に指定されます。文化財を国宝に指定する人として，正しいものを１つ選び，記号で答えなさい。

ア．国土交通大臣　　イ．文部科学大臣　　ウ．環境大臣

エ．厚生労働大臣　　オ．農林水産大臣

問10．下線部⑩について，次の問いに答えなさい。

(1)　熊本県の江田船山古墳から出土した鉄刀に刻まれている大王の名前は，埼玉県の稲荷山古墳から出土した鉄剣に刻まれているワカタケル大王と同じ人物の名前だと考えられています。ワカタケル大王は何天皇のことですか。

獲□□□鹵大王
ワカタケル

江田船山古墳出土

獲加多支鹵大王
ワカタケル

稲荷山古墳出土

(2)　熊本県ではビニールハウスを利用したトマト栽培が盛んです。熊本県でトマト栽培にビニールハウスを使う理由として，適当なものを１つ選び，記号で答えなさい。

ア．暖かな気候とビニールハウスを合わせると，冬でも夏の野菜であるトマトが収穫《しゅうかく》でき，トマトが市場《しじょう》にあまり出回らない時季に出荷することで，たくさん買ってもらえるよう

にするため。

イ．暖かな気候とビニールハウスを合わせると，夏でも冬の野菜であるトマトが収穫でき，トマトが市場にあまり出回らない時季に出荷することで，たくさん買ってもらえるようにするため。

ウ．暖かな気候とビニールハウスを合わせると，冬でも夏の野菜であるトマトが収穫でき，トマトが市場にたくさん出回る時季に出荷することで，たくさん買ってもらえるようにするため。

エ．暖かな気候とビニールハウスを合わせると，夏でも冬の野菜であるトマトが収穫でき，トマトが市場にたくさん出回る時季に出荷することで，たくさん買ってもらえるようにするため。

問11．下線部⑪について，次の問いに答えなさい。

(1)　地方自治体があつかう仕事として，適当でないものを１つ選び，記号で答えなさい。

ア．都道府県内の選挙区で行われた衆議院議員選挙の開票作業をする。

イ．村内でおこった山火事の消火活動のためにヘリコプターを出動させる。

ウ．都内の歩行者の安全のために都道に自転車専用道路を設ける。

エ．市内でおきた振り込め詐欺《さぎ》の被害者を地方裁判所で救済する。

(2)　次の文章は，ある地域の地域活性化の事例です。この文章はどの地域の活性化事例を説明したものですか。正しいものを１つ選び，記号で答えなさい。

> 株式会社いわぎ物産センターは…(中略)。核になる事業は生レモンの販売が中心で，次に外見不良のレモンを搾汁《さくじゅう》し業務用の果汁販売となる。
>
> 会社設立のきっかけは，もともと周辺の島ではみかん栽培が盛んであったが，日本全土でのみかん生産で物価が下落したのがきっかけで…(中略)，その際「レモンで村おこしができないか」とあったのが発端《ほったん》である。この地域は気候的にもレモン栽培に適していたが，「それだけではインパクトに欠ける」とのことから「青いレモン(黄色くないレモン)」の販売を画策《かくさく》した。…(中略)。

(中小企業庁(2015)『地域活性化100』より作成。文章の一部を問題の都合により改)

ア．北海道池田町　　イ．愛媛県上島町　　ウ．宮城県村田町

エ．沖縄県北谷町　　オ．岐阜県大野町

問12　下線部⑫，自分の生まれ故郷だけでなく，お世話になった自治体や応援したい自治体などに税を通じて寄附《きふ》をする仕組みを何といいますか。(　)に入る言葉をひらがなで答えなさい。

(　　)納税

2　次の文章を読んで，あとの問いに答えなさい。

2018年７月23日に，①(　　)で日本最高気温である41.1度を記録しました。ここで日本一をいくつか並べてみましょう。

※国産ワインの生産量日本一の県はどこでしょうか。平成28(2016)年度の国税庁資料によると，それは，②(　　)です。しかし，この県にはワインの原料となるブドウの畑はほとんどありません。この県ではかつて，近くで生産されていたイモや麦からお酒をつくる工場があった

ため，酒造の技術があったこと，文明開化と関係の深い港が比較的近いため，ぶどうの果汁を輸入しやすいことから，国産ワインづくりに適した土地となっており，国産ワインの生産量が大きくなっています。

人口百人あたりの医師数が最も少ない県は，埼玉県です。医師が少ない地域では，③情報通信技術を利用した診療《しんりょう》も見られます。

日本で最も平均標高の低い県は，④(　　)県です。この県には，関東ロームが台地の上につもっており，畑作をさかんにさせています。また，近くに大都市があるため，地方別で見ると，この県がある地方は野菜の栽培が最も多くなっています。

日本で最も流域面積の大きい川は⑤利根川です。流域面積とは，その川に流れ込む雨が降る土地の面積のことで，広範囲から水が集まることを意味します。「水が合わない」という慣用句がありますが，水にも地域性があるのですね。

※　平成28年度当時，輸入されたブドウ果汁を原料としても，日本のブドウ果汁を原料としても，日本でつくられたワインを「国産ワイン」とよんだ。令和２年現在，輸入されたブドウ果汁を原料として日本でつくられたワインを「国産ワイン」，日本のブドウ果汁を原料として日本でつくられたワインを「日本ワイン」とよぶ。

問１．下線部①，(　)に入る市として，正しいものを１つ選び，記号で答えなさい。

ア．山形市　　イ．熊谷市　　ウ．甲府市　　エ．多治見《たじみ》市　　オ．四万十《しまんと》市

問２．下線部②，(　)に入る県として，正しいものを１つ選び，記号で答えなさい。

ア．神奈川県　　イ．岡山県　　ウ．岐阜県　　エ．新潟県　　オ．和歌山県

問３．下線部③，情報通信技術をアルファベットで言いかえたものとして，正しいものを１つ選び，記号で答えなさい。

ア．ATM　　イ．JA　　ウ．LED　　エ．CD　　オ．ICT

問４．下線部④，(　)に入る県として，適当な県名を，漢字で答えなさい。

問５．下線部⑤，下の図は利根川と信濃川の月別平均流量を示したものです。信濃川は４月に，利根川は９月に最も河川の流量が多くなっています。この理由として，適当なものを１つ選び，記号で答えなさい。

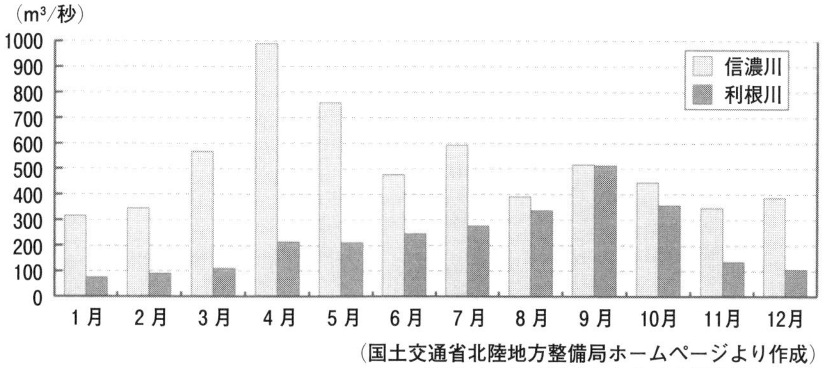

(国土交通省北陸地方整備局ホームページより作成)
(平成元年から平成10年までの平均値による)

ア．信濃川には主に雪解け水が，利根川には主に台風による降水が流入するため。

イ．信濃川には主に雪解け水が，利根川には主に梅雨による降水が流入するため。

ウ．信濃川には主に積乱雲(雷雲)による降水が，利根川には主に台風による降水が流入する

ため。

エ．信濃川には主に積乱雲(雷雲)による降水が，利根川には主に梅雨による降水が流入するため。

3　次の文章を読んで，あとの問いに答えなさい。

日本には，たくさんの米軍基地が設置されています。1951年に①(　　　)条約が結ばれたことによって設置が決められましたが，日本にある米軍基地のうち，約70％は②(　　　)に置かれています。基地があることで紛争を未然《みぜん》に防ぐことができる，地域の人の働く場になっているといった意見がある一方で，騒音の問題や事故の危険があるので移転を求める意見もあります。

米軍と協力して日本を防衛するために，自衛隊がつくられました。自衛隊は日本の防衛以外にも，③国際連合(国連)に協力したり，法律にのっとって他国での人道支援，災害がおこった国での復旧活動も行ったりしています。④憲法に記されている平和主義などと照らし合わせて，今後も活動をしていくことが求められています。

問１．下線部①，(　)に入る条約として，正しいものを１つ選び，記号で答えなさい。

ア．不戦　　イ．サンフランシスコ平和　　ウ．日米和親

エ．ベルサイユ　　オ．日米安全保障

問２．下線部②，(　)に入る都道府県名を漢字で答えなさい。

問３．下線部③について，次の問いに答えなさい。

(1) 国連で2017年７月７日に採択《さいたく》された「核兵器禁止条約」についての説明として，正しくないものを１つ選び，記号で答えなさい。

ア．この条約は国連の総会において，100か国をこえる圧倒的多数で採択された。

イ．核兵器の使用だけでなく，開発・実験などのあらゆる核兵器関連の活動を禁じている。

ウ．アメリカ・イギリス・フランスなどの核保有国は，この条約の採択の場に参加しなかった。

エ．日本は唯一《ゆいいつ》の被爆国として，重要な役割を果たし，積極的に賛成した。

(2) 日本と国連のかかわりについて，正しいものを１つ選び，記号で答えなさい。

ア．日本は，1945年の国連発足《はっそく》より主要な一員となっている。

イ．日本は，加盟国の中で一番多くの国連分担金を負担している。

ウ．日本は，安全保障理事会の常任理事国に選ばれている。

エ．日本は，国連平和維持活動に自衛隊を出して協力している。

問４．下線部④，憲法に記されている平和主義の内容として，正しくないものを１つ選び，記号で答えなさい。

ア．日本国憲法を制定するときに求めた平和とは，一時的な平和である。

イ．戦争が再びおこらないように決意をした上で，日本国憲法を定めた。

ウ．正義と秩序《ちつじょ》を基本として，国際平和を心から念願している。

エ．陸海空軍をはじめとして，戦力をもたないことを定めている。

4 次の文章を読んで，あとの問いに答えなさい。

世界にはさまざまな年や時間を表わす方法があります。今年は2020年ですが，これはイエス・キリストが生まれたと考えられていた年をもとにつくられた西暦年を使用しています。

日本では，元号が①645年から用いられてきました。元号の起源《きげん》は②中国にあり，平和や繁《はん》栄《えい》の意味などをこめて，縁起《えんぎ》のよい文字が使われます。たとえばNHKの世論調査(2018年９月から11月に実施)で「③戦争がなく平和な時代」というイメージという評価が多かった平成は，「国の内外，天地とも平和が達成される」という意味です。

明治時代から，元号は天皇一代にひとつ用いられるようになりました。④太平洋戦争後は，元号に関する法律が定められて，今日まで続いています。

また，中国からきた「十干《じっかん》十二支《じゅうにし》」という年の表しかたも，12種類の動物を用いて，年ごとに「⑤ねずみ年」，「うし年」などと表し，年賀状などにもちいられて親しまれています。

問１．下線部①，この年から天皇を中心とする新しい国づくりが進められました。その内容として，正しくないものを１つ選び，記号で答えなさい。

ア．豪族らによる土地や人々の支配を改め，国が直接土地や人々を支配する制度をつくった。

イ．戸籍をつくり，それにもとづいて，国が土地を分けあたえる制度を定めた。

ウ．地方に役人を置いて，国の政治が地方のすみずみまで行きわたる制度をつくった。

エ．国の収入を安定させるため，収穫高《だか》に応じて米で納めた税にかわって新しい税制度を定めた。

問２．下線部②，中国と関係した人物についてのべた文章として，正しいものを１つ選び，記号で答えなさい。

ア．聖徳太子は遣隋使として中国へ渡り，中国の文化や政治を学んだ。

イ．中国からやってきた鑑真は唐招提寺を建て，仏教を広めた。

ウ．行基は中国からはじめて養蚕《ようさん》やはた織りの技術を伝えた。

エ．源頼朝は中国との貿易をすすめ，航海の安全を願い，厳島神社をたてた。

問３．下線部③，13世紀前半，鎌倉幕府と朝廷との間に大きな戦いがおこりました。この戦いがおこった年の元号から，この戦い(戦乱)を何といいますか。

問４　下線部④，太平洋戦争中の子どもたちの生活に関係する４種類の絵や写真などを説明した文章として，適当でないものを１つ選び，記号で答えなさい。

学校の教科書

運動会の種目の例

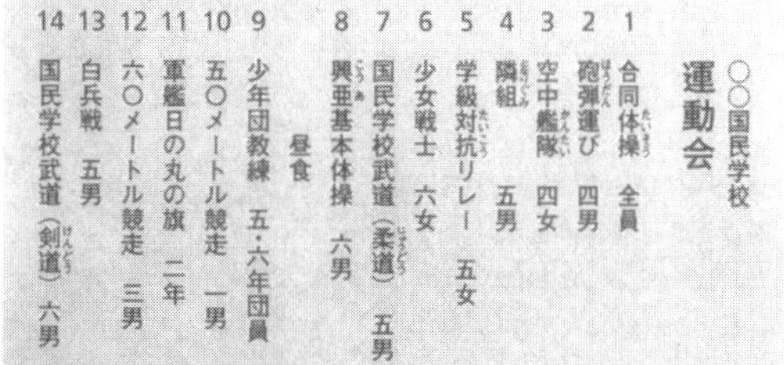
〇〇国民学校
運動会
1 合同体操《たいそう》　全員
2 砲弾《ほうだん》運び　四男
3 空中艦隊《かんたい》　四女
4 隣組《となりぐみ》　五男
5 学級対抗《たいこう》リレー　五女
6 少女戦士　六女
7 国民学校武道(柔道《じゅうどう》)　五男
8 興亜《こうあ》基本体操　六男
昼食
9 少年団教練　五・六年団員
10 五〇メートル競走　一男
11 軍艦日の丸の旗　二年
12 六〇メートル競走　三男
13 白兵戦　五男
14 国民学校武道(剣道《けんどう》)　六男

疎開先での食事の様子と食事の例

	朝	昼	夕
9月22日	ごはん▼ ふき	ごはん みそしる	おじや みそしる
23日	ごはん▼ みそしる	ごはん ふき	おじや▼ ふき
24日	ごはん▼ みそしる	あじごはん▼	ごはん▼ かつお
25日	ごはん▼ みそしる	ごはん▼	ごはん▼ にしん
26日	ごはん▼ みそしる	ごはん▼	ごはん▼ みそしる

(▼は量が少なかったときを表している)

少年雑誌の表紙

ア．学校の教科書には，戦争に関係することが書かれていた。

イ．運動会の種目には，戦争と関わるものが多かった。

ウ．疎開《そかい》先には十分な食べ物があり，安心して生活できた。

エ．子どもが読む雑誌にも，戦争を題材とするものが多かった。

問5．下線部⑤，幼少期に涙でねずみの絵を描いたといわれ，のちにすみ絵(水墨画)を完成させた人物の名前を，漢字で答えなさい。

【理　科】〈第1回試験〉（社会と合わせて50分）〈満点：50点〉

1　からだのしくみに関する文章を読んで，次の問いに答えなさい。

光や音などの刺激《しげき》をからだで感じることを感覚といい，刺激を受けとる器官を（　あ　）という。ヒトの（　あ　）には，光を受けとる（　い　）や，空気の振動《しんどう》である音を受けとる耳，においをかぐ鼻，痛みやものの温度を感じる（　う　）がある。

ヒトの耳のはたらきで，音はまず（　え　）で集められると，外耳道を通り，外耳道と中耳の仕切りの（　お　）をふるわせる。中耳にはこの振動を調節する小さな3つの骨があり，調節された振動は，ここより内耳の（　か　）に伝わる。それを脳が高い音や低い音として認識する。

(1)　文章中の(あ)～(う)にあてはまる語句を，答えなさい。

(2)　からだのしくみの説明として，まちがっているものを1つ選び，記号で答えなさい。

ア．陸上競技のスタートの合図を聞いてから走り出すまでのしくみは，耳で聞こえた刺激を脳が受けとって，筋肉に伝えた結果である。

イ．熱いものにさわったときに思わず手を引っこめる行動は，刺激が脳に伝わるよりも先に筋肉に伝わった結果である。

ウ．クモのなかまには，あしの表面の毛で空気の振動を感じるものがあり，そのはたらきによって，えさを見つけたり，仲間からの信号を感じることができる。

エ．コオロギの腹部には，空気の振動を受ける耳があり，あしと翅《はね》をこすり合わせて出た音をなかまからの信号として受けとる。

(3)　図1は，ヒトの耳の構造をわかりやすく示したものです。文章中の(え)～(か)の部位の組み合わせとして，もっとも正しいものを1つ選び，記号で答えなさい。

記号	(え)	(お)	(か)
ア	①	②	⑤
イ	②	③	⑦
ウ	①	③	④
エ	③	⑦	⑧
オ	③	⑦	⑥

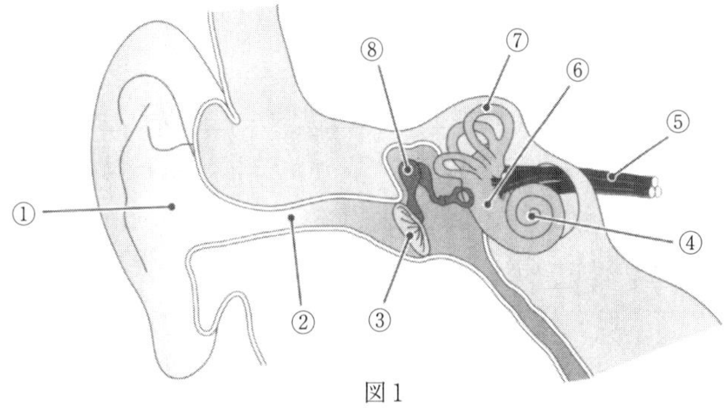

図1

(4)　ヒトの耳のはたらきの説明として，正しいものをすべて選び，記号で答えなさい。

ア．からだの回転方向は図1の⑥で，つりあい（かたむき）は⑧で感じることができる。

イ．からだの回転方向は図1の⑦で，つりあい（かたむき）は⑥で感じることができる。

ウ．気体となっている化学物質を，あまいかおりとして，感じることができる。

エ．日本では，夏のほうが冬よりも遠くの音をよく聞くことができる。

オ．水中にもぐるとき，水圧の変化を感じ，つばをのみこむと外部との圧力差を調節することができる。

2 図2のように，ひもにおもりをつけてふりこを作り，さまざまな条件でふりこのようすを調べました。次の問いに答えなさい。

ただし，ひもの重さや空気抵抗《ていこう》は考えないものとし，実験で使うおもりの大きさはすべて同じとします。

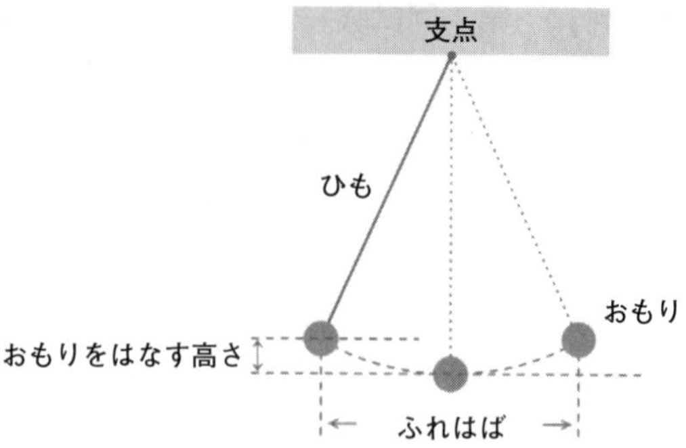

図2

(1) ひもの長さは変えずに，おもりをはなす高さを2cmと6cmにして，実験を行いました。

その結果，おもりをはなす高さが2cmのときよりも6cmのときのほうがふれはばが大きくなりました。おもりが往復する時間をそれぞれ調べた結果として，もっとも正しいものを1つ選び，記号で答えなさい。

ア．おもりが往復する時間は，おもりをはなす高さが2cmのほうが短かった。

イ．おもりが往復する時間は，おもりをはなす高さが6cmのほうが短かった。

ウ．おもりが往復する時間は変わらなかった。

エ．おもりが往復する時間が一定ではなく，測定できなかった。

(2) (1)の実験において，おもりが支点の真下を通過する速さをそれぞれ調べた結果として，もっとも正しいものを1つ選び，記号で答えなさい。

ア．おもりをはなす高さが2cmのほうが速かった。

イ．おもりをはなす高さが6cmのほうが速かった。

ウ．速さは変わらなかった。

エ．通過する速さが一定ではなく，測定できなかった。

(3) ひもの長さを40cmと60cmにし，ふれはばが同じになるようにおもりをはなす高さを調節して実験を行いました。おもりが往復する時間をそれぞれ調べた結果として，もっとも正しいものを1つ選び，記号で答えなさい。

ア．おもりが往復する時間は，ひもの長さが40cmのほうが短かった。

イ．おもりが往復する時間は，ひもの長さが60cmのほうが短かった。

ウ．おもりが往復する時間は変わらなかった。

エ．おもりが往復する時間が一定ではなく，測定できなかった。

(4) おもりの重さを50gと80gにし，それぞれのひもの長さとおもりをはなす高さは同じにして，実験を行いました。その結果，2つのおもりのふれはばは同じくらいになりました。おもりが往復する時間をそれぞれ調べた結果として，もっとも正しいものを1つ選び，記号で答えなさい。

ア．往復する時間は，おもりの重さが50gのほうが短かった。

イ．往復する時間は，おもりの重さが80gのほうが短かった。

ウ．往復する時間は変わらなかった。

エ．往復する時間が一定ではなく，測定できなかった。

(5) 図3のように，はじめの位置からおもりをはなし，

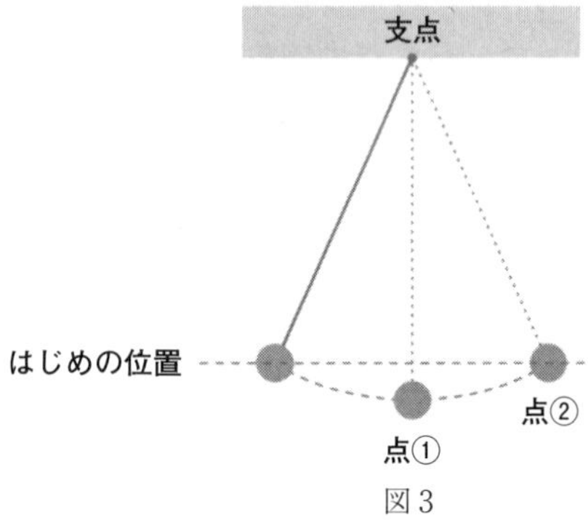

図3

点①と点②におもりがきたときに，それぞれの位置でひもを切って，その後のおもりの運動のようすを調べました。おもりの運動のようすとして，もっとも正しいものをそれぞれ１つ選び，記号で答えなさい。

ただし，点①は支点の真下であり，点②ははじめの位置と同じ高さとします。

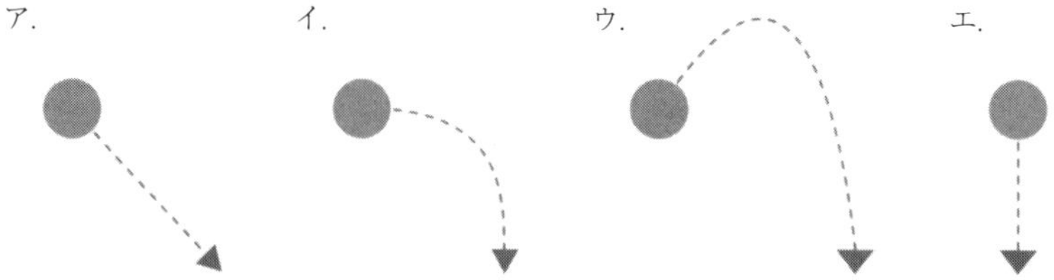

3　さまざまな気体を発生させる実験を行いました。次の問いに答えなさい。

＜実験１＞

あえん1.28ｇにうすい塩酸を少しずつ加えていきました。うすい塩酸を80cm^{3}加えたところで気体の発生が止まりました。このとき，発生した気体の体積は480cm^{3}でした。

(1)　＜実験１＞で発生した気体の説明として，もっとも正しいものを１つ選び，記号で答えなさい。

ア．この気体を集めたビンに火のついた線こうを入れると，ほのおを出して燃える。

イ．この気体を固体にしたものをドライアイスという。

ウ．空気よりも軽いため，下方ちかん法で集める。

エ．アルミニウムはくに水酸化ナトリウム水よう液を加えると発生する。

(2)　あえん1.28ｇに＜実験１＞と同じ濃《こ》さの塩酸を加えていくと気体が120cm^{3}発生しました。このとき，加えたうすい塩酸は何cm^{3}か，答えなさい。

(3)　あえんの量を＜実験１＞の２倍である2.56ｇにし，＜実験１＞と同じ濃さの塩酸を100cm^{3}加えました。このとき，発生した気体は何cm^{3}か，答えなさい。

＜実験２＞

図４のように，少量の石灰石を入れた三角フラスコ①にうすい塩酸を加えると，気体が発生し，三角フラスコ②にその気体を集めました。発生した気体の体積は水で満たしたメスシリンダーを逆さまにして測りました。

ただし，メスシリンダーには発生した気体により追い出された，三角フラスコ②内の空気が集まるものとします。

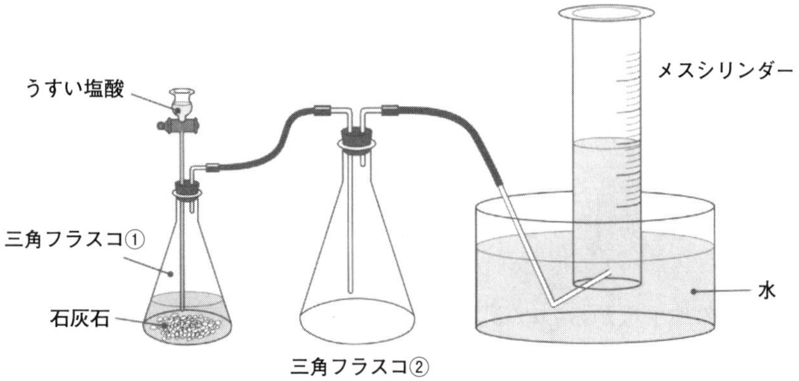

図４

(4)　＜実験２＞で発生した気体の名前を，答えなさい。

(5)　＜実験２＞において，メスシリンダーに集まった空気の体積は120.0cm^3でした。このときのメスシリンダー内の水面のようすとして，もっとも正しいものを１つ選び，記号で答えなさい。

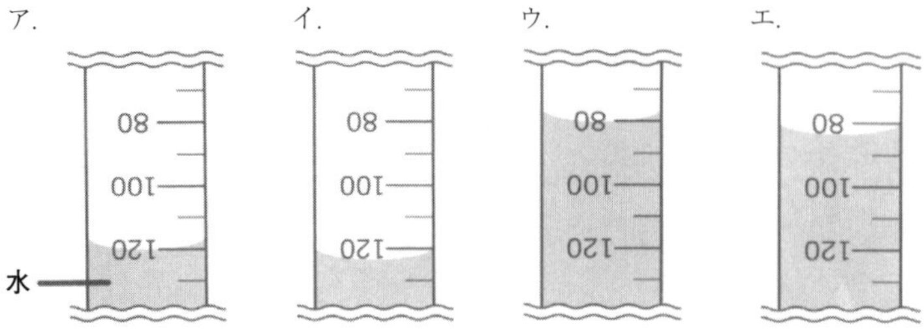

(6)　次の文は図５のように，石灰石にうすい塩酸を加えて，発生する気体を直接メスシリンダーに集めたときのようすについて説明したものです。文中の(あ)，(い)にあてはまる語句の組み合わせとして，もっとも正しいものを１つ選び，記号で答えなさい。

ただし，石灰石，うすい塩酸の種類と量は＜実験２＞と同じとし，図５で使用したメスシリンダーは＜実験２＞と同じものとします。

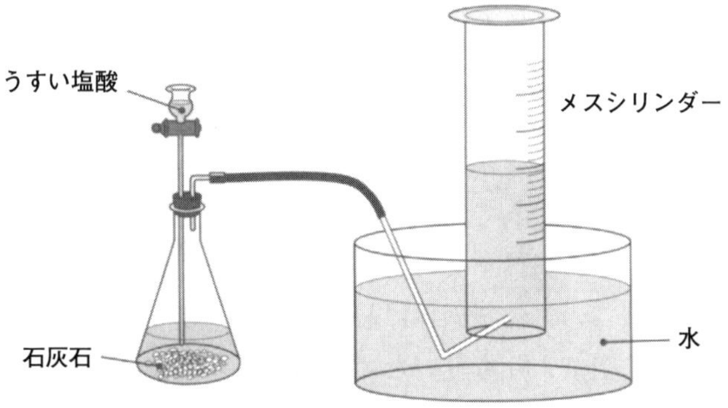

図５

発生した気体が(　あ　)ため，図５のように，直接発生した気体をメスシリンダーに集めると，メスシリンダー内の水面の高さは＜実験２＞のときよりも(　い　)なる。

記号	(あ)	(い)
ア	水にとける	低く
イ	水にとける	高く
ウ	水にとけない	低く
エ	水にとけない	高く

4　2019年は日本で部分日食が２回起きた年でした。また，2035年は日本でかいき日食が起きる年です。地球と月と太陽について，次の問いに答えなさい。

(1)　次の文章は月について説明したものです。文章中の(あ)，(い)にあてはまる語句を，答えなさい。

月は，地球の周りを公転する(　あ　)である。月には，いん石の落下によってできた(　い　)と呼ばれるくぼ地がある。

(2)　日本で真夜中ごろに，東の地平線からのぼるようにみえる月はどのような形をしているか，もっとも正しいものを１つ選び，記号で答えなさい。

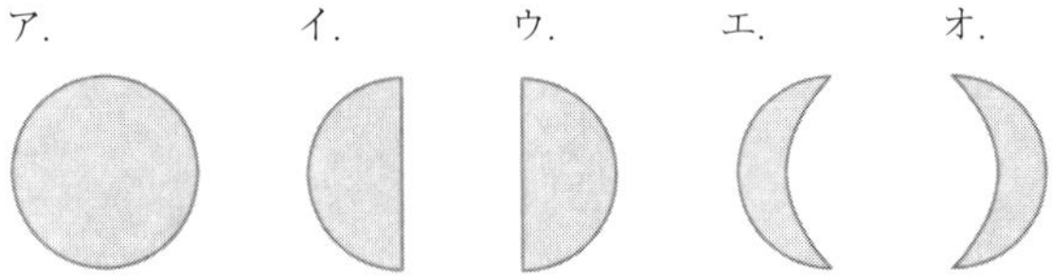

(3)　日食が観測される日の月を何といいますか，もっとも正しいものを１つ選び，記号で答えなさい。

ア．新月　　イ．満月　　ウ．上げんの月　　エ．下げんの月

(4)　日食および月食が毎月起こるとは限りません。その理由として，もっとも正しいものを１つ選び，記号で答えなさい。

ア．太陽と月と地球の大きさがちがうから。

イ．地球から太陽までのきょりが，地球から月までのきょりの約400倍あるから。

ウ．月の公転周期と月の満ちかけの周期に差があるから。

エ．月の見た目の通り道が太陽の見かけの通り道に対して少しかたむいているから。

(5)　図６は地球の北極側の上空から見たときの地球と月の位置関係と，太陽の光の方向を示したものです。日食が起こるときの月は図６のどの位置にあるか，もっとも正しいものを１つ選び，記号で答えなさい。

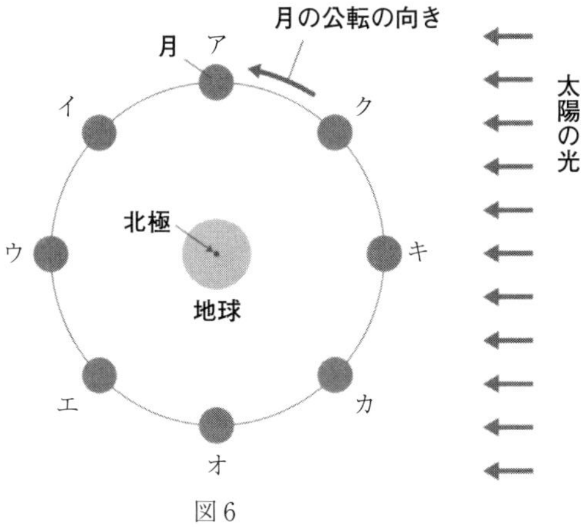

図６

てまわった」とありますが、このようなことが許された理由は何ですか。

ア．家を公開すれば地域全体で家の安全を守ることができるから。
イ．家の中の構造を同じにすることで隣人の安心が得られるから。
ウ．家は地域における共同体としてのはたらきをもっているから。
エ．隣人の確認がすめば個人の秘密を全て隠せるようになるから。
オ．わかりにくい隣人の生活を完成前に予測する必要があるから。

問８　――線部８「あらかじめ用意された住居が個人の好みで建てられる」とは、どういうことですか。

ア．もともと用意された住宅には、周辺環境への気配りや共同性はなく、住む人個人の好みが反映されているということ。
イ．もともと用意された住宅を、住む人が個人の好みによって選び、気に入らなくなったら建て替えるということ。
ウ．もともと用意された住宅に、住む人の好みを伝えたうえで、大工・左官屋・畳屋とともに建て直すということ。
エ．もともと用意された住宅では、住む人個人の好みを理解しつつ、隣人とのつながりも大切にしていくということ。
オ．もともと用意された住宅は、あくまでも共同体なので、住む人個人の好みにまではこたえられていないということ。

問９　――線部９「人間どうしの豊かな関係」とはどのような関係ですか。「～関係」に続くように答えなさい。

問10　[A]、[B]に当てはまる語句としてふさわしいものをそれぞれ選びなさい。

ア．つまり　　イ．また　　ウ．しかし
エ．たとえば　　オ．だから

い。いくつかの住居のモデルがあって、それを個人が自分たちの生活設計にしたがって選ぶ。住居をつくる側がそこで得られる利便性と夢を解説し、住む側はその条件が自分の希望に合うかどうかを判断するだけである。両者が合意すれば、住居はモデルにしたがってまたたく間に建てられる。

　私が子どものころは、まだ大工さんが家を建てていて、※左官屋さんや畳屋《たたみや》さんといったいろんな職人たちの共同作業だった。※棟《むね》上げのときには近所に餅を配り、7近隣《きんりん》の住人が家のなかまで入ってきてあれこれ見てまわった。新しくどんな人々がどんなふうに住むかを、隣人たちは熟知して社会のネットワークに温かく迎え入れた。住居とは個人のものでありながら、隣人たちとの共有空間でもあったのだ。

　それがいつしか個人の所有物となり、外の世界と隔絶《かくぜつ》する場所となった。私が暮らしている街でも、町家の建ちならぶ一角に突然マンションが建ち、現代風の店ができたりする。どんな人がどんな暮らしを営んでいるかわからず、近所でうわささすらできない。時折上方の窓から、激しく子どもを叱《しか》る声や泣きじゃくる声が聞こえてきたりする。でも、その暮らしの実態がわからないので、介入《かいにゅう》していいかどうか判断に苦しむ。

　現代は、8あらかじめ用意された住居が個人の好みで建てられる時代である。それは昔とは逆に人間関係を規定し、個人や家族を隔離し、社会のつながりを分断している。今一度、9人間どうしの豊かな関係が見える住まいを考えなおすときが来ているのではないだろうか。

（山極寿一『ゴリラからの警告』による）

※洞…大きな深い穴
※隣人…近所の人
※左官…壁をぬる職人
※棟上げ…家の骨組みができた後にいわう儀式《ぎしき》

問1　**――線部1「つい最近」とはいつごろですか。**
ア．700万年前　イ．1万2千年前
ウ．現代　エ．類人猿の時代
オ．狩猟採集生活時代

問2　**――線部2「常に安全な場所」とはどこですか。**
ア．円すい状の小屋　イ．なわばり
ウ．森のなか　エ．木の洞
オ．洞穴や岩壁

問3　**――線部3「ベッドをつくる習性」とはどのようなことですか。**
ア．木の穴の安全な場所に自分一人が入れるほどの寝床を作ること。
イ．細い枝を切って折り曲げ、葉をのせた円すい状の小屋を設置すること。
ウ．夜に行動をして木の上に体を支えるベッドを作って鳥に対抗すること。
エ．落ちることのないように、木の上に安定した一人用のベッドを作ること。
オ．草原からたどりつくことができる岩穴の中で、寝る場所を作ること。

問4　**4に当てはまる言葉を漢字一字で本文よりぬき出しなさい。**

問5　**5に当てはまる言葉は何ですか。**
ア．壁　イ．道　ウ．窓
エ．扉　オ．鏡

問6　**――線部6「現代の住居」は、どのようなものになったのですか。本文より二十一字でぬき出し、はじめと終わりの三字を答えなさい。**

問7　**――線部7「近隣の住人が家のなかまで入ってきてあれこれ見**

が短期間いっしょになるが、交尾後は再び別れ、出産後もメスは単独で子どもを育てる。子どもを置いて食物を探しにいくため、寝場所はくり返しもどれるようになわばりの中心部につくられている。

ところが、夜から昼の世界に進出しはじめると、サルたちは鳥に対《たい》抗《こう》するために体を大きくし、群れをつくって食物を探すようになった。原猿類が食べているような昆虫《こんちゅう》や樹液だけでは大きな体を維持《いじ》できなくなり、果実や葉を主食とするようになって、群れで広い範囲《はんい》を遊動しはじめた。そのため、2常に安全な場所にもどることができず、巣を捨てて広い範囲を移動しながら、毎晩違った木の上で眠《ねむ》るようになった。サルたちには木の上で安定した姿勢で眠れるように尻だこが発達し、赤ちゃんにも生まれたときから母親にしがみつく能力が備わった。

しかし、人間に近縁なゴリラやチンパンジーなどの類人猿になると、さらに体が大きくなって、体を支えるベッドを木の上につくる必要が生じた。今でもすべての類人猿が毎晩樹上に一人用のベッドをつくって眠る。樹上のベッドは、地上性の大型肉食獣から身を守り、安眠を保証してくれた。毎晩つくり変えるため、簡単な造りで数分のうちに完成させてしまうが、とても頑丈《がんじょう》でめったに落ちることはない。類人猿は生まれつきベッドづくりの能力をもっていて、動物園生まれの個体でも、材料をあたえるとベッドをつくろうとすることがある。

でも、人間はいつのころか、この3ベッドをつくる習性を失ってしまった。古い人類の遺跡からベッドは見つかっていない。熱帯雨林を出て草原へ進出した人類の祖先は、地上性の危険な肉食獣を避けるため、洞穴や岩壁などベッドの材料が得られない場所で寝《ね》たのであろう。しかも、単独のベッドで寝るより、安全を期して家族や仲間と寄り合って寝る道を選んだ。それがやがて、家族や共同体が単位となる住居へとつながったのだと思う。

今、私たちが使っているベッドは類人猿のベッドとは違う。類人猿のベッドはあくまで一人用で、毎晩つくり変えられる。それぞれの個体が仲間の存在を確認しながら安眠できるようにすることが目的とされている。これに対して、人間のベッドは家のなかにつくられ、親子や夫婦がいっしょのベッドで眠ることがある。しかも、耐久性があって、何度も同じベッドで眠る。日本人は長らくベッドをつくらず、畳の上に布団を敷《し》いて寝ていた。類人猿のベッドにあたる人間の構造物は［４］であり、住居のほうがベッドより古いのだ。そこへ、最近になって二次的ベッドがつくられるようになったと考えることができる。

つまり、人間の住居は家族や共同体の信頼関係を反映する場所なのである。だから、人間の住居には雨をしのぐ屋根だけでなく、外からの視線を防ぐ［５］がある。それは、住居の中と外の世界をはっきり区別する境界の役割を果たす。そして、住居と住居の配置は家族間や集団間の社会関係、すなわち共同体の構造を反映していたはずである。

［Ａ］、私がアフリカ奥地《おくち》の熱帯雨林で訪問した村々は、道沿いに家が建っていて、一番奥に村長の家、真ん中付近にバラザと呼ばれる集会所があった。訪問客はまずこのバラザに立ち寄って、自分の素《す》性《じょう》や旅の目的を村人に説明し、村長にあいさつすることになっている。外からの来訪者にどう対処するかも家の配置に組みこまれているのだ。日本の村を形づくる家々も、構造こそ異なるものの、共同体としてみな同じような対処の仕方を備えていたのだろう。

おそらく、家の構造もそこで暮らす人々の人間関係を表していた。台所や居間、寝室や隠居《いんきょ》部屋などの配置は、その家の住人だけでなく、※隣人《りんじん》とのコミュニケーションも考慮してつくられていた。だからこそ、家のなかの出来事は、隣人に知られやすい場所と隠されるべき場所に区別でき、それが共同体の間で共有されていた。

［Ｂ］、6現代の住居はこのような人間関係を一切考慮《こうりょ》していな

問７　――線部７「その日、家に帰ってから、暦はおかあさんに聞いてみることにした」とありますが、このあと暦の家には暦を入れて何人の人がそろうことになりますか。

問８　――線部８「ヒクツ」がカタカナで表現されている理由を、小学六年生の暦の会話であることを考えたうえで答えなさい。

問９　――線部９「暦はショックを受けていた」とありますが、それはなぜですか。

ア．家族だけは自分の写真うつりの悪さを理解してくれると思っていたのに、写真うつりがいいと言われてわかってくれないと感じたから。

イ．伊東さんと同じようには絶対感じないと思っていた自分の考えが変わってしまい、自分という人間がいかに不安定かを感じたから。

ウ．結局大人は子供の考えなど知るよしもなく、自分の悩みを否定されてしまった気がして今までの会話が無駄《だ》だったと感じたから。

エ．ひきつっていると思っていた笑顔でいつも笑っていると言われ、かわいらしさとは何かわからなくなってしまったと感じたから。

オ．はじめは伊東さんの言葉に納得しきれていなかったが、当事者になり、自分の考えのほうが間違っているのではないかと感じたから。

問10　――線部10「教えてくれてありがとう」とありますが、なぜ暦には伊東さんへの感謝の気持ちが生まれたのですか。

ア．暦に悪気がなかったにしても、写真うつりがいいという言葉は使ってはいけないということを伝えてくれたから。

イ．暦との仲がこじれてしまうかもしれないが、暦が気を付けるべきことをあえて難しい言葉で伝えてくれたから。

ウ．暦が納得しないかもしれないが、それでも暦が誰かに誤解されないようにきちんと言葉の難しさを伝えてくれたから。

エ．暦が自分を嫌いになってしまうと思いつつも、言葉はいいかげんに使ってはいけないと伝えてくれたから。

オ．暦がモヤモヤすることはわかっていたが、しっかりと暦に向き合い自分の好き嫌いについて正直に伝えてくれたから。

三　**次の文章を読んで、後の問いに答えなさい。**

人間の住居はいったい、どのような背景と動機でつくられてきたのだろうか。最近、めまぐるしく住居が建てかえられるようになり、町並みが急速に変わりつつあるなかで、住まいの本質とは何かを強く感じるようになった。

人類の進化７００万年のなかで、定住をはじめたのは１つい最近のことである。１万２千年前に農耕や牧畜が起こる前は、移動しながら暮らす狩猟《しゅりょう》採集生活だったのだから、きちんとした家に住むのはそれ以降のことだろう。私はアフリカの熱帯雨林で狩猟採集生活を営むピグミーの人たちといっしょにゴリラの調査をしたことがある。頻繁《ひんぱん》に森のなかを移動する彼らは、狩猟具や食器などわずかな家財道具しかもち合わせておらず、住居もほんの数時間でつくってしまう。細い枝を切ってきて折りまげ、円すい状の小屋をつくり、それにクズウコンの葉をかぶせるだけである。せいぜい数人が入る程度の大きさだが、じゅうぶんに雨がしのげて安眠できるのだ。

実は、人間以外のサルや類人猿《るいじんえん》には奇妙な住居の歴史がある。最も原始的なサルたちは夜行性で、木の※洞《ほら》に安全な寝《ね》場所をつくり、ここで子どもたちを育てる。原猿類はオスもメスも単独で暮らしており、それぞれなわばりをもって対立している。交尾期になるとオスとメスおかあさんたちはハモりながら言ったけれど、そんな大人の気持ちなんて、子どもにはわからない。でも、大人は昔みんな子どもだったんだから、もっと子どもの気持ちがわかってもよさそうなのになぁ。きっと忘れているんだな。

明日教室で伊東さんに会ったら、今あったことをちゃんと伝えよう。それで、教えてくれてありがとうって、ちゃんと言おう。

そう考えながら、暦は伊東さんにあげるクッキーを選びはじめた。

（戸森しるこ『ゆかいな床井くん』による）

問１　――線部１「気分の問題」とはどういうことですか。

ア．新しいものやお気に入りのものを着ることで、いつもと違う特別な自分を演じられると感じているということ。

イ．撮影時の服装を整えることが重要なのではなく、何事も真剣に取り組むことが重要だと感じているということ。

ウ．たとえ写真に写らないとしても、お気に入りの服を着ることで自分の心は満足すると感じているということ。

エ．記念写真なのだから、自分をだましてでも、いつもと違う服で撮《と》るべきだと感じているということ。

オ．卒業アルバムを利用して、他の子と差のある自分を他の女子に見せつけたいと感じているということ。

問２　――線部２「まぜっかえして」とは、ここではどういう意味ですか。

ア．やり返して　　イ．混乱させて

ウ．変化させて　　エ．取り上げて

オ．反対して

問３　――線部３「……」とありますが、この時伊東さんはどのように感じたのですか。

問４　――線部４「伊東さんはなにか考えるように腕を組んだ」とありますが、伊東さんの思ったことは何ですか。

ア．暦の答えが伊東さんの予想していたものとほとんど同じではあったが、正確な言葉の意味を確認しておくかをとまどった。

イ．床井くんの言葉が暦の言葉よりも面白かったため、その面白さに心を奪われて、暦に話しかけるのが遅れたと感じた。

ウ．暦の横山さんへのほめ言葉は、伊東さんが考えていたほめ言葉とは少し違ったイメージだったのでおかしかった。

エ．横山さんに対しての何気ない暦の一言に、横山さんのことを嫌っている気持ちがにじみ出てしまっているので困った。

オ．暦の答えの意味が判断しにくいものだったので、その意味が他の人に取り違えられてしまうことを伝えるか悩《なや》んだ。

問５　――線部５「ほめ言葉だと感じる人と、けなし言葉だと感じる人がいる」とありますが、ほめ言葉ともけなし言葉ともとれる言葉の本文以外の例を、あなた自身で考えて一つあげ、ほめ言葉のほうの意味を説明しなさい。

問６　――線部６「人とおしゃべりするのが面倒くさくなったりする」とありますが、それはなぜですか。

ア．自分の発言に対し嫌味《いやみ》を言われた気がしてとても不快に感じたから。

イ．自分の不器用さを教えられ、いつかだれかを怒らせると感じたから。

ウ．話したくない相手にも気をつかって話すことは疲れると感じたから。

エ．自分の発言がどう受け取られるかがわからず、難しいと感じたから。

オ．伊東さんの発言の真意がわからず、人との会話に怖さを感じたから。

床井くんはひとりで勝手に感動している。すると、今度は伊東さんが言った。

「あとね、だれに言われたかにもよると思うんだよね。それに、言い方とかも。さっきの暦ちゃんのは悪い感じしなかったから、べつに大丈夫だよ」

「……うん」

暦はモヤモヤした。

だって、じゃあどうして、言わないほうがいいなんて、言ったの？

ほめようと思って言った言葉が、逆に相手を傷つける。

こういうことがあると、6人とおしゃべりするのが面倒《めんどう》くさくなったりする。暦はため息をついた。

7その日、家に帰ってから、暦はおかあさんに聞いてみることにした。おかあさんはなごみちゃんのママといっしょにクッキーを焼いていた。家じゅうが甘《あま》くておいしそうなにおいで満ちている。

暦はできたてのクッキーをつまみながら、学校であったことを話した。話している途中で、なごみちゃんも帰ってきた。

「写真うつりがいいって言われたら、わたしはうれしいわ」

おかあさんが言うと、おばさんがおどろいた顔をした。

「あら、ウソ、わたしはちょっといやだわ」

「えっ、ヤダ、そうなの？」

意見がわかれたことに、ふたりは衝撃《しょうげき》を受けたみたいだ。双子《ふたご》であっても、やはり人はひとりひとり違う人間なのだ。

「それがけなし言葉だって感じる人は、ちょっと卑屈《ひくつ》な感じがするわね」

暦のおかあさんがそう言うと、

「そうね、たしかにそうかもしれない。相手の言い方にもよるけどね」

と、おばさんも同意した。

「8ヒクツ……？」

「必要以上にいじけて、自分の価値がないように言うことよ」

「ふぅん」

『嫌《きら》われるわね、そういう人は』

ときどき、おかあさんとおばさんは、みごとなハーモニーを奏でる。突然同じタイミングで同じことを言うのだ。今もそうだった。これぞ双子の神秘。

「そういえば、おねえちゃんは写真うつりいいよね」

「えっ？」

なごみちゃんに言われて、暦はびっくりだ。

「どこが？　笑顔がひきつってるじゃん」

「え、そんなことないよ。ふつうだよ」

「ぜんぜん、ふつうじゃないよ」

「けど、いつもあんなふうに笑ってるよ。かわいく撮《と》れてるよ」

そう言われてみて、暦はハッと気がついた。

写真うつりがいいって言われるの、わたしもあんまりうれしくないや……。

今までは、自分のことを写真うつりが悪いと思っていたから、気がつかなかった。9暦はショックを受けていた。

自分が当事者になってみないと、わからないことってあるんだな。背が高い暦には、背が低い人の気持ちがわかりにくいし、女の子の暦には、男の子の気持ちがわかりにくい。それと同じだ。

「まぁ、写真うつりがどうのこうのなんて、そんなに大きな問題じゃないけどね」

「もっとたいせつなことがたくさんあるからね。あんたたちだって、」

『大人になればわかるわ』

二　次の文章を読んで、後の問いに答えなさい。

卒業アルバムの個人写真を撮影《さつえい》することになったので、暦《こよみ》はその日、新しいシャツと、その上にお気に入りの青いワンピースを着て、学校に行った。個人写真は胸から上しか写らないけれど、これは１気分の問題だと暦は思う。それと、前髪《まえがみ》。いつもはおかあさんに切ってもらうところを、美容院に行って美容師さんに切ってもらった。やっぱりプロが切ると違うなぁ。微妙《びみょう》に左右対称になっていないところが、おしゃれだと思う。

女子はみんな、どんなふうに髪型をアレンジするかとか、おでこのニキビを隠したいとか、やせて見える角度を研究したりとか、そういうことに夢中になっている。

そんななか、

「わたし、写真って苦手なんだよねぇ。どうしたらいいかな」

最近仲よくしている伊東さんにそう言われて、暦もうなずいた。

「わたしも。カメラ向けられると、どうしても笑顔がひきつっちゃうんだよね」

「おれもー。カメラ向けられると、どうしても変顔したくなっちゃうんだよな」

すかさず床井《とこい》くんが２まぜっかえして、暦は伊東さんといっしょに笑った。

「あ、そういえば、修学旅行の写真を見たときに思ったけど、横山さんって写真うつりがすごくいいよね」

暦が言うと、伊東さんはちょっと困った顔をして、

「３……それ、どういう意味？」

って言った。

「え？　笑顔が自然っていうか、あんなふうに写りたいなって思うけど」

暦の答えを聞いて、４伊東さんはなにか考えるように腕《うで》を組んだ。

「写真うつりがいいって、あんまり言わないほうがいいんじゃないかな」

「えっ、どうして？」

「だって、実物はいまいちだけど、写真だとよく見えるってことでしょ？」

「ええっ、そんな意味で言ってなかったよ、わたし」

「そうなんだよね」

伊東さんはますます考えこむように、腕組みしたまま首をかしげた。

「前にね、なにかで読んだことあるんだけど、『写真うつりがいい』が５ほめ言葉だと感じる人と、けなし言葉だと感じる人がいるんだって」

伊東さんからのその情報に、暦よりも床井くんが興味をひかれたようだった。

「へぇ、なにそれ。興味深い」

「でもわたし、ほめたつもりだったよ」

暦は納得がいかなくて、ちょっと大きな声で反論した。すると、伊東さんは「わかってる、わかってる」というように、暦に向かってうなずいた。

「暦ちゃんがそういうつもりじゃなかったのはわかったけど、誤解されるかもしれないから、たとえば別の言い方にしたらどうだろう」

「別の言い方？」

「うーん、良い写真だね、とか？　むずかしいよね、日本語って」

「同じ言葉なのに、ほめられてるって感じる人と、けなされてるって感じる人にわかれるって、すげーおもしろくない？　人がひとりひとり違う人間だってことを、証明しているみたいだな。お、いいこと言う～、おれ！」

二〇二〇年度
日本大学第二中学校

【国　語】〈第一回試験〉（五〇分）〈満点：一〇〇点〉

注意　一　選択肢《せんたくし》がある場合は、指示がないかぎり最もふさわしいものを記号で答えなさい。また、抜《ぬ》き出して答える場合は、句読点・記号も字数に含《ふく》みます。

二　問題の関係上、文章を削除しているところがあります。

一　**次のそれぞれの問いに答えなさい。**

問１　次の――線部の漢字の読みをひらがなで書きなさい。

①　大きく胸を**反**らす。

②　画家が**絵筆**を握る。

③　乗客の**安否**を確かめる。

問２　次の――線部のカタカナの部分を漢字に直しなさい。送りがなが必要な場合は、それも書きなさい。

①　スポーツの**サイテン**が始まる。

②　入場を**セイゲン**する。

③　**リョウシン**的な値段のお店だ。

④　会長を**ツトメル**。

問３　次の四字熟語の□に当てはまる語を漢字一字で書きなさい。

①　一日千□

②　一朝一□

③　一念発□

問４　次のことわざと同じ意味の二字熟語はどれですか。

①　ひょうたんからこま

ア．発明　イ．幸運　ウ．失敗　エ．意外　オ．出発

②　転ばぬ先のつえ

ア．準備　イ．指示　ウ．成功　エ．回復　オ．感心

問５　次の□に共通する漢字一字を答え、慣用句を完成させなさい。

①　□を見るより明らかだ。

□に油を注ぐ。

□のないところに煙は立たない。

②　□をのむ。

□をひそめる。

□が合う。

問６　敬語の用い方として正しいものには〇、そうでないものには×を書きなさい。

①　先生、今、雨は降っていらっしゃいましたか。

②　結婚式にはぜひ先生をご招待したいと思います。

問７　次の文の□に当てはまる語としてふさわしいものはどれですか。

①　勉強に対するやる気が□とわいてきた。

ア．かりかり　イ．ふつふつ　ウ．すらすら　エ．しとしと　オ．ずるずる

②　早く遊びに行きたくて□する。

ア．たらたら　イ．おろおろ　ウ．くらくら　エ．ひりひり　オ．うずうず

2020年度

日本大学第二中学校 ▶解説と解答

算　数　＜第１回試験＞（50分）＜満点：100点＞

解　答

[1] (1)　17　(2)　5　(3)　$\frac{1}{4}$　(4)　$15\frac{1}{6}$　(5)　6　[2] (1)　7％　(2)　13脚　(3)　8個　(4)　15日間　(5)　53cm　[3] (1)　60度　(2)　50cm^2　[4] (1)　4 cm　(2)　4.8cm　[5] (1)　54人　(2)　40度　(3)　56人　[6] (1)　18.4秒後　(2)　82秒後　(3)　42秒後

解　説

[1] 四則計算，逆算，分数の性質，場合の数

(1)　$3\div0.25+1.2\times\frac{5}{2}\div0.6=3\div\frac{1}{4}+1\frac{1}{5}\times\frac{5}{2}\div\frac{3}{5}=3\times\frac{4}{1}+\frac{6}{5}\times\frac{5}{2}\times\frac{5}{3}=12+5=17$

(2)　$3+\left\{\left(1.2-\frac{2}{5}\right)\div4\times2\right\}\times5=3+\left\{\left(1\frac{1}{5}-\frac{2}{5}\right)\div4\times2\right\}\times5=3+\left\{\left(\frac{6}{5}-\frac{2}{5}\right)\div4\times2\right\}\times5$
$=3+\left(\frac{4}{5}\times\frac{1}{4}\times2\right)\times5=3+\frac{2}{5}\times5=3+2=5$

(3)　$\frac{5}{6}\times\left\{\left(\frac{2}{3}+\square\right)\times1\frac{1}{5}-\frac{1}{2}\right\}=\frac{1}{2}$より，$\left(\frac{2}{3}+\square\right)\times1\frac{1}{5}-\frac{1}{2}=\frac{1}{2}\div\frac{5}{6}=\frac{1}{2}\times\frac{6}{5}=\frac{3}{5}$，$\left(\frac{2}{3}+\square\right)\times1\frac{1}{5}=\frac{3}{5}+\frac{1}{2}=\frac{6}{10}+\frac{5}{10}=\frac{11}{10}$，$\frac{2}{3}+\square=\frac{11}{10}\div1\frac{1}{5}=\frac{11}{10}\div\frac{6}{5}=\frac{11}{10}\times\frac{5}{6}=\frac{11}{12}$　よって，$\square=\frac{11}{12}-\frac{2}{3}=\frac{11}{12}-\frac{8}{12}=\frac{3}{12}=\frac{1}{4}$

(4)　$\frac{7}{18}$でわることは$\frac{18}{7}$をかけることと同じで，$\frac{13}{24}$でわることは$\frac{24}{13}$をかけることと同じになる。そこで，もとの分数を$\frac{B}{A}$として，$\frac{B}{A}\times\frac{18}{7}$と$\frac{B}{A}\times\frac{24}{13}$がどちらも整数になる場合を考える。$\frac{B}{A}\times\frac{18}{7}$が整数になるとき，$B$が7で割り切れ，18が$A$で割り切れる必要があるから，$B$は7の倍数で，$A$は18の約数となる。同様に，$\frac{B}{A}\times\frac{24}{13}$が整数になるとき，$B$は13の倍数で，$A$は24の約数となるので，$B$は7と13の公倍数，$A$は18と24の公約数とわかる。さらに，分数を小さくするには分母はできるだけ大きく，分子はできるだけ小さくすればよいので，$\frac{B}{A}$が最も小さい分数になるとき，Bは7と13の最小公倍数，Aは18と24の最大公約数となる。よって，Bは91，Aは6だから，もとの分数$\frac{B}{A}$は，$\frac{91}{6}=15\frac{1}{6}$である。

(5)　4チームがそれぞれ他のチームと1回ずつ試合をするので，どのチームも，$4-1=3$（試合）することになる。よって，各チームの試合数を合計すると，$3\times4=12$（試合）となるが，この計算では，A対BとB対A，A対CとC対Aのように，同じ試合を2回ずつ数えている。したがって，実際の試合数は，$12\div2=6$（試合）と求められる。

[2] 濃度《のうど》，過不足算，整数の性質，仕事算，長さ

(1)　4％の砂糖水100gには砂糖が，$100\times0.04=4$（g），8％の砂糖水300gには砂糖が，$300\times0.08=24$（g）含《ふく》まれる。よって，混ぜ合わせると，砂糖の重さは，$4+24=28$（g），砂糖水の重さは，100＋300＝400(ｇ)になるから，濃度は，28÷400×100＝７(％)となる。

⑵　１脚《きゃく》に座る人数を，９－８＝１(人)増やすと，座れる人数は，５＋８＝13(人)増える。よって，長いすは，13÷１＝13(脚)ある。

⑶　一の位と十の位を入れかえて，もとの数よりも大きくなるとき，もとの２けたの整数は一の位の方が十の位よりも大きい。このような場合のうち，12，23のように，一の位と十の位の差が１のとき，入れかえると，12→21，23→32のように，十の位が１大きくなり，一の位が１小さくなるので，10増えて１減ることになり，10－１＝９大きくなる。よって，一の位と十の位を入れかえると９大きくなるような２けたの整数は，一の位が十の位よりも１だけ大きい整数だから，12，23，34，45，56，67，78，89の８個ある。

⑷　この仕事全体の量を１とすると，A，Bの２人では１日に，１÷６＝$\frac{1}{6}$の仕事ができる。よって，２人で３日間取り組むと，$\frac{1}{6}$×３＝$\frac{1}{2}$の仕事ができるので，残りの仕事の量は，１－$\frac{1}{2}$＝$\frac{1}{2}$となる。これをAが１人で取り組むと終わるまでに，８－３＝５(日)かかったから，Aが１人で１日にできる仕事の量は，$\frac{1}{2}$÷５＝$\frac{1}{10}$とわかる。したがって，Bが１人で１日にできる仕事の量は，$\frac{1}{6}$－$\frac{1}{10}$＝$\frac{1}{15}$だから，Bが１人で取り組むと，１÷$\frac{1}{15}$＝15(日間)で終わる。

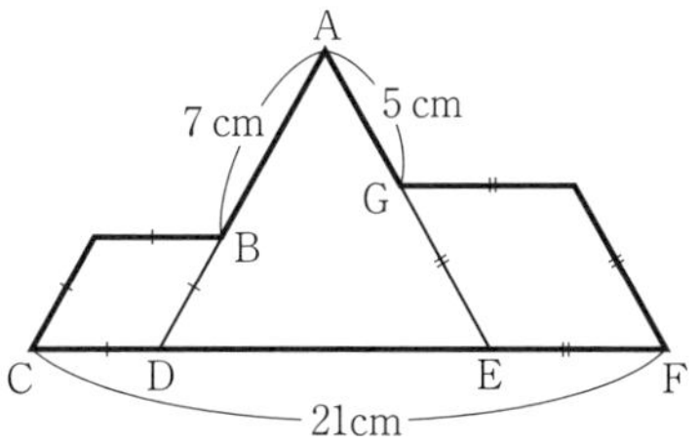

⑸　左の図で，ひし形の４つの辺の長さは等しいから，BD＝CD，EG＝EFより，BD＋DE＋EG＝CD＋DE＋EF＝21(cm)となるので，正三角形ADEの周りの長さは，７＋５＋21＝33(cm)となる。よって，正三角形ADEの１辺の長さは，33÷３＝11(cm)だから，BDの長さは，11－７＝４(cm)，EGの長さは，11－５＝６(cm)とわかる。したがって，左のひし形の１辺の長さは４cm，右のひし形の１辺の長さは６cmだから，太線の長さは，４×２＋７＋５＋６×２＋21＝53(cm)と求められる。

3　平面図形―角度，面積

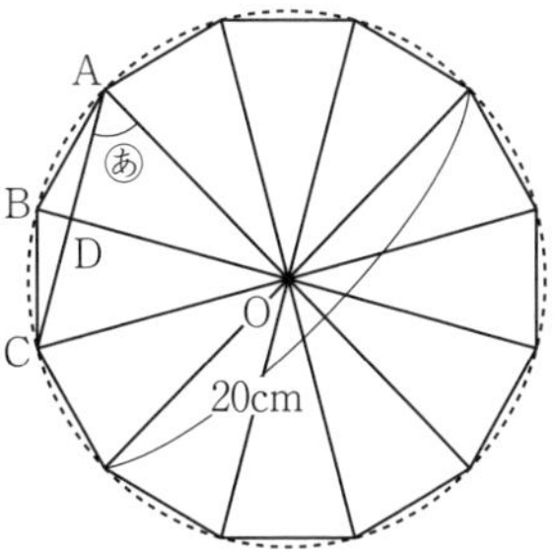

⑴　左の図で，点Oのまわりは，正十二角形の対角線で12等分されているから，角AOBの大きさは，360÷12＝30(度)で，角AOCの大きさは，30×２＝60(度)となる。また，図のように，正十二角形のすべての頂点を通る円を考えると，OA，OCはこの円の半径だから，長さは等しい。よって，三角形OACは二等辺三角形だから，角あの大きさは，(180－60)÷２＝60(度)とわかる。

⑵　円の直径は20cmなので，OA，OB，OCの長さは，20÷２＝10(cm)である。また，⑴より，三角形OACの角はすべて60度なので，三角形OACは正三角形であり，ACの長さも10cmとわかる。さらに，四角形OABCはOBを対称《たいしょう》の軸《じく》として線対称だから，OBとACは直角に交わっていて，OBとACの交わる点をＤとすると，AD，CDの長さはどちらも，10÷２＝５(cm)となる。よって，三角形OABと三角形OBCで底辺をOBとすると，高さはどちらも５cmだから，面積はどちらも，10×５÷２＝25(cm^2)となる。したがって，四角形OABCの面積は，25×２＝50(cm^2)と求められる。

4　立体図形―水の深さと体積

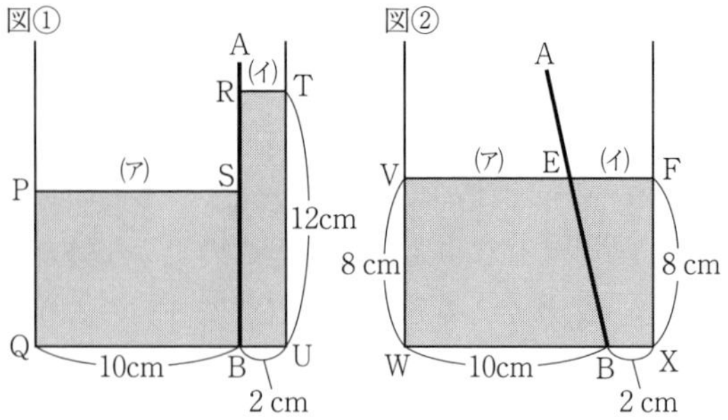

(1)　問題文中の図１と図２をそれぞれ正面から見た図は右の図①，図②のようになる。(ア)と(イ)の部分に入っている水の体積はそれぞれ，仕切り板をかたむける前と後で変わらない。よって，図②の台形EBXFの面積は，図①の長方形RBUTの面積と等しく，12×２＝24(cm²)だから，EFの長さを□cmとすると，(□＋２)×８÷２＝24(cm²)と表せる。したがって，□＋２＝24×２÷８＝６(cm)より，□＝６－２＝４(cm)となる。

(2)　図①の長方形PQBSの面積は，図②の台形VWBEの面積と等しく，８×(10＋２)－24＝72(cm²)である。よって，図①で(ア)の部分の水面の高さ(PQの長さ)は，72÷10＝7.2(cm)となるので，(ア)と(イ)の部分の水面の高さの差は，12－7.2＝4.8(cm)と求められる。

5　グラフ―割合と比

(1)　問題文中の図１で，40点以上60点未満の部分の角の大きさは108度だから，40点以上60点未満の人数は全体の，108÷360＝0.3にあたる。図１で全体の人数は180人なので，40点以上60点未満の人数は，180×0.3＝54(人)とわかる。

(2)　図１で，80点以上の部分と40点以上60点未満の部分の角の大きさの比は，44：108＝11：27なので，人数の比も11：27となり，80点以上の人数は，$54\times\frac{11}{27}$＝22(人)とわかる。同様に，図２で，40点以上60点未満と欠席者の人数の比は，角うと角かの大きさの比に等しく，３：１だから，欠席者の人数は，$54\times\frac{1}{3}$＝18(人)となる。よって，図２で全体の人数は，180＋18＝198(人)であるから，80点以上の人数は全体の，22÷198＝$\frac{1}{9}$になる。したがって，角おの大きさは，$360\times\frac{1}{9}$＝40(度)と求められる。

(3)　図２で，角あと角いの大きさの比は，１：２＝２：４，角あと角えの大きさの比は２：７だから，角あ，角い，角えの大きさの比，つまり，20点未満，20点以上40点未満，60点以上80点未満の人数の比は２：４：７とわかる。また，その人数の和は，198－(54＋22＋18)＝198－94＝104(人)である。よって，60点以上80点未満の人数は，$104\times\frac{7}{2+4+7}=104\times\frac{7}{13}$＝56(人)と求められる。

6　図形上の点の移動，旅人算

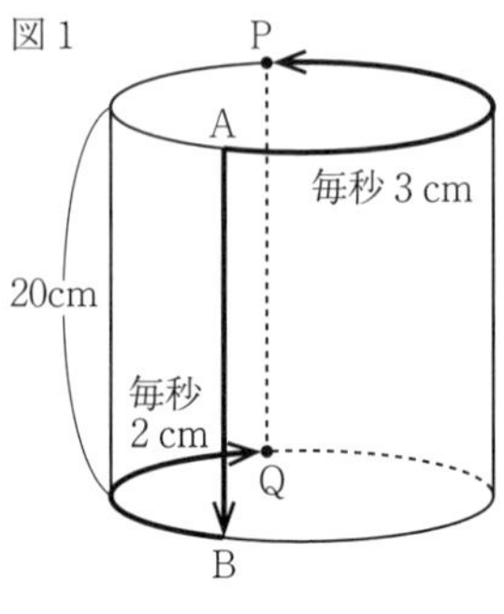

(1)　点Ｐが初めて点Ｑの真上にくるまでに点Ｐ，Ｑが動く様子は右の図１のようになる。このとき，点Ｐが動いた長さと，点Ｑが直線AB以外の部分で動いた長さの和は，底面の円周の長さに等しいので，72cmとなる。よって，点Ｐが初めて点Ｑの真上にくるのは，点Ｐ，Ｑが合わせて，72＋20＝92(cm)動いたときで，点Ａを出発してから，92÷(３＋２)＝18.4(秒後)となる。

(2)　点Ｑは点Ａから点Ｂまで動くのに，20÷２＝10(秒)かかり，底面を１周するのに，72÷２＝36(秒)かかるので，点Ｑが点Ｂにくるのは，点Ｑが出発してから10秒後，10＋36＝46(秒後)，46＋36＝82(秒後)，…となる。また，点Ｐは点Ｑが出発してから34秒後に出発し，底面を１周するのに，72÷３＝24(秒)かかるので，点Ｐが点Ａにくるのは，点Ｑが出発してから，34＋24＝58(秒後)，58＋24＝82(秒後)，…となる。よって，点Ｐ，Ｑがそれぞれ点Ａ，Ｂに初めて同時にくるのは，点Ｑが出発してから82秒後とわかる。

(3)　点Ｐは23秒間に，３×23＝69(cm)動くので，点Ｑが出発するとき，点Ｐは点Ａの，72－69＝３(cm)手前にある。また，点Ｑが初めて点Ｂにくるのは点Ｐが出発してから，23＋10＝33(秒後)であり，そのとき，右の図２のように，点Ｐは点Ａから，３×33－72＝99－72＝27(cm)進んだところにある。よって，１回目に点Ｐが点Ｑの真上にくるのは，点Ｑが点Ａから点Ｂまで動いている間だから，２回目に点Ｐが点Ｑの真上にくるのは，図２のときから点Ｐ，Ｑが合わせて，72－27＝45(cm)動いたときとわかる。したがって，図２の位置から，45÷(３＋２)＝９(秒)進んだときで，点Ｐが出発してから，33＋９＝42(秒後)と求められる。

図２

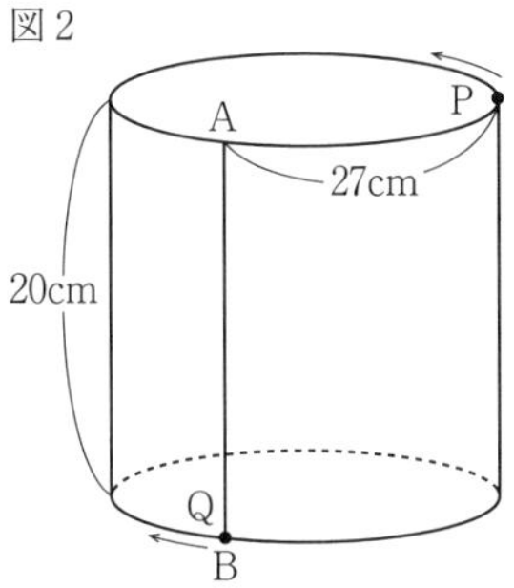

社　会　＜第１回試験＞（理科と合わせて50分）＜満点：50点＞

解　答

［1］　問１　1964(年)　問２　ア　問３　(1)　ウ　(2)　エ　問４　イ　問５　ア　問６　ウ　問７　ウ　問８　エ　問９　イ　問10　(1)　雄略(天皇)　(2)　ア　問11　(1)　エ　(2)　イ　問12　ふるさと(納税)　［2］　問１　イ　問２　ア　問３　オ　問４　千葉(県)　問５　ア　［3］　問１　オ　問２　沖縄県　問３　(1)　エ　(2)　エ　問４　ア　［4］　問１　エ　問２　イ　問３　承久の乱　問４　ウ　問５　雪舟

解　説

［1］　マスコットキャラクターを題材にした総合問題

問１　アジアで初めてとなる東京オリンピックは，1964年10月に開催された。

問２　ギリシャ(首都アテネ)はアの南ヨーロッパに位置し，オリンピック発祥《はっしょう》の地として知られる。なお，イは南アフリカ共和国の首都プレトリア，ウは中国(中華人民共和国)の首都ペキン，エはオーストラリアのシドニー，オはアメリカ合衆国のアトランタ。イ以外の各都市では，過去にオリンピックが開催されている。

問３　(1)　2015年，公職選挙法が改正され，選挙権年齢がそれまでの満20歳以上から満18歳以上に引き下げられた。衆参両議院の被選挙権には変更はないので，ウが正しい。なお，アについて，2016年の参議院通常選挙から，満18歳以上の国民による選挙が行われている。イについて，1945年に衆議院議員選挙法が改正されて満20歳以上のすべての国民に選挙権が与えられ，翌46年に戦後初の総選挙が行われた。1925年の普通選挙法では満25歳以上のすべての男子に選挙権が与えられたが，女性参政権が実現したのは1945年のことである。エについて，地方の選挙も，選挙権年齢が満18歳以上のもとですでに行われている。　(2)　「一票の重み(格差)」とは，選挙区によって議員１人あたりの有権者数に大きな差があることをいう。よって，エが正しい。

問４　Ⅰは人形浄瑠璃《じょうるり》，Ⅱは茶の湯，Ⅲは生け花，Ⅳは能楽である。茶の湯は室町時代に始まり，安土桃山時代に千利休《せんのりきゅう》が茶道として大成した。杉田玄白《げんぱく》は江戸時代後半に医学解剖《かいぼう》書『解体新書』を出版した医者・蘭学《らんがく》者なので，イが正しくない。

問５　「博多人形」はアの福岡市の伝統的工芸品で，江戸時代前半の1600年代に博多で始められたとされている。

問６　加曽利《かそり》貝塚は千葉県千葉市若葉区にあり，国内では最大規模の縄文時代の遺跡である。なお，アの三内丸山遺跡は青森県青森市，イの大森貝塚は東京都大田区と品川区にまたがる縄文時代の遺跡。エの登呂遺跡は静岡県静岡市，オの吉野ヶ里遺跡は佐賀県神埼市と吉野ヶ里町にまたがる弥生時代の遺跡。

問７　アは1614年(大阪冬の陣)と翌15年(大阪夏の陣)，イは1575年，ウは1603年，エは1590年のできごとなので，年代の古い順にイ→エ→ウ→アとなる。

問８　静岡県浜松市は太平洋側の気候に属するので夏の降水量が多いが，アの宮崎県宮崎市ほど多くはない。よって，エがあてはまる。なお，イは寒暖差が大きい内陸性の気候の特徴《とくちょう》を持つ岩手県盛岡市，ウは日本海側の気候に属する鳥取県鳥取市。

問９　国の重要文化財や国宝は，文部科学大臣によって指定される。

問10　(1)　江田船山《えたふなやま》古墳(熊本県和水《なごみ》町)から出土した鉄刀と，稲荷山《いなりやま》古墳(埼玉県行田市)から出土した鉄剣に刻まれた「ワカタケル」とは，５世紀末ごろに在位した雄略《ゆうりゃく》天皇のことと推定されている。　(2)　ビニールハウスを利用するのは，ハウス内の温度を上げることで，冬にトマトなどの夏野菜を促成栽培するためである。この時季には他の産地のものが出回らないことから高い値段で販売できるという利点がある。よって，アがあてはまる。

問11　(1)　振《ふ》り込《こ》め詐欺《さぎ》などの犯罪は，国の機関である裁判所で裁かれる。よって，エがあてはまらない。　(2)　広島県との県境に位置する愛媛県の上島《かみじま》町は，瀬戸内海に浮かぶ25の島々からなり，岩城《いわぎ》島では「青いレモンの島」をキャッチフレーズとして青いレモンを栽培している。

問12　「ふるさと納税」とは，自分のふるさとやお世話になった地域，応援したい地域など，好きな地方公共団体を選んで一定額以上の寄付をすると，それに応じて納める住民税や所得税が安くなり，そのお礼として寄付した地方公共団体から特産品や名産品をもらえるという制度である。

２　「日本一」ということがらを題材にした問題

問１　2018年７月23日，埼玉県の熊谷市で41.1度という日本の最高気温を記録した。

問２　輸入したぶどう果汁《かじゅう》を原料とする「国産ワイン」の生産量は，神奈川県が日本一である。ぶどうの収穫量が日本一の山梨県は，地元のぶどう果汁を100％原料とした「日本ワイン」の生産量で日本一。

問３　情報通信技術は，「ICT」という略称でよばれる。情報技術(IT)とほぼ同じ意味であるが，海外ではICTという略称が一般化している。なお，アのATMは現金自動預け払い機，イのJAは農業協同組合，ウのLEDは発光ダイオード，エのCDはコンパクトディスクの略称。

問４　千葉県は47都道府県のうち山地面積が最も少なく，平均標高が最も低くなっている。なお，平均標高が最も高いのは長野県。

問５　グラフにおいて，信濃川は４月に最も流量が多いが，これは降雪量の多い長野県と新潟県を流れているため，雪解け水が流れこむからである。また，利根川は９月に最も流量が多いが，これは関東地方が台風の影響を受けやすい時期にあたり，台風による降水が流れこむからである。よって，アがあてはまる。

3 米軍基地や自衛隊についての問題

問１　1951年，日本は連合国48か国とサンフランシスコ平和条約を結んで独立を回復したが，同時に日米安全保障条約にも調印し，引き続き日本国内に米軍基地が置かれることになった。

問２　日本国内にある米軍基地のうち，その敷地《しきち》面積のおよそ70％が沖縄県にある。

問３　⑴　2017年に核兵器禁止条約が国連で採択《さいたく》されたが，世界で唯一《ゆいいつ》の被爆国である日本は，現在，アメリカ合衆国の「核の傘《かさ》」に守られていることから参加していない。よって，エが正しくない。　⑵　日本は，1992年に成立した国連平和維持活動協力法(PKO協力法)にもとづき，PKO(平和維持活動)に自衛隊を派遣している。よって，エが正しい。なお，アについて，日本が国連に加盟したのは1956年のこと。イについて，2020年の国連分担金が最も多いのはアメリカ合衆国で，第２位が中国，第３位が日本となっている。ウについて，安全保障理事会の常任理事国はアメリカ合衆国・ロシア連邦・イギリス・フランス・中国の５か国である。

問４　日本国憲法は一時的な平和ではなく，恒久の平和を希求している。よって，アが正しくない。

4 元号や干支などを題材にした歴史の問題

問１　日本で初めて使われた元号は645年の「大化」で，この年に始まった一連の政治改革は大化の改新とよばれる。この改革では公地公民を原則とし，班田収授法により６歳以上の男女に口分田を与え，収穫した稲の３％を租として納めさせるという，のちの税制の基本方針が示された。よって，エが正しくない。

問２　鑑真《がんじん》は唐(中国)の高僧で，５度の渡航失敗や失明という苦難を乗り越え，753年に念願の来日をはたした。鑑真は日本に正式な戒律《かいりつ》(僧の守るべきいましめ)を伝え，都の平城京に唐招提寺を建てるなどして日本の仏教発展に力をつくした。よって，イが正しい。なお，アについて，聖徳太子は小野妹子を遣隋使として隋(中国)に派遣したが，自分では中国に渡っていない。ウについて，行基は弟子たちと東大寺の大仏づくりに協力するなどした奈良時代の僧，エについて，「源頼朝」ではなく「平清盛」が正しい。

問３　13世紀前半の1221年，源氏の将軍が３代で絶えたのをきっかけに，後鳥羽上皇は政治の実権を鎌倉幕府から朝廷の手に取りもどそうとして承久《じょうきゅう》の乱を起こした。しかし，幕府の陰《かげ》の実力者で「尼《あま》将軍」とよばれた北条政子の活躍《かつやく》などもあって幕府軍にわずか１か月で敗れ，上皇は隠岐《おき》(島根県)に流された。

問４　資料を見ると，朝・昼・夕ともごはんの量が少なかったことがわかるので，ウが適当でない。

問５　雪舟《せっしゅう》は室町時代後半に活躍した画僧で，明(中国)に渡って水墨画《すいぼくが》の技術をみがき，帰国するとおもに山口に住んで日本の水墨画を大成した。代表作に「四季山水長巻」「秋冬山水図」「天《あまの》橋立《はしだて》図」などがある。なお，涙でねずみの絵を描いたというのはつくり話だが，これは子どものころから雪舟に絵の才能があったことを示すものである。

理　科　＜第１回試験＞（社会と合わせて50分）＜満点：50点＞

解　答

1 ⑴　あ　感覚器官　い　目　う　皮ふ　⑵　エ　⑶　ウ　⑷　イ，オ　2

⑴ ウ　⑵ イ　⑶ ア　⑷ ウ　⑸ **点①**…イ　**点②**…エ　3 ⑴ エ　⑵ 20cm^3　⑶ 600cm^3　⑷ 二酸化炭素　⑸ ア　⑹ イ　4 ⑴ **あ** 衛星　**い** クレーター　⑵ イ　⑶ ア　⑷ エ　⑸ キ

解　説

1 ヒトの感覚器官についての問題

⑴ **あ**　光や音，におい，温度などの外界の刺激《しげき》を受け取る器官を，感覚器官という。また，体を動かすはたらきをする器官を，運動器官とよぶ。　**い**　光を受け取る感覚器官は，目である。　**う**　痛みやものの温度を感じとる感覚器官は，皮ふである。

⑵　コオロギの耳は前足の部分にあり，ヒトの耳と似たつくりをもっているといわれる。また，コオロギの鳴き声(音)は，前ばねをこすり合わせて出している。よって，エは誤りである。イはヒトの反射とよばれる反応で，脳ではなくせきずいからの命令で起こる。

⑶　音は耳介(え)とよばれる，図１の①の部分で集められる。耳介で集められた音は，②の外耳道を通って，外耳道と中耳の境目にある③の鼓膜《こまく》(お)をふるわせる。鼓膜の振動《しんどう》は，⑧のつち，きぬた，あぶみという名前の３つの小さな骨によって内耳へ伝えられる。内耳の④のうずまき管(か)の中はリンパ液で満たされていて，伝わった音の振動を感知して神経に伝え，さらに神経を経て脳に伝わり，音として認識される。

⑷　図１の⑥の部分は前庭《ぜんてい》とよばれ，からだの傾《かたむ》きを感知するしくみがある。⑦の部分は三半規管で，からだの回転を感知するしくみがある。また，中耳からのびている管を耳管といい，耳と鼻をつないでいる。ふだんは閉じているが，気圧の変化によって耳がつまるような感じがしたとき，つばを飲みこむなどすると耳管が開いて外部との気圧の差を解消できる。

2 ふりこの運動についての問題

⑴　ふりこが１往復する時間は，ふりこのひもの長さだけで決まり，ふれはばには関係しない。したがって，おもりをはなす高さやふれはばを変えても，１往復する時間は変わらない。

⑵　はなす高さを高くするとふれはばが大きくなるが，はなす高さが低いときと１往復する時間は変わらないので，おもりが移動する速さは速くなる。したがって，おもりが支点の真下を通過するときの速さは，おもりをはなす高さが高い６cmのときの方が，２cmの高さからはなした場合よりも速くなる。

⑶　ふりこのひもの長さが短いほど，ふりこの１往復する時間は短い。よって，ひもの長さが40cmのときの方が，60cmのときよりも短くなる。

⑷　ふりこの１往復する時間は，ふりこのおもりの重さに関係しない。おもりの重さを50ｇと80ｇにした場合，ふりこのひもの長さが変わらなければ，ふりこの１往復する時間も変わらない。

⑸　**点①**…おもりが支点の真下を通過する瞬間《しゅんかん》は，おもりは水平方向に進んでいる。この瞬間にひもを切ると，おもりは水平方向に進みながら下方に落ちていくので，イが選べる。　**点②**…おもりが最も右はしにきたとき，おもりは一瞬静止している。よって，その瞬間にひもを切ると，おもりは真下に落ちていくので，エが適当である。

3 気体の発生と性質についての問題

⑴　あえんに塩酸を加えると，水素が発生する。水素は最も軽い気体であり，非常に燃えやすく，

水にとけにくい。アルミニウムに水酸化ナトリウム水よう液を加えたときにも水素が発生する。

(2)　実験１では，1.28ｇのあえんに塩酸を80cm^3加えたとき，水素が480cm^3発生している。よって，同じ濃《こ》さの塩酸を使って120cm^3の水素を発生させるには，$80\times\frac{120}{480}=20$($cm^3$)の塩酸を加えればよい。

(3)　あえんの重さを実験１の２倍の2.56ｇにすると，あえんがすべて反応するのに必要な塩酸の体積も実験１の２倍の，$80\times2=160$(cm^3)となる。したがって，塩酸を100cm^3加えたときに発生する水素の体積は，塩酸の体積によって決まるので，$480\times\frac{100}{80}=600$($cm^3$)である。

(4)　石灰石に塩酸を加えると，石灰石がとけて二酸化炭素が発生する。石灰石の主成分は炭酸カルシウムという物質であり，この炭酸カルシウムをふくむ貝がらや卵のから，大理石なども，塩酸を加えるととけて二酸化炭素を発生する。

(5)　メスシリンダーに集まった液体や気体の体積を読み取るときには，液面の中央の位置の目もりの値を読み取る。メスシリンダーを逆さまにして気体を集め，その体積を測っているので，気体の体積が120.0cm^3と読み取れるのは，メスシリンダー内の水面の中央部の位置が120の目もりと一致《いっち》しているときなので，アが正しい。

(6)　二酸化炭素は水に少しとけるので，図５のように発生した気体を水を通してメスシリンダーに集める水上置換《ちかん》法では，発生した二酸化炭素の一部が水そうの水にとけてしまい，メスシリンダー内に集まる二酸化炭素の体積が，図４の装置で集めたときよりも少なくなる。したがって，メスシリンダー内の水面の高さは実験２のときよりも高くなる。

4　月の動きと見え方についての問題

(1)　**あ**　地球のように，決まった軌道《きどう》を通って太陽のまわりを公転している大きい天体を惑星《わくせい》といい，月のように，惑星のまわりを公転している天体を衛星という。　**い**　月の表面には，いん石が落下してできたと考えられている，クレーターとよばれる円形のくぼ地が多数ある。

(2)　日本で真夜中ごろに東からのぼるのは，東の地平線付近にあるとき下半分が太陽光に照らされて光る半月で，下弦《かげん》の月という。真南にきたときにはイのように左半分が光って見える。

(3)　日食は，地球から見て太陽の全部または一部が月にかくされる現象である。したがって，地球から見て太陽と月が同じ方向に一直線上に並んでいるときに起こるので，このときの月は新月である。

(4)　地球の公転面と月の公転面は少しだけずれている(地球の公転面に対して月の公転面が少し傾いている)ので，新月のたびに太陽－月－地球の順に一直線上に並ぶわけではない。同様に，満月のたびに太陽－地球－月の順に一直線上に並んで，月食が起こるとは限らない。よって，日食や月食は毎月起こるわけではない。

(5)　日食が起こるのは，地球から見て太陽と月が同じ方向に一直線上に並ぶときである。よって，新月の位置にあたるキが選べる。

国　語　＜第１回試験＞（50分）＜満点：100点＞

解　答

一 **問１**　①　そ(らす)　②　えふで　③　あんぴ　**問２**　下記を参照のこと。　**問３**　①　秋　②　夕　③　起　**問４**　①　エ　②　ア　**問５**　①　火　②　息　**問６**　①　×　②　○　**問７**　①　イ　②　オ　二 **問１**　ア　**問２**　イ　**問３**　(例)「写真うつりがいい」という表現を「けなし言葉」だと感じた。　**問４**　オ　**問５**　**【例】**…マイペース　**【ほめ言葉としての意味】**…(例)　自分をよく知っていて，人の言動に左右されない。　**問６**　エ　**問７**　四(人)　**問８**　(例)　どう書くか，どんな意味か，わかっていないことを表現しているから。　**問９**　オ　**問10**　ウ　三 **問１**　イ　**問２**　エ　**問３**　エ　**問４**　家　**問５**　ア　**問６**　個人の～る場所　**問７**　ウ　**問８**　ア　**問９**　(例)　家族や共同体の人間どうしが信頼し合える(関係)　**問10**　**A**　エ　**B**　ウ

●漢字の書き取り

一 **問２**　①　祭典　②　制限　③　良心　④　務める

解　説

一 **漢字の読みと書き取り，四字熟語の完成，ことわざの知識，慣用句の完成，敬語の知識，ことばの意味・用法**

問１　①　音読みは「ハン」「ホン」「タン」で，「反対」「謀反《むほん》」「反物」などの熟語がある。　②　絵を描《か》くのに使う筆。　③　無事かどうかということ。

問２　①　盛大で華《はな》やかな行事。　②　ある限度や範囲《はんい》から出ないように抑《おさ》えること。　③　道徳的な善悪を判断して正しく行動しようとする心の働き。　④　音読みは「ム」で，「義務」などの熟語がある。

問３　①　「一日千秋」は，“待ち遠しい”という意味。　②　「一朝一夕」は，わずかな日時のたとえ。　③　「一念発起《ほっき》」は，成しとげようと決心すること。

問４　①　「ひょうたんからこま」は，“意外なところから思わぬものがあらわれる”という意味。　②　「転ばぬ先のつえ」は，“あらかじめ準備する”という意味。

問５　①　「火を見るより明らか」は，疑う余地がないようす。ふつう，悪い結果が予想される場合に使う。「火に油を注ぐ」は，“勢いをさらにあおる”という意味。「火のないところに煙《けむり》は立たない」は，まったく根拠《こんきょ》がなければうわさは立たないこと。　②　「息をのむ」は，おそれや驚《おどろ》きなどで一瞬《いっしゅん》息を止めるようす。「息をひそめる」は，息を抑えて静かにすること。「息が合う」は，おたがいの気持ちがぴったり合うこと。

問６　①　「降って」いたのは「雨」なので，尊敬表現ではなく「雨は降っていましたか」という丁寧《ていねい》な言い方でよい。　②　「招待」するのは話し手だから，謙譲《けんじょう》表現の「ご招待する」は正しい。

問７　①　「やる気」が「わいてきた」のだから，ある感情が盛んに生じるようすの「ふつふつ」が合う。なお，「かりかり」は苛立《いらだ》つようす。「すらすら」は進み方がなめらかなさま。「しとしと」は静かに雨が降るようす。「ずるずる」はけじめなく続くさま。　②　「早く遊びに行き」たいの

だから，何かをしたくて落ち着かないようすの「うずうず」がふさわしい。なお，「たらたら」は嫌味《いやみ》や文句を言い続けるさま。「おろおろ」はうろたえるようす。「くらくら」はめまいがするさま。「ひりひり」はのどや皮膚《ひふ》に軽くしびれるような痛みを感じるようす。

二 **出典は戸森《ともり》しるこの『ゆかいな床井《とこい》くん』による。**気合を入れた身なりで卒業アルバムの個人撮《さつ》影《えい》に臨んだ「暦《こよみ》」が，「写真うつりがいい」という言葉をめぐって考えさせられたようすを描《えが》いている。

問１　「個人写真」は「胸から上しか写らない」が，「新しいシャツ」と「お気に入りの青いワンピースを着」るところに，「卒業アルバム」の撮影という特別な日に対する「暦」の意欲が表れているので，アがよい。なお，特別な日なので，イの「何事も真剣《しんけん》に」は合わない。また，写真には「胸から上」は写るのだから，ウも正しくない。さらに，エの「自分をだま」すようすや，オの「見せつけたい」ようすはうかがえないので，ふさわしくない。

問２　「まぜっかえす」は“人の話を乱す”という意味。似た意味のことばには“茶々を入れる”などがある。

問３　前後の会話から読み取る。「横山さんって写真うつりがすごくいいよね」という暦の言葉を聞いた伊東さんは，それを「実物はいまいちだけど，写真だとよく見える」という意味に受け取り，「あんまり言わないほうがいい」と話している。つまり，伊東さんは，暦の表現を「けなし言葉」だと感じたため，「困った顔」で「それ，どういう意味？」と言ったのである。

問４　問３でみたように，暦は肯定《こうてい》的な意味で「写真うつりがいい」と言ったが，伊東さんは否定的な意味にとらえ，「あんまり言わないほうがいい」と話している。つまり，「写真うつりがいい」という表現が，人によって「ほめ言葉」と「けなし言葉」のどちらにも受け取られかねないことを暦に伝えるかどうか悩《なや》み，伊東さんは「なにか考えるように腕《うで》を組んだ」ものと考えられるので，オがふさわしい。

問５　状況《じょうきょう》や文脈で肯定的にも否定的にもなる言葉には，「人がいい」「堅《かた》い人」「マイペース」など，いろいろある。「人がいい」は“気立てがいい”“信じやすくだまされやすい”という意味，「堅い人」は“真面目《まじめ》で信用できる人”“真面目で融通《ゆうずう》がきかない人”，「マイペース」は“その人に合ったやり方や速度”という意味を表す。たとえば，「マイペース」を肯定的に使う場合は“周りに左右されないこと”，否定的に用いる場合は“協調性に欠けていること”というニュアンスになる。

問６　「写真うつりがいい」という言葉をめぐり，問３，問４でみたような会話を伊東さんと暦が交《か》わしたことをおさえる。「ほめようと思って言った言葉が，逆に相手を傷つける」こともあると知った暦は，会話することの難しさを感じたのだから，エが選べる。　ア　暦が伊東さんの言葉を「嫌味」と感じたようすは描かれていないので，合わない。　イ　暦は自分を「不器用」とは思っていないので，正しくない。　ウ　暦にとって伊東さんは「話したくない相手」ではないので，合わない。　オ　伊東さんから人によって受け取られ方が違《ちが》うと言われ，どこか「モヤモヤした」と書かれているので，暦は人と会話することに「怖《こわ》さ」までは感じていないものと推測できる。

問７　続く部分に，「おかあさんはなごみちゃんのママといっしょにクッキーを焼いていた」とあること，暦ができたてのクッキーをつまみながら学校であったことを「話している途中《とちゅう》で，なごみちゃんも帰ってきた」とあることから，暦，おかあさん，なごみちゃん，なごみちゃんのママ（おばさん）の四人が家にそろったことになる。

問８　暦が「ヒクツ……？」と言ったことに対し，おばさんは「必要以上にいじけて，自分の価値がないように言うことよ」と説明している。つまり，暦が「卑屈《ひくつ》」の意味も漢字もわからないことを表現するために「カタカナ」を用いたのである。

問９　なごみちゃんから「写真うつりいいよね」と言われた暦が，「わたしも～うれしくない」と実感したことをおさえる。今まで「写真うつりがいい」という言葉を肯定的な意味で用いていた暦は，人によっては否定的にも受け取られかねないので「言わないほうがいい」という伊東さんからの忠告に納得《なっとく》がいかず，どこか「モヤモヤした」ものを感じていたが，当事者になったことでそのことを痛感し，反省している。よって，オが合う。

問10　「写真うつりがいい」という表現をめぐり，伊東さんは暦に対し，言葉は自分の意図とは違った形で受け取られてしまうことがあると伝えたかったものとわかる。問９で検討したように，当事者になったことで暦は身をもって「言葉の難しさ」を感じ，それを気づかせてくれた伊東さんに感謝の気持ちを抱《いだ》いているのだから，ウがふさわしい。

三　出典は山極寿一《やまぎわじゅいち》の『ゴリラからの警告―「人間社会，ここがおかしい」』による。人間が狩猟《しゅりょう》採集生活をしていた時代から現代までの住居の移り変わりを，ゴリラやチンパンジーたちの「ベッド」と比較《ひかく》しつつ説明している。

問１　700万年の人類の進化のなかで，「１万２千年前」に農耕や牧畜《ぼくちく》が起きて「定住をはじめた」ときを「つい最近」と言っている。よって，イが合う。

問２　直前の段落に，夜行性だったころの「サル」たちは「木の洞《ほら》」に安全な寝《ね》場所をつくり，子どもを育てていたと述べられているので，エが選べる。

問３　直前の段落で，類人猿《えん》は「毎晩樹上に一人用のベッド」をつくったが，それは「頑丈《がんじょう》」でめったに「落ちること」のないものだったと説明されている。

問４　同じ段落で，「類人猿」は「それぞれの個体が仲間の存在を確認《かくにん》しながら安眠《あんみん》」するために，樹上に「一人用のベッド」をつくったと述べられている。一方，「人類の祖先」は「洞穴や岩壁《がんぺき》」で「安全を期して家族や仲間と寄り合って寝る」ことを選び，それが「家族や共同体」単位の「住居」になったと直前の段落で説明されている。よって，「類人猿のベッド」にあたる「人間の構造物」は「住居」，つまり「家」だと判断できる。

問５　人間の住居において「外からの視線を防ぐ」もので，内外の「世界をはっきり区別する境界の役割」を担《にな》っているものなので，「壁《かべ》」だとわかる。

問６　昔の「日本の村」では，「共同体」を前提とした「家の配置」となっていたことに加え，その「構造」も，「その家の住人だけでなく，隣人《りんじん》とのコミュニケーション」を考慮《こうりょ》したものとなっていたと述べられている。「現代の住居はこのような人間関係を一切考慮していない」というのだから，「現代の住居」は「個人の所有物となり，外の世界と隔絶《かくぜつ》する場所」になったといえる。

問７　続く部分で説明されている。「住居とは個人のもの」であると同時に「隣人たちとの共有空間」だったため，隣人たちは新しい家のなかを見て，新しい家族を「社会のネットワークに温かく迎《むか》え入れた」のである。ウが，この説明に合う。

問８　ぼう線部８のようになった背景には，問６，問７でみたような，住居が「隣人たちとの共有空間」から「外の世界」と隔絶された「個人の所有物」になったことがある。かつて「隣人とのコミュニケーションも考慮して」職人たちがつくった住居ではなく，メーカーの準備した「いくつかの住居のモデル」から「自分の希望に合う」モデルを選ぶものになったのだから，アがふさわしい。

問９　現代の住居は「個人や家族を隔離《かくり》し，社会のつながりを分断している」ものだが，昔は「家族や共同体」における「信頼《しんらい》関係」が反映された住居だったと述べたうえで，筆者は「人間どうしの豊かな関係が見える住まいを考えなおすときが来ている」と主張している。よって，「家族や共同体の人間どうしが信頼し合える(関係)」のような趣旨《しゅし》でまとめればよい。

問10　**A**　人間の住居は共同体の構造を反映していたと述べた後，「アフリカ奥地《おくち》の熱帯雨林」の村々の例をあげているので，具体的な例をあげるときに用いる「たとえば」が入る。　**B**　かつては「共同体」を前提とした「家の配置」となっていたことに加え，「構造」も，「その家の住人だけでなく，隣人とのコミュニケーション」が考慮されたものになっていたが，現代ではそれらが「一切考慮」されていないという文脈なので，前のことがらを受けて，それに反する内容を述べるときに用いる「しかし」があてはまる。

Dr.福井の

入試に勝つ！脳とからだのウルトラ科学

入試当日の朝食で，脳力をアップ！

朝食を食べない学生は，朝食をきちんと食べる学生に比べて成績が悪かった――という研究発表がある。まあ，ちょっと考えればわかると思うけど，朝食を食べないということは，車にガソリンを入れないで走らせようとするようなものだ。体がガス欠になった状態では，頭が十分に働くわけがない。入試当日の朝食はちゃんと食べよう！　朝食を食べた効果があらわれるように，試験開始の2時間以上前に食べるようにするとよい。

では，入試当日の朝食にふさわしいものは何か？

まず，脳の直接のエネルギー源はブドウ糖だけであるから，それを補給するためのご飯やパン，これは絶対に必要だ。また，砂糖や果物の糖分は吸収されやすく，効果が速くあらわれやすいので，パンにジャムをぬったり果物を食べたりするのもよいだろう。

次に，タンパク質。これは脳の温度を上げる作用がある。温度が低いままでは十分に働かないからね。タンパク質を多くふくむのは肉や魚，牛乳，卵，大豆などだが，ここでは大豆でできたとうふのみそ汁や納豆をオススメする。そして，記憶力がアップするDHAを多くふくんでいる青魚，つまりサバやイワシなども食べておきたい。

生野菜も忘れてはならない。その中にふくまれるビタミンBは，ブドウ糖を脳に吸収しやすくする働きを持つので，結果的に脳力アップにつながるんだ。

コーヒーや紅茶，緑茶は，カフェインという成分の作用で目覚めをうながすが，トイレが近くなってしまうので，飲みすぎに注意！　試験当日はひかえたほうがよいだろう。眠気を覚ましたいときはガムをかむといい。脳が刺激《しげき》されて活性化し，目が覚めるんだ。

Dr.福井（福井《ふくい》一成《かずしげ》）…医学博士。開成中・高から東大・文Ⅱに入学後，再受験して翌年東大・理Ⅲに合格。同大医学部卒。さまざまな勉強法や脳科学に関する著書多数。

2025年度用
中学スーパー過去問

■編集人 声の教育社・編集部
■発行所 株式会社 声の教育社
〒162-0814 東京都新宿区新小川町8-15
☎03-5261-5061㈹ FAX03-5261-5062
https://www.koenokyoikusha.co.jp

カコを追いかけ
ミライをつかめ
「今の説明、もう一回」を何度でも
web過去問
ストリーミング配信による入試問題の解説動画
もっと古いカコモンないの？
カコ過去問
「さらにカコの」過去問をHPに掲載（DL）
声の教育社
詳しくはこちらから

ストリーミング配信による入試問題の解説動画

2025年度用web過去問　ラインナップ

■ **男子・女子・共学（全動画）見放題**
36,080円（税込）

■ **男子・共学　見放題**
29,480円（税込）

■ **女子・共学　見放題**
28,490円（税込）

● 中学受験「声教web過去問（過去問プラス・過去問ライブ）」（算数・社会・理科・国語）

3～5年間 **24校**

過去問プラス

麻布中学校　桜蔭中学校　開成中学校　慶應義塾中等部　渋谷教育学園渋谷中学校
女子学院中学校　筑波大学附属駒場中学校　豊島岡女子学園中学校　広尾学園中学校　三田国際学園中学校
早稲田中学校　浅野中学校　慶應義塾普通部　聖光学院中学校　市川中学校
渋谷教育学園幕張中学校　栄東中学校

過去問ライブ

栄光学園中学校　サレジオ学院中学校　中央大学附属横浜中学校　桐蔭学園中等教育学校　東京都市大学付属中学校
フェリス女学院中学校　法政大学第二中学校

● 中学受験「オンライン過去問塾」（算数・社会・理科）

3～5年間 **50校以上**

東京	青山学院中等部	東京	国学院大学久我山中学校	東京	明治大学付属明治中学校	千葉	芝浦工業大学柏中学校	埼玉	栄東中学校
	麻布中学校		渋谷教育学園渋谷中学校		早稲田中学校		渋谷教育学園幕張中学校		淑徳与野中学校
	跡見学園中学校		城北中学校		都立中高一貫校 共同作成問題		昭和学院秀英中学校		西武学園文理中学校
	江戸川女子中学校		女子学院中学校		都立大泉高校附属中学校		専修大学松戸中学校		獨協埼玉中学校
	桜蔭中学校		巣鴨中学校		都立白鷗高校附属中学校		東邦大学付属東邦中学校		立教新座中学校
	鷗友学園女子中学校		桐朋中学校		都立両国高校附属中学校		千葉日本大学第一中学校	茨城	江戸川学園取手中学校
	大妻中学校		豊島岡女子学園中学校	神奈川	神奈川大学附属中学校		東海大学付属浦安中等部		土浦日本大学中等教育学校
	海城中学校		日本大学第三中学校		桐光学園中学校		麗澤中学校		茗渓学園中学校
	開成中学校		雙葉中学校		県立相模原・平塚中等教育学校		県立千葉・東葛飾中学校		
	開智日本橋中学校		本郷中学校		市立南高校附属中学校		市立稲毛国際中等教育学校		
	吉祥女子中学校		三輪田学園中学校	千葉	市川中学校	埼玉	浦和明の星女子中学校		
	共立女子中学校		武蔵中学校		国府台女子学院中学部		開智中学校		

web過去問 Q&A

過去問が動画化！
声の教育社の編集者や中高受験のプロ講師など、
過去問を知りつくしたスタッフが動画で解説します。

Q **どこで購入できますか？**

A 声の教育社のHPでお買い求めいただけます。

Q **受講にあたり、テキストは必要ですか？**

A 基本的には過去問題集がお手元にあることを前提としたコンテンツとなっております。

Q **全問解説ですか？**

A「オンライン過去問塾」シリーズは基本的に全問解説ですが、国語の解説はございません。「声教web過去問」シリーズは合格のカギとなる問題をピックアップして解説するもので、全問解説ではございません。なお、「声教web過去問」と「オンライン過去問塾」のいずれでも取り上げられている学校がありますが、授業は別の講師によるもので、同一のコンテンツではございません。

Q **動画はいつまで視聴できますか？**

A ご購入年度２月末までご視聴いただけます。
複数年視聴するためには年度が変わるたびに購入が必要となります。

よくある解答用紙のご質問

01

実物のサイズにできない

拡大率にしたがってコピーすると，「解答欄」が実物大になります。配点などを含むため，用紙は実物よりも大きくなることがあります。

02

A3用紙に収まらない

拡大率164％以上の解答用紙は実物のサイズ（「出題傾向＆対策」をご覧ください）が大きいために，A 3に収まらない場合があります。

03

拡大率が書かれていない

複数ページにわたる解答用紙は，いずれかのページに拡大率を記載しています。どこにも表記がない場合は，正確な拡大率が不明です。

04

1ページに2つある

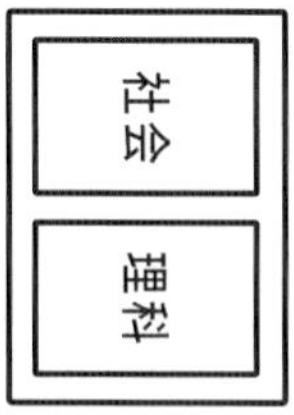

1ページに2つ解答用紙が掲載されている場合は，正確な拡大率が不明です。ほかの試験回の同じ教科をご参考になさってください。

日本大学第二中学校

【別冊】入試問題解答用紙編

解答用紙は本体からていねいに抜きとり、別冊としてご使用ください。

※　実際の解答欄の大きさで練習するには、指定の倍率で拡大コピーしてください。なお、ページの上下に小社作成の見出しや配点を記載しているため、コピー後の用紙サイズが実物の解答用紙と異なる場合があります。

●入試結果表

— は非公表

年度	回	項目		国語	算数	社会	理科	4科合計	合格者
2024	第1回	配点(満点)		100	100	50	50	300	最高点
		合格者平均点	男	68.2	74.8	32.0	37.9	212.9	男 —
			女	70.4	70.5	29.1	36.1	206.1	女 —
		受験者平均点	男	62.9	63.3	29.3	34.0	189.5	最低点
			女	65.2	58.2	25.7	31.7	180.8	男 193
		キミの得点							女 186
	第2回	合格者平均点	男	66.3	71.3	37.3	33.1	208.0	最高点
			女	73.9	64.3	35.2	31.5	204.9	男 — 女 —
		受験者平均点	男	59.1	55.3	31.4	28.6	174.4	最低点
			女	64.8	50.1	30.4	27.5	172.8	男 193
		キミの得点							女 184
2023	第1回	配点(満点)		100	100	50	50	300	最高点
		合格者平均点	男	71.9	66.3	35.2	36.8	210.2	男 —
			女	73.3	60.5	34.6	34.7	203.1	女 —
		受験者平均点	男	64.7	53.5	32.2	30.9	181.3	最低点
			女	66.9	48.5	31.1	28.6	175.1	男 185
		キミの得点							女 182
	第2回	合格者平均点	男	70.3	66.7	36.8	33.8	207.6	最高点
			女	72.0	59.2	36.4	31.3	198.9	男 — 女 —
		受験者平均点	男	62.4	47.1	32.3	27.6	169.4	最低点
			女	65.1	41.5	30.2	26.0	162.8	男 187
		キミの得点							女 181
2022	第1回	配点(満点)		100	100	50	50	300	最高点
		合格者平均点	男	67.7	68.7	38.6	38.5	213.5	男 —
			女	72.1	62.6	36.6	34.4	205.7	女 —
		受験者平均点	男	60.8	54.0	34.5	31.7	181.0	最低点
			女	64.5	52.0	32.5	29.0	178.0	男 197
		キミの得点							女 187
	第2回	合格者平均点	男	73.4	77.7	40.4	34.4	225.9	最高点
			女	77.8	72.8	40.0	31.6	222.2	男 — 女 —
		受験者平均点	男	64.7	55.3	35.9	27.9	183.8	最低点
			女	67.7	52.6	34.8	26.1	181.2	男 210
		キミの得点							女 201

〔参考〕満点(合格者最低点)　2021年：第1回 300(男 201・女 191)　第2回 300(男 218・女 198)
2020年：第1回 300(男 189・女 166)

※　表中のデータは学校公表のものです。ただし、4科合計は各教科の平均点を合計したものなので、目安としてご覧ください。

声の教育社

２０２４年度　日本大学第二中学校

算数解答用紙　第１回

番号		氏名		評点	／100

1	(1)	
	(2)	
	(3)	
	(4)	
	(5)	
2	(1)	%
	(2)	m
	(3)	個
	(4)	cm^2
	(5)	cm^3

3	(1)	個
	(2)	個
4	(1)	分　　秒後
	(2)	cm
	(3)	cm^3
5	(1)	本
	(2)	cm^2
6	(1)	分速　　m
	(2)	分　　秒後
	(3)	分　　秒間

〔算　数〕100点(推定配点)

1～6　各５点×20

（注）この解答用紙は実物大です。

２０２４年度　日本大学第二中学校

社会解答用紙　第１回

番号		氏名		評点	／50

1

問1　問2 (1) (2)　問3

問4　問5　問6

問7　問8

問9　問10　問11　問12

問13　問14

2

問1 (1) (2)　問2

問3　問4

3

問1　問2 ア　駅 イ　駅

問3　年　問4　問5

4

問1　問2　問3

問4　問5

（注）この解答用紙は実物を縮小してあります。Ｂ５→Ｂ４(141%)に拡大コピーすると、ほぼ実物大の解答欄になります。

〔社　会〕50点(推定配点)

1　問1～問3　各1点×4　問4，問5　各2点×2　問6～問10　各1点×5　問11～問13　各2点×3　問14　1点　2～4　各2点×15＜3の問2は完答＞

２０２４年度　　日本大学第二中学校

理科解答用紙　第１回

番号		氏名		評点	／50

1

(1)	(2)	(3)
倍	g	cm

(4)	(5)	(6)
cm	cm	cm

2

(1)	(2)	(3)

(4)			(5)
①	②	③	

3

(1)	(2)	(3)

(4)	(5)
	秒

4

(1)	(2)	(3)	(4)

(5)	(6)	(7)

（注）この解答用紙は実物を縮小してあります。Ｂ５→Ｂ４（141%）に拡大コピーすると、ほぼ実物大の解答欄になります。

〔理　科〕50点（推定配点）

1　各２点×6　2　(1)～(3)　各２点×3　(4)　３点<完答>　(5)　２点　3　(1)，(2)　各２点×2　(3)　３点　(4)　２点<完答>　(5)　３点　4　(1)～(4)　各２点×4　(5)　３点　(6)，(7)　各２点×2

2024年度　日本大学第二中学校

国語解答用紙　第一回

番号　氏名　評点 /100

一
問1 ①　②　ねる　③　なる　④
問2 ①　②　③　④
問3 ①　大　②　乱　③　同
問4 ①　②　③
問5 ①　②　③　問6　問7 ①　②
問8　問9　問10 ①　②　問11

二
問1　から。　問2　問3
問4　ような子
問5
問6　問7　問8
問9　から。　問10
問11　と考えている。

三
問1　問2　問3
問4
問5　問6　問7　問8　問9

（注）この解答用紙は実物を縮小してあります。B5→A3（163%）に拡大コピーすると、ほぼ実物大の解答欄になります。

〔国　語〕100点（推定配点）

一 各2点×25　二 問1　3点　問2，問3　各2点×2　問4　3点　問5　4点　問6～問8　各2点×3　問9～問11　各3点×3　三 問1～問3　各2点×3　問4　4点　問5～問8　各2点×4　問9　3点

２０２４年度　日本大学第二中学校

算数解答用紙　第２回

番号		氏名		評点	／100

1	(1)	
	(2)	
	(3)	
	(4)	
	(5)	
2	(1)	kg
	(2)	cm
	(3)	
	(4)	cm^2
	(5)	倍

3	(1)	部屋
	(2)	人
4	(1)	秒後
	(2)	cm^2
5	(1)	個
	(2)	段目
	(3)	cm^2
6	(1)	cm
	(2)	：
	(3)	cm

（注）この解答用紙は実物大です。

〔算　数〕100点(推定配点)

1～6　各５点×20

２０２４年度　日本大学第二中学校

社会解答用紙　第２回

番号		氏名		評点	／50

1

問1		問2		問3		問4	
問5		問6					
問7		問8					
問9		問10		問11		問12	
問13		問14		問15			

2

問1		問2		問3	
問4		問5			

3

問1		問2		問3	
問4		問5			

4

問1		問2		問3		問4	
問5							

（注）この解答用紙は実物を縮小してあります。Ｂ５→Ｂ４(141%)に拡大コピーすると、ほぼ実物大の解答欄になります。

〔社　会〕50点(推定配点)

1　問1～問6　各1点×6　問7，問8　各2点×2　問9～問12　各1点×4　問13～問15　各2点×3

2～4　各2点×15

２０２４年度　日本大学第二中学校

理科解答用紙　第２回

番号		氏名		評点	／50

1

(1)	(2)

(3)			(4)	(5)
①	②	③		

2

(1)			(2)
4 分後	24 分後	80 分後	

(3)	(4)
g	

3

(1)	(2)	(3)	(4)	(5)

(6)	(7)
→　→　→　→　→	

4

(1)	(2)	(3)

(4)	
低気圧	高気圧

（注）この解答用紙は実物を縮小してあります。Ｂ５→Ｂ４（141%）に拡大コピーすると、ほぼ実物大の解答欄になります。

〔理　科〕50点（推定配点）

1　(1), (2)　各２点×2　(3)　３点＜完答＞　(4), (5)　各２点×2　2　(1), (2)　各２点×4　(3)　３点　(4)　２点　3　(1)～(5)　各２点×5　(6)　３点＜完答＞　(7)　２点　4　(1), (2)　各２点×2　(3)　３点　(4)　各２点×2

２０２４年度　　日本大学第二中学校

国語解答用紙　第二回

番号		氏名		評点	/100

一

問1 ①　　　む　②　　　③　　　④

問2 ①　　　②　　　③　　　④

問3 ① 起□回□　② □□混交　③ □耕□読

問4　　問5 カタカナ語　　二字熟語 □情　　問6 ①　　②

問7　　問8

二

問1　　問2　　　時　　問3

問4　　問5　　問6　　　こと

問7　　問8　　問9

問10　　　から。

三

問1　　　21字　　問2　　問3

問4　　　力　19字　　問5　　問6

問7

問8　　問9

問10　　　こと　　問11

問12

問13

（注）この解答用紙は実物を縮小してあります。Ｂ５→Ａ３（163%）に拡大コピーすると，ほぼ実物大の解答欄になります。

〔国　語〕100点(推定配点)

一 各２点×18　二 問１　２点　問２～問７　各３点×６　問８　２点　問９　３点　問10　４点　三 問１　３点　問２，問３　各２点×２　問４　３点　問５，問６　各２点×２　問７　４点　問８，問９　各２点×２　問10　４点　問11　３点　問12　４点　問13　２点

２０２３年度　日本大学第二中学校

算数解答用紙　第１回

番号		氏名	

評点	／100

1	(1)	
	(2)	
	(3)	
	(4)	
	(5)	
2	(1)	km
	(2)	分速　m
	(3)	個
	(4)	cm^2
	(5)	cm^3

3	(1)	cm
	(2)	cm^2
4	(1)	cm
	(2)	倍
	(3)	cm^2
5	(1)	毎分　L
	(2)	毎分　L
	(3)	L
6	(1)	cm
	(2)	秒後

（注）この解答用紙は実物大です。

〔算　数〕100点(推定配点)

1～6　各５点×20

２０２３年度　日本大学第二中学校

社会解答用紙　第１回

番号		氏名		評点	／50

1

問1

問2 (1) (2)

問3

問4

問5

問6

問7 (1) (2)

問8 (1) (2)

問9

問10 年

問11

問12

2

問1 市場

問2

問3 (1) (2)

問4

3

問1

問2

問3

問4

問5

4

問1

問2

問3

問4

問5

（注）この解答用紙は実物を縮小してあります。Ｂ５→Ｂ４（141%）に拡大コピーすると、ほぼ実物大の解答欄になります。

〔社　会〕50点(推定配点)

1　問１～問３　各１点×４　問４　２点　問５～問８　各１点×６　問９～問12　各２点×４　2～4　各２点×15

2023年度　日本大学第二中学校

理科解答用紙　第1回

番号		氏名	

評点	／50

1

(1)	(2)

(3)		(4)	(5)
記号	植物		

2

(1)	(2)	(3)

(4)	

3

(1)	(2)	(3)

(4)		(5)
①	②	

4

(1)	(2)	(3)
		g

(4)	(5)	(6)
	g	g

（注）この解答用紙は実物を縮小してあります。Ｂ５→Ｂ４（141%）に拡大コピーすると、ほぼ実物大の解答欄になります。

〔理　科〕50点(推定配点)

1 (1)，(2) 各２点×2 (3) 記号…2点，はいしゅがむき出しになっている植物…3点 (4) 2点 (5) 3点 2 (1)～(3) 各２点×3 (4) 3点 3 (1)～(4) 各２点×5 (5) 3点 4 (1)～(4) 各２点×4 (5)，(6) 各３点×2

二〇二三年度　日本大学第二中学校

国語解答用紙　第一回

番号		氏名		評点	/100

一

問1　①［　　］う　②［　　］ねる　③［　　］　④［　　］

問2　①［　　］　②［　　］　③［　　］　④［　　］

問3　①［　　］　②［　　］

問4　①朝［　　］暮［　　］　②［　　］［　　］周到

問5　①［　　］　②［　　］

問6　［　　］

問7　①［　　］　②［　　］

問8　①［　　］　②［　　］

二

問1　［　　］　問2　［　　］　問3　［　　］

問4　土嚢を高く積み、［　　　　　　　　　　　　　　　］ため。（15字）

問5　［　　］　問6　［　　］　問7　［　　］　問8　［　　］

問9　［　　　　　　　　］というぼくの想い。

問10　［　　］

三

問1　［　　］

問2　［　　　　　　　］ため。

問3　［　　］　問4　［　　］　問5　［　　］　問6　［　　］　問7　［　　］

問8　コロナ以前［　　　　　　　　］

コロナ以後［　　　　　　　　］

（注）この解答用紙は実物を縮小してあります。B５→A３（163%）に拡大コピーすると、ほぼ実物大の解答欄になります。

〔国　語〕100点(推定配点)

一　各２点×19　二　問１～問３　各３点×３　問４　４点　問５～問８　各３点×４　問９，問10　各４点×２　三　問１～問７　各３点×７　問８　各４点×２

２０２３年度　　日本大学第二中学校

算数解答用紙　第２回

番号		氏名		評点	／100

1	(1)	
	(2)	
	(3)	
	(4)	
	(5)	
2	(1)	
	(2)	円
	(3)	円
	(4)	度
	(5)	cm

3	(1)	分速　m
	(2)	m
	(3)	分　秒後
4	(1)	ア　イ
	(2)	点
	(3)	点
5	(1)	cm
	(2)	cm
6	(1)	cm
	(2)	個

〔算　数〕100点(推定配点)

1～6　各５点×20＜4の(1)は完答＞

(注) この解答用紙は実物大です。

２０２３年度　日本大学第二中学校

社会解答用紙　第２回

番号		氏名		評点	／50

1

問1	(1)	(2)	問2		問3
問4	(1)	(2)	問5		問6　島
問7	(1)	(2)			
問8	(1)	(2)	問9		
問10			問11		

2

問1		問2	市
問3		問4	(1)　(2)

3

問1		問2			
問3		問4		問5	

4

問1		問2		問3	スピーチ
問4		問5			

（注）この解答用紙は実物を縮小してあります。Ｂ５→Ｂ４（141％）に拡大コピーすると、ほぼ実物大の解答欄になります。

〔社　会〕50点（推定配点）

1　問１　各１点×２　問２　２点　問３～問５　各１点×４　問６　２点　問７，問８　各１点×４　問９～問11　各２点×３　2～4　各２点×15

2023年度　日本大学第二中学校

理科解答用紙　第2回

番号		氏名		評点	／50

1

(1)	(2)	(3)	(4)

(5)	(6)	(7)
類		

2

(1)	(2)	(3)

(4)	(5)	(6)
	個	回

3

(1)	(2)	(3)	(4)	(5)

4

(1)

(2)
生じた液体によって（　　　　　　　　　　　）ため。

(3)	(4)	(5)

（注）この解答用紙は実物を縮小してあります。B５→B４(141%)に拡大コピーすると、ほぼ実物大の解答欄になります。

〔理　科〕50点(推定配点)

1　各２点×７　2　(1)　２点　(2)　３点＜完答＞　(3)　２点　(4)　３点　(5)，(6)　各２点×２　3　各２点×５　4　(1)　２点　(2)　３点　(3)，(4)　各２点×２　(5)　３点＜完答＞

二〇二三年度　日本大学第二中学校

国語解答用紙　第二回

番号　　氏名　　評点　/100

一

問1　①　つ　②　③　④　く

問2　①　②　③　④

問3　①　②　問4　①　②　③

問5　①　②　問6　問7　問8

二

問1　問2　問3　問4　問5

問6

問7　変化

問8

三

問1　こと　70字

問2　問3

問4　問5

問6　問7

(注) この解答用紙は実物を縮小してあります。B5→A3(163%)に拡大コピーすると、ほぼ実物大の解答欄になります。

〔国　語〕100点(推定配点)

一　各2点×18　二　問1〜問5　各3点×5　問6, 問7　各7点×2　問8　4点　三　問1　8点　問2　3点　問3　5点　問4　3点　問5　5点　問6　3点　問7　4点

２０２２年度　日本大学第二中学校

算数解答用紙　第１回

番号		氏名		評点	／100

1	(1)	
	(2)	
	(3)	
	(4)	
	(5)	
2	(1)	枚
	(2)	
	(3)	%
	(4)	度
	(5)	cm^3

3	(1)	cm
	(2)	
	(3)	
4	(1)	cm^2
	(2)	cm^2
5	(1)	度
	(2)	度
	(3)	日目　度
6	(1)	秒後
	(2)	秒間

（注）この解答用紙は実物大です。

〔算　数〕100点(推定配点)

1～6　各５点×20

２０２２年度　日本大学第二中学校

社会解答用紙　第１回

番号		氏名	

評点	／50

1

問1

問2 (1) (2) 川 (3)

問3　問4 (1) (2)

問5　問6

問7　問8　問9　問10　問11

問12　問13

2

問1 (1) (2)　問2　問3　問4

3

問1　問2　問3

問4　問5

4

問1　問2

問3 (1) (2)　問4

（注）この解答用紙は実物を縮小してあります。Ｂ５→Ｂ４（141％）に拡大コピーすると、ほぼ実物大の解答欄になります。

〔社　会〕50点(推定配点)

1 問１　１点　問２～問６　各２点×8　問７～問11　各１点×5　問12，問13　各２点×2　2 問１　各２点×2　問２　１点　問３　２点　問４　１点　3 問１～問３　各２点×3　問４，問５　各１点×2　4 問１，問２　各２点×2　問３　各１点×2　問４　２点

２０２２年度　　日本大学第二中学校

理科解答用紙　第１回

番号		氏名		評点	／50

1

(1)	(2)	(3)

(4)	(5)	(6)

2

(1)	(2)	(3)
g	g	cm

(4)	(5)
g	g

3

(1)	(2)	(3)

(4)	(5)

4

(1)		
気体A	気体B	気体D

(2)		(3)	(4)
固体	液体		

（注）この解答用紙は実物を縮小してあります。B５→B４(141%)に拡大コピーすると、ほぼ実物大の解答欄になります。

〔理　科〕50点(推定配点)

1　(1)，(2)　各２点×２　(3)　３点　(4)～(6)　各２点×３　2　各３点×５　3，4　各２点×11＜4の(2)は完答＞

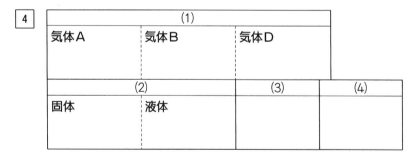

二〇二二年度　　日本大学第二中学校

国語解答用紙　第一回

番号		氏名		評点	/100

一

問1　①　②　③　り　④

問2　①　②　③　④

問3　①　②　　問4　①　②

問5　①　②　　問6　①　②　　問7

二

問1

問2

問3　　問4

問5　　問6

問7　謎の物体Xを　　こと

三

問1　あ　い

問2

問3

問4

問5　①　②　③　④　⑤

問6　　問7

（注）この解答用紙は実物を縮小してあります。B５→A３（163%）に拡大コピーすると、ほぼ実物大の解答欄になります。

〔国　語〕100点（推定配点）

一　各２点×17　二　問１　４点　問２　５点　問３～問６　各４点×４　問７　５点　三　問１　各２点×２　問２　５点　問３　４点　問４　５点　問５　各２点×５　問６　４点　問７　各２点×２

２０２２年度　日本大学第二中学校

算数解答用紙　第２回

番号		氏名	

評点	／100

1	(1)	
	(2)	
	(3)	
	(4)	
	(5)	
2	(1)	円
	(2)	オ
	(3)	
	(4)	個
	(5)	cm^2

3	(1)	分
	(2)	m
	(3)	時間　分　秒
4	(1)	DG：GH＝　：
	(2)	DG：GF＝　：
5	(1)	cm^3
	(2)	cm^2
6	(1)	
	(2)	
	(3)	

(注) この解答用紙は実物大です。

〔算　数〕100点(推定配点)

1～6　各5点×20＜6の(2)，(3)は完答＞

２０２２年度　日本大学第二中学校

社会解答用紙　第２回

番号		氏名		評点	／50

1

問1

問2 (1) (2)

問3

問4 (1) (2)

問5

問6 世紀

問7

問8 (1) (2)

問9　問10　問11　問12

2

問1　問2　問3　問4　問5

3

問1　問2　問3　問4

問5 製糸場

4

問1　問2　問3

問4　問5

（注）この解答用紙は実物を縮小してあります。Ｂ５→Ｂ４（141%）に拡大コピーすると、ほぼ実物大の解答欄になります。

〔社　会〕50点(推定配点)

1　問1～問6　各２点×8　問7　1点　問8　(1)　1点　(2)　2点　問9～問12　各1点×4　2　各2点×5　3　問1　1点　問2　2点　問3，問4　各1点×2　問5　2点　4　問1　1点　問2～問5　各2点×4

２０２２年度　日本大学第二中学校

理科解答用紙　第２回

番号		氏名		評点	／50

1

(1)	(2)	(3)	(4)	(5)	(6)

2

(1)	(2)	(3)
		ガス

(4)	(5)	(6)

3

(1)	(2)	(3)

(4)	(5)
0.0000　　　秒	

4

(1)		(2)	(3)	(4)
①	②			

(5)

(図９)

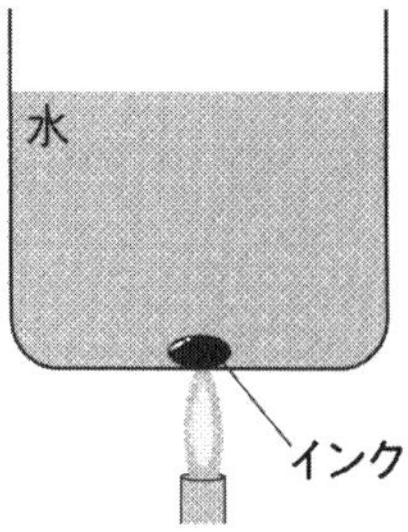

(図10)

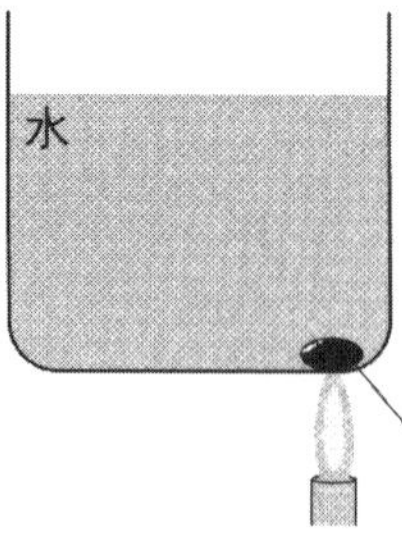

(注) この解答用紙は実物を縮小してあります。Ｂ５→Ｂ４(141%)に拡大コピーすると、ほぼ実物大の解答欄になります。

〔理　科〕50点(推定配点)

1, 2　各２点×12　3　(1)　２点　(2)～(5)　各３点×４　4　(1)　各１点×２　(2)～(5)　各２点×５

二〇二三年度　日本大学第二中学校

国語解答用紙　第二回

番号		氏名		評点	/100

一

問1 ① ② ③ ④

問2 ① ② ③ ④

問3 ① ②　問4　問5　問6

問7　問8　問9　問10

二

問1　問2　問3

問4

16字

問5　問6　問7

問8

問9　問10　問11

三

問1　問2　問3　問4　問5　問6

問7

（注）この解答用紙は実物を縮小してあります。Ｂ５→Ａ３（163％）に拡大コピーすると、ほぼ実物大の解答欄になります。

〔国　語〕100点（推定配点）

一　各２点×18　二　問１　４点　問２，問３　各３点×２　問４　４点　問５～問７　各３点×３　問８　７点　問９～問11　各３点×３　三　問１～問６　各３点×６　問７　７点

2021年度　　日本大学第二中学校

算数解答用紙　第1回

番号		氏名		評点	／100

1	(1)	
	(2)	
	(3)	
	(4)	
	(5)	
	(6)	
2	(1)	個
	(2)	日
	(3)	cm
	(4)	m
		時　分　秒

3	(1)	cm
	(2)	cm^2
4	(1)	cm^2
	(2)	cm^3
5	(1)	度
	(2)	午後　時　分
	(3)	午後　時　分

（注）この解答用紙は実物大です。

〔算　数〕100点(推定配点)

1　各5点×6　2　(1)～(3)　各6点×3　(4)　各5点×2　3～5　各6点×7

2021年度　日本大学第二中学校

社会解答用紙　第１回

番号		氏名		評点	／50

[1]～[3]の問題は，全員が答えなさい。

[1]

問1　　　　袋　　問2　　問3

問4　　問5　　%から　　%に引き上げられた

問6　　問7　　問8　　問9　　問10

問11　　問12　　県

問13　　宣言

[2]

問1　　問2　　問3　　問4

[3]

問1　　問2　　問3　　問4

[4]と[5]の問題は，どちらか１つを選んで答えなさい。

[4]

問1　　問2　　問3　　問4

[5]

問1

問2　　問3　　問4

（注）この解答用紙は実物を縮小してあります。Ｂ５→Ｂ４（141%）に拡大コピーすると、ほぼ実物大の解答欄になります。

〔社　会〕50点(推定配点)

[1]～[3]　各２点×21＜[1]の問５は完答＞　[4]　各２点×４　[5]　各２点×４

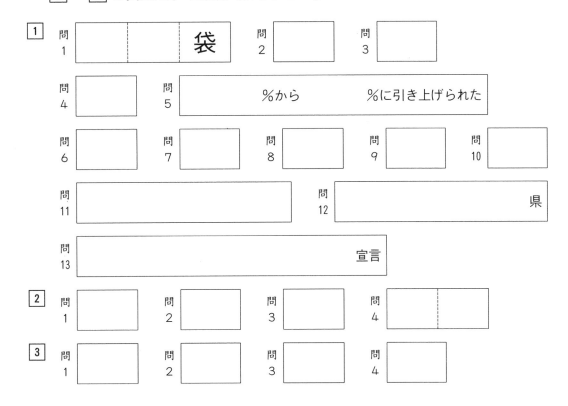

２０２１年度　日本大学第二中学校

理科解答用紙　第１回

番号		氏名		評点	／50

1

(1)	(2)	(3)
(4)	(5)	

2

(1)	(2)	(3)
(4)	(5)	

3

(1)		(2)	
(3)	(4)	(5)	
		3番目	5番目

4

(1)	(2)
	cm
(3)	(4)
cm	cm

（注）この解答用紙は実物を縮小してあります。Ｂ５→Ｂ４（141%）に拡大コピーすると、ほぼ実物大の解答欄になります。

〔理　科〕50点（推定配点）

1，2　各２点×10　3，4　各３点×10

二〇二二年度　日本大学第二中学校

国語解答用紙　第一回

番号		氏名		評点	/100

一

問1　①　　いた　②　　つ　③　　る　④　　く

問2　①　②　③　④　⑤

問3　①　差万別　②　里霧中　③　寒四温　④　春日和

問4　問5

問6　①　の友　②　の利　③　のともしび

二

問1　問2　問3　問4

問5

問6　問7

問8

問9　問10　問11　問12

問13

問14

（注）この解答用紙は実物を縮小してあります。Ｂ５→Ａ３（163％）に拡大コピーすると、ほぼ実物大の解答欄になります。

〔国　語〕100点(推定配点)

一　各２点×18　二　問１〜問４　各４点×４　問５　６点　問６，問７　各４点×２　問８　６点　問９〜問12　各４点×４　問13，問14　各６点×２

２０２１年度　日本大学第二中学校

算数解答用紙　第２回

番号		氏名		評点	／100

1	(1)	
	(2)	
	(3)	
	(4)	
	(5)	
	(6)	
2	(1)	本
	(2)	秒
	(3)	cm^3
	(4)	最長　cm
		最短　cm

3	(1)	cm^2
	(2)	cm
4	(1)	あ　，い
	(2)	人
5	(1)	cm^3
	(2)	cm
	(3)	cm

（注）この解答用紙は実物大です。

〔算　数〕100点(推定配点)

1　各５点×６　2　(1)～(3)　各６点×３　(4)　各５点×２　3～5　各６点×７<4の(1)は完答>

２０２１年度　日本大学第二中学校

社会解答用紙　第２回

番号		氏名		評点	／50

1～3の問題は，全員が答えなさい。

1

問1　問2　問3　問4

問5　問6 (1) (2)　問7

問8 (1) (2)

問9 (1) (2) 大陸　問10

2

問1　問2　問3　問4

3

問1 年　問2

問3　問4

4と5の問題は，どちらか１つを選んで答えなさい。

4

問1　問2　問3　問4

5

問1　問2　問3

問4

（注）この解答用紙は実物を縮小してあります。Ｂ５→Ｂ４（141%）に拡大コピーすると、ほぼ実物大の解答欄になります。

〔社　会〕50点(推定配点)

1～3　各２点×21　4　各２点×4　5　各２点×4

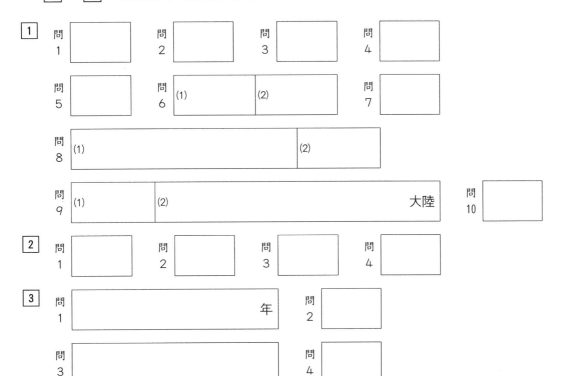

２０２１年度　　日本大学第二中学校

理科解答用紙　第２回

番号		氏名		評点	／50

1

(1)	(2)	(3)	(4)	(5)

2

(1)		(2)
〜		
(3)	(4)	(5)

3

(1)	(2)	(3)
	A	

(4)	(5)

4

(1)	(2)	(3)	(4)
g			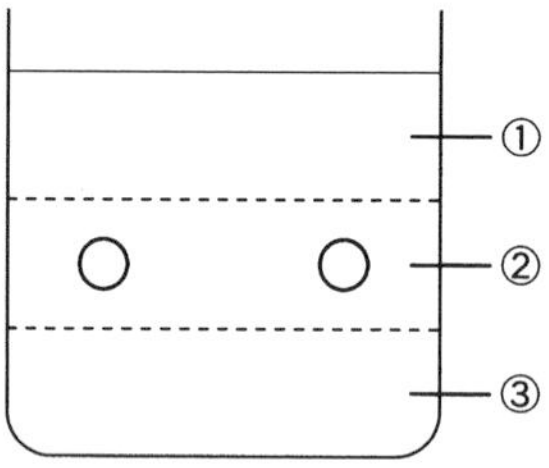

（注）この解答用紙は実物を縮小してあります。Ｂ５→Ｂ４（141%）に拡大コピーすると、ほぼ実物大の解答欄になります。

〔理　科〕50点(推定配点)

1　(1), (2)　各３点×２　(3)　２点　(4), (5)　各３点×２　2　(1)　３点　(2)　２点　(3)〜(5)　各３点×３　3　(1), (2)　各３点×２　(3)〜(5)　各２点×３＜(4), (5)は完答＞　4　(1)　３点　(2), (3)　各２点×２　(4)　３点

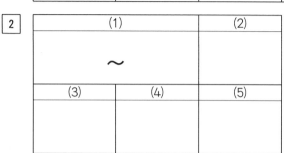

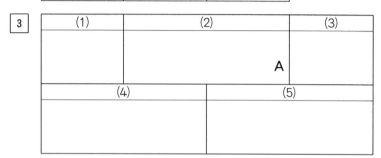

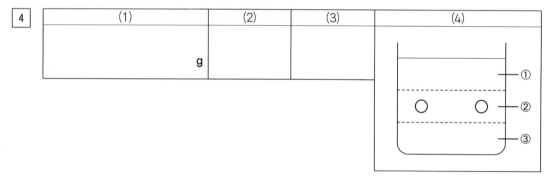

二〇二二年度　日本大学第二中学校

国語解答用紙　第二回

番号　　氏名　　評点　／100

一

問1　①　②　③　る

④

問2　①　②　③

④

問3　①　②　問4　①　②

問5　①　②　問6　①　②

問7　問8　①　②　作者名　問9

二

問1　問2　問3

問4　①　②

問5　こと

問6　問7

問8　から。

問9　問10

（注）この解答用紙は実物を縮小してあります。Ｂ５→Ａ３（163％）に拡大コピーすると、ほぼ実物大の解答欄になります。

〔国　語〕100点（推定配点）

一　各２点×22　二　問１～問３　各４点×３　問４　各５点×２＜②は完答＞　問５　７点　問６，問７　各５点×２　問８　７点　問９，問10　各５点×２

２０２０年度　日本大学第二中学校

算数解答用紙　第１回

番号		氏名		評点	／100

1	(1)	
	(2)	
	(3)	
	(4)	
	(5)	
2	(1)	%
	(2)	脚
	(3)	個
	(4)	日間
	(5)	cm

3	(1)	度
	(2)	cm^2
4	(1)	cm
	(2)	cm
5	(1)	人
	(2)	度
	(3)	人
6	(1)	秒後
	(2)	秒後
	(3)	秒後

〔算　数〕100点(推定配点)

1～6　各５点×20

(注) この解答用紙は実物大です。

2020年度　　日本大学第二中学校

社会解答用紙　第1回

番号		氏名		評点	／50

1

問1	年	問2	
問3	(1)　(2)	問4	問5
問6	問7	問8	問9
問10	(1)　天皇	(2)	
問11	(1)　(2)	問12	納税

2

問1	問2	問3
問4　県	問5	

3

問1	問2
問3 (1)　(2)	問4

4

問1	問2	問3
問4	問5	

〔社　会〕50点(推定配点)

1　問1，問2　各2点×2　問3　各1点×2　問4～問9　各2点×6　問10　(1)　2点　(2)　1点　問11，問12　各1点×3　2　問1～問4　各2点×4　問5　1点　3　問1，問2　各2点×2　問3，問4　各1点×3　4　各2点×5

2020年度　　日本大学第二中学校

理科解答用紙　第1回

番号		氏名		評点	／50

1

(1)		
あ	い	う

(2)	(3)	(4)

2

(1)	(2)	(3)

(4)	(5)	
	点①	点②

3

(1)	(2)	(3)
	cm^3	cm^3

(4)	(5)	(6)

4

(1)		(2)
あ	い	

(3)	(4)	(5)

〔理　科〕50点(推定配点)

1　(1)～(3)　各2点×5　(4)　3点＜完答＞　2　各2点×6　3　(1)，(2)　各2点×2　(3)　3点　(4)～(6)　各2点×3　4　各2点×6

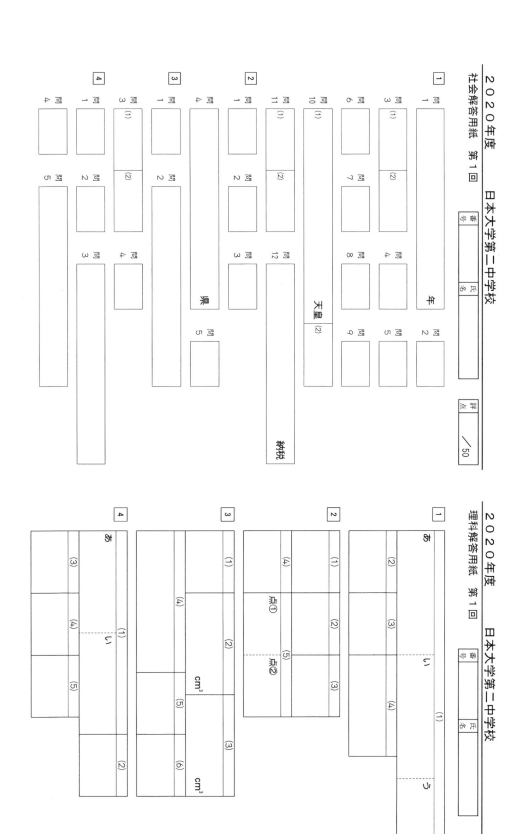

二〇二〇年度　日本大学第二中学校

国語解答用紙　第一回

番号		氏名		評点	/100

一

問1　①　　らす　②　　③

問2　①　②　③　④

問3　①　②　③　問4　①　②

問5　①　②　問6　①　②　問7　①　②

二

問1　問2

問3　問4

問5　【例】

【ほめ言葉としての意味】

問6　問7　　人

問8

問9　問10

三

問1　問2　問3　問4　問5

問6　【はじめ】　　～【終わり】

問7　問8

問9　　関係

問10　A　B

(注) この解答用紙は実物を縮小してあります。A3用紙に156%拡大コピーすると、ほぼ実物大で使用できます。(タイトルと配点表は含みません)

〔国　語〕100点(推定配点)

□一 各2点×18　□二 問1, 問2　各2点×2　問3　4点　問4　3点　問5　4点<完答>　問6, 問7　各3点×2　問8　4点　問9, 問10　各3点×2　□三 問1～問5　各3点×5　問6　4点　問7, 問8　各3点×2　問9　4点　問10　各2点×2

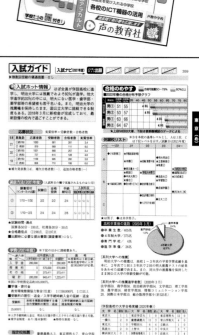

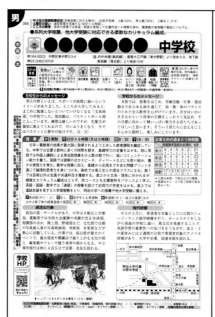